Die Haftung des Geschäftsleiters in der Insolvenz

Europäische Hochschulschriften

European University Studies

Publications Universitaires Européennes

Reihe II **Rechtswissenschaft**

Series II Law

Série II Droit

Band/Volume **5777**

Isabel von Gerstenbergk-Helldorff

Die Haftung des Geschäftsleiters in der Insolvenz

Am Beispiel der GmbH und Private Company Limited by Shares

PL ACADEMIC RESEARCH

Bibliografische Information der Deutschen Nationalbibliothek
Die Deutsche Nationalbibliothek verzeichnet diese Publikation in der Deutschen Nationalbibliografie; detaillierte bibliografische Daten sind im Internet über http://dnb.d-nb.de abrufbar.

Zugl.: Heidelberg, Univ., Diss., 2015

D 16
ISSN 0531-7312
ISBN 978-3-631-66449-0 (Print)
E-ISBN 978-3-653-05626-6 (E-Book)
DOI 10.3726/978-3-653-05626-6

PL Academic Research ist ein Imprint der Peter Lang GmbH.
Peter Lang – Frankfurt am Main · Bern · Bruxelles · New York · Oxford · Warszawa · Wien

Diese Publikation wurde begutachtet.

www.peterlang.com

Meiner Familie

Inhaltsverzeichnis

Abkürzungsverzeichnis

a. A.	andere Ansicht
a.a.O	am angegebenen Ort
ABl.	Amtsblatt
Abs.	Absatz
AC	Appeal Cases, Law Reports House of Lords
ACLC	Australian Company Law Cases
ACLR	Australian Company Law Reports
AcP	Archiv für die civilistische Praxis
ADHGB	Allgemeines Deutsches Handelsgesetzbuch
a. E.	am Ende
AEUV	Vertrag über die Arbeitsweise der Europäischen Union
a.F.	alte Fassung
AG	Die Aktiengesellschaft, Zeitschrift für das gesamte Aktienwesen
AktG	Aktiengesetz
ALJR	Australian Law Journal Reports
All ER	All England Law Reports
allg.	allgemein
ALR	Australian Law Reports
AO	Abgabenordnung
Anh.	Anhang
Anm.	Anmerkung
Art.	Artikel
BB	Betriebs-Berater
BCC	British Company Cases
BCLC	Butterworths Company Law Cases
Beg RegE BT-Ds	Begründung des Gesetzesentwurfs der Bundesregierung, Deutscher Bundestag – Drucksache
BFH	Bundesfinanzhof
BGB	Bürgerliches Gesetzbuch
BGBl.	Bundesgesetzblatt
BGH	Bundesgerichtshof
BGHZ	Entscheidungen des Bundesgerichtshofs in Zivilsachen
BeckRS	Beck-Rechtsprechung
BPIR	Bankruptcy and Personal Insolvency Reports

BR	Bundesrat
Breg	Bundesregierung
Bsp.	Beispiel
BStBl.	Bundessteuerblatt
BT-Ds.	Bundestags-Drucksachen
BWNotZ	Zeitschrift für das Notariat in Baden-Württemberg
bzw.	beziehungsweise
CA	Court of Appeal
ca.	circa
Ch	Chancery Division (1891–)
ChD	Chancery Division (1875–90)
CJ	Chief Justice
CLR	Company Law Reform
code. comm.	code de commerce
CrimLRev.	Criminal Law Review
CSLJ	Company and Securities Law Journal
DB	Der Betrieb
Ds.	Drucksache
DStR	Deutsches Steuerrecht
DTI	Department of Trade and Industries
DZWIR	Deutsche Zeitschrift für Wirtschafts und Insolvenzrecht
EBOR	European Business Organization Law Review
ECFR	European Company and Financial Law Review
EFG	Entscheidungen der Finanzgerichte
EG	Europäische Gemeinschaft
Einf.	Einführung
Einl.	Einleitung
Engl.	England
EWHC	England & Wales High Courts
EWiR	Europäisches Wirtschaftsrecht
EWS	Europäisches Wirtschafts- und Steuerrecht
Ex.D.	Law Reports, Exchequer Division
EU	Europäische Union
EuGVÜ	Übereinkommen über die gerichtliche Zuständigkeit und die Vollstreckung gerichtlicher Entscheidungen in Zivil- und Handelssachen
EuInsVO	Verordnung (EG) Nr. 1346/2000 über Insolvenzverfahren
EuZW	Europäische Zeitschrift für Wirtschaftsrecht
evtl.	eventuell

f.	folgende (Seite)
ff.	folgende (Seiten
FAZ	Frankfurter Allgemeine Zeitung
FMStG	Finanzmarktstabilisierungsgesetz
FS	Festschrift
GBP	Great Britain Pound
GesR	Gesellschaftsrecht
ggf.	gegebenenfalls
GmbH	Gesellschaft mit beschränkter Haftung
GmbHG	Gesetz betreffend die Gesellschaften mit beschränkter Haftung
GmbHR	GmbH-Rundschau
GVBl.	Gesetz- und Verordnungsblatt
GWR	Gesellschafts- und Wirtschaftsrecht
Hare	Hare's Chancery Reports
Hdb.	Handbuch
ICCLR	International Company and Commercial Law Review
i. Erg.	im Ergebnis
I.I.	Insolvency Intelligence
Ins. Law.	Insolvency Lawyer
InsO	Insolvenzordnung
ILP	Insolvency Law and Practice
IPRax	Praxis des Internationalen Privat- und Verfahrensrecht
InsR	Insolvenzrecht
Int. Insolv. Rev.	International Insolvency Review
IR	Insolvency Rules
i.V.m.	in Verbindung mit
J.	Judge
JBL	The Journal of Business Law
Jurid. Rev.	The Juridical Review
JZ	JuristenZeitung
KG	Kommanditgesellschaft
KO	Konkursordnung
KTS	Zeitschrift für Insolvenzrecht Konkurs Treuhand Sanierung
Limited	Private Company Limited by Shares
LJ	Law Journal
LMCLQ	Lloyd's Maritime and Commercial Law Quarterly
LQR	Law Quarterly Review

LR	Law Review
Ltd.	Limited
Ls.	Leitsatz
m. Anm.	mit Anmerkung
MLR	Modern Law Review
MünchHb GesR III	Münchener Handbuch des Gesellschaftsrechts, Band 3
n.F.	neue Fassung
Nr.	Nummer
NJW	Neue Juristische Wochenschrift
NSWLR	New South Wales Law Reports
NZG	Neue Zeitschrift für Gesellschaftsrecht
NZI	Neue Zeitschrift für das Recht der Insolvenz und Sanierung
NZLR	New Zealand Law Reports
NZULR	New Zealand Universities Law Review
oHG	offene Handelsgesellschaft
OJLS	Oxford Journal of Legal Studies
para.	paragraph (engl.)
PCC	Palmer's Company Cases
Plc.	Public Company
PrALR	Preußisches Allgemeines Landrecht
Pt.	point
QB	Queens Bench
r.	rule
RabelZ	Rabels Zeitschrift für ausländisches und internationales Privatrecht
RGBl.	Reichsgesetzblatt
Rn.	Randnummer
S.	Seite
Sch.	Schedule
sec.	section
Slg.	Sammlung
SLT	Scots Law Times
STC	Simon's Tax Cases
StG	Stille Gesellschaft
TLR	Times Law Reports
u.	und
u. a.	unter anderem
Urt. v.	Urteil vom

v.	vom
VerglO	Vergleichsordnung
vgl.	vergleiche
VO	Verordnung
Vol.	volume
WiB	Wirtschaftsrechtliche Beratung
WLR	Weekly Law Reports
WM	Wirtschafts- und Bankrecht
z.B.	zum Beispiel
ZInsO	Zeitschrift für das gesamte Insolvenzrecht
ZIP	Zeitschrift für Wirtschaftsrecht
ZVerglRWiss	Zeitschrift für vergleichende Rechtswissenschaft

Einleitung

Die starke Konkurrenz ausländischer Rechtsformen, allen voran die englische Private Company Limited by Shares („Limited"), hat die deutsche Gesellschaft mit beschränkter Haftung („GmbH") unter Wettbewerbsdruck gesetzt. Die englische Limited steht im Mittelpunkt des Interesses deutscher Unternehmer, wenn die Gründung einer ausländischen, der GmbH vergleichbaren Gesellschaftsform zur Wahl steht[1]. Der EuGH hat das Internationale Gesellschaftsrecht vieler kontinentaler EU-Mitgliedstaaten mit seiner Rechtsprechung[2] zu der europarechtlichen Niederlassungsfreiheit gemäß Art. 49, 54 AEUV jedenfalls in den sog. Zuzugsfällen[3] revolutioniert[4]. Das Interesse an der Gründung der funktional mit der GmbH vergleichbaren Limited im deutschen Rechtsverkehr ist daher ungebrochen. Ihre Attraktivität folgt nicht zuletzt aus dem Fehlen eines gesetzlichen Mindestkapitalsystems: Das Vorliegen eines Stammkapitals, das der Sicherheit der Gläubiger dient, ist keine Voraussetzung der Limited, so dass Einlagen nicht geleistet werden müssen[5]. Die Limited scheint daher im Gegensatz zur GmbH auf den ersten Blick dank ihrer schnellen und unbürokratischen Gründungsmöglichkeit wesentlich attraktiver für Unternehmer, die sich selbstständig machen und eine eigene Gesellschaft gründen wollen[6]. Seit der *Inspire Art*-Entscheidung

1 *Ebke*, in: FS *Hellwig*, S. 117, 122.

2 EuGH, Urt. v. 09.03.1999, Rs. C-212/97, Slg. 1999, I-1459 – Centros; EuGH, Urt. v. 05.11.2002, Rs. C-208/00, Slg. 2002, I-9919 – Überseering; EuGH, Urt. v. 30.09.2003, Rs. C-167/01, Slg. 2003, I-10155 – Inspire Art; ferner EuGH, Urt. v. 13.12.2005, Rs. C-411/03, Slg. 2005, I-10805 – Sevic; EuGH, Urt. v. 16.12.2008, Rs. C-210/06, Slg. 2008, I-9641 – Cartesio.

3 EuGH, Slg. 1999, I-1459 – Centros; EuGH, Slg. 2002, I-9919 – Überseering; EuGH, Slg. 2003, I-10155 – Inspire Art. In den sog. Wegzugsfällen hat der EuGH dagegen eine restriktive Haltung eingeommen, indem er dem Gründungsstaat das Recht gibt, darüber zu bestimmen, ob und utner welchen Voraussetzungen eine nach seinem Recht gegründete Gesellschaft ihren Sitz identitätswahrend über die Grenze verlegen darf. Vgl. auch EuGH Urt. v. 27.09.1988, Rs. 81/87, Slg. 1988–5483 – Daily Mail; EuGH, Slg. 2008, I-9641 – Cartesio; EuGH, Urt. v. 29.11.2011, Rs. C-371//10, Slg. 2011, I-12273 - National Grid Indus.

4 *Ebke*, ZVglRWiss 110 (2011), 2, 5.

5 Vgl. Financial Times Deutschland v. 02.11.2006, S. 12: Deutsche GmbH soll zum Vorbild werden (*B. Jennen*); *Ringe/Willemer*, EuZW 2006, 621 f.

6 *Ebke*, in: FS *Hellwig*, S. 117, 122.

des EuGH[7] steht zudem fest, dass auf die Limited in Deutschland auch englisches Gesellschaftsrecht anwendbar ist[8]. Da England seit jeher der Gründungstheorie folgt, steht aus englischer Sicht einem identitätswahrenden Wegzug einer englischen Limted nach Deutschland ebenfalls nicht im Wege. Diese Gründe führten allesamt zu einer weitläufigen Diskussion über die Wettbewerbsfähigkeit der GmbH. Neben stetigen Bemühungen um die Sicherung und Verbesserung des Kapitalschutzsystems wurde vor allem das Mindeststammkapital bei der GmbH als ineffektiv und zu kompliziert kritisiert[9]. Die Diskussionen führten zu umfangreichen Reformbestrebungen hinsichtlich des deutschen Gesellschafts- und Insolvenzrechts. Die Reform des GmbH-Rechts nahm am 23. Mai 2007 ihre erste Hürde[10] und führte zur Einführung des Gesetzes zur Modernisierung des GmbH-Rechts und zur Bekämpfung von Missbräuchen (MoMiG)[11] vom 23. Oktober 2008. Die Mitgliedschaft des Vereinigten Königreichs in der Europäischen Union sowie der europaweite Wettbewerb der Unternehmen führten ebenso zur Modernisierung des englischen Gesellschaftsrechts durch die Company Law Reform ("CLR")[12].

Neben den deutschen Reformbestrebungen sind auch dem Europäischen Parlament sind die Unterschiede vergleichbarer europäischer Unternehmensformen bekannt. In einem Bericht des Rechtsausschusses über die Entwicklungen und Perspektiven des Gesellschaftsrechts forderte das Europäische Parlament die Kommission bereits im Jahre 2006 auf, einen Vorschlag für die Europäische Privatgesellschaft vorzulegen, um den Bedürfnissen kleiner und mittlerer Unternehmen Rechnung zu tragen[13].

Die englische Limited hat sich in dem letzten Jahrzehnt im Zuge dieser Europäisierung sowie der vorgenannten EuGH-Rechtsprechung[14] stetig wachsender Beliebtheit erfreut. Der Bestand der GmbH in Deutschland wuchs im Jahr

---

7 EuGH, Slg. 2003, I-10155 – Inspire Art.

8 *Schall*, DStR 2006, 1229, S. 1229 ff.

9 So auch *Fastrich*, DStR 2006, 656 ff.; *Triebel/Otte*, ZIP 2006, 311.

10 Vgl. FAZ v. 24.05.2007, S. 15: Kabinett billigt GmbH-Reform.

11 MoMiG vom 23.10.2008, BGBl. I S. 2026; am 01.11.2008 in Kraft getreten.

12 *Just*, Die englische Limited in der Praxis, Einl., Rn. 23.

13 Bericht des Rechtsausschusses des Europäischen Parlaments über die jüngsten Entwicklungen und Perspektiven des Gesellschaftsrechts (2006/2051 (INI)) vom 26.06.2006, Zf. 27; Forderungen nach einer Europäischen Privatgesellschaft ebenso durch die Bundesregierung, in: Financial Times Deutschland v. 02.11.2006, S. 12.

14 EuGH, Slg. 1999, I-1459 – Centros; EuGH, Slg. 2002, I-9919 – Überseering; EuGH, Slg. 2003, I-10155 – Inspire Art; ferner EuGH, Slg. 2005, I-10805 – Sevic; EuGH, Slg. 2008, I-9641 – Cartesio.

2010 gegenüber dem Vorjahr um durchschnittlich 3% auf 1.044.466 zum Stichtag 01. Januar 2011[15]. In diesem Bestand spiegelt sich auch die mit dem MoMiG eingeführte Unternehmergesellschaft (haftungsbeschränkt) wieder, deren Bestandszahl sich zum vorgenannten Stichtag auf 44.361 belief[16]. Die GmbH war allerdings die einzige Kapitalgesellschaft, die im Jahr 2010 per Saldo einen Zuwachs aufwies, wenngleich er unter dem des Vorjahres 2009 lag[17]. Der Bestand der GmbH wuchs im Vorjahr 2009 gegenüber dem Jahr 2008 um fast 3,5% auf 1.016.443 Gesellschaften zum Stichtag 01. Januar 2010[18], wobei sich die Bestandszahl der Unternehmergesellschaft zu diesem Stichtag auf 23.369 belief[19]. Zum Stichtag 01. Januar 2009 lag die Anzahl der GmbH noch bei 981.876[20] und beinhaltete erst 1.200 Unternehmergesellschaften[21]. Der Bestand der in Deutschland registrierten Limited belief sich hingegen zum Stichtag 01. Januar 2011 auf insgesamt 14.814[22] und verzeichnete somit erstmalig einen Rückgang um 15,6%[23]. Zum Vorjahresstichtag 01. Januar 2010 lag der Bestandswert immerhin noch bei insgesamt 17.551[24], so dass sich gegenüber der Bestandszahl der Limited zum Stichtag 01. Januar 2009 in Höhe von 17.524 ein prozentualer Zuwachs von 0,2% ergab[25]. Der in den Vorjahren stetig steigende Zuwachs der Limited schien im Jahr 2009 somit erstmals nahezu zu stagnieren. Dieses Ergebnis könnte maßgeblich auf die durch das MoMiG eingeführte Unternehmergesellschaft zurückzuführen sein[26], die sich zum Stichtag 01. Januar 2011 mit einem Wachstum von 89,8% gegenüber dem Vorjahr fast verdoppelt hat[27]. Mit der Bestandsverringerung der Limited im Jahr 2010 um 15,6% ist nun der negative Wendepunkt erreicht[28]. Die Bestandsdaten zeigen die wichtige Bedeutung der GmbH als dem deutschen Recht entspringende Rechtsform, die steigende Beliebtheit der Unternehmergesellschaft, aber auch die lange Zeit ungebrochene Attraktivität der Limited in Deutschland auf.

---

15 *Kornblum*, GmbHR 2011, 692, 693, 698.
16 *Kornblum*, GmbHR 2011, 692, 693.
17 *Kornblum*, GmbHR 2011, 692, 698.
18 *Kornblum*, GmbHR 2010, 739, 740, 748.
19 *Kornblum*, GmbHR 2010, 739, 746.
20 *Kornblum*, GmbHR 2010, 739, 740.
21 *Kornblum*, GmbHR 2010, 739, 746.
22 *Kornblum*, GmbHR 2011, 692, 693.
23 *Kornblum*, GmbHR 2011, 692, 693.
24 *Kornblum*, GmbHR 2010, 739, 746.
25 *Kornblum*, GmbHR 2010, 739, 746.
26 *Kornblum*, GmbHR 2010, 739, 746.
27 *Kornblum*, GmbHR 2011, 692, 698.
28 *Kornblum*, GmbHR 2011, 692, 693.

Ziel dieser Dissertation ist durch rechtsvergleichende Darstellung der Haftung des GmbH-Geschäftsführers sowie des *director* der Limited in der Insolvenz Vor- und Nachteile haftungsrechtlicher Ansprüche gegen die Geschäftsleiter unter Einbeziehung der neuen Gesetzeslage sowohl des deutschen als auch des englischen Rechts aufzuzeigen und zu untersuchen. Im Mittelpunkt der Untersuchung stehen der deutsche Anspruch gegen den Geschäftsführer einer deutschen GmbH aus Insolvenzverschleppungshaftung gemäß § 823 Abs. 2 BGB i.V.m. § 15a Abs. 1 InsO (§ 64 Abs. 1 GmbHG a. F.) sowie der Anspruch gegen den *director* einer englischen Limited aus *wrongful trading* nach sec. 214 IA 1986.

Diese Dissertation gliedert sich in fünf Teile: Zunächst soll die Haftung des Geschäftsführers in der Insolvenz der GmbH nach deutschem Recht dargestellt werden (Erster Teil). Sodann folgt die Darstellung der Haftung des *director* in der Insolvenz der Limited nach englischem Recht (Zweiter Teil). Nach einer rechtsvergleichenden Betrachtung der Haftung der Geschäftsleiter in der Insolvenz nach deutschem und englischem Recht (Dritter Teil) werden europarechtliche Entwicklungen zur Niederlassungsfreiheit und ihre Konsequenzen für das Haftungsrecht in der Insolvenz im Rahmen des MoMiG erörtert (Vierter Teil). Abschließend findet sich eine zusammenfassende Darstellung der wichtigsten Reformen der letzten Jahre im deutschen und englischen Gesellschafts- und Insolvenzrecht (Fünfter Teil).

Erster Teil: Die Haftung des Geschäftsführers in der Insolvenz der GmbH

Die Gläubiger einer zahlungsfähigen GmbH machen ihre Forderungen regelmäßig gegenüber der schuldenden Gesellschaft geltend, die ihren Gläubigern gemäß § 13 Abs. 2 GmbHG grundsätzlich nur mit ihrem Gesellschaftsvermögen haftet[29]. Für den Geschäftsführer gilt üblicherweise die Vorschrift des § 43 GmbHG, der bei Verletzung von Sorgfaltspflichten gemäß § 43 Abs. 2 GmbHG seine Haftung gegenüber der Gesellschaft für den daraus entstandenen Schaden vorsieht. Ist die Gesellschaft zahlungsunfähig oder überschuldet, haben die Gläubiger ein erhebliches Interesse an einem weiteren Schuldner neben der Gesellschaft. Als Organ und gesetzlicher Vertreter der GmbH hat der Geschäftsführer in der Krise des Unternehmens eine besondere Verantwortung. Sein Verhalten kann sowohl gesellschaftsrechtliche als auch insolvenzrechtliche Haftungsrisiken nach sich ziehen. Die Verantwortung des Geschäftsführers, die GmbH in der Unternehmenskrise ordnungsgemäß zu leiten und Weisungen der Gesellschafter zu befolgen, führt zu zusätzlichen Pflichten sowie den nachfolgend erläuterten Haftungstatbeständen im Falle eines fehlerhaften Verhaltens des Geschäftsführers[30]. Wegen der Risiken persönlicher Haftung hat er den regelmäßig sehr schmalen Weg zwischen rechtmäßigem und rechtwidrigem Verhalten in der Unternehmenskrise zu finden. Zu niedriges Eigenkapital der Gesellschaft sowie zu späte Insolvenzantragsstellung des Geschäftsführers können Gründe für die Unternehmensinsolvenz und einen durchgreifenden Gläubigerschutz darstellen. Der haftungsbewehrten Insolvenzantragspflicht des GmbH-Geschäftsführers kommt eine wichtige Gläubigerschutzfunktion zu[31].

Bei der Handelndenhaftung des Geschäftsführers ist es nicht erforderlich, dass der Geschäftsführer in eigener Person handelt. Ausreichend ist, wenn er sich einer

29 *Hueck/Fastrich*, in: *Baumbach/Hueck*, GmbHG, § 13 Rn. 1.

30 *Kleindiek*, in: *Lutter/Hommelhoff*, GmbHG, § 43 Rn. 24, der u. a. von krisenorientierten Pflichten des Geschäftsführers auf der Grundlage der allgemeinen Organpflicht unter Beobachtung der Sorgfalt eines ordentlichen Geschäftsmannes (§ 43 Abs. 1 GmbHG) und vor dem Hintergrund spezifischer, gesetzlich an anderer Stelle normierter Organpflichten spricht.

31 *Leithaus*, in: *Andres/Leithaus*, InsO, § 15a Rn. 1.

anderen Person vor allem durch Erteilung einer entsprechenden Weisung zielgerichtet bedient hat[32]. Ebenso genügt die Vollmacht an einen Angestellten oder Dritten, für die Gesellschaft zu handeln[33]. War der Geschäftsführer nicht ordnungsgemäß bestellt oder handelte er nur als faktischer Geschäftsführer, ist im Einzelfall zu ermitteln, ob eine Haftung überhaupt in Betracht zu ziehen ist. Für eine Haftung des nicht ordnungsgemäß bestellten oder faktischen Geschäftsführers spricht, dass sich die Schutzvorschriften des GmbH-Gesetzes sonst unterlaufen ließen. Im Einzelfall hat der BGH die Haftung des faktischen Geschäftsführers, der dem ordnungsgemäß bestellten Geschäftsführer haftungsrechtlich gleichgestellt wird, bereits klargestellt[34]. Auf eine unterschiedliche oder gesonderte Behandlung wird in dieser Arbeit daher ausdrücklich hingewiesen. Bei der Haftung ausgeschiedener Geschäftsführer ist die Betrachtung solcher Verbindlichkeiten interessant, die während seiner Amtsperiode eingegangen worden sind, aber im Nachhinein nicht mehr erfüllt werden können. Eine Amtsniederlegung im Insolvenzverfahren oder bei Insolvenzreife des Unternehmens beseitigt weder die bereits eingetretene zivil- und strafrechtliche Verantwortlichkeit noch besondere Pflichten des Geschäftsführers in der Insolvenz[35]. Die ordnungsgemäße Amtsniederlegung entbindet ab dem Zeitpunkt des Ausscheidens von den künftig anfallenden Pflichten[36].

§ 1. Ansprüche der Gesellschaft gegen ihren Geschäftsführer

Führt das Verhalten des Geschäftsführers zur finanziellen Krise oder gar zur Insolvenz der GmbH, ist Letztere darauf bedacht, etwaige Ansprüche gegen den Geschäftsführer durchzusetzen, die aufgrund seines schädigenden Verhaltens entstanden sind.

---

32 *Bäcker/Prühs*, GmbH-Geschäftsführer-Haftung, S. 85.

33 BGHZ 53, 206, 208; *Bäcker/Prühs*, GmbH-Geschäftsführer-Haftung, S. 88.

34 Zu § 823 Abs. 2 BGB i.V.m. § 64 Abs. 1 GmbHG a. F. (§ 15a Abs. 1 InsO n. F.): BGH ZIP 2005, 1550 = GmbHR 2005, 1897. Diese Rechtsprechung ist auf § 15a InsO n. F. vollumfänglich anwendbar. Die Verlagerung des Anspruchs nach § 64 Abs. 1 GmbHG a. F. in die InsO wird im Vierten Teil, § 2 A. I. 1. erörtert.

35 *Uhlenbruck*, GmbHR 2005, 817, 819.

36 *Zöllner/Noack*, in: *Baumbach/Hueck*, GmbHG, § 43 Rn. 2; *Kleindiek*, in: *Lutter/Hommelhoff*, GmbHG, § 38 Rn. 41; *Wachter*, GmbHR 2001, 1129, 1130, 1138.

A. Obliegenheitsverletzung des Geschäftsführers gemäß § 43 GmbHG

Zentrale Norm für Ansprüche der GmbH gegen ihren Geschäftsführer ist § 43 GmbHG. Diese Vorschrift besteht nach Inkrafttreten des MoMiG unverändert fort. Gemäß § 43 Abs. 1 GmbHG hat der Geschäftsführer in den Angelegenheiten der Gesellschaft die Sorgfalt eines ordentlichen Geschäftsmannes anzuwenden. Verletzt der Geschäftsführer seine Obliegenheiten schuldhaft, hat er der Gesellschaft den daraus entstandenen Schaden gemäß § 43 Abs. 2 GmbHG zu ersetzen. Der Geschäftsführer hat im Interesse der Gesellschaft unter Beachtung des Gesetzes, der Satzung und des Anstellungsvertrags mit dem Ziel der Förderung des Geschäftszwecks zu handeln[37]. Die Geschäfte des Unternehmens, darunter der Einsatz und die Koordinierung von Unternehmensressourcen, sind dementsprechend in angemessenem Umfang zweckfördernd und im Gesellschaftsinteresse vorzunehmen[38]. Objektive Pflichtverstöße sind in jedem Fall dann gegeben, wenn der Geschäftsführer gegen gesetzliche Vorschriften, beispielsweise §§ 41, 43 Abs. 3 oder 64 GmbHG, verstößt. Schwieriger zu beurteilen sind Handlungen des Geschäftsführers, die er im Rahmen seines Ermessens als Geschäftsführungsorgan vorgenommen hat[39]. Eine Haftung ist jedenfalls in Betracht zu ziehen, wenn der Geschäftsführer die Geltendmachung von Ansprüchen der Gesellschaft gegenüber Schuldnern versäumt oder aufgrund seines Verhaltens oder Missmanagements die Insolvenz der GmbH verursacht hat[40]. Kontrolliert er die Liquidität und Finanzierung der Gesellschaft nicht regelmäßig und setzen Sanierungsstrategien infolgedessen zu spät und zu aufwändig ein, ist eine Haftung ebenfalls möglich[41]. Strategische Fehler im Rahmen der Sanierung sowie eine verfrühte oder verspätete Insolvenzantragstellung stellen weitere Haftungsrisiken des Geschäftsführers in Aussicht[42]. Behält der Geschäftsführer die wirtschaftliche und finanzielle Situation der Gesellschaft nicht hinreichend im Blick und führt dieses Verhalten zu einer zu späten Sanierung sowie zur Krise

---

37 *Kleindiek*, in: *Lutter/Hommelhoff*, GmbHG, § 43 Rn. 8.

38 *Zöllner/Noack*, in: *Baumbach/Hueck*, GmbHG, § 43 Rn. 1; *Marsch-Barner/Diekmann*, in: Münch. Hdb. GesR III, § 46 Rn. 6 ff.; *Ehricke*, Das abhängige Konzernunternehmen in der Insolvenz, S. 344, der auf S. 345 die Pflicht zur sorgfältigen Unternehmensleitung, die Treuepflicht des Geschäftsführers und die Verschwiegenheitspflicht als typische Pflichten benennt.

39 *Ehricke*, Das abhängige Konzernunternehmen in der Insolvenz, S. 344 f.

40 *Haas/Ziemons*, in: *Michalski*, GmbHG II, § 43 Rn. 75, 75c, 76.

41 *Kleindiek*, in: *Lutter/Hommelhoff*, GmbHG, § 43 Rn. 25.

42 *K. Schmidt/ Uhlenbruck*, Die GmbH in Krise, Sanierung und Insolvenz, S. 310 Rn. 686.

des Unternehmens, kann die Gesellschaft ihren Geschäftsführer wegen Verletzung seiner der Organstellung entspringenden Organisationspflichten aus § 43 GmbHG in die Haftung nehmen[43].

Gesellschafter und Dritte, vor allem Gesellschaftsgläubiger, können aus der Verletzung des § 43 GmbHG keine Ansprüche herleiten. § 43 Abs. 2 GmbHG stellt auch kein Schutzgesetz im Sinne des § 823 Abs. 2 BGB dar[44]. Die Vorschrift normiert keine deliktsrechtliche Haftung. Die Haftung des Geschäftsführers nach § 43 Abs. 2 GmbHG entspringt dem organschaftlichen Sonderrechtsverhältnis zur Gesellschaft. Sie setzt voraus, dass der bestellte oder faktische Geschäftsführer eine schuldhafte Pflichtverletzung begeht.

I. Pflichtverletzung des Geschäftsführers: Unterlassene oder verspätete Sanierung und verspätete Insolvenzantragsstellung

Der GmbH-Geschäftsführer übernimmt mit Aufnahme seines Amtes die unternehmerische Leitung der Gesellschaft. Er hat die Unternehmensziele durch geeignete Maßnahmen in sämtlichen Bereichen der GmbH bestmöglich zu verwirklichen und sollte wirtschaftliche Engpässe rechtzeitig erkennen[45]. In der Krise der Gesellschaft hat der Geschäftsführer eine Vielzahl interner Rechte und Pflichten, darunter auch das gesetzliche Auszahlungsverbot gemäß § 30 Abs. 1 GmbHG sowie Sanierungs- und Informationspflichten zu beachten[46]. Sollte eine Sanierung aussichtslos sein oder scheitern, hat der Geschäftsführer rechtzeitig seinem Insolvenzantragsrecht sowie den gesetzlichen Antragspflichten zu genügen[47]. Er hat Aufklärungs- und Offenbarungspflichten gegenüber den Gesellschaftern[48], den Gesellschaftsgläubigern, den Geschäftspartnern sowie zu gegebenem Anlass gegenüber dem Insolvenzgericht und Insolvenzverwalter[49]. In der Unternehmenskrise bedarf es daher eines analysierenden Sanierungskonzepts, um die Sanierungsfähigkeit der Gesellschaft oder aber die unausweichliche Insolvenz der GmbH festzustellen[50]. Diese Sanierungspflichten ergeben sich unmittelbar aus § 43 GmbHG. Im Falle der unterlassenen oder verspäteten Sanierung der Gesellschaft, haftet der Geschäftsführer gegenüber der GmbH gemäß

43 *Haas/Ziemons*, in: *Michalski*, GmbHG II, § 43 Rn. 75a.
44 *Bäcker/Prühs*, GmbH-Geschäftsführer-Haftung, S. 93.
45 *Arendt*, Haftungsgefahren für den GmbH-Geschäftsführer, S. 19.
46 Z.B. bei hälftigem Verlust des Stammkapitals gemäß § 49 Abs. 3 GmbHG.
47 Vgl. auch *Götker*, Der Geschäftsführer in der Insolvenz der GmbH, S. 204, Rn. 528.
48 *Kleindiek*, in: *Lutter/Hommelhoff*, GmbHG, § 43 Rn. 25.
49 *Zöllner/Noack*, in: *Baumbach/Hueck*, GmbHG, § 43 Rn. 2.
50 *Arendt*, Haftungsgefahren für den GmbH-Geschäftsführer, S. 19 f.

§ 43 Abs. 2 GmbHG, auch wenn er den Insolvenzantrag anschließend ordnungsgemäß gestellt hat[51]. Bei dieser Haftung handelt es sich in der Krise letztlich um den Vorwurf, nicht rechtzeitig oder nachdrücklich genug die seinerseits noch mögliche Sanierung der Gesellschaft eingeleitet und vorangetrieben zu haben[52], wobei dem Geschäftsführer bei der Unternehmensleitung ein Ermessensspielraum zugestanden werden muss[53].

1. Zeitpunkt der Sanierungspflicht

In der Unternehmenskrise hat der Geschäftsführer die Sanierungsfähigkeit der GmbH zu prüfen und etwaige Sanierungsmaßnahmen einzuleiten. Im Rahmen der Sanierungsprüfung lassen sich verschiedene Ansätze des Krisenbegriffes unterscheiden. Sanierungsmaßnahmen sollten frühzeitig im Rahmen der betriebswirtschaftlichen Krise angedacht und verwirklicht werden und nicht erst innerhalb der Dreiwochenfrist des § 15a Abs. 1 InsO bei rechtlicher Krise[54].

a. Die betriebswirtschaftliche Krise

Die betriebswirtschaftliche Krise umschreibt den Zustand des Schuldnerunternehmens, in welchem dessen Existenz bedroht ist und die Überlebensfähigkeit der GmbH in Frage steht[55]. Die Krise entsteht infolge besonderer Risikosituationen der Gesellschaft. Nach allgemeiner Sichtweise ist unter dem Begriff des Risikos die mögliche Abweichung des tatsächlichen Ergebnisses von dem ursprünglich geplanten Ziel zu verstehen; das eigentlich verfolgte Ziel wird verfehlt[56]. Als Risiko wird auch die Gefahr bezeichnet, dass dem Unternehmen im Rahmen der Geschäftstätigkeit Verluste entstehen. Diese können so wesentlich sein, dass sie die kritische Grenze überschreiten und ein besonderes Wagnis für das Unternehmen

51 *Kleindiek*, in: *Lutter/Hommelhoff*, GmbHG, Anh. zu § 64 Rn. 13, § 43 Rn. 27; *Schieren*, Die Haftung des GmbH-Geschäftsführers in deutschen Insolvenzverfahren, S. 2.

52 *Kleindiek*, in: *Lutter/Hommelhoff*, GmbHG, § 43 Rn. 27; *Schluck-Amend/Walker*, GmbHR 2001, 375, 376 ff.; *K. Schmidt/Uhlenbruck* Die GmbH in Krise, Sanierung und Insolvenz, Rn. 682, 685 ff.

53 *K. Schmidt*, GesR, § 36 II 4 a), S. 1079.

54 *Kreplin*, in: *Nerlich/Kreplin*, Münchener Anwaltshandbuch Sanierung und Insolvenz, § 1 Rn. 5.

55 *Gras*, in: *Nerlich/Kreplin*, Münchener Anwaltshandbuch Sanierung und Insolvenz, § 2 Rn. 1.

56 *Maus*, in: *K. Schmidt/Uhlenbruck*, Die GmbH in Krise, Sanierung und Insolvenz, S. 12 Rn. 23.

darstellen[57]. Die Überschreitung dieser kritischen Grenze kann eine drohende Krise der Gesellschaft nachsichziehen und zum Zusammenbruch der Gesellschaft führen[58]. Der Existenzbedrohung folgen nicht zwingend die rechtliche Krise sowie der Untergang des Unternehmens. Die betriebswirtschaftliche Krise lässt die Möglichkeit zu einem positiven Ausgang mittels Unternehmenssanierung offen[59], welcher als wesensbestimmendes Merkmal den Begriff der Krise prägt. Die betriebswirtschaftliche Krise kann sowohl gesellschaftsexterne (exogene) als gesellschaftsinterne (endogene) Ursachen haben[60]. Exogene Ursachen einer betriebswirtschaftlichen Krise sind Marktrisiken, Finanzrisiken oder rechtliche Krisen, wohingegen endogene Ursachen Managementrisiken sind[61].

Zur Vermeidung einer Krise sieht § 317 Abs. 4 HGB bei börsennotierten Aktiengesellschaften die Beurteilung eines Abschlussprüfers vor, ob der Vorstand die ihm nach § 91 Abs. 2 AktG obliegenden Maßnahmen in einer geeigneten Form getroffen hat und ob das danach einzurichtende Überwachungssystem seine Aufgaben erfüllen kann. Die Normierung eines solchen Frühwarnsystems gibt es im GmbHG nicht. Denkbar wäre, die Vorschrift des § 317 Abs. 4 HGB auf die GmbH entsprechend anzuwenden, um den Fortbestand der Gesellschaft gefährdende Entwicklungen frühzeitig zu erkennen[62].

b. Die rechtliche Krise

Die rechtliche Krise ist ergibt sich aus Tatbeständen in unterschiedlichen Gesetzen[63]: bei Unterbilanz (§ 31 Abs. 1 GmbHG), Verlust der Hälfte des Stammkapitals (§ 49 Abs. 3 GmbHG), Kreditunwürdigkeit, bestandsgefährdenden Tatsachen (§§ 289, 321 Abs. 1 S. 3 HGB), wirtschaftlicher Notlage (§§ 7 Abs. 1 S. 3 Nr. 5, 7 Abs. 1 S. 4 BetriebsAVG) sowie im Falle von Insolvenzrechtsgründen (§§ 17–19

---

57 *Kromschröder/ Lück*, DB 1998, 1573; *Maus*, in: *K. Schmidt/Uhlenbruck*, Die GmbH in Krise, Sanierung und Insolvenz, S. 12 Rn. 23.

58 *Gras*, in: *Nerlich/Kreplin*, Münchener Anwaltshandbuch Sanierung und Insolvenz, § 2 Rn. 1.

59 *Gras*, in: *Nerlich/Kreplin*, Münchener Anwaltshandbuch Sanierung und Insolvenz, § 2 Rn. 1.

60 *Gras*, in: *Nerlich/Kreplin*, Münchener Anwaltshandbuch Sanierung und Insolvenz, § 2 Rn. 2.

61 *Gras*, in: *Nerlich/Kreplin*, Münchener Anwaltshandbuch Sanierung und Insolvenz, § 2 Rn. 3.

62 Ablehnend *Hopt/Merkt*, in: *Baumbach/Hopt*, HGB, § 317 Rn. 9.

63 *Gras*, in: *Nerlich/Kreplin*, Münchener Anwaltshandbuch Sanierung und Insolvenz, § 2 Rn. 1.

InsO). Gemäß § 30 Abs. 1 S. 1 GmbHG darf das zur Erhaltung des Stammkapitals erforderliche Vermögen der Gesellschaft nicht an die Gesellschafter ausgezahlt werden[64]. Die Gesellschaft ist kreditunwürdig, wenn Dritte ihr keinen Kredit zu marktüblichen Bedingungen geben und die GmbH ohne Kapitalzufuhr liquidiert werden müsste[65]. Als Indiz der Kreditunwürdigkeit können die insolvenzrechtlichen Vorschriften zur Zahlungsunfähigkeit und Überschuldung[66] nach §§ 17 ff. InsO herangezogen werden[67]. Gemäß § 17 Abs. 2 InsO liegt Zahlungsunfähigkeit vor, wenn der Schuldner nicht in der Lage ist, die fälligen Zahlungspflichten zu erfüllen. Die Zahlungsunfähigkeit ist regelmäßig dann anzunehmen, wenn der Schuldner seine Zahlungen eingestellt hat. Dem Schuldner droht gemäß § 18 Abs. 2 InsO die Zahlungsunfähigkeit, wenn er voraussichtlich nicht in der Lage sein wird, die bestehenden Zahlungspflichten im Zeitpunkt der Fälligkeit zu erfüllen. Die Überschuldung der GmbH liegt gemäß § 19 Abs. 2 S. 1 InsO vor, wenn das Vermögen des Schuldners die bestehenden Verbindlichkeiten nicht mehr deckt, es sei denn, die Fortführung des Unternehmens ist nach den Umständen überwiegend wahrscheinlich. Mit Eintritt der Krise kann die Überschuldung und Zahlungsunfähigkeit unmittelbar bevorstehen oder drohen[68]. Die insolvenzrechtliche Krise löst das in der Insolvenzordnung vorgesehene Verfahren aus und führt in der Regel zu einer Liquidation der GmbH.

2. *Sanierungsprüfung*

Die Krise des Unternehmens ist oftmals Auslöser für eine Sanierungsprüfung. Der Ablauf der Sanierungsprüfung lässt sich in drei Teilprüfungen einteilen: die Sanierungsbedürftigkeitsprüfung befasst sich mit Ausmaß und Umfang der Unternehmenskrise, die Sanierungsfähigkeitsprüfung beinhaltet eine rein betriebswirtschaftliche Analyse und Prognose der Situation der Gesellschaft, die Sanierungswürdigkeitsprüfung wägt die Interessen der Sanierungsbeteiligten ab[69].

---

64 Nach § 32a GmbHG a. F. wurden in der rechtlichen Krise zudem Gesellschafterleistungen in Stammkapital umqualifiziert. Die rechtliche Krise wurde in § 32a GmbHG a. F. legaldefiniert: Eine Krise der Gesellschaft lag demnach in dem Zeitpunkt vor, in dem die Gesellschafter als ordentliche Kaufleute der GmbH Eigenkapital zugeführt hätten.

65 *Drukarczyk/Schöntag*, in: *Gottwald*, Insolvenzrechts-Handbuch, § 2 Rn. 4; *Haas*, NZI 2001, 1, 6.

66 Einzelheiten zu den Insolvenzgründen siehe Erster Teil, § 1. B. II.

67 Vgl. auch *Uhlenbruck*, InsO, § 18 Rn. 2, S. 391.

68 *Maus*, in: *K. Schmidt/Uhlenbruck*, Die GmbH in Krise, Sanierung und Insolvenz, S. 14 f. Rn. 27–30.

69 *Wegmann*, DB 1987, 1901, 1903 ff.

Die Erfolgsaussichten einer Sanierungsdurchführung sind sowohl mittels einer Schwachstellenanalyse als auch durch Prüfung in Frage kommender Sanierungsmaßnahmen zu bewerten. Die Sanierungsfähigkeit der Gesellschaft bestimmt sich auf der Grundlage einer Schwachstellenanalyse danach, ob die angestrebten Sanierungsmaßnahmen mit großer Wahrscheinlichkeit zumindest dauerhaft zur Vermeidung der Insolvenz geeignet sind[70]. Die Maßnahmen müssen zu finanzieller Stabilität und zur Ertragskraft führen, die die eigenständige Weiterexistenz des Unternehmens ermöglicht und vor einer weiteren Krise befreit[71].

3. *Die Wechselwirkung gesellschafts- und insolvenzrechtlicher Sanierungsinstitute*

Im Gegensatz zu dem früher vorgeschalteten Vergleichsverfahren nach der Vergleichsordnung[72] kann der Geschäftsführer mittlerweile einen Sanierungsversuch im Rahmen des Insolvenzverfahrens unter Zugrundelegung eines Insolvenzplans gemäß §§ 217 ff. InsO verfolgen. In dem Insolvenzplan können gemäß § 217 InsO die Befriedigung der absonderungsberechtigten Gläubiger und der Insolvenzgläubiger, die Verwertung der Insolvenzmasse und deren Verteilung an die Beteiligten sowie die Haftung des Schuldners nach der Beendigung des Insolvenzverfahrens abweichend von den Vorschriften der Insolvenzordnung geregelt werden. Gegenstand des Insolvenzplans können folglich verschiedene Formen der Sanierung sowie besondere Formen der Liquidation oder übertragenden Sanierung sein[73]. Welche Kriterien die Aufstellung und Einreichung eines Insolvenzplans erforderlich machen, sind schwer bestimmbar[74].

Nach der alten Rechtslage der bis zum 31.12.1998 geltenden VerglO[75] war das dort genannte gerichtliche Vergleichsverfahren ein Insolvenzverfahren, das die Zerschlagung des Unternehmens im Rahmen des Konkursverfahrens abwenden sollte[76]. Der Fortführungsvergleich sollte durch teilweisen Forderungserlass die

70 *Nerlich*, in: *Nerlich/Kreplin*, Münchener Anwaltshandbuch Sanierung und Insolvenz, § 4 Rn. 194; *Schluck-Amend/Walker*, GmbHR 2001, 375, 377; *Uhlenbruck*, WiB 1996, 409, 412.

71 *Schluck-Amend/Walker*, GmbHR 2001, 375, 377.

72 VerglO vom 26.02.1935, RGBl. I S. 321.

73 *Braun/Frank*, in: *Braun*, InsO, § 217 Rn. 1.

74 *Schluck-Amend/Walker*, GmbHR 2001, 375, 376.

75 Die VerglO sowie die KO wurden durch das Inkrafttreten der InsO am 01.01.1999 abgelöst.

76 *Schluck-Amend/Walker*, GmbHR 2001, 375, 378.

Unternehmenssanierung ermöglichen[77]. Der Geschäftsführer hatte ein Wahlrecht zwischen der Konkursantragstellung nach der Konkursordnung[78] und der Vergleichsantragstellung nach der VerglO[79]. Die gesellschaftsrechtliche Sanierungspflicht des § 43 GmbHG schränkte dieses Wahlrecht im Rahmen der Antragstellung jedoch erheblich ein und modifizierte die sachlich dem Konkursrecht zuzuordnende Antragspflicht zu Lasten des Geschäftsführers[80]. Darüber hinaus wurde die Antragspflicht bei erkennbaren Erfolgsaussichten zu einer vorrangigen Vergleichsantragspflicht konkretisiert[81]. Die konkursrechtliche Sanierungspflicht führte so regelmäßig zu der gesellschaftsrechtlichen Pflicht des Geschäftsführers, rechtzeitig einen Vergleichsantrag zu stellen.

Die seit dem 01. Januar 1999 geltende Insolvenzordnung[82] ersetzt das Nebeneinander von Vergleichs- und Konkursordnung sowie die unterschiedlichen Abwicklungsgesetze der neuen und alten Bundesländer[83]. Die Gläubiger sollten fortan frei zwischen den gleichwertigen Verfahrenszielen der Sanierung oder Liquidierung wählen können; ein Wahlrecht zwischen Insolvenz- und Vergleichsantragstellung gab es nicht mehr[84]. Mit Insolvenzantragsstellung ist die organschaftliche Sanierungspflicht gemäß § 43 Abs. 1 GmbHG nicht verletzt. Durch den Insolvenzeröffnungsantrag geht die Möglichkeit einer Sanierung mittels eines dem Verfahren vorgeschalteten Sanierungsinstituts nicht mehr verloren[85]. Der Insolvenzplan kann gemäß § 218 Abs. 1 S. 1 InsO vom Schuldner oder vom Insolvenzverwalter eingereicht werden. Aus § 218 Abs. 1 S. 2 InsO geht hervor, dass der Schuldner die Vorlage des Insolvenzplanes mit der Insolvenzantragsstellung verbinden kann: Die Pflicht, geeignete Sanierungsmaßnahmen im Sinne des § 43 Abs. 1 GmbHG zu ergreifen, tritt neben die Insolvenzantragspflicht nach § 15a Abs. 1. InsO n. F. (§ 64 Abs. 1 GmbHG a. F.)[86]. Bei Antragstellung hat der Geschäftsführer einen Sanierungsplan vorzulegen. Faktisch wird dem Geschäftsführer daher die Pflicht

---

77 *Schluck-Amend/Walker*, GmbHR 2001, 375, 378.

78 KonkursO vom 10.02.1877, RGBl. S. 351.

79 *Schluck-Amend/Walker*, GmbHR 2001, 375, 381.

80 *Schluck-Amend/Walker*, GmbHR 2001, 375, 381.

81 *Schluck-Amend/Walker*, GmbHR 2001, 375, 381.

82 InsO vom 05.10.1994, BGBl. I S. 2866.

83 *Kießner*, in: *Braun*, InsO, Einf., Rn. 14 f.

84 *Kießner*, in: *Braun*, InsO, Einf., Rn. 16.

85 *Balz/Landfermann*, Die neuen Insolvenzgesetze, § 217 InsO, S. 460; *Schluck-Amend/Walker*, GmbHR 2001, 375, 379.

86 *Schluck-Amend/Walker*, GmbHR 2001, 375, 381.

zur Sanierungsplanvorlage auf die Dreiwochenfrist des § 15a InsO n. F. reduziert[87]. Mit Abschaffung des Wahlrechts führen die wechselseitigen Beziehungen der Sanierungsinstitute nicht mehr zur vorrangigen Schließung eines Vergleichs, so das die Sanierungspflicht aus § 43 Abs. 1 GmbHG ohne Einschränkung neben die Insolvenzantragspflicht tritt[88].

II. Verantwortlichkeit gegenüber der Gesellschaft

Der Geschäftsführer hat für sein fehlerhaftes Verhalten gemäß § 43 Abs. 2 GmbHG nach dem Prinzip der Pflichten- und Haftungskonzentration über die Gesellschaft[89] gegenüber der GmbH einzustehen, d. h. er haftet nach § 43 Abs. 1 und 2 GmbHG allein der Gesellschaft gegenüber[90]. Gesellschafter und Dritte, vor allem Gesellschaftsgläubiger, können keinen Anspruch aus § 43 Abs. 2 GmbHG geltend machen.[91] Mehrere Geschäftsführer haften gemäß § 43 Abs. 2 GmbHG als Gesamtschuldner, sofern jeder von ihnen die GmbH schuldhaft durch ihr Tun, Dulden oder Unterlassen geschädigt hat. Es besteht somit keine generelle Einstandshaftung, sondern eine individuelle Verantwortlichkeit für eigenes und sorgfaltswidriges Verhalten[92]. Obwohl § 43 Abs. 2 GmbHG einen Anspruch der Gesellschaft normiert, können einzelne Gläubiger in den Ersatzanspruch der GmbH gegen den Geschäftsführer, vollstrecken. Die Vollstreckung setzt voraus, dass der Gläubiger zuvor einen vollstreckbaren Titel (Vollstreckungsbescheid, Gerichtsurteil etc.) gegen die GmbH erlangt hat[93].

1. Zurechenbares Verhalten

Rechtswidriges oder schuldhaftes Verhalten nachgeordneter Mitarbeiter sowie pflicht- und sorgfaltswidriges Verhalten einzelner Mitgeschäftsführer können dem

87 *Schluck-Amend/Walker*, GmbHR 2001, 375, 381; etwas anders: *Uhlenbruck*, Kölner Schrift zur InsO, S. 1157, 1160, wo die „unter Umständen" bestehende Planvorlagepflicht des Geschäftsführers lediglich auf einen vorbereiteten oder einen nach § 218 InsO im eröffneten Verfahren vorgelegten Insolvenzplan bezogen wird.

88 *Schluck-Amend/Walker*, GmbHR 2001, 375, 381.

89 BGH NJW 1997, 741, 742; *Zöllner/Noack*, in: *Baumbach/Hueck*, GmbHG, § 43 Rn. 1.

90 *Kleindiek*, in: *Lutter/Kleindiek*, GmbHG, § 43 Rn. 39.

91 *Bäcker/Prühs*, GmbH-Geschäftsführer-Haftung, S. 93.

92 *Haas*, in: *Michalski*, GmbHG II, § 43 Rn. 174; *K. Schmidt*, GesR, § 36 II 4 a), S. 1077.

93 *Arendt*, Haftungsgefahren für den GmbH-Geschäftsführer, S. 20.

Geschäftsführer trotz der generell geltenden Grundsätze über die Generalverantwortung und Allzuständigkeit[94] nicht zugerechnet werden. Handelt ein Angestellter pflichtwidrig, ist das Unternehmen im Verhältnis zu diesem der Geschäftsherr und nicht der Geschäftsführer, so dass eine Haftung weder über § 831 BGB noch über § 278 BGB zugerechnet werden kann[95]. Das sorgfaltswidrige Handeln eines Mitgeschäftsführers kann einem anderen Geschäftsführer ebenfalls nicht zugerechnet werden. Mangels fehlenden Über- und Unterordnungsverhältnisses ist der handelnde Mitgeschäftsführer kein Verrichtungsgehilfe für den Geschäftsführer, sondern handelt für die GmbH, so dass das Verhalten des Mitgeschäftsführers dem anderen Geschäftsführer nicht nach § 278 BGB zugerechnet werden kann[96].

2. *Fehlerhafter und faktischer Geschäftsführer*

§ 43 GmbHG ist auf den fehlerhaft bestellten und faktischen Geschäftsführer anwendbar. Der fehlerhaft bestellte, geschäftsfähige Geschäftsführer muss das Amt des Geschäftsführers angenommen haben sowie mit Wissen der Gesellschafter und in dem Glauben ausgeübt haben, dass er rechtmäßig zum Geschäftsführer bestellt worden sei[97]. Die Maßstäbe über das Handeln eines ordentlichen Geschäftsmannes gelten ebenso wie der Beurteilungsmaßstab, den der vermeintliche Geschäftsführer bei seinem Handeln einzuhalten hat[98]. Insoweit gelten keine Besonderheiten hinsichtlich der Inanspruchnahme fehlerhaft bestellter und faktischer Geschäftsführer im Rahmen ihrer gesellschaftlichen und unternehmerische Pflichten und Maßnahmen zur Führung des Unternehmens.

3. *Die Konzernmutter als faktischer Geschäftsführer*

Ist die von der Krise betroffene GmbH ein abhängiges Unternehmen innerhalb einer Konzernstruktur und entspricht die Konzernmutter der Rolle eines herrschenden, faktischen Geschäftsführers, könnte im Falle der Einflussnahme der Konzernmutter auf die Tochtergesellschaft ein erhebliches Risiko entstehen, sich haftungsrechtlich gemäß § 43 GmbHG verantworten zu müssen. Der Fall der herrschenden Konzernmutter wird vermutet, wenn der Gesellschaft die Mehrheit der Geschäftsanteile oder (nur) der Stimmen an der anderen Gesellschaft

---

94 BGH BB 1990, 1856, 1859; *Maser/Sommer*, BB 1996, 65; *Kopensteiner*, in: *Rowedder/Schmidt-Leithoff*, GmbHG, § 37 Rn. 45; *K. Schmidt*, GesR, § 36 II 4 a), S. 1077.

95 *Haas/Ziemons*, in: *Michalski*, GmbHG II, § 43 Rn. 175.

96 *Haas/Ziemons*, in: *Michalski*, GmbHG II, § 43 Rn. 175.

97 *Haas/Ziemons*, in: *Michalski*, GmbHG II, § 43 Rn. 24 ff.

98 *Haas/Ziemons*, in: *Michalski*, GmbHG II, § 43 Rn. 24 ff.

gehört[99]. Rechtmäßige Weisungen des Mutterkonzerns können die Geschäftsführerhaftung der abhängigen Tochtergesellschaft einschränken[100]. Allerdings kann das herrschende Unternehmen nicht an den Maßstäben einer „normalen" Organverantwortlichkeit zu messen sein[101]. Ein Eingriff der Muttergesellschaft kann den Gläubigern den Zugriff auf den Geschäftsführer sowie seine haftungsrechtliche Verantwortlichkeit für das abhängige Unternehmen entziehen und macht die Gläubiger schutzlos gegen Pflichtverletzungen, die auf rechtmäßige Weisung der Konzernmutter entstanden[102], ohne dass sich das herrschende Unternehmen einer Organverantwortlichkeit aussetzt. Daher erscheint es sinnvoll, maßgebliche Weisungen und Einflussnahme des Mutterkonzerns an den üblichen Anforderungen eines ordentlich handelnden Geschäftsmannes sowie den geltenden Sorgfaltsanforderungen zu messen und das herrschende Unternehmen als faktisches Organ zu betrachten[103]. Die herrschende Gesellschaft darf mithin im Rahmen seiner Treuepflicht nicht schädigend in die Tochtergesellschaft eingreifen[104]. Dabei gilt nach der Normanwendungstheorie die Zurechnung der Geschäftsführerverantwortung gegenüber Dritten an denjenigen, dessen Handeln zu einer Verantwortungslücke geführt hat. Das Verhalten des Mutterkonzerns muss dazu geführt haben, dass den Gläubigern der Tochtergesellschaft zum Einen der Primärschutz als Folge der gesetzmäßigen Pflichterfüllung (Weisung) verloren gegangen ist[105]. Zum Anderen können die betroffenen Geschäftsführer infolgedessen keinen Sekundärschutz durch Inanspruchnahme des Geschäftsführers weiterverfolgen[106]. Die Verantwortungslücke kann lediglich dadurch geschlossen werden, dass diejenige Person, der die ordentlichen Geschäftsführer verdrängt hat, im Rahmen der Rechtsfolgenzurechnung an ihrer Stelle zur Verantwortung zu ziehen ist, da sie sich die Funktion als eigene Position mit rechtlichen Sanktionen und Konsequenzen angemaßt hat[107]. Die Muttergesellschaft ist als faktischer Geschäftsführer daher nach § 43 Abs. 2 GmbHG zur Verantwortung zu ziehen, sofern sie

99 *Lutter*, in: *Lutter/Hommelhoff*, GmbHG, Anh. zu § 13 Rn. 9.
100 *Ehricke*, Das abhängige Konzernunternehmen in der Insolvenz, S. 339, 340; *Drygala*, in: *Oppenländer/Trölitzsch*, Praxishandbuch der GmbH-Geschäftsführung, § 41 Rn. 2, 9.
101 *Ehricke*, Das abhängige Konzernunternehmen in der Insolvenz, S. 340.
102 *Stein*, Das faktische Organ, 1984, S. 183, 190.
103 *Ehricke*, Das abhängige Konzernunternehmen in der Insolvenz, S. 340.
104 *Lutter*, in: *Lutter/Hommelhoff*, GmbHG, Anh. zu § 13 Rn. 21.
105 *Ehricke*, Das abhängige Konzernunternehmen in der Insolvenz, S. 341.
106 *Ehricke*, Das abhängige Konzernunternehmen in der Insolvenz, S. 341.
107 *Ehricke*, Das abhängige Konzernunternehmen in der Insolvenz, S. 341.

dementsprechende Pflichten übernommen hat, die eigentlich dem ordnungsgemäß bestellten Geschäftsführer der Tochtergesellschaft oblagen. Ein Wertungswiderspruch zur Konstruktion des GmbHG besteht nicht[108]. Eine Haftung kommt in Frage, wenn ein dem Mutterkonzern als faktischer Geschäftsführer zurechenbares Verhalten gegen Geschäftsführungspflichten verstößt. Gläubigerin des Ersatzanspruchs aufgrund der Treuepflichtverletzung ist die geschädigte GmbH[109]. Vor der Insolvenz ist dieser Anspruch daher durch die Geschäftsführer geltend zu machen. Während der Insolvenz hat der Insolvenzverwalter die Pflichtwidrigkeit des dem Mutterkonzern zuzurechnenden Verhaltens darzulegen und zu beweisen. Der Mutterkonzern hat hingegen darzulegen und zu beweisen, dass weder eine objektive Pflichtverletzung noch ein Verschulden gegeben war[110].

III. Sorgfaltsmaßstab für den Geschäftsführer

Der Geschäftsführer hat mit Eintritt in die Organstellung und bis zu ihrer rechtswirksamen Beendigung die Geschäfte der Gesellschaft rechtstreu zu führen und weder pflichtwidrig noch schuldhaft zu handeln.

1. Pflichtverletzung

Der Geschäftsführer setzt sich einer Haftung gemäß § 43 Abs. 2 GmbHG aus, wenn er die ihm obliegenden Pflichten objektiv verletzt und seiner Sorgfaltspflicht als ordentlicher Geschäftsmann nicht genügt. Im Rahmen seiner Pflicht zur sorgfältigen Geschäftsführung hat er sowohl den äußeren Handlungsrahmen zu beachten, der durch Gesetz, Satzung und andere Organbeschlüsse bestimmt wird, als auch die Pflicht zur sorgfältigen Unternehmensleitung zu wahren[111]. Der Geschäftsführer hat zudem Weisungen des zuständigen Gesellschaftsorgans zu befolgen und seiner Treuepflicht zu genügen[112], sofern die Weisung nicht nichtig ist oder nicht erfolgreich angefochten werden kann[113]. Handelt der Geschäftsführer mithin aufgrund einer bindenden Weisung eines zuständigen Organs, entfällt zugunsten des handelnden Geschäftsführers eine Pflichtverletzung im Sinne des § 43 GmbHG[114]. Eine Haftung ist daher im Rahmen einer bindenden Weisung

108 *Ehricke*, Das abhängige Konzernunternehmen in der Insolvenz, S. 342.
109 *Lutter*, in: *Lutter/Hommelhoff*, GmbHG, Anh. zu § 13 Rn. 26.
110 *Ehricke*, Das abhängige Konzernunternehmen in der Insolvenz, S. 360.
111 *Haas/Ziemons*, in: *Michalski*, GmbHG II, § 43 Rn. 43 ff.
112 *Jula*, Der GmbH-Geschäftsführer, S. 98.
113 *Prühs*, GmbH-Geschäftsführer – Rechte und Pflichten, S. 189.
114 *Haas/Ziemons*, in: *Michalski*, GmbHG II, § 43 Rn. 59, 182.

eines anderen Gesellschaftsorgans ausgeschlossen, es sei denn die Freistellung erfolgte ohne förmlichen Beschluss oder ohne Satzungsgrundlage[115]. Der Geschäftsführer handelt grundsätzlich nicht pflichtwidrig, wenn eine Weisung der Gesellschafter vorliegt, die er lediglich befolgt[116]. Dies ist gemäß § 43 Abs. 3 S. 3 GmbHG nicht der Fall, wenn die Haftung des Geschäftsführers gegenüber der GmbH erforderlich ist, um die Gesellschaftsgläubiger zu befriedigen[117].

2. Objektiver Verschuldensmaßstab eines ordentlichen Geschäftsmannes

§ 43 Abs. 2 GmbHG setzt ein Verschulden des Geschäftsführers voraus. Neben einer objektiven Pflichtverletzung muss der Geschäftsführer der Sorgfalt eines ordentlichen Geschäftsmannes in entsprechender Position nicht genügt haben[118]. Die Handlungspflichten des Geschäftsführers orientieren sich an seinen Geschäftsführungsaufgaben und den daraus resultierenden Pflichten. Aus § 43 GmbHG ergibt sich im Einzelnen keine Verhaltenspflichtbindung, d. h. ein in einer bestimmten Situation genormtes Verhalten ist nicht erforderlich[119]. § 43 Abs. 1 GmbHG bietet aber einen Maßstab für die konkret dem Geschäftsführer obliegenden Organpflichten[120]. Die Fahrlässigkeit bemisst sich dabei an den Grundsätzen über die Sorgfalt eines ordentlichen Geschäftsmannes. Bei Schuldunfähigkeit scheidet seine Haftung aus[121]. Der GmbH-Geschäftsführer hat gemäß § 43 Abs. 1 GmbHG in den Angelegenheiten der Gesellschaft und somit auch bei Prüfung der Insolvenzverfahrensreife die Sorgfalt eines ordentlichen Geschäftsmannes anzuwenden. Das Verhalten des Geschäftsführers wird auf der Grundlage eines objektiven Verschuldensmaßstabes beurteilt, so dass individuelle Fähigkeiten außer Betracht bleiben. Der Sorgfaltsstandard des ordentlichen Geschäftsführers bedarf als objektiver Mindestmaßstab einer normativen Bewertung[122]. In Krisensituationen, die unüberschaubare Konsequenzen nach sich führen können, sollte er daher fachmännischen Rat in Anspruch nehmen, um eine haftungsrechtliche Inanspruchnahme zu vermeiden[123]. Art und Größe

115 *Marsch-Barner/Diekmann*, in: Münch. Hdb. GesR III, § 46 Rn. 32.
116 BGH NJW 1974, 1088, 1089.
117 BGH WM 1986, 237, 239.
118 *Ehricke*, Das abhängige Konzernunternehmen in der Insolvenz, S. 346.
119 *Marsch-Barner/Diekmann*, in: Münch. Hdb. GesR III, § 46 Rn. 10.
120 *Kleindiek*, in: *Lutter/Hommelhoff*, GmbHG, § 43 Rn. 7.
121 *Haas/Ziemons*, in: *Michalski*, GmbHG II, § 43 Rn. 188.
122 *Ehricke*, Das abhängige Konzerunternehmen in der Insolvenz, S. 346.
123 *Götker*, Der Geschäftsführer in der Insolvenz der GmbH, S. 125 f., Rn. 331; *K. Schmidt/Uhlenbruck*, Die GmbH in Krise, Sanierung und Insolvenz, Rn. 13.

des Unternehmens sowie *Corporate Governance*-Regeln können eine Konkretisierungshilfe zur Pflichtenbindung und zum konkreten Sorgfaltsmaßstab des Geschäftsführers bieten[124]. Die bloße Sorgfalt eines Geschäftsmannes oder die Sorgfalt, die ein Geschäftsführer in eigenen Angelegenheiten anzuwenden pflegt (§§ 708, 277 BGB), reicht hingegen nicht aus[125].

3. *Handlungsermessen des Geschäftsführers*

Der Geschäftsführer erhält sowohl im ausführenden als auch im finanziell strategischen Bereich ein Handlungsermessen, das sich an dem Unternehmenswohl und Gesellschaftsinteresse auf Bestandserhaltung zu orientieren hat, wobei die Gesellschafter regelmäßig wichtigen Grundentscheidungen für das Unternehmen zustimmen[126]. Dabei ist fraglich, inwieweit sich das Handlungsermessen an dem für Vorstände von Aktiengesellschaften bestehenden Spielraum (§ 93 Abs. 1 S. 2 AktG) oder ggf. an der so genannten *business judgement rule* des US-amerikanischen Rechts bemisst[127]. Die Heranziehung der *business judgement rule* im Rahmen unternehmerischer Entscheidungen könnte auch bei der GmbH sinnvoll sein, um möglichst scharfe Konturen für den Sorgfaltsmaßstab zu schaffen[128]. Im Rahmen einer zweistufigen Prüfung ist in einem ersten Schritt zu überprüfen, ob der Geschäftsführer die unternehmerische Entscheidung gutgläubig als Maßnahme einer ordentlichen Geschäftsleitung ansah[129]. Liegen kumulativ die nachstehenden Kriterien vor, ist zu Gunsten des Geschäftsführers zu unterstellen, dass er seine Sorgfaltspflicht nicht verletzt hat: Der Geschäftsführer darf kein eigenes relevantes Vermögensinteresse an der gegenständlichen Maßnahme gehabt haben oder sachfremden Einflüssen unterliegen[130]. Er muss sich zuvor ausreichend informiert sowie die ihm zur Erreichung des Ziels zur Verfügung stehenden Maßnahmen unter Beachtung der Legalitätspflicht hinreichend geprüft haben[131]. Die ergriffene Maßnahme darf nicht widersinnig gewesen sein.

---

124 *Haas/Ziemons*, in: *Michalski*, GmbHG II, § 43 Rn. 191.

125 *Haas/Ziemons*, in: *Michalski*, GmbHG II, § 43 Rn. 196.

126 *Haas/Ziemons*, in: *Michalski*, GmbHG II, § 43 Rn. 76; *Uhlenbruck*, in: *K. Schmidt/Uhlenbruck*, Die GmbH in Krise, Sanierung und Insolvenz, S. 941, Rn. 1949.

127 Vgl. für die AG: BGHZ 135, 244 = NJW 1997, 1926.

128 *Hopt*, in: FS *Mestmäcker*, S. 918 ff.; *Ziemons*, in: *Oppenländer/Trölitzsch*, GmbH-Geschäftsführung, § 22 Rn. 49: „safe harbour" für unternehmerische Entscheidungen.

129 *Hopt*, in: FS *Mestmäcker*, S. 918 ff.

130 *Haas/Ziemons*, in: *Michalski*, GmbHG II, § 43 Rn. 68 b.

131 *Haas/Ziemons*, in: *Michalski*, GmbHG II, § 43 Rn. 68 b.

Der Geschäftsführer hat in gutem Glauben dessen zu handeln, dass er im besten Unternehmensinteresse zum Wohle der Gesellschaft gehandelt hat[132].

Sofern eines dieser Kriterien nicht vorliegt, findet auf einer zweiten Stufe die Prüfung der Schadensersatzpflicht statt: Handelt der Geschäftsführer objektiv mit der Sorgfalt eines ordentlichen Geschäftsmannes und subjektiv in gutem Glauben, im Interesse der Gesellschaft tätig geworden zu sein, macht er sich nicht schadensersatzpflichtig[133]. Liegen die Voraussetzungen der *business judgement rule* dementsprechend nicht oder nicht vollständig vor, haftet der Geschäftsführer *per se* nicht: Seine Pflichtverletzung wird auch nicht vermutet, so dass der Geschäftsführer unter Fortgeltung allgemeiner Darlegungs- und Beweislastregeln des § 43 GmbHG sein pflichtgemäßes Handeln dartun muss[134]. Da der GmbH-Geschäftsführer im Gegensatz zu dem AG-Vorstand stärker an das Vertrauen der Gesellschafter gebunden und das Einverständnis der Gesellschafter in schwierigen Ermessensentscheidungen regelmäßig erforderlich ist, scheinen die Grundsätze der *business judgement rule* zunächst auf das Handlungsermessen nur schwer übertragbar zu sein[135]. Bei strategischen Entscheidungen ist dem Geschäftsführer unter Einbeziehung etwaiger Bestimmungen, insbesondere Beschränkungen hinsichtlich seiner Tätigkeit, der Satzung sowie seines Anstellungsvertrages ein größerer Handlungsspielraum nur dann einzuräumen, wenn er schuldlos keinen Anlass sah oder keine Gelegenheit hatte, die Gesellschafter in dieser Angelegenheit aufgrund der Wesentlichkeit der strategischen Entscheidung zu informieren oder ggf. zu befragen. In jedem Fall hat er den Rat der Gesellschafter bei Änderungen in der Unternehmenspolitik einzuholen[136].

Im Falle eines herrschenden Konzernunternehmens, das als faktischer Geschäftsführer in Betracht kommt, zeigt sich die Anwendbarkeit der *business judgement rule* ebenso schwer einsehbar. Da die Einschaltung des Mutterkonzerns immer von einem eigenen relevanten Vermögensinteresse im Hinblick auf ihre Tochtergesellschaft geprägt ist, würde ein einwandfreies Verhalten im Sinne der ersten oben genannten Stufe mit den verschiedenen Kriterien regelmäßig

---

132 *Hopt*, in: FS *Mestmäcker*, S. 918 ff.; *Haas/Ziemons*, in: *Michalski*, GmbHG II, § 43 Rn. 68 b; *Ziemons*, in: *Oppenländer/Trölitzsch*, GmbH-Geschäftsführung, § 22 Rn. 49.

133 *Hopt*, in: FS *Mestmäcker*, S. 920.

134 *Haas/Ziemons*, in: *Michalski*, GmbHG II, § 43 Rn. 68 a.

135 Vgl. a. A: *Ziemons*, in: *Oppenländer/Trölitzsch*, GmbH-Geschäftsführung § 22 Rn. 49, der die in § 93 Abs. 1 S. 2 AktG normierte business judgement rule bei unternehmerischen Entscheidungen auf den GmbH-Geschäftsführer anwendet; ebenso *Haas/Ziemons*, in: *Michalski*, GmbHG II, § 43 Rn. 68.

136 *K. Schmidt*, GesR, § 36 II 4 a), S. 1079.

ausscheiden. Ist der Mutterkonzern allerdings als faktischer Geschäftsführer in die Geschäftsleitung involviert, hängen ergriffene Maßnahmen regelmäßig mit einem erheblichen Eigeninteresse des Organs zusammen[137]. Die oben genannten Kriterien der *business judgement rule* scheinen daher keine geeignete Grundlage zur Beurteilung eines Handlungsspielraums beim herrschenden Konzernunternehmen zu bieten.

Zudem darf die Handlung des Geschäftsführers wegen seines Ermessens nicht *ex post* an dem Handeln eines sorgfältigen Geschäftsmannes und dem wirtschaftlichen Erfolg des Unternehmens gemessen werden. Da Ermessensentscheidungen immer das Risiko des Fehlschlages bergen, würde die Annahme, ein ordentlicher Geschäftsmann hätte ein Handeln im Einzelfall nicht vorgenommen, zu einer Erfolgshaftung für die unternehmerisch getroffene Maßnahme führen[138]. Die Entscheidungsfreiheit wäre trotz angeblichen Ermessens erheblich eingeschränkt und würde einen Rechtfertigungszwang mit sich bringen, der im Gegensatz zur ermessensfreien, verantwortungsbewussten Leitung des Unternehmens stünde. Die Maßnahme des Geschäftsführers ist vom Zeitpunkt der Handlung an zu betrachten[139]. Pflichtgemäßes Handeln im Sinne des § 43 GmbHG darf nicht an dem Verhalten eines idealen Geschäftsmannes mit *ex post*-Wissen gemessen werden.

IV. Adäquat kausal verursachter Schaden der Gesellschaft

Durch das sorgfaltswidrige Verhalten des Geschäftsführers muss der Gesellschaft ein adäquat kausal verursachter Schaden entstanden sein. Ein Schaden besteht, wenn das geldwerte Gesellschaftsvermögens gesellschaftszweckwidrig gemindert ist, wobei auch ideelle Nachteile und entgangene Vorteile als Schaden zu qualifizieren sind[140]. Im Gegensatz zu § 823 Abs. 1 BGB erfasst die Vorschrift des § 43 GmbHG sowohl den mittelbaren Schaden infolge eines Personen- oder Sachschadens als auch den unmittelbaren reinen Vermögensschaden, der die Verjährung von Ansprüchen der Gesellschaft gegen einen Schuldner oder den Abschluss nachteiliger Geschäfte für die GmbH umfasst[141].

Im Rahmen des adäquat kausal verursachten Schadens der Gesellschaft ist fraglich, wie sich die verfrühte Beantragung der Verfahrenseröffnung, die ein Verstoß gegen Geschäftsführerpflichten darstellen kann, auswirken kann, da der

137 *Ehricke*, Das abhängige Konzernunternehmen in der Insolvenz, S. 350.
138 *Ehricke*, Das abhängige Konzernunternehmen in der Insolvenz, S. 346 f.
139 *Schneider*, in: *Scholz*, GmbHG, § 43 Rn. 81.
140 *Marsch-Barner/Diekmann*, in: Münch. Hdb. GesR III, § 46 Rn. 15.
141 *Jula*, Der GmbH-Geschäftsführer, S. 297.

Schaden aufgrund des zu frühen Zeitpunkts kaum messbar sowie nachweisbar ist und nicht in Relation zu einem vermeintlich späteren Zeitpunkt gesetzt werden kann[142].

V. Beweislastverteilung

Eine Beweislastregelung im Sinne des § 93 Abs. 2 AktG, wonach die Vorstandsmitglieder die Anwendung der erforderlichen Sorgfalt darlegen und beweisen müssen, fehlt im GmbHG. Vor allem bei der Fallgruppe der verspäteten Sanierung stellt sich daher die Frage, wer die Beweislast trägt. Die Auffassungen in Rechtsprechung und Literatur sind sich uneinig, ob der Geschäftsführer entsprechend seiner Beweisnähe zu beweisen hat, dass er seine Pflichten nicht verletzt hat[143]. Eine Meinung führt an, dass die Gesellschaft den Schaden sowie ein kausales, zum Schaden führendes Verhalten des Geschäftsführers darzulegen und zu beweisen hat[144]. Der Geschäftsführer habe hingegen das Fehlen einer objektiven und subjektiven Pflichtwidrigkeit seines Verhaltens zu erklären und zu beweisen[145], wobei den Geschäftsführer keine strikte Beweislastumkehr in Bezug auf die Sorgfaltspflichtwidrigkeit trifft[146]. Die Aufteilung der Beweislast richtet sich demgemäß nach der Beweisnähe wie im Aktienrecht[147]. Demgegenüber soll nach einer weiteren Auffassung in der Lehre die Gesellschaft den allgemeinen Grundsätzen entsprechend als Anspruchstellerin die Darlegungs- und Beweislast für die objektive Pflichtwidrigkeit und den Schaden zu tragen haben[148]. Beide Ansichten zitieren den BGH bestätigend, welcher sich in mittlerweile ständiger Rechtsprechung vorzugsweise der zuletzt genannten Meinung von den allgemeinen

---

142 *Haas*, in: *Baumbach/Hueck*, GmbHG, § 64 Rn. 161.

143 *Zöllner/Noack*, in: *Baumbach/Hueck*, GmbHG, § 43 Rn. 36; *Götker*, Der Geschäftsführer in der Insolvenz der GmbH, S. 126, Rn. 332; *Kleindiek*, in: *Lutter/Hommelhoff*, GmbHG, § 43 Rn. 43; *Schneider*, in: *Scholz*, GmbHG, § 43 Rn. 167 ff.

144 BGH DB 1974, 1619; BGH BB 1985, 1753, 1754; *Zöllner/Noack*, in: *Baumbach/Hueck*, GmbHG, § 43 Rn. 36, 37.

145 BGH DB 1974, 1619; BGH BB 1985, 1753, 1754; *Zöllner/Noack*, in: *Baumbach/Hueck*, GmbHG, § 43 Rn. 36, 38.

146 *Zöllner/Noack*, in: *Baumbach/Hueck*, GmbHG, § 43 Rn. 38.

147 BGH DB 1974, 1619; BGH BB 1985, 1753; *Zöllner/Noack*, in: *Baumbach/Hueck*, GmbHG, § 43 Rn. 36, 38; Mertens, in: *Hachenburg*, GmbHG, § 43 Rn. 66; *Marsch-Barner/Diekmann*, in: Münch. Hdb. GesR III, § 46 Rn. 25; *Koppensteiner*, in: *Rowedder/Schmidt-Leithoff*, GmbHG, § 43 Rn. 36.

148 BGH BB 1980, 1344, 1345; BGH GmbHR 1992, 167; OLG Hamm GmbHR 1992, 376; *Kleindiek*, in: *Lutter/Hommelhoff*, GmbHG, § 43 Rn. 43.

Grundsätzen anzuschließen scheint[149]. Die Gesellschaft hat dementsprechend den Eintritt eines Schadens und dessen Verursachung durch ein Verhalten - Tun oder Unterlassen - des Geschäftsführers, das sich als möglicherweise pflichtwidrig darstellt, darzulegen und zu beweisen[150]. Der Geschäftsführer hat hingegen Umstände darzulegen und zu beweisen, dass das den Schaden auslösende Verhalten nicht pflichtwidrig war oder ihn zumindest kein Schuldvorwurf trifft[151].

VI. Geltendmachung des Anspruchs

Grundsätzlich bedarf es zur Geltendmachung eines Schadensersatzanspruches der GmbH gegen den Geschäftsführer gemäß § 46 Nr. 8 GmbHG eines Gesellschafterbeschlusses. Im Falle eines fehlenden Gesellschafterbeschlusses kann der Anspruch nach § 43 Abs. 2 GmbHG wegen Fehlens einer materiell-rechtlichen Voraussetzung im Aussenverhältnis nicht wirksam geltend gemacht werden, so dass auch eine etwaige Klage zwar zulässig, aber unbegründet wäre[152]. Der Beschluss kann allerdings im Laufe des Prozesses gefasst und dem Gericht vorgelegt werdn. Der Schadensersatzanspruch der GmbH gegen ihren Geschäftsführer geht mit Eröffnung des Insolvenzverfahrens in die Insolvenzmasse über und wird vom Insolvenzverwalter geltend gemacht (§§ 80, 92 InsO)[153]. Für den Insolvenzverwalter, der aus einem Ersatzanspruch der GmbH gegen den Geschäftsführer vorgeht, bedarf es keines Gesellschafterbeschlusses[154]. Die Verjährungsfrist beträgt gemäß § 43 Abs. 4 GmbHG fünf Jahre und beginnt mit der Entstehung des Anspruchs, frühestens ab Entstehung des Schadens, zu laufen. Die Schadenshöhe muss noch nicht feststehen[155].

Verhalten sich mehrere Geschäftsführer pflichtwidrig, sind sie gesamtschuldnerisch gemäß §§ 421, 426 BGB in die Haftung zu nehmen[156]. Jeder von ihnen

---

149 BGH ZIP 2008, 117, 118; BGH ZIP 2008, 736, 737; *Kleindiek*, in: *Lutter/Hommelhoff*, GmbHG, § 43 Rn. 43.

150 BGH ZIP 2008, 736, 737; *Kleindiek*, in: *Lutter/Hommelhoff*, GmbHG, § 43 Rn. 43.

151 *Kleindiek*, in: *Lutter/Hommelhoff*, GmbHG, § 43 Rn. 43.

152 *Bayer*, in: *Lutter/Hommelhoff*, GmbHG, § 46 Rn. 40.

153 *Schieren*, Die Haftung des GmbH-Geschäftsführers im deutschen Insolvenzverfahren, S. 4.

154 *Zöllner/Noack*, in: *Baumbach/Hueck*, GmbHG, § 43 Rn. 30; *Marsch-Barner/Diekmann*, in: Münch. Hdb. GesR III, § 46 Rn. 27, 31; *Schneider*, in: *Scholz*, GmbHG, § 43 Rn. 209 a.

155 *Marsch-Barner/Diekmann*, in: Münch. Hdb. GesR III, § 46 Rn. 44 f.

156 *Zöllner/Noack*, in: *Baumbach/Hueck*, GmbHG, § 43 Rn. 25; *Kleindiek*, in: *Lutter/Hommelhoff*, GmbHG, § 43 Rn. 1.

schuldet den vollen Schadensersatz und kann lediglich im Innenverhältnis von den anderen Geschäftsführern gemäß § 426 BGB einen Teil zurückfordern. Eine gesamtschuldnerische Haftung kommt nur dann in Betracht, wenn jeder einzelne Geschäftsführer pflichtwidrig und schuldhaft gehandelt hat[157]. Werden einzelne Ressorts aufgeteilt, handelt derjenige Geschäftsführer in erster Linie nicht pflichtwidrig, der wegen der Aufteilung der Geschäftsbereiche nicht zuständig war[158]. Allerdings hat der einzelne Geschäftsführer angesichts der daneben stehenden Gesamtverantwortungspflicht aller Geschäftsführer für ihre unentziehbare und unverzichtbare Verantwortung für die Führung der GmbH-Geschäfte im Ganzen[159] hat der einzelne Geschäftsführer weiterhin seinen Beobachtungs- und Überwachungspflichten zu genügen, so dass er sich im Falle der Verletzung vorgenannter Pflichten trotz Aufteilung der Geschäftsführungsaufgaben nach § 43 Abs. 2 GmbHG haftbar macht[160]. Ist die streitgegenständliche Entscheidung in den Bereich der Gesamtverantwortung anzusiedeln, haften die Geschäftsführer gesamtschuldnerisch für den entstandenen Schaden[161].

VII. Anspruchskonkurrenz aus Vertrag

Ob neben der gesetzlichen Haftung nach § 43 GmbHG aus dem organschaftlichen Sonderrechtsverhältnis des Geschäftsführers eine Anspruchskonkurrenz zur Haftung aus dienstvertraglichen Vorschriften gemäß §§ 611, 276 BGB besteht, hat der BGH mit Urteil aus dem Jahre 1989 entschieden[162]. Der BGH sieht in § 43 GmbHG eine Spezialnorm, die die Vertragshaftung in sich aufnimmt[163]. Die Organhaftung bezieht hiernach zugleich Verstöße des Geschäftsführers gegen sein Wettbewerbsverbot und aus seiner angemaßten Eigengeschäftsführung aufgrund organ- und vertragspflichtwidrigen Handels des Geschäftsführers mit

157 *Kleindiek*, in: *Lutter/Hommelhoff*, GmbHG, § 43 Rn. 1.

158 *Zöllner/Noack*, in: *Baumbach/Hueck*, GmbHG, § 43 Rn. 26; *Kleindiek*, in: *Lutter/Hommelhoff*, GmbHG, § 43 Rn. 21.

159 *Kleindiek*, in: *Lutter/Hommelhoff*, GmbHG, § 37 Rn. 29.

160 *Zöllner/Noack*, in: *Baumbach/Hueck*, GmbHG, § 43 Rn. 256; *Kleindiek*, in: *Lutter/Hommelhoff*, GmbHG, § 43 Rn. 21; *Haas/Ziemons*, in: *Michalski*, GmbHG II, § 43 Rn. 153.

161 *Jula*, Der GmbH-Geschäftsführer, S. 304; etwas anders: *Marsch-Barner/Diekmann*, in: Münch. Hdb. GesR III, § 46 Rn. 18, die die Geschäftsführer nach dem Prinzip der Gesamtverantwortlichkeit ebenso gesamtschuldnerisch haften lassen, wenn ein unzuständiger Geschäftsführer pflichtwidrig seine Überwachungspflicht verletzt.

162 BGH ZIP 1989, 1390; *Jula*, Der GmbH-Geschäftsführer, S. 289.

163 BGH ZIP 1989, 1390, 1392.

ein[164]. Dem Anstellungsvertrag kommt daher eine konkretisierende Funktion für Pflichten aus § 43 GmbHG zu[165]. Er hat neben der Spezialregelung des § 43 GmbHG keine eigenständige Bedeutung[166]. Ansprüche der GmbH gegen ihren Gesellschafter verjähren nach § 43 Abs. 4 GmbHG in fünf Jahren. Neben Ansprüchen aus § 43 GmbHG haben daher Ansprüche aus dem Anstellungsvertrag wegen Pflichtverletzung gemäß § 280 BGB keine praktische und eigenständige Bedeutung[167]. Ansprüche der GmbH gegen den Geschäftsführer aus anderer Anspruchsgrundlage, z.B. aus § 64 S. 1 GmbHG n. F. verjähren nach den jeweils einschlägigen Vorschriften[168].

B. Haftung wegen Masseschmälerung nach Insolvenzeintritt, § 64 S. 1 GmbHG n. F.

Im Vorfeld des insolvenzrechtlichen Verfügungsverbotes gemäß § 80 Abs. 1 InsO darf der Geschäftsführer noch Zahlungen im Namen der Gesellschaft tätigen. Er ist gegenüber der GmbH jedoch gemäß § 64 S. 1, 3 GmbHG n. F. zu deren Ersatz verpflichtet, soweit er bei Vornahme der Zahlungen die Sorgfalt eines ordentlichen Kaufmannes außer Acht gelassen hat[169]. Das Gesellschaftsvermögen soll bis zum Verlust der Verfügungsbefugnis oder bis zur Überwindung der Krise geschützt werden, um den Gläubigern eine gleichmäßige, ranggerechte Befriedigung im Vorfeld der Insolvenz zukommen zu lassen[170]. Die Vorschrift des § 64 S. 1 GmbHG n. F. (§ 64 Abs. 2 GmbHG a. F.) ergänzt die Insolvenzanfechtung nach §§ 129 ff. InsO und die Regeln des Anfechtungsgesetzes im Falle insolvenzfreier Abwicklung wegen Masselosigkeit[171]. Mit Einführung des MoMiG[172] tritt der bisherige § 64 Abs. 2 GmbHG wortlautgemäß nunmehr in Form des § 64 S. 1 GmbHG mit einigen Ergänzungen im Rahmen des § 64 S. 3 GmbHG in Kraft. § 64 Abs. 2 S. 3 GmbHG a. F. besteht in § 64 S. 4 GmbHG n. F. fort. Die Vorschrift

164 BGH ZIP 1989, 1390, 1393; *Kleindiek*, in *Lutter/Hommelhoff*, GmbHG, § 43 Rn. 3.

165 *Arens/Beckmann*, Die anwaltliche Beratung des GmbH-Geschäftsführers, § 12 Rn. 22.

166 *Schaub*, DStR 1992, 1021, 1023.

167 BGH ZIP 1989, 1390, 1393; vgl. zur Verjährung auch *Kleindiek*, in *Lutter/Hommelhoff*, GmbHG, § 43 Rn. 58.

168 *Kleindiek*, in: *Lutter/Hommelhoff*, GmbHG, § 43 Rn. 59.

169 *Schieren*, Die Haftung des GmbH-Geschäftsführers im deutschen Insolvenzverfahren, S. 5 ff.

170 BGHZ 143, 184, 186.

171 *Kleindiek*, in *Lutter/Hommelhoff*, GmbHG, § 64 Rn. 4.

172 MoMiG vom 23.10.2008, BGBl. I S. 2026.

des § 64 S. 3 GmbHG n. F. sieht eine Haftung des Geschäftsführers gegenüber der GmbH für Zahlungen an die Gesellschafter vor, soweit die Zahlungen zur Zahlungsunfähigkeit der Gesellschaft führen mussten und der Geschäftsführer die Sorgfalt eines ordentlichen Geschäftsmannes außer Acht gelassen hat. Der Anspruch ist im Insolvenzverfahren von der Gesellschaft, vertreten durch den Insolvenzverwalter, geltend zu machen[173].

§ 64 GmbHG n. F. ist ein Ersatzanspruch eigener Art[174]. Es handelt sich nicht um einen Schadensersatzanspruch, sondern um einen Anspruch auf Erhaltung und Wiederherstellung der verteilungsfähigen Vermögensmasse der insolvenzreifen GmbH sowie gleicher Bedingungen für die Gesamtheit der Gläubiger[175]. § 64 GmbHG n. F. ähnelt daher den Ansprüchen, die sich aus der Ausübung insolvenzrechtlicher Anfechtungsrechte ergeben. Anspruchsgegner ist jedoch nicht der Leistungsempfänger, sondern der wirksam bestellte sowie der faktische Geschäftsführer[176]. Der erlittene Schaden wird durch Zahlung in das Gesellschaftsvermögen ausgeglichen, welches den Gläubigern später unter Berücksichtigung der Insolvenzquote ausgeteilt wird. Die verteilungsfähige Vermögensmasse dient der gleichmäßigen Befriedigung der Gläubiger *par conditio creditorum*[177]. § 64 GmbHG n. F. ist *lex specialis* zu der Haftung des Geschäftsführers gegenüber der GmbH gemäß § 43 GmbHG[178].

I. Masseerhaltungspflicht nach Eintritt der Insolvenz

Den Geschäftsführer trifft nach dem Insolvenzeintritt eine Vielzahl von Pflichten. Nach dem Grundsatz der Kapitalerhaltung ist der Geschäftsführer verpflichtet, die vorhandene Vermögensmasse der GmbH zu erhalten. Ab dem Eintritt der Zahlungsunfähigkeit oder der Überschuldung der Gesellschaft trifft den GmbH-Geschäftsführer gemäß § 64 S. 1 GmbHG daher die Pflicht, das Vermögen der Gesellschaft nicht zu schmälern und Zahlungen zu unterlassen. § 64 S. 1 GmbHG stellt nicht schon auf den Zeitpunkt drohender Zahlungsunfähigkeit

---

173 *Arendt*, Haftungsgefahren für den GmbH-Geschäftsführer, S. 36; *Jula*, Die Haftung von GmbH-Geschäftsführern und Aufsichtsräten, S. 76; *Kleindiek*, in: *Lutter/Hommelhoff*, GmbHG, § 64 Rn. 17, 32.

174 *Marsch-Barner/Diekmann*, in: Münchener Handbuch des Gesellschaftsrechts, § 46 Rn. 47; *Haas*, in: *Baumbach/Hueck*, GmbHG, § 64 Rn. 7.

175 *Kleindiek*, in: *Lutter/Kleindiek*, GmbHG, § 64 Rn. 5.

176 *Haas*, in: *Baumbach/Hueck*, GmbHG, § 64 Rn. 8, 9.

177 *Altmeppen*, ZIP 2001, 240, 241.

178 *Marsch-Barner/Diekmann*, in: Münch. Hdb. GesR III, § 46 Rn. 2.

ab[179]. Dennoch hat der Geschäftsführer in diesem Fall nur beschränkte Möglichkeiten, über die Massegegenstände zu verfahren, da eine Schädigung der Gläubiger entsprechend § 64 S. 3 GmbHG verhindert werden soll[180]. Die Masse soll den Gläubigern zur gleichmäßigen Befriedigung zur Verfügung stehen, um eine Ungleichbehandlung der Gläubiger zu vermeiden.

1. *Zahlungen i.S.d. § 64 S. 1 GmbHG n. F.*

Zu den Pflichten des Geschäftsführers zählt die Zahlungseinstellung nach Feststellung der Insolvenzreife. Hierunter fallen Zahlungen während der Dreiwochenfrist des § 15a InsO n. F., in der Zeit danach und nach Eröffnung des Insolvenzverfahrens[181]. Allerdings scheint der Wortlaut des § 64 GmbHG n. F. zu eng zu sein. Zweck der Norm ist die Erhaltung des noch vorhandenen Gesellschaftsvermögens zwischen Eintritt der Insolvenz und Verlust der Verfügungsbefugnis (§ 60 Abs. 1 Nr. 4 GmbHG) sowie die Überwindung der Krise, um eine ordnungsgemäße Verteilung im Insolvenzverfahren zu ermöglichen[182]. Somit werden nicht nur Zahlungen, sondern auch die Begründung von Verbindlichkeiten erfasst, die mangels gleichwertiger Gegenansprüche die Insolvenzquote der Gläubiger ebenso belastet[183]. Der Zahlung gleichzustellen sind letztlich auch Leistungen anderer Gegenstände. Darunter fallen sowohl die Lieferungen von Sachen und Übertragung von Rechten als auch die Vornahme von Dienstleistungen, die das Aktivvermögen nach Eröffnung nach Eintritt der Zahlungsunfähigkeit oder Feststellung der Überschuldung vermindern[184]. Die weite Auslegung entspricht der *ratio legis* des § 64 GmbHG n. F., der den Geschäftsführer zur Masseerhaltung verpflichtet. Nicht erfasst werden somit solche Zahlungen, die an absonderungsberechtigte Gläubiger bis zur Höhe des Wertes des Sicherungsgegenstandes geleistet werden, Zahlungen

179 *Nerlich*, in: *Michalski*, GmbHG II, § 64 Rn. 45.

180 *Götker*, Der Geschäftsführer in der Insolvenz der GmbH, S. 138 f., Rn. 369; *Ulmer*, in: *Hachenburg*, GmbHG, § 64 Rn. 1; *Schieren*, Die Haftung des GmbH-Geschäftsführers im deutschen Insolvenzverfahren, S. 5.

181 *Kleindiek*, in: *Lutter/Hommelhoff*, GmbHG, § 64 Rn. 2.

182 *Kleindiek*, in: *Lutter/Hommelhoff*, GmbHG, § 64 Rn. 7.

183 BGH WM 1962, 764; *Arendt*, Haftungsgefahren für den GmbH-Geschäftsführer, S. 36 f.; *Götker*, Der Geschäftsführer in der Insolvenz der GmbH, S. 139, Rn. 370; *Kleindiek*, in: *Lutter/Hommelhoff*, GmbHG, § 64 Rn. 7; *Maser/Sommer*, BB 1996, 65, 66; *Schmidt-Leithoff*, in: *Rowedder/Schmidt-Leithoff*, GmbHG, § 64 Rn. 27 ff.; *K. Schmidt*, in: *Scholz*, GmbHG, § 64 Rn. 24.

184 *Haas*, in: *Baumbach/Hueck*, GmbHG, § 64 Rn. 65.

mit vollwertigem Gegenwert[185] oder die Herausgabe von Eigentumsvorbehalten. Sie beeinträchtigen die Masse nicht[186].

2. *Zahlungen i.S.d. § 64 S. 2 GmbHG n. F.*

Zahlungen, die vor Eröffnung des Insolvenzverfahrens geleistet werden, nach Eintritt der Zahlungsunfähigkeit der GmbH oder trotz Feststellung der Überschuldung mit der Sorgfalt eines ordentlichen Geschäftsmannes vereinbar sind, können gemäß § 64 S. 2 GmbHG n. F. weiterhin erfolgen. Hierbei geht es vor allem um die Aufrechterhaltung des Zahlungs- und Leistungsverkehrs, um den Zusammenbruch der GmbH zu verhindern und sich den Weg eventueller Sanierungsmöglichkeiten nicht zu verschließen[187]. Dem Gesellschaftsvermögen muss ein ausreichender Gegenwert zugeführt werden, so dass die Insolvenzmasse nicht geschmälert wird. In Betracht kommen Verträge mit angemessener Gegenleistung oder einer Vereinbarung mit Zug-um-Zug Erfüllung[188]. Sowohl Sanierungsversuche als auch die Erhaltung der Veräußerungschancen eines Unternehmens können es erforderlich machen, den Zahlungs-, Leistungs- und Kreditverkehr beizubehalten. Die Abwendung größerer Nachteile für die Masse und das öffentliche Interesse an der Erhaltung gesunder Betriebe können Zahlungen des Geschäftsführers rechtfertigen, sofern dieser den Maßstab eines ordentlichen Geschäftsmannes einhält[189]. Je nach Lage der GmbH hat der Geschäftsführer nach Insolvenzeintritt entweder statisch massewahrend bei unausweichlicher Insolvenz oder beweglich mit dem Ziel der Unternehmenssanierung zu handeln[190].

3. *Zahlungen i.S.d. § 64 S. 3 GmbHG n. F.*

Mit Einführung des MoMiG wurde § 64 S. 3 GmbHG neu in das GmbHG eingefügt. Der Geschäftsführer ist demgemäß zum Ersatz von Zahlungen an

---

185 BGH WM 1986, 237, 239.

186 *Maser/Sommer*, BB 1996, 65, 66.

187 *Maser/Sommer*, BB 1996, 65, 66.

188 BGH WM 1986, 237, 239; *Ensthaler/Zech*, in: *A/E/S*, GmbHG, § 64 Rn. 22; *Haas*, in: *Baumbach/Hueck*, GmbHG, § 64 Rn. 70; *Scheuffele*, in: *Schwerdtfeger*, KpK GesR, Kap. 7, § 64 Rn. 25.

189 BGH NJW 1974, 1089; BGH ZIP 2001, 235, 238; *Haas*, in: *Baumbach/Hueck*, GmbHG, § 64 Rn. 71; *Ulmer*, in: *Hachenburg*, GmbHG, § 64 Rn. 42; *Marsch-Barner/Diekmann*, Münch. Hdb. GesR III, § 46 Rn. 50; *Schmidt*, in: *Scholz*, GmbHG, § 64 Rn. 30; *Scheuffele*, in: *Schwerdtfeger*, KpK GesR, Kap. 7, § 64 Rn. 25.

190 *Kleindiek*, in: *Lutter/Hommelhoff*, GmbHG, § 64 Rn. 12.

Gesellschafter verpflichtet, soweit die Zahlungen zur Zahlungsunfähigkeit der Gesellschaft führen mussten, es sei denn, die Zahlungsunfähigkeit war auch bei Beachtung der in § 64 S. 2 GmbHG bezeichneten Sorgfalt nicht erkennbar. Die neue Vorschrift des § 64 S. 3 GmbHG stellt einen Ausnahmetatbestand mit einem eng begrenzten Anwendungsbereich dar, um zur Insolvenz der GmbH führende Ausplünderungen zu sanktionieren[191]. § 64 S. 3 GmbHG verlagert mithin den in § 64 S. 1 GmbHG bestimmten Zeitpunkt des Auszahlungsverbots im Falle der Zahlungen an die Gesellschafter vor, wenn diese Zahlungen zur Zahlungsunfähigkeit der GmbH führen mussten. Zweck dieser Norm ist, Gesellschaftsgläubiger vor Vermögensverschiebungen zwischen der GmbH und den Gesellschaftern zu schützen und die Vorrangstellung der Gläubiger zu sichern[192]. Ebenso wie im Rahmen des § 64 S. 1 GmbHG n. F. entfällt bei § 64 S. 3 GmbHG die Haftung des Geschäftsführers, wenn die Zahlung mit der Sorgfalt eines ordentlichen Geschäftsmannes vereinbar war[193].

II. Insolvenzgründe

Seit der am 01. Januar 1999 in Kraft getretenen Insolvenzrechtsreform gilt neben der Zahlungsunfähigkeit gemäß § 17 InsO und der Überschuldung gemäß § 19 InsO ebenso die drohende Zahlungsunfähigkeit der Gesellschaft nach § 18 InsO als möglicher Insolvenzgrund[194]. § 64 S. 3 GmbHG n. F. steht systematisch hinter § 64 S. 1 und S. 2 GmbHG n. F. und den dort erfassten verschiedenen Insolvenzgründen der §§ 17 ff. InsO. Eine Anwendung des § 64 S. 3 GmbHG auf den Insolvenzgrund der Überschuldung wäre denkbar. Da sich der Wortlaut des § 64 S. 3 GmbHG n. F. allerdings ausdrücklich nur auf die Zahlungsunfähigkeit bezieht, könnte der Gesetzgeber im Falle einer Zahlung an die Gesellschafter die Regelung bewusst auf die Zahlungsunfähigkeit beschränkt haben. Eine Ausweitung auf den Insolvenzgrund der Überschuldung war gerade nicht geplant[195]. Da der Gesetzgeber die Problematik der zugrundeliegenden Insolvenzgründe kannte und sie angesichts dessen weder in § 64 S. 1 GmbHG n. F. verändert noch in § 64 S. 3 GmbHG n. F. aufgenommen hat, ist von einer bewussten Entscheidung für die

---

191 *Kleindiek*, in: *Lutter/Hommelhoff*, GmbHG, § 64 Rn. 22.

192 *Haas*, in: *Baumbach/Hueck*, GmbHG, § 64 Rn. 2; *Kleindiek*, in: *Lutter/Hommelhoff*, GmbHG, § 64 Rn. 21.

193 *Haas*, in: *Baumbach/Hueck*, GmbHG, § 64 Rn. 106.

194 BGH DStR 2002, 366, 368; HansOLG Hamburg MDR 1972, 959.

195 *Kleindiek*, in: *Lutter/Kleindiek*, GmbHG, § 64 Rn. 27.

ausschließliche Anwendbarkeit auf die Zahlungsunfähigkeit auszugehen. Zudem dient § 64 S. 3 GmbHG n. F. dem Liquiditätsschutz der Gesellschaft[196].

1. *Zahlungsunfähigkeit*

Sobald es der GmbH wegen eines nicht nur vorübergehenden Mangels an Zahlungsmitteln nicht mehr möglich ist, den wesentlichen Teil ihrer fälligen Zahlungsverpflichtungen zu erfüllen, ist sie gemäß § 17 Abs. 2 S. 1 InsO zahlungsunfähig[197]. Mit Einstellung der Zahlungen wird gemäß § 17 Abs. 2 S. 2 InsO widerlegbar vermutet, dass die Gesellschaft fällige Zahlungspflichten nicht mehr erfüllen kann[198]. Eine Zahlungseinstellung ist gegeben, wenn der Schuldner durch ein nach außen hervortretendes Verhalten signalisiert, dass er nicht mehr in der Lage ist, die fälligen, eingeforderten Zahlungsverpflichtungen im Wesentlichen zu erfüllen[199] und sich für die beteiligten Verkehrskreise der berechtigte Eindruck der Zahlungsunfähigkeit aufdrängt[200]. Bereits die Nichtzahlung gegenüber einem einzigen Gläubiger kann bei erheblicher Höhe der Forderung für eine Zahlungseinstellung genügen, jedoch tritt die Zahlungsunfähigkeit regelmäßig vor Zahlungseinstellung ein[201].

Der Zeitpunkt der Zahlungseinstellung ist schwer bestimmbar. Naheliegend scheint, eine Einstellung von Zahlungen dann anzunehmen, wenn die fälligen Zahlungsverpflichtungen nach spätestens drei Wochen nicht erfüllt wurden[202]. Darin muss nicht zwingend die Zahlungsunfähigkeit der GmbH nach § 17 InsO liegen, da lediglich geringfügige Liquiditätslücken im Sinne einer Zahlungsstockung nicht zwingend zur Zahlungsunfähigkeit führen[203]. Der Schuldner kann

196 *Kleindiek*, in: *Lutter/Kleindiek*, GmbHG, § 64 Rn. 27.

197 BGH WM 1984, 1309, 1310 f.; *Arendt*, Haftungsgefahren für den GmbH-Geschäftsführer, S. 20; *Grab/Wissmann*, Haftungsrisiken für den GmbH-Geschäftsführer, S. 161.

198 *Haas*, in: *Baumbach/Hueck*, GmbHG, § 64 Rn. 41; *Henze/Bauer*, in Kölner Schrift zur InsO, S. 1312, Rn. 5.

199 *Kleindiek*, in: *Lutter/Kleindiek*, GmbHG, Anh. zu § 64 Rn. 8.

200 BGHZ 149, 178, 184 f.; *Beck/Depré*, Praxis der Insolvenz, § 2 Rn. 24; *Bußhardt*, in: *Braun*, InsO, § 17 Rn. 31.

201 *Grab/Wissmann*, Haftungsrisiken für den GmbH-Geschäftsführer, S. 161 f.

202 Ebenso *Schmidt-Leithoff*, in: *Rowedder/Schmidt-Leithoff*, GmbHG, Vor § 64 Rn. 6; *Kirchhof*, in: *Kölner Schrift*, S. 289 f.; zur alten KO BGH NJW 2002, 512, 513 f.: etwa einen Monat.

203 *Kleindiek*, in: *Lutter/Kleindiek*, GmbHG, Anh. zu § 64 Rn. 9; *Uhlenbruck*, in: *Uhlenbruck*, InsO, § 17 Rn. 10.

sich bei einer Zahlungsstockung im Rahmen einer vorübergehenden Zahlungsverzögerung noch kurzfristig Liquidität beschaffen[204]. Zahlungsunwilligkeit der Gesellschaft oder Zahlungsstockung bedeutet nicht sogleich eine Zahlungseinstellung[205]. Fällige Forderungen bleiben bei Beurteilung der Zahlungsunfähigkeit allerdings außer Betracht, wenn sie mindestens rein tatsächlich und dementsprechend ohne rechtlichen Bindungswillen gestundet sind[206]. Die Forderung ist immer dann zu berücksichtigen, wenn der Schuldner sie durch Kündigung fällig stellt und gegenüber den Gläubigern die baldige Erfüllung zusagt. Neben den eingeforderten Verbindlichkeiten müssen auch ausdrücklich vereinbarte Überziehungen bei Kontokorrentkrediten im Rahmen der Zahlungsunfähigkeit berücksichtigt werden. Ein zu erstellender Finanzplan soll aufzeigen, dass fällige Verbindlichkeiten gegenwärtig nicht erfüllt werden können[207].

Der Zeitpunkt über den Eintritt der Zahlungseinstellung und der Zahlungsunfähigkeit ist von weitreichender Problematik[208]. Bei der Bestimmung der Zahlungsunfähigkeit ist vor allem zu klären, ab welchem Zeitpunkt aus einer Zahlungsstockung eine Zahlungsunfähigkeit wird und welcher prozentuale Anteil an Verbindlichkeiten bestehen muss. *Kleindiek* sieht eine Zahlungseinstellung nicht zwangsläufig als gegeben an, wenn spätestens nach drei Wochen fällige Zahlungsverpflichtungen nicht erfüllt werden können[209]. Der BGH bestätigt in seinem Urteil vom 24. Mai 2005[210], dass eine Zahlungsstockung dann vorliegt, wenn der Zeitraum von drei Wochen, den eine kreditwürdige Person zur Beschaffung finanzieller Mittel benötigt, nicht überschritten wird. Folglich kann die Zahlungsstockung in eine Zahlungsunfähigkeit umschlagen, wenn die Liquiditätslücke länger als drei Wochen besteht oder nicht innerhalb dieser drei Wochen beseitigt werden kann. Zudem greift der BGH in vorgenannter Entscheidung[211] auf einen prozentualen Schwellenwert zurück, bei dem die

---

204 HansOLG Hamburg MDR 1972, 959: Zahlungsstockung ist nicht sogleich Zahlungseinstellung.

205 *Kleindiek*, in: *Lutter/Kleindiek*, GmbHG, Anh. zu § 64 Rn. 8; *Uhlenbruck*, in: *Uhlenbruck*, InsO, § 17 Rn. 9, 11.

206 BGH ZIP 2009, 1235.

207 *Grab/Wissmann*, Haftungsrisiken für den GmbH-Geschäftsführer, S. 162.

208 *Kleindiek*, in: *Lutter/Hommelhoff*, GmbHG, Anh. zu § 64 Rn. 7; siehe zum Meinungsstand *Haas*, in: *Baumbach/Hueck*, GmbHG, § 64 Rn. 41 f.; *Harz*, ZinsO 2001, 193 f.; *Penzlin*, NZG 1999, 1203, 1205.

209 *Kleindiek*, in: *Lutter/Hommelhoff*, GmbHG, Anh. zu § 64 Rn. 9.

210 BGH GmbHR 2005, 1117 ff.

211 BGH GmbHR 2005, 1117 ff.

Zahlungsunfähigkeit des Schuldners wie folgt angenommen wird: Beträgt die Liquiditätslücke des Schuldners weniger als zehn Prozent seiner fälligen Gesamtverbindlichkeiten, ist das Unternehmen in der Regel zahlungsfähig[212]. Ein höherer Schwellenwert ließe sich mit der Absicht des Gesetzgebers, die Anforderungen an die Zahlungsunfähigkeit abzusenken, nicht vereinbaren[213]. Ein niedrigerer Schwellenwert erreiche zudem zu wenig praktische Bedeutung[214]. Zahlungsunfähigkeit liegt nicht vor, wenn es absehbar ist, dass die Lücke demnächst mehr als zehn Prozent erreichen wird. Beträgt die Liquiditätslücke des Schuldners zehn Prozent oder mehr, ist regelmäßig von einer Zahlungsunfähigkeit auszugehen, sofern nicht ausnahmsweise mit an Sicherheit grenzender Wahrscheinlichkeit zu erwarten ist, dass die Liquiditätslücke demnächst vollständig oder fast vollständig beseitigt wird[215]. Zudem muss den Gläubigern ein Zuwarten nach den besonderen Umständen des Einzelfalles zuzumuten sein[216].

Die Zahlungsunfähigkeit wird dadurch beseitigt, dass die Liquidität der Gesellschaft wiederhergestellt und die Zahlungen gegenüber den Gläubigern wiederaufgenommen werden[217]. Ein gesetzliches oder gerichtliches Zahlungsverbot löst keine Zahlungsunfähigkeit der GmbH aus. Darüber hinaus stellen fällige Lieferverpflichtungen keine Zahlungsverpflichtungen dar, da keine Geldverbindlichkeit vorliegt[218]. Wandeln sich fällige Lieferpflichten wegen der Geltendmachung von Schadensersatzansprüchen in Geld um, welches die Gesellschaft mangels Liquidität nicht aufbringen kann, ist die GmbH zahlungsunfähig[219]. Letztlich beseitigt auch eine Stundungsvereinbarung die Fälligkeit von Verbindlichkeiten, da fällige Zahlungsverpflichtungen, die die Gesellschaft zeitnah erfüllen müsste, nicht mehr bestehen und es keines prognostischen Elements bedarf, um die Zahlungsunfähigkeit zu bestimmen[220].

---

212 BGH GmbHR 2005, 1117, 1121; vgl. auch *Kleindiek*, in: *Lutter/Hommelhoff*, GmbHG, Anh. zu § 64 Rn. 9; a. A. *Uhlenbruck*, in: *Uhlenbruck*, InsO, § 17 Rn. 10.

213 BGH GmbHR 2005, 1117, 1121.

214 BGH GmbHR 2005, 1117, 1121.

215 BGH GmbHR 2005, 1117, 1121.

216 BGH GmbHR 2005, 1117, 1121.

217 BGH DStR 2002, 366, 368; *Kleindiek*, in: *Lutter/Hommelhoff*, GmbHG, Anh. zu § 64 Rn. 12; *Haas*, in: *Baumbach/Hueck*, GmbHG, § 64 Rn. 40.

218 *Haas*, in: *Baumbach/Hueck*, GmbHG, § 64 Rn. 37; *Kleindiek*, in: *Lutter/Hommelhoff*, GmbHG, Anh. zu § 64 Rn. 12; a. A. *Schmidt-Leithoff*, in: *Rowedder/Schmidt-Leithoff*, § 63 Rn. 22, der in nicht erfüllten Lieferpflichten einen möglichen Übergang in Schadensersatzansprüche sieht, welche Geldilliquidität verursachen können.

219 *Kleindiek*, in: *Lutter/Kleindiek*, GmbHG, 2009, Anh. zu § 64 Rn. 12.

220 *Uhlenbruck* in: *Uhlenbruck*, InsO, § 17 Rn. 8.

2. *Drohende Zahlungsunfähigkeit*

Die drohende Zahlungsunfähigkeit stellt keine Haftungsvoraussetzung nach § 64 GmbHG n. F. dar, ist aber in Anbetracht der Erläuterung einschlägiger Insolvenzgründe hier näher auszuführen. Der GmbH droht nach § 18 Abs. 2 InsO die Zahlungsunfähigkeit, wenn die Gesellschaft voraussichtlich nicht in der Lage sein wird, die bestehenden Zahlungsverpflichtungen bei Fälligkeit zu erfüllen. Mit der Vorschrift des § 18 InsO sollte dem Schuldner eine rechtzeitige und leichtere Eröffnung des Insolvenzverfahrens ermöglicht werden[221]. Im Gegensatz zur Zahlungsunfähigkeit kommt es nicht nur auf bestehende fällige, sondern ebenso auf zukünftig fällig werdende Zahlungsverpflichtungen an[222]. Die bestehende Zahlungspflicht umfasst jedwede Geldforderung, deren gesetzlicher Tatbestand der Entstehung bereits verwirklicht wurde: Die Forderung muss im Zeitpunkt der gerichtlichen Entscheidung über die Verfahrenseröffnung bereits den Tatbestand der Entstehung verwirklicht haben, nicht aber fällig sein[223]. Im Rahmen der „Voraussichtlichkeit" muss die Zahlungsunfähigkeit wahrscheinlicher sein als ihr Nichteintreten[224]. Das heißt die Eintrittswahrscheinlichkeit muss größer sein als die einfache Wahrscheinlichkeit von 50%[225]. Die Zahlungsunfähigkeitsprognose muss mittels eines Finanzplans aufgestellt werden, der die gesamte finanzielle Entwicklung des Schuldnerunternehmens bis zur letzten, durch den spätesten Fälligkeitszeitpunkt beschränkten, aber derzeit nicht fälligen Zahlungspflicht beschreibt[226]. Die Gefährdung der Gläubiger rechtfertigt dann die Eröffnung des Insolvenzverfahrens[227].

Nach der so genannten „Innenlösung" kann nur der alleinige Antrag des Schuldners die Eröffnung des Insolvenzverfahrens auslösen[228]. Daher kann nur die Gesellschaft durch ihre Geschäftsführer in vertretungsberechtigter Anzahl gemäß § 18 Abs. 3 InsO das Insolvenzverfahren beantragen, es sei denn der Antragsteller ist gemäß § 18 Abs. 3 InsO a.E. zur Vertretung der Gesellschaft berechtigt. Die Geschäftsführer brauchen den Insolvenzeintritt bei sich abzeichnender Krise der GmbH nicht abzuwarten und können verfahrensrechtliche

---

221 *Uhlenbruck*, in: *Uhlenbruck*, InsO, § 18 Rn. 2.

222 *Bußhardt*, in: *Braun*, InsO, § 18 Rn. 9; *Uhlenbruck*, in: *Uhlenbruck*, InsO, § 17 Rn. 8; § 18 Rn. 3.

223 *Uhlenbruck*, in: *Uhlenbruck*, InsO, § 18 Rn. 5.

224 *Uhlenbruck*, in: *Uhlenbruck*, InsO, § 18 Rn. 6.

225 *Bußhardt*, in: *Braun*, InsO, § 18 Rn. 5.

226 *Bußhardt*, in: *Braun*, InsO, § 18 Rn. 12.

227 *Uhlenbruck*, in: *Uhlenbruck*, InsO, § 18 Rn. 5, 7, 10.

228 *Grab/Wissmann*, Haftungsrisiken für den GmbH-Geschäftsführer, S. 161.

Schritte umgehend einleiten[229]. Die drohende Zahlungsunfähigkeit löst gemäß § 18 Abs. 1, 3 InsO keine Pflicht des Geschäftsführers aus, einen Insolvenzantrag zu stellen, sondern begründet lediglich ein Insolvenzantragsrecht. Der Gesetzgeber bezweckt, eine einfachere und rechtzeitige Verfahrenseröffnung in der Insolvenz zu ermöglichen, ohne dass eine Haftung zu Lasten des Geschäftsführers begründet wird[230]. Im Innenverhältnis ist die Zustimmung der Gesellschafterversammlung mit der für einen Auflösungsbeschluss gemäß § 60 Abs. 1 Nr. 2 GmbHG erforderlichen Mehrheit notwendig, da die Gesellschaft mit Insolvenzverfahrenseröffnung nach § 60 Abs. 1 Nr. 4 GmbHG aufgelöst wird[231]. Der Schuldner hat die drohende Zahlungsunfähigkeit schlüssig darzulegen und zu belegen. Entsprechend §§ 4 InsO, 253 ZPO hat er sämtliche Tatsachen vorzutragen, die unter Annahme ihrer Richtigkeit die Verfahrenseröffnung aufgrund der drohenden Zahlungsunfähigkeit rechtfertigen. Eine Glaubhaftmachung des Insolvenzgrundes mit den Mitteln des § 294 ZPO hat nicht zu erfolgen. Nach Antragszulassung hat das Gericht die noch erforderlichen Unterlagen, insbesondere den Liquiditätsplan, einzufordern[232].

Die Vorteile des Eigenantrages liegen darin, dass der Schuldner die finanzielle Situation des Unternehmens aus eigenem Antrieb überprüft und bewertet. Er entwickelt eigene Vorstellungen, die Krise der Gesellschaft zu überwinden[233]. Der Schuldner entscheidet, ob er sich bei ersten Anzeichen der Krise frühzeitig zum Insolvenzantrag oder zu einer außergerichtlichen Sanierung der Gesellschaft entschließt[234]. Die Erstellung eines Insolvenzplans nach §§ 217 ff. InsO und die Restschuldbefreiung des Schuldners gemäß § 227 Abs. 1 InsO lassen die rechtzeitige Einleitung des Insolvenzverfahrens attraktiv erscheinen[235]. Für den Geschäftsführer birgt dies allerdings die Gefahr, einen verfrühten Insolvenzantrag zu stellen und sich somit einer Haftung nach § 43 GmbHG wegen Verletzung seiner Sorgfaltspflichten auszusetzen.

---

229 *Arendt*, Haftungsgefahren für den GmbH-Geschäftsführer, S. 22.

230 *Kleindiek*, in: *Lutter/Hommelhoff*, GmbHG, Anh. zu § 64 Rn. 6.

231 *Haas*, in *Baumbach/Hueck*, GmHG, § 60 Rn. 29; *Kleindiek*, in: *Lutter/Kleindiek*, GmbHG, Anh. zu § 64 Rn. 6; *Scheuffele*, in: *Schwerdtfeger*, KpK GesR, Kap. 7, § 64 Rn. 5.

232 *Uhlenbruck*, in: *Uhlenbruck*, InsO, § 18 Rn. 11.

233 *Uhlenbruck*, in: *Uhlenbruck*, InsO, § 18 Rn. 2.

234 *Bußhardt*, in: *Braun*, InsO, § 18 Rn. 19.

235 *Uhlenbruck*, in: *Uhlenbruck*, InsO, § 18 Rn. 2.

3. *Überschuldung*

Dem Insolvenzgrund der Überschuldung kommt die rechtspolitisch tiefgreifendste Bedeutung in der Insolvenz einer GmbH zu[236]. Den Zweck dieses Insolvenzgrundes sieht das Gesetz einerseits darin, einen Ausgleich für das beschränkte Haftungskapital der GmbH zu schaffen, andererseits darin, die Insolvenzreife vorzuverlegen, um den Gläubigern mehr Schutz zu bieten[237]. Zeichnen sich wirtschaftliche Schwierigkeiten der GmbH ab, hat jeder Geschäftsführer unabhängig von einer Ressortaufteilung[238] umgehend eine Überschuldungsbilanz der Gesellschaft aufzustellen und fortzuschreiben[239]. Die Überschuldungsbilanz bezweckt die Ermittlung des Schuldendeckungspotentials[240]. Die überragende Bedeutung der Überschuldung als Insolvenzgrund führt seit jeher zu den nachfolgend dargestellten weitläufigen Meinungsverschiedenheiten hinsichtlich ihrer Anforderungen. Die Voraussetzungen der Überschuldung führen bezüglich einer Prognose über die Fortführung des Unternehmens zu nicht unerheblichen Differenzen und zu Neuerungen aufgrund des Finanzmarktstabilisierungsgesetzes[241].

a. Überschuldungsbegriff

Nach der Legaldefinition des § 19 Abs. 2 S. 1 InsO liegt eine Überschuldung vor, wenn das Vermögen der Gesellschaft die bestehenden Verbindlichkeiten nicht mehr deckt. Der Gesetzgeber scheint zunächst eine Auffassung der alten Konkursordnung aufzugreifen, indem er mittels eines Überschuldungsstatus die rein rechnerische Überschuldung ermittelt[242]. Bei der rechnerischen Überschuldung wird eine Vergleichsrechnung zwischen dem Vermögen und bestehenden Verbindlichkeiten zum Stichtag vorgenommen[243]. Allerdings ist diese rein rechnerische Überschuldung kein zuverlässiger Indikator für die Gefährdung der Gläubigerpositionen. Die rechnerische Überschuldung lässt das Risiko des Gläubigers im Falle der Unternehmensfortführung unberücksichtigt und verhindert Erfolg versprechende Sanierungsversuche zur Rettung des Unternehmens, so dass korrigierend

236 *Schmidt/Uhlenbruck*, Die GmbH in Krise, Sanierung und Insolvenz, Rn. 849.

237 *Kleindiek*, in: *Lutter/Hommelhoff*, GmbHG, Anh. zu § 64 Rn. 13.

238 BGH ZIP 1994, 891, 892.

239 BGH DB 1994, 1608, 1613; *Arendt*, Haftungsgefahren für den GmbH-Geschäftsführer, S. 21; *Kleindiek*, in: *Lutter/Hommelhoff*, GmbHG, Anh. zu § 64 Rn. 14, 17.

240 *Kleindiek*, in: *Lutter/Hommelhoff*, GmbHG, Anh. zu § 64 Rn. 17.

241 Gesetz zur Umsetzung eines Maßnahmepakets zur Stabilisierung des Finanzmarktes (=FMStG), Eilgesetz vom 17.10.2008, BGBl I S. 1982, in Kraft getreten am 18.10.2008.

242 *Uhlenbruck*, in: *Uhlenbruck*, InsO, § 19 Rn. 19.

243 *Nerlich*, in: *Michalski*, GmbHG II, § 60 Rn. 90.

auf prognostische Elemente zurückzugreifen ist, um rechtzeitig überschuldete Unternehmen aus dem Markt zu nehmen[244]. Der Gläubigerschutz sollte in einem Gesamtkontext zum Unternehmen als Wirtschaftseinheit gesehen werden, die eine Vielzahl von Interessensgegensätzen beherbergt[245].

aa. Modifizierter zweistufiger Überschuldungsbegriff

Vor Inkrafttreten der Insolvenzordnung zum 01. Januar 1999 und dem mit der InsO zugrundegelegten neuen Überschuldungstatbestandes des § 19 Abs. 2 InsO 1999 hatte sich sowohl in Literatur als auch in Rechtsprechung[246] der sog. modifizierte zweistufige Überschuldungsbegriff herausgebildet. Die Überschuldung wurde als Doppeltatbestand mit exekutorischem und prognostischem Element angesehen[247]: Eine Überschuldung lag vor, wenn das Aktivvermögen der Gesellschaft unter Einbeziehung der Liquidationswerte, insbesondere der stillen Reserven, die bestehenden Verbindlichkeiten nicht deckte (sog. rechnerische Überschuldung) und das Unternehmen nach überwiegender Wahrscheinlichkeit nicht die finanziellen Mittel hatte, um die GmbH mittelfristig fortzuführen (sog. Überlebens- bzw. Fortbestehensprognose)[248]. Eine Überschuldung i.S.d. §§ 63, 64 GmbHG a. F.[249] lag dementsprechend immer bei Zusammentreffen der rechnerischen Überschuldung und einer negativen Zukunftsprognose vor[250]. Bereits mit Urteil vom 13. Juli 1992[251] sowie in anschließenden Urteilen[252] bestätigte der BGH die ganz herrschende Auffassung in der Literatur[253], dass die Insolvenzreife erst dann gegeben sei, wenn sowohl ein Überschuldungsstatus der Gesellschaft als auch eine negative

---

244 *Bußhardt*, in: *Braun*, InsO, § 19 Rn. 1.

245 *Jula*, Die Haftung von GmbH-Geschäftsführer und Aufsichtsräten, S. 45 f.

246 BGHZ 119, 201 = GmbHR 192, 659.

247 *Uhlenbruck*, in: *Uhlenbruck*, InsO, § 19 Rn. 14.

248 BGH ZIP 1992, 1382, 1386 (Dornier); *Hommelhoff/Goette/Kleindiek*, Eigenkapitalersatzrecht in der Praxis, S. 14 ff. Rn. 28 ff.; *Uhlenbruck*, in: *Uhlenbruck*, InsO, § 19 Rn. 8, 14.

249 § 63 GmbHG ist mittlerweile aufgehoben; § 64 GmbHG teilweise in die InsO verlegt.

250 *Bäcker/Prühs*, GmbH-Geschäftsführer-Haftung, S. 62.

251 BGHZ 119, 201, 214 = GmbHR 1992, 659 (Dornier).

252 Ebenso BGH ZIP 1994, 701, 703; BGH ZIP 1995, 23, 25; BGH NJW-RR 1995, 289, 290; OLG Hamm NJW-RR, 1993, 1445; OLG Hamburg ZIP 1990, 1262, 1263.

253 Ebenso *Jula*, Die Haftung von GmbH-Geschäftsführern und Aufsichtsräten, S. 67 f.; *Maser/Sommer*, BB 1996, 65, 68.

Fortführungsprognose bestehe. Der BGH hatte den Prognosezeitraum nach umstrittener Ansicht bereits nach altem Konkursrecht auf mittelfristig festgelegt[254]. Unter „mittelfristig“ wurde nach allgemeiner Auffassung ein Zeitraum von bis zu zwei Jahren oder eine Frist bis zum Ablauf des auf das laufende Geschäftsjahr folgenden Geschäftsjahres angesehen[255]. Der Prognosezeitraum konnte aber im Einzelfall auch länger sein[256]. Ausschlaggebend für die modifizierte zweistufige Überschuldung war, inwieweit die Finanzkraft der Gesellschaft zur Fortführung des Unternehmens ausreichte. Erst ab diesem Zeitpunkt begann die dreiwöchige Antragsfrist für den Geschäftsführer zu laufen. Der Geschäftsführer habe damit die Möglichkeit erhalten, die außergerichtliche Sanierung zu überprüfen und die Insolvenzreife zu beseitigen. Ihm wurde ansonsten die Wahl zwischen einem Insolvenz- und einem Vergleichsantrag gestellt[257].

Dieser Überschuldungsbegriff beinhaltete letztlich sowohl eine rechnerische als auch eine rechtliche Überschuldungskomponente. Die rechnerische Überschuldung einer Gesellschaft war anzunehmen, wenn ihr Vermögen unter Ansatz von Liquidationswerten die bestehenden Gesellschaftsverbindlichkeiten nicht mehr deckte[258]. Zudem erforderte die rechtliche Überschuldungskomponente eine negative Überlebens- oder Fortbestehungsprognose[259]. Eine negative Fortbestehungsprognose lag vor, wenn die Finanzkraft mittelfristig nicht mehr zur Unternehmensfortführung ausreichte[260]. Im Gegensatz zu dem Überschuldungsbegriffs der InsO 1999 stellte die Fortführungsprognose eine eigenständige Prüfungsebene dar und galt nicht nur als unselbstständiges Bewertungselement[261]. Mit der Rechtsprechung des BGH von 2007[262] wurde dieser Einordnung des Überschuldungsbegriffs letztlich jegliche Rechtsgrundlage entzogen.

---

254 BGH ZIP 1995, 819, 825.

255 *Uhlenbruck*, in: *Uhlenbruck*, InsO, § 19 Rn. 29.

256 BGH ZIP 2001, 1874 bei sog. „Start-ups“; *Uhlenbruck*, in: *Uhlenbruck*, InsO, § 19 Rn. 30.

257 *Maser/Sommer*, BB 1996, 65, 68.

258 *Kleindiek*, in: *Lutter/Hommelhoff*, GmbHG, Anh. zu § 64 Rn. 18.

259 *Kleindiek*, in: *Lutter/Hommelhoff*, GmbHG, Anh. zu § 64 Rn. 18.

260 BGHZ 119, 201: Umschreibung in Ls. 2.

261 *Kleindiek*, in: *Lutter/Hommelhoff*, GmbHG, Anh. zu § 64, Rn. 18 ff.

262 BGH DZWIR 2007, 337: „Mit der Neufassung des Überschuldungstatbestandes in § 19 Abs. 2 InsO ist für das neue Recht der zur Konkursordnung ergangenen Rechtsprechung des Senats zum sog. »zweistufigen Überschuldungsbegriff« (BGHZ 119, 201, 214) die Grundlage entzogen.“ (Ls. 4).

bb. Zweistufiger Überschuldungsbegriff

Die herrschende Meinung[263] vertrat daher seit der Insolvenzrechtsreform von 1999 vor allem eine Form der Überschuldung, der den eigentlichen Insolvenzauslöser nach den Regeln des zweistufigen Überschuldungsbegriffes darstellen sollte. Der zweistufige Überschuldensbegriff orientiert sich an einem Bewertungsmaßstab, der auch bei positiver Prognose einen Bilanztest zwingend erforderlich machte[264]. Die bilanzielle Überschuldung führte dazu, anhand eines Finanzstatus bzw. Finanzplans im Rahmen einer ersten Stufe die Fortbestehungsprognose zu ermitteln. In Abhängigkeit davon erfolgte dann auf einer zweiten Stufe der Ansatz des Vermögens entweder zu Fortführungswerten bei positiver Prognose oder zu Liquidations- bzw. Zerschlagungswerten bei negativer Prognose. Gemäß § 19 Abs. 2 S. 2 InsO 1999 ist bei der Vermögensbewertung des Schuldners die Fortführung des Unternehmens zugrunde zu legen, wenn diese nach den Umständen überwiegend wahrscheinlich ist. Die Fortführungsprognose greift nur noch im Rahmen der Bewertungsmethode in der Überschuldungsbilanz[265]. Im Unterschied zum bis dahin vertretenen modifizierten zweistufigen Überschuldungsbegriff kann die Vermögensbewertung durch den Geschäftsführer auf zweierlei Art und Weise erfolgen: Die Aktiva können anhand der Zerschlagungswerte so angesetzt werden, wie sie bei einer Liquidation aufgrund der Unternehmenszerschlagung von Dritten bezahlt werden würden[266]. Die Bewertung der Aktiva kann ebenso anhand ihrer Fortführungswerte erfolgen. Dann ist der Betrag zugrunde zu legen, den ein Dritter für die Fortführung der Gesellschaft als Teil eines lebenden Unternehmens (*going concern*) zahlen würde[267].

Gemäß § 19 Abs. 2 S. 2 InsO 1999 werden somit die Fortführungswerte zugrunde gelegt, wenn die Fortführung des Unternehmens nach den Umständen überwiegend wahrscheinlich ist. Bei Verneinung dieser Wahrscheinlichkeit wird

---

263 *Schmidt* AG 1978, 334; *K. Schmidt*, in: *Scholz*, GmbHG, Vor § 64 Rn. 18 ff.; *Schmidt* ZIP 1980, 233 ff.; *Ulmer*, KTS 1981, 469, 470 f.; *Ulmer*, in: *Hachenburg*, GmbHG, § 63 Rn. 31 ff., *Uhlenbruck*, in: *Uhlenbruck*, InsO, § 19 Rn. 19 ff.

264 *Kleindiek*, in: *Lutter/Hommelhoff*, GmbHG, Anh. zu § 64 Rn. 16; *Uhlenbruck*, in *Uhlenbruck*, InsO, § 19 Rn. 21, 27.

265 *Haas*, DStR 2003, 423, 424; *Jula*, Die Haftung von GmbH-Geschäftsführern und Aufsichtsräten, S. 70; *Bäcker/Prühs*, GmbH-Geschäftsführer-Haftung, S. 62.

266 *Kleindiek*, in: *Lutter/Hommelhoff*, GmbHG, Anh. zu § 64 Rn. 29.

267 *Kleindiek*, in: *Lutter/Hommelhoff*, GmbHG, Anh. zu § 64 Rn. 29.

dieses Ergebnis zu den Liquidationswerten bilanziert[268]. Für die Feststellung der Überschuldung bedeutete dies, dass die Gesellschaft überschuldet ist, sofern die Bilanzen in beiden Varianten darlegen, dass das Gesellschaftsvermögen die Schulden nicht mehr deckt. Eine weitere Prognose ist in diesem Fall nicht mehr erforderlich. Gleiches gilt für den Fall, dass nach beiden Varianten keine Überschuldung vorliegt[269]. Bei einer nach Zerschlagungswerten beurteilten, positiven Liquidationsbilanz kann die GmbH im Liquidationsfall ihre Verbindlichkeiten noch erfüllen. Dementsprechend liegt dann auch im seltenen Fall einer negativen Prognose keine Überschuldung vor. Da der Ansatz nach Fortführungswerten vielfach höher ist, steht eine Überschuldung häufig nur nach der Liquidationsbilanz, nicht aber nach Fortführungswerten fest. Es ist sodann entscheidend, ob die Fortführung der Gesellschaft überwiegend wahrscheinlich im Sinne des § 19 Abs. 2 S. 2 InsO 1999 ist. Überwiegen mithin die positiven gegenüber den negativen Prognoseaspekten, ist die Gesellschaft ebenfalls nicht überschuldet[270]. Die Prognoseberechnung setzt eine nach betriebswirtschaftlichen Grundsätzen durchzuführende Ertrags- und Finanzplanung voraus, die für Sachverständige und sachverständige Dritte nachvollziehbar sein muss. Sie sollte ein zuverlässiges Unternehmenskonzept sowie einen Finanzplan beinhalten, der über die finanzielle Entwicklung des Unternehmens in dem genannten Prognosezeitraum Aufschluss zu geben und die Grundlage einer Fortbestehensprognose zu bilden hat[271].

Der Zweck der Überschuldungsbilanz (Liquidationsbilanz und Fortführungsbilanz) bestimmt den Ansatz ihrer Erstellung: bei der Liquidationsbilanz wird eine Neubewertung aller Aktiva jeweils unter der Annahme ihrer Einzelveräußerung mit dem Ansatz von Zeitwerten und Auflösung stiller Reserven vorgenommen[272]. Die Fortführungsbilanz kann die letzte Jahresbilanz zugrunde legen und dort einzelne Aktiva höher bewerten oder tiefer ansetzen[273]. Die Aktivseite der Überschuldungsbilanz umfasst solche Vermögenswerte, die zu den verwertbaren Bestandteilen der Masse in der Insolvenz gehören[274]. Die Passivseite berücksichtigt hingegen nur solche Verbindlichkeiten in der Bilanz, die vom Gläubiger im

---

268 *Grab/Wissmann*, Haftungsrisiken für den GmbH-Geschäftsführer, S. 165; *Kleindiek*, in: *Lutter/Hommelhoff*, GmbHG, Anh. zu § 64 Rn. 21, 22.
269 *Kleindiek*, in: *Lutter/Hommelhoff*, GmbHG, Anh. zu § 64 Rn. 20.
270 *Kleindiek*, in: *Lutter/Hommelhoff*, GmbHG, Anh. zu § 64 Rn. 28.
271 *Uhlenbruck*, in: *Uhlenbruck*, InsO, § 19 Rn. 28.
272 *Kleindiek*, in: *Lutter/Hommelhoff*, GmbHG, Anh. zu § 64 Rn. 29.
273 *Kleindiek*, in: *Lutter/Hommelhoff*, GmbHG, Anh. zu § 64 Rn. 29.
274 BGHZ 119, 201, 214; *Uhlenbruck*, in: *Uhlenbruck*, InsO, § 19 Rn. 38.

Falle der Verfahrenseröffnung auch Insolvenzforderungen begründen können[275]. Rückstellungen sind insoweit in Betracht zu ziehen, als sie die Risiken unter Annahme der Insolvenz berücksichtigen[276]. Da solche Verbindlichkeiten auszuweisen sind, die im Insolvenzverfahren bedient werden müssen, kommen im Rahmen des Überschuldungsansatzes – im Gegensatz zur Bilanz bei Zahlungsunfähigkeit - auch fällige und gestundete Verbindlichkeiten in den Bilanzierungsansatz. Nicht berücksichtigt wird jedoch das Eigenkapital der Gesellschaft auf der Passivseite. Das Stammkapital des Unternehmens ist keine Verbindlichkeit, sondern dient als Haftkapital[277]. Betriebsrentenansprüche und unverfallbare Versorgungsanwartschaften sind passivierungspflichtig[278].

Der mit Inkrafttreten der InsO 1999 gesetzlich eingeführte zweistufige Überschuldungsbegriff der InsO 1999 hatte eindeutige Vorteile: Er trug der Tatsache Rechnung, dass die Fortführungsprognose als selbständige Bewertungsgrundlage im Rahmen des modifizierten Überschuldungsbegriffs zwar fehleranfällig und gewisse Unsicherheiten in ihrer Rechtsanwendung aufwies, aber letztlich bei der Überschuldungsbewertung unverzichtbar und zweckmäßig war[279]. Im Rahmen des § 19 Abs. 2 InsO 1999 wurde an der Fortbestehungsprognose weiterhin als uneigenständige Bewertungsebene festgehalten, da die Bilanzaufstellung einen geeigneten Gläubigerschutz bietet und in der Unternehmenskrise eine ungerechtfertigt optimistischen Einschätzung der künftigen Ertrags- und Finanzlage der Gesellschaft durch den Geschäftsführer nicht verschönigt werden konnte[280]. Seit der Insolvenzrechtsreform im Jahre 1999 war der in dem Gesetzeswortlaut des § 19 Abs. 2 S. InsO 1999 nunmehr verankerte zweistufige Überschuldungsbegriff weiterhin umstritten. Der Annahme des zu Zeiten der Konkursordnung geltenden modifizierten zweistufigen Überschuldungsbegriffes wurde mit Urteil des BGH vom 05. Februar 2007 endgültig Einhalt geboten[281]. Der BGH stellte klar, dass der „zweistufige Überschuldungsbegriff“[282] aufgrund der Neufassung des Überschuldungstatbestandes nunmehr jeglicher Grundlage entbehrt und

---

275 *Hommelhoff*, in: FS *Döllerer*, 1988, S. 256; *Uhlenbruck*, in: *Uhlenbruck*, InsO, § 19 Rn. 53.

276 *Kleindiek*, in: *Lutter/Hommelhoff*, GmbHG, Anh. zu § 64 Rn. 33.

277 *Uhlenbruck*, in: *Uhlenbruck*, InsO, § 19 Rn. 51.

278 *Kleindiek*, in: *Lutter/Hommelhoff*, GmbHG, Anh. zu § 64 Rn. 34.

279 *Kleindiek*, in: *Lutter/Hommelhoff*, GmbHG, Anh. zu 64 Rn. 24.

280 *Kleindiek*, in: *Lutter/Hommelhoff*, GmbHG, Anh. zu § 64 Rn. 24.

281 BGH DStR 2007, 728.

282 BGHZ 119, 201, 214; 1992, 1382, 1386 (Dornier); gemeint ist der „modifizierte zweistufige Überschuldungsbegriff“.

überholt ist[283]. Der BGH führte zudem aus, dass eine positive Fortführungsprognose für sich allein eine Insolvenzreife des Schuldners nicht aus dem Weg räumen könne, sondern lediglich für die Bewertung seines Vermögens nach Fortführungs- und Liquidationswerten von Bedeutung ist[284].

cc. Überschuldungsbegriff nach § 19 Abs. 2 InsO in der Form des FMStG

Der Überschuldungsbegriff wurde im Rahmen des Gesetzes zur Umsetzung eines Maßnahmenpakets zur Stabilisierung des Finanzmarktes[285] (Finanzmarktstabilisierungsgesetz; FMStG) vom 17. Oktober 2008 sprachlich und inhaltlich neugefasst: Gemäß § 19 Abs. 2 S. 1 InsO in der Form des FMStG[286] liegt eine Überschuldung vor, wenn das Vermögen des Schuldners die bestehenden Verbindlichkeiten nicht mehr deckt, es sei denn, die Fortführung des Unternehmens ist nach den Umständen überwiegend wahrscheinlich. Der Überschuldungsbegriff knüpft an die zu Zeiten der Konkursordnung vor 1999 vorwiegend vertretene Lehre vom sog. modifizierten zweistufigen Überschuldungsbegriff sowie an das Ergebnis einer Überschuldungsbilanz an[287]. Die Wortwahl des § 19 Abs. 2 S. 1 InsO FMStG verdeutlicht, dass eine rechnerische Überschuldung nicht vorliegt, sofern die Fortführung des Unternehmens überwiegend wahrscheinlich ist. Die Bundesregierung begründete ihren Gesetzesentwurf damit, dass die gegenwärtige Finanzkrise zu erheblichen Wertverlusten und zu Liquiditätsengpässen geführt hat[288]. Sofern diese Verluste nicht durch sonstige Vermögenswerte ausgeglichen werden können, sind die Geschäftsführer nach § 15a InsO n. F. zur Stellung eines Insolvenzantrags innerhalb von drei Wochen ab Eintritt der rechnerischen Überschuldung verpflichtet. Die Antragspflicht galt bislang selbst dann, wenn für das Unternehmen an sich eine positive Fortführungsprognose gestellt werden konnte und das Unternehmen innerhalb weniger Monate wieder leistungsstark gewesen wäre[289]. Die positive Fortführungsprognose nach § 19 Abs. 2 InsO 1999 bewirkte lediglich, dass die Aktiva der Gesellschaft nicht nach Liquidationswerten, sondern regelmäßig nach den höheren Fortführungswerten zu bestimmen sind. Sofern es dem Unternehmen nicht gelang, auch unter Einbeziehung der stillen Reserven, des Firmenwertes und des „*good will*" eine ausgeglichene Bilanz

283 BGH DStR 2007, 728 (Ls. 4).
284 BGH DStR 2007, 728, 731.
285 Finanzmarktstabilisierungsgesetz vom 17.10.2008, BGBl. I S. 1982.
286 Im Folgenden „InsO FMStG".
287 *Kleindiek*, in: *Lutter/Hommelhoff*, GmbHG, Anh. zu § 64 Rn. 23.
288 BegrE FMStG, BT-Ds. 16/10600, S. 1, 12.
289 BegrE FMStG, BT-Ds. 16/10600, S. 12, 13.

darzustellen, war die Stellung eines Insolvenzantrages zwingend erforderlich[290]. Künftig sollen solche Gesellschaften nicht mehr verpflichtet sein, einen Insolvenzantrag zu stellen, sofern die Fortführung des Unternehmens überwiegend wahrscheinlich ist[291].

Die Insolvenzantragstellung setzt nunmehr voraus, dass gemäß § 19 InsO FMStG sowohl eine rechnerische Überschuldung als auch eine negative Fortbestehungsprognose gegeben sind[292]. Im Sinne des früher herrschenden modifizierten zweistufigen Überschuldensbegriffs soll die Unternehmensfortführung wahrscheinlich sein, wenn nach überwiegender Wahrscheinlichkeit die Finanzkraft des Unternehmens mittelfristig zur Fortführung ausreicht[293]. Der Vorteil der Geltung des modifizierten zweistufigen Überschuldungsbegriffs liegt darin, dass das prognostische Moment (Fortführungsprognose) und das exekutorische Moment (Bewertung des Schuldnervermögens nach Liquidationswerten) gleichwertig nebeneinander stehen[294]. Nunmehr wurde gesetzlich bestimmt, dass eine Analyse der benötigten und der zu erwartenden Liquidität im Prognosezeitraum (Zahlungsfähigkeitsprognose) erforderlich ist[295]. Der modifizierte zweistufige Überschuldungsbegriff kehrt als Folge der Verkündung des Finanzmarktstabilisierungsgesetzes ab dem 18. Oktober 2008 zur Rechtslage vor Einführung der InsO zum 01. Januar 1999 zurück[296]. Die Änderung des § 19 Abs. 2 InsO FMStG ist befristet. Ein Überschuldungsstatus nach Liquidationswerten war zunächst bis zum 31. Dezember 2010 nicht mehr aufzustellen, wenn die Unternehmensfortführung gesichert ist[297]. Die materielle Überschuldung ist trotz der rechnerischen (formellen) Überschuldung daher nicht gegeben, wenn ein *going concern* vorliegt. Die Geltung des Überschuldungsbegriffs gemäß § 19 InsO FMStG wurde aufgrund der aktuellen Wirtschaftslage zunächst bis zum 31. Dezember 2013 verlängert, da die Wirkungen der Finanzkrise bis Ende 2010 nicht überwunden

---

290 BegrE FMStG, BT-Ds. 16/10600, S. 13.

291 Bundesjustizministerin a.D. Brigitte Zypries, in: Pressemitteilung des BMJ v. 13.10.2008, abrufbar unter: http://www.pressrelations.de/new/standard/result_main.cfm?r=342036&sid=&aktion=jour_pm&print=1&pdf=1, zuletzt abgerufen am 07.03.2012; vgl. auch *Bußhardt*, in: *Braun*, InsO, § 19 Rn. 8.

292 *Bußhardt*, in: *Braun*, InsO, § 19 Rn. 7 f.

293 BegrE FMStG, BT-Ds. 16/10600, S. 13.

294 BegrE FMStG, BT-Ds. 16/10600, S. 13.

295 *Kleindiek*, in: *Lutter/Hommelhoff*, GmbHG, Anh. zu § 64 Rn. 23.

296 Gesetzentwurf der Fraktionen CDU/CSU und FDP vom 14.10.2008, BT-Ds. 16/10600, S. 13; Beschlussempfehlung und Bericht des Haushaltsausschusses vom 18.10.2008, BT-Ds. 16/10651, S. 10.

297 *Bußhardt*, in: *Braun*, InsO, § 19 Rn. 3.

seien[298]. Am 9. November 2012 hat der Deutsche Bundestag - versteckt im „Gesetz zur Einführung einer Rechtsbehelfsbelehrung im Zivilprozess" - in zweiter und dritter Lesung die Entfristung des insolvenzrechtlichen Überschuldungsbegriffes gemäß § 19 Abs. 2 InsO beschlossen. Damit schließt auch künftig eine positive Fortführungsprognose eine Überschuldung aus.

Ob sich diese Neuregelung negativ auf die Anzahl der Insolvenzverschleppungen ausübt, ist ungewiss. Die Rolle der Überschuldung als Eröffnungsgrund war praktisch gering[299]. Positiv zu vermerken ist, dass nach dem Krisenjahr 2009, in dem der Abwärtstrend der Unternehmensinsolvenzen seit 2003 einmalig unterbrochen wurde und die Insolvenzen deutscher Unternehmen um 11, 6% in die Höhe schnellten[300], die Anzahl der Unternehmensinsolvenzen im Jahr 2010 bereits um 1,2% absank[301]. Allerdings haben die Gerichte im Rahmen der Insolvenzverschleppungshaftung nach § 823 Abs. 2 BGB i.V.m. § 15a Abs. 1 InsO n. F. bei erwiesener rechnerischer Überschuldung die Annahme einer positiven Fortbestehungsprognose kritisch zu prüfen[302]. Die befristete Neufassung des § 19 Abs. 2 InsO FMStG soll vorübergehenden Markterfordernissen Rechnung tragen, dient aber nicht dazu, dauerhaft überlebensunfähige Gesellschaften im Markt zu halten[303].

b. Eigenkapitalersetzende Gesellschafterdarlehen

Problematisch ist die Behandlung der sog. eigenkapitalersetzenden Gesellschafterdarlehen im Rahmen der Passiva. Schon vor Inkrafttreten der neuen Insolvenzordnung war umstritten, ob kapitalersetzende Darlehen im Bereich des Überschuldungsstatus der Gesellschaft zu passivieren sind. Im Rahmen des am

---

298 DieVerlängerung der Geltung erfolgte durch das Gesetz zur Erleichterung der Sanierung von Unternehmen vom 24.09.2009, BGBl. I S. 3151.

299 *Kleindiek*, in: *Lutter/Hommelhoff*, GmbHG, Anh. zu § 64 Rn. 37.

300 Vgl. Statistische Bundesamt zu den Unternehmensinsolvenzen in Deutschland, abrufbar unter: http://www.destatis.de/jetspeed/portal/cms/Sites/destatis/Internet/DE/Content/Statistiken/UnternehmenGewerbeInsolvenzen/Insolvenzen/Aktuell.psml, zuletzt abgerufen am 07.03.2012: 39.320 Unternehmensinsolvenzen in Deutschlandim Jahr 2003.

301 Vgl. Statistische Bundesamt zu den Unternehmensinsolvenzen in Deutschland, abrufbar unter: http://www.destatis.de/jetspeed/portal/cms/Sites/destatis/Internet/DE/Content/Statistiken/UnternehmenGewerbeInsolvenzen/Insolvenzen/Aktuell.psml, zuletzt abgerufen am 07.03.2012: 31.998 Unternehmensinsolvenzen in Deutschland im Jahr 2010.

302 *Kleindiek*, in: *Lutter/Hommelhoff*, GmbHG, Anh. zu § 64 Rn. 37.

303 *Kleindiek*, in: *Lutter/Hommelhoff*, GmbHG, Anh. zu § 64 Rn. 38.

01. November 2008 in Kraft getretenen MoMiG konnte nunmehr die Änderung des § 19 Abs. 2 InsO für die Annahme von Umständen, die zwingend die Insolvenzantragspflicht auslösen, von entscheidender Bedeutung sein.

aa. Alte Rechtsprechung vor Inkrafttreten des MoMiG

Nach einer weitverbreiteten Auffassung in der Lehre war die Passivierung kapitalersetzender Darlehen und vergleichbarer Gesellschafterleistungen in der Überschuldungsbilanz nach der Konkursordnung nicht erforderlich[304]. Eine Passivierung hatte auch dann nicht zu erfolgen, wenn der betroffene Gesellschafter keine Rangrücktrittserklärung abgegeben hat[305]. Diese Ansicht argumentierte mit dem Wortlaut des § 32a GmbHG a. F.[306]. Demgemäß begründeten eigenkapitalersetzende Gesellschafterdarlehen mangels fälligen Rückzahlungsanspruchs keine Konkursforderungen[307]. Zudem sei es wertungswidersprüchlich, wenn Verbindlichkeiten, die im Konkurs gar nicht berücksichtigt oder bedient werden dürfen, die (rechnerische) Überschuldung herbeiführen oder zu ihr beitragen[308]. Sinn der Überschuldungsbilanz war die Feststellung, ob das Gesellschaftsvermögen alle außen stehenden Gesellschaftsgläubiger befriedigen könne. Forderungen der Gesellschafter seien von der Überschuldungsbilanz nicht zu erfassen gewesen. Die Gesellschafter konnten unter diesen Umständen die auf funktionales Eigenkapital umqualifizierten Hilfen nicht fordern[309]. Nicht einsehbar war hierbei allerdings, warum ein Geschäftsführer für die Nichtstellung eines Insolvenzantrages sowohl zivilrechtlich als auch strafrechtlich belangt werden sollte, obwohl die Gesellschaft über ausreichendes aktives Vermögen verfügte, um Drittgläubiger zu befriedigen. Dies ist mit Blick auf die Neufassung des § 39 Abs. 1 Nr. 5 InsO auch dann der Fall, wenn die Gesellschafter hinsichtlich der von ihnen geleisteten eigenkapitalersetzenden Darlehen unbefriedigt bleiben[310].

---

304 *Altmeppen*, ZIP 2001, 240; *Uhlenbruck*, in: *Uhlenbruck*, InsO, § 19 Rn. 69.

305 *Altmeppen*, ZIP 2001, 240.

306 § 32a GmbHG ist mit Inkrafttreten des MoMiG vollumfassend entfallen.

307 *Schmidt-Leithoff*, in: *Rowedder/Schmidt-Leithoff*, GmbHG, § 63 Rn. 63.

308 *Hommelhoff*, in: FS *Döllerer*, S. 245, 258; *Uhlenbruck*, in: *Uhlenbruck*, InsO, § 19 Rn. 69.

309 BGH ZIP 2001, 235, 236; *Lutter/Kleindiek*, in: *Lutter/Hommelhoff*, GmbHG, 15. Auflage, Köln 2000, § 64 Rn. 17 c; ähnlich *Fleischer*, ZIP 1996, 773, 778 f. und *Noack*, in: FS *Claussen*, S. 307, 314 f.; ferner OLG München NJW 1994, 3112 m. ablehn. Anm. *Wolf*, DB 1995, 2277.

310 *Altmeppen*, ZIP 2001, 240; *Hirte*, DStR 2000, 1829; *Lutter/Kleindiek*, in: *Lutter/Hommelhoff*, GmbHG, 15. Auflage, Köln 2000, § 64 Rn. 17a – 17d; *Lutter*, ZIP 1999, 641, 645; *Noack*, in FS *Claussen*, S. 307, 314 f.

Mit der Gleichstellung von funktionalem und statutarischem Eigenkapital wurde dem Erhaltungsinteresse der Mitgesellschafter Rechnung getragen. Allerdings belasteten den Geschäftsführer vor allem die Einstufung der Leistungen als eigenkapitalersetzende Darlehen und eine damit gegebenenfalls verbundene Nichtstellung des Insolvenzantrags und führten zu seiner verstärkten zivilrechtlichen Haftung und strafrechtlichen Verantwortung[311]. Gerade die Rechtssicherheit machte demzufolge die Passivierung sämtlicher eigenkapitalersetzender Leistungen in der Überschuldungsbilanz erforderlich[312]. Bereits unter der alten Konkursordnung vertrat daher die herrschende Meinung, dass eigenkapitalersetzende Gesellschafterdarlehen unter Hinweis auf den Gläubigerschutz des § 64 Abs. 1 GmbHG a. F. (nunmehr § 15a InsO n. F.) und der § 32a und b GmbHG (nunmehr entfallen) sowie der Rechtssicherheit prinzipiell zu berücksichtigen seien[313]. Diese Berücksichtigung erfolgte über den so genannten Rangrücktritt, bei dem die Gesellschafter mit ihren Forderungen im Rang zurücktraten[314]. Allerdings setzt der gesetzliche Rangrücktritt voraus, dass kapitalersetzende Leistungen als Verbindlichkeiten der Gesellschaft einzuordnen seien. Ein Verzicht der Gesellschafter auf den Rückzahlungsanspruch sei daher zwingend erforderlich[315].

Weitere Stimmen entnahmen nach der Insolvenzrechtsreform von 1999 auch der Regierungsbegründung zu § 39 Abs. 2 InsO, dass das mit Rangrücktritt versehene Darlehen aus der Insolvenzmasse zu befriedigen und im Überschuldungsstatus zu passivieren sei[316]. Der gesetzlich angeordnete Rangrücktritt setze die Einordnung der kapitalersetzenden Leistung als Verbindlichkeit der Gesellschaft notwendig voraus[317]. Das Gesetz habe ausdrücklich festgesetzt, dass die betreffenden Forderungen nachrangig am Insolvenzverfahren teilzunehmen haben, so dass der einfache Rangrücktritt dazu nicht auszureichen scheint[318]. Diese sehr

---

311 Vgl. u.a. LG Düsseldorf BB 1997, 804, 806.

312 *Altmeppen*, ZHR 164 (2000), 349; ausführlich auch *Seppelt*, BB 2010, 1395, 1396 f.

313 BGH ZIP 2001, 235, 237; OLG Düsseldorf GmbHR 1999, 615, 617, mit Anm. *Eckardt* EWiR 1999, 175; *K. Schmidt*, in: *Scholz*, GmbHG, §§ 32a, 32b Rn. 63; *Scholz*, GmbHR 1999, 9, 15 f.; *Priester*, ZIP 1994, 413, 416; *Uhlenbruck*, Die GmbH in Krise Sanierung und Insolvenz, Rn. 610; *Fastrich*, in: FS *Zöllner*, S. 143, 159 ff.

314 *Grab/Wissmann*, Haftungsrisiken für den GmbH-Geschäftsführer, S. 166.

315 OLG Düsseldorf NZG 1999, 668, 670; NZG 1999, 884, 885; OLG Hamburg NJW-RR 1986, 1364, 1365; *Altmeppen*, ZIP 2001, 240; *Kübler/Prütting/Holzer*, InsO, 1999, § 39 Rn. 22 a f.; *Rowedder*, GmbHG, § 63 Rn. 63.

316 *Altmeppen*, ZHR 164 (2000), 349.

317 *Altmeppen*, ZHR 164 (2000), 349, 350.

318 *Altmeppen*, ZHR 164 (2000), 349, 350; *Grab/Wissmann*, Haftungsrisiken für den GmbH-Geschäftsführer, S. 166.

weitgehende Betrachtungsweise führt jedoch nicht nur zu Zinsverlusten bei dem Gläubiger, sondern auch zu dem möglicherweise nur vorübergehenden Verlust der Forderung. Überlegungen zu einem bedingten Forderungsverzicht mit sogenannter Besserungsklausel, die ein Wiederaufleben der erloschenen Forderung nach Beendigung des Insolvenzverfahrens vorsah, führten ebenfalls zu Zinsverlusten bei dem Gläubiger sowie zu dem zumindest vorübergehenden Verlust der Forderung[319]. Eine vermittelnde Auffassung sah eine rechtsgeschäftliche Rangrücktrittserklärung des Kreditgeber-Gesellschafters gegenüber der Gesellschaft dann als erforderlich an, wenn das kapitalersetzende Darlehen nicht in die Überschuldungsberechnung miteinbezogen werden sollte[320]. Die Literaturmeinungen gingen demgemäß weit auseinander.

bb. Rechtsprechungsänderung vom 08. Januar 2001

Mit Urteil vom 08. Januar 2001[321] stellte der BGH unter Ablehnung der Regierungsbegründung endgültig klar, dass Forderungen eines Gesellschafters aus der Gewährung eigenkapitalersetzender Leistungen in der Überschuldungsbilanz der Gesellschaft zu passivieren sind, soweit eine qualifizierten Rangrücktrittserklärung nicht vorliegt[322]. Ein qualifizierter Rangrücktritt liegt vor, wenn sich aus der Erklärung über den Rangrücktritt die Befriedigung des den Kredit gebenden Gesellschafters als letztrangigem Gläubiger - allerdings vor Verteilung eines etwaigen Restvermögens nach § 199 S. 2 InsO - ergibt. Dabei ist der Inhalt der Rangrücktrittserklärung gegebenenfalls durch Auslegung zu ermitteln[323]. Einer weiteren Erklärung, insbesondere eines Verzichts auf die Forderung, bedürfe es seitens des Gesellschafters nicht, da nach Überwindung der Krise oder Bestehen eines Liquidationsüberschusses ausschließlich die Mitgesellschafter begünstigt werden würden[324]. Den Interessen der außen stehenden Gesellschaftsgläubiger wird somit durch die Rangrücktrittserklärung in vollem

---

319 *Grab/Wissmann*, Haftungsrisiken für den GmbH-Geschäftsführer, S. 166.

320 *Altmeppen*, ZHR 164 (2000), 349, 350.

321 BGH ZIP 2001, 235 ff.

322 BGH ZIP 2001, 235, 236; vgl. auch *Hommelhoff/Goette/Kleindiek*, Eigenkapitalersatzrecht in der Praxis, S. 23 ff. Rn. 31a ff.; *Uhlenbruck*, in: *Uhlenbruck*, InsO, § 19 Rn. 70.

323 BGH ZIP 2001, 235, 237; *Altmeppen*, ZIP 2001, 240 f.

324 Vgl. auch *Uhlenbruck*, in: *Uhlenbruck*, InsO, § 19 Rn. 70.

Umfang Rechnung getragen. Ferner wird dem Wunsch der Mitgesellschafter, die Gesellschaft erhalten zu können, entsprochen[325].

Die Aufstellung einer Überschuldungsbilanz sollte sodann die Vermögenswerte der Gesellschaft mit ihren aktuellen Verkehrs- und Liquidationswerten beinhalten. Eine Jahresbilanz ist demgemäß nicht ausreichend, da aktuelle Werte meist nicht erfasst werden[326]. Weiter erklärt der BGH, dass auf der Passivseite mit Ausnahme der Rangrücktrittserklärung solche Gesellschafterforderungen für die Überschuldungsbilanz ausgewiesen werden müssen, die aufgrund ihres eigenkapitalersetzenden Charakters in der Unternehmenskrise nicht bedient werden dürfen[327]. Die Gesellschafterforderungen verlieren weder ihren Verbindlichkeitscharakter oder erlöschen in der Gesellschaftskrise noch werden sie automatisch zu statuarischem Eigenkapital[328]. Die Rechtsnatur des eigenkapitalersetzenden Gesellschafterdarlehens als Fremdkapital besteht selbst nach Einleitung des Insolvenzverfahrens fort. Der das Darlehen gebende Gesellschafter befindet sich in der alleinigen Position und Kompetenz, sich in seine Stellung als – nachrangigen – Gläubiger zu begeben. Im Übrigen hat eine Passivierung im Rahmen der Rechtssicherheit zu erfolgen[329]. Zwar darf der Gesellschafter seine Forderungen während der Krise nicht geltend machen. Nach Überwindung der Krise ist es ihm jedoch möglich, seine noch ausstehenden Rechte aus seiner Drittgläubigerstellung auch hinsichtlich der Rückstände[330], gegenüber der GmbH geltend zu machen[331], soweit das zur Deckung des Stammkapitals erforderliche Gesellschaftsvermögen nicht angegriffen wird[332]. Letztlich hat sich der den Kredit gebende Gesellschafter zu entscheiden, ob er entweder das Unternehmen in die Insolvenz führt, um ggf. einen Teil seiner an die Gesellschaft gewährten Darlehen zurückzuerhalten, oder ob er seine Hilfe und die mögliche Krisenüberwindung durch Abgabe einer Rangrücktrittserklärung anbietet[333].

---

325 BGH ZIP 2001, 235, 237; *Altmeppen*, ZIP 2001, 240 f.; *Kleindiek*, in: *von Gerkan/Hommelhoff*, Handbuch des Kapitalersatzrechts, S. 209 f.; *Uhlenbruck*, Die GmbH in Krise, Sanierung und Insolvenz, Rn. 612.

326 BGH ZIP 2001, 235, 236.

327 BGH ZIP 2001, 235, 237.

328 BGH ZIP 2001, 235, 237; *Uhlenbruck*, in: *Uhlenbruck*, InsO, § 19 Rn. 70.

329 BGH ZIP 2001, 235, 237.

330 BGHZ 140, 147, 153 = ZIP 1999, 65, 67 f.

331 BGH ZIP 2001, 235, 237.

332 BGH GmbHR 1997, 501, 503.

333 *Altmeppen*, ZIP 2001, 240 f.

Das Urteil des BGH lässt nicht ausdrücklich erkennen, ob der Rangrücktritt in den Rang des § 39 Abs. 1 Nr. 5 InsO a. F. oder in den Rang des § 39 Abs. 2 InsO führte. Aus den Entscheidungsgründen ist jedoch erkennbar, dass der BGH auch den Rangrücktritt in den Rang des § 39 Abs. 1 Nr. 5 InsO a. F. ausreichen ließ[334]. Gemäß § 39 Abs. 1 Nr. 5 InsO a. F. waren die Gesellschafter, die ein kapitalersetzendes Darlehen gewährt haben, kraft Gesetzes nachrangig zu befriedigen. Im Gegensatz zum früheren Recht der bis 31. Dezember 2008 geltenden Konkursordnung nehmen die Gläubiger kapitalersetzender Darlehen somit ausdrücklich am Insolvenzverfahren teil[335]. Nach Befriedigung der Gläubiger steht die noch vorhandene Masse denjenigen Gesellschaftergläubigern zu, die den Rangrücktritt erklärt haben und sich mittels der qualifizierten Rangrücktrittserklärung aus dem Schutzbereich der Insolvenzantragspflicht kraft Rechtsgeschäft herausbegeben haben. Den kreditgebenden Gesellschaftern ist bekannt, dass dem Unternehmen in der Krise durch ihre nachrangige Befriedigung im Sinne des § 39 Abs. 2 InsO a. F. die Fortsetzung ermöglicht werden soll[336]. Andernfalls könnte die Rangrücktrittserklärung die Insolvenzantragspflicht gar nicht abwenden.

Hat die Gesellschaft nur einen einzigen Gläubiger, der gleichzeitig Gesellschafter-Kreditgeber ist, muss ihre Abwicklung auch dann erfolgen, wenn dieser seine Rangrücktrittserklärung verweigert[337]. Es ist letztlich nicht einsehbar, warum die Gesellschaft entgegen dem Standpunkt des einzigen Gesellschafter-Kreditgeber, der eine Rangrücktrittserklärung verweigert hat, mit solchen Mitteln aufrecht erhalten und fortgeführt wird, die aus dem Darlehen des Gesellschafters an das Unternehmen stammten. Mit seiner Weigerung verfolgte der Gesellschafter-Kreditgeber gerade die Liquidation der Gesellschaft[338].

cc. Rechtslage nach MoMiG

Mit Inkrafttreten des MoMiG[339] wurden die Vorschriften der §§ 32a, b GmbHG aus dem GmbHG gestrichen und ihrer systematischen Einordnung entsprechend in die Insolvenzordnung überführt. § 19 Abs. 2 InsO erfuhr gravierende Änderungen: Während der Regierungsentwurf zunächst noch davon ausgegangen war, dass Forderungen, die mit einem gesetzlichen Nachrang im Sinne des § 39 Abs. 1 Nr. 5 InsO zu versehen sind, nicht zu passivieren sind, sprach sich

334 *Uhlenbruck*, in: *Uhlenbruck*, InsO, § 19 Rn. 71.
335 *Altmeppen*, ZHR 164 (2000), 349, 350.
336 Ebenso *Altmeppen*, ZIP 2001, 241.
337 *Altmeppen*, ZIP 2001, 241; *Altmeppen*, ZHR 164 (2000), 349, 373 f.
338 *Altmeppen*, ZIP 2001, 241; *Altmeppen*, ZHR 164 (2000), 349, 373 f.
339 MoMiG vom 23.10.2008, BGBl. I S. 2026.

der Rechtsausschuss dafür aus, dass notwendigerweise eine vertragliche Unterordnung zu vereinbaren ist[340]. Dementsprechend sind lediglich solche Forderungen nicht passivierungspflichtig, bei denen nach § 39 Abs. 2 InsO ein Nachrang hinter den Forderungen im Sinne des § 39 Abs. 1 Nr. 1 bis 5 InsO vereinbart wurde. Die Gesetzesänderung orientierte sich hierbei maßgeblich an der Rechtsprechung des BGH vom 08. Januar 2001[341]. Der neuen Fassung des § 19 Abs. 2 InsO zufolge ist ein Rücktritt in diesen Rang nicht mehr notwendig. § 19 Abs. 2 S. 2 InsO n. F. bestimmt nunmehr, dass Forderungen auf Rückgewähr von Gesellschafterdarlehen oder aus Rechtshandlungen, die einem solchen Darlehen wirtschaftlich entsprechen, für die gemäß § 39 Abs. 2 InsO zwischen Gläubiger und Schuldner der Nachrang im Insolvenzverfahren hinter den in § 39 Abs. 1 Nr. 1 bis Nr. 5 InsO n. F. bezeichneten Forderungen vereinbart worden ist, nicht bei den Verbindlichkeiten nach § 19 Abs. 2 S. 1 InsO zu berücksichtigen sind. Eine Subordination hinter die nachrangigen Insolvenzgläubiger i.S.d. § 39 Abs. 1 Nr. 1 bis 5 InsO ist nunmehr ausreichend. Da § 39 Abs. 2 InsO lediglich eine Auslegungsregel beinhaltet, muss die Unterordnung, auch im Hinblick auf zukünftige Rangrücktrittsvereinbarungen, nach der Intention des Gesetzgebers ausdrücklich erklärt werden. Die vertragliche Rangrücktrittserklärung hat vor allem eine Warnfunktion und bezweckt, dass sich mittels einer notwendigen aktiven Handlung des Gesellschafters die Gefahr einer unkontrollierten Zunahme der masselosen Insolvenzen vermeiden ließe[342].

dd. Eigenkapitalersetzende Darlehen mehrerer Gesellschafter

Haben mehrere Gesellschafter der GmbH eigenkapitalersetzende Darlehen gewährt, ist die Behandlung der Sachlage schwer zu beurteilen, wenn nicht alle von ihnen eine Rangrücktrittserklärung abgeben und nur ein Teil mit einer nachrangigen Befriedigung einverstanden ist. Dem Gesetzeswortlaut des § 39 Abs. 2 InsO folgend nahm eine weit verbreitete Literaturmeinung die vorrangige Befriedigung solcher das Darlehen gebender Gesellschafter an, die eine Rangrücktrittserklärung abgegeben haben, vor denjenigen, die einen Rangrücktritt verweigert haben[343]. Diese Betrachtungsweise schien den Verhaltensweisen der

340 *Blöse*, GmbHR 2008, 71, 78.

341 BGH ZIP 2001, 235 ff.

342 Beschlussempfehlung und Bericht des Rechtsausschusses, BT-Ds. 16/9737, S. 105.

343 *Altmeppen* ZHR 164 (2000), 249, 352; *K. Schmidt*, GmbHR 1999, 9, 12; i. Erg. ebenso *Uhlenbruck*, in: *K. Schmidt/Uhlenbruck*, Die GmbH in Krise, Sanierung und Insolvenz, Rn. 613.

Gesellschafter entsprechend gerechtfertigt: Den Gesellschaftern, die eine Rangrücktrittserklärung im Falle der Insolvenz und Liquidierung des Unternehmens abgegeben haben, gebührte für ihre nachrangige Befriedigung der Vortritt gegenüber solchen Kreditgeber-Gesellschaftern, die einen Rangrücktritt kategorisch abgelehnt haben[344]. Mit der Einführung des MoMiG ist der Gesetzeswortlaut des § 39 Abs. 2 InsO nicht verändert worden. Dementsprechend ist davon auszugehen, dass die oben genannte Ansicht weiterhin Bestand hat: Die Gesellschafter, die einen Rangrücktritt vereinbart haben, erhalten für ihre nachrangige Befriedigung den Vortritt vor solchen Gesellschaftern, die einen Rangrücktritt bei eigenkapitalersetzenden Darlehen verweigerten.

III. Eröffnung des Insolvenzverfahrens

Das Insolvenzgericht wird entweder das beantragte Insolvenzverfahren durch Eröffnungsbeschluss gemäß § 27 InsO eröffnen oder es weist den Antrag, das Insolvenzverfahren zu eröffnen, gemäß § 26 InsO mangels einer die Verfahrenskosten deckenden Masse ab[345]. Gemäß § 80 InsO geht aufgrund der Eröffnung des Insolvenzverfahrens das Recht des Schuldner, das zur Insolvenzmasse gehörende Vermögen zu verwalten und über es zu verfügen, auf den Insolvenzverwalter über. Der Insolvenzverwalter ist ab Verfahrenseröffnung nunmehr dafür zuständig, bestehende Ansprüche, insbesondere gegen den Geschäftsführer, geltend zu machen. Wurde der Antrag auf Verfahrenseröffnung abgewiesen, können die Gläubiger den Anspruch der Gesellschaft gegen ihren Geschäftsführer pfänden und überweisen lassen. Eine gleichmäßige Befriedigung der Gläubiger ist dann jedoch nicht mehr gegeben[346].

IV. Verschulden

Die deliktsrechtliche Natur des § 64 GmbHG n. F. fordert ein Verschulden des Geschäftsführers als Haftungsvoraussetzung[347]. Nach herrschender Ansicht genügt bereits ein fahrlässiges Verhalten des Geschäftsführers hinsichtlich sämtlicher

---

344 *Altmeppen* ZHR 164 (2000), 249, 352.

345 BGH NJW 2001, 304, 305 = NZG 2000, 1222; *Fleck*, GmbHR 1974, 224, 230; *Ulmer*, in: *Hachenburg*, GmbHG, § 64 Rn. 38; *Nerlich, in: Michalski*, GmbHG II, § 64 Rn. 47.

346 *Haas*, in: *Baumbach/Hueck*, GmbHG, § 64 Rn. 13.

347 *Arendt*, Haftungsgefahren für den GmbH-Geschäftsführer, S. 37; *Haas*, in: *Baumbach/Hueck*, GmbHG, § 64 Rn. 84.

anspruchsbegründender Tatsachen[348]. Auf die positive Kenntnis der Zahlungsunfähigkeit oder Überschuldung kommt es daher nicht an[349]. Nach altem Recht fand bislang keine Berücksichtigung, dass § 64 Abs. 2 GmbHG a. F. die Verletzung der in § 64 Abs. 1 GmbHG a. F. (§ 15a InsO n. F.) geregelten Pflichten sanktionierte. Machte daher § 64 Abs. 1 GmbHG a. F. den Beginn der Antragspflicht von der positiven Kenntnis abhängig, war auch für den Anspruch nach § 64 Abs. 2 GmbHG a. F. positive Kenntnis der Antragsvoraussetzungen erforderlich[350]. Da dem Geschäftsführer die Zahlungsunfähigkeit kaum verborgen geblieben sein konnte, war das Ergebnis letztlich unproblematisch[351]. Mit der Verlagerung des § 64 Abs. 1 GmbHG a. F. in § 15a InsO scheint es auf diese Bezugnahme erst recht nicht mehr anzukommen.

Ausreichend für ein Verschulden ist bereits die widerlegbar vermutete Erkennbarkeit des Insolvenzeintritts[352]. Die Darlegungs- und Beweislast der mangelnden Erkennbarkeit trifft somit den Geschäftsführer[353]. Der zugrunde zu legende Verschuldensmaßstab bemisst sich an der Sorgfalt eines ordentlichen Geschäftsmannes im Sinne des § 64 S. 2 GmbHG n.F, wobei individuelle Fähigkeiten des Geschäftsführers außer Betracht bleiben[354]. Jeden Geschäftsführer trifft mit Beginn der Krise gesteigerte Organpflichten, insbesondere eine Beobachtungspflicht[355]. Eine Ressortaufteilung der Geschäftsführer untereinander ändert an einem Verschulden nichts: in der Krise des Unternehmens entstehen zusätzliche Kontroll- und Überwachungspflichten gegenüber den Mitgeschäftsführern[356]. Desinteresse und mangelnde Sachkenntnis entsprechen nicht den Anforderungen an das Sorgfaltserfordernis. Bei mangelnden

---

348 BGH 75, 96, 111; OLG Düsseldorf WM 1992, 1658, 1660 f. = GmbHR 1993, 159, 160; OLG Hamm NJW-RR 1993, 1445, 1447 = GmbHR 1993, 584, 585; LG Köln WM 1990, 411, 413; *Haas*, in: *Baumbach/Hueck*, GmbHG, § 64 Rn. 84; *Kleindiek*, in: *Lutter/Hommelhoff*, GmbHG, § 64 Rn. 14; *Schmidt-Leithoff*, in: *Rowedder/Schmidt-Leithoff*, GmbHG, § 64 Rn. 32; a. A: *Liebs*, in: FS *Rittner*, 1991, S. 372 f.: nicht schon leichte Fahrlässigkeit.

349 *Haas*, in: *Baumbach/Hueck*, GmbHG, § 64 Rn. 84.

350 *Schulze-Osterloh*, in: *Baumbach/Hueck*, GmbHG, 18. Auflage, München 2006, § 64 Rn. 83.

351 *Schulze-Osterloh*, in: *Baumbach/Hueck*, GmbHG, 18. Auflage, München 2006, § 64 Rn. 83.

352 *Kleindiek*, in: *Lutter/Hommelhoff*, GmbHG, § 64 Rn. 14.

353 BGH ZIP 2007, 1265, 1266; *Kleindiek*, in: *Lutter/Hommelhoff*, GmbHG, § 64 Rn. 14.

354 *Haas*, in: *Baumbach/Hueck*, GmbHG, § 64 Rn. 84.

355 *Kleindiek*, in: *Lutter/Hommelhoff*, GmbHG, § 64 Rn. 15.

356 BGH ZIP 1994, 891, 892 f.; *Kleindiek*, in: *Lutter/Hommelhoff*, GmbHG, § 64 Rn. 15.

Fähigkeiten muss externer Sachbeistand hinzugezogen werden[357]. Die Sorgfalt eines ordentlichen Geschäftsmannes ist unter anderem gewahrt, wenn Zahlungen an Dritte die Insolvenzmasse nicht schmälern. Darunter fallen sowohl Zahlungen an absonderungsberechtigte Gläubiger, die den Wert des Sicherungsgutes in ihrer Höhe nicht übersteigen, als auch solche Zahlungen, die den sofortigen Zusammenbruch der GmbH verhindern oder Sanierungsmaßnahmen innerhalb der Dreiwochenfrist des § 15a InsO n. F. absichern[358]. Im Rahmen des Verschuldens darf eine positive Fortbestehungsprognose zugunsten der Gesellschaft nicht außer Betracht bleiben. Der Geschäftsführer darf im Falle ihres Vorliegens grundsätzlich auch Auszahlungen vornehmen[359]. Ein Verschulden des Geschäftsführers in der Insolvenz entfällt, wenn er die positive Fortbestehungsprognose unter Berücksichtigung aller Umstände richtig getroffen hat[360]. Aufgrund des späteren Insolvenzeintritts fällt der Beweis über das tatsächliche Bestehen einer Fortbestehungsprognose im Zeitpunkt der Auszahlung schwer[361]. Sofern der Beweis des Anspruchstellers gelingt, dass die GmbH zum Zeitpunkt des Rechtsgeschäftsabschlusses überschuldet war, ist der Geschäftsführer hinsichtlich der positiven Fortbestehungsprognose beweispflichtig. Aufgrund eines Beurteilungsspielraumes ist es ihm möglich, Entscheidungen zu treffen, die aus *ex-ante-Sicht* vertretbar erschienen. Er ist dann nicht schadensersatzpflichtig[362]. Der Beurteilungsmaßstab für die in § 64 S. 2 GmbHG n. F. normierte geschäftlich zu verfolgende Sorgfaltspflicht ist in der Unternehmenskrise nicht der Gesellschaftszweck, sondern vielmehr das Interesse der Gläubiger sowie das öffentliche Interesse an der Erhaltung lebensfähiger und bestandskräftiger Unternehmen[363].

---

357 LG Köln WM 1990, 411, 413; *Arendt*, Haftungsgefahren für den GmbH-Geschäftsführer, S. 37; *Götker*, Der Geschäftsführer in der Insolvenz der GmbH, S. 140, Rn. 371.

358 OLG Düsseldorf NZG 1999, 884, 885; *Haas*, in: *Baumbach/Hueck*, GmbHG, § 64 Rn. 73; *Marsch-Barner/Diekmann*, in: Münch. Hdb. GesR III, § 46 Rn. 50.

359 *Haas*, in: *Baumbach/Hueck*, GmbHG, § 64 Rn. 73.

360 *Jula*, Die Haftung von GmbH-Geschäftsführern und Aufsichtsräten, S. 80.

361 *Jula*, Die Haftung von GmbH-Geschäftsführern und Aufsichtsräten, S. 80.

362 OLG Koblenz NJW-RR 2003, 1198 f. = GmbHR 2003, 419; *Jula*, Die Haftung von GmbH-Geschäftsführern und Aufsichtsräten, S. 80.

363 Ebenso LG Köln WM 1990, 411, 413; *Marsch-Barner/Diekmann*, in: Münch. Hdb. GesR III, § 46 Rn. 51.

V. Rechtsfolgen

Die GmbH ist Inhaberin des Anspruchs gegen den Geschäftsführer aus § 64 GmbHG n. F., den der Insolvenzverwalter im Insolvenzverfahren gemäß § 92 InsO durchsetzt[364]. Wurde der Antrag auf Eröffnung des Insolvenzverfahrens mangels Masse abgewiesen, kann der einzelne Gläubiger im Wege der Einzelzwangsvollstreckung auf § 64 GmbHG n. F. zugreifen[365]. Ersetzt wird der Gesamtgläubigerschaden, der allen Gläubigern gemeinsam entstanden ist. Der Geschäftsführer hat die das Gesellschaftsvermögen schmälernde Zahlungen, die gegen § 64 GmbHG n. F. verstoßen, in voller Höhe in das Gesellschaftsvermögen zurückzuzahlen[366]. Folglich ist die Masse unverzüglich in dem Maße wiederherzustellen, wie sie vor dem schuldhaften Handeln des Geschäftsführers bereits bestand und der Geschäftsführer sie durch verbotene Zahlung verringert hat. Im Gegenzug hat der Geschäftsführer die Rechtsstellung des Gläubigers zu bekommen, den er unter Verstoß gegen § 64 GmbHG n. F. befriedigt hat[367]. Seine Haftung nach § 64 GmbHG n. F. verringert sich mithin um die Quote des von ihm vorab befriedigten Gläubigers[368].

VI. Verzicht und Vergleich

Die GmbH kann nicht auf ihren Ersatzanspruch aus § 64 GmbHG n. F. verzichten oder sich über diesen Anspruch vergleichen. Gemäß § 64 S. 4 GmbHG n. F. i.V.m. § 43 Abs. 3 S. 2, 9b Abs. 1 GmbHG ist der Verzicht oder Vergleich unwirksam, soweit der Ersatzanspruch zur Befriedigung der Gläubiger erforderlich ist und dem Zweck des Insolvenzverfahrens zuwiderlaufen[369]. Nur der Insolvenzverwalter ist diesbezüglich nicht gebunden und kann mit dem Geschäftsführer der Gesellschaft wirksam einen Vergleich schließen oder verzichten[370]. Sowohl

---

364 *Haas*, in: *Baumbach/Hueck*, GmbHG, § 64 Rn. 13.

365 *Haas*, in: *Baumbach/Hueck*, GmbHG, § 64 Rn. 13; *Kleindiek*, in: *Lutter/Hommelhoff*, GmbHG, § 64 Rn. 17.

366 *Kleindiek*, in: *Lutter/Hommelhoff*, GmbHG, § 64 Rn. 17, 18, 32.

367 *Kleindiek*, in: *Lutter/Hommelhoff*, GmbHG, § 64 Rn. 19.

368 *Altmeppen*, ZIP 2001, 240, 242; *Altmeppen*, ZIP 1997, 1173, 1181; *Marsch-Barner/Diekmann*, in: Münch. Hdb. GesR III, § 46 Rn. 54.

369 *Haas*, in: *Baumbach/Hueck*, GmbHG, § 64 Rn. 15; *Maser/Sommer*, BB 1996, 65, 67; *Schmidt-Leithoff*, in: *Rowedder/Schmidt-Leithoff*, GmbHG, § 64 Rn. 36.

370 *Haas*, in: *Baumbach/Hueck*, GmbHG, § 64 Rn. 15; *Ulmer*, in: *Hachenburg*, GmbHG, § 64 Rn. 41; *Kleindiek*, in: *Lutter/Hommelhoff*, GmbHG, § 64 Rn. 33; *Maser/Sommer*, BB 1996, 65, 67; *Schmidt-Leithoff*, in: *Rowedder/Schmidt-Leithoff*, GmbHG, § 64 Rn. 36.

ein schenkungshalber geschlossener Vergleich oder Verzicht als auch ein solcher, der dem Zweck des Insolvenzverfahrens offensichtlich zuwiderläuft, ist unwirksam[371].

VII. Verjährung des Ersatzanspruches

Der Ersatzanspruch verjährt gemäß § 64 S. 4 GmbHG n. F. i.V.m. § 43 Abs. 4 GmbHG in fünf Jahren. Die unzulässige Zahlung löst den Beginn der Verjährungsfrist aus[372].

VIII. Verhältnis der Ersatzansprüche aus § 64 GmbHG n. F. zur Insolvenzanfechtung

Masseschmälernde Leistungen, die der GmbH-Geschäftsführer nach Eintritt der Zahlungsunfähigkeit oder Überschuldung erbracht hat, sind regelmäßig im Rahmen eines späteren Insolvenzverfahrens nach §§ 129 ff. InsO anfechtbar. Der Insolvenzverwalter kann dann wegen des Rechtsgeschäfts entweder gegen den Geschäftsführer gemäß § 64 GmbHG n. F. oder gegen den Gläubiger, der die Leistung erlangt hat, vorgehen.

1. Zurückbehaltungsrecht oder sofortige Zahlungspflicht

In Rechtsprechung und Literatur umstritten ist das nachfolgend dargestellte Problem, ob der Geschäftsführer trotz des gleichzeitigen Bestehens von Anfechtungsansprüchen des Insolvenzverwalters gemäß §§ 129 ff. InsO an die Gesellschaft zahlen muss[373]. Während einerseits ein Zurückbehaltungsrecht des Geschäftsführers gefordert wird, soll andererseits eine sofortige Zahlungspflicht bestehen.

a. Zurückbehaltungsrecht

Die wohl herrschende Literaturansicht sowie Teile der Rechtsprechung befürworten ein Zurückbehaltungsrecht des GmbH-Geschäftsführers gegenüber dem Insolvenzverwalter, solange dieser gegen die Gläubiger im Wege einer Insolvenzanfechtung vorgehen kann. Dem Geschäftsführer wird ein aufschiebendes Leistungsverweigerungsrecht gewährt[374]. Der Gläubiger solle das üblicherweise bestehende Insolvenzrisiko tragen. Daher habe der Geschäftsführer nur dann

371 *Haas*, in: *Baumbach/Hueck*, GmbHG, § 64 Rn. 15.

372 *Kleindiek*, in: *Lutter/Hommelhoff*, GmbHG, § 64 Rn. 33.

373 So auch *Götker*, Der Geschäftsführer in der Insolvenz der GmbH, S. 143 f., Rn. 377.

374 BGH ZIP 1996, 420; OLG Hamm GmbHR 1993, 584, 585; *Fleck*, GmbHR 1974, 224, 231; *Götker*, Der Geschäftsführer in der Insolvenz der GmbH, S. 144, Rn. 377; *Ulmer*,

Ersatz zu leisten, wenn die Masse schmälernde Leistung aus tatsächlichen[375] oder aus rechtlichen[376] Gründen nicht mehr rückgängig zu machen ist[377].

b. Sofortige Zahlungspflicht

Demgegenüber ist der gegenteiligen Literaturmeinung sowie einem Teil der Rechtsprechung[378] zu folgen und ein Leistungsverweigerungsrecht des GmbH-Geschäftsführers auch dann zu verneinen, wenn anderweitige, den Erfolg versprechende Anfechtungsmöglichkeiten nach §§ 129 ff. InsO bestehen. Die Befürwortung eines Zurückbehaltungsrechts liefe darauf hinaus, dass die Masse mit den Kosten dieser Anspruchsdurchsetzung belastet werde. Dem Geschäftsführer ist allerdings entsprechend § 255 BGB ein Anspruch auf Abtretung des anfechtungsrechtlichen Rückgewährsanspruchs aus § 143 InsO[379] oder aber das Recht zur Geltendmachung der Anfechtung im Wege gewillkürter Prozessstandschaft zuzugestehen[380]. Versäumt der Insolvenzverwalter die Ausübung des Anfechtungsrechts, mindert dies den Ersatzanspruch gegen den Geschäftsführer nicht[381]. Die Rechtssicherheit und der Gläubigerschutz verlangen ein konsequentes Durchschreiten zugunsten beeinträchtigter Dritter und entsprechen dem Sinn und Zweck der Norm.

2. Das Sonderproblem verjährter Anfechtungsansprüche

Auch nach Einführung des MoMiG bleiben solche Fälle problematisch, in denen ein Anspruch aus Anfechtung aufgrund der Verjährung nach § 146 Abs. 1 InsO nicht mehr geltend gemacht werden kann. Das könnte der Fall sein, wenn der Insolvenzverwalter pflichtwidrig von den nach §§ 129 ff. InsO bestehenden Anfechtungsrechten innerhalb der gesetzlichen Zweijahresfrist gemäß § 146 Abs. 1 InsO keinen Gebrauch gemacht hat. Der BGH hat diese Frage bislang noch nicht

---

in: *Hachenburg*, GmbHG, § 64 Rn. 43; *Schmidt-Leithoff*, in: *Rowedder/Schmidt-Leithoff*, GmbHG, § 64 Rn. 35; *K. Schmidt*, in: *Scholz*, GmbHG, § 64 Rn. 35.

375 Bsp.: Der potentielle Anfechtungsgegner ist nicht mehr leistungsfähig.

376 Bsp.: Mangelnde Durchsetzbarkeit wegen Eintritts der Verjährung oder bei schwieriger Beweislage.

377 *Götker*, Der Geschäftsführer in der Insolvenz der GmbH, S. 144, Rn. 377.

378 BGHZ 131, 325, 327 ff.; BGH ZIP 1996, 420; *Kübler/Assmann*, GesR, § 18 V 2. b) bb), S. 288.

379 *Kleindiek*, in: *Lutter/Hommelhoff*, GmbHG, § 64 Rn. 17.

380 *Götker*, Der Geschäftsführer in der Insolvenz der GmbH, S. 144, Rn. 378; *Henze/Bauer*, in: Kölner Schrift, S. 1311, Rn. 37 ff., 47 ff.

381 *Kleindiek*, in: *Lutter/Hommelhoff*, GmbHG, § 64 Rn. 17; *Marsch-Barner/Diekmann*, in: Münch. Hdb. GesR III, § 46 Rn. 54.

abschließend beantwortet[382]. In jedem Fall rechtfertigt ein Zahlungsverweigerungsrecht des Geschäftsführers nicht den Schluss, die Geschäftsführerhaftung im Sinne des § 64 GmbHG n. F. sei gegenüber der Geltendmachung von Anfechtungsrechten subsidiär, so dass der Geschäftsführer bei Verjährung der Anfechtungsansprüche auch weiterhin die Erfüllung seiner Ersatzpflicht gegenüber der Masse verweigern darf[383]. Sowohl die Anfechtungsrechte nach §§ 129 ff. InsO als auch der Ersatzanspruch gemäß § 64 GmbHG n. F. dienen dem Zweck, eine Schmälerung der Insolvenzmasse zugunsten der Gesellschaftsgläubiger zu vermeiden[384]. Der Insolvenzverwalter, der sich durch Verstreichen der Frist gegen die Geltendmachung von Anfechtungsrechten und für die Inanspruchnahme des Geschäftsführers entscheidet, verletzt daher allenfalls die rechtlich geschützten Interessen der Gläubiger, nicht aber des Geschäftsführers[385]. Eine Befreiung des Geschäftsführers von der Leistungspflicht gegenüber der Masse setzt mithin voraus, dass der Geschäftsführer die versäumte Geltendmachung des Insolvenzverwalters auch der Masse entgegenhalten darf. Diese hat ebenso eine gegenüber dem Geschäftsführer bestehende Verpflichtung zur vorrangigen Geltendmachung etwaiger Insolvenzanfechtungsrechte, die vom Insolvenzverwalter für sie wahrzunehmen ist.

Der aus § 64 GmbHG n. F. zu ersetzende Schaden geht der Höhe nach nicht über die unrechtmäßig zum Schaden der Masse erbrachten Leistungen hinaus[386]. Der Schaden kann sich nicht durch Kosten, beispielsweise aufgrund des Haftungsprozesses erhöhen[387]. Dementsprechend hat die Gesellschaft nach Durchführung eines erfolglosen Anfechtungsrechtsstreits keinen Anspruch gegen den Geschäftsführer, den entstandenen Mehraufwand und die beträchtlichen Kosten des Rechtsstreits aus § 64 GmbHG n. F. geltend zu machen[388]. Der Vorrang der Insolvenzanfechtung vor einer Inanspruchnahme des Geschäftsführers würde anderenfalls ein nicht absehbares Prozessrisiko für die Insolvenzgläubiger und die Gefahr weiterer Masseschmälerungen zur Folge haben. Zudem widerspräche es der Intention des Gesetzgebers, den Geschäftsführer, der für die anfechtbare Weggabe des Vermögens der insolventen Gesellschaft verantwortlich ist, aufgrund einer möglichen Insolvenzanfechtung zu bevorzugen, während der

382 BGH ZIP 1996, 420, 421; *Bäcker/Prühs*, GmbH-Geschäftsführer-Haftung, S. 110.
383 BGH ZIP 1996, 420, 421.
384 BGH ZIP 1996, 420, 421.
385 BGH ZIP 1996, 420, 421.
386 BGH ZIP 1996, 420, 421; *K. Schmidt*, in: *Scholz*, GmbHG, § 64 Rn. 35.
387 *K. Schmidt*, in: *Scholz*, GmbHG, § 64 Rn. 35.
388 *Bäcker/Prühs*, GmbH-Geschäftsführer-Haftung, S. 110.

eigentlich von der Insolvenzanfechtung geschützte Gläubiger benachteiligt wird. Es kann nicht sein, dass die Gläubiger infolge einer Fehleinschätzung des Insolvenzverwalters dem Prozessrisiko unterliegen und eine Rückgewähr ihrer erbrachten Leistungen ohne ihr Zutun unmöglich gemacht wird.

Beachtenswert bleibt dennoch, dass eine Ansicht in der Literatur[389] dem Geschäftsführer einen Ersatzanspruch gegen den Insolvenzverwalter zugesteht. Als Argument wird angeführt, dass dieser letztlich auch ein Zurückbehaltungsrecht hat, solange eine Ausübung der Anfechtungsrechte noch möglich ist[390].

C. Haftung aufgrund Verletzung des § 15a Abs. 4, 5 InsO n. F.

Der Geschäftsführer haftet der Gesellschaft für den Schaden, der ihr durch pflichtwidrige Verspätung oder Unterlassung eines Insolvenzantrages entstanden ist, nicht nur nach § 43 Abs. 2 GmbHG, sondern auch gemäß § 823 Abs. 2 BGB i.V.m. § 84 Abs. 1 Nr. 2 GmbHG a. F., der sich mittlerweile in § 15a Abs. 4 InsO n. F. sinngemäß wiederfindet[391]. Die Vorschrift des § 84 Abs. 1 Nr. 2 GmbHG a. F. stellte trotz ihres strafrechtlichen Charakters ein Schutzgesetz im Sinne des § 823 Abs. 2 BGB dar, sofern ihre objektiven und subjektiven Voraussetzungen erfüllt waren[392]. Fraglich ist, ob auch § 15a Abs 4 InsO n. F. weiterhin ein Schutzgesetz zugunsten der GmbH darstellt. Durch die Übernahme der Vorschrift in die InsO verfolgte der Gesetzgeber lediglich die zuordnungsrechtliche Klarstellung und Nähe des Tatbestandes zum Insolvenzrecht, ohne den Schutzumfang dieser Bestimmung einzuschränken. Der Tatbestand des § 15a Abs. 4 InsO ist unmittelbar mit § 15a Abs. 1 und 3 InsO sowie §§ 17, 19 InsO verknüpft[393]. Die Vorschrift des § 15a InsO stellt für sämtliche Personen, die rechtliche oder wirtschaftliche Beziehungen zu der Gesellschaft aufgenommen haben oder wollen, ein Schutzgesetz im Sinne des § 823 Abs. 2 BGB dar, also insbesondere für gegenwärtige, aber auch künftige Gläubiger der Gesellschaft dar[394]. § 84 Abs. 1 Nr. 2 GmbHG a. F. (§ 15a Abs. 4 InsO n. F.) dient der strafrechtlichen Verfolgung im Rahmen der Insolvenzverschleppung gemäß § 64 Abs. 1 GmbHG a. F. (§ 15a Abs. 1 InsOn. F.) und sanktioniert entsprechend § 84 Abs. 1 Nr. 2 GmbHG a. F. solche Risiken, die sich aus

---

389 *Bäcker/Prühs*, GmbH-Geschäftsführer-Haftung, S. 110.

390 *Bäcker/Prühs*, GmbH-Geschäftsführer-Haftung, S. 110.

391 *Schaal*, in: *Rowedder/Schmidt-Leithoff*, GmbHG, § 84 Rn. 2; *Tiedemann, in: Scholz*, GmbHG, § 84 Rn. 8, 10.

392 *Schaal*, in: *Rowedder/Schmidt-Leithoff*, GmbHG, § 84 Rn. 2; *Tiedemann, in: Scholz*, GmbHG, § 84 Rn. 8, 10.

393 *Kleindiek*, in: *Lutter/Hommelhoff*, GmbHG, Anh. zu § 64 Rn. 88.

394 *Kiethe/Hohmann*, in: MüKo StGB VI/1, § 15a Rn. 9.

der Teilnahme am Wirtschaftsleben ergeben, an dem das Unternehmen als eigenständige Rechtspersönlichkeit lediglich mit ihrem Gesellschaftsvermögen haftet[395]. Die Vorschrift des § 84 Abs. 1 Nr. 2 GmbHG a. F. war vor allem ein Schutzgesetz zugunsten der Gesellschaftsgläubiger sowie Dritter und erfasste somit keine Ansprüche der Gesellschaft gegenüber dem Geschäftsführer[396].

§ 2. Ansprüche der Gesellschafter gegen den Geschäftsführer einer insolventen GmbH

Aufgrund der Trennung der GmbH von ihren Mitgliedern[397] gibt es im Falle der mittelbaren Schädigung des Geschäftsanteils bei Pflichtverletzungen des Geschäftsführers gegenüber der GmbH keinen unmittelbaren Schadensersatzanspruch einzelner Gesellschafter gegen den Geschäftsführer[398]. Die Gesellschafter können gemäß § 31 Abs. 3, 6 GmbHG allerdings solche Ausfälle gegenüber dem Geschäftsführer geltend machen, die aufgrund einer verbotenen Ausschüttung an einen anderen Gesellschafter erfolgt sind. Gemäß § 31 Abs. 3 GmbHG hat ein Gesellschafter verdeckte Gewinnausschüttungen an einen Mitgesellschafter auszugleichen. Infolgedessen kann der Geschädigte gegenüber dem Geschäftsführer einen Regressanspruch aus § 31 Abs. 6 GmbHG geltend machen. Die Geschäftsführer sind im Rahmen dieser sondergesetzlichen Organhaftung solidarisch zum Ersatz verpflichtet[399]. *K. Schmidt* sieht diese Fallgestaltung als gesetzlich normiertes Beispiel für einen Vertrag mit Schutzwirkung zugunsten Dritter[400]. § 31 Abs. 1 und 3 GmbHG dient dem Schutz des Gesellschaftsvermögens in Höhe des Stammkapitals vor Zugriffen der Gesellschafter und dem Erhalt des Mindestbetriebsvermögens und einer Befriedigungsreserve zugunsten der Gesellschaftsgläubiger[401]. Die Norm des § 31 Abs. 6 GmbHG zeigt die gesetzgeberisch normierte Regel auf, dass die Organhaftung eine Verletzung eigener Pflichten gegenüber dem Gesellschafter voraussetzt und eine Inanspruchnahme gemäß § 43 GmbHG nach sich ziehen kann.[402]. Im Einzelfall können

395 *Schaal*, in: *Rowedder/Schmidt-Leithoff*, GmbHG, § 84 Rn. 1.
396 *Schaal*, in: *Rowedder/Schmidt-Leithoff*, GmbHG, § 84 Rn. 1.
397 Zum Trennungsprinzip siehe auch *Lutter*, in: *Lutter/Hommelhoff*, GmbHG, § 13 Rn. 1, 5.
398 BGH ZIP 1987, 29, 32 (zum Aktienrecht).
399 *Hueck/Fastrich*, in: *Baumbach/Hueck*, GmbHG, § 31 Rn. 30.
400 *K. Schmidt*, GesR., § 36 II 4 c), S. 1080.
401 *Hommelhoff*, in: *Lutter/Hommelhoff*, GmbHG, § 31 Rn. 1.
402 BGHZ 110, 323, 327 f. (zum Vereinsrecht); kritisch: *Zöllner*, in: *Baumbach/Hueck*, GmbHG, 16. Auflage, München 1996, § 43 Rn. 2 a.

neben dem Erstattungsanspruch aus § 31 GmbHG auch Ansprüche aus § 826 BGB wegen wegen Existenzvernichtungshaftung geltend gemacht werden[403].

Nach dem GmbHG besteht allerdings außer im Fall der Erstattung verbotener Rücklagen im Sinne des § 31 Abs. 6 GmbHG keine Haftung des Geschäftsführers gegenüber den Gesellschaftern. Der Anstellungsvertrag des Geschäftsführers wird in der Regel mit der Gesellschaft abgeschlossen[404], der gegenüber er als Verwalter fremder Vermögensinteressen besondere Treuepflichten und Organpflichten aus § 43 Abs. 1 GmbHG hat[405]. Die Gesellschafter haben keine Ansprüche, wenn der Geschäftsführer seine Pflicht zur Rechnungslegung oder Auskunftserteilung gegenüber der Gesellschaft verletzt. Da es sich um organschaftliche Pflichten gegenüber der Gesellschaft handelt, die in der Organstellung des Geschäftsführers begründet sind, ist eine Haftungsausdehnung gegenüber den Gesellschaftern nicht gerechtfertigt[406]. Der Gesetzgeber hat mit Ausnahme des § 31 Abs. 6 GmbHG keine weitere Haftung des Geschäftsführers gegenüber den Gesellschaftern gesetzlich normiert. Die Vorschrift des § 31 Abs. 6 GmbHG normiert daher eine gesetzliche Ausnahme der Haftung des Geschäftsführers gegenüber den Gesellschaftern, welche durch die Annahme eines Vertrages mit Schutzwirkung zugunsten Dritter hinterlaufen werden würde. Der Anstellungsvertrag begründet keine Ansprüche der Gesellschafter aus Vertrag mit Schutzwirkung zugunsten Dritter. Die Gesellschafter können keine Ansprüche gegenüber dem Geschäftsführer wegen Verletzung der Rechnungslegungs- und Auskunftspflicht im Falle der Insolvenz oder Verletzung sonstiger organschaftlicher Pflichten des Geschäftsführers geltend machen[407]. Zudem stellen nach ganz herrschender Ansicht weder die zivilrechtliche Insolvenzverschleppungshaftung nach § 15a Abs. 1 bis 3 InsO n. F. noch der Straftatbestand des § 15a Abs. 4, 5 InsO n. F. Schutzgesetze im Sinne des § 823 Abs. 2 BGB zugunsten der Gesellschafter, sondern vielmehr der Gläubiger und Dritter dar[408].

---

403 *Hueck/Fastrich*, in: *Baumbach/Hueck*, GmbHG, § 31 Rn. 25; *Hommelhoff*, in: *Lutter/Hommelhoff*, GmbHG, § 31 Rn. 2.

404 *Hommelhoff*, in: *Lutter/Hommelhoff*, GmbHG, Anh. zu § 6 Rn. 6.

405 *Hommelhoff*, in *Lutter/Hommelhoff*, GmbHG, Anh. zu § 6 Rn. 18.

406 *Marsch-Barner/Diekmann*, in: Münch. Hdb. GesR III, § 46 Rn. 58.

407 *Marsch-Barner/Diekmann*, in: Münch. Hdb. GesR III, § 46 Rn. 59; zurückhaltend *K. Schmidt*, GesR, S. 901.

408 *Kleindiek*, in: *Lutter/Hommelhoff*, GmbHG, Anh. zu § 64 Rn. 64; *K. Schmidt*, in: *Scholz*, GmbHG, § 64 Rn. 37; a. A. zu § 84 Abs. 1 Nr. 2 GmbHG: *Ensthaler/Zech*, in: *Achilles/Ensthaler/Schmidt*, GmbHG, § 64 Rn. 12; *Schaal*, in: *Rowedder/Schmidt-Leithoff*, GmbHG, § 84 Rn. 2; *Tiedemann*, in: *Scholz*, GmbHG, § 84 Rn. 8, 10.

Zusammenfassend bleibt festzuhalten, dass dem einzelnen Gesellschafter durch ein mögliches Fehlverhalten des Geschäftsführers in der Insolvenz grundsätzlich keine Ansprüche zustehen, die er in eigenem Namen gegenüber dem Geschäftsführer geltend machen kann. Eine Haftungsausdehnung zugunsten der Gesellschaften ist im Rahmen der organschaftlichen Tätigkeit des Geschäftsführers in und für die Gesellschaft nicht zu rechtfertigen.

§ 3. Ansprüche Dritter gegen den Geschäftsführer einer insolventen GmbH (Außenhaftung)

Die GmbH haftet den Gläubigern für vertragliches und außervertragliches Verschulden des Geschäftsführers gemäß §§ 31, 278 BGB[409]. Der Geschäftsführer muss sich gemäß § 43 Abs. 2 GmbHG grundsätzlich wegen der Verletzung der ihm obliegenden Pflichten nur gegenüber der GmbH verantworten[410]. Da vertragliche Beziehungen aufgrund der organschaftlichen Vertretung durch den Geschäftsführer in der Regel zwischen der GmbH und den Gläubigern bestehen, kommen als Haftungsgrundlage für die Gläubiger vor allem deliktische Ansprüche gegenüber dem Geschäftsführer in Betracht[411]. Neben einer Haftung aus Verschulden bei Vertragsschluss (§§ 280 Abs. 1, 311 Abs. 2 und 3, 241 Abs. 2 BGB) gewinnt somit vor allem die Haftung des Geschäftsführers aus unerlaubter Handlung wegen Eingriffs in Rechte der Gläubiger und aus den Tatbeständen verbotener Insolvenzverfahrensverschleppung an Bedeutung[412]. Teile der Literatur bevorzugen vor allem eine Haftung des Geschäftsführers nach § 311 Abs. 2 und 3 BGB – zumindest was die Geltendmachung eines Neugläubigerschadens bei verspäteter Insolvenzantragstellung betrifft[413] - und § 823 Abs. 2 BGB i.V.m. § 263 StGB, § 826 BGB[414]. Ebenso stützte sich die frühere Rechtsprechung in der Insolvenz auf die Rechtssätze der *culpa in contrahendo*[415]. Auf die Darstellung sämtlicher Ansprüche kann daher nicht verzichtet werden, auch wenn diese gegebenenfalls nach dem Rechtsprechungsmodell trotz parallelen Bestands keine Auswirkungen haben[416].

---

409 *Kleindiek*, in: *Lutter/Hommelhoff*, GmbHG, § 35 Rn. 61, 62.

410 *Arendt*, Haftungsgefahren für den GmbH-Geschäftsführer, S. 38.

411 *Götker*, Der Geschäftsführer in der Insolvenz der GmbH, S. 124, Rn. 328; *Neuling*, Deutsche GmbH und englische private company, S. 126.

412 *K. Schmidt/Uhlenbruck*, Die GmbH in Krise, Sanierung und Insolvenz, S. 311 Rn. 688.

413 *K. Schmidt*, ZGR 1998, 633, 664.

414 *Haas*, in: *Baumbach/Hueck*, GmbHG, § 64 Rn. 157.

415 BGHZ 126, 181 = NJW 1994, 2220.

416 *Scheuffele*, in: *Schwerdtfeger*, KpK GesR, Kap. 7 § 64 Rn. 18.

A. Die Haftung des Geschäftsführers gemäß §§ 311 Abs. 2, 3, 280 Abs. 1, 241 Abs. 2 BGB

Der Geschäftsführer kann sich einer Haftung nach den Grundsätzen des Verschuldens bei Vertragsverhandlung gemäß §§ 280 Abs. 1, 311 Abs. 3 S. 2, 241 Abs. 2 BGB aussetzen, wenn der Vertragspartner im Rahmen einer besonderen Vertrauensstellung des Geschäftsführers die mangelnde Unterrichtung über die finanziell kritische Lage der Gesellschaft rügt oder ein wirtschaftliches Eigeninteresse des Geschäftsführers geltend macht[417].

I. Fallgruppen der Geschäftsführerhaftung

Mit Aufnahme von Vertragsverhandlungen zwischen der Gesellschaft und Dritten haftet grundsätzlich die Gesellschaft für die Verletzung von Verhaltenspflichten des Geschäftsführers gemäß §§ 311 Abs. 2, 241 Abs. 1, 280 Abs. 1 BGB (sog. *culpa in contrahendo*; c.i.c.). Ist die Gesellschaft erkennbar aktuell oder unzweifelhaft künftig zahlungsunfähig oder ist sie erkennbar überschuldet, hat der Geschäftsführer gewisse Nebenpflichten, insbesondere Aufklärungspflichten, gegenüber dem Dritten, da eine Vertragsdurchführung in der Krise der GmbH besonders gefährlich ist[418]. Verletzt der Geschäftsführer diese Nebenpflichten und muss er sich sein Fehlverhalten haftungsbegründend zurechnen lassen, kann es zu einer Außenhaftung des Geschäftsführers im Sinne einer Eigenhaftung gegenüber Dritten wegen Verschuldens bei Vertragsschluss gemäß §§ 311 Abs. 3 S. 2, 241 Abs. 1, 280 Abs. 1 BGB kommen[419]. Die Zurechnung seines Fehlverhaltens ist anstelle oder neben der Haftung der Gesellschaft nach §§ 311 Abs. 2, 241 Abs. 1, 280 Abs. 1 BGB in Betracht zu ziehen, wenn der Geschäftsführer Träger eines besonders persönlichen Vertrauens auf Vollständigkeit und Richtigkeit seiner Erklärungen ist oder ein wirtschaftliches Eigeninteresse hat, wodurch die Vertragsverhandlungen erheblich beeinflusst wurden[420]. Diese entwickelten Grundsätze zur Haftung des Vertreters gegenüber Dritten für vorvertragliches pflichtwidriges Fehlverhalten sind nunmehr gesetzlich in § 311 Abs. 3 S. 2 BGB geregelt. § 311 Abs. 3 S. 2 BGB nennt ausdrücklich nur die Fallgruppe des besonderen Vertrauens. Die Aufzählung in § 311 Abs. 3 S. 2 BGB ist aufgrund des Gesetzeswortlautes („insbesondere") allerdings

---

417 Zur c.i.c. ebenso *Medicus*, in: FS *Steindorff*, S. 725 ff.

418 *Kleindiek*, in: *Lutter/Hommelhoff*, GmbHG, § 43 Rn. 64.

419 *Kleindiek*, in: *Lutter/Hommelhoff*, GmbHG, § 43 Rn. 64.

420 BGHZ 14, 313, 318; BGHZ 71, 284, 286; *Bäcker/Prühs*, GmbH-Geschäftsführer-Haftung, S. 97; *Kleindiek*, in: *Lutter/Hommelhoff*, GmbHG, § 43 Rn. 65, 67.

nicht abschließend[421], so dass auch die Fallgruppe des wirtschaftlichen Eigeninteresses erfasst sein kann und die im Rahmen der Rechtsfortbildung angewandten Grundsätze weiterhin gelten[422]. Die Haftung des Geschäftsführers gegenüber Dritten wegen Verschuldens bei Vertragsschluss lässt der BGH in der Insolvenz des Unternehmens weitgehend ungenutzt[423].

1. *Inanspruchnahme besonderen persönlichen Vertrauens*

Der für die GmbH auftretende Geschäftsführer nimmt in geschäftlichen Angelegenheiten regelmäßig nur das Verhandlungsvertrauen in Anspruch, für das die Gesellschaft im Falle einer Verletzung einzustehen hat. Eine Haftung des Geschäftsführers gegenüber Dritten kann begründet werden, wenn der Geschäftsführer die Verhandlung führt und eine zusätzliche, von seiner Person ausgehende Gewähr für den Bestand und die Erfüllung des in Aussicht gestellten Rechtsgeschäfts leistet, die den Willensentschluss des Dritten bedeutsam beeinflusst[424]. Sein Verhalten setzt eine eindeutige, darauf gerichtete Erklärung voraus, in welcher der Geschäftsführer über das normale Verhandlungsvertrauen hinaus ein von ihm selbst ausgehendes Vertrauen im Sinne des § 311 Abs. 3 S. 2 BGB auf die Vollständigkeit und Richtigkeit seiner Erklärungen hervorrufen muss[425]. Der GmbH-Geschäftsführer muss die ordnungsgemäße Geschäftsabwicklung gewährleisten, um den Dritten zum Geschäftsabschluss zu bewegen. Er haftet aus der Inanspruchnahme persönlichen Vertrauens allerdings nur dann, wenn der Geschäftspartner kein Vertrauen gegenüber der Gesellschaft, sondern nur dem Geschäftsführer gegenüber besitzt[426]. Der Verhandlungspartner bringt das Vertrauen gegenüber dem Geschäftsführer lediglich dann auf, wenn Letzterer seine Rolle als Vertreter der GmbH verlässt und aufgrund seiner Erklärung einen besonderen, auf sich bezogenen Vertrauenstatbestand auslöst[427]. Das Verhalten des

421 *Grüneberg*, in: *Palandt*, BGB, § 311 Rn. 60.

422 *Grüneberg*, in: *Palandt*, BGB, § 311 Rn. 60.

423 BGHZ 126, 181, 189 f. = NJW 1994, 2220, 2222.

424 *Kleindiek*, in: *Lutter/Hommelhoff*, GmbHG, § 43 Rn. 65.

425 BGH ZIP 1990, 659, 661; BGH ZIP 1990, 1402, 1403; BGH NJW-RR 1991, 1312 = ZIP 1991, 1140, 1142 f.; OLG Koblenz NJW-RR 2003, 1198 f. = GmbHR 2003, 419, 420; BGHZ 88, 67, 69; BGH WM 1989, 1923; BGHZ 126, 181, 183, 200 = NJW 1994, 2220, 2222; BGH NJW-RR 2001, 1611; *Bäcker/Prühs*, GmbH-Geschäftsführer-Haftung, S. 93, 97 f.; *Forsthoff/Schulz*, in: *Hirte/Bücker*, Grenzüberschreitende Gesellschaften, § 15 Rn. 86; *Grüneberg*, in: *Palandt*, BGB, § 311 Rn. 63, 65.

426 *Maser/Sommer*, BB 1996, 65, 67.

427 *Forsthoff/Schulz*, in: *Hirte/Bücker*, Grenzüberschreitende Gesellschaften, § 15 Rn. 86.

Verhandelnden muss Einfluss auf die Entscheidung des anderen Teils nehmen. Seine Erklärungen müssen sich im „Vorfeld einer Garantie“ ansiedeln lassen oder aber als ein selbständiges Garantieversprechen zu verstehen sein[428]. Nur dann geht das in Anspruch genommene Vertrauen über das Verhandlungsvertrauen hinaus und muss verletzt werden[429]. Hinweise auf die Fachkenntnis des Geschäftsführers und die Seriosität der Gesellschaft sind für die Zurechnung eines besonderen persönlichen Vertrauens nicht ausreichend[430]. In dem Urteil vom 03. April 1990 gesteht der XI. Zivilsenat des BGH[431] einem mit der Sanierung beauftragten Unternehmensberater, der die Geschäftsführung einer sanierungsbedürftigen Gesellschaft übernimmt, die Inanspruchnahme besonderen persönlichen Vertrauens zu, da der Dritte nur im Vertrauen auf diese persönliche Integrität des Geschäftsführers mit der GmbH Rechtsgeschäfte abgeschlossen hat[432]. Dieses Vertrauen besteht sowohl hinsichtlich der Fähigkeiten des Geschäftsführers, die Gesellschaft aus der Krise zu holen, als auch hinsichtlich seiner persönlichen Zuverlässigkeit. Dabei ist das Vertrauen in die Zuverlässigkeit in den Augen aller Beteiligten besonders wichtig, um ein Misstrauen in das angeschlagene und gefährdete Unternehmen abzubauen[433]. Bei denjenigen, die aufgrund der finanziellen Situation der Gesellschaft nicht mehr bereit waren, dem Unternehmen Kredite einzuräumen, kommt es bei der Gewährung eines neuen Kredits entscheidend auf das Vertrauen in die Leistungsfähigkeit des Unternehmens an. Zur Vermeidung dieser Haftung sollte der Geschäftsführer seine Geschäftspartner zwingend über die finanzielle Situation der Gesellschaft im Falle bevorstehender Insolvenz hinweisen[434].

In einer weiteren Entscheidung des BGH[435] stellt der VIII. Zivilsenat fest, dass eine Eigenhaftung des alleinigen GmbH-Geschäftsführers gemäß § 311 Abs. 3 S. 2 BGB zu bejahen ist, wenn dieser in laufenden Geschäftsbeziehungen einen Warenkredit des Lieferanten in Anspruch nimmt, ohne ihn über die finanzielle

428 BGH NJW-RR 2001, 1611.

429 BGH WM 1989, 1923; BGH ZIP 1990, 659, 661; BGH ZIP 1990, 1402, 1403; BGHZ 126, 181, 189 = NJW 1994, 2220, 2222; OLG Koblenz NJW-RR 2003, 1198 f. = GmbHR 2003, 419, 420; *Bäcker/Prühs*, GmbH-Geschäftsführer-Haftung, S. 97 f.

430 *Bäcker/Prühs*, GmbH-Geschäftsführerhaftung, S. 98.

431 BGH ZIP 1990, 659.

432 BGH ZIP 1990, 659, 661.

433 BGH ZIP 1990, 659, 661.

434 BGH ZIP 1990, 659, 661; *Kleindiek*, in: *Lutter/Hommelhoff*, GmbHG, § 43 Rn. 64, 66; *Marsch-Barner/Diekmann*, Münch. Hdb. GesR III, § 46 Rn. 64.

435 BGHZ 87, 27, 34.

Situation des Unternehmens aufzuklären. Da sich das Verhalten des Geschäftsführers darin erschöpft, eine Aufklärung über die finanziellen Verhältnisse der GmbH zu unterlassen, obwohl er zu einer Offenbarung angesichts ihrer wirtschaftlichen Lage verpflichtet wäre, scheint zunächst eine besondere Vertrauensstellung des Geschäftsführers zu fehlen. Das Verhalten des Geschäftsführers stellt allerdings eine sorgfaltswidrige Verletzung seiner Aufklärungspflicht dar[436]. Der Geschäftsführer hat dem Geschäftspartner in der Unternehmenskrise die Zahlungsunfähigkeit der GmbH hinsichtlich der zu erbringenden Vertragsleistung aufgrund seiner vertraglichen Nebenpflichten zu offenbaren und darzulegen[437]. Es ist allerdings fraglich, ob der Geschäftsführer durch die Verletzung der Offenbarungspflicht in besonderem Maße ein persönliches Vertrauen in Anspruch genommen hat, welches die persönliche Haftung des Geschäftsführers rechtfertigt[438]. Die sorgfaltswidrige Verletzung dieser Offenbarungspflicht bliebe für den Geschäftsführer ohne Sanktion, wenn nur die Gesellschaft selbst dafür einzustehen hat.

Ein Teil der Literatur schlägt daher vor, dass der GmbH-Geschäftsführer in diesen Fällen als Repräsentant der Gesellschaft aus *culpa in contrahendo*, nunmehr gemäß § 311 Abs. 3 S. 2 BGB, haften solle, sofern er von der Insolvenz hätte Kenntnis haben müssen[439]. Der Geschäftsführer sei als Repräsentant der GmbH immer als Vertrauensträger anzusehen, wenn er eine die Solvenz der Gesellschaft betreffende Informationspflicht schuldhaft verletzt und die drohende oder bereits eingetretene Insolvenz verschweigt. Demgegenüber lehnt der BGH die Auffassung der Literatur ausdrücklich ab[440]. Die Begründung einer Repräsentantenhaftung hat nichts mit der Haftung des Geschäftsführers wegen Inanspruchnahme besonderen persönlichen Vertrauens zu tun. Sie würde in der Praxis dazu führen, dass die Insolvenzreife zur Haftungsvoraussetzung gemacht

436 BGHZ 87, 27.

437 BGH BB 1991, 1587, 1588 f.; *Kleindiek*, in: *Lutter/Hommelhoff*, GmbHG, § 43 Rn. 64.

438 BGH BB 1991, 1587, 1589.

439 *K. Schmidt*, ZIP 1988, 1497, 1503; *K. Schmidt*, NJW 1993, 2934, 2935; für eine Haftung des Geschäftsführers aus c.i.c. ihm folgend auch *Flume*, Die Haftung des GmbH-Geschäftsführers bei Geschäften nach Konkursreife der GmbH, ZIP 1994, 337, 338; *Maser/Sommer*, BB 1996, 65, 67.

440 BGH ZIP 1993, 1543, 1547; BGHZ 126, 181, 189 = 1994, 2220, 2222; *Flume*, ZIP 1994, 337, 338; vgl. auch *Goette*, DStR 1994, 1048, 1050; *Marsch-Barner/Diekmann*, in: Münch. Hdb. GesR III, § 46 Rn. 65; *Kleindiek*, in: *Lutter/Hommelhoff*, GmbHG, § 43 Rn. 65; *Maser/Sommer*, BB 1996, 65, 67.

wird, und einen Gleichlauf der vorvertraglichen Warnpflicht mit der Insolvenzantragspflicht statuieren. Mit Annahme einer Repräsentantenhaftung käme es zu einem im Wege der Rechtsfortbildung geschaffenem Haftungstatbestand, der die Fortführung eines insolvenzreifen Unternehmens sanktioniert[441]. Die gesetzliche Haftung der § 823 Abs. 2 BGB i.V.m § 64 Abs. 1 GmbHG a. F. (§ 15a Abs. 1 InsO n. F.) stimmt zudem weitgehend in den Voraussetzungen überein. Für diese Rechtsfortbildung besteht mangels Regelungslücke weder ein Bedürfnis noch eine Legitimation[442]. Bei derart ähnlichen Haftungsvoraussetzungen kann das mittlerweile gesetzlich normierte Richterrecht nicht dazu dienen, Haftungsfolgen zu schaffen, die von der gesetzlichen Regelung differieren[443]. Der BGH spricht sich eindeutig gegen eine Repräsentantenhaftung aus und verweist für den Fall, dass der Geschäftsführer von der Insolvenz der GmbH hätte wissen müssen, ausdrücklich auf den Haftungstatbestand des § 823 Abs. 2 BGB i.V.m. § 64 Abs. 1 GmbHG a. F. (§ 15a Abs. 1 InsO n. F.)[444]. Die Haftung des Geschäftsführers kann nicht mehr damit begründet werden, dass dieser Träger des Solvenzvertrauens ist.

2. *Wirtschaftliches Eigeninteresse*

Die Fallgruppe des wirtschaftlichen Eigeninteresses wurde vom Reichsgericht[445] ursprünglich für den Fall entwickelt, dass ein Vertreter als eigentlicher Vertragsinteressent nur aus formalen Gründen als Vertreter und nicht als Vertragspartei handelte[446]. Der BGH weitete die Haftung aus und ließ den Vertreter aus Verschulden bei Vertragsschluss zudem haften, wenn er dem Vertragsgegenstand aufgrund seines wirtschaftlichen Interesses am Vertragsschluss besonders nahe steht und seinen eigenen Nutzen daraus zieht[447]. Der Vertreter muss als Quasipartner handeln und als wirtschaftlicher Herr des Geschäfts oder eigentlicher wirtschaftlicher Interessensträger anzusehen sein[448]. Dementsprechend kann ein wirtschaftliches

---

441 BGHZ 126, 181, 189 f. = NJW 1994, 2220. 2222.

442 BGHZ 126, 181, 190 = NJW 1994, 2220, 2222; vgl. auch *Maser/Sommer*, BB 1996, 65, 67.

443 BGHZ 126, 181, 190 = NJW 1994, 2220, 2222.

444 BGHZ 126, 181, 189 = NJW 1994, 2220, 2222.

445 RGZ 120, 249.

446 RGZ 120, 249, 252.

447 BGHZ 14, 313, 318 = NJW 1954, 1925; BGHZ 126, 181 = NJW 1994, 2220.

448 BGHZ 56, 84; BGH NJW 1986, 587; BGH NJW-RR 1991, 1242; BGH NJW-RR 1992, 605; BGH NJW-RR 2002, 1309; *Grüneberg*, in: *Palandt*, BGB, § 311 Rn. 61.

Eigeninteresse vor allem dann erfüllt sein, wenn der Geschäftsführer ein besonderes Eigeninteresse am Vertragsschluss hat und einen persönlichen Nutzen aus dieser Situation erzielen möchte. Ebenso kann seine wirtschaftliche Existenz eng mit dem Geschäftserfolg seines Handelns zusammenhängen[449]. Die Voraussetzungen für eine Haftung des Geschäftsführers wegen wirtschaftlichen Eigeninteresses bei Vertragsschluss sind dennoch seit jeher umstritten. Ein wirtschaftliches Eigeninteresse liegt grundsätzlich vor, wenn der Geschäftsführer gleichsam in eigener Sache verhandelt[450]. Die Beteiligung des Vertreters an der Sache begründet noch keine Haftung aufgrund wirtschaftlichen Eigeninteresses.

Der BGH entwickelte drei Fallgruppen, in denen zusätzliche Umstände vorliegen und das wirtschaftliche Eigeninteresse beim Geschäftsführer zugrunde liegen kann[451]. Ein wirtschaftliches Eigeninteresse kann zunächst vorliegen, wenn der GmbH-Geschäftsführer die Gesellschaftsverbindlichkeiten außer mit seiner Kapitalbeteiligung durch persönliche Bürgschaften oder dingliche Sicherheiten absichert[452]. Ferner kann ein wirtschaftliches Eigeninteresse gegeben sein, wenn der Geschäftsführer durch sein Handeln Schäden beseitigen will, für die er andernfalls von der Gesellschaft in Anspruch genommen werden könnte[453]. Ebenso liegt die Annahme eines wirtschaftlichen Eigeninteresses dann nahe, wenn der Geschäftsführer bei Abschluss des Vertrages die Absicht hatte, die vom Vertragspartner zu erbringende vertragliche Leistung nicht ordnungsgemäß an die Gesellschaft weiterzuleiten und sie stattdessen eigennützigen Zwecken zuzuführen[454]. Von dieser Kategorisierung nimmt der BGH endgültig in seinem Urteil vom 06. Juni 1994[455] Abstand. Der II. Zivilsenat des BGH stellt klar, dass ein Geschäftsführer nicht deswegen nach den Grundsätzen des Verschuldens bei Vertragsschluss wegen wirtschaftlichen Eigeninteresses persönlich für Verbindlichkeiten des Unternehmens haftet, weil er zeitgleich maßgeblich beteiligter Gesellschafter, sei es Allein- oder Mehrheitsbesitz, ist[456]. Eine Einstandspflicht des Geschäftsführers aufgrund wirtschaftlichen Eigeninteresses kommt ebenso wenig in Betracht, wenn der

449 *Forsthoff/Schulz*, in: *Hirte/Bücker*, Grenzüberschreitende Gesellschaften, § 15 Rn. 86.
450 BGH ZIP 1987, 175, 177.
451 Vgl. auch *Bäcker*/Prühs, GmbH-Geschäftsführer-Haftung, S. 100 f.; *Maser/Sommer*, BB 1996, 65, 68.
452 BGH BB 1986, 1042; BGH BB 1988, 929; BGHZ 126, 181, 185 = NJW 1994, 2220, 2221.
453 BGH BB 1986, 1042.
454 BGH BB 1986, 1042.
455 BGHZ 126, 181 = NJW 1994, 2220.
456 BGHZ 126, 181, 184 = NJW 1994, 2220, 2221.

Geschäftsführer einen Schuldbeitritt zugunsten der Gesellschaftsgläubiger erklärt oder von ihm Sicherheiten in Form von Bürgschaften oder aufgrund von Abtretung persönlicher Forderungen oder dingliche Sicherheiten gestellt werden[457]. Mit Abschluss der persönlichen und dinglichen Sicherheiten ist dem Geschäftsführer daran gelegen, den daraus resultierenden Erstattungsanspruch gegenüber der Gesellschaft nicht zu gefährden. Dennoch begründet dieses Interesse keine persönliche Haftung des Geschäftsführers für sonstige Verbindlichkeiten der GmbH[458].

Bei einer wirtschaftlich gesunden GmbH besteht ohnehin keine Gefahr, dass das zusätzlich eingesetzte Privatvermögen des Geschäftsführers verloren geht. In der Krise der Gesellschaft unterfallen die durch den Gesellschafter-Geschäftsführer geleisteten Sicherheiten allerdings der Haftungsmasse gemäß § 44a InsO[459] und §§ 135 Abs. 2, 143 Abs. 3 InsO[460], wenn sie nicht rechtzeitig abgezogen werden. Sie dienen dann der Befriedigung der Gesellschaftsgläubiger, sofern sie erforderlich sind[461]. Eine darüber hinausgehende persönliche, dingliche Haftung des Geschäftsführers ist nicht gegeben. Wäre die Bürgschaft als Leistung der Gesellschaft auch formell so zur Verfügung gestellt worden, wie sie materiell bereits behandelt wird, nämlich im Sinne einer Einlage, wäre eine Außenhaftung des Geschäftsführers nicht begründbar[462]. Eine Haftung des Geschäftsführers kann nicht dadurch konstituiert werden, dass er das Kapital der Gesellschaft nicht formell, sondern durch Leistung von Sicherheiten zuführt[463]. Mit Eintritt der Insolvenz ändert sich das Interesse des Kredit- und Sicherungsgebers zwar dahingehend, dass er die noch vorhandenen Gesellschaftsmittel und den Erlös der in der Insolvenz abgeschlossenen Rechtsgeschäfte dazu verwendet, sich zu befriedigen oder die abgesicherten Fremdkredite zurückzuführen[464]. Die Belange des Geschäftsführers treten naturgemäß in den Vordergrund, da er von der Gesellschaft keine Rückzahlung zu erwarten hat. Der BGH sieht hierin ein Bedürfnis, die Gläubiger durch zusätzliche Zugriffsmöglichkeiten zu schützen. Er verweist auf den Anspruch aus § 823 Abs. 2 BGB i.V.m. § 64 Abs. 1 GmbHG a. F. (§ 15a Abs. 1 InsO n. F.)[465]. Der BGH

---

457 BGHZ 126, 181, 186 ff. = NJW 1994, 2220, 2221; *Kleindiek*, in: *Lutter/Hommelhoff*, GmbHG, § 43 Rn. 67.

458 BGHZ 126, 181, 186 ff. = NJW 1994, 2220, 2221.

459 § 44a InsO n. F. entspricht § 32a Abs. 2 GmbHG a. F.

460 §§ 135 Abs. 2, 143 Abs. 3 InsO n. F. entsprechen § 32b GmbHG a. F.

461 *Kleindiek*, in: *Lutter/Hommelhoff*, GmbHG, Anh. zu § 64 Rn. 131.

462 BGH ZIP 1993, 763, 765; *Lutter*, DB 1994, 129, 133.

463 BGH ZIP 1993, 763, 765; *Lutter*, DB 1994, 129, 133.

464 Siehe auch *Canaris*, JZ 1993, 649, 650.

465 BGHZ 126, 181, 182 = NJW 1994, 2220, 2221.

ersetzt die Haftung aus *culpa in contrahendo* nunmehr durch die Einbeziehung der Neugläubiger in den Schutzbereich der § 823 Abs. 2 BGB i.V.m. § 64 Abs. 1 GmbHG a. F. (§ 15a Abs. 1 InsO n. F.). Neben der gesetzlichen Haftungsgrundlage besteht weder ein Bedürfnis noch eine Legitimation, den Geschäftsführer wegen einer Haftung aus § 311 Abs. 2, 3 BGB zur Verantwortung zu ziehen. Ob der BGH die Fallgruppe des wirtschaftlichen Eigeninteresses noch anwendet, ist zweifelhaft: der BGH lehnt die Haftung des Geschäftsführers aus Verschulden bei Vertragsschluss aufgrund wirtschaftlichen Eigeninteresses in mehreren Entscheidungen[466] ausdrücklich ab.

II. Verhältnis von § 311 Abs. 3 S. 2 BGB zu §§ 823 Abs. 2 BGB i.V.m. 15a InsO n. F.

Die Haftung aus *culpa in contrahendo*, welche ihre gesetzliche Ausgestaltung nunmehr in § 311 Abs. 2 BGB findet, mit der nunmehr in § 311 Abs. 3 S. 2 BGB normierten Eigenhaftung des Geschäftsführers, insbesondere die Fallgruppe des persönlichen Vertrauens, wurden vor allem relevant bei Vertragsabschlüssen mit einer schon insolvenzreifen Gesellschaft[467]. Diese Haftung war bis zur Entscheidung des BGH[468] vom 06. Juni 1994 hauptsächliche Anspruchsgrundlage für die Begründung einer Außenhaftung des Geschäftsführers gegenüber Geschädigten[469]. In vorgenannter Entscheidung sprach der BGH dem Tatbestand der Insolvenzverschleppung gemäß § 823 Abs. 2 BGB i.V.m. § 15a Abs. 1 InsO n. F. (§ 64 Abs. 1 GmbHG a. F.) eine weitaus höhere Bedeutung zu, indem er Neugläubigern der insolventen Gesellschaft den Ersatz des gesamten negativen Interesse zusprach, so dass sich nunmehr die Haftung auf *culpa in contrahendo* in einer Vielzahl von Fallgestaltungen erübrigt.[470]

Im Falle des Solvenzvertrauens greift bei Zahlungsunfähigkeit oder Überschuldung der GmbH daher regelmäßig eine Haftung des Geschäftsführers gemäß § 823 Abs. 2 BGB i.V.m. § 15a Abs. 1 InsO n. F. gegenüber den Gläubigern ein. Bislang war rechtsdogmatisch eine Haftung wegen Verschuldens bei Vertragsschluss nur bei Fehlen einer gesetzlichen Regelung anzunehmen. Das zur Haftung des Geschäftsleiters führende Eigeninteresse lag vor allem vor, wenn der Geschäftsführer

466 BGHZ 126, 181 = NJW 1994, 2220; BGH GmbHR 1995, 125, 130, 226; ebenso *Lutter*, GmbHR 1997, 329, 330.
467 *Pelz*, RNotZ 003, 415, 430.
468 BGHZ 126, 181 = NJW 1994, 2220.
469 *Pelz*, RNotZ 003, 415, 430.
470 BGHZ 126, 181 = NJW 1994, 2220; *Pelz*, RNotZ 003, 415, 430.

mehrheitlich an der Gesellschaft beteiligt war[471]. Die Ausweitung des Haftungsrisikos traf vor allem die Gesellschafter-Geschäftsführer kleinerer Unternehmen. Die Begründung des BGH[472] und seiner früheren Entscheidungen[473] sehen einen Anspruch aus Verschulden bei Vertragsschluss neben dem wirtschaftlichen Eigeninteresse vor allem dann als gegeben an, wenn der Geschäftsführer ein besonderes persönliches Vertrauen des Gläubigers im Sinne des § 311 Abs. 3 S. 2 BGB in Anspruch genommen hat[474].

Die Beteiligung an einer Gesellschaft oder die Gewährung von Darlehen oder Sicherheiten reichen mittlerweile nicht mehr aus, um die Haftung des Geschäftsführers zu begründen. Ebenso begründet das normale Verhandlungsvertrauen, das der Geschäftsführer in Anspruch nimmt, keine Repräsentantenhaftung[475]. Seit der Entscheidung des BGH[476] aus dem Jahre 1994 haben sich die Voraussetzungen bei Geltendmachung eines individuellen Vertrauensschadens im Rahmen des Verschuldens bei Vertragsschluss verschärft[477]. Sofern das wirtschaftliche Eigeninteresse eine Haftung wegen Verschuldens bei Vertragsschluss noch auslöst, sind zwei Fallgruppen zu unterscheiden: Das Eigeninteresse besteht aufgrund einer maßgeblichen Beteiligung des Geschäftsführers an der Gesellschaft oder weil sich der Geschäftsführer einen Vorteil durch die Eingehung eines Rechtsgeschäfts im Namen der GmbH verschaffen will[478]. Ein wirtschaftliches Eigeninteresse liegt dementsprechend vor, wenn der Geschäftsführer eine Schadensersatzpflicht gegenüber der Gesellschaft abwenden oder eine Lieferung aus einem Rechtsgeschäft mit der Gesellschaft privat nutzen möchte. In der Regel reicht ein wirtschaftliches Eigeninteresse des Geschäftsführers an sich ebenso wie die bloße Teilnahme an Vertragsverhandlungen nicht mehr zu einer Haftung aus *culpa in contrahendo* aus. Eine Eigenhaftung wird vielmehr bei Inanspruchnahme eines besonderen

---

471 BGHZ 87, 28, 34.

472 BGHZ 126, 181, 184 f. = NJW 1994, 2220, 2223 f.

473 BGH ZIP 1993, 763 = WM 1993, 1882, 1884; BGH NJW 1993, 2931, 2933 = ZIP 1993, 1543.

474 BGH NJW-RR 1991, 1312, 1313 = BB 1991, 1587, 1588, bestätigt durch BGHZ 126, 181, 183 = NJW 1994, 2220, 2221; eingehend *Medicus*, FS *Steindorff*, S: 725, 734 ff.; *Medicus*, ZGR 1998, 570, 581; dagegen *Flume* ZIP 1994, 337, 339.

475 BGHZ 126, 181, 185 ff. = NJW 1994, 2220, 2222.

476 BGHZ 126, 181 = NJW 1994, 2220.

477 *K. Schmidt*, in: *Scholz*, GesR, § 64 Rn. 39.

478 *Marsch-Barner/Diekmann*, Münch. Hdb. GesR III, § 46 Rn. 66; *Impelmann*, WiB 1994, 801, 803.

Vertrauens begründet[479], sofern es sich um Erklärungen im Vorfeld einer Garantiezusage[480] handelt[481]. Der Geschäftsführer stellt in vorgenanntem Fall trotz seiner Vertreterstellung die dominante Figur für den Verhandlungspartner dar. Dies rechtfertigt seine persönliche Haftung[482]. Dabei ist in jedem Fall zu beachten, dass eine Haftung auf der Grundlage eines Solvenzvertrauens regelmäßig durch den speziellen Insolvenzverschleppungstatbestand gemäß § 15a InsO n. F. Rechnung zu tragen ist.

Entgegen der vorherrschenden Rechtsprechung sehen Teile der Literatur allerdings ein zwingendes Bedürfnis für einen Anspruch der Neugläubiger aus *culpa in contrahendo*, die den Geschäftsführer aufgrund einer verspäteten Insolvenzantragstellung zur Verantwortung ziehen wollen[483]. Inwiefern die Rechtsprechung an einer Geschäftsführerhaftung aus *culpa in contrahendo* nach der Haftungserweitung wegen Insolvenzverschleppung festhält, bleibt abzuwarten[484].

III. Geltendmachung und Rechtsfolgen des Anspruchs

Im Rahmen des Verschuldens bei Vertragsschluss hat jeder Gläubiger den zu ersetzenden Vertrauensschaden individuell zu beanspruchen. Der Schaden kann nicht gemäß § 92 InsO vom Insolvenzverwalter geltend gemacht werden, da § 92 InsO einen gemeinschaftlich erlittenen Schaden der Gläubiger (Gesamtschaden) und die Verkürzung der Insolvenzmasse durch gesamtschadenstiftende Handlungen voraussetzt[485]. Der Anspruch aus c.i.c. ist als individuell zu berechnender Schaden von dem jeweiligen Gläubiger separat einzufordern[486]. Der Insolvenzverwalter ist nach dem sachlichen Anwendungsbereich des § 92 InsO nicht befugt, Ansprüche zu verfolgen, die einzelnen Insolvenzgläubigern in individueller Höhe entstanden sind[487]. Er kann während der Insolvenz der GmbH gemäß § 92 InsO nur solche Ansprüche der Insolvenzgläubiger auf Ersatz eines Schadens, den diese Gläubiger gemeinschaftlich durch eine Verminderung des zur Insolvenzmasse gehörenden Vermögens vor oder nach der Eröffnung des Insolvenzverfahrens erlitten haben.

---

479 BGH WM 1987, 1431.
480 BGHZ 126, 181, 185 ff. = NJW 1994, 2220, 2222.
481 *Scheuffele*, in: *Schwerdtfeger*, KpK GesR, Kap. 7, § 64 Rn. 28.
482 *Forsthoff/Schulz*, in: *Hirte/Bücker*, Grenzüberschreitende Gesellschaften, § 15 Rn. 86.
483 Siehe Erster Teil, § 3. D. IV. 3.
484 *Forsthoff/Schulz*, in: *Hirte/Bücker*, Grenzüberschreitende Gesellschaften, § 15 Rn. 82.
485 *Kroth*, in: *Braun*, InsO, § 92 Rn. 3.
486 *Hirte*, in: *Uhlenbruck*, InsO, 2010, § 92 Rn. 9, 10.
487 *Hirte*, in: *Uhlenbruck*, InsO, 2010, § 92 Rn. 9, 10.

Die Rechtsfolgen im Rahmen des Verschuldens bei Vertragsschluss ergeben sich aus §§ 249 ff. BGB. Der Geschädigte muss gemäß § 249 BGB so gestellt werden, wie er ohne das schädigende Verhalten des Vertragspartners während der Vertragsverhandlungen gestanden hätte[488]. Daher ist regelmäßig das negative Interesse des Gläubigers zu ersetzen, dessen Umfang allerdings vom Schutzzweck der betroffenen Pflicht erfasst sein muss[489]. Bei Vertragsverhandlungen ist der Geschäftsführer verpflichtet, den anderen Vertragspartner über solche Umstände aufzuklären, die für den Vertragsschluss bedeutsam sind. Im Rahmen der Verletzung von Aufklärungspflichten ist daher zu überprüfen, ob sich die streitgegenständliche Pflicht lediglich auf einen für den Vertragspartner bei Vertragsschluss unwichtigen Nebenaspekt oder auf einen wichtigen, den Abschluss des Vertrages beeinflussenden Vertragspunkt bezieht[490], wobei die Solvenz des Vertragspartners bei Vertragsschluss regelmäßig von großer Bedeutung für den Vertragspartner ist.

Der Geschäftsführer, der seine vertraglichen oder vorvertraglichen Aufklärungspflichten verletzt, ist dafür beweispflichtig, dass der Schaden auch bei pflichtgemäßen Verhalten eingetreten wäre[491]. Es existiert also eine widerlegbare Vermutung dafür, dass der Aufklärungspflichtige seine Aufklärungspflicht verletzt hat. Der Gläubiger hat hingegen die Höhe des Schadens darzulegen und zu beweisen. Allerdings ist der Beweis des Geschädigten, wie sich der Sachverhalt bei ordnungsgemäßer Aufklärung dargestellt hätte, *ex post* praktisch schwer nachweisbar[492]. In der Praxis lässt sich der Beweis schwer führen, ob die Gegenseite einem anderen Vertrag zugestimmt hätte, welches Verhalten der Gläubiger bei gesetzestreuer Einhaltung der Aufklärungspflicht tatsächlich an den Tag gelegt hätte oder ob die Konzernmutter gegebenenfalls Sicherheiten zugunsten der Tochtergesellschaft bestellt hätte. Die schwere Beweisführung einer letztlich hypothetischen Situation führt dazu, dass ein Anspruch aus §§ 311 Abs. 2, 241 Abs. 2, 280 Abs. 1 BGB gegen die Gesellschaft oder aus §§ 311 Abs. 3 S. 2, 241 Abs. 2, 280 Abs. 1 BGB gegen den Geschäftsführer grundsätzlich wenige Erfolgsaussichten bietet.

---

488 Ebenso *Löwisch*, in: *Staudinger*, vor § 275 Rn. 94; *Grüneberg*, in: *Palandt*, BGB, § 249 Rn. 2; *Schellhammer*, Schuldrecht, S. 818, Rn. 1694.

489 BGHZ 116, 209, 212; BGH WM 1992, 1335, 1337.

490 BGHZ 116, 209, 213 f.; BGH WM 1992, 1335, 1337; *Emmerich*, in: MüKo BGB, vor § 275 Rn. 202.

491 BGHZ 124, 151.

492 BGH NJW 1965, 812 mit Anm. von *Marschall von Bieberstein*, NJW 1965, 1004; BGH NJW 1988, 2234; *Ehricke*, Das abhängige Konzernunternehmen in der Insolvenz, § 3, S. 114; *Schellhammer*, Schuldrecht, S. 819, Rn. 1696.

Im Fall der Aufklärungs- und Informationspflicht, die sich auf die Kenntnis des Geschäftsführers über die Insolvenzreife stützt, konnte bislang auf einen von der Ausgangslage ähnlichen, nach §§ 63, 64 GmbHG a. F. zu beurteilenden Fall zurückgegriffen werden, bei dem der Geschäftsführer in Unkenntnis der Insolvenz Rechtsgeschäfte vornahm. Im Rahmen der §§ 63, 64 GmbHG a. F. wurde bei einem Geschäftsabschluss trotz Insolvenzreife unterstellt, dass der Vertragspartner bei Kenntnis der finanziellen Situation des Unternehmens keinen Vertrag oder lediglich einen besicherten Vertrag abgeschlossen hätte, so dass ihm die Sicherheit bei Liquidierung der Gesellschaft eine vorrangige Befriedigung und gleichwertigen Ersatz für die aus dem Rechtsgeschäft zustehende Leistung einbringen würde[493]. Bei der Verletzung von Aufklärungspflichten im Allgemeinen ist daher entsprechend der Rechtsprechung zu vermuten, dass zwischen dem Verstoß des Aufklärungspflichtigen und dem Vertragsschluss, der unter Umständen sogar eine Sicherheit bewilligt, Kausalität gegeben ist[494]. Diese Vermutung stellt verfahrensrechtlich eine Beweislastumkehr zu Lasten des aufklärungspflichtigen Geschäftsführers dar: Er hat nachzuweisen, dass der Geschäftspartner denselben Vertrag auch dann abgeschlossen hätte, wenn er ordnungsgemäß aufgeklärt worden wäre, so dass durch den geschlossenen Vertrag und die unterlassene Aufklärung tatsächlich keine Schädigung beim Aufzuklärenden erfolgte[495]. Der Anspruch wegen Verschuldens bei Vertragsschluss gesteht dem geschädigten Vertragspartner grundsätzlich ein Wahlrecht zwischen Vertragsanpassung und –aufhebung zu[496]. Im Falle der Insolvenz kann von diesem Wahlrecht praktisch kein Gebrauch gemacht werden. Der Gesellschaftsgläubiger wird regelmäßig vorbringen, dass er im Falle der Aufklärung zumindest einen zusätzlichen Sicherungsvertrag abgeschlossen hätte und das negative Interesse im Sinne des Vertrauensschadens beanspruchen, da der Vertrauensschaden den entgangenen Gewinn und dementsprechend in dem zugrunde gelegten Fall die vereinbarte Sicherheitsleistung umfasst[497].

---

493 BGHZ 126, 181, 189 = NJW 1994, 2220, 2222; *Ehricke*, Das abhängige Konzernunternehmen in der Insolvenz, § 3, S. 114; *Lutter*, DB 1994, 135.

494 BGHZ 111, 75, 81 f.; BGHZ 99, 101, 108.

495 BGH WM 1990, 1301, 1303; *Emmerich*, in: MüKo BGB, vor § 275, Rn. 202.

496 BGHZ 69, 53, 56; BGH NJW-RR 1989, 307; BGHZ 114, 87, 94 = NJW-RR 1994, 77; *Ehricke*, Das abhängige Konzernunternehmen in der Insolvenz, § 3, S. 115; *Grüneberg*, in: *Palandt*, BGB, § 311 Rn. 55 ff.; *Schellhammer*, Schuldrecht, S. 818, Rn. 1694.

497 BGH NJW 1988, 2236; *Emmerich*, Leistungsstörungen, § 5 VI.

B. Vertrag mit Schutzwirkung zugunsten Dritten

Da der Anstellungsvertrag die Pflicht des GmbH-Geschäftsführers gegenüber der GmbH beinhaltet, solche Aufgaben, die mit seiner Organstellung als Geschäftsleiter verbunden sind, sorgfältig wahrzunehmen[498], ist im Falle der Insolvenz der Gesellschaft zu überdenken, ob eine Zuwiderhandlung gegen die sich aus dem Anstellungsvertrag ergebenden Pflichten eine Haftung des Geschäftsführers gegenüber den Gläubigern der Gesellschaft auf der Grundlage des Vertrags mit Schutzwirkung zugunsten Dritter begründet. Im Rahmen der Sonderrechtsbeziehung zwischen dem Geschäftsführer und der Gesellschaft könnten einzelne Pflichten aus seiner Organstellung einen drittschützenden Charakter zugunsten der Gesellschaftsgläubiger aufweisen, die besonders in der Insolvenz des Unternehmens zum Tragen kommen. *K. Schmidt* zieht aufgrunddessen bei Gelegenheit Ansprüche Dritter im Außenrechtsverhältnis aus dem Vertrag mit Schutzwirkung zugunsten Dritter in Betracht. Der Geschäftsführer muss in dem Interessenkreis der GmbH-Gläubiger tätig geworden sein[499].

I. Anspruchsvoraussetzungen

Bei dem Vertrag mit Schutzwirkung zugunsten Dritter steht der Anspruch auf die geschuldete Leistung dem Gläubiger zu, wobei der Dritte so in die vertraglichen Sorgfalts- und Obhutspflichten eingebunden ist, dass er bei deren Verletzung vertragliche Schadensersatzansprüche geltend machen kann[500]. Der Dritte muss im Rahmen der Leistungsnähe bestimmungsgemäß mit der geschuldeten Leistung in Berührung kommen und hierdurch den Gefahren der Pflichtverletzung durch den Schuldner ebenso ausgesetzt sein, wie der Gläubiger selbst[501]. Gläubigernähe besteht, wenn der Gläubiger für das „Wohl und Wehe" des Dritten die Fürsorge, z.B. bei Rechtsbeziehungen mit personenrechtlichem Einschlag wie im Familien-, Arbeits- oder Mietrecht, trägt[502] oder seitens des Gläubigers ein besonderes Interesse an der Einbeziehung des Dritten in den Schutzbereich des Vertrages hat und Letzterer dahingehend ausgelegt werden kann, dass der Vertragsschutz auf den Dritten ausgedehnt werden soll[503]. Für den Schuldner

---

498 *Haas/Ziemons*, in: *Michalski*, GmbHG II, § 43 Rn. 144.

499 *K. Schmidt*, GesR, § 36 II 4 c), S. 1080.

500 *Grüneberg*, in: *Palandt*, BGB, § 328 Rn. 13.

501 BGHZ 49, 350, 354; BGH NJW 2008, 2245, 2247; *Grüneberg*, in: *Palandt*, BGB, § 328 Rn. 17.

502 BGHZ 51, 91, 96.

503 BGH NJW-RR 2006, 611, 612; *Grüneberg*, in: *Palandt*, BGB, § 328 Rn. 17a.

muss die Drittbezogenheit der Leistung und die Gläubigernähe des Dritten erkennbar sein[504]. Der Dritte muss schutzbedürftig sein, d.h. an der Ausdehnung des Vertragsschutzes muss nach Treu und Glauben ein Bedürfnis bestehen[505].

II. Keine Einbeziehung Dritter in den Vertrag

An die Einbeziehung von Dritten werden strenge Anforderungen gestellt, damit die Haftung des Schuldners nicht unkontrolliert ausgedehnt wird[506]. Der Schuldner sollte die Möglichkeit haben, sein Risiko bei Vertragsschluss kalkulieren und eine Versicherung gegen dieses Risiko abschließen zu können[507]. Zunächst gilt der Grundsatz, dass sich jede Partei an seinen Vertragspartner zu halten hat und bezüglich der persönlichen Haftung des Geschäftsführers zwischen der Haftung im Innen- und im Außenverhältnis zu unterscheiden ist[508]. Im Innenverhältnis haftet der Geschäftsführer als Organ gegenüber der GmbH für die Verletzung der aufgrund seiner Organstellung umfassenden Pflichten[509]. Im Außenverhältnis gegenüber gesellschaftsfremden Dritten haftet der Geschäftsführer, der lediglich als Organ der Gesellschaft und nicht im eigenen Namen auftritt, nur im Ausnahmefall[510]. Die unmittelbare Inanspruchnahme des Geschäftsführers durch die Gesellschaftsgläubiger auf der Grundlage des Anstellungsvertrages mit Schutzwirkung zugunsten Dritter würde das dargestellte System der Haftung im Innen- und Außenverhältnis umgehen und das Risiko der Durchgriffshaftung für den Geschäftsführer unberechenbar machen. Der Anstellungsvertrag betrifft vertragliche Beziehungen des Geschäftsführers mit der GmbH zur Konkretisierung seiner Organpflichten im Innenverhältnis[511]. Dass die Gläubiger der GmbH in die vertraglichen Obhuts- und Sorgfaltspflichten des Geschäftsführers gegenüber der GmbH eingebunden sind, ist für den Geschäftsführer regelmäßig aus seinem Anstellungsvertrag weder erkennbar noch von diesem gewollt. An die Einbeziehung von Dritten sind beim Vertrag mit Schutzwirkung gerade hohe Anforderungen zu stellen[512]; diese sollten

---

504 BGHZ 49, 350, 354; *Grüneberg*, in: *Palandt*, BGB, § 328 Rn. 18.

505 *Grüneberg*, in: *Palandt*, BGB, § 328 Rn. 18.

506 *Grüneberg*, in: *Palandt*, BGB, § 328 Rn. 16.

507 BGHZ 51, 91, 96; BGH NJW 2004, 3035, 3038.

508 *Pelz*, RNotZ 2003, 415.

509 *Pelz*, RNotZ 2003, 415.

510 *Pelz*, RNotZ 2003, 415.

511 *Arens/Beckmann*, Die anwaltliche Beratung des GmbH-Geschäftsführers, § 12 Rn. 22.

512 *Grüneberg*, in: *Palandt*, BGB, § 328 Rn. 16.

auch im Rahmen der Auslegung von Vertragswerken gelten. Sollte im Rahmen der Auslegung die Drittbezogenheit der Leistung und die Gläubigernähe des Dritten bejaht werden, ist immer noch fraglich, ob diese Voraussetzungen im Einzelfall auch für den Geschäftsführer erkennbar waren. Den Gesellschaftsgläubigern steht letztlich – wie in dieser Dissertation dargestellt – eine Vielzahl gesetzlich vorgesehener Anspruchsgrundlagen gegenüber dem Geschäftsführer zu, aufgrund derer Dritten die Ausnahme der Durchgriffshaftung gegenüber dem Geschäftsführer gesetzlich gewährt wird.

C. Die Haftung des Geschäftsführers gemäß § 823 Abs. 1 BGB

Für eigenhändig durch den Geschäftsführer herbeigeführte Schäden kann der Geschäftsführer gegenüber Dritten persönlich und unbeschränkt gemäß § 823 Abs. 1 BGB haften, wenn er den Deliktstatbestand der unerlaubten Handlung in eigener Person pflichtwidrig und schuldhaft verwirklicht hat[513].

I. Haftungsrechtlicher Verantwortungsbereich

Die Verletzung absoluter Rechte Dritter gemäß § 823 Abs. 1 BGB führt zu einem zivilrechtlichen Haftungsrisiko des Geschäftsführers, auch wenn dieser in Ausführung seiner Organpflichten für die Gesellschaft handelt. Die Rechtsprechung hat den haftungsrechtlichen Verantwortungsbereich des Geschäftsführers zunächst mit Urteil vom 05. Dezember 1989 im Rahmen von Verkehrspflichtverletzungen bestätigt[514]. Der VI. Zivilsenat bestätigte die deliktsrechtliche Eigenhaftung des Geschäftsführers einer insolventen GmbH für Eingriffe in fremde Rechtsgüter, die von ihm nachgeordneten Mitarbeitern ohne sein Wissen begangen wurden[515]. Der Geschäftsführer soll Dritten gegenüber persönlich haften, wenn der Geschäftsführer für die Organisation und Leitung des Betriebes zuständig ist: den Geschäftsführer treffen dann nicht nur interne Organisationspflichten gegenüber der Gesellschaft, sondern auch deliktsrechtliche Verkehrspflichten gegenüber Dritten, drohende Gefahren zu steuern und abzuwehren[516]. Die Pflichten des Geschäftsführers entspringen seiner Organstellung gegenüber der Gesellschaft und treffen ihn aus besonderen Gründen persönlich gegenüber Dritten. Das ist der Fall, wenn er diese Pflichten nicht mehr nur für die Gesellschaft zu erfüllen hat, sondern auch

513 *Kleindiek*, in: *Lutter/Hommelhoff*, GmbHG, § 43 Rn. 70.

514 BGHZ 109, 297 ff.: sog. „Baustoff"-Urteil; kritisch *Medicus*, DStR 1995, S. 1432 ff.; *Neuling*, Deutsche GmbH und englische private company, S. 125.

515 BGHZ 109, 297, 302 ff.

516 BGHZ 109, 297, 302 ff.; *Kleindiek*, in: *Lutter/Hommelhoff*, GmbHG, § 43 Rn. 73.

gegenüber den Gläubigern[517]. Die deliktsrechtliche Eigenhaftung aus § 823 Abs. 1 BGB trifft den Geschäftsführer der GmbH dann, wenn er seine Garantenstellung aus den ihm übertragenen organisatorischen Aufgaben nicht pflichtgemäß wahrnimmt[518]. Dies ist insbesondere der Fall, wenn der Geschäftsführer ein dingliches Anwartschaftsrecht rechtswidrig und schuldhaft vereitelt, obwohl es einem Lieferanten aus verlängertem Eigentumsvorbehalt zusteht und dieser gegebenenfalls ein Abtretungsverbot vereinbart hat[519].

Eine deliktsrechtliche Eigenhaftung des Geschäftsführers kommt in Betracht, wenn der Geschäftsführer eine ihn persönlich treffende Verkehrspflicht vorwerfbar verletzt[520]. Darüber hinaus können die Gläubiger das Unternehmen unter den Voraussetzungen des § 31 BGB zur Verantwortung ziehen, wenn der Geschäftsführer in Ausübung der ihm zustehenden Verrichtung gehandelt hat[521]. Der geschädigte Dritte hat daher aufgrund der handelnden natürlichen Person einerseits und über § 31 BGB der GmbH als Anstellungskörperschaft andererseits zwei Schuldner. Handelt eine anderweitige Person für die GmbH und treffen den Geschäftsführer Überwachungs-, Organisations- oder Informationspflichten, erfordert seine verantwortliche Stellung in und für die Gesellschaft eine Rechtspflicht zum Einschreiten. Ein pflichtwidriges und bewusstes Unterlassen des Geschäftsführers löst eine Haftung gemäß § 823 Abs. 1 BGB aus[522]. Die Gesellschaftsgläubiger müssen zu ihrem Vorteil im Einzelfall nicht den Nachweis erbringen, dass die in Frage stehende Tätigkeit außerhalb des Funktionsbereichs des Geschäftsführers liegt[523]. Seine Ansicht zu der Haftung des Geschäftsführers gemäß § 823 Abs. 1 BGB bestätigte der VI. Zivilsenat in seinem Urteil vom 12. März 1996 ebenso für den Fall, dass der Geschäftsführer im Eigentum eines

517 BGHZ 109, 297, 303; *Arendt*, Haftungsgefahren für den GmbH-Geschäftsführer, S. 39.

518 BGHZ 109, 297.

519 BGHZ 109, 297, 299 ff.; anders *Pelz*, RNotZ 2003, 415, in der dortigen Fn. 243, der das sog. „Baustoff"-Urteil des BGH (BGHZ 109, 297) in einer anderen Fallgruppe sieht: Auf die deliktsrechtliche Anspruchsgrundlage sei das Urteil nur gestützt worden, weil nach damaliger Rechsprechung im Jahre 1989 die Haftung wegen Insolvenzverschleppung nur den Quotenschaden erfasst hätte. Die Entscheidung des BGH zur deliktsrechtlichen Eigenhaftung sei daher keinesfalls ein Schulfall.

520 *Kleindiek*, in: *Lutter/Hommelhoff*, GmbHG, § 43 Rn. 73.

521 *Arendt*, Haftungsgefahren für den GmbH-Geschäftsführer, S. 38; *Medicus*, ZGR 1998, 570, 571.

522 *Lutter*, DB 1994, 129, 131.

523 *Arendt*, Haftungsgefahren für den GmbH-Geschäftsführer, S. 38; *Medicus*, ZGR 1998, 570, 571.

Dritten stehende Gegenstände, z.B. ein Kraftfahrzeug, veräußert oder eine solche Veräußerung veranlasst[524].

Im Rahmen der Managerprodukthaftung[525] hat sich der II. Strafsenat des BGH in seinem „Erdal"-Urteil[526] vom 06. Juli 1990 grundlegend ausgesprochen, dass die persönliche Haftung des Geschäftsführers aufgrund einer strafrechtlichen Garantenstellung des Herstellers in Betracht zu ziehen ist. Dabei ging es um den Vertrieb gesundheitsschädlicher Ledersprays der Muttergesellschaft, wobei die Geschäftsführer des Mutter- und des Tochterunternehmens jeweils den Rückruf der Produkte unterließen. Der Geschäftsführer der Tochtergesellschaft macht sich sogar mittäterschaftlich strafbar, wenn er einen gebotenen Produktrückruf unterlässt[527]. Auf dieser Grundlage können Schadensersatzpflichten für die Verletzung von absoluten Rechten nach § 823 Abs. 1 BGB sowie durch Schutzgesetze im Sinne des § 823 Abs. 2 BGB geschützten Rechte und Interessen Dritter auf die Geschäftsführer zukommen. Der BGH wollte in diesem Urteil gerade danach differenzieren, welche Pflichten den Geschäftsführer persönlich und welche ihn nur in seiner Organeigenschaft als Pflichten der GmbH treffen[528].

Für die deliktsrechtliche Behandlung der GmbH und des Geschäftsführers ergeben sich nachfolgende Schlussfolgerungen: Gefahrenquellen im Tätigkeitsbereich der Gesellschaft begründen deliktsrechtliche Verkehrspflichten der GmbH. Die Verletzung dieser Verkehrspflichten führen zur Haftung der GmbH gegenüber dem geschädigten Dritten[529]. In den Gefahrenbereich des Unternehmens fällt auch der Bereich der Produkthaftung[530]. Die Verkehrspflichten des Geschäftsführers gegenüber Dritten müssen eigenständig begründet werden[531], so dass zentrale Koordinierungspflichten des Geschäftsführers gegenüber der Gesellschaft seine persönliche Verantwortung gegenüber Dritten nicht begründen kann. Eigene Verkehrspflichten des Geschäftsführers gegenüber Dritten sind in engen Ausnahmen dann in Betracht zu ziehen, wenn die Tatbestandsvoraussetzungen der Verkehrspflicht gerade in der Person des Geschäftsführers verwirklicht sind, beispielsweise

524 BGH ZIP 1996, 786; *Kleindiek*, in: *Lutter/Hommelhoff*, GmbHG, § 43 Rn. 70.

525 *Heil/Russenschuck*, BB 1998, 1749 ff.

526 BGH BB 1990, 1856 = ZIP 1990, 1413.

527 BGH BB 1990, 1856 = ZIP 1990, 1413.

528 *K. Schmidt*, GesR, § 36 II d), S. 1090.

529 *Kleindiek*, in: *Lutter/Hommelhoff*, GmbHG, § 43 Rn. 77.

530 *Heil/Russenschuck*, BB 1998, 1749; *Kleindiek*, in: *Lutter/Hommelhoff*, GmbHG, § 43 Rn. 77.

531 *Kleindiek*, in: *Lutter/Hommelhoff*, GmbHG, § 43 Rn. 78.

durch eigene Aktivitäten des Geschäftsführers bei Schaffung einer erhöhten Gefahrenquelle und bei Auftritt als Bewahrungs- bzw. Beschützergarant[532].

II. Haftungsausdehnung zu Lasten des Geschäftsführers

Aufgrund der Entscheidung des BGH vom 05. Dezember 1989[533] war die Kritik in der Literatur groß: Die Ausdehnung einer Haftung des Geschäftsführers nach § 823 Abs. 1 BGB könnte das gesellschafts- und insolvenzrechtlichen Haftungssystem beeinträchtigen, da der Geschäftsführer einer tendenziell uferlosen Außenhaftung unterläge und zudem die gesellschaftsrechtliche Haftungskonzentration unterlaufen werden würde[534]. Eine Verantwortlichkeit des Geschäftsführers gegenüber den Gesellschaftsgläubigern aus § 823 Abs. 1 BGB neben dem gesetzlich normierten Fällen der Außenhaftung des Geschäftsführers, insbesondere gemäß § 64 GmbHG n. F. und § 15a InsO n. F., ist dennoch in Betracht zu ziehen. Wie bereits vorstehend ausgeführt, entschied der BGH in seinem Urteil[535], dass den Geschäftsführer als Garant seiner ihm übertragenen organisatorischen Aufgaben solche Pflichten treffen können, die die GmbH zum Schutz absoluter Rechtsgüter einzuhalten habe[536]. Die Verletzung dieser Pflichten kann eine deliktsrechtliche Eigenhaftung des Geschäftsführers gemäß § 823 Abs. 1 BGB nach sich ziehen, wenn dem Geschäftsführer aus seiner Organstellung Pflichten erwachsen, die nicht nur gegenüber der GmbH zu erfüllen sind, sondern auch eine persönliche Pflicht gegenüber Dritten begründen[537]. Diese Pflichtenbegründung kann dem Geschäftsführer im deliktsrechtlichen Bereich dann zukommen, wenn er eine als Aufgabe zugewiesene oder von ihm in Anspruch genommene Garantenstellung zum Schutz fremder Rechtsgüter im Sinne des § 823 Abs. 1 BGB übernommen hat, die in die Einflusssphäre der Gesellschaft gehören[538]. Aus der Organstellung und der Zuständigkeit für Organisation und Leitung können dem Geschäftsführer gegenüber Dritten Pflichten und die Verantwortung erwachsen,

---

532 *Kleindiek*, in: *Lutter/Hommelhoff*, GmbHG, § 43 Rn. 78.

533 BGHZ 109, 297.

534 *Altmeppen*, ZIP 1995, 881 ff.; *Haas*, Geschäftsführerhaftung und Gläubigerschutz, S. 211; *Mertens*, in: *Hachenburg*, GmbHG, § 43 Rn. 115; *Heil/Russenschuck*, BB 1998, 1749 ff.; *Kleindiek*, Deliktshaftung und juristische Personen, 368 ff., 418 ff., 434 ff., 464 ff.; *Lutter*, DB 1994, 129 ff.; *Medicus*, ZGR 1998, 570, 584 f.; *Sandberger*, Die Außenhaftung des GmbH-Geschäftsführers, S. 129 ff.

535 BGHZ 109, 297.

536 BGHZ 109, 297, 302; *Kleindiek*, in: *Lutter/Hommelhoff*, GmbHG, § 43 Rn. 78.

537 *Kleindiek*, in: *Lutter/Hommelhoff*, GmbHG, § 43 Rn. 78.

538 *Kleindiek*, in: *Lutter/Hommelhoff*, GmbHG, § 43 Rn. 78.

um außenstehende Dritte vor einer Gefährdung oder Verletzung ihrer Schutzgüter im Sinne des § 823 Abs. 1 BGB zu bewahren[539]. Diese Geschäftsführerhaftung entspricht insofern der Haftung jedes anderen Angestellten der GmbH, der den Tatbestand des § 823 Abs. 1 BGB erfüllt und dessen Aufgabenbereich sich auf die Wahrung deliktsrechtlicher Integritätsinteressen Dritter erstreckt[540].

Um eine uferlose Haftungsausdehnung zu Lasten des Geschäftsführers zu vermeiden, sollte dieser nach außen nicht für jede unerlaubte Handlung innerhalb des Tätigkeitsbereiches der Gesellschaft haften und schon gar nicht deshalb, weil er einen Gehilfen angestellt hat oder durch dessen Handeln eine Schädigung erst erfolgte oder ermöglicht wurde[541]. In der Haftungsausdehnung zu Lasten des Geschäftsführers liegt eine Verdoppelung der Pflichtenstellung, der die Beschränkung der Organpflichten auf das Innenverhältnis sowie die Grenzziehung zwischen Vertrag und Delikt aufhebt[542]. Die Organstellung an sich führt regelmäßig nicht zu einer Pflichtenstellung des Geschäftsführers gemäß § 831 Abs. 1 BGB. Geschäftsherr in diesem Sinne bleibt grundsätzlich die GmbH[543].

Der Geschäftsführer ist für gläubigerschädigende Handlungen durchaus zur Verantwortung zu ziehen. Eine deliktsrechtliche Haftung des Geschäftsführers sollte jedoch nicht zu weit ausgedehnt werden. Es ist nicht einsehbar, warum im Rahmen einer extensiven Haftungsausdehnung der Geschäftsführer gerade als Garant für alle Rechtsgüter, die von den Geschäften des Unternehmens bedroht werden, persönlich einzustehen hat[544]. Ebenso sollte die Organisations- und Überwachungspflicht des Geschäftsführers zu keiner grundsätzlichen Haftung des Geschäftsführers führen, bei der sich Letzterer für jedes Handeln oder Unterlassen der im Betrieb beschäftigten Arbeitnehmer deliktsrechtlich zu verantworten hat. Eine deliktsrechtliche Haftung für handelnde Dritte würde den Geschäftsführer eines Unternehmens unangemessenen Haftungsrisiken aussetzen und die Entscheidungs- und Handlungsfähigkeit des Geschäftsführers lähmen[545]. Eine vollumfängliche Inanspruchnahme des Geschäftsführers durchbricht die systematische Bezugnahme der Deliktshaftung auf die Verletzung von Verkehrspflichten[546]. Eine deliktsrechtliche Haftung gemäß § 823 Abs. 1 BGB kommt folglich

539 BGH JZ 1990, 486, 487 f.
540 BGHZ 109, 297, 303.
541 *Kleindiek*, in: *Lutter/Hommelhoff*, GmbHG, § 43 Rn. 79.
542 *Kleindiek*, in: *Lutter/Hommelhoff*, GmbHG, § 43 Rn. 80.
543 BGH NJW 1974, 1371, 1372.
544 *Heil/Russenschuck*, BB 1998, 1749, 1751.
545 *Heil/Russenschuck*, BB 1998, 1749, 1751.
546 *Heil/Russenschuck*, BB 1998, 1749, 1751.

nur in Betracht, wenn eine Verkehrssicherungs- oder eine Organisationspflicht sowohl gegenüber dem Unternehmen als auch gegenüber dem verletzten Außenstehenden gegeben ist.

Der BGH scheint an seiner Rechtsprechung festzuhalten[547]. Es bleibt der Tendenz der Rechtsprechung entsprechend letztlich festzuhalten, dass das Risiko für Rechtsgutsverletzungen durch die GmbH auf die Allgemeinheit abgewälzt wird, wenn eine Haftung des Geschäftsführers im Rahmen von Verkehrssicherungspflichten der GmbH gemäß § 823 Abs. 1 BGB vollends abgelehnt wird[548]. Betreibt die Gesellschaft einen gefährlichen Betrieb und werden durch einen Unfall Rechtsgüter Dritter verletzt, können Letztere Schadensersatzansprüche gegenüber der GmbH dann nicht verwirklichen, wenn die GmbH kein ausreichendes Vermögen zur Befriedigung dieser Schadensersatzansprüche hat[549]. Deliktsgläubiger können im Gegensatz zu vertraglichen Gläubigern auch keinen Einfluss auf die Person ihres Schuldners nehmen, damit dieser gegen die vermögensbedingte begrenzte Haftung Vorsorge trifft[550].

D. Die Haftung aus Insolvenzverschleppung gemäß § 823 Abs. 2 BGB i.V.m. § 15a Abs. 1 InsO n. F.

Spätestens drei Wochen nach der Feststellung, dass die Gesellschaft zahlungsunfähig oder überschuldet ist, haben die Geschäftsführer ohne schuldhaftes Zögern gemäß § 15a Abs. 1 InsO n. F. den Antrag auf Eröffnung des Insolvenzverfahrens zu stellen[551]. Die Insolvenzverschleppung wurde mit Einführung des MoMiG[552] aus § 64 Abs. 1 GmbHG a. F. gestrichen und in der Insolvenzordnung mit einigen Neuerungen angesiedelt. Der Begriff der Insolvenzverschleppung wird nunmehr erstmals legaldefiniert[553]. Aufgrund des ähnlichen Wortlauts gelten die bisherigen Grundsätze zu § 64 Abs. 1 GmbHG a. F. für § 15a Abs. 1 InsO n. F. entsprechend und dienen als Interpretationshilfe für die weitere Handhabung der Insolvenzverschleppungshaftung. Die Übernahme des § 64 Abs. 1 GmbHG a. F. in die InsO gilt vor allem der Klarstellung hinsichtlich des insolvenzrechtlichen Charakters der

547 BGH NJW-RR 1995, 1369, 1370; BGH NJW 1996, 1535.

548 *Pelz*, RNotZ 2003, 415, 430.

549 *Pelz*, RNotZ 2003, 415, 430.

550 *Pelz*, RNotZ 2003, 415, 430 f.

551 *Kleindiek*, in: *Lutter/Hommelhoff*, GmbHG, Anh zu § 64 Rn. 50; *Schieren*, Die Haftung des GmbH-Geschäftsführers im deutschen Insolvenzverfahren, S. 16 ff.

552 MoMiG vom 23.10.2008, BGBl. I S. 2026.

553 *Römermann*, GmbHR 2008, 62, S. 63.

Vorschrift[554]. Zudem gab es in diesem Zusammenhang weitgehende Unklarheiten über die Anwendbarkeit auf EU-Auslandsgesellschaften, die durch die Aufnahme in die deutsche Insolvenzordnung nunmehr geklärt sind[555]. Die gesellschaftsrechtliche Einordnung würde im Ergebnis dazu führen, dass eine Anwendbarkeit des Insolvenzverschleppungstatbestandes auf EU-Auslandsgesellschaften, einschließlich der bedeutsamen Rechtsform der Limited, aufgrund seiner Stellung im Gesellschaftsrecht zu verneinen gewesen wäre[556]. Die Zuordnung in das deutsche Insolvenzrecht stellt nunmehr klar, dass es sich um eine insolvenzrechtliche Vorschrift handelt. Nach Art. 3, 4 EuInsVO ist auf ausländische Gesellschaften im Inland das deutsche Insolvenzrecht und damit ebenso die Vorschrift des § 15a InsO n. F. anwendbar.

I. § 15a Abs. 1 InsO n. F. als Schutzgesetz

§ 15a Abs. 1 InsO n. F. ist entsprechend der bisherigen Einordnung des § 64 Abs. 1 GmbHG a. F. ein Schutzgesetz zugunsten der Gesellschaftsgläubiger, namentlich der Alt- und Neugläubiger[557]. Die GmbH und ihre Gesellschafter sind nicht in den Schutzbereich einbezogen[558]. Die Forderungen der Gläubiger müssen allerdings vor Eröffnung des Insolvenzverfahrens entstanden sein[559]. Dabei ist es unerheblich, ob es sich um Forderungen von Altgläubigern vor Insolvenzreife oder um Neugläubiger handelt, die ihre Ansprüche erst nach diesem Zeitpunkt erworben haben. Der Zweck des § 15a Abs. 1 InsO n. F. liegt darin, den Altgläubigern die noch vorhandene Haftungsmasse ab dem Zeitpunkt des Insolvenzgrundes ungeschmälert zu erhalten und die Schädigung neuer Gläubiger zu verhindern[560]. Vor Inkrafttreten des MoMiG wurde zudem angenommen, dass § 64 Abs. 2 GmbHG a. F. der Beurteilung als Schutzgesetz nicht entgegenstehe. Trotz des Vorrangs als

---

554 *Eidenmüller* befürwortet die Einordnung der Insolvenzverschleppungshaftung als insolvenzrechtliche Qualifikation, vgl. *Eidenmüller*, Ausländische Kapitalgesellschaften, § 9 Rn. 32; befürwortend auch *Schmahl*, in: MüKo InsO, § 15 Rn. 125.

555 Vgl. *Eidenmüller*, NJW 2005, 1618, 1629; *Eidenmüller*, Ausländische Kapitalgesellschaften, § 4 Rn. 28, § 9 Rn. 31 ff.; *Schmahl*, in: MüKo InsO, § 15 Rn. 124.

556 So z.B. *v. Hase*, BB 2006, 2141, 2146 f.

557 *Blöse*, GmbHR 2008, 71, S. 79; *Kleindiek*, in: *Lutter/Hommelhoff*, GmbHG, Anh. zu § 64 Rn. 64; dagegen wohl: *Altmeppen*, in: *Roth/Altmeppen*, GmbHG, § 64 Rn. 26.

558 *Kleindiek*, in: *Lutter/Hommelhoff*, GmbHG, Anh. zu § 64 Rn. 64.

559 BGH 29, 100, 102 f.; BGH 75, 86, 106; BGH 100, 19, 23 ff.; BGH ZIP 1993, 763, 765 u. 1543, 1544; *Haas*, DStR 2003, 423, 426; *Kübler/Assmann*, GesR, § 18 V 2 b) bb), S. 288; *K. Schmidt*, in: *Scholz*, GmbHG, § 64 Rn. 37.

560 *Henze/Bauer*, in: Kölner Schrift zur InsO, S. 1316, Rn. 19.

Spezialvorschrift sicherte § 64 Abs. 2 GmbHG a. F. nur die gleichmäßige Befriedigung der Gläubiger und gewährte keinen allgemeinen Schadensersatzanspruch wegen Verletzung der Insolvenzantragspflicht[561]. Mit Übernahme der Insolvenzverschleppungshaftung in § 15a Abs. 1 InsO n. F. dürfte dieser Hinweis auf die zusammenhängende Betrachtung der § 64 Abs. 1 GmbHG a. F. und § 64 Abs. 2 GmbHG a. F. überflüssig sein. Letztlich kommt es darauf an, dass § 15a InsO n. F. weiterhin als Schutzgesetz im Sinne des § 823 Abs. 2 BGB zu bewerten ist.

II. Antragspflicht bei Insolvenzgrund

Im Falle der Zahlungsunfähigkeit (§ 17 InsO) oder der Überschuldung (§ 19 InsO) der GmbH hat der Geschäftsführer gemäß § 15a Abs. 1 GmbHG die Pflicht, ohne schuldhaftes Zögern die Eröffnung des Insolvenzverfahrens zu beantragen[562]. Die Antragspflicht ist in diesem Zusammenhang als insolvenzrechtliche Organpflicht zu verstehen, die zur kritischen Selbstprüfung und rechtzeitigen Sanierung der Gesellschaft anhalten soll. Bei der Haftung aus Insolvenzverschleppung gemäß § 823 Abs. 2 BGB i.V.m. § 15a Abs. 1 InsO n. F. geht es um den Vorwurf, entgegen der Fristregel verspätet Insolvenzantrag gestellt zu haben[563]. An diese Pflichtverletzung knüpft die Verpflichtung des Geschäftsführers an, den daraus hervorgegangenen Gläubigerschaden zu ersetzen[564]. Der Geschäftsführer wird daher schon im Vorfeld der Krise zur beständigen wirtschaftlichen Selbstprüfung vor allem hinsichtlich einer bevorstehenden, häufig nicht klar hervortretenden Überschuldung verpflichtet. Die gesetzliche Insolvenzantragspflicht schützt den Gläubiger davor, mit einem insolvenzreifen Unternehmen in Geschäftsverhandlungen zu treten und durch das Auftreten im Rechtsverkehr geschädigt zu werden[565].

Bei drohender Zahlungsunfähigkeit gemäß § 18 Abs. 2 InsO hat die Gesellschaft als Schuldner der sog. „Innenlösung“ zufolge allerdings alleinig das Recht, die Eröffnung des Insolvenzverfahrens zu beantragen[566]. Wegen der Ähnlichkeit zur GmbH ist die Überschuldung auch als Insolvenzgrund auf die Vor-GmbH entsprechend anwendbar, so dass der Geschäftsführer der Vor-GmbH verpflichtet

561 *Schulze-Osterloh*, in: *Baumbach/Hueck*, GmbHG, 18. Auflage, München 2006, § 64 Rn. 90.

562 *Kleindiek*, in: *Lutter/Hommelhoff*, GmbHG, Anh. zu § 64 Rn. 5.

563 *Kleindiek*, in: *Lutter/Hommelhoff*, GmbHG, Anh. zu § 64 Rn. 61.

564 *Kleindiek*, in: *Lutter/Hommelhoff*, GmbHG, Anh. zu § 64 Rn. 61.

565 BGHZ 126, 181, 194 = NJW 1994, 2220, 2223; BGH BB 2005, 2144, 2147.

566 *Grab/Wissmann*, Haftungsrisiken für den GmbH-Geschäftsführer, S. 161; *Schmidt-Leithoff*, in: *Rowedder/Schmidt-Leithoff*, GmbHG, § 64 Rn. 7.

ist, bei gegebenem Anlass einen Insolvenzantrag zu stellen[567]. Die Vorgründungsgesellschaft ist, sei es als BGB-Gesellschaft oder als OHG, nach § 11 Abs. 2 Nr. 1 InsO insolvenzfähig. Bislang wurde § 64 GmbHG a. F. auf Vorgründungsgesellschaften allerdings nicht angewendet[568]: Nach Einführung des MoMiG[569] ist nach dem Wortlaut des § 15a Abs. 1 S. 2 InsO n. F. davon auszugehen, dass sich die Vorschrift des § 15a InsO nicht nur auf juristische Personen beschränkt[570]. Die Insolvenzverschleppungshaftung gegenüber den Gesellschaftsgläubigern gemäß § 823 Abs. 2 BGB i.V.m. § 15a Abs. 1 InsO n. F. führt dazu, dass eine parallel bestehende Haftung des Geschäftsführers aus § 823 Abs. 2 BGB i.V.m. der Strafnorm des § 15a Abs. 4 InsO n. F. keine eigenständige Bedeutung hat[571].

III. Beginn der Antragsfrist

Ab dem Zeitpunkt der Zahlungsunfähigkeit oder der Überschuldung hat der Geschäftsführer der GmbH gemäß § 15a Abs. 1 S. 1 InsO eine Frist von drei Wochen, um die Möglichkeit einer Unternehmenssanierung zu überprüfen und die Eröffnung des Insolvenzverfahrens zu beantragen. Entsprechend dem Wortlaut der vorgenannten Vorschrift beginnt die Frist von drei Wochen, in denen der Insolvenzantrag gestellt werden sollte, mit Eintritt der Zahlungsunfähigkeit oder der Überschuldung zu laufen. Die Dreiwochenfrist ist im Sinne einer Höchstfrist zu sehen[572]. Nur bei begründeter Aussicht auf Rettung des Unternehmens darf die Dreiwochenfrist voll ausgeschöpft werden. Kommen objektiv schon vor Ablauf der Frist keine Sanierungsmaßnahmen in Betracht, sollte der Geschäftsführer ohne schuldhaftes Zögern, d. h. unverzüglich, den Insolvenzantrag stellen[573]. Die Insolvenzantragspflicht wird im Falle der Weiterführung des Unternehmens durch positives Tun und nicht durch Unterlassen verletzt. So erklärt sich auch die Haftung und Strafbarkeit der sog. faktischen und der nicht

---

567 *Haas*, DStR 1999, 985, 986; *Gottwald*, Insolvenzrechts-HdB, § 92 Rn. 311; *Ulmer*, in: *Hachenburg*, § 64 Rn. 4; a. A. *Altmeppen*, in: *Roth/Altmeppen*, GmbHG, Vorb. zu § 64 Rn. 10; *Schmidt-Leithoff*, in: *Rowedder/Schmitd-Leithoff*, GmbHG, § 64 Rn. 7.

568 *Schulze-Osterloh*, in: *Baumbach/Hueck*, GmbHG, 18. Auflage, München 2006, § 64 Rn. 2; *Schmidt-Leithoff*, in: *Rowedder/ Schmidt-Leithoff*, GmbHG, § 64 Rn. 7.

569 MoMiG vom 23.10.2008, BGBl. I S. 2026.

570 *Bußhardt*, in: *Braun*, InsO, § 15a Rn. 11.

571 *Scheuffele*, in: *Schwerdtfeger*, KpK GesR, Kap. 7, § 64 Rn. 18.

572 *Kleindiek*, in: *Lutter/Hommehoff*, GmbHG, 2009, Anh. zu § 64 Rn. 50.

573 BGH DStR 2001, 1537, m. Anm. *Goette*, DStR 2001, 1538; Scha, ZInsO 2001, 529, 533; *Haas*, DStR 2003, 424, 426.

ordnungsgemäß bestellten Geschäftsführer, die gesetzlich nicht an die Insolvenzantragspflicht gebunden werden[574].

Für den Fall der Führungslosigkeit der GmbH, hat der Gesetzgeber in § 15a Abs. 3 InsO klargestellt, dass jeder Gesellschafter zur Stellung eines Insolvenzantrages verpflichtet ist, es sei denn, diese Person hat von der Zahlungsunfähigkeit und Überschuldung oder Führungslosigkeit der Gesellschaft keine Kenntnis. Umstritten ist hingegen weiterhin, ob es im Rahmen des § 15a Abs. 1 InsO, der den Fristbeginn der Insolvenzantragstellung an den Eintritt der Zahlungsunfähigkeit oder Überschuldung knüpft, bereits einer positiven Kenntnis des Geschäftsführers über die Zahlungsunfähigkeit oder Überschuldung bedarf oder ob der Insolvenzgrund für den Geschäftsführer aus objektiver Sicht lediglich erkennbar sein musste[575].

1. Positive Kenntnis des Insolvenzgrundes

Nach der auf einer Entscheidung des BGH[576] begründeten Meinung setzt der Fristbeginn voraus, dass die Insolvenz aufgrund der Zahlungsunfähigkeit oder Überschuldung objektiv eingetreten sein und der Geschäftsführer positive Kenntnis von den Insolvenzgründen ohne Rücksicht auf die Aufstellung einer Bilanz aufweisen muss[577]. Bei Unkenntnis des Geschäftsführers von dem Insolvenzgrund oder der Insolvenzantragspflicht beginnt die Frist zur Stellung des Insolvenzantrages nur dann zu laufen, wenn sich der Geschäftsführer fahrlässig oder böswillig der Kenntnis verschließt[578]. Die Kenntnis des Geschäftsführers ist bereits dann zu bejahen, wenn dem Geschäftsführer die Tatsachen, welche für die Zahlungsunfähigkeit oder Überschuldung der Gesellschaft sprechen, derartig offenbar geworden sind, dass er sich der Überzeugung hiervon redlicherweise nicht verschließen konnte[579]. Dieser relativ späte Beginn der Antragsfrist ist von Vorteil für das Unternehmen, da viel Zeit für die Rettungs- und Sanierungsversuche der

---

574 *K. Schmidt*, ZGR 1998, 633, 656.

575 *Kleindiek*, in: *Lutter/Hommelhoff*, GmbHG, Anh. zu § 64 Rn. 51.

576 BGHZ 75, 95, 96, 110 = NJW 1979, 1823, 1827.

577 BGH ZIP 2003, 2213; *Haas*, in: *Baumbach/Hueck*, GmbHG, § 64 Rn. 124: Vorsatz (positive Kenntnis) betreffend Zahlungsunfähigkeit oder Überschuldung; *Maser/Sommer*, BB 1996, 65, 68. *Kleindiek*, in: *Lutter/Hommelhoff*, GmbHG, Anh. zu § 64 Rn. 51; *Schmidt-Leithoff*, in: *Rowedder/Schmidt-Leithoff*, GmbHG, § 64 Rn. 12.

578 *Kleindiek*, in: *Lutter/Hommelhoff*, GmbHG, Anh. zu § 64 Rn. 51.

579 OLG Düsseldorf GmbHR 1999, 479, 480 f.; OLG Frankfurt am Main NZG 2004, 1157, 1159, *Haas*, in: *Baumbach/Hueck*, GmbHG, § 64 Rn. 124; *Schulze-Osterloh*, AG 1984, 141, 145; *Scheuffele*, in: *Schwerdtfeger*, KpK GesR, Kap. 7, § 64 Rn. 3.

GmbH verbleibt. Allerdings kann sich die potentielle Insolvenzmasse der GmbH zum Nachteil der Gesellschaftsgläubiger in dieser Zeit weiterhin verringern, so dass den Gesellschaftsgläubigern im Falle der Eröffnung des Insolvenzverfahrens weniger Masse zu ihrer Befriedigung zur Verfügung steht[580].

2. *Theorie des objektiven Maßstabes*

Aufgrund des öffentlichen Interesses an der rechtzeitigen Insolvenzantragstellung und der Wahrscheinlichkeit, dass innerhalb einer längeren Antragsfrist die Insolvenzmasse verringert wird, befürworten Stimmen im Schrifttum[581] und in der neueren Rechtsprechung[582] zunehmend den Beginn einer Insolvenzantragsfrist nach objektiven Maßstäben. Eine zusätzliche Kenntnis des Geschäftsführers hinsichtlich der Insolvenzreife des Unternehmens ist nicht erforderlich[583]. Im Rahmen der Überschuldung reiche es aus, dass offensichtlich zu Tage liegende Fakten für den Fristbeginn vorliegen[584]. Diese Sichtweise entspricht dem Wortlaut des § 15a Abs. 1 S. 1. InsO[585]. Im Ergebnis ergeben sich kaum Unterschiede zu der vorgenannten subjektiven Auffassung: sofern Sanierungsaussichten erfolglos sind, führt spätestens bei Außerachtlassung der im Verkehr erforderlichen Sorgfalt eine fahrlässige Begehungsweise nach beiden Ansichten zu einer unverzüglichen Insolvenzantragspflicht[586]. Anknüpfungspunkt der Haftung ist dann auch bei der subjektiven Betrachtungsweise die fahrlässige Verkennung der Insolvenzreife und nicht die positive Kenntnis des Geschäftsführers[587]. Die von dem Geschäftsführer nicht hinreichend wahrgenommenen Beobachtungs- und Kontrollpflichten werden demgemäß ausnahmslos sanktioniert[588]. Die Sichtweise der objektiven

---

580 *Kleindiek*, in: *Lutter/Hommelhoff*, GmbHG, Anh. zu § 64 Rn. 51.

581 *Bäcker/Prühs*, GmbH-Geschäftsführer-Haftung, S. 108; *Kleindiek*, in: *Lutter/Hommelhoff*, GmbHG, Anh. zu § 64 Rn. 51; *Schmidt-Leithoff*, in: *Rowedder/Schmidt-Leithoff*, GmbHG, § 64 Rn. 12, 13; *Scheuffele*, in: *Schwerdtfeger*, KpK GesR, Kap. 7, § 64 Rn. 3.

582 BGH NJW 2000, 668.

583 *Kleindiek*, in: *Lutter/Hommelhoff*, GmbHG, Anh. zu § 64 Rn. 51.

584 BGH NJW 2000, 668; *Bäcker/Prühs*, GmbH-Geschäftsführer-Haftung, S. 108; *Kleindiek*, in: *Lutter/Hommelhoff*, GmbHG, Anh. zu § 64 Rn. 51; *Schmidt-Leithoff*, in: *Rowedder/Schmidt-Leithoff*, GmbHG, § 64 Rn. 12, 13; *Scheuffele*, in: *Schwerdtfeger*, KpK GesR, Kap. 7, § 64 Rn. 3.

585 *Kleindiek*, in: *Lutter/Kleindiek*, GmbHG, Anh. zu § 64 Rn. 51.

586 *Kleindiek*, in: *Lutter/Kleindiek*, GmbHG, 2009, Anh. zu § 64 Rn. 51.

587 BGHZ 75, 96, 110; 126, 181; *Scheuffele*, in: *Schwerdtfeger*, KpK GesR, Kap. 7. § 64 Rn. 3.

588 *Ensthaler/Zech*, in: *Achilles/Ensthaler/Schmitt*, GmbHG, § 64 Rn. 14 f.; *Kleindiek*, in: *Lutter/Hommelhoff*, GmbHG, Anh. zu § 64 Rn. 51; *Schwerdtfeger/Scheuffele*, KpK GesR, Kap. 7., § 64 Rn. 3.

Erkennbarkeit hält den Geschäftsführer zu einer stetigen Kontrolle des Geschäftsverkehrs und Überprüfung der finanziellen Situation der GmbH zum Schutze der Beteiligten hält.

Dementsprechend ist ein Fristbeginn der Insolvenzantragspflicht zugunsten der Gesellschaftsgläubiger mit objektivem Eintritt der Zahlungsunfähigkeit oder der Überschuldung vorzugswürdig. Positiver Kenntnis des Geschäftsführers von der Insolvenz bedarf es für den Beginn der in § 15a Abs. 1 S. 1 InsO genannten Frist nicht. Ein Verschließen des Geschäftsführers vor der Unternehmensinsolvenz, z.B. durch fahrlässige oder vorsätzliche Verletzung seiner Überwachungs- und Buchhaltungspflichten, ist somit für den Fristbeginn unschädlich[589]. Offensichtliche Fakten und Erkennbarkeit sind auch für das Bestehen der Überschuldung ausreichend[590]. Diese Meinung folgte bei Zahlungsunfähigkeit der GmbH dem Wortlaut des § 64 Abs. 1 GmbHG a. F. Mittlerweile finden sich nach § 15a Abs. 1 InsO n. F. Zahlungsunfähigkeit und Überschuldung wortlautgemäß gleichrangig wieder. Da die Zahlungsunfähigkeit dem Geschäftsführer im Alltag kaum verborgen bleiben kann, ist die praktische Auswirkung der Lehren der positiven Kenntnis des Geschäftsführers (subjektive Betrachtungsweise) und der objektiven Erkennbarkeit des Insolvenzgrundes (objektive Betrachtungsweise) gering. Allerdings gestaltet sich die Feststellung der Überschuldung in der Praxis weitaus schwieriger. Die objektive Betrachtungsweise kann bei der Überschuldung des Unternehmens im Gegensatz zur subjektiven Betrachtungsweise zu einem früheren Beginn der Insolvenzantragsfrist im Sinne des § 15a Abs. 1 S. 1 InsO führen. Der Geschäftsführer sollte sich daher fortwährend um Überprüfung der finanziellen Lage der Gesellschaft bemühen, um einer Haftung aus § 823 Abs. 2 BGB i.V.m. § 15a InsO wegen verspäteter Insolvenzantragstellung zu entgehen[591]. Zudem steht die Pflicht zur Insolvenzantragsstellung im öffentlichen Interesse[592]. Die Erfüllung dieser Pflicht kann daher nicht von der Aufmerksamkeit des Geschäftsführers oder einer anderen subjektiven Komponente über die finanzielle Situation der Gesellschaft abhängen[593].

---

589 *Jula*, Die Haftung von GmbH-Geschäftsführern und Aufsichtsräten, S. 71.

590 *Lutter/Kleindiek*, in: *Lutter/Hommelhoff*, GmbHG, Anh. zu § 64 Rn. 51.

591 *Kleindiek*, in: *Lutter/Hommehoff*, GmbHG, Anh. zu § 64 Rn. 51; *K. Schmidt*, in: *Scholz*, GmbHG, § 64 Rn. 10; *K. Schmidt*, WPg-Sonderheft 2003, 141, 143.

592 *Grube/Maurer*, GmbHR 2003, 1461, 1463 f.

593 *Grube/Maurer*, GmbHR 2003, 1461, 1463 f.; *Ulmer*, in: *Hachenburg*, GmbHG, § 64 Rn. 1 f.; *Kleindiek*, in: *Lutter/Hommelhoff*, GmbHG, Anh. zu § 64 Rn. 51; *Nerlich*, in: *Michalski*, GmbHG II, § 64 Rn. 13; *K. Schmidt*, in: *Scholz*, GmbHG, § 64 Rn. 10.

3. *Tendenzen in der Rechtsprechung*

Nach der früheren Rechtsprechung begann die dreiwöchige Antragsfrist erst dann zu laufen, wenn einer der Insolvenzgründe der Zahlungsunfähigkeit oder Überschuldung objektiv gegeben war und der Geschäftsführer hiervon positive Kenntnis besaß[594]. Diese Ansicht führte dazu, dass die Frist relativ spät begann und der Geschäftsführer über einen längeren Zeitraum die Möglichkeit hatte, das Unternehmen zu retten und Sanierungsvorschläge zu realisieren[595]. Nachteilig wirkte sich diese Annahme auf die Insolvenzmasse aus, die durch die Rettungsversuche regelmäßig verringert wurde und damit den Gesellschaftsgläubigern bei Eröffnung des Insolvenzverfahrens weniger Masse zu ihrer Befriedigung zur Verfügung stand[596]. In der Literatur befürwortete daher eine gegenteilige Auffassung, dass eine positive Kenntnis des Geschäftsführers bei Zahlungsunfähigkeit nicht entscheidend sei[597]. Im Rahmen der Überschuldung reichten zudem die „zu Tage liegenden“ Fakten für den Beginn der Insolvenzantragspflicht aus, die Frist in Gang zu setzen[598].

Der BGH lässt in seiner neueren Rechtsprechung die Erkennbarkeit der Insolvenzreife und damit ebenso objektive Anhaltspunkte genügen[599]. Er beschreitet dementsprechend einen Mittelweg zwischen den beiden Auffassungen. Die Insolvenzantragspflicht beginnt zu Lasten des Geschäftsführers zeitlich früher als bei positiver Kenntnis. Der Geschäftsführer wird dazu angehalten, das Unternehmen ständig auf Effizienz und Liquidität zu überprüfen[600]. Der frühere Beginn der Insolvenzantragspflicht schützt die Gläubiger vor einer Verringerung der Insolvenzmasse, die im Falle eines Insolvenzverfahrens zu ihrer Befriedigung dient[601]. Lässt man nach der früheren Rechtsprechung[602] lediglich das objektive Vorliegen eines Insolvenzgrundes für einen Fristbeginn ausreichen, kann es unter Umständen dazu führen, dass die Antragsfrist ohne Kenntnis des Geschäftsführers verstreicht

---

594 BGHZ 75, 110.

595 Vgl. auch *Kleindiek*, in: *Lutter/Hommelhoff*, GmbHG, Anh. zu § 64 Rn. 51.

596 Vgl. auch *Kleindiek*, in: *Lutter/Hommelhoff*, GmbHG, Anh. zu § 64 Rn. 51.

597 *Bäcker/Prühs*, GmbH-Geschäftsführer-Haftung, S. 108; *Kleindiek*, in: *Lutter/Hommelhoff*, GmbHG, Anh. zu § 64 Rn. 51; *Schmidt-Leithoff*, in: *Rowedder/Schmidt-Leithoff*, GmbHG, § 64 Rn. 12, 13; *Scheuffele*, in: *Schwerdtfeger*, KpK GesR, Kap. 7, § 64 Rn. 3.

598 *Bäcker/Prühs*, GmbH-Geschäftsführer-Haftung, S. 108; *K. Schmidt*, in: *Scholz*, GmbHG, § 64 Rn. 13, 18.

599 BGH NJW 2000, 668.

600 *Kleindiek*, in: *Lutter/Hommelhoff*, GmbHG, Anh. zu § 64 Rn. 51.

601 *Kleindiek*, in: *Lutter/Hommelhoff*, GmbHG, Anh. zu § 64 Rn. 51.

602 BGHZ 75, 110.

und eine Ermessensausübung des Geschäftsführers, weitere Maßnahmen verhindert. Demgegenüber wird unter Zugrundelegung einer positiven Kenntnis dem öffentlichen Interesse nicht angemessen Rechnung getragen[603]. Der Geschäftsführer könnte die Vermögenslage der GmbH nicht mehr im Auge behalten, sich den Fakten willentlich verschließen und einer positiven Kenntnis über die Insolvenzreife des Unternehmens entgehen[604]. Für den Maßstab der Erkennbarkeit spricht zudem, dass er die Frist des Geschäftsführers zur Insolvenzantragstellung früher in Gang setzt als nach subjektiver Sichtweise und damit dem Gesetzeswortlaut der Zahlungsunfähigkeit und Überschuldung entspricht[605]. In der Praxis finden sich kaum Unterschiede zur positiven Kenntnis, da sich die Zahlungsunfähigkeit oder Überschuldung der Gesellschaft dem Geschäftsführer in aller Regel frühzeitig offenbart.

Mit der Einführung des MoMiG[606] gelangt die Problematik der Geschäftsführerlosigkeit erneut in den Mittelpunkt der Betrachtung. Bereits der RefE MoMiG sah hinsichtlich der Insolvenzantragspflicht der Gesellschafter im Rahmen der Geschäftsführerlosigkeit vor, dass den Gesellschaftern die Darlegungslast obliegt, dass sie die Umstände, die auf den Insolvenzgrund und die Geschäftsführerlosigkeit schließen lassen, nicht kannten[607]. Der Vorschlag wurde des RefE MoMiG in § 15a Abs. 3 InsO n. F. in geltendes Recht umgesetzt. Nach dem Wortlaut der Formulierung des § 15 Abs. 3 InsO („es sei denn") gilt für die Geschäftsführerlosigkeit die Vermutung, dass der Gesellschafter Kenntnis des Insolvenzgrundes und Geschäftsführerlosigkeit hatte. Zwar ist grundsätzlich eine positive Kenntnis hinsichtlich des Insolvenzgrundes und der Geschäftsführerlosigkeit erforderlich. Das bewusste Verschließen vor der Kenntnis ist bereits ausreichend[608].

IV. Fristende

Der Geschäftsführer muss den Insolvenzantrag gemäß § 15a Abs. 1 InsO bei dem zuständigen Gericht bis spätestens drei Wochen nach Fristbeginn gestellt oder

603 *Grube/Maurer*, GmbHR 2003, 1461, 1463 f.; *Kleindiek*, in: *Lutter/Kleindiek*, GmbHG, 2009, Anh. zu § 64 Rn. 51.

604 *Schmidt-Leithoff*, in: *Rowedder/Schmidt-Leithoff*, GmbHG, § 64 Rn. 13; *K. Schmidt*, in: Scholz, GmbHG, § 64 Rn. 18.

605 *Kleindiek*, in: *Lutter/Hommelhoff*, GmbHG, Anh. zu § 64 Rn. 51.

606 MoMiG vom 23.10.2008, BGBl. I S. 2026.

607 RefE BReg MoMiG, BT-Ds. 16/6140, S. 55 f.

608 RefE BReg MoMiG, BT-Ds. 16/6140, S. 55 f.; *Scheuffele*, in: *Schwerdtfeger*, KpK GesR, Kap. 7, § 64 Rn. 3.

den Insolvenzgrund fristgerecht beseitigt haben. Die Frist zur Insolvenzantragstellung ist eine Höchstfrist, die weder mit Zustimmung aller Gläubiger oder durch einstimmigen Beschluss der Gesellschafter verlängert werden noch im Falle endgültig scheiternder Sanierungsmaßnahmen voll ausgeschöpft werden darf[609]. Die Beseitigung des Insolvenzgrundes kann beispielsweise durch Kapitalerhöhung, Gesellschafterdarlehen mit Rangrücktrittsvereinbarungen oder Gläubigerverzichte unter Gewährung neuer Darlehen geschehen[610]. Die Kreditgewährung durch einen Dritten hebt nur den Tatbestand der Zahlungsunfähigkeit auf, während eine Überschuldung der GmbH nachweislich der Auszeichnung von Aktiva und Passiva in der Überschuldungsbilanz weiterhin bestehen bleibt[611]. Demgegenüber hebt der Forderungsverzicht nur die Überschuldung auf, es sei denn, dass die Forderung gerade die Überschuldung der Gesellschaft bedingt und mit Forderungsverzicht alle anderweitigen fälligen Forderungen bezahlt werden können[612]. Mit Beseitigung des Insolvenzgrundes muss eine eindeutige Besserung der finanziellen Situation der Gesellschaft eingetreten sein. Kommt es innerhalb von drei Monaten erneut zu finanziellen Schwierigkeiten der GmbH, wurde die Insolvenz nicht beseitigt[613]. Im Rahmen von Sanierungsbemühungen kann die Frist voll ausgenutzt werden, soweit es die Sanierungsprüfung erfordert. Der Insolvenzantrag ist jedoch umgehend zu stellen, wenn sich keine Erfolgschancen bei den Sanierungsbemühungen abzeichnen[614]. Steht das Scheitern von Sanierungsbemühungen oder das Vorliegen einer nicht behebbaren Insolvenzreife von Anfang an fest, muss der Insolvenzantrag unverzüglich gestellt werden[615]. Die Frist darf dann zum Schutze der Gläubiger vor einer Masseverringerung nicht abgewartet werden.

V. *Maßnahmen der Geschäftsführer und Beurteilungsspielraum*

Die vom Geschäftsführer zu ergreifenden Maßnahmen und der bei seinen Handlungen anzulegende Beurteilungsmaßstab sind in der Unternehmensinsolvenz

---

609 *Bußhardt*, in *Braun*, InsO, § 15a Rn. 9; *Kleindiek*, in: *Lutter/Hommelhoff*, GmbHG, Anh. zu § 64 Rn. 55.

610 *Kleindiek*, in: *Lutter/Hommelhoff*, GmbHG, Anh. zu § 64 Rn. 53.

611 *Kleindiek*, in: *Lutter/Hommelhoff*, GmbHG, Anh. zu § 64 Rn. 53.

612 *Kleindiek*, in: *Lutter/Hommelhoff*, GmbHG, Anh. zu § 64 Rn. 53.

613 *Kleindiek*, in: *Lutter/Hommelhoff*, GmbHG, Anh. zu § 64 Rn. 54.

614 *Haas*, in: *Baumbach/Hueck*, GmbHG, § 64 Rn. 118.

615 *Scheuffele*, in: *Schwerdtfeger*, KpK GesR, Kap. 7, § 64 Rn. 14; *Thümmel*, BB 2002, 1105.

regelmäßig schwierig zu beurteilen. Das objektive Vorliegen der Zahlungsunfähigkeit löst regelmäßig keine gravierenden Probleme aus[616]. Die Zahlungsstockung ist lediglich von der Zahlungsunfähigkeit abzugrenzen[617]. Bei dem Insolvenzgrund der Zahlungsunfähigkeit kommt es nicht auf persönliche Umstände beim Schuldner, wie z.B. Krankheit, Überlassung oder Unfähigkeit, sowie sonstiger Mängel bei der Beurteilung der Zahlungsunfähigkeit an[618]. Ausschlaggebend ist die Sachlage des Einzelfalles. Die Unkenntnis des Geschäftsführers ändert hieran nichts. Der Insolvenztatbestand der Überschuldung bildet gemäß § 19 Abs. 1 InsO hingegen nur bei juristischen Personen einen Eröffnungsgrund[619]. Das prognostische Element bindet die Feststellung der Überschuldung für den Geschäftsführer an zahlreiche Unwägbarkeiten. Er ist unterschiedlichen haftungsrechtlichen Verantwortlichkeiten ausgesetzt. Während der Dreiwochenfrist des § 15a Abs. 1 S. 1 BGB haben die GmbH-Geschäftsführer mit Nachdruck zu versuchen, die Insolvenzreife des Unternehmens kurzfristig zu beheben und die Krise der Gesellschaft zu überwinden[620]. Die Geschäftsführer haben sowohl im Interesse der Gesellschaftsgläubiger als auch im Interesse der Gesellschafter sowie der Mitarbeiter alle sachgerechten Maßnahmen zu überprüfen und alle Möglichkeiten zu verfolgen, die die Insolvenzgründe erfolgreich beseitigen[621]. Von diesen Maßnahmen sind auch Bemühungen des Geschäftsführers um einen außergerichtlichen Vergleich erfasst, wobei Letzterer meist nur bei wenigen Gläubigern erfolgreich geschlossen wird[622]. Weiter gehört hierher die Aufnahme neuer Gesellschafter, die Barkapital einlegen, die Kapitalerhöhung durch Zuführung neuer Mittel, Zuschüsse der Gesellschafter sowie Gläubigerverzichte unter gleichzeitiger Gewährung neuer Kredite[623]. Allein die Aufnahme von Darlehen bei der Bank oder bei Dritten beseitigt zwar die Zahlungsunfähigkeit, nicht aber die Überschuldung der Gesellschaft, weil den neu zugeführten Mitteln auf der Aktivseite die Forderung der Darlehensgeber auf der Passivseite gegenübersteht[624]. Allerdings sind Gesellschafterdarlehen ein

---

616 Siehe § 1 B. II. 1, 3.

617 Siehe § 1 B. II. 1.

618 *Uhlenbruck*, in: *Uhlenbruck*, InsO, § 17 Rn. 5.

619 Die Problematik der Überschuldung wurde bereits ausgiebig erörtert, siehe Erster Teil, § 1 B. II. 3.

620 *Schmidt-Leithoff*, in: *Rowedder/Schmidt-Leithoff*, GmbHG, § 64 Rn. 14.

621 *Schmidt-Leithoff*, in: *Rowedder/Schmidt-Leithoff*, GmbHG, § 64 Rn. 14.

622 *Schmidt-Leithoff*, in: *Rowedder/Schmidt-Leithoff*, GmbHG, § 64 Rn. 14.

623 *Kleindiek*, in: *Lutter/Hommelhoff*, GmbHG, Anh. zu § 64 Rn. 53.

624 *Kleindiek*, in: *Lutter/Hommelhoff*, GmbHG, Anh. zu § 64 Rn. 54; *Schmidt-Leithoff*, in: *Rowedder/Schmidt-Leithoff*, GmbHG, § 64 Rn. 15.

geeignetes Sanierungsmittel, wenn zugleich mit der Hingabe des Sanierungsdarlehens eine Rangrücktrittsvereinbarung mit dem Darlehensgeber abgeschlossen wird[625].

Vor allem die leichtfertige Verfolgung dieser Sanierungsmöglichkeiten in der Unternehmenskrise setzt den Geschäftsführer im Rahmen seiner Verantwortlichkeit Haftungsrisiken aus[626]. Diese haftungsrechtlichen Ansprüche, wie z.B. wegen Verletzung von Sorgfaltspflichten gemäß § 43 GmbHG oder verspäteter Insolvenzantragstellung, führen zu der Diskussion, wie weit der dem Geschäftsführer zustehende Beurteilungsspielraum im Rahmen seiner Sanierungsbemühungen zu fassen ist. Nach ganz überwiegender Auffassung wird dem Geschäftsführer ein Beurteilungsspielraum zugestanden, der sich auch auf die positive Fortführungsprognose bezieht[627]. Der Wortlaut des § 19 Abs. 2 S. 2 InsO legt den Beurteilungsspielraum im Rahmen der Fortführungsprognose nahe. Die Fortführung des Unternehmens muss überwiegend wahrscheinlich sein, so dass der Geschäftsführer einen Handlungsspielraum im Rahmen dieser unbestimmten Grenzen hat. Der Geschäftsführer gelangt an die Grenzen seines Beurteilungsspielraums, wenn er als ordentlicher Geschäftsmann hätte erkennen müssen, dass die Fortführung der Gesellschaft aussichtslos ist[628].

Demgegenüber sollte der Beurteilungsspielraum nicht allein auf die vorhandene Fortführungsprognose bezogen werden[629], da sich die prognostischen Elemente im neuen Überschuldungstatbestand auf zwei Ebenen befinden und darüber hinaus die Vermögensbewertung erfassen. Nicht abschließend geklärt ist bislang allerdings, ob der Beurteilungsspielraum des Geschäftsführers schon die Pflichtenebene oder erst die Verschuldensebene betrifft[630]. Bei regelgerechtem Verhalten des Geschäftsführers ist eine Pflichtverletzung regelmäßig auszuschließen[631]. Diese Handhabung entspricht den Vorgaben zum unternehmerischen Ermessen

---

625 *Gras*, in: *Nerlich/Kreplin*, Münchener Anwaltshandbuch Sanierung und Insolvenz, § 6 Rn. 94 ff.; *Schmidt-Leithoff*, in: *Rowedder/Schmidt-Leithoff*, GmbHG, § 64 Rn. 15 betreffend § 32a GmbHG a. F.

626 *Haas*, DStR 2003, 423, 425.

627 BGHZ 126, 181, 199 = NJW 1994, 2220, 2224; BAG NZA 1999, 39, 42; OLG Frankfurt NZG 2001, 173, 174; OLG Koblenz OLG-Report 2001, 228, 229; *Haas*, DStR 2003, 423, 425.

628 *Haas*, DStR 2003, 423, 424 f.

629 Ebenso *Schlosser*, Die Eröffnung des Insolvenzverfahrens, in: *Leipold*, Insolvenzrecht im Umbruch, S. 13.

630 *Haas*, DStR 2003, 423, 425; für die Verschuldensebene: OLG Koblenz, OLG-Report 2001, 228, 230.

631 *Haas*, DStR 2003, 423, 425 f.

im Rahmen des § 43 GmbHG[632]. Von seinem Beurteilungsspielraum und Handlungsermessen ist die Pflicht des Geschäftsführers, einen Insolvenzantrag zu stellen, zu unterscheiden. Sie ist als Pflicht im öffentlichen Interesse zugunsten der Gesellschaftsgläubiger zu erfüllen[633]. Entsprechende Beschlüsse der Gesellschafterversammlung oder Zustimmungen der Gläubigergesamtheit können den Geschäftsführer daher nicht von seiner Insolvenzantragspflicht entbinden und ihn vor seiner Verantwortlichkeit nach § 15a InsO schützen[634].

VI. Pflichtwidriges Handeln

Der Geschäftsführer handelt nach Maßgabe des Schutzgesetzes pflichtwidrig, wenn er objektiv die Frist des § 15a Abs. 1 InsO n. F. überschreitet oder sie ohne Aussicht auf Rettung der Gesellschaft für eine Sanierung voll ausschöpft[635].

1. Verschulden

Der Geschäftsführer haftet bereits, wenn er die rechtzeitige Antragstellung schuldhaft verzögert oder unterlässt und dadurch die gesetzlich festgelegte Dreiwochenfrist objektiv überschreitet. Eine Haftung nach § 823 Abs. 2 BGB i.V.m. § 15a Abs. 1 InsO n. F. liegt ebenso vor, wenn er die unbehebbare Insolvenzreife der GmbH vor Ablauf der Dreiwochenfrist festgestellt hat und die Frist dennoch voll ausschöpft. Nimmt der Geschäftsführer eine objektiv bestehende Überschuldung nicht zur Kenntnis, weil er die Situation zu optimistisch betrachtet hat, liegt ebenfalls ein Verschulden vor[636]. Dabei genügt die nach der Sorgfalt eines ordentlichen Geschäftsführers zu bestimmende Fahrlässigkeit[637]. Für die Haftung reicht nach neuerer Rechtsprechung die objektive Erkennbarkeit der Insolvenzreife aus[638].

a. Handlungsmaßstab

Fraglich ist, ob das pflichtwidrige Handeln einer positiven Kenntnis des Geschäftsführers über die Zahlungsunfähigkeit oder Überschuldung bedarf und

---

632 Für Letzteres wohl OLG Koblenz OLG Report 2001, 228, 230.

633 *Kleindiek*, in: *Lutter/Hommelhoff*, GmbHG, Anh. zu § 64 Rn. 51.

634 BGH DStR 2001, 1537, m. Anm. *Goette* DStR 2001, 1538; *Kleindiek*, in: *Lutter/Hommelhoff*, GmbHG, Anh. zu § 64 Rn. 69.

635 BGH 75, 97, 111; *Kleindiek*, in: *Lutter/Hommelhoff*, GmbHG, Anh. zu § 64 Rn. 69; *K. Schmidt*, in: *Scholz*, GmbHG, § 64 Rn. 16.

636 *Schmidt-Leithoff*, in: *Rowedder/Schmidt-Leithoff*, GmbHG, § 64 Rn. 27.

637 BGHZ 126, 181, 199 = NJW 1994, 2220, 2222; *Marsch-Barner/Diekmann*, Münch. Hdb. GesR III, § 46 Rn. 70.

638 Vgl. BGH NJW 2000, 668; siehe Erster Teil, § 3 D. III. 3.

somit vorsätzlich zu erfolgen hat. Der oben diskutierte Beginn der Antragsfrist[639] wirkt sich ebenso auf den zugrundezulegenden Verschuldensmaßstab aus. Nach einer teilweise in der Literatur vertretenen Ansicht[640] muss der Geschäftsführer positive Kenntnis vom Insolvenzgrund und somit Vorsatz hinsichtlich der pflichtwidrigen Handlung, nämlich der verspäteten oder unterlassenen Insolvenzantragsstellung, aufweisen. Im Übrigen soll fahrlässiges Verschulden ausreichen, um eine Haftung des Geschäftsführers nach § 823 Abs. 2 BGB i.V.m. § 15a Abs. 1 InsO n. F. zu begründen[641]. Demzufolge ist die Kenntnis des Geschäftsführers bereits dann zu bejahen, wenn dem Geschäftsführer die Tatsachen, welche für die Zahlungsunfähigkeit oder Überschuldung der Gesellschaft sprechen, derartig offenbar geworden sind, dass er sich der Überzeugung hiervon redlicherweise nicht verschließen kann[642].

Nach Ansicht des BGH beginnt die Frist der Insolvenzantragspflicht, wenn für den Geschäftsführer die Zahlungsunfähigkeit oder die Überschuldung erkennbar ist[643]. Die positive Kenntnis des Geschäftsführers von der Insolvenz ist nicht relevant, so dass ein Sich-Verschließen des Geschäftsführers vor der Insolvenz der Gesellschaft für den Fristbeginn unschädlich ist[644]. Nach ganz herrschender Meinung in Rechtsprechung und Lehre ist daher eine fahrlässige Pflichtverletzung beim Verschulden ausreichend[645]. Fahrlässiges Handeln des Geschäftsführers liegt vor, wenn er bei der Vornahme von Zahlungen gerade nicht die Sorgfalt eines ordentlichen Geschäftsmannes anwendet[646]. Somit hat der Geschäftsführer

---

639 Siehe Erster Teil, § 3 D. III.

640 *Haas*, in: *Baumbach/Hueck*, GmbHG, § 64 Rn. 124: Vorsatz (positive Kenntnis) betreffend Zahlungsunfähigkeit oder Überschuldung; *Maser/Sommer*, BB 1996, 65, 68.

641 *Schulze-Osterloh*, in: *Baumbach/Hueck*, GmbHG, § 64 Rn. 97; *Maser/Sommer*, BB 1996, 65, 68.

642 *Schulze-Osterloh*, AG 1984, 141, 145; vgl. den Fall OLG Düsseldorf, GmbHR 1999, 479, 480 f.

643 BGHZ 126, 181, 200 = NJW 1994, 2220, 2224.

644 *Jula*, Die Haftung von GmbH-Geschäftsführern und Aufsichtsräten, S. 71.

645 BGHZ 126, 181, 199; BAG NZA 1999, 39, 42; OLG Düsseldorf GmbHR 1999, 479, 481; OLG Jena ZIP 2002, 631; OLG Thüringen GmbHR 2002, 112; OLG Koblenz OLG-Report 2001, 228; OLG Celle NZG 2002, 730, 732; OLG Köln NZG 2001, 411, 412; BGH 75, 96, 111; *Haas*, DStR 2003, 423, 426; *Ulmer*, in: *Hachenburg*, GmbHG, § 64 Rn. 52; *Schmidt-Leithoff*, in: *Rowedder/Schmidt-Leithoff*, GmbHG, § 64 Rn. 47; *K. Schmidt*, in: *Scholz*, GmbHG, § 64 Rn. 30; *Schwilden*, Die rechtliche Stellung des GmbH-Geschäftsführers und des managing directors, S. 81.

646 OLG Koblenz OLG-Report 2001, 228; OLG Frankfurt NZG 2001, 173, 174; *Haas*, DStR 2003, 423, 426.

notfalls fachkundigen Rat einzuholen[647]. Eine differenzierte Betrachtungsweise gebietet sich hinsichtlich der Darlegungs- und Beweislast: Die Insolvenzverschleppung und der darauf beruhende Schadenseintritt müssen die Gläubiger bzw. der Insolvenzverwalter beweisen. Demgegenüber wird das Verschulden des Geschäftsführers unwiderleglich vermutet[648].

b. Pflicht zur Stellung eines zulässigen Antrages

Fraglich ist, ob der Geschäftsführer gemäß § 15a Abs. 1 InsO n. F. verpflichtet ist, einen zulässigen Antrag zu stellen. Im Rahmen einer Beurteilung wird auf die bisherigen Ausführungen der Rechtsprechung und Literatur zu § 64 Abs. 1 GmbHG a. F. Bezug genommen. Der Insolvenzantrag musste nach herrschender Ansicht nachvollziehbare Angaben zur Vermögens- und Finanzlage der GmbH enthalten, so dass der Insolvenzeröffnungsgrund klar hervorging[649]. Die Begründung eines Eigenantrags durch den Schuldner selbst dient dem Rechtsschutzinteresse und der Ernsthaftigkeit des Antrags. Der Antrag muss erkennen lassen, dass der Schuldner vor Antragstellung und Inanspruchnahme des Gerichts seine wirtschaftliche Situation sorgfältig geprüft hat. Die Wiedergabe des Insolvenzgrundes ohne weitere Erläuterung ist nicht ausreichend[650]. Allerdings dürfen auch die Anforderungen an die substantiierte Antragsbegründung vor allem im Interesse der Gläubiger nicht die Grenzen des Zumutbaren überschreiten. Zumindest hat der Schuldner, der offensichtlich nicht in der Lage ist, einen hinreichenden Überblick über die Vermögenslage der GmbH zu gewinnen, dem Gericht bei Antragstellung Ansatzpunkte für die weiteren Ermittlungen zu liefern sowie die wesentlichen Umstände darzustellen, um dem Gericht finanzielle Schwierigkeiten und Hindernisse des Unternehmens näher zu bringen[651]. Weist

---

647 BGHZ 126, 181, 199 = NJW 1994, 2220, 2224; OLG Frankfurt NZG 2001, 173, 174; OLG Koblenz OLG-Report 2001, 228, 230; *Haas*, DStR 2003, 423, 426.

648 BGH 75, 97, 111; LG Aachen GmbHR 1996, 53, 54; OLG Celle, NZG 2002, 730, 732; OLG Düsseldorf GmbHR 1999, 479, 480; OLG Thüringen GmbHR 2002, 112; *Ulmer*, in: *Hachenburg*, GmbHG, § 64 Rn. 58; *Kleindiek*, in: *Lutter/Hommelhoff*, GmbHG, Anh. zu § 64 Rn. 70; *K. Schmidt*, in: *Scholz*, GmbHG, § 64 Rn. 50; *Schmidt-Leithoff*, in: *Rowedder/Schmidt-Leithoff*, GmbHG, § 64 Rn. 48; *von Gerkan*, ZHR 154 (1990), 39, 49 f., 61.

649 AG Dresden EWiR 2002, 721 f.; LG Potsdam NZI 2002, 555 f.; AG Duisburg ZinsO 2002, 783; LG Duisburg ZinsO 2002, 784; AG Hamburg NZI 2000, 238; AG Köln NZI 2000, 284; AG Göttingen NZI 2001, 670; LG Köln NZI 2001, 559; *Schmahl*, in: MüKo InsO, § 13 Rn. 100 ff.

650 *Schmahl*, in: MüKo InsO, § 13 Rn. 102.

651 *Schmahl*, in: MüKo InsO, § 13 Rn. 107 ff.

die Begründung des Insolvenzeröffnungsantrags nicht den erforderlichen wesentlichen Inhalt aus, muss das Gericht den Antragsteller mit einer Zwischenverfügung, die nach § 6 InsO nicht anfechtbar ist, auf diesen Mangel hinweisen und ihm zu dessen Behebung eine angemessene Frist setzen. Werden die fehlenden Unterlagen auch nach Aufforderung nicht nachgereicht, ist der Antrag als unzulässig zurückzuweisen[652].

Unerkannte Begründungsmängel werden hingegen geheilt, wenn die Rechtskraft des Eröffnungsbeschlusses eingetreten ist. Eine Beendigung des Verfahrens kommt sodann nur nach allgemeinen Regeln in Betracht[653]. Eine Einstellung des Verfahrens kann erfolgen, wenn der Insolvenzgrund gemäß § 212 InsO weggefallen ist oder alle Gläubiger gemäß § 213 InsO zustimmen[654]. Der Amtsermittlungsgrundsatz gemäß § 5 InsO greift, wenn der Insolvenzantrag zulässig und nicht offensichtlich unbegründet ist[655]. Gemäß § 5 Abs. 1 InsO hat das Insolvenzgericht von Amts wegen alle Umstände zu ermitteln, die für das Insolvenzverfahren von Bedeutung sind. Sicherungsmaßnahmen im Sinne des § 21 InsO werden nur dann angeordnet, wenn ein zulässiger Insolvenzantrag gestellt wurde. Die Gläubiger haben dabei ein großes Interesse daran, dass der Antrag auf Eröffnung des Insolvenzverfahrens zulässig ist.

Schwierigkeiten bereitet die Fragestellung, ob ein unvollständig oder unzulässig gestellter Insolvenzantrag eine Pflichtverletzung des Geschäftsführers im Sinne des § 15a InsO n. F. darstellt. Nach bislang geltender Rechtsprechung zu § 64 GmbHG a. F. zieht ein Insolvenzantrag keine Schadensersatzpflicht nach sich, wenn die Eröffnungsvoraussetzungen nicht vorliegen und der Insolvenzantrag infolgedessen unvollständig oder unzulässig ist[656]. Aus strafrechtlicher Sicht entschied das BayObLG mit Beschluss vom 23. März 2000, dass es nach dem Wortlaut des § 84 GmbHG a. F. eines rechtzeitigen, aber keines zulässigen Antrags erfordere[657]. In der Literatur wird die Rechtsprechung zum Teil sehr kritisch

652 *Haas*, DStR 2003, 423, 426; *Schmahl*, in: MüKo InsO, § 13 Rn. 114; umstritten ist, ob die Auskunft in dem Fall, dass die zur Begründung des Insolvenzantrages eingereichten Unterlagen wesentliche Inhalte nicht darlegen, erzwungen werden muss, so AG Göttingen NZI 2001, 670, 671; LG Magdeburg EWiR 1997, 659.

653 *Schmahl*, in: MüKo InsO, § 13 Rn. 115.

654 BGHZ 113, 216; RGZ 129, 390; 136, 97; *Schmahl*, in: MüKo InsO, § 13 Rn. 15.

655 *Haas*, DStR 2003, 423, 426.

656 BGHZ 36, 18; BGH ZIP 1990, 805; OLG Düsseldorf ZIP 1984, 1499; OLG Düsseldorf ZIP 1994, 479; *Uhlenbruck*, in: *Schmidt/Uhlenbruck*, Die GmbH in Krise, Sanierung und Insolvenz, Rn. 941, S. 472.

657 BayObLG NZI 2001, 50, 51.

betrachtet[658]. Es wird angeführt, dass es jeglichen Interessen und Methodik widerspreche. Es sei nicht nachvollziehbar, warum unter den Geschäftsführer ebenso der faktische Geschäftsführer als Nichtgeschäftsführer verstanden wird, aber im Rahmen der Insolvenzantragspflicht die Auslegung überschritten sei, sofern darunter eine Pflicht zur zulässigen, nicht missbräuchlichen Antragstellung subsumiert werde[659].

2. Antragspflichten bei mehreren Geschäftsführern

Gemäß § 35 Abs. 2 S. 1 GmbHG n. F. (§ 35 Abs. 2 S. 2 GmbHG a. F.) besteht der Grundsatz der aktiven Gesamtvertretung durch alle Geschäftsführer, soweit im Gesellschaftsvertrag keine anderweitige Regelung getroffen wurde. Trotz interner Aufteilung der Geschäftsführungsaufgaben hat jeder einzelne Geschäftsführer über den ihm zugewiesenen Tätigkeitsbereich hinaus die allgemeine Pflicht, seine Mitgeschäftsführer bei der Wahrnehmung ihrer Geschäftsführeraufgaben zu beaufsichtigen und zu überwachen und wird nicht von seiner Insolvenzantragspflicht entbunden[660]. Das Kollegialorgan ist aufgrund eines gesamtverantwortlichen Geschäftsführungsgremiums zur Selbstkontrolle verpflichtet[661].

Die Insolvenzantragspflicht kann auch nicht durch eine interne Geschäftsaufteilung umgangen werden[662]. Die Mitverantwortlichkeit eines jeden Geschäftsführers und die einhergehenden Pflichten zur rechtzeitigen Insolvenzantragstellung und Massesicherung bestehen weiterhin trotz Aufteilung der Tätigkeiten innerhalb der Geschäftsführung[663]. Die rechtzeitige Stellung des Insolvenzantrags sowie die Nichtvornahme von die Masse schmälernden Zahlungen während der Zahlungsunfähigkeit oder Überschuldung i.S.d. § 15a Abs. 1 InsO n. F. dienen dem Schutz der Gesellschaftsgläubiger[664]. § 15a Abs. 1 InsO n. F. ist eine Gläubigerschutzvorschrift. Die Geschäftsaufteilung ist daher nicht geeignet, die Verantwortung auf

---

658 *Baur*, JZ 1962, 95; *Weitnauer*, DB 1962, 461.

659 *Haas*, DStR 2003, 423, 426.

660 *Nerlich*, in: *Michalski*, GmbHG II, § 64 Rn. 13.

661 *Götker*, Der Geschäftsführer in der Insolvenz der GmbH, Rn. 24; *Henze/Bauer*, in: Kölner Schrift zur InsO, S. 1314, Rn. 10.

662 BGH NJW 1994, 2149.

663 BGH NJW 1994, 2149; *Haas*, in: *Baumbach/Hueck*, GmbHG, § 64 Rn. 114; *Schwilden*, Die rechtliche Stellung des GmbH-Geschäftsführers und des managing directors, S. 82.

664 *Kleindiek*, in: *Lutter/Hommelhoff*, GmbHG, Anh. zu § 64 Rn. 64.

einen oder bestimmte Geschäftsführer zu verlagern[665]. Bei der Wahrnehmung solcher Aufgaben, die grundsätzlich nicht auf einen anderen übertragen werden können, trifft die Geschäftsführer eine eigene Einstandspflicht für die Gesetzmäßigkeit der Unternehmungsleitung. Nach dem Prinzip der Gesamtverantwortung[666] entlastet weder eine interne Ressortaufteilung noch ein Unterlassen auf Weisung eines anderen Gesellschaftsorgans von der rechtzeitigen Stellung des Insolvenzantrags[667]. Einen besonders strengen Maßstab legt der BGH bei der Beurteilung der Pflicht an, die an den Mitgeschäftsführer zulässig übertragenen Aufgabenbereiche zu überwachen und zu kontrollieren, soweit diese Aufgabenbereiche für § 64 GmbHG a. F. von Bedeutung sind oder werden können[668]. Die Antragsberechtigung und -verpflichtung in der Insolvenz des Unternehmens gilt unabhängig von den geltenden Vertretungsregeln oder internen Geschäftsverteilungen[669]. Dies verdeutlicht auch der Wortlaut des § 15a Abs. 1 S. 1 InsO, wonach bei Zahlungsunfähigkeit oder Überschuldung einer juristischen Person die Mitglieder des Vertretungsorgans oder die Abwickler ohne schuldhaftes Zögern, spätestens aber drei Wochen nach Eintritt der Zahlungsunfähigkeit oder Überschuldung, einen Insolvenzantrag zu stellen haben. Im Falle der Geschäftsführerlosigkeit ist bei einer GmbH nach § 15a Abs. 3 InsO n. F. sogar jeder Gesellschafter zur Stellung eines Antrags verpflichtet, es sei denn, diese Person hat von der Zahlungsunfähigkeit, der Überschuldung oder der Führungslosigkeit keine Kenntnis. Da der BGH eine Beweislastumkehr bejaht, muss der einzelne Geschäftsführer darlegen und beweisen, dass er seinen Pflichten zur Insolvenzantragstellung und Massesicherung mit den strengen Sorgfaltsanforderungen des BGH entsprochen hat[670].

Stellen nicht alle Mitglieder des Vertretungsorgans oder im Falle der Führungslosigkeit der GmbH alle Gesellschafter der juristischen Person den Insolvenzantrag gemeinsam, hat der einzelne Geschäftsführer den Eröffnungsgrund gemäß § 15 Abs. 2 InsO, ggf. i.V.m. § 15 Abs. 1 S. 2 InsO, mittels aller Beweismittel der ZPO glaubhaft zu machen. Im Falle der Führungslosigkeit der Gesellschaft ist bei

---

665 *Henze/Bauer*, in: Kölner Schrift zur InsO, S. 1314, Rn. 11 zu § 64 GmbHG.

666 So auch *Wicke*, in: *Wicke*, GmbHG, § 37 Rn. 11.

667 *Jula*, GmbH-Geschäftsführer-Haftung, S. 72; *Schmidt-Leithoff*, in: *Rowedder/Schmidt-Leithoff*, GmbHG, § 64 Rn. 19.

668 BGH ZIP 1994, 891, 892; *Götker*, Der Geschäftsführer in der Insolvenz der GmbH, Rn. 25; *Henze/Bauer*, in: Kölner Schrift zur InsO, S. 1314, Rn. 11; *K. Schmidt*, in: *Scholz*, GmbHG, § 43 Rn. 34, 37, 39.

669 BGH ZIP 1994, 891, 892; *Arendt*, Haftungsgefahren für den GmbH-Geschäftsführer, S. 20.

670 BGH ZIP 1994, 891, 892.

Antragstellung der Gesellschafter gemäß § 15 Abs. 2 S. 2 InsO auch die Führungslosigkeit glaubhaft zu machen. Dabei ist der Nachweis überwiegender – nicht an Sicherheit grenzender – Wahrscheinlichkeit nach § 4 InsO i.V.m. § 294 ZPO ausreichend[671].

Gemäß § 18 Abs. 3 InsO muss der Antragsteller bei drohender Zahlungsunfähigkeit hingegen vertretungsberechtigt sein[672]. Prokuristen und sonstige Bevollmächtigte sind im Gegensatz zu den Gesellschaftsgläubigern (§§ 14, 15 Abs. 1 InsO) nicht antragsberechtigt[673]. Der durch den Gesellschaftsgläubiger gemäß § 14 Abs. 1 InsO gestellte Insolvenzantrag entbindet den Geschäftsführer nicht von seiner Pflicht zur Insolvenzantragstellung[674], da der Gläubiger den Antrag gemäß § 13 Abs. 2 InsO bis zur Verfahrenseröffnung zurücknehmen kann. Die Antragspflicht bleibt bis zur Insolvenzeröffnung oder Antragsabweisung bestehen. Allerdings erlischt die Insolvenzantragspflicht der Mitgeschäftsführer mit Stellung des Antrages durch einen Geschäftsführer[675].

3. *Antragspflichten bei einer geschäftsführerlosen GmbH*

Die Fallgestaltung der Geschäftsführerlosigkeit war im Gesellschafts- und Insolvenzrecht vor Inkrafttreten des MoMiG nicht geregelt. Mit Einführung des MoMiG hat der Gesetzgeber die GmbH-Gesellschafter gemäß § 15a Abs. 3 InsO i.V.m. § 15 Abs. 1 S. 2, Abs. 2 InsO n. F. mit der Insolvenzantragspflicht ausgestattet, sofern die GmbH führerlos ist und der Gesellschafter von der Zahlungsunfähigkeit, der Überschuldung und der Führungslosigkeit Kenntnis hat. Eine Umgehung der Insolvenzantragspflicht sollmit dieser Regelung vermieden werden[676]. Im Falle der Geschäftsführerlosigkeit sind die Gesellschafter der GmbH gemäß § 15 Abs. 1 S. 2 InsO n. F. zur Stellung des Insolvenzantrags berechtigt. Sie haben nach § 15 Abs. 2 S. 2 InsO n. F. neben dem Eröffnungsgrund ebenso die Geschäftsführerlosigkeit glaubhaft darzulegen.

Der faktische oder fehlerhaft bestellte Geschäftsführer hat im Falle des Vorliegens der Zahlungsunfähigkeit oder der Überschuldung ebenfalls einen Insolvenzantrag zu stellen, um sich nicht wegen unterlassener Antragstellung haftbar zu

---

671 *Schmidt-Leithoff*, in: *Rowedder/Schmidt-Leithoff*, GmbHG, § 64 Rn. 16.
672 *Haas*, in: *Baumbach/Hueck*, GmbHG, § 60 Rn. 29; *Kleindiek*, in: *Lutter/Hommelhoff*, GmbHG, Anh. zu § 64 Rn. 41.
673 *Haas*, in: *Baumbach/Hueck*, GmbHG, § 60 Rn. 28; *Kleindiek*, in: *Lutter/Hommelhoff*, GmbHG, Anh. zu § 64 Rn. 41.
674 *Kleindiek*, in: *Lutter/Hommelhoff*, GmbHG, Anh. zu § 64 Rn. 48.
675 *Schmidt-Leithoff*, in: *Rowedder/Schmidt-Leithoff*, GmbHG, § 64 Rn. 18, 22.
676 *Schwerdtfeger/Scheuffele*, KpK GesR, Kapitel 7, § 64 Rn. 1.

machen[677]. Diese Rechtsprechung[678] wurde mittelbar durch die mit MoMiG eingeführten Regelungen des § 6 Abs. 5 GmbHG sowie § 15a Abs. 3 InsO bestätigt[679].

4. *Rücknahme des Antrags*

Gemäß § 13 Abs. 2 InsO kann der Antrag auf Eröffnung des Insolvenzverfahrens über das Vermögen der Gesellschaft zurückgenommen werden, bis das Insolvenzverfahren eröffnet oder der Antrag rechtskräftig abgewiesen ist. Die Befugnis zur Rücknahme des Antrags bei einem mehrköpfigen Vertretungsorgan ist umstritten. Einer Ansicht nach stehe die Rücknahmeberechtigung im Falle mehrerer Organmitglieder dem Antragsteller allein oder gemeinsam mit den übrigen organschaftlichen Vertretern zu, da dem Schutz der Gesellschaft vor missbräuchlichen Anträgen durch § 15 Abs. 2 S. 1, 3 InsO und aufgrund der Schadensersatzpflicht bei verfrühter Antragstellung Rechnung getragen werde[680]. Wird der Insolvenzantrag von mehreren Geschäftsführern gestellt und scheidet einer dieser Geschäftsführer aus, so können die verbliebenen Mitgeschäftsführer nicht die Rücknahme erklären[681]. Entsprechendes gilt bei einer führungslosen Gesellschaft und Antragstellung durch einen der Gesellschafter[682]. Eine entgegengesetzte Meinung würde nicht hinreichend berücksichtigen, dass es andernfalls die Gesellschafter in der Hand hätten, durch Verdrängung des Antragstellers als Geschäftsführer das von ihm aufgrund seiner gesetzlichen Verantwortlichkeit in Gang gesetzte Eröffnungsverfahren zu vereiteln[683].

Nach der gegenteiligen Ansicht wechsele nach Ausscheiden des Geschäftsführers, der den Insolvenzantrag gestellt hat, die Zuständigkeit zur Rücknahme auf seinen Nachfolger, so dass Letzterer die fehlenden Voraussetzungen der Insolvenzeröffnung geltend machen kann[684]. Die Interessen der übrigen Geschäftsführer werden dadurch gewahrt, dass sie zu dem Antrag gehört werden müssen und

---

677 BGHZ 75, 96, 106 = NJW 1979, 1823, 1826; BGHZ 104, 44, 46 = NJW 1988, 1789; *Ulmer*, in: *Hachenburg*, GmbHG, § 64 Rn. 11; *Schmidt-Leithoff*, in: *Rowedder/Schmidt-Leithoff*, GmbHG, § 64 Rn. 17.

678 BGHZ 75, 96, 106 = NJW 1979, 1823, 1826; BGHZ 104, 44, 46 = NJW 1988, 1789.

679 *Kleindiek*, in: *Lutter/Hommelhoff*, GmbHG, Anh. zu § 64 Rn. 49.

680 *Leithaus*, in: *Andres/Leithaus*, InsO, § 15a Rn. 10.

681 AG Duisburg, NZI 2002, 209; LG Duisburg, NJW-RR 1986, 258.

682 *Kleindiek*, in: *Lutter/Hommelhoff*, GmbHG, Anh. zu § 64 Rn. 44.

683 AG Duisburg, NZI 2002, 209, 210.

684 LG Dortmund ZIP 1985, 1341; *Kleindiek, in: Lutter/Hommelhoff*, GmbHG, Anh. zu § 64 Rn. 44; a. A. *K. Schmidt*, in: *Scholz*, Vor § 64 Rn. 48; *K. Schmidt*, ZGR 1998, 633, 655.

gegen den Eröffnungsbeschluss Beschwerde einlegen können. Zudem ist der ausgeschiedene Geschäftsführer nicht mehr vertretungsberechtigt, so dass die Rücknahme des Insolvenzantrages nicht mehr von seinem Willen abhängen darf[685]. Alle verbleibenden Geschäftsführungsorgane können daher gemeinsam die Rücknahme des Insolvenzantrages wirksam erklären, sofern sie sich nicht missbräuchlich verhalten[686]. Diese Ansicht hat der BGH für den Fall bestätigt, dass einer von zwei Geschäftsführern aus seiner Organtätigkeit ausscheidet[687]. Der verbliebene GmbH-Geschäftsführer kann den von dem abberufenen Geschäftsführer vor seiner Abberufung gestellten Antrag auf Eröffnung des Insolvenzverfahrens über das Vermögen der Gesellschaft unter den Voraussetzungen des § 13 Abs. 2 InsO zurücknehmen, wenn sich dies nicht als rechtsmissbräuchlich darstellt[688].

VII. Schadensberechnung

Ein Anspruch auf Schadensersatz gemäß § 823 Abs. 2 BGB i.V.m. § 15a InsO n. F. besteht nur dann, wenn ein innerer Zusammenhang zwischen der Pflicht- oder Normverletzung und dem Schaden -nicht nur durch eine rein zufällige äußere Verbindung - gegeben ist. Die Schadensfolgen müssen innerhalb des Schutzbereichs der verletzten Norm des § 15a InsO n. F. liegen und in den Bereich der Gefahren fallen, aufgrund derer die Rechtsnorm erlassen wurde[689]. Wird die Dreiwochenfrist überschritten oder zu Unrecht ausgeschöpft und dadurch die Masse geschmälert, haben die Gläubiger einen Schadensersatzanspruch gemäß § 823 Abs. 2 BGB i.V.m. § 15a Abs. 1 InsO n. F.

1. Abgrenzung zwischen Alt- und Neugläubiger

Bezüglich des Umfangs des Schadensersatzes des Anspruchs des Gläubigers ist zwischen vertraglichen Alt- und Neugläubigern zu unterschieden. Vertragliche Altgläubiger hatten ihre Rechtsposition schon zu dem Zeitpunkt erlangt, als der Insolvenzantrag bei pflichtgemäßem Tätigwerden hätte gestellt werden müssen. Sie bekommen demzufolge nur den Quotenschaden ersetzt[690]. Neugläubiger, die

685 *Kleindiek*, in: *Lutter/Hommelhoff*, GmbHG, Anh. zu § 64 Rn. 44.
686 *Kleindiek*, in: *Lutter/Hommelhoff*, GmbHG, Anh. zu § 64 Rn. 44.
687 BGH GmbHR 2008, 987.
688 BGH GmbHR 2008, 987, 989.
689 BGHZ 27, 137, 140, BGH BB 2005, 2144, 2146 f.
690 BGHZ 126, 181, 197 = NJW 1994, 2220, 2223 f.

ihre Gläubigerstellung erst nach diesem Zeitpunkt erlangt haben, können hingegen das gesamte negative Interesse in Form des Vertrauensschadens geltend machen[691]. Entscheidungserheblich ist nach überwiegender Ansicht der Zeitpunkt des Vertragsschlusses und somit des Forderungserwerbs[692]. Bei Vertragsschluss vor Eintritt der Insolvenz ist der Gläubiger somit ein Altgläubiger. Nach Eintritt der Insolvenz handelt es sich mit Abschluss des Vertrages um einen Neugläubiger[693]. Demgegenüber ist die Fälligkeit der Forderung unerheblich[694]. Es kommt nur auf den Zeitpunkt an, in dem die Forderung als solche entstanden ist.

Der BGH modifiziert in seiner Entscheidung[695] vom 06. Juni 1994 die Rechtsprechung dahingehend, dass der Zeitpunkt der Kreditgewährung an die Gesellschaft, also wenn die Gesellschaftsgläubiger in Vorleistung treten, ausschlaggebend ist und die Gesellschaftsgläubiger bei Wahrnehmung der Insolvenzantragspflicht der Gesellschaft keinen Kredit gewährt hätten[696]. Er führt zum Kausalzusammenhang zwischen dem Schaden der vertraglichen Neugläubiger und der Insolvenzantragspflicht aus, dass die vertraglichen Neugläubiger, „wenn der Geschäftsführer seiner Pflicht nachgekommen wäre, (...) mit der Gesellschaft keinen Vertrag mehr geschlossen, ihr keinen Kredit gewährt und damit keinen Schaden erlitten" hätten[697]. Fällt demgemäß die Gesellschaft zwischen Vertragsschluss und Leistungserbringung durch den Gläubiger in Insolvenz, so ist Letzterer zumindest dann als vertraglicher Neugläubiger anzusehen, wenn er bei Kenntnis um die wirtschaftliche Situation die Leistung hätte zurückhalten können[698]. In seiner Entscheidung[699] vom 25. Juli 2005 bestätigt der BGH nochmals, dass sich eine über den Quotenschaden hinausgehende Insolvenzverschleppungshaftung des Geschäftsführers

691 BGHZ 126, 181, 201 = NJW 1994, 2220, 2224; BGH NJW-RR 1995, 289 f.; BAG NZA 1999, 39, 42; OLG Naumburg GmbHR 1998, 183, 184; OLG München GmbHR 1998, 281, 282; OLG Köln NJW-RR 1998, 686 f.; AG Bergisch-Gladbach NZI 2001, 493 f.; *Haas*, DStR 2003, 423, 427; *Haas*, in: *Baumbach/Hueck*, GmbHG, § 64 Rn. 137; *Kleindiek*, in: *Lutter/Hommelhoff*, GmbHG, Anh. zu § 64 Rn. 74; ablehnend *Altmeppen*, ZIP 2001, 2201, 2206.

692 BGH DStR 1993, 1714, 1716; HansOLG Hamburg NZG 2000, 606, 607; OLG Jena ZIP 2002, 631; *Haas*, DStR 2003, 423, 427.

693 BGH NJW-RR 1995, 289 f.; HansOLG Hamburg NZG 2000, 606, 607; OLG Köln NJW-RR 1998, 686, 687; *Haas*, DStR 2003, 423, 427.

694 HansOLG Hamburg NZG 2000, 606, 607; *Haas*, DStR 2003, 423, 427.

695 BGHZ 126, 181 = NJW 1994, 2220.

696 BGHZ 126, 181, 193 = NJW 1994, 2220, 2222.

697 BGHZ 126, 181, 193 = NJW 1994, 2220, 2222.

698 *Haas*, DStR 2003, 423, 427.

699 BGH BB 2005, 2144.

einer GmbH nur auf den Vertrauensschaden erstreckt, der einem Neugläubiger durch die Kreditgewährung an die aktuell insolvenzreife GmbH oder durch sonstige Vorleistung entsteht[700].

Im Rahmen der Geltendmachung des Schadens ist zudem problematisch, wie die Gläubiger bei der Eingehung von Dauerschuldverhältnissen behandelt werden sollen. Die Vergütung der Leistung bemisst sich bei Dauerschuldverhältnissen regelmäßig nach bestimmten Zeitabschnitten. Es erscheint infolgedessen naheliegend, nicht auf den Vertragsschluss, sondern auf den Zeitabschnitt abzustellen, für den die jeweilige Forderung entstanden ist[701]. Der Gesellschaftsgläubiger kann dann einerseits für Vergütungsforderungen, die auf Zeitabschnitte vor Eintritt der Insolvenzreife fallen, Altgläubiger sein. Andererseits ist er Neugläubiger hinsichtlich solcher Forderungen, die auf Zeitabschnitte nach Insolvenzreife entfallen, sofern er seine Leistungen bei Kenntnis der Insolvenzreife des Schuldners noch hätte zurückhalten können[702]. Diese Differenzierung erfordert einigen Aufwand bei der Schadensberechnung, sorgt im Zuge dessen allerdings für eine gerechte Erlösaufteilung unter den Gläubigern.

2. *Der Quotenschaden der Altgläubiger*

Der Schutzzweck des § 15a Abs. 1 InsO beschränkt den Haftungsumfang des Geschäftsführers gegenüber den Altgläubigern auf den Betrag, um den sich die Masse und damit ihre Quote aufgrund der Insolvenzverschleppung verringert hat[703]. Ersetzt wird der sog. Quotenschaden, so dass jeder vertragliche Altgläubiger die Quotendifferenz ersetzt bekommt[704]. Die Schadenshöhe ist die Differenz zwischen dem Masseerlös, den die Gläubiger bei rechtzeitiger Antragstellung erlangt hätten und dem tatsächlich erzielten Erlös nach Verfahrenseröffnung oder nach Ablehnung mangels Masse. Nur die sog. „freie Masse", die den Altgläubigern zur Verfügung steht, wird berücksichtigt[705]. Aus- und Absonderungsrechte sowie bevorrechtigte und gesicherte Verbindlichkeiten werden bei der Berechnung nicht

---

700 BGH BB 2005, 2144.

701 *Haas*, DStR 2003, 423, 427 f.

702 *Haas*, DStR 2003, 423, 427 f.

703 BGHZ 29, 100, 102 ff.; BGHZ 126, 181, 190 = NJW 1994, 2220, 2222.

704 BGHZ 29, 100, 102 ff.; BGHZ 100, 19, 23 f.; BGHZ 126, 181, 190 = NJW 1994, 2220, 2222; BGH DStR 1998, 651, 652; *Haas*, in: *Baumbach/Hueck*, GmbHG, § 64 Rn. 127; *Kleindiek*, in: *Lutter/Hommelhoff*, GmbHG, Anh. zu § 64 Rn. 73; *K. Schmidt*, GesR, § 36 II 5 b) aa), S. 1084.

705 *Hirte*, NJW 2000, 3531, 3532.

miteinbezogen[706]. Einen darüber hinausgehenden Schaden, wie der Verlust insolvenzfester Sicherungsrechte, können die Altgläubiger nicht geltend machen[707]. Eine genaue Festlegung des Quotenschadens ist regelmäßig nicht möglich. Der Schaden kann daher gemäß § 287 ZPO geschätzt werden[708].

3. *Der Schaden der vertraglichen Neugläubiger*

Der Individualschaden des Neugläubigers muss vom Geschäftsführer ebenso ersetzt werden wie der Schaden vertraglicher Altgläubiger. Schwierigkeiten bereitet seit jeher, inwieweit der Kreis der Neugläubiger zu ziehen ist und welcher Schaden geltend gemacht werden kann. In jedem Fall sind vertragliche Neugläubiger geschützt, die rechtsgeschäftlich nach Eintritt der Insolvenz mit der Gesellschaft in Kontakt kamen, denn sie sind erst nach Eintritt der Insolvenzantragspflicht und vor verspäteter Verfahrenseröffnung Gläubiger der Gesellschaft geworden[709]. Nach früherer höchstrichterlicher Rechtsprechung und der herrschender Literaturauffassung[710] konnten auch Neugläubiger zunächst nur den Quotenschaden geltend machen, da es keinen Rechtssatz gibt, der Kreditunwürdige vom Rechtsverkehr ausschließe[711]. § 64 GmbHG a. F. habe nur einen eingeschränkten Schutzbereich, der sich lediglich auf die Masseminderung beziehe[712]. Die volle deliktsrechtliche Haftung des Geschäftsführers gegenüber den Neugläubigern sei zu hart und risikoreich.

---

706 BGH DStR 1997, 1613, 1614; *Hirte*, NJW 2000, 3531, 3532; *Schmidt-Leithoff*, in: *Rowedder/Schmidt-Leithoff*, GmbHG, § 64 Rn. 42; *Wulf*, DStR 1998, 1308, 1313.

707 BGHZ 100, 19, 23 ff. für die Aussonderungsrechte von Vorbehaltseigentümer; *Haas*, in: *Baumbach/Hueck*, GmbHG, § 64 Rn. 135; *Dauner-Lieb*, ZGR 1998, 617 ff.; *Ulmer*, in: *Hachenburg*, GmbHG, § 64 Rn. 50; *K. Schmidt*, in: *Scholz*, GmbHG, § 64 Rn. 42.

708 *Ulmer*, in: *Hachenburg*, GmbHG, § 64 Rn. 53; *Schmidt-Leithoff*, in: *Rowedder/Schmidt-Leithoff*, GmbHG, § 64 Rn. 42; *K. Schmidt*, GesR, § 36 II 5 b) aa), S. 1084; *K. Schmidt*, in: *Scholz*, GmbHG, Rn. 31, 36; zur Ermittlung des Quotenschadens der Altgläubiger vgl. ferner BGH DB 1997, 1864 = GmbHR 1997, 1864; OLG Stuttgart, GmbHR 1989, 38 f.

709 *Jula*, Die Haftung von GmbH-Geschäftsführern und Aufsichtsräten, S. 74; gegen einen Schadensersatzanspruch der Neugläubiger aus § 823 Abs. 2 BGB i.V.m. § 64 Abs. 1 GmbHG: *K. Schmidt*, GesR, § 36 II 5 b) bb), S. 1085, der einen Anspruch über c.i.c. konstruiert.

710 BGHZ 29, 100, 104 ff. = DB 1959, 230, 234 ff.; BGHZ 100, 19, 23 ff.; *Bäcker/Prühs*, GmbH-Geschäftsführer-Haftung, S. 106; *K. Schmidt*, GesR, § 36 II 5 b) aa), S. 1084.

711 BGHZ 29, 100, 106; BGHZ 100, 19, 23 f.

712 BGHZ 100, 19, 23 f.

Demgegenüber sprachen andere Stimmen in der Literatur den Neugläubigern über den Ersatz des Quotenschadens aus § 823 Abs. 2 BGB i.V.m. § 64 Abs. 1 GmbHG a. F. zu auch den Ersatz des Vertrauensschadens nach den Grundsätzen aus *culpa in contrahendo*[713]. *Roth*[714] befürwortete dabei die volle Haftung des Geschäftsführers gegenüber vertraglichen Neugläubigern mit der Begründung, der Geschäftsführer habe nach Verbrauch des Haftungsfonds rücksichtslos Geschäfte zu Ungunsten der Gläubiger getätigt. Nach *K. Schmidt*[715] machte sich der Geschäftsführer gegenüber den Neugläubigern voll haftbar, da er die Vertragspartner nicht über die Insolvenzreife des Unternehmens informiert und so ihr vorvertragliches Vertrauen schuldhaft verletzt habe. Allerdings stützt er die Haftung des Geschäftsführers für Schäden vertraglicher Neugläubiger auf die Grundsätze der *culpa in contrahendo* und gewährt den Neugläubigern gerade keinen Anspruch auf Ersatz des Individualschadens nach § 823 Abs. 2 BGB i.V.m. § 64 Abs. 1 GmbHG a. F.

In einem Beschluss vom 20. September 1993 betonte der BGH, dass es sich bei der Haftung des Geschäftsführers für Neugläubigerschäden nicht um den persönlichen Schutzbereich der Norm des § 64 Abs. 1 GmbHG a. F., sondern um den Umfang des dem Neugläubiger zu ersetzenden Schadens handele[716]. Im Gegensatz zu früher nimmt der BGH von seiner eingeschränkten Sichtweise des § 64 Abs. 1 GmbHG a. F. als Schutzgesetz Abstand. Dem vertraglichen Neugläubiger sei neben dem Quotenschaden auch der Vertrauensschaden zu ersetzen[717]. Die Altgläubiger werden zu Recht nur bis zur Höhe der bei rechtzeitiger Insolvenzantragstellung erzielbaren Quote entschädigt[718]. Demgegenüber hätten die Neugläubiger keinen Schaden erlitten, wenn der Geschäftsführer ihm die gesetzlich auferlegte Insolvenzantragspflicht rechtzeitig erfüllt hätte[719]. Eine Ungleichbehandlung beider Gläubigergruppen lässt sich darin, dass jedem Gläubiger der gerade ihm entstandene Schaden ersetzt wird, nicht erkennen[720]. Trotz Kritik in der Literatur, der BGH führe im deutschen Deliktsrecht eine fremde allgemeine Einstandspflicht

713 *K. Schmidt*, GesR, § 36 II 6 a), S. 1092.
714 *Roth*, GmbHR 1985, 137, 139 ff.; *Roth*, ZGR 1986, 371, 380 f.; *Roth*, ZGR 1989, 421, 428 f.
715 *K. Schmidt*, ZIP 1988, 1497, 1503; ZGR 1998, 633, 664.
716 BGH DB 1993, 2277, 2278.
717 BGH DB 1993, 2277, 2278.
718 BGH DB 1993, 2277, 2278.
719 BGH DB 1993, 2277, 2278.
720 BGH DB 1993, 2277, 2278.

für fahrlässig verursachte Vermögensschäden ein[721], bestätigte der BGH in der Folgezeit seine Rechtsprechung. In einer weiteren Entscheidung des BGH gesteht er dem vertraglichen Neugläubiger über den Quotenschaden hinaus auch den durch die Insolvenz der Gesellschaft entstandenen Vertrauensschaden zu[722]. Der Neugläubiger ist danach haftungsrechtlich so zu stellen, wie er bei rechtzeitiger Insolvenzantragsstellung des Geschäftsführers stehen würde. In der Regel hätte er dann nicht auf die Solvenz der GmbH vertraut und nicht mit der Gesellschaft kontrahiert[723]. Der Schaden, der dadurch entstanden ist, dass der Neugläubiger in Rechtsbeziehungen zu einer zahlungsunfähigen oder überschuldeten Gesellschaft getreten ist, sei zu ersetzen[724]. Der Normzweck des § 64 GmbHG a. F. besteht darin, insolvenzreife Unternehmen vom Geschäftsverkehr fernzuhalten, um Gläubiger vor Schädigungen und Gefahren zu bewahren. Dementsprechend stellt der BGH in einer weiteren Entscheidung klar, dass jeder einzelne Neugläubiger seinen eigenen Schaden gegenüber dem GmbH-Geschäftsführer geltend zu machen habe[725]. Der Schaden des Neugläubigers ist kein Gesamtgläubigerschaden, sondern ein dem Neugläubiger entstehender Einzelschaden[726], der weder von der Gesellschaft noch durch den Insolvenzverwalter geltend zu machen ist. Mangels Zuständigkeit können Letztere - Gesellschaft sowie Insolvenzverwalter - auch nicht auf die bestehenden Ansprüche verzichten oder sich darüber vergleichen[727]. Neben den Anspruch auf Ersatz des Vertrauensschadens kann der Neugläubiger ebenso den Quotenschaden geltend machen. Wird der Insolvenzantrag unmittelbar nach Vertragsschluss mit dem Neugläubiger und dessen Vorleistung gestellt, erleidet der Neugläubiger allein einen Kontrahierungsschaden[728]. Erst bei fortgesetztem Fehlverhaltens des Geschäftsführers wegen Nichtstellung des Insolvenzantrages, nimmt die bei Vertragsschluss zu erzielende Quote mit dem Gesellschaftsvermögen weiter ab, und der Neugläubiger erleidet einen Quotenschaden[729]. Die Quote

---

721 *Ulmer*, JZ 1993, 649, 652.

722 BGHZ 126, 181, 201 = NJW 1994, 2220, 2224.

723 BGHZ 126, 181, 201 = NJW 1994, 2220, 2224; BGH DStR 1994, 1784; OLG Jena ZIP 2002, 631, 632; OLG Celle OLG-Report 2000, 267, 268; *Haas*, DStR 2003, 423, 427; *Bork*, in: Kölner Schrift zur InsO, S. 1333, 1339 f., Rn. 17.

724 BGHZ 126, 181= NJW 1994, 2220.

725 BGHZ 138, 211, 214 = NJW 1998, 2667, 2668; BGH ZIP 1994, 1103, 1110; *Schmidt-Leithoff*, in: *Rowedder/Schmidt-Leithoff*, GmbHG, § 64 Rn. 43.

726 BGHZ 138, 211, 214 ff.

727 *Bäcker/Prühs*, GmbH-Geschäftsführer-Haftung, S. 107; *Kleindiek*, in: *Lutter/Hommelhoff*, GmbHG, Anh. zu § 64 Rn. 82.

728 *Brandes*, in: MüKo InsO, § 92 Rn. 33.

729 *Brandes*, in: MüKo InsO, § 92 Rn. 33.

wird auf den Erfüllungs- und nicht auf den Vertrauensschaden gezahlt und kann daher nicht mit dem Vertrauensschaden abgegolten werden[730].

Die Schadenshöhe beim negativen Interesse umfasst den Ersatz solcher Aufwendungen, die die Neugläubiger in Erwartung der Zahlung gemacht haben. Dies beinhaltet vor allem die Anschaffungs- und Herstellungskosten sowie die Selbstkosten bei Werkleistungen. Auch der entgangene Gewinn gemäß § 252 BGB, den die Gläubiger durch anderweitige Nutzung ihrer betrieblichen Kapazitäten hätten erzielen können, ist ersatzfähig[731]. Im kaufmännischen Verkehr ist es zudem zulässig, den eingetretenen Schaden abstrakt, also unabhängig von den individuellen Verhältnisses des Geschädigten, auf der Grundlage von §§ 252 BGB, 28 Abs. 1 ZPO zu berechnen[732]. Da Schadensersatzleistungen aus unerlaubter Handlung mangels Austauschverhältnisses kein Entgelt darstellen und somit die Anforderungen an § 1 Abs. 1 Nr. 1 UStG nicht erfüllen, kommt eine Umsatzsteuererstattung nicht in Betracht[733]. Zudem sieht das OLG Naumburg auch die abgerechnete Vergütung eines Werkunternehmers als erstattungsfähigen Schaden an[734]. Diese Ansicht des Gerichts ist nur dann nachzuvollziehen, wenn der Werkunternehmer von seiner Arbeitsleistung zum gleichen Zeitpunkt anderweitig hätte Nutzen tragen können, indem er beispielsweise einen anderen Auftrag angenommen und erfüllt hätte. Lagen bei Vertragsabschluss erkennbare Umstände vor, die eine Gefährdung der Forderung gegen die Gesellschaft nicht ausschließen ließen, kommt eine Minderung des Schadensersatzanspruches gegen den Geschäftsführer im Sinne des § 254 BGB in Betracht[735]. Sowohl die Deliktsgläubiger als auch der Sozialversicherungsträger können keinen Vertrauensschaden geltend machen. Ihre Ansprüche entstehen kraft Gesetzes vor der Insolvenzreife und begründen keinen Neugläubigerschaden[736]. Die dargestellte Rechtsprechungsentwicklung des BGH zum Schaden des Neugläubigers in der Insolvenz des Unternehmens führt dementsprechend zu einer verstärkten Haftung des Geschäftsführers im Rahmen der Insolvenz.

---

730 *Brandes*, in: MüKo InsO, § 92 Rn. 33.

731 OLG Koblenz GmbHR 2000, 31, 33.

732 OLG Koblenz GmbHR 2000, 31, 33.

733 OLG Koblenz GmbHR 2000, 31, 34.

734 OLG Naumburg BB 1999, 1570, 1571.

735 OLG Naumburg, BB 1999, 1570. 1571; *Schmidt-Leithoff*, in: *Rowedder/Schmidt-Leithoff*, GmbHG, § 64 Rn. 46.

736 *Schmidt-Leithoff*, in: *Rowedder/Schmidt-Leithoff*, GmbHG, § 64 Rn. 45.

4. *Ausnahme für Arbeitnehmer*

Im Rahmen von Dauerschuldverhältnissen, wie dem Arbeits- oder Mietverhältnis, scheint es regelmäßig gerechtfertigt, den Zeitpunkt des Vertragsschlusses als entscheidendes Kriterium anzusehen. Ausschlaggebend für die Beurteilung könnte die Begründung des so genannten Stammrechts sein[737]. Befindet sich die Gesellschaft in der Krise, sind Gehalts- und Mietforderungen mangels Liquidität häufig nicht mehr zahlbar. Dabei sind die Arbeits- und Mietverträge regelmäßig vor der Insolvenzreife abgeschlossen. Eine Haftung besteht dann regelmäßig nur in Höhe des Quotenschadens[738].

Umstritten ist, ob der Arbeitnehmer nach den dargestellten Grundsätzen des Neugläubigerschadens ebenfalls den Vertrauensschaden geltend machen kann[739]. Unter Zugrundelegung der dargestellten Grundsätze des Vertrauensschadens liegt in der bloßen Entstehung eines Vergütungsanspruchs des Arbeitnehmers gegen die insolvente GmbH noch kein ersatzfähiger Schaden[740]. Dies ist ebenso wenig der Fall, wenn der betroffene Arbeitnehmer geltend macht, den Vertrag in Kenntnis der wahren wirtschaftlichen Lage sofort beendet zu haben[741]. Der betroffene Arbeitnehmer behauptet nicht, dass ihm infolge der verspäteten Insolvenzantragstellung anderweitige Einnahmen entgangen seien, sondern er begehrt Schadensersatz wegen Nichterfüllung der von der insolventen GmbH nicht beglichenen Vergütungsansprüche[742]. Dieses positive Interesse ist nicht von § 823 Abs. 2 BGB i.V.m. § 15a Abs. 1 InsO gedeckt[743]. Macht der betroffene Arbeitnehmer seine aufgewandte Arbeitskraft als Schaden gelten, ist dies nach Ansicht des BGH ebenso kein ersatzfähiger Schaden gemäß § 823 Abs. 2 BGB i.V.m. § 15a Abs. 1 InsO, da die Arbeitskraft dementsprechend keinen Vermögenswert darstellt[744].

---

737 *Jula*, Die Haftung von GmbH-Geschäftsführern, S. 75.

738 *Jula*, Die Haftung von GmbH-Geschäftsführern, S. 75.

739 *Haas/Hossfeld*, in: *Gottwald*, Insolvenzrechts-Handbuch, § 92 Rn. 99 ff.

740 *Haas/Hossfeld*, in: *Gottwald*, Insolvenzrechts-Handbuch, § 92 Rn. 99.

741 *Haas/Hossfeld*, in: *Gottwald*, Insolvenzrechts-Handbuch, § 92 Rn. 99.

742 *Haas/Hossfeld*, in: *Gottwald*, Insolvenzrechts-Handbuch, § 92 Rn. 99.

743 BGH NZG 1999, 718, 719.

744 BGH NJW 1995, 1023, 1024; BGH NJW 1970, 1411, 1412; a.A. OLG Koblenz GmbHR 2000, 31, 33, das die Arbeitskraft eines Werkunternehmers als erstattungsfähigen Schaden im Rahmen des § 823 Abs. 2 BGB i.V.m. § 64 Abs. 1 GmbHG a. F. ansieht.

5. Der Schaden gesetzlicher Neugläubiger

Eine andere Betrachtungsweise ergibt sich bei solchen Neugläubigern, die Ansprüche aus unerlaubter Handlung gegen die Gesellschaft geltend machen. Fraglich ist, ob auch solche Schäden gesetzlicher Gläubiger nach Eintritt der Insolvenzreife in den Schutzbereich der Norm fallen[745]. Wenn diese mit dem abgeschlossenen Rechtsgeschäft in keinerlei Zusammenhang stehen, ist ein Anspruch auf vollen Schadensersatz schwer vorstellbar. Der Verletzte lässt sich nicht deshalb auf eine unerlaubte Handlung ein, weil er auf die Solvenz der Gesellschaft vertraute[746]. Allerdings können sich gesetzliche Gläubiger – unter Nichtberücksichtigung des Vertrauenselements - erst recht nicht vor Schädigungen schützen, die durch Handlungen des insolvenzreifen Unternehmens entstanden sind[747]. Der Geschäftsführer haftet nur für sein zum Schaden führendes, kausales Verhalten. Mithin ist seine Haftung nur dann in Betracht zu ziehen, wenn der deliktsrechtliche Schaden aufgrund des rechtzeitigen Insolvenzeröffnungsantrags nicht eingetreten wäre[748]. Der Gläubiger hat als Anspruchsteller die hypothetische Kausalität, dass der Schaden ansonsten nicht eingetreten wäre, sodann darzulegen und zu beweisen. Ein kausales Handeln des Geschäftsführers ist zu verneinen, wenn die GmbH auch in der rein hypothetischen Insolvenz weitergehandelt und den Betrieb fortgeführt hätte[749].

Ob und in welcher Höhe ein Insolvenzverschleppungsschaden gesetzlicher Neugläubiger geltend gemacht und errechnet werden kann, hat der BGH für den Fall des Sozialleistungsträgers entschieden[750]. In seiner Entscheidung vom 08. März 1999 führt er aus, dass der Geschäftsführer nicht für die Erfüllung

---

745 Zur näheren Darstellung des Meinungsstandes: *Haas/Hossfeld*, in: *Gottwald*, Insolvenzrechts-Handbuch, § 92 Rn. 105 ff.; *Roth*, Unternehmerisches Ermessen und Haftung des Vorstands, S. 280 f.; *Sandberger*, Außenhaftung, S. 216 ff.; vgl. auch BGH ZIP 2003, 1713, 1714, wo die Frage offen bleiben konnte; verneinend: *Haas* DStR 2003, 423, 429 f.; *Kleindiek*, in: *Lutter/Hommelhoff*, GmbHG, Anh. zu § 64 Rn. 76.

746 *Jula*, Die Haftung von GmbH-Geschäftsführern und Aufsichtsräten, S. 74 f.

747 Ebenso *Reiff/Arnold*, ZIP 1998, 1893; *Habersack*, in: Großkommentar AktG, § 92 Rn. 80; *Hefermehl/ Spindler*, in: MüKo AktG, § 92 Rn. 39; *Nerlich*, in: *Michalski*, GmbHG II, § 64 Rn. 74; *Kleindiek*, in: *Lutter/Hommelhoff*, GmbHG, Anh. zu § 64 Rn. 76; *Roth*, Unternehmerisches Ermessen und Haftung des Vorstands, S. 280 f.

748 *Kleindiek*, in: *Lutter/Hommelhoff*, GmbHG, Anh. zu § 64 Rn. 76.

749 Ebenso *Lutter*, GmbHR 1997, 329, 333; *Kleindiek*, in: *Lutter/Hommelhoff*, GmbHG, Anh. zu § 64 Rn. 76; *Roth*, Unternehmerisches Ermessen und Haftung des Vorstands, S. 281, 298 f.

750 BGH DStR 1999, 988; *K. Schmidt*, in: *Scholz*, GmbHG, § 64 Rn. 39.

wertloser Ansprüche der Sozialversicherungsträger auf Abführung der Sozialversicherungsbeiträge hafte[751]. Ein Vertrauensschaden gesetzlicher Neugläubiger bestehe deshalb nicht, da die Tatbestandsverwirklichung des § 823 Abs. 2 BGB i.V.m. § 15a Abs. 1 InsO n. F. mit Stellung des Insolvenzantrages ende[752]. Zwischen den vom Sozialversicherungsträger - nach Insolvenzreife - erbrachten Versicherungsleistungen und der Insolvenzverschleppung besteht dem BGH zufolge kein Kausalzusammenhang, weil ihre Gläubigerstellung nicht auf Versäumung der Antragspflicht, sondern auf dem Bestehen eines versicherungspflichtigen Beschäftigungsverhältnisses beruhe[753]. Nach § 823 Abs. 2 BGB i.V.m. § 15a Abs. 1 InsO n. F. können Beiträge zur Sozialversicherung, die aufgrund Unternehmensinsolvenz unbezahlt blieben, auch deshalb nicht geltend gemacht werden, weil die Insolvenzverschleppungshaftung gegenüber Neugläubigern auf das negative Interesse gerichtet ist. Der Ersatz des Beitragsausfalls verfolgt das positive Interesse[754]. Zudem wird der Arbeitnehmer des insolventen Unternehmens regelmäßig nicht mit Insolvenzantragsstellung eine neue Tätigkeit bei einer solventen Gesellschaft aufnehmen[755].

VIII. Geltendmachung des Anspruchs (Aktivlegitimation)

Die Geltendmachung des Schadensersatzanspruchs nach § 823 Abs. 2 BGB i.V.m. § 15a Abs. 1 InsO n. F. richtet sich nach der Art des geltend gemachten Schadens, nämlich ob ein Quoten- oder Vertrauensschaden vorliegt.

1. Gesamtschaden gemäß § 92 InsO

Gemäß § 92 S. 1 InsO können Ansprüche der Insolvenzgläubiger auf Ersatz eines Schadens, den die Gläubiger gemeinschaftlich durch eine Verminderung des zur Insolvenzmasse gehörenden Vermögens vor oder nach der Eröffnung des Insolvenzverfahrens erlitten haben, während der Dauer des Insolvenzverfahrens nur vom Insolvenzverwalter geltend gemacht werden. Der Quotenschaden der Altgläubiger ist als ein solcher Gesamtschaden während der Dauer des Insolvenzverfahrens nur vom Insolvenzverwalter geltend zu machen[756]. Die einzelnen

---

751 BGH DStR 1999, 988, 989.

752 BGH DStR 1999, 988, 989.

753 BGH DStR 1999, 988, 989; *Haas*, DStR 2003, 423, 429.

754 BGH NJW 1999, 2182, 2183; BGH ZIP 2003, 1713, 1714; *Medicus*, GmbHR 2000, 7, 8.

755 BGH ZIP 2003, 1713, 1714 f.; *Kleindiek*, in: *Lutter/Hommelhoff*, GmbHG, Anh. zu § 64 Rn. 77.

756 *Kleindiek*, in: *Lutter/Hommehoff*, GmbHG, Anh. zu § 64 Rn. 78.

Gläubiger haben keine Aktivlegitimation, da dies sowohl der Zweckmäßigkeit als auch dem Charakter des Anspruchs als Gläubigergesamtschaden entspricht[757]. Die Geltendmachung des Gesamtschadens durch den Insolvenzverwalter soll der Vereinfachung und Konzentration des Insolvenzverfahrens dienen[758]. Allerdings muss das Insolvenzverfahren eröffnet worden sein[759]. Das Prinzip der Gläubigergleichbehandlung (*par condicio creditorum*) erfasst somit auch den Gesamtschadensersatz. Auf diese Weise wird ein Haftungswettlauf gegenüber den Geschäftsführern vermieden[760]. Der Insolvenzverwalter verfolgt regelmäßig die Durchsetzung des Anspruchs, wenn die Insolvenzverschleppung zu einer Verkürzung der Masse führt und sich der aufgrund der verspäteten Antragstellung eingetretene Schaden auf das Gesellschaftsvermögen negativ ausgewirkt hat. Diese Konstellation ist beim Quotenschaden der Altgläubiger gegeben, so dass der Insolvenzverwalter auf Rechnung der Gläubiger deren jeweiligen Quotenschaden geltend macht. Zudem gewährleisten die Einblicke des Insolvenzverwalters in die Verhältnisse der Gesellschaft die nötige Sachkenntnis[761]. Eine individuelle Geltendmachung des Anspruchs durch den Gläubiger kommt somit erst nach Beendigung des Insolvenzverfahrens in Betracht oder wenn der Insolvenzantrag mangels ausreichender Masse abgewiesen und das Verfahren nicht eröffnet wurde[762]. Der Insolvenzverwalter verwaltet die aus dem Gesamtschadensersatz entstandene Haftungsmasse, die bei Ausschüttung allen Gläubigern gleichermaßen zugute kommt.

2. *Individualschaden*

Im Falle des Neugläubigerschadens hat der BGH klargestellt, dass jeder Neugläubiger - und somit nicht der Insolvenzverwalter - seinen eigenen, ihm zugebilligten Anspruch auf den Vertrauensschaden gegenüber dem GmbH-Geschäftsführer individuell geltend zu machen habe[763]. Der Insolvenzverwalter sei nicht berechtigt,

---

757 *Haas*, in: *Baumbach/Hueck*, GmbHG, § 64 Rn. 141; *Lutter*, DB 1994, 129, 134; Maser/*Sommer*, BB 1996, 65, 69; *Schmidt-Leithoff*, in: *Rowedder/Schmidt-Leithoff*, GmbHG, § 64 Rn. 49.

758 *Leithaus*, in: *Andres/Leithaus*, InsO, § 92 Rn. 2.

759 *Kleindiek*, in: *Lutter/Hommelhoff*, GmbHG, Anh. zu § 64 Rn. 78.

760 *K. Schmidt*, GesR, § 36 II 5 b) cc), S. 1085 ff.

761 *Jula*, Die Haftung von GmbH-Geschäftsführern und Aufsichtsräten, S. 75.

762 *Haas*, in: *Baumbach/Hueck*, GmbHG, § 64 Rn. 141; *Maser/Sommer*, BB 1996, 65, 69.

763 BGHZ 138, 211, 214 = NJW 1998, 2667, 2668; *Haas*, in: *Baumbach/Hueck*, GmbHG, § 64 Rn. 141; *Schmidt-Leithoff*, in: *Rowedder/Schmidt-Leithoff*, GmbHG, § 64 Rn. 43; *K. Schmidt*, ZGR 1998, 633, 666.

in der Insolvenz einer GmbH einen Quoten- oder sonstigen Schaden der Neugläubiger wegen schuldhaft verspäteter Stellung des Insolvenzantrages gegen den Geschäftsführer der GmbH geltend zu machen[764]. Den Neugläubigern steht ein einheitlicher Anspruch auf Ersatz ihres Ausfallschadens - bei vertraglichen Neugläubigern regelmäßig ihr Vertrauensschaden - zu, der den jeweiligen Quotenschaden in sich aufnimmt[765]. Der Neugläubigerschaden stellt sich anders dar als der Schaden der Altgläubiger, die infolge der Insolvenzverschleppung regelmäßig einen einheitlichen Quotenverringerungsschaden und insofern einen Gesamtgläubigerschaden erleiden[766]. Da die Neugläubiger bei dem Ersatz des negativen Interesses gerade so zu stellen sind, als hätten sie keine Gläubigerposition erworben, erkennt der BGH einen daneben bestehenden eigenständigen Quotenschaden nicht an[767]. Eine Aufspaltung des einheitlichen Anspruchs sei nicht einsehbar[768]. Gegen die Befugnis des Insolvenzverwalters, die Individualansprüche der Neugläubiger einzufordern, spricht ferner, dass der Insolvenzverwalter den einzelnen Gläubiger nicht nur aus seiner Aktivlegitimation und Klagebefugnis verdrängen würde, sondern der Neugläubiger in der Insolvenz auch hilflos der Einverleibung seines Anspruchs in die Masse gegenüberstünde. Durch die Massevermehrung würden vor allem die Altgläubiger begünstigt werden, während die Neugläubiger einen erheblichen Verlust einzubüßen hätten[769]. Den Schaden hat jeder Neugläubiger individuell und nicht gemeinschaftlichen mit anderen Gläubigern erlitten, so dass aufgrund der individuell zu ermittelnden Quote des Neugläubigers eine gleich hohe quotale Befriedigung mit den Altgläubigern nicht in Betracht kommt[770]. Die Geltendmachung der jeweiligen Neugläubigeransprüche durch den Insolvenzverwalter liefe auf einen ungewollten gemeinschaftlichen Schaden von Alt- und Neugläubigern im Sinne eines petitio principii hinaus[771]. Mangels Zuständigkeit können weder die Gesellschaft noch der Insolvenzverwalter auf die Ansprüche des Neugläubigers verzichten oder sich über diese vergleichen[772].

---

764 BGHZ 138, 211.

765 *Kleindiek*, in: *Lutter/Hommelhoff*, GmbHG, Anh. zu § 64 Rn. 80.

766 BGHZ 138, 211, 214; BGHZ 126, 181, 190 = NJW 1994, 2220, 2222.

767 BGHZ 138, 211, 215 f.

768 BGHZ 138, 211, 215 f.

769 *K. Schmidt*, ZGR 1998, 633, 666.

770 *Brandes*, in: MüKo InsO, § 92 Rn. 36.

771 BGHZ 138, 211, 215.

772 *Kleindiek*, in: *Lutter/Hommelhoff*, GmbHG, Anh. zu § 64 Rn. 82; *Lutter*, DB 1994, 129, 135.

3. *Zurückbehaltungsrecht*

Der Einwand des Geschäftsführers, der Insolvenzverwalter hätte den Schaden der Gläubiger zunächst durch Anfechtung des Rechtsgeschäfts gemäß §§ 129 ff. InsO geltend machen müssen, ist entsprechend obiger Ausführungen zu behandeln[773]. Zu beachten ist, dass der Einwand der Anfechtung von Rechtsgeschäften gemäß §§ 129 ff. InsO entsprechend dem Wortlaut des § 129 Abs. 1 InsO ohnehin nur bei Eröffnung des Insolvenzverfahrens möglich ist. Infolgedessen erscheint es unbillig, dem Geschäftsführer einer insolventen GmbH diesen Einwand bereits im Vorfeld der Verfahrenseröffnung zu gewähren und den Geschäftsführer so vor seiner haftungsrechtlichen Inanspruchnahme zu schützen[774].

IX. *Darlegungs- und Beweislast*

Die Verteilung der Darlegungs- und Beweislast kann als wesentliches Haftungskorrektiv wirken[775]. Bei Anwendbarkeit der üblichen Beweislastregeln für deliktsrechtliche Ansprüche würde die Haftung des Geschäftsführers in die Leere laufen[776]. Der Gläubiger hat die anspruchsbegründenden Voraussetzungen der Insolvenzantragspflicht darzulegen und zu beweisen. Im Einzelnen handelt es sich um den Insolvenzgrund der Zahlungsunfähigkeit oder Überschuldung, den Ablauf der dreiwöchigen Antragsfrist und den Umfang des Schadens[777]. Das Verschulden des Geschäftsführers wird dann jedoch vermutet[778]. Steht die Überschuldung bereits fest, hat der Geschäftsführer darzulegen, warum Sanierungsbemühungen seiner Meinung nach noch Aussicht auf Erfolg hatten[779]. Der Geschäftsführer muss erläutern, welche Umstände aus damaliger Sicht die Fortführung des Unternehmens rechtfertigten[780]. Allerdings hat der BGH[781] bislang noch nicht

---

773 Vgl. Erster Teil, § 1. B. VIII.

774 *Marsch-Barner/Diekmann*, in: Münch. Hdb. GesR III, § 46 Rn. 70; *K. Schmidt*, in: *Scholz*, GmbHG, § 64 Rn. 41.

775 *Maser/Sommer*, BB 1996, 65, 69.

776 *Ziemons*, in: *Oppenländer/Trölitzsch*, Praxishandbuch der GmbH-Geschäftsführung, § 31 Rn. 12.

777 *Maser/Sommer*, BB 1996, 65, 69.

778 BGH 143, 184, 185; *Ziemons*, in: *Oppenländer/Trölitzsch*, Praxishandbuch der GmbH-Geschäftsführung, § 31 Rn. 12.

779 *Maser/Sommer*, BB 1996, 65, 69.

780 *Schmidt-Leithoff*, in: *Rowedder/Schmidt-Leithoff*, GmbHG, § 64 Rn. 48; BGHZ 126, 181, 199 = NJW 1994, 2220, 2224; OLG Koblenz GmbHR 2000, 31, 33; OLG Köln DStR 2000, 1662; *Meyke*, NJW 2000, 2230, 2232.

781 BGHZ 126, 181 = NJW 1994, 2220.

die Frage beantwortet, ob der Geschäftsführer neben dieser Darlegungslast[782] hinaus auch die Beweislast im Hinblick auf eine positive Fortbestehensprognose trägt[783]. *Jula* überlässt dem Geschäftsführer neben seiner Darlegungslast, dass trotz rechnerischer Überschuldung wegen einer Fortführungsprognose ein Insolvenzverfahren nicht beantragt werden musste, auch die Beweislast für die positive Fortbestehungsprognose[784]. In seinem Urteil vom 27. Februar 2003 spricht sich das OLG Koblenz[785] dafür aus, dass der Anspruchsteller die Überschuldung der Gesellschaft zum Zeitpunkt des Vertragsschlusses beweisen muss. Gelingt dem Anspruchsteller der Beweis, muss der in Anspruch genommene Geschäftsführer die Fortbestehungsprognose der GmbH beweisen[786]. Der BGH äußert zu vorgenannter Problematik, dass der Geschäftsführer die Beweislast für mangelndes Verschulden trägt[787]. Dies führt zu der widerlegbaren Vermutung, dass das Verschulden des Geschäftsführers vorliegt[788]. An der dargestellten Darlegungs- und Beweislastverteilung ändert auch die Neufassung des Überschuldungsbegriffs in § 19 Abs. 2 InsO nichts. Zunächst haben die Gläubiger oder an ihrer Stelle der Insolvenzverwalter die rechnerische Überschuldung der Gesellschaft darzulegen und zu beweisen. Demgegenüber kann sich der Geschäftsführer auf die ihn begünstigenden Fortführungswerte bei der Beurteilung der Überschuldung stützen. Er trägt infolgedessen die Darlegungs- und Beweislast für die wirtschaftliche Lebensfähigkeit und Schuldendeckung aufgrund der Fortführungswerte[789]. Der Geschäftsführer sollte sich daher intensiv von Wirtschaftsprüfern und Rechtsanwälten während der Unternehmenskrise beraten lassen. Ein schuldhaftes Zögern kann so leichter widerlegt und eine persönliche Haftung des Geschäftsführers ausgeschlossen werden[790].

---

782 BGHZ 126, 181, 200 = NJW 1994, 2220, 2224.

783 OLG München, BB 2000, 428; *K. Schmidt*, in: *Scholz*, GmbHG, § 64 Rn. 42; *Ulmer*, in: *Hachenburg*, GmbHG, § 64 Rn. 19; *Schmidt-Leithoff*, in: *Rowedder/Schmidt-Leithoff*, GmbHG, § 64 Rn. 48.

784 *Jula*, Die Haftung von GmbH-Geschäftsführern und Aufsichtsräten, S. 72.

785 OLG Koblenz GmbHR 2003, 419.

786 Ebenso OLG Celle GmbHR 1997, 127 f.; OLG Koblenz GmbHR 2003, 419.

787 BGHZ 126, 181, 200 = NJW 1994, 2220, 2224; ebenso *Uhlenbruck*, GmbHR 1999, 313, 325.

788 BGHZ 143, 184, 185; *Ziemons*, in: *Oppenländer/Trölitzsch*, Praxishandbuch der GmbH-Geschäftsführung, § 31 Rn. 12.

789 *Michalski*, NZG 1999, 373, 379.

790 *Kleindiek*, in: *Lutter/Hommelhoff*, GmbHG, Anh. zu § 64 Rn. 71; *Schmidt-Leithoff*, in: *Rowedder/Schmidt-Leithoff*, GmbHG, § 64 Rn. 48.

Die Ausführungen zur Darlegungs- und Beweislast legen ein weiteres Mal nahe, dass sich der Geschäftsführer regelmäßig über die wirtschaftliche Situation seines Unternehmens zu informieren hat. Er sollte bereits bei ersten Anzeichen der Krise regelmäßig Liquiditäts- und Vermögensübersichten oder Bilanzen erstellen[791]. Die anderen Mitgeschäftsführer müssen darüber hinaus ihren Überwachungspflichten genügen[792].

X. *Amtsniederlegung und Abberufung*

Weder das Insolvenzeröffnungsverfahren noch das eröffnete Insolvenzverfahren haben zur Folge, dass die Organstellung des Geschäftsführers entfällt[793]. Im Insolvenzeröffnungsverfahren kann der GmbH-Geschäftsführer durch Anordnung von Sicherungsmaßnahmen gemäß § 21 InsO erheblichen Einschränkungen in seiner Handlungs- und Entscheidungsfreiheit unterliegen[794]. Mit Eröffnung des Insolvenzverfahrens über das Vermögen der GmbH wird die Gesellschaft gemäß § 60 Abs. 1 Nr. GmbHG aufgelöst. Die Geschäftsführer werden nicht automatisch zu Liquidatoren, sondern bleiben GmbH-Geschäftsführer, es sei denn, der bestellte Insolvenzverwalter kündigt ihnen[795]. Gemäß § 80 Abs. 1 InsO geht durch die Eröffnung des Insolvenzverfahrens das Recht des Schuldners, das zur Insolvenzmasse gehörende Vermögen zu verwalten und über es zu verfügen, auf den Insolvenzverwalter über. Obwohl diese Kompetenzen an den Insolvenzverwalter übergeben werden, bleibt der Geschäftsführer Leitungsorgan der Gesellschaft. Die von dem Geschäftsführer wahrzunehmenden Aufgaben beschränken sich vor allem auf die Erfüllung von Auskunfts- und Mitwirkungspflichten gemäß §§ 101 Abs. 1 S. 1, 97 InsO[796].

Bevor es zu einem Insolvenzverfahren kommt, sind die Möglichkeiten der Amtsniederlegung oder Abberufung des Geschäftsführers in der Unternehmenskrise gesondert zu betrachten. Vor der Insolvenzreife des Unternehmens kann der Geschäftsführer jederzeit seine Organtätigkeit niederlegen oder regulär ausscheiden. Kommt es sodann zur Insolvenz hat er als ehemaliger Geschäftsführer keine Insolvenzantragspflichten, es sei denn, er ist als Gläubiger der Gesellschaft nach § 13

791 *Bäcker/Prühs*, GmbH-Geschäftsführer-Haftung, S. 71.
792 *Bäcker/Prühs*, GmbH-Geschäftsführer-Haftung, S. 71.
793 *Uhlenbruck*, GmbHR 1999, 390, 391, 396.
794 *Uhlenbruck*, GmbHR 1999, 390, 391.
795 *Uhlenbruck*, GmbHR, 1999, 390, 396.
796 *Götker*, Der Geschäftsführer in der Insolvenz der GmbH, Rn. 770, 898; *Noack*, in: *Kübler/Prütting*, InsO, GesR, Rn. 290, 366; *Uhlenbruck*, GmbHR 1999, 390, 397.

Abs. 1 S. 2 InsO zur Antragstellung befugt[797] oder als Gesellschafter i.S.d. §§ 15 Abs. 1 S. 2, 15a Abs. 3 InsO n. F. zu einer Antragstellung bei Geschäftsführerlosigkeit der Gesellschaft verpflichtet.

In der Unternehmenskrise ist es wichtig, den Geschäftsführer als Leitungsorgan an sein Amt zu binden und die Handlungsfähigkeit der Gesellschaft zu erhalten. Die Frage, ob eine Amtsniederlegung des Geschäftsführers in der Unternehmenskrise überhaupt möglich und rechtswirksam ist, wird dementsprechend weitläufig diskutiert. Legt der Geschäftsführer sein Amt nach Insolvenzreife des Unternehmens nieder, ist umstritten, ob er weiterhin zur Stellung des Insolvenzantrages verpflichtet ist. Einer Ansicht nach ist die Amtsniederlegung im Insolvenzfall der Gesellschaft stets mit der Begründung rechtsmissbräuchlich und unwirksam, dass sie zur Unzeit erfolgte und sich der Geschäftsführer seiner Insolvenzantragspflicht nur entledigen wollte[798]. Die Insolvenzantragspflicht bleibt demzufolge zu Lasten des vermeintlich ausgeschiedenen Geschäftsführers unbeschränkt bestehen[799], da die Amtsniederlegung unmittelbar nach Stellung des Insolvenzantrages als unzeitig und damit als unwirksam zu bewerten ist[800]. Das OLG Düsseldorf sieht eine Amtsniederlegung des alleinigen Geschäftsführers und einzigen Gesellschafters zudem dann als rechtsmissbräuchlich an, wenn die Gesellschafterversammlung in der Krise der GmbH nicht zugleich einen neuen Geschäftsführer bestellt und Letzterer seine Wahl zum Geschäftsführer auch annimmt[801].

Nach anderer Auffassung ist die Amtsniederlegung des Geschäftsführers stets wirksam, wobei die Insolvenzantragspflicht isoliert bestehen bleiben soll[802]. Der Geschäftsführer könne sein Amt in der Gesellschaftskrise rechtswirksam niederlegen[803]. Eine Niederlegungsversagung würde dazu führen, dass der Geschäftsführer

---

797 *Haas*, in: *Baumbach/Hueck*, GmbHG, § 64 Rn. 115.

798 BayOLGZ 1981, 266, 269 = GmbHR 1982, 43, 44; BayObLG, GmbHR 1992, 671 f. = BB 1992, 1741; *Haas*, in: *Baumbach/Hueck*, GmbHG, § 64 Rn. 15; *Münch*, DStR 1993, 916, 919; *Schneider*, in: *Scholz*, GmbHG, § 38 Rn. 90.

799 *Schmidt-Leithoff*, in: *Rowedder/Schmidt-Leithoff*, GmbHG, § 64 Rn. 21; *Uhlenbruck*, BB 1985, 1277, 1283 f.

800 AG Magdeburg, ZInsO 1998, 43; Uhlenbruck, BB 1985, 1277, 1283.

801 OLG Düsseldorf GmbHR 2001, 144; vgl. auch *Münch*, DStR 1993, 916; *Schneider/Schneider*, GmbHR 1980, 4 ff.

802 BGH 79, 92; BGH 121 262; *Kießling/Eichele*, GmbHR 1999, 1165, 1166, Fn. 6; *Link*, Die Amtsniederlegung durch Gesellschaftsorgane, S. 226; *Wachter*, GmbHR 2001, 1129, 1133; teilweise anders *Trölitzsch*, GmbHR 1995, 860: nur bei wichtigem Grund.

803 BGH ZIP 2003, 2213, 2215 f.; *Palzer*, Fortwirkende organschaftliche Pflichten des Geschäftsführers der GmbH, S. 53 ff., 128 ff.; *Link*, Die Amtsniederlegung durch

immer Insolvenz anmelden müsste, sofern er die Meinung der Gesellschafterversammlung und deren Sanierungsvorstellungen nicht teilt. Argumentativ wird angeführt, dass der Geschäftsführer weder jedes Unternehmenskonzept mitzutragen hat noch sollte er das Unternehmen aus Angst vor seiner Inanspruchnahme und entgegen der Ansicht der Gesellschafter in die Insolvenz treiben[804]. Liegt keine schuldhafte Verzögerung der Insolvenzantragstellung vor, sollte ihm die Niederlegung seines Amtes als Geschäftsführer jederzeit ermöglicht werden. An seiner Stelle ist sodann der neue Geschäftsführer oder diejenigen Gesellschafter und Personen, die sich für das andere Konzept eingesetzt haben, haftungsrechtlich zur Verantwortung zu ziehen[805]. Die wirksame Amtsniederlegung führt unabhängig von einer Registereintragung zu dem Erlöschen des Organverhältnisses. Eine Eintragung im Handelsregister hat nur deklaratorische Bedeutung[806]. Die betroffene Person ist fortan weder zur Geschäftsführung noch zur Vertretung berechtigt und verpflichtet, da nach dem Grundsatz des Erlöschens aller Rechte und Pflichten aus der Organstellung alle dem Bestellungsrechtsverhältnis durch Gesetz, Satzung oder Geschäftsordnung zugeordneten Pflichten und Befugnisse entfallen[807].

Die Amtsniederlegung nach Eintritt der Insolvenz befreit den Geschäftsführer allerdings nicht von der bis dahin entstandenen Ersatzpflicht gemäß § 823 Abs. 2 BGB i.V.m. § 15a Abs. 1 InsO n. F. Sie führt nicht dazu, dass der Geschäftsführer einer Haftung wegen verspäteter Antragstellung entgeht oder sich seiner zivil- und auch strafrechtlichen Verantwortung entzieht[808]. Das Entfallen seiner Insolvenzantragspflicht in der Gesellschaftskrise hätte zur Folge, dass die dem öffentlichen Interesse dienende Insolvenzantragspflicht ins Leere liefe. Der ausgeschiedene Geschäftsführer muss sich den unterlassenen Antrag auf Eröffnung des Insolvenzverfahrens insoweit zurechnen lassen, als er zur Antragstellung vor seinem Ausscheiden verpflichtet war oder auf seinen Nachfolger hätte einwirken

Gesellschaftsorgane, S. 159 ff.; *Kleindiek*, in: *Lutter/Hommelhoff*, GmbHG, Anh. zu § 64 Rn. 84.

804 *Kleindiek*, in: *Lutter/Hommehoff*, GmbHG, Anh. zu § 64 Rn. 84.

805 *Kleindiek*, in: *Lutter/Hommelhoff*, GmbHG, Anh. zu § 64 Rn. 84.

806 *Wicke*, in: *Wicke*, GmbHG, § 38 Rn. 15.

807 *Link*, Die Amtsniederlegung durch Gesellschaftsorgane, S. 217.

808 BGH NJW 1952, 554; OLG Thüringen GmbHR 2002, 112; *Ulmer*, in: *Hachenburg*, GmbHG, § 64 Rn. 9; *K. Schmidt*, in: *Scholz*, GmbHG, § 64 Rn. 22; *Kleindiek*, in: *Lutter/Hommelhoff*, GmbHG, Anh. zu § 64 Rn. 84; *Schmidt-Leithoff*, in: *Rowedder/Schmidt-Leithoff*, GmbHG, § 64 Rn. 21, 50; *Uhlenbruck*, GmbHR 1999, 313, 322; *Uhlenbruck*, GmbHR 2005, 817, 819.

müssen[809]. Zudem vertritt ein großer Teil dieser Lehre die Auffassung, dass der niederlegende Geschäftsführer die verbleibenden oder nachfolgenden Geschäftsführer zu einem pflichtgemäßen Verhalten und gegebenenfalls zur Stellung eines Insolvenzantrages zu bewegen hat, so dass ihm Untätigkeit oder Ignoranz der bestehenden Sachlage als unterlassene Tätigkeit zugerechnet werden kann[810].

Gegen diese Ansicht ist einzuwenden, dass der Verlust der Organstellung dazu führt, dass der gesetzliche Vertreter gemäß § 15 InsO keinen Antrag mehr im Namen der Gesellschaft stellen kann. Da ihm eine Insolvenzantragstellung aus rechtlichen Gründen nicht mehr möglich ist, kann der Regelungsadressat nicht zur Vornahme einer Handlung verpflichtet sein. Dabei ist es unerheblich, ob die Amtsniederlegung im Einzelfall rechtsmissbräuchlich ist. Ihre Wirksamkeit bleibt ungeachtet der Rechtsmissbräuchlichkeit auch dann bestehen, wenn sie nicht auf einem wichtigen Grund basiert, der die Antragspflicht im Falle der Insolvenz wegfallen lässt. Es widerspräche der Rechtssicherheit, die Organstellung von Umständen, die zu ihrer Beendigung geführt haben, abhängig zu machen und über einen längeren Zeitraum Unsicherheiten über die Wirksamkeit der Niederlegung bestehen zu lassen[811]. Diese Unsicherheiten lassen sich vermeiden, wenn der Geschäftsführer einen wichtigen Grund zur Amtsniederlegung nachweisen kann, beispielweise wenn eine Amtsfortführung unzumutbar ist[812]. Eine Beendigung des Amtes unter isoliertem Fortbestand der Insolvenzantragspflicht ist nicht einzusehen, da eine Verletzung dieser Pflicht trotz Amtsniederlegung weiterhin eine Haftung begründet, als ob der Geschäftsführer sich noch im Amt befindet[813]. Diese Haftung führt zu weit und sollte nicht zugelassen werden.

---

809 BGHSt 2, 53, 54; *Haas*, in: *Baumbach/Hueck*, GmbHG, § 64 Rn. 115; *Schmidt-Leithoff*, in: *Rowedder/Schmidt-Leithoff*, GmbHG, § 64 Rn. 21.

810 *Haas*, in: *Baumbach/Hueck*, GmbHG, § 64 Rn. 115; *K. Schmidt*, in: *Scholz*, GmbHG, § 64 Rn. 22; *Schmidt-Leithoff*, in: *Rowedder/Schmidt-Leithoff*, GmbHG, § 64, 21, 50; für den Fortbestand eigener Antragspflicht bei Amtsniederlegung nach Beginn der Drei-Wochen-Frist: *Hennsler*, in: Kölner Schrift, S. 1290; *Kleindiek*, in: *Lutter/Hommelhoff*, GmbHG, Anh. zu § 64 Rn. 83; *Palzer*, Fortwirkende organschaftliche Pflichten des Geschäftsführers der GmbH, S. 56 ff., 131 ff. *Ulmer*, in: *Hachenburg*, GmbHG, § 64 Rn. 9; *Link*, Die Amtsniederlegung durch Gesellschaftsorgane, S. 226; *K. Schmidt*, in: *Scholz*, GmbHG, § 64 Rn. 23.

811 *Haas*, in: *Baumbach/Hueck*, GmbHG, § 64 Rn. 115; *Schmidt-Leithoff*, in: *Rowedder/Schmidt-Leithoff*, GmbHG, § 64 Rn. 21.

812 BGH NJW 1980, 2415 bejaht die wirksame Amtsniederlegung aus wichtigem Grund, unbeschadet einer etwaigen Haftung wegen Verletzung des Anstellungsvertrages.

813 *Kleindiek*, in: *Lutter/Hommelhoff*, GmbHG, Anh. zu § 64 Rn. 84.

Die Frage, ob letztlich ein wichtiger Grund für die wirksame Amtsniederlegung vorliegt, ist im Rahmen einer Einzelfallbetrachtung aufgrund einer komplexen Abwägung vorzunehmen und führt zu erheblichen praktischen Schwierigkeiten[814]. In der Satzung kann allerdings festgesetzt werden, dass die Amtsniederlegung auch ohne wichtigen Grund möglich ist oder welche wichtigen Gründe bei Amtsniederlegung anerkannt werden[815]. Die Amtsniederlegung des Geschäftsführers kann durch eine Regelung in der Satzung in jedem Fall erleichtert, nicht aber erschwert werden. Die Amtsniederlegung ohne wichtigen Grund führt letztendlich nicht dazu, dass eine Amtsniederlegung bei Rechtsmissbrauch wirksam wäre[816]. Die rechtserweiternde Satzungsregelung beugt einer Unwirksamkeit der Amtsniederlegung nicht grundsätzlich vor und sorgt nicht in jedem Fall für einen wirksamen Rücktritt. Die GmbH kann dem Geschäftsführer aufgrund der Satzung nicht die Befugnis einräumen, Dritte bewusst zu schädigen. Ein Rücktritt sollte unwirksam und rechtsmissbräuchlich sein, wenn er in der Absicht geschieht, sich als Alleingeschäftsführer seinen Pflichten zu entziehen und die Gesellschaft dadurch handlungsunfähig macht[817]. Es sollte dem Geschäftsführer allerdings die Möglichkeit der Niederlegung seines Amtes in der Krise gewährt werden, solange er die Insolvenzantragstellung noch nicht schuldhaft verzögert hat[818].

Die bestehenden Rechtsunsicherheiten hinsichtlich der Wirksamkeit der Abberufung oder Niederlegung des einzigen Geschäftsführers einer Gesellschaft sind nunmehr bei Geschäftsführerlosigkeit nach §§ 15 Abs. 1 S. 2, 15a Abs. 3 InsO n. F. geregelt. Demgemäß werden die Gesellschafter verpflichtet, einen Insolvenzantrag rechtzeitig innerhalb der Dreiwochenfrist zu stellen, sofern sie von der Zahlungsunfähigkeit, Überschuldung und Geschäftführerlosigkeit Kenntnis haben. Ein ausgeschiedener oder abberufener Geschäftsführer, der immer noch die Rolle eines Gesellschafters inne hat, ist somit verpflichtet, bei Kenntnis der Umstände rechtzeitig einen Insolvenzantrag zu stellen.

XI. Verjährung

Bereits vor Einführung des MoMiG war strittig, nach welcher Vorschrift der Haftungsanspruch gemäß § 823 Abs. 2 BGB i.V.m. § 64 Abs. 1 GmbHG a. F. verjährte.

---

814 *Link*, Die Amtsniederlegung durch Gesellschaftsorgane, S. 165.

815 *Münch*, DStR 1993, 916, 921.

816 *Link*, Die Amtsniederlegung durch Gesellschaftsorgane, S. 181, 183 f.; *Münch*, DStR 1993, 916, 921.

817 BayObLG NZG 1999, 1003.

818 *Kleindiek*, in: *Lutter/Hommelhoff*, GmbHG, Anh. zu § 64 Rn. 84.

Diskutiert wurde, ob die Verjährungsfrist des § 64 Abs. 2 S. 3 GmbHG a. F., wonach die fünfjährige Verjährungsfrist des § 43 Abs. 4 GmbHG entsprechend Anwendung fand, auch auf einen Anspruch aus § 823 Abs. 2 BGB i.V.m. § 64 Abs. 1 GmbHG a. F. anwendbar sei oder ob die allgemeinen Verjährungsregeln des BGB Anwendung finden sollten[819]. Teilweise wurden sowohl die Ansprüche der Altgläubiger als auch die Ansprüche der vertraglichen Neugläubiger aus Insolvenzverschleppungshaftung gemäß § 823 Abs. 2 BGB i.V.m. § 64 Abs. 1 GmbHG a. F. über die Verjährungsvorschrift des § 43 Abs. 4 GmbHG gelöst[820]. Eine weitere Ansicht wendete hingegen auf sämtliche Ansprüche der Alt- und Neugläubiger die für deliktsrechtliche Ansprüche geltende Verjährungsfrist der §§ 195, 199 BGB an[821]. Die differenzierte Auffassung in der Literatur unterschied zwischen Alt- und Neugläubigeransprüchen: auf den Neugläubigerschaden seien die deliktsrechtlichen Verjährungsvorschriften der §§ 195, 199 BGB und auf den Altgläubigerschaden die Verjährung nach § 43 Abs. 4 anwendbar[822].

Entgegen der Ansicht, dass § 64 Abs. 2 S. 1 GmbHG a. F. und § 823 Abs. 2 BGB i.V.m. § 64 Abs. 1 GmbHG a. F. von Grund auf wesensverschieden sind, verbarg sich nach der vorgenannten ersten und dritten Meinung hinter dem Haftungsanspruch aus § 64 Abs. 2 GmbHG a. F. eine Art Drittschadensliquidation, die zum Vorteil des geschädigten Gesellschaftsgläubigers wirkt. Beide Ansprüche dienten dazu, die Befriedigungsaussichten zugunsten der Gläubiger der insolventen Gesellschaft zu sichern. Trotz unterschiedlicher Anspruchsinhaber verfolgten beide Ansprüche mithin den gleichen Zweck[823]. Strukturell gesehen zielten die Ansprüche auf den Ersatz des Gesamtgläubigerschadens ab. Eine Ausnahme sollte nach der dritten Ansicht im Ersatz des Neugläubigerschadens nach § 823 Abs. 2 BGB i.V.m. § 64 Abs. 1 GmbHG a. F. gesehen werden, bei dem der Ersatz des Vertrauensschadens im Sinne eines Individualschadens im Vordergrund stand. Die Vorschrift des § 64 Abs. 2 S. 3 GmbHG a. F. passte hierauf nicht. Auch wenn die Ansprüche in der Insolvenz grundsätzlich gemäß § 92 S. 1 InsO vom Insolvenzverwalter geltend gemacht worden sind, ergaben sich in der Anspruchsinhaberschaft doch Unterschiede. In dem einen Fall ist der Gläubiger

819 Vgl. zusammenfassend *Haas*, NZG 2011, 691.

820 OLG Saarbrücken NZG 2000, 559; OLG Köln NZG 2001, 411; *Kleindiek*, in: *Lutter/Hommelhoff*, GmbHG, Anh. zu § 64 Rn. 84.

821 OLG Düsseldorf GmbHR 1999, 49, 481; OLG Frankfurt a.M. OLG-Report 2008, 115, 116.

822 *Haas*, NZG 2009, 976; *Haas*, NZG 2011, 691.

823 BGH NJW 1974, 1088, 1089; *Haas*, DStR 2003, 423, 430; *K. Schmidt*, JZ 1978, 661, 662; *Uhlenbruck*, ZIP 1994, 1153, 1155.

unmittelbar, in dem anderen Fall die Gesellschaft Anspruchsinhaber[824]. Hinsichtlich des Gesamtgläubigerschadens waren daher die Vorschriften des § 64 Abs. 2 S. 3 GmbHG i.V.m. § 43 Abs. 3, 4 GmbHG entsprechend anwendbar, so dass eine Verjährung innerhalb von fünf Jahren erfolgte. Der übrige Schadensersatzanspruch der Neugläubiger richtete sich nach den allgemeinen Verjährungsvorschriften der §§ 195, 199 BGB und verjährte mangels Sondervorschrift in drei Jahren.

Mit Einführung des MoMiG[825] stellt der Gesetzgeber klar, dass die Regelung des § 64 GmbHG a. F. unter Bezugnahme auf § 43 Abs. 3, 4 GmbHG mit einer Frist von fünf Jahren gemäß § 64 S. 3 GmbHG n. F. verjährt. Eine Fristenregelung im Rahmen des § 15a InsO ist nicht zu finden. Mangels spezialgesetzlicher insolvenzrechtlicher Verjährungsvorschrift sowie nach Anpassung der Verjährungsvorschriften an das Gesetz zur Modernisierung des Schuldrechts[826] ist davon auszugehen, dass ein Schadensersatzanspruch aufgrund der Insolvenzverschleppung gemäß §§ 195, 199 BGB innerhalb der allgemeinen Verjährung von drei Jahren erfolgt. Gemäß § 199 Abs. 1 BGB beginnt die Verjährungsfrist mit dem Schluss des Jahres zu laufen, in dem der Anspruch entstanden ist und der Gläubiger von den den Anspruch begründenden Umständen und der Person des Schuldners Kenntnis erlangt oder ohne grobe Fahrlässigkeit erlangen musste[827]. Der BGH hat in einer aktuellen Entscheidung noch zu der Rechtslage vor Einführung des MoMiG klargestellt, dass „der Anspruch auf Ersatz des Neugläubigerschadens gemäß § 823 Abs. 2 BGB i.V.m. § 64 Abs. 1 GmbHG a. F. (…) nach den für deliktische Ansprüche allgemein geltenden Vorschriften“ verjährt[828]. Die Verjährungsfrist des § 43 Abs. 4 GmbHG findet auf den Ersatz des Neugläubigerschadens keine entsprechende Anwendung[829], da es an einer planwidrigen Regelungslücke fehle. Das Gesetz stellt insbesondere für Ansprüche aus § 823 Abs. 2 BGB mit § 195 BGB eine Verjährungsvorschrift bereit, deren Anwendung auf Schadensersatzansprüche der Neugläubiger den Intentionen des Gesetzgebers nicht erkennbar widerspricht[830].

---

824 *Haas*, DStR 2003, 423, 430; ebenso Anm. *Haas*, DStR 2001, 411.

825 MoMiG vom 23.10.2008, BGBl. I S. 2026.

826 Gesetz zur Modernisierung des Schuldrechts vom 09.12.2004, BGBl. I, S. 3214; *Mansel*, NJW 2002, 89.

827 *Mansel*, NJW 2002, 89, 91.

828 BGH NZG 2011, 624, 626.

829 BGH NZG 2011, 624, 626; *Haas*, NZG 2011, 691.

830 BGH NZG 2011, 624, 626.

XII. Die Einbeziehung der Konzernmutter

Handelt der Geschäftsführer einer in der Insolvenz befindlichen Tochtergesellschaft auf Weisung eines Mutterkonzerns als Mehrheitsgesellschafter und begründet dadurch eine Pflichtverletzung im Sinne des § 15a InsO n. F. wegen verspäteter oder unterlassener Insolvenzantragstellung, liegt die Einbeziehung des Mutterkonzerns in die haftungsrechtliche Inanspruchnahme nahe. Das herrschende Unternehmen könnte gemäß § 823 Abs. 2 BGB i.V.m. § 15a Abs. 1 InsO n. F., § 830 Abs. 2, § 840 Abs. 1, §§ 421 ff. BGB in Anspruch zu nehmen sein. Die Figur des faktischen Geschäftsführers ist im Rahmen des § 823 Abs. 2 BGB i.V.m. § 15a Abs. 1 InsO n. F. von hoher Bedeutung. Im Konzernverbund kann der Geschäftsführer der Tochtergesellschaft einer Reihe von unter Umständen auch rechtswidrigen Weisungen des Mutterkonzerns ausgesetzt sein und gerät regelmäßig in ein Spannungsfeld zwischen den Konzerninteressen und dem Eigeninteresse der Tochtergesellschaft[831]. Er erfüllt aufgrund der Einflussnahme des Mutterunternehmens gegebenenfalls nur die Rolle eines ausführenden, unselbstständigen Organs und setzt sich daher im Falle einer weisungsbedingten Insolvenzverschleppung haftungsrechtlichen Konsequenzen aus[832]. Die strikte Bindung des Geschäftsführers an das Gesellschaftsinteresse und die wirtschaftliche Integrität der Tochter-GmbH kollidiert im Einzelfall mit den Konzerninteressen des herrschenden Unternehmens[833].

Steuert das Mutterunternehmen die abhängige Tochtergesellschaft zum eigenen Vorteil in die Insolvenz, besteht ein Bedürfnis nach einem Verbot, die GmbH durch kompensationslose Selbstbedienung in die Insolvenz zu treiben[834]. Der BGH hat eine Haftung wegen Insolvenzverursachung bzw. Existenzvernichtung unlängst anerkannt[835]. Weisungen der Gesellschafterversammlung, die zu einer existenzvernichtenden Maßnahme der Tochtergesellschaft anleiten, sind für den Geschäftsführer der abhängigen GmbH dementsprechend unbeachtlich und lösen

---

831 *Drygala*, in: *Oppenländer/Trölitzsch*, Praxishandbuch der GmbH-Geschäftsführung, § 41 Rn. 2.

832 Eingehend zu haftungsrechtlichen Konsequenzen des Geschäftsführers im Rahmen des cash management auch BGH DStR 2001, 1853, 1854 („Bremer Vulkan"); *Drygala*, in: *Oppenländer/Trölitzsch*, Praxishandbuch der GmbH-Geschäftsführung, § 41 Rn. 6.

833 *Drygala*, in: *Oppenländer/Trölitzsch*, Praxishandbuch der GmbH-Geschäftsführung, § 42 Rn. 2, 4.

834 *Drygala/Leinekugel*, in: *Oppenländer/Trölitzsch*, Praxishandbuch der GmbH-Geschäftsführung, § 42 Rn. 30.

835 BGH DStR 2001, 1853; BGHZ 151, 181; BGHZ 173, 246.

weder eine Folgeverpflichtung noch eine Freistellungswirkung des Geschäftsführers aus[836]. Im Fall der faktischen Entmachtung des Geschäftsführers ist dennoch zu überprüfen, ob die Pflichtverletzung im Einzelfall nicht zu einer vorwerfbaren Handlung mit haftungsrechtlichen Konsequenzen für den Geschäftsführer der abhängigen GmbH führt. Eine ähnliche Literaturmeinung versucht, eine Konzernverschuldenshaftung aus der Verpflichtung der herrschenden Gesellschaft zu einer ordnungsgemäßen Konzerngeschäftsführung oder eine Organhaftung aller maßgeblichen Gesellschafter einschließlich des herrschenden Unternehmens analog § 43 GmbHG sowie weiterer Haftungsvorschriften herzuleiten, sofern diese tatsächlich die Leitung der abhängigen Gesellschaft übernehmen und sich faktisch an die Stelle des Geschäftsführers setzen[837]. Da die Tochtergesellschaft in dem letzteren Fall formeller Vertragspartner ist und die Konzernmutter mit deutlichem Einfluss die Vertragsverhandlungen bestimmt, ist das herrschende Unternehmen nach Ansicht von *Ehricke* in die haftungsrechtliche Verantwortung des § 15a InsO n. F. ebenfalls miteinzubeziehen[838]. Dabei kann der Mutterkonzern als Teilnehmer an der Pflichtverletzung des Geschäftsführers im Sinne des § 830 Abs. 2 BGB oder als Täter im Rahmen einer faktischen Geschäftsführung nach § 64 GmbHG a. F. zu qualifizieren sein.

Eine Teilnahme des Mutterkonzerns an § 823 Abs. 2 BGB i.V.m. § 15a Abs. 1 InsO n. F. ist gemäß § 830 Abs. 2 BGB in Betracht zu ziehen, wenn das herrschende Unternehmen mittels Weisung die Insolvenzantragstellung des Geschäftsführers verhindert oder verzögert. § 830 Abs. 2 BGB eröffnet die Möglichkeit, den Mutterkonzern bei gegebener Sachlage als Anstifter oder Gehilfe neben dem Geschäftsführer der Untergesellschaft in die Haftung zu nehmen. Dabei bedarf es der Verletzung der Insolvenzantragspflicht nach § 823 Abs. 2 BGB i.V.m. § 15a Abs. 1 InsO n. F. als teilnahmefähige unerlaubte Haupttat. Nimmt der Mutterkonzern Einfluss auf den Geschäftsführer, so dass dieser einen fälligen Insolvenzantrag nicht stellt, kommt eine Teilnehmerhaftung nach ganz herrschender Meinung nur bei positiver Kenntnis von der Haupttat in Frage[839]. Die Teilnehmerhaftung setzt neben der vorsätzlichen Unterstützung des zum Handelnden Verpflichteten auch die Erkenntnis voraus, dass Letzterer den Insolvenzantrag

836 *Drygala/Leinekugel*, in: *Oppenländer/Trölitzsch*, Praxishandbuch der GmbH-Geschäftsführung, § 42 Rn. 55.

837 *Orth*, DStR 1994, 250, 252.

838 *Ehricke*, Das abhängige Konzernunternehmen in der Insolvenz, S. 213.

839 Vgl. BGH VersR 1967, 471, 473; BGH NJW 1979, 1829; BGH ZIP 1995, 124, 126; *Stein*, in: MüKo BGB, § 830 Rn. 14.

pflichtwidrig unterlässt[840]. Praktisch erweist sich die positive Kenntnis des doppelten Anstiftervorsatzes als schwer nachweisbar, da der Teilnehmer regelmäßig geltend machen wird, von der Vermögenssituation nichts gewusst zu haben[841]. In abhängigen Konzernstrukturen kann indes regelmäßig davon ausgegangen werden, dass das herrschende Unternehmen von der finanziellen Krisenlage der Tochtergesellschaft positive Kenntnis hatte[842].

Stellt der Geschäftsführer der abhängigen Gesellschaft einen Insolvenzantrag aus Fahrlässigkeit verspätet, geht eine vermehrt vertretene Auffassung davon aus, dass eine fahrlässige Haupttat zur Begründung des § 830 Abs. 2 BGB ausreicht[843] und das strafrechtliche Erfordernis der vorsätzlichen Haupttat im Zivilrecht nicht überzeugen könne[844]. Die Fallgruppe der fahrlässigen Haupttat kommt vor allem dort in Betracht, wo die Organisationsstrukturen, vor allem die Buchhaltung oder das *cash management*, konzernzentral erfolgen[845]. Der Unterschied zivilrechtlicher Maßnahmen im Hinblick auf strafrechtliche Konsequenzen liegt darin, dass zivilrechtliche Verkehrsschutz- oder Billigkeitserwägungen einen wirtschaftlichen Ausgleich für erlittene Schäden unter Privatpersonen bezwecken. Es geht um einen wertneutralen Interessensausgleich zwischen Privatleuten. Im Strafrecht herrschen andere Ausgangsvoraussetzungen, da es sich um Unrechtssanktionen des Staates gegenüber dem Privatmann handelt. Die Strafe ist als Konsequenz eines Unwerturteils zu betrachten, dass es im Zivilrecht nicht gibt[846]. Zudem kommt hinzu, dass durch die Verletzung der Insolvenzantragspflicht ein Schutzgesetz verletzt wird, bei dem ein objektivierter Maßstab anzuwenden ist[847]. Nach dieser Ansicht ist ein fahrlässiges Verhalten des Geschäftsführers ausreichend, wenn der Hintermann ihn vorsätzlich angestiftet oder geholfen[848].

---

840 BGH NJW, 1979, 1829.

841 *Altmeppen*, in: *Roth/Altmeppen*, GmbHG, Vorb. zu § 64 Rn. 141.

842 *Ehricke*, Das abhängige Konzerunternehmen in der Insolvenz, S. 215.

843 *Karollus*, ZIP 1995, 273; *Kübler*, ZGR 1995, 503; *Reiner*, in: FS *Boujong*, S. 450 f.; *K. Schmidt*, in: *Scholz*, GmbHG, § 64 Rn. 45; *K. Schmidt*, JZ 1978, 661, 666; *K. Schmidt*, ZIP 1980, 329, *Stein*, Das faktische Organ, S. 156 f.

844 *Karollus*, ZIP 1995, 273; *K. Schmidt*, in: *Scholz*, GmbHG, § 64 Rn. 45.

845 *Schön*, ZHR 159 (1995), 369.

846 *Ehricke*, Das abhängige Konzernunternehmen in der Insolvenz, S. 215 f.

847 BGH 116, 104, S. 115: „Die Vermutung des Verschuldens bei Verletzung des Schutzgesetzes gilt nur, wenn das Schutzgesetz das geforderte Verhalten bereits so konkret umschreibt, dass mit der Verwirklichung des objektiven Tatbestandes der Schluss auf einen subjektiven Schuldvorwurf naheliegt."

848 I. Erg. ebenso *Stein*, Das faktische Organ, S. 162.

Eine Inanspruchnahme der herrschenden Gesellschaft nach § 823 Abs. 2 BGB i.V.m. §§ 15a Abs. 1 InsO n. F., 830 Abs. 2, 840 Abs. 1, 421 ff. BGB ist daher möglich, wenn ihre Einflussnahme auf die Tochtergesellschaft eine Pflichtverletzung des Geschäftsführers der konkursreifen Gesellschaft nach sich zieht. Dies ermöglicht die Erweiterung der Haftungsmasse durch Schadensersatzzahlungen des Mutterkonzerns.

E. Die Haftung des Geschäftsführers gemäß § 826 BGB

§ 826 BGB normiert die Haftung des Geschäftsführers gegenüber den Gesellschaftsgläubigern wegen sittenwidriger Schädigung. Fügt der Geschäftsführer gemäß § 826 BGB einem anderen vorsätzlich in einer gegen die guten Sitten verstoßenden Weise Schaden zu, ist er dem anderen zum Schadensersatz verpflichtet. Der GmbH-Geschäftsführer muss sich in diesem Fall haftungsrechtlich verantworten, wenn die sittenwidrige Schädigung durch Verletzung der Offenbarungspflicht und Insolvenzverschleppung entstanden ist und der Geschäftsführer wider besseres Wissen die Leistungsfähigkeit der GmbH behauptet und Dritte dadurch geschädigt hat[849]. Der Geschäftsführer ist gemäß § 826 BGB schadensersatzpflichtig, wenn er eine Insolvenzverschleppung vorsätzlich in der Absicht begeht, die als unabwendbar erkannte Insolvenz der Gesellschaft hinauszuzögern und dabei die Schädigung des Gesellschaftsgläubigers zumindest billigend in Kauf nimmt[850]. Ein bedingter Schädigungsvorsatz liegt bereits bei leichtfertigem Handeln des Geschäftsführers vor, wenn er die Nachteile für den Gläubiger in Kauf genommen haben muss oder Risiken der Geschäftseingehung gegenüber den Gläubigern verschweigt[851]. Da der Neugläubigerschaden im Rahmen einer Insolvenzverschleppung über §§ 823 Abs. 2 BGB i.V.m. 15a Abs. 1 InsO n. F. auch bei Fahrlässigkeit geltend gemacht werden kann, sieht eine Auffassung in der Literatur den Schädigungsvorsatz des Geschäftsführers im Rahmen des § 826 BGB nicht mehr als Voraussetzung an[852]. Demgegenüber lässt die Rechtsprechung für die Annahme des § 826 BGB Fahrlässigkeit grundsätzlich nicht genügen, auch wenn grob leichtfertiges und gewissenloses Verhalten selbst sittenwidrig sein kann[853].

---

849 *Bäcker/Prühs*, GmbH-Geschäftsführer-Haftung, S. 112; *Schieren*, Die Haftung des GmbH-Geschäftsführers im deutschen Insolvenzverfahren, S. 25.

850 OLG Saarbrücken GmbHR 2007, 315, 316.

851 *Altmeppen*, in: *Roth/Altmeppen*, GmbHG, § 43 Rn. 84; *Schneider*, in: *Scholz*, GmbHG, § 43 Rn. 238 f.

852 *Altmeppen*, in: *Roth/Altmeppen*, GmbHG, § 43 Rn. 84.

853 OLG Celle GmbHR 1994, 467, 468.

Die Haftung des Geschäftsführers gemäß § 826 BGB wird vor allem bei zu erwartender Zahlungsunfähigkeit bedeutsam. Der BGH führt hierzu aus, dass die GmbH eine Offenbarungspflicht hat, wenn im Zeitpunkt des Abschlusses oder bei Fortführung von Verträgen die Überschuldung der Gesellschaft die Durchführbarkeit des Vertrags von vornherein schwerwiegend gefährdet. Die Offenbarungspflicht obliegt dem Geschäftsführer als vertretungsberechtigtem Organ[854]. Ein Anspruch des Gläubiger gegenüber dem Geschäftsführer gemäß § 826 BGB ist in Betracht zu ziehen, wenn der im Namen einer unterkapitalisierten Gesellschaft handelnde Geschäftsführer billigend in Kauf nimmt, eine neu begründete Verbindlichkeit nicht erfüllen zu können, und der andere Teil auf die Liquidität der GmbH vertraut und gegebenenfalls in umfangreiche Vorleistung getreten ist, wobei kein Anlass zur Insolvenzantragstellung bestehen muss[855]. Der Geschäftsführer setzt sich ferner dann einer Haftung nach § 826 BGB aus, wenn er eine mangelhafte Leistung erbringt und er billigend in Kauf nimmt, dass der Vertragspartner aufgrund dessen zurücktreten oder Schadensersatz geltend machen wird, die das Unternehmen wegen seiner finanziellen Überforderung nicht zahlen kann[856]. Bei Sanierungsprojekten hinsichtlich der Gesellschaft sind trotz eines weiten Anwendungsbereiches des § 826 BGB die Grenzen für ein sittenwidriges Verhalten des Geschäftsführers zu finden[857]. Nimmt der Geschäftsführer in der Krise Sanierungsversuche vor, ist eine sittenwidrige Schädigung nicht schon deshalb gegeben, weil der Geschäftsführer eine Schädigung des nicht informierten Geschäftspartners im Falle der misslungenen Sanierung in Kauf nimmt. Solange der Geschäftsführer als ordentlicher Geschäftsmann davon ausgehen durfte, dass die Sanierung gelingen wird, kann ihm kein sittenwidriges Verhalten zur Last gelegt werden[858]. Allerdings können Umstände, die auf die Sinnlosigkeit von Sanierungsmaßnahmen schließen lassen, auf einen

854 BGH ZIP 1991, 1140, 1144, 1145; *Arendt*, Haftungsgefahren für den GmbH-Geschäftsführer, S. 42.

855 BGH NJW 1979, 2104; BGH NJW-RR 1988,1181 = DB 1988, 1848; OLG Oldenburg GmbHR 2000, 720 = NZG 2000, 558; *Altmeppen*, in: *Roth/Altmeppen*, GmbHG, § 43 Rn. 84; *Wüst*, JZ 1995, 994.

856 *Altmeppen*, in: *Roth/Altmeppen*, GmbHG, § 43 Rn. 85.

857 BGH, GmbHR 1991, 409, 411; *Arendt*, Haftungsgefahren für den GmbH-Geschäftsführer, S. 42.

858 BGHZ 108, 134; BGH, BB 1991, 1587; *Maser/Sommer*, BB 1996, 65, 70; *Schwerdtfeger*, in: *Scheuffele*, in: *Schwerdtfeger*, KpK GesR, Kap. 7, § 64 Rn. 28.

Schädigungsvorsatz im Sinne des § 826 BGB hinweisen[859]. Ein solcher Umstand liegt vor, wenn das wirtschaftliche Ergebnis aufgrund der dem Geschäftsführer bekannten Salden- und Summenliste die Annahme rechtfertigt, dass angesichts der außerordentlich negativen Geschäftsentwicklung die Begleichung von Verbindlichkeiten durch die GmbH wahrscheinlich nicht möglich sein werde[860].

Die Inanspruchnahme von Insolvenzgeld durch den rechtstreu handelnden Insolvenzverwalter ist bei rechtzeitiger Insolvenzantragstellung dann ein legitimes Mittel, wenn der Handelnde die Fortführung des Unternehmens im Dienste der gesetzgeberischen Leitentscheidung verfolgt[861]. Erst bei ernsten Zweifeln, ob der Sanierungsversuch gelingen wird, liegt ein Sittenverstoß des Geschäftsführers mit Haftungsfolgen vor[862]. Die Haftung des Geschäftsführers wird somit zum Schutz der Gläubiger dahingehend erweitert, dass der Geschäftsführer als Gesellschaftsvertreter eine Aufklärung unterlassen hat. Im Rahmen des § 826 BGB gelingt es über die Rechtsprechung, über das Merkmal der Sittenwidrigkeit einen flexibleren Gläubigerschutz zu gewährleisten und die Anschauungen der beteiligten Verkehrskreise zu berücksichtigen. Ist dem Geschäftsführer somit bekannt, dass er durch sinnlose Sanierungsversuche die Existenz des Unternehmens nur noch verlängert und durch weitere Vertragsabschlüsse in Kauf nimmt, liegt eine vorsätzliche sittenwidrige Schädigung der Gläubiger im Sinne des § 826 BGB vor, wenn er überdies hinaus aus eigensüchtigen Beweggründen handelt[863]. Eine Haftung der Konzernmutter aus § 826 BGB ist denkbar, sofern ihre Weisung eine vorsätzliche sittenwidrige Schädigung darstellt. In der Praxis scheitert dieser Anspruch allerdings regelmäßig an dem schwierigen Nachweis der subjektiven Voraussetzungen[864]. Aufgrund der Haftung aus § 823 Abs. 2 BGB i.V.m. § 15a Abs. 1 InsO n. F. erlangt der Anspruch wegen sittenwidriger Schädigung somit vor allem für Sachverhalte vor der Insolvenzreife Bedeutung.

---

859 OLG Celle GmbHR 1994, 467; *Schwerdtfeger*, in: *Schwerdtfeger*, KpK GesR, Kap. 7, § 64 Rn. 28.

860 OLG Celle GmbHR 1994, 467.

861 OLG Saarbrücken GmbHR 2007, 315, 318.

862 BGH GmbHR 1991, 409, 411; *Arendt*, Haftungsgefahren für den GmbH-Geschäftsführer, S. 42.

863 BGH WM 1979, 878, 883; *Bäcker/Prühs*, GmbH-Geschäftsführer-Haftung, S. 112.

864 BGHZ 31, 258, 278 f.; BGH WM 1973, 1354, 1355; BGH NJW 1979, 2104, 2195; *Grunewald*, ZGR 1986, 597 ff.; *Ehricke*, Das abhängige Konzernunternehmen in der Insolvenz, S. 214.

F. Die Haftung gemäß § 26 Abs. 3 InsO

Gemäß § 26 Abs. 3 S. 1 InsO kann derjenige, der mangels Kostendeckung des Insolvenzverfahrens einen Vorschuss an das Insolvenzgericht leistet, die Erstattung des vorgeschossenen Betrages von der Person verlangen, die entgegen den Vorschriften des Insolvenz- oder Gesellschaftsrechts den Antrag auf Eröffnung des Insolvenzverfahrens pflichtwidrig und schuldhaft nicht gestellt hat. Ist streitig, ob die Person pflichtwidrig und schuldhaft gehandelt hat, so trifft sie gemäß § 26 Abs. 3 S. 2 InsO die Beweislast. Die Vorschrift des § 26 Abs. 3 InsO stellt als neuer Haftungstatbestand eine Verschärfung der Geschäftsführerhaftung dar[865]. Dem Gläubiger, der einen Vorschuss leistet, wird ermöglicht, sich direkt bei dem entsprechenden Anspruchsgegner schadlos zu halten und bei schuldhafter Verletzung der Insolvenzantragspflicht die geleisteten Verfahrenskostenvorschüsse von dem Geschäftsführer erstattet zu verlangen, sofern bereits vor Eröffnung des Insolvenzverfahrens feststeht, dass die Kosten zur Durchführung des Verfahrens nicht gedeckt sind[866]. Mit Einführung des MoMiG wurde die Anwendbarkeit des § 26 Abs. 3 InsO über das Gesellschaftsrecht hinaus auf die Vorschriften der InsO erweitert.

I. Anspruchsvoraussetzungen

Nach § 26 Abs. 1 InsO weist das Insolvenzgericht einen Antrag auf Eröffnung des Insolvenzverfahrens ab, wenn das Vermögen der GmbH voraussichtlich nicht zur Deckung der Verfahrenskosten ausreichen wird. Die gemäß § 26 Abs. 1 S. 1 InsO erforderliche Verfahrenskostendeckung lässt sich im Rahmen eines Vergleichs zwischen dem verwertbaren, in angemessener Zeit in Geld umwandelbaren Vermögen und den voraussichtlichen Kosten für das gesamte Insolvenzverfahren bestimmen[867]. Entscheidend für den Erstattungsanspruch nach § 26 Abs. 3 InsO ist, dass der Anspruchsführer einen Vorschuss leistet, da eine Abweisung des Insolvenzverfahrens mangels Masse unmittelbar bevorsteht. Ausschlaggebend für eine Abweisung mangels Masse ist die bestehende Vermögenslage des Schuldners[868]. Im Sinne des § 26 InsO wird das Insolvenzverfahren erst dann eröffnet, wenn ein zulässiger und begründeter Insolvenzantrag vorliegt und das Schuldnervermögen die gemäß § 54 InsO bestehenden Verfahrenskosten für die

865 *Leithaus*, in: *Andres/Leithaus*, InsO, § 26 Rn. 1.
866 *Leithaus*, in: *Andres/Leithaus*, InsO, § 26 Rn. 2.
867 BGH NZI 2004, 30.
868 BGH NZI 2004, 30 f.; *Herzig*, in: *Braun*, InsO, § 26 Rn. 4, 5, 39.

gesamte Verfahrensdauer decken kann[869]. Deckt das Vermögen des Schuldners die anfallenden Verfahrenskosten nicht, weist das Gericht die Eröffnung des Insolvenzverfahrens über das Vermögen der Gesellschaft im Interesse der Gläubiger mangels Masse ab. Das öffentliche Interesse ist dabei nicht ausschlaggebend. Eine Abweisung des Insolvenzverfahrens erfolgt mangels Masse zwingend, solange kein ausreichender Geldbetrag als Vorschuss geleistet wurde[870]. Gemäß § 26 Abs. 2 InsO hat das Gericht den Schuldner bei Antragsabweisung mangels Masse in ein Schuldnerverzeichnis einzutragen, das beim Insolvenzgericht geführt wird und zur Warnung des Geschäftsverkehr jederzeit einsehbar ist.

Mit Rechtskraft des Abweisungsbeschlusses, der die Eröffnung des Insolvenzverfahrens mangels Masse verhindert, wird die GmbH nach § 60 Abs. 1 Nr. 5 GmbHG aufgelöst[871]. Wenn das Vermögen des Schuldners zur Deckung der Verfahrenskosten voraussichtlich nicht ausreicht, kann der antragsberechtigte Gläubiger (§§ 13 Abs. 1 S. 2, 14 InsO) einen ausreichenden Geldbetrag vorschießen und so die Abweisung des Insolvenzantrages gemäß § 26 Abs. 1 S. 1 InsO verhindern. Er erwirkt sodann die Eröffnung des Insolvenzverfahrens gemäß §§ 27, 26 Abs. 1 S. 2 InsO und kann vom Geschäftsführer, der den Antrag auf Eröffnung des Insolvenzverfahrens entgegen § 15a Abs. 1 InsO n. F. pflichtwidrig und schuldhaft nicht gestellt hat, die Erstattung des vorgeschossenen Geldbetrages gemäß § 26 Abs. 3 S. 1 InsO verlangen[872]. Zum Schadensersatz verpflichtet folglich nicht nur das Unterlassen der Antragstellung, sondern auch die verspätete Antragstellung[873]. Bei objektiver Verletzung der Insolvenzantragspflicht bedarf es lediglich der Feststellung, dass der Geschäftsführer die gesellschaftsrechtliche Dreiwochenfrist des § 15a Abs. 1 InsO n. F. versäumt hat. Dies hat der Vorschussleistende darzulegen und gegebenenfalls zu beweisen. Pflichtwidrigkeit und Verschulden werden gemäß § 26 Abs. 3 S. 2 InsO vermutet[874]. Ist ein pflichtwidriges und schuldhaftes Handeln des Geschäftsführers mithin streitig, trifft ihn die Beweislast nach § 26

---

869 *Haarmeyer*, in: MüKo InsO, § 26 Rn. 11.

870 *Herzig*, in: *Braun*, InsO, § 26 Rn. 20.

871 *Uhlenbruck*, GmbHR 2005, 817, 827.

872 *Jula*, Die Haftung von GmbH-Geschäftsführern und Aufsichtsräten, S. 71; *Henze/Bauer*, in: Kölner Schrift zur InsO, S. 1316, Rn. 20; *Schmidt-Leithoff*, in: *Rowedder/Schmidt-Leithoff*, GmbHG, § 64 Rn. 52.

873 OLG Hamm, NZG 2002, 782.

874 *Pape*, in: *Kübler/Prütting*, InsO, § 26 Rn. 23; *Schmidt-Leithoff*, in: *Rowedder/Schmidt-Leithoff*, GmbHG, § 64 Rn. 52; *Schröder*, in: *Schmidt*, HHer Kommentar InsR, § 26 Rn. 39; *Ullrich*, DZWIR 2000, 177, 181.

Abs. 3 S. 2 InsO im Sinne einer Beweislastumkehr zugunsten des Vorschussleistenden[875]. Haben mehrere Geschäftsführer ihrer Antragspflicht nicht entsprochen, haften sie im Rahmen des § 26 Abs. 3 InsO als Gesamtschuldner[876].

Sofern ein Gläubiger nach Verfahrenseröffnung mittels Vorschusszahlung eines ausreichenden Geldbetrages die Einstellung eines Verfahrens verhindert, das mangels Masse eigentlich nicht hätte eröffnet werden müssen, gilt die Regelung des § 26 Abs. 3 InsO entsprechend (§ 207 Abs. 1 InsO)[877]. Nach Anpassung der Verjährungsvorschriften an das Gesetz zur Modernisierung des Schuldrechts[878] verjährt der Anspruch gemäß §§ 195, 199 BGB innerhalb der Regelverjährung von drei Jahren. Gemäß § 199 Abs. 1 BGB beginnt die Verjährungsfrist mit dem Schluss des Jahres zu laufen, in dem der Vorschuss geleistet wurde[879]. Bei § 26 Abs. 3 InsO handelt es sich um eine Vorschrift des Insolvenzrechts, die nach Art. 4 EuInsVO bei der Durchführung von inländischen Insolvenzverfahren anwendbar ist[880].

II. Anspruchsinhalt

Für den Gläubiger eines Massenkostenvorschusses ergibt sich eine zusätzliche Regressmöglichkeit gegen den Verantwortlichen. Die Erstattung bemisst sich am Betrag des Vorschusses in voller Höhe, gegebenenfalls nur Zug um Zug gegen Abtretung von Rückzahlungsansprüchen des Vorschussleistenden wegen eines nicht benötigten Vorschussanteils. Eine Ermäßigung des Erstattungsanspruchs kommt bei teilweiser Rückzahlung des Vorschusses in Betracht[881]. Zugleich soll § 26 Abs. 3 InsO Missbräuchen entgegenwirken, die bei der GmbH in der verspäteten Insolvenzantragstellung liegen. Weist das Gericht die Verfahrenseröffnung mangels Masse ab, wird die Gesellschaft nicht insolvenzrechtlich liquidiert und Vermögensmanipulationen bleiben unaufgeklärt. Die Gläubiger sollen in ihrer Bereitschaft gestärkt werden, Kostenvorschüsse zu gewähren[882]. Da § 92 InsO

---

875 *Herzig*, in: *Braun*, InsO, § 26 Rn. 39.

876 *Haarmeyer*, in: MüKo InsO, § 26 Rn. 57; *Pape*, in: *Kübler/Prütting*, InsO, § 26 Rn. 26; *Schmidt-Leithoff*, in: *Rowedder/Schmidt-Leithoff*, GmbHG, § 26 Rn. 52.

877 *Henze/Bauer*, in: Kölner Schrift zur InsO, S. 1316, Rn. 20.

878 Gesetz zur Modernisierung des Schuldrechts vom 09.12.2004, BGBl. I, S. 3214.

879 Vgl. dazu *Herzig*, in: *Braun*, InsO, § 26 Rn. 5, 40; *Jula*, Die Haftung von GmbH-Geschäftsführern und Aufsichtsräten, S. 71; *Schröder*, in: *Schmidt*, HHer Komm. InsR, § 26 Rn. 41.

880 *Lutter/Huber*, Europäische Auslandsgesellschaften, S. 342.

881 *Schröder*, in: *Schmidt*, Komm. InsR, § 26 Rn. 40.

882 *Herzig*, in: *Braun*, InsO, § 26 Rn. 4; *Haarmeyer*, in: MüKo InsO, § 26 Rn. 56.

nicht den Ersatz des Individualschadens, beispielsweise der Vorschussleistung des § 26 InsO regelt, findet er keine Anwendung auf § 26 InsO[883]. Die Geltendmachung des Anspruchs durch einen Insolvenzverwalter ist nicht erforderlich. Alt- und Neugläubiger sind berechtigt, ihre Ansprüche aus Insolvenzverschleppung unmittelbar zu verfolgen[884]. Zu Lasten des Anspruchsgegners enthält § 26 Abs. 3 S. 2 InsO ausdrücklich einer Beweislastumkehr[885]. Trotz einer Erleichterung aufgrund der Beweislastumkehr kann ein Anspruch aus § 26 Abs. 3 InsO häufig an der mangelnden Bonität des Anspruchsgegners in der Insolvenz scheitern. Zudem wird der Vorschussleistende mit dem Prozess- und Vollstreckungsrisiko belastet. Der Erstattungsanspruch aus § 26 Abs. 3 InsO unterliegt der dreijährigen Verjährungsfrist nach §§ 195, 199 BGB, welche mit dem Schluss des Jahres beginnt, in dem der Vorschuss geleistet wurde[886].

§ 4. Die Haftung aufgrund der Verletzung strafrechtlicher Vorschriften

Nach Schätzungen werden in 80–90 % aller Insolvenzen Wirtschaftsstraftaten verübt, in denen typischerweise der Geschäftsführer als Täter in Betracht kommt[887]. Im Durchschnitt ist jede zweite insolvente Gesellschaft als GmbH tätig[888]. Jährlich werden ca. 4000 Ermittlungsverfahren gegen GmbH-Geschäftsführer i.V.m. dem Verstoß gegen die Insolvenzantragspflicht statistisch erfasst[889]. Er hat neben den ihm obliegenden typischen Sorgfaltspflichten auch eine Vermögensbetreuungspflicht, die in der Krise unter anderem den Verdacht der Untreue, des Betruges sowie die Verwirklichung anderer Straftatbestände begründen kann.

A. § 823 Abs. 2 BGB i.V.m. strafrechtlichen Schutzvorschriften

Eine Haftung des Geschäftsführers kann gegenüber Dritten gemäß § 823 Abs. 2 BGB i.V.m. den nachfolgend beispielhaft aufgeführten strafrechtlichen Schutzvorschriften ausgelöst werden. Vor allem bei der Verwirklichung von Sanierungsbemühungen oder auch nur im Falle ihres Vortäuschens ist es nicht abwegig, dass

883 *Brandes*, in MüKo InsO, § 92 Rn. 11.
884 *K. Schmidt*, in: *Scholz*, GmbHG, § 64 Rn. 44 f.
885 *Leithaus*, in: *Andres/Leithaus*, InsO, § 26 Rn. 7.
886 *Leithaus*, in: *Andres/Leithaus*, InsO, § 26 Rn. 7.
887 *Kiethe/Hohmann*, in: MüKo StGB VI/1, § 15a Rn. 12.
888 *Meyer*, GmbHR 2004, 1417, 1420; *Kiethe/Hohmann*, in: MüKo StGB VI/1, § 15a Rn. 12.
889 *Kiethe/Hohmann*, in: MüKo StGB VI/1, § 15a Rn. 12.

allgemeine Insolvenzstraftaten begangen werden. Der Geschäftsführer kann für sein Fehlverhalten strafrechtlich sanktioniert und mittels § 823 Abs. 2 BGB auch haftungsrechtlich von den Gläubigern belangt werden, sofern sich der verwirklichte Straftatbestand als ein Schutzgesetz darstellt[890]. Täuscht der Geschäftsführer den Geschäftspartner über die wirtschaftliche Situation der GmbH und nimmt er dessen Schädigung billigend in Kauf, haftet er wegen Verwirklichung des Betrugstatbestandes gemäß § 823 Abs. 2 BGB i.V.m. § 263 StGB für den gesamten, durch den Betrug ausgelösten Schaden und nicht nur für den durch die insolvente Gesellschaft entstandenen Ausfall. In Betracht kommen neben dem Betrug (§ 823 Abs. 2 BGB i.V.m. § 263 StGB) und Kreditbetrug (§ 823 Abs. 2 BGB i.V.m. § 265b StGB) auch das Vorenthalten und Veruntreuen von Arbeitsentgelt und Beiträgen zur Sozialversicherung (§ 823 Abs. 2 BGB i.V.m. § 266a StGB)[891]. Ebenso können die Bankrottdelikte gemäß § 823 Abs. 2 BGB i.V.m. §§ 283, 283a-d StGB einschlägig sein[892]. Bei der Verletzung der Aufsichts- und Buchführungspflicht wird in Frage stehen, ob § 130 OWiG und § 41 GmbHG Schutzgesetze im Sinne des § 823 Abs. 2 BGB sind[893]. In einem Beschluss vom 09. August 2005 stellt der BGH klar, dass der Grundsatz der Massesicherung gemäß § 64 Abs. 2 GmbHG a. F. (§ 64 GmbHG n. F.) nicht die Strafbarkeit wegen Untreue gemäß § 266a Abs. 1 StGB berührt, wenn der Verantwortliche die fehlende Sanierungsmöglichkeit bei Insolvenzreife erkennt und das Unternehmen weiterführt, ohne einen Insolvenzantrag gestellt zu haben[894]. Die Strafbarkeit und Haftung wegen Untreue nach § 266 StGB ist bei einer „Ein-Mann-GmbH" ebenfalls nicht ausgeschlossen. Sie kommt in Betracht, wenn das Stammkapital der Gesellschaft angegriffen, die Existenz des Unternehmens gefährdet oder dem Unternehmen die dringend erforderliche Liquidität entzogen wird[895].

Die Verletzung strafrechtlicher Normen stellt regelmäßig deutlich schärfere Anforderungen an die subjektive Komponente, nämlich das Erfordernis des Vorsatzes. Daher ist die Bedeutung dieser Anspruchsgrundlagen geringer als

---

890 Übersicht über Schutzgesetze des § 823 Abs. 2 BGB aus dem StGB vgl. *Wagner*, in: MüKo BGB V, 2009, § 823 Rn. 369.

891 *Kiethe/Hohmann*, in: MüKo StGB VI/1, § 15a Rn. 12.

892 *Kiethe/Hohmann*, in: MüKo StGB VI/1, § 15a Rn. 12.

893 Verneinend BGH ZIP 1994, 867, 871; *Marsch-Barner/Diekmann*, Münch. Hdb. GesR III, § 46 Rn. 68.

894 BGH DStR 2005, 1867; im Anschluss an BGHZ 47, 318; BGHZ 48, 307, dazu *A. Schmidt*, EWiR 2002, 1017; BGHSt 48, 307 = ZIP 2003, 2213; *Pape/Pape*, ZVI 2006, 49.

895 *Schulz/Lessing/Bert*, Handbuch Insolvenz, S. 307 f.

die Haftung des Geschäftsführers gemäß § 823 Abs. 2 BGB i.V.m. § 15a Abs. 1 InsO, der lediglich ein fahrlässiges Begehen fordert[896].

B. Insolvenzverschleppung gemäß § 15a Abs. 4, 5 InsO n. F.

Mit Einführung des MoMiG ist die strafrechtlich sanktionierte Insolvenzverschleppung von § 84 Abs. 1 Nr. 2, Abs. 2 GmbHG a. F. in die Vorschrift des § 15a Abs. 4, 5 InsO n. F. übernommen worden. § 15a InsO n. F. regelt nunmehr einheitlich zivil- und strafrechtliche Konsequenzen bei der Insolvenzverschleppung durch den Geschäftsführer. Gemäß § 15a Abs. 4 InsO wird mit Freiheitsstrafe bis zu drei Jahren oder mit Geldstrafe bestraft, wer entgegen § 15a Abs. 1 S. 1 InsO, ggf. i.V.m. § 15a Abs. 1 S. 2, oder § 15a Abs. 2 oder § 15a Abs. 3, einen Insolvenzantrag nicht, nicht richtig oder nicht rechtzeitig stellt. Nach § 15 Abs. 5 InsO ist die Strafe Freiheitsstrafe bis zu einem Jahr oder Geldstrafe, sofern der Täter in den Fällen des § 15a Abs. 4 InsO fahrlässig handelt. Die Strafbarkeit bei vorsätzlicher oder fahrlässiger Insolvenzverschleppung ist nunmehr rechtsformübergreifend in § 15a Abs. 4 und 5 InsO n. F. geregelt[897]. Für die GmbH treten die Regelungen des § 15a Abs. 4 und 5 InsO n. F. an die Stelle der früheren Straftatbestände in § 84 Abs. 1 Nr. 2, Abs. 2 GmbHG, die durch die Einführung des MoMiG aufgehoben wurden[898]. Deshalb soll auch im Folgenden nicht auf Ausführungen zu § 84 Abs. 1 Nr. 2, Abs. 2 GmbHG a. F. nicht verzichtet werden.

I. Schutzbereich des § 15a Abs. 4, 5 InsO n. F.

Der Gesetzgeber regelt die bisherigen Regelungen zu strafrechtlichen Sanktionen bei Verletzung der Insolvenzantragspflicht gemäß §§ 84 Abs. 1 Nr. 2, Abs. 2 GmbHG, 401 Abs. 1 Nr. 2 AktG, 130b HGB und § 148 Abs. 1 Nr. 2 GenG nun rechtsformübergreifend in der neuen Vorschrift des § 15a Abs. 4 und 5 InsO n. F.[899]. Die Bedeutung der strafrechtlichen Regelungen des § 15a Abs. 4 und 5 InsO liegt gegenüber den etwaiger Vorschriften nach StGB in dem Charakter des § 15a InsO als verhältnismäßig leicht nachweisbarem Formaldelikt, wodurch § 15a InsO als Auffangtatbestand für schwer nachweisbare Betrugs- und Bankrottstraftaten behandelt werden kann[900]. Die Vorschrift des § 15a InsO und mithin die Festsetzung einer strafrechtlichen Sanktion bei Insolvenzverschleppung

---

896 *Maser/Sommer*, BB 1996, 65, 70.

897 *Kleindiek*, in: *Lutter/Hommelhoff*, GmbHG, Anh. zu § 64 Rn. 86.

898 *Kleindiek*, in: *Lutter/Hommelhoff*, GmbHG, Anh. zu § 64 Rn. 86.

899 *Mönning*, in: *Nerlich/Römermann*, InsO, § 15a Rn. 21.

900 *Kiethe/Hohmann*, in: MüKo StGB VI/1, § 15a Rn. 13.

schützt das Interesse der Gesellschaft, Gesellschaftsgläubiger, Gesellschafter oder Dritten an einer wirtschaftlich gesunden GmbH[901] und bezweckt die strafrechtliche Absicherung der bedeutsamen zivilrechtlichen Komponente der Insolvenzverschleppung sowie solcher Risiken, die aus der Teilnahme am Wirtschaftsleben entstehen, bei der die GmbH als eigenständige Rechtspersönlichkeit nur mit ihrem Gesellschaftsvermögen haftet[902]. Die schuldhafte Verletzung des § 15a Abs. 1 bis 3 InsO n. F. ist gemäß § 15a Abs. 4 InsO n. F. somit als echtes Unterlassungsdelikt strafrechtlich bewehrt, da gemäß § 15a Abs. 1 bis 3 InsO ein genau bezeichnetes Unterlassen, nämlich das Unterlassen eines ordnungsgemäßen Insolvenzantrags, strafbar ist[903]. Zudem handelt es sich bei § 15a Abs. 4 und 5 InsO um echte Sonderdelikte, da taugliche Täter nur die jeweiligen organschaftlichen Vertreter, also auch inländischer Auslandsgesellschaften, und im Falle der Führungslosigkeit einer Gesellschaft gemäß § 15a Abs. 3 InsO GmbH-Gesellschafter, Aufsichtsräte einer AG oder Genossenschaft sein können[904].

Demgemäß kann der Geschäftsführer oder bei Geschäftsführerlosigkeit jeder Gesellschafter strafrechtlich wegen Insolvenzverschleppung zur Verantwortung gezogen werden, wenn er es entgegen § 15a Abs. 1 bis 3 InsO n. F. unterlässt, bei Zahlungsunfähigkeit oder Überschuldung die Eröffnung des Insolvenzverfahrens zu beantragen. Unerheblich für die Strafbarkeit ist, ob bereits ein Dritter einen Insolvenzantrag gestellt hat[905]. Ebenso beeinträchtigt die Alleinvertretungsmacht oder interne Geschäftsverteilung einzelner Zuständigkeitsbereiche die Strafbarkeit des Geschäftsführers nicht. Jeder einzelne Geschäftsführer ist berechtigt und verpflichtet, einen Insolvenzantrag zu stellen[906]. Es handelt sich letztlich um ein abstraktes Gefährdungsdelikt, das weder den Eintritt einer Vermögensgefährdung oder eines konkreten Vermögensschadens, insbesondere der GmbH, noch die Verursachung täuschungsbedingten Irrtums einer Person, die zu dem geschützten Personenkreis gehört, verlangt[907].

---

901 *Kiethe/Hohmann*, in: MüKo StGB VI/1, § 15a Rn. 2.

902 Für § 84 GmbHG a. F.: *Schaal*, in: *Rowedder/Schmidt-Leithoff*, GmbHG, § 84 Rn. 1.

903 *Kiethe/Hohmann*, in: MüKo StGB VI/1, § 15a Rn. 7.

904 *Kiethe/Hohmann*, in: MüKo StGB VI/1, § 15a Rn. 6.

905 *Schwilden*, Die rechtliche Stellung des GmbH-Geschäftsführers und des managing directors, S. 83 f.

906 BGH, GmbHR 1994, 460, 461; *Schaal*, in: *Rowedder/Schmidt-Leithoff*, GmbHG, § 84 Rn. 12; *Schwilden*, Die rechtliche Stellung des GmbH-Geschäftsführers und des managing directors, S. 84.

907 *Kiethe/Hohmann*, in: MüKo StGB VI/1, § 15a Rn. 5; *Schaal*, in: *Rowedder/Schmidt-Leithoff*, GmbHG, § 84 Rn. 7.

Der Schutzbereich entspricht nicht dem des § 64 GmbHG a. F. und muss für jede Norm selbständig ermittelt werden[908]. § 15a Abs. 4, 5 InsO n. F. bezweckt vor allem den Schutz der Gesellschaftsgläubiger[909]. Die Vorschrift stellt infolgedessen ein Schutzgesetz im Sinne des § 823 Abs. 2 BGB zugunsten der gegenwärtigen und zukünftigen Gesellschaftsgläubiger dar, sofern die objektiven und subjektiven Tatbestandsvoraussetzungen erfüllt sind[910]. Eine zivilrechtliche Haftung des Geschäftsführers nach § 823 Abs. 2 BGB i.V.m. § 15a Abs. 4, 5 InsO n. F. ist daher nicht ausgeschlossen.

II. Objektive Tatbestandsvoraussetzungen einer Insolvenzverschleppung

Die Strafbarkeit des Geschäftsführers nach § 15a Abs. 4 oder 5 InsO und bei Vorliegen weiterer Voraussetzungen des § 823 Abs. 2 BGB auch eine Haftung setzen voraus, dass sowohl ein Insolvenzgrund der Zahlungsunfähigkeit oder der Überschuldung als auch das vorsätzliche oder fahrlässige Vernachlässigen einer Insolvenzantragspflicht im Sinne des § 15a Abs. 1 InsO n. F. vorliegen[911]. Gemäß § 15a Abs. 1 InsO ist der Antrag des Geschäftsführers auf Eröffnung eines Insolvenzverfahrens ohne schuldhaftes Zögern, spätestens aber drei Wochen nach Eintritt der Zahlungsunfähigkeit oder Überschuldung des Unternehmens bei dem nach §§ 2, 3 InsO zuständigen Amtsgericht zu stellen. In § 15a Abs. 4 InsO ist nunmehr klar definiert, dass die Strafbarkeit der Norm voraussetzt, dass ein Insolvenzantrag nicht, nicht richtig oder nicht rechtzeitig gestellt wird. Eine fehlerhafte und dadurch evtl. auch unzulässige Antragstellung schließt eine Strafbarkeit des Geschäftsführers nach § 15 Abs. 4 InsO n. F. im Gegensatz zu vor der Einführung des MoMiG geltenden Rechts nicht aus[912]. Der unzulässige Insolvenzantrag ist inhaltlich nicht richtig gestellt, und versetzt das Insolvenzgericht eben nicht in die Lage, die Insolvenzvoraussetzungen inhaltlich zu prüfen[913]. Im Rahmen der neuen 2. Alternative des § 15a Abs. 4 InsO des nicht richtig gestellten Insolvenzantrages ist

---

908 *Lutter*, DB 1994, 129, 135.

909 *Kiethe/Hohmann*, in: MüKo StGB VI/1, § 15a Rn. 2; *Altmeppen*, in: *Roth/Altmeppen*, GmbHG, Vorb. zu § 64 Rn. 86.

910 *Kiethe/Hohmann*, in: MüKo StGB VI/1, § 15a Rn. 9; zu § 84 GmbHG a. F. vgl. *Schulze-Osterloh/Servatius*, in: *Baumbach/Hueck*, GmbHG, 18. Auflage, München 2006, § 84 Rn. 23; *Kohlmann*, in: *Hachenburg*, GmbHG, § 84 Rn. 33; *Schaal*, in: *Rowedder/Schmidt-Leithoff*, GmbHG, § 84 Rn. 2.

911 *Kiethe/Hohmann*, in: Müko StGB VI/1, § 15a Rn. 33 ff., 35 ff. 45 ff.

912 *Bittmann*, NStZ 2009, 113, 116; *Kleindiek*, in: *Lutter/Hommelhoff*, GmbHG, Anh. zu § 64 Rn. 87; *Kiethe/Hohmann*, in: MüKo, StGB VI/1, § 15a Rn. 56.

913 *Bittmann*, NStZ 2009, 113, 116.

allerdings zu bedenken, dass einem Geschäftsführer oder bei geschäftsführerloser Gesellschaft dem Gesellschafter nicht etwas abverlangt werden kann, was er nicht leisten kann, z.B. weil er als neu bestellter Geschäftsführer in eine zu bestattende Gesellschaft eintritt[914]. Die Alternative des nicht richtig gestellten Insolvenzantrags sollte aufgrund der Gefahr der uferlosen Ausweitung der Strafbarkeit daher restriktiv ausgelegt werden[915].

Im Umkehrschluss des § 15a Abs. 4 InsO a. E. heißt das, dass ein Eigenantrag bereits dann strafbefreiende Wirkung hat, wenn der GmbH-Geschäftsführer den Antrag rechtzeitig stellt. Ein Gläubiger- und Schuldnerverzeichnis ebenso wie eine Übersicht über die Vermögensmasse oder sonstige Unterlagen, die den Insolvenzgrund belegen, sind nicht gleichzeitig vorzulegen und können nachgereicht werden[916]. Der Antrag eines Gläubigers befreit den Geschäftsführer nicht von seiner Pflicht, einen Insolvenzantrag zu stellen[917]. Dies ändert sich erst dann, wenn das Insolvenzverfahren aufgrund des Gläubigerantrags innerhalb der Dreiwochenfrist eröffnet wurde[918]. Ein vom Gläubiger zurückgenommener Antrag wird ebenfalls als nicht gestellt angesehen[919]. Demgegenüber befreit die Abweisung des Antrags des Gläubigers auf Eröffnung des Insolvenzverfahrens mangels Masse den Geschäftsführer von seiner Pflicht, einen Insolvenzantrag zu stellen[920]. Der strafrechtliche Bestimmtheitsgrundsatz aus Art. 103 Abs. 2 GG führt dazu, dass sich Zweifel bei der Prognose der Zahlungsunfähigkeit zugunsten des Geschäftsführers auswirken[921]. Auch die Überschuldung ist auf der Grundlage seiner zivilrechtlichen Interpretation, aber unter Beachtung des strafrechtlichen Bestimmtheitsgrundsatzes zu bestimmen, d.h. auf der materiellen Grundlage einer Überschuldungsbilanz[922].

---

914 *Bittmann*, NStZ 2009, 113, 116.

915 *Kleindiek*, in: *Lutter/Hommelhoff*, GmbHG, Anh. zu § 64 Rn. 87.

916 *Uhlenbruck*, in: *Schmidt/Uhlenbruck*, Die GmbH in Krise, Sanierung und Insolvenz, S. 910 Rn. 1897.

917 *Kleindiek*, in: *Lutter/Hommelhoff*, GmbHG, Anh. zu § 64 Rn. 91.

918 BGHSt 28, 371, 380; *Grube/Maurer*, GmbHR 2003, 1461, 1465; *Schäfer*, GmbHR 1993, 780, 782; *Kleindiek, in: Lutter/Hommelhoff*, GmbHG, Anh. zu § 64 Rn. 91.

919 Zu § 84 GmbHG a. F.: *Schaal*, in: *Rowedder/Schmidt-Leithoff*, GmbHG, § 84 Rn. 48.

920 *Kleindiek*, in: *Lutter/Hommelhoff*, GmbHG, Anh. zu § 64 Rn. 91.

921 *Schulze-Osterloh/Servatius*, in: *Baumbach/Hueck*, GmbHG, 18. Auflage, München 2006, § 84 Rn. 25.

922 *Schulze-Osterloh/Servatius*, in: *Baumbach/Hueck*, GmbHG, 18. Auflage, München 2006, § 84 Rn. 26.

III. Täter

Täter im Sinne des § 15a Abs. 4 InsO können die in § 15a Abs. 1 bis 3 InsO genannten Personen, insbesondere der GmbH-Geschäftsführer oder Liquidator, im Falle der Führungslosigkeit gemäß § 15a InsO auch der in Kenntnis der Führungslosigkeit und des Insolvenzgrundes handelnde Gesellschafter, sein[923]. Es ist ferner davon auszugehen, dass entsprechend der strafrechtlichen Rechtsprechung[924] zu § 84 GmbHG a. F. auch der faktische Geschäftsführer von dem Straftatbestand des § 15a Abs. 4, 5 InsO erfasst wird[925]. Ist der faktische Geschäftsführer zeitgleich Gesellschafter der insolventen GmbH, wird seine Verantwortlichkeit für den Fall der Geschäftsführerlosigkeit in jedem Fall bereits durch seine Gesellschafterstellung gemäß § 15a Abs. 3 InsO begründet.

IV. Vorsatz oder Fahrlässigkeit

§ 15a Abs. 4 InsO erfordert Vorsatz, wohingegen § 15a Abs. 5 InsO Fahrlässigkeit voraussetzt. Der subjektive Tatbestand des § 15a Abs. 4 InsO ist erfüllt, wenn der Täter die zu seiner Handlungspflicht führenden Tatumstände positiv kennt und dieser Handlungspflicht dennoch nicht nachkommt[926]. Der Vorsatz im Rahmen des § 15a Abs. 3 InsO kann auch bedingt vorliegen, wenn der Täter die Gefahr der Tatbestandsverwirklichung aufgrund konkreter Anhaltspunkte erkennt, die Eröffnung des Insolvenzverfahrens nicht beantragt und dadurch seine Handlungspflicht nicht erfüllt, bestehenden Anhaltspunkten nicht nachgeht und die pflichtgemäße Handlung dadurch unterlässt[927]. Der Geschäftsführer oder sonstige Verpflichtete, z.B. Gesellschafter der führungslosen Gesellschaft, muss mithin von seiner Organstellung oder seiner Handlungspflicht wissen, die ihn zur Antragstellung verpflichtet. Ein vorsatzausschließender Tatbestandsirrtum gemäß § 16 Abs. 1 S. 1 StGB liegt vor, wenn der Täter die zu den Pflichten nach § 15a Abs. 1–3 InsO führende Unternehmenskrise nicht erkennt. Dann steht allerdings immer noch eine Strafbarkeit nach § 15a Abs. 5 InsO aufgrund fahrlässigen Nichthandelns im Raum.

Gemäß § 15a Abs. 5 InsO ist nunmehr auch die fahrlässige Tatbestandsverwirklichung einer Insolvenzverschleppung strafbar. Die sog. unbewusste Fahrlässigkeit

---

923 *Kleindiek*, in: *Lutter/Hommelhoff*, GmbHG, Anh. zu § 64 Rn. 89 f.

924 BGH NJW 2000, 2285, 2286.

925 *Kleindiek*, in: *Lutter/Hommelhoff*, GmbHG, Anh. zu § 64 Rn. 89.

926 *Kiethe/Hohmann*, in: MüKo StGB VI/1, § 15a Rn. 65.

927 *Kiethe/Hohmann*, in: MüKo StGB VI/1, § 15a Rn. 65; *Schaal*, in: *Rowedder/Schmidt-Leithoff*, GmbHG, § 84 Rn. 51.

liegt vor, wenn der Täter infolge einer Sorgfaltspflichtverletzung nicht erkennt oder sogar voraussieht, dass eine bestimmte Handlungsweise geboten war[928]. Der Täter handelt bewusst fahrlässig, wenn er eine bestimmte Rechtsfolge in Kauf nimmt, aber pflichtwidrig davon ausgeht, nicht so handeln zu müssen[929]. Vor allem die bewusste Fahrlässigkeit führt im Rahmen von Erkenntnisfehlern, insbesondere wenn objektiv für die Insolvenzverschleppung Bewertungsfragen entscheidend sind, zu Zurechnungsproblemen[930]. Der Geschäftsführer handelt somit fahrlässig im Sinne des § 15a Abs. 4, 5 InsO n. F., wenn er den Insolvenzgrund pflichtwidrig und schuldhaft nicht kennt[931] oder aus vermeidbaren Irrtum Gründe annimmt, die die Insolvenzantragspflicht entfallen lassen. Kümmert sich der Geschäftsführer nicht um die Belange der Gesellschaft und um einen möglicherweise vorliegenden Insolvenzgrund, handelt er fahrlässig, wenn er infolgedessen keinen Insolvenzantrag stellt[932]. Fahrlässigkeit im Sinne des § 15a Abs. 4, 5 InsO n. F. ist in jedem Fall anzunehmen, wenn der Geschäftsführer den Insolvenzgrund kennt und fahrlässig den Insolvenzantrag nicht oder verspätet stellt[933]. Der GmbH-Geschäftsführer sollte entsprechend der Sorgfalt eines ordentlichen Geschäftsmannes sowohl die finanzielle als auch die bilanzielle Situation des Unternehmens überprüfen und gegebenenfalls einen Liquiditäts- und Überschuldensstatus aufzustellen oder eine derartige Aufstellung zu veranlassen[934]. Hinsichtlich der Frage, ob der Geschäftsführer die Liquidität und wirtschaftlichen Verhältnisse der Gesellschaft ständig zu beobachten hat, bejahen die Rechtsprechung und Teile der Literatur eine Beobachtungspflicht des Geschäftsführers unabhängig von einer Ressortaufteilung oder der Größe des Unternehmens sowie den Einsatz auch aufwendiger betriebswirtschaftlicher Erkenntnismittel zur Aufklärung der Krise[935]. Die Frage, ob der

928 *Schaal*, in: *Rowedder/Schmidt-Leithoff*, GmbHG, § 84 Rn. 51.

929 *Schaal*, in: *Rowedder/Schmidt-Leithoff*, GmbHG, § 84 Rn. 51.

930 *Mönning*, in: *Nerlich/Römermann*, InsO, § 15a Rn. 22.

931 aA: positive Kenntnis erforderlich (hM).

932 *Altmeppen*, in: *Roth/Altmeppen*, GmbHG, Vorb. zu § 64 Rn. 105; *Schaal*, in: *Rowedder/Schmidt-Leithoff*, GmbHG, § 84 Rn. 29, *Uhlenbruck*, in: *K. Schmidt/Uhlenbruck*, Die GmbH in Krise, Sanierung und Insolvenz, S. 912, Rn. 1901; eingehend zum Fahrlässigkeitsvorwurf *Tiedemann*, GmbH-Strafrecht, § 84 GmbHG Rn. 100 ff.; *Tiedemann*, Insolvenzstrafrecht, § 283 StGB Rn. 207.

933 *Kiethe/Hohmann*, in: MüKo, StGB VI/1, § 15a Rn. 67; *Schaal*, in: *Rowedder/Schmidt-Leithoff*, GmbHG, § 84 Rn. 54.

934 Einzelheiten bei *Tiedemann*, in: *Scholz*, GmbHG, § 84 Rn. 45 ff., 101.

935 Bejahend: BGHZ 126, 181, 199 = NJW 1994, 2220, 2224; *Lutter*, GmbHR 1997, 332; *Goette*, DStR 1998, 1308 ff.; *Schäfer*, GmbHR 1993, 771, 780; *K. Schmidt*, in: *Scholz*, GmbHG, § 64 Rn. 10 a. E.; *Uhlenbruck*, Die Gläubigerberatung in der Insolvenz,

Geschäftsführer bedingt vorsätzlich keinen Insolvenzantrag gestellt hat oder ob er die Insolvenzlage des Unternehmens fahrlässig falsch einschätzte, obliegt der tatrichterlichen Beweiswürdigung[936] und hängt vom jeweiligen Einzelfall ab.

V. Rechtsfolgen

Bei unterlassener oder verspäteter Antragstellung wird der Geschäftsführer oder eine ihm nach § 15a InsO n. F. gleichgestellte Person gemäß § 15a Abs. 4 InsO n. F. mit einer Freiheitsstrafe bis zu drei Jahren oder mit einer Geldstrafe bestraft. Im Rahmen einer fahrlässigen Begehungsweise kommt gemäß § 15a Abs. 5 InsO n. F. eine Freiheitsstrafe bis zu einem Jahr oder eine Geldstrafe in Betracht. Interne Regelungen berühren aufgrund des Schutzzwecks des § 15a InsO weder die haftungsrechtliche noch die strafrechtliche Verantwortung des GmbH-Geschäftsführers. Die Beurteilung, ob die Insolvenzverschleppung durch den Geschäftsführer oder einer ihm nach § 15a InsO gleichgestellten Person vorsätzlich oder fahrlässig begangen wurde, hat eine wichtige Bedeutung für die Nebenfolgen betreffend das Amt des Geschäftsführers: Mit Rechtskraft der Verurteilung wegen einer vorsätzlichen Insolvenzverschleppung gemäß § 15a Abs. 4 InsO oder der Anstiftung oder Beihilfe hierzu tritt gemäß § 6 Abs. 2 Nr. 3a) GmbHG für die Dauer von fünf Jahren seit Rechtskraft des Urteils die Inhabilität ein[937]. Gemäß § 6 Abs. 2 Nr. 3a) GmbHG kann für die Dauer von fünf Jahren seit Rechtskraft des Urteils nicht Geschäftführer sein, wer wegen einer oder mehrerer vorsätzlich begangener Straftaten des Unterlassens der Stellung des Antrags auf Eröffnung des Insolvenzverfahrens verurteilt worden ist.

Mangels Antragspflicht scheidet bei Verfahrenseröffnung wegen drohender Zahlungsunfähigkeit eine Strafbarkeit des Geschäftsführers wegen Insolvenzverschleppung aus. Ein gerichtlich bestätigter Insolvenzplan lässt im eröffneten Insolvenzverfahren die Strafbarkeit wegen verspäteter Insolvenzantragstellung nicht entfallen[938]. Neben der Strafbarkeit ist eine haftungsrechtliche Verantwortlichkeit des Geschäftsführers in jedem Fall in Betracht zu ziehen, da § 15a Abs. 4,

S. 60; *Uhlenbruck*, WiB 1996, 413 f.; verneinend ohne Vorliegen von Krisensignalen *Tiedemann*, in: *Scholz*, GmbHG, § 84 Rn. 102.

936 *Schaal*, in: *Rowedder/Schmidt-Leithoff*, GmbHG, § 84 Rn. 53.

937 *Kiethe/Hohmann*, in: MüKo StGB VI/1, § 15a Rn. 79.

938 *Tiedemann*, GmbH-Strafrecht, § 84 GmbHG Rn. 81; *Tiedemann*, Insolvenz-Strafrecht, vor § 283 Rn. 180; *Uhlenbruck*, in: *K. Schmidt/Uhlenbruck*, Die GmbH in Krise, Sanierung und Insolvenz, S. 913 f. Rn. 1903; *Uhlenbruck*, ZInsO 1998, 290 f.

5 InsO n. F. ebenso wie § 84 GmbHG a. F. als Schutzgesetz im Sinne des § 823 Abs. 2 BGB zugunsten der Gesellschaftsgläubiger in Betracht zu ziehen ist.

VI. Auswirkung der Einbeziehung des Sanierungsberaters auf den Geschäftsführer

Hat der Geschäftsführer einen Sanierungsberater zur Prüfung der Sanierungsfähigkeit des Unternehmens zu Rate gezogen, so schließt die Hinzuziehung des Beraters die Strafbarkeit des Geschäftsführers nicht aus: Den Geschäftsführer trifft nicht nur ein Auswahlverschulden, sondern er hat während der gesamten Krisensituation des Unternehmens seiner Überwachungs- und Kontrollpflicht hinsichtlich des Beauftragten zu genügen[939]. Die Auswahl- und Kontrollpflichten gestatten es dem Geschäftsführer, gegenüber dem beauftragten Sanierungsberater grundsätzlich auf die ordnungsgemäße und rechtzeitige Erstellung einer Bilanz zu vertrauen und entbinden ihn lediglich hinsichtlich der Bilanz vor etwaigen Haftungsansprüchen. Dennoch hat der Geschäftsführer seiner Überwachungspflicht zu genügen und den Fortgang sowie die Ergebnisse des Beauftragten im Auge zu behalten, um einer Strafbarkeit zu entgehen[940].

§ 5. Die Haftung aufgrund der Verletzung öffentlich-rechtlicher Vorschriften

Den Geschäftsführer kann eine Haftung nach öffentlich-rechtlichen Vorschriften treffen, sofern er weder Steuerverbindlichkeiten der GmbH noch Sozialversicherungsbeiträge abführt.

A. Haftung für Steuerverbindlichkeiten der GmbH

Die Finanzverwaltung kann wie jeder andere Gläubiger gemäß § 13 Abs. 1 S. 2 InsO die Insolvenzverfahrenseröffnung über das Vermögen des Steuerschuldners beantragen.

I. §§ 69, 34 Abs. 1 AO

Die Haftung gemäß § 69 Abs. 1 der Abgabenordnung (AO) ist eine in der Praxis bedeutende steuerrechtliche Haftungsnorm. Gemäß § 69 AO haftet u. a. der

939 BGH wistra 2000, 136 = ZInsO 2000, 95.

940 *Hartung*, Insolvenzbedrohte und insolvente Mandanten, Rn. 55, S. 25; *Richter*, GmbHR 1984, 137, 147; *Tiedemann*, in: *Scholz*, GmbHG, vor §§ 82 ff. Rn. 45; *Uhlenbruck*, in: *K. Schmidt/Uhlenbruck*, Die GmbH in Krise, Sanierung und Insolvenz, S. 922 Rn. 1915.

Geschäftsführer, soweit Ansprüche aus dem Steuerverhältnis infolge vorsätzlicher oder grob fahrlässiger Verletzung der ihm auferlegten Pflichten nicht oder nicht rechtzeitig festgesetzt oder erfüllt oder soweit infolgedessen Steuervergütungen oder Steuererstattungen ohne rechtlichen Grund gezahlt werden.

Die Vorschrift des § 69 AO sanktioniert ein Fehlverhalten des GmbH-Geschäftsführers mit einer persönlichen und unbeschränkten Haftung in den Fällen, in denen dieser den öffentlich-rechtliche steuerliche Pflichten des Unternehmens nicht ordnungsgemäß nachkommt[941]. § 69 AO stellt einen Haftungstatbestand für Vertreter, insbesondere für den GmbH-Geschäftsführer, den eine Einstandspflicht im Sinne einer Außen- und Fremdhaftung für die Nichterfüllung steuerlicher Pflichten der Gesellschaft im Sinne des § 34 Abs. 1 AO trifft[942]. Gemäß § 34 Abs. 1 AO hat der Geschäftsführer während seiner Amtszeit steuerrechtliche Pflichten der GmbH zu erfüllen und insbesondere dafür zu sorgen, dass die Steuern aus den von ihm verwalteten Mitteln entrichtet werden. Er hat insbesondere die Bücher der Gesellschaft zu führen, Steuererklärungen abzugeben, Steuern zu entrichten, Auskünfte zu erteilen, Steuern für Rechnung eines Dritten einzubehalten und ist verpflichtet, diese an das Finanzamt abzuführen[943]. Der Geschäftsführer haftet bei vorsätzlichem oder grob fahrlässigem Verhalten persönlich gemäß § 69 AO, wenn er diesen Pflichten nicht entspricht und dadurch steuerrechtliche Ansprüche gar nicht oder verspätet festgesetzt und geltend gemacht werden können oder Steuervergütungen und -erstattungen ohne Rechtsgrund gezahlt wurden. Die Pflichtverletzung des Geschäftsführers muss somit kausal für die Nichterfüllung der Steuerschuld und den von der Finanzverwaltung geltend gemachten Schaden sein[944]. Die Pflichtverletzung ist nicht ursächlich für die Nichterfüllung der Steuerschuld, wenn die Steuerschuld von der Gesellschaft nicht hätte erfüllt werden können[945].

Da § 69 AO der Sicherstellung des Steueraufkommens dient, haftet der Geschäftsführer persönlich und unbeschränkt mit seinem ganzen Vermögen[946]. Die Haftung nach § 69 AO ist dem Grunde nach auf Ansprüche beschränkt, die aus einem Steuerschuldverhältnis nach § 37 AO, einschließlich der steuerlichen

---

941 *Rüsken*, in: *Klein*, AO, § 69 Rn. 1.

942 *Rüsken*, in: *Klein*, AO, § 69 Rn. 1.

943 *Maser/Sommer*, BB 1996, 65, 70; *Intemann*, in: *Pahlke/Koenig*, AO, § 69 Rn. 32.

944 *Abenheimer*, GmbHR 2001, 869; *Bäcker/Prühs*, GmbH-Geschäftsführer-Haftung, S. 115; *Maser/Sommer*, BB 1996, 65, 70.

945 *Maser/Sommer*, BB 1996, 70.

946 *Bäcker/Prühs*, GmbH-Geschäftsführer-Haftung, S. 117.

Nebenleistungen wie Zinsen, Säumniszuschläge, Kosten, Verspätungszuschläge und Zwangsgelder i.S.d. § 3 Abs. 3 AO, herrühren. Da der Haftungsschuldner neben den Steuerschuldner als Gesamtschuldner mit der Wirkung des § 44 Abs. 2 S. 1 AO tritt, ist die Haftungsschuld betragsmäßig nicht höher anzusetzen als eine etwaige Steuerschuld[947]. Dementsprechend haftet der Geschäftsführer nicht für Säumniszuschläge nach eingetretener Zahlungsunfähigkeit oder Überschuldung der Gesellschaft, die ebenso dem Steuerschuldner zu erlassen waren[948]. Die Haftung des GmbH-Geschäftsführers gemäß § 69 AO setzt allerdings voraus, dass eine Steuerschuld der Gesellschaft besteht.

1. Personenkreis der Vertreter, §§ 34, 35 AO

Gemäß §§ 34, 35 AO kann die Haftung aus § 69 AO neben den gesetzlichen Vertretern natürlicher und juristischer Personen, insbesondere dem GmbH-Geschäftsführer, auch die Personen, die für nicht rechtsfähige Personenvereinigungen und Vermögensmassen die Geschäfte führen (geschäftsführende Personen), Vermögensverwalter und Verfügungsberechtigte, einschließlich Zwangs-, Nachlass- oder Insolvenzverwalter, Liquidatoren oder auch Testamentsvollstrecker, treffen[949]. Auch der Strohmann-Geschäftsführer ist von einer Haftung in diesem Sinne nicht ausgeschlossen. Er wurde zu diesem Amt nominell bestellt und verletzt zumindest grob fahrlässig die ihm auferlegten Pflichten, wenn er in Kenntnis des steuerunehrlichen Verhaltens eines anderen die Übernahme der Geschäftsführung durch einen anderen ohne Eingreifen oder Amtsniederlegung duldete[950]. Die Haftung nach § 69 AO kann auch denjenigen treffen, der sich im Rechtsverkehr wie ein Geschäftsführer oder Gesellschafter verhält, ohne dies wirklich zu sein[951].

Gewillkürte Vertreter, zum Beispiel Steuerberater und Rechtsanwälte, haften in ihrer Funktion als steuerliche Berater nicht nach § 69 AO, es sei denn ihre Tätigkeit erfüllt die Voraussetzungen der §§ 34, 35 AO[952].

2. Gesamt- und Einzelverantwortlichkeit

Bei mehreren Geschäftsführern in einem Unternehmen ist nach interner Übereinkunft der kaufmännische Geschäftsführer für die Erfüllung steuerlicher Gesellschaftspflichten zuständig. Die übrigen Geschäftsführer, deren Zuständigkeit

---

947 *Rüsken*, in: *Klein*, AO, § 69 Rn. 4.

948 BFH ZIP 1989, 720.

949 *Rüsken*, in: *Klein*, AO, § 69 Rn. 9; *Intemann*, in: *Pahlke/Koenig*, AO, § 69 Rn. 22 ff.

950 BFH GmbHR 1997, 139.

951 *Intemann*, in: *Pahlke/Koenig*, AO, § 69 Rn. 23.

952 *Rüsken*, in: *Klein*, AO, § 69 Rn. 10; *Intemann*, in: *Pahlke/Koenig*, AO, § 69 Rn. 26.

in einem anderen Geschäftsbereich liegt und die dieses Ressort nicht innehaben, sind von ihrer Verantwortung nicht freigestellt. Zwar kann eine vorweg getroffene, eindeutige – und damit schriftliche – Klarstellung, welcher Geschäftsführer für welchen Bereich zuständig ist, vereinbart werden, damit im Haftungsfalle nicht jeder Geschäftsführer auf die Verantwortlichkeit eines anderen verweist[953]. Der BFH stellt klar, dass im Falle der Unternehmenskrise oder bei berechtigten Zweifeln in der Person des handelnden Geschäftsführers oder Gesellschafters grundsätzlich jeder Geschäftsführer für die gesamte Geschäftsführung verantwortlich ist[954]. Diese Verantwortlichkeit umfasst einerseits eine gewisse Überwachung der gesamten Geschäftsführung, andererseits auch die Erfüllung steuerlicher Pflichten unabhängig vom jeweiligen Geschäftsbereich[955]. Zudem kann der aufgrund der Aufgabenverteilung nichthandelnde Geschäftsführer nur dann seine Haftungsfreistellung geltend machen, wenn sein Vertrauen in den handelnden Geschäftsführer gerechtfertigt war[956]. Für die Begründung des Vertrauens des nicht handelnden Geschäftsführers sind der Maßstab der persönlichen Vertrauenswürdigkeit des handelnden Geschäftsführers, die generelle Kenntnis über die Ordnungsmäßigkeit seiner Geschäftsführung sowie auch die Gewähr, dass die vorgenommenen Geschäfte die Grenzen der laufenden Geschäftsführung nicht übersteigen, in Betracht zu ziehen[957].

Gibt eine wirtschaftliche Krisenlage der Gesellschaft offensichtlich Anlass zur Überprüfung der Gesamtsituation, verdrängt der Grundsatz der Gesamtverantwortlichkeit die vereinbarte Haftungsbegrenzung[958]. Der nicht für steuerliche Pflichten zuständige Geschäftsführer hat sich darüber zu informieren, ob der zuständige Geschäftsführer die steuerlichen Pflichten der GmbH ordnungsgemäß erfüllt[959]. Er muss gegebenenfalls auf die Arbeitsweise des zuständigen Organmitglieds Einfluss nehmen, um seiner Haftung aus § 69 AO zu entgehen.

---

953 BFH GmbHR 1986, 288, 289.

954 BFH GmbHR 1986, 288, 289.

955 BFH GmbHR 1986, 288, 289; *Abenheimer*, GmbHR 2005, 869, 870.

956 *Abenheimer*, GmbHR 2005, 869, 870.

957 BFH GmbHR 1986, 288, 289.

958 BFH GmbHR 1986, 288, 289.

959 *Abenheimer*, GmbHR 2005, 869, 870; *Jula*, Die Haftung von GmbH-Geschäftsführern und Aufsichtsräten, S. 84.

3. *Pflichten des Geschäftsführers und Pflichtverletzung*

Während seiner Amtszeit hat der Geschäftsführer gemäß § 34 Abs. 1 AO die steuerlichen Pflichten der Gesellschaft zu erfüllen und dafür zu sorgen, dass die Steuern aus den Mitteln entrichtet werden, die er verwaltet.

a. Pflichtverletzung durch Nichtabführung der Steuern

Der zuständige Geschäftsführer hat die ihm auferlegten steuerlichen Pflichten, insbesondere die Pflicht zur Abgabe richtiger Steuererklärungen und der Steuerentrichtung, während seiner Amtszeit zu beachten[960]. Es muss bei den Pflichten des Vertreters um eine durch die Steuergesetze auferlegte Pflicht handeln, nicht etwa um eine handelsrechtliche Pflicht[961]. Die Steuerpflichten der GmbH umfassen hauptsächlich das Besteuerungsverfahren und die Zahlung festgesetzter Steuern. Neben der Buchführungspflicht und der Pflicht, Steuererklärungen ordnungsgemäß nach bestem Wissen und Gewissen zu erstellen und abzugeben, beinhaltet das Amt auch die Einbehaltung der Lohnsteuer der Arbeitnehmer, ihre Anmeldung und Abführung beim Finanzamt[962]. Ebenso sind die Auskunftserteilung und Berichtigung abgegebener Steuererklärungen und Steueranmeldungen vom Aufgabenbereich des zuständigen Geschäftsführers erfasst[963]. Der haftungsrechtlich bedeutsamste Fall ist vor allem die Verpflichtung des Geschäftsführers, fällige Steuern aus den von ihm verwalteten Mitteln zu entrichten[964]. Dabei entsteht die Pflicht des verantwortlichen Geschäftsführers zur Steuerentrichtung nicht erst mit Fälligkeit der Steuer, sondern im Rahmen der Vermögensvorsorgepflicht bereits vor Fälligkeit der Steuer bei der Verwaltung der Mittel des Steuerschuldners[965]. Der Geschäftsführer begeht mithin bei Vorabbefriedigung einzelner Gläubiger vor Fälligkeit dieser Steuern eine Pflichtverletzung, aber auch, wenn er die Gesellschaft außerstande setzt, künftig fällig werdende Steuern, deren Entstehung dem Geschäftsführer bekannt waren, zu tilgen[966]. Keine Pflichtverletzung im Sinn des § 69 AO liegt vor, wenn ein Geschäftsführer einen Insolvenzantrag verspätet stellt[967].

---

960 *Rüsken*, in: *Klein*, AO, § 69 Rn. 46; *Intemann*, in: *Pahlke/Koenig*, AO, § 64 Rn. 32 f.

961 *Rüsken*, in: *Klein*, AO, § 69 Rn. 46.

962 *Abenheimer*, GmbHR 2005, 869, 870.

963 *Abenheimer*, GmbHR 2005, 869, 870 f.

964 *Abenheimer*, GmbHR 2005, 869, 870 f.

965 BFH GmbHR 1985, 30; *Rüsgen*, in: *Klein*, AO, § 69 Rn. 55.

966 BVwG NJW 1989, 1873, 1874; *Rüsgen*, in: *Klein*, AO, § 69 Rn. 55.

967 *Intemann*, in: *Pahlke/Koenig*, AO, § 69 Rn. 32.

b. Grundsatz der anteiligen Tilgung

Der BFH hat ausgeführt, dass der GmbH-Geschäftsführer die Haftung für nicht entrichtete Steuern des Unternehmens übernimmt, soweit er die Steuerschulden gegenüber dem Finanzamt aus dem von ihm verwalteten Gesellschaftsvermögen aufgrund seiner Vermögensvorsorgepflicht vor Fälligkeit der Steuer hätte tilgen können[968]. Bei nicht ausreichenden Zahlungsmitteln setzt sich der Geschäftsführer einer Haftung wegen schuldhafter Pflichtverletzung dann aus, wenn die vorhandenen Mittel nicht anteilig in gleicher Höhe unter den beteiligten Gläubigern und dem Finanzamt verteilt werden[969]. Der Grundsatz der anteiligen Tilgung verhindert die Schlechterstellung des Fiskus gegenüber den anderen Gläubigern und bezieht sich auf sämtliche Ansprüche aus dem Steuerschuldverhältnis unter Ausschluss der Abzugssteuern, die als treuhänderisch verwaltete Fremdgelder in voller Höhe an das Finanzamt abzugeben sind[970]. Der Vertreter darf sich mithin nicht durch Vorwegbefriedigung der anderen Gläubiger außerstande setzen, die später fälligen Steuern zu bezahlen[971]. Erhalten die übrigen Gläubiger somit anteilig mehr als das Finanzamt, hat der Geschäftsführer für die Differenz persönlich einzustehen. Er haftet für die prozentuale Tilgungsquote, die sich aus der Betrachtung sämtlicher fälligen Verbindlichkeiten im Verhältnis zu den verfügbaren Mitteln ergibt, wobei auch Bankschulden, Personalkosten und sämtliche Steuerschulden zu berücksichtigen sind[972]. Die Tilgungsquote bestimmt sich nach dem gesamten Haftungszeitraum, in dem die Gesellschaft die Steuerschulden nicht vollständig beglichen hat[973]. Dabei können mehrere Fälligkeitszeitpunkte in Betracht zu ziehen sein. Setzt man alle bestehenden Zahlungsverpflichtungen, einschließlich der Steuerschulden, ins Verhältnis zu den getätigten Tilgungen, ergibt sich eine Tilgungsquote. Sie ist mit der prozentualen Quote zu vergleichen, die sich aus einem Vergleich der Steuerschuld mit den auf diese Schuld geleisteten Zahlungen errechnet. Sind die Steuerschulden infolgedessen zu einem geringeren Prozentsatz beglichen als dies bei gleichmäßiger Tilgung der Fall gewesen wäre, ist das Finanzamt berechtigt, vom Geschäftsführer

968 BFH GmbHR 1985, 30.

969 BFH GmbHR 1985, 30 m. Anm. *Wilcke*, GmbHR 1985, 309; BFH GmbHR 1987, 445; BVwG NJW 1989, 1873, 1874.

970 *Abenheimer*, GmbHR 2005, 869, 871, *Jula*, Die Haftung von GmbH-Geschäftsführern und Aufsichtsräten, S. 86.

971 *Intemann*, in: *Pahlke/Koenig*, AO, § 69 Rn. 35.

972 *Intemann*, in: *Pahlke/Koenig*, AO, § 69 Rn. 125.

973 *Rüsken*, in: *Klein*, AO, § 69 Rn. 63.

die Differenz einzufordern[974]. Seine Inanspruchnahme erfolgt per Haftungsbescheid gemäß §§ 69, 191 AO.

c. Tatsächliche oder rechtliche Unmöglichkeit zur Abführung

Der Geschäftsführer haftet wegen Verletzung der ihm obliegenden Pflichten nicht, wenn er aufgrund einer tatsächlichen oder einer rechtlichen Unmöglichkeit die Steuerschulden nicht abführen kann. Eine rechtliche Unmöglichkeit liegt vor, wenn der Geschäftsführer dem Auszahlungsverbot des § 64 GmbH n. F. aufgrund der insolvenzrechtlichen Masseerhaltungspflicht Folge leistet oder das zuständige Insolvenzgericht vor Insolvenzeröffnung ein Verfügungsverbot ausgesprochen hat[975]. Der BFH erkennt in der der steuerrechtlich und insolvenzrechtlich unterschiedlichen Bewertung der Lohnsteuer-Abführungspflicht des Arbeitgebers in insolvenzreifer Zeit eine Pflichtenkollision des Geschäftsführers an[976]. Zu der Abführung der Lohnsteuer in der Unternehmenskrise äußerte sich der BFH dahingehend, dass der Geschäftsführer, der die drohende Insolvenzreife erkennt und die Lohnsteuer daraufhin nicht abführt, für einen Steuerausfall nicht haftbar gemacht werden kann, wenn der Geschäftsführer spätestens innerhalb von drei Wochen nach Fälligkeit der Lohnsteuer den Insolvenzantrag stellt[977].

4. *Kausaler Haftungsschaden*

Die Haftung des Geschäftsführers setzt voraus, dass seine Pflichtverletzung für den entstandenen Schaden, die nicht abgeführten Steuerschulden, kausal ist[978]. Die Kausalität entfällt, wenn der Geschäftsführer über keine Mittel der Gesellschaft verfügt, um die bestehenden Schulden zu bezahlen und sich infolgedessen pflichtgemäß verhalten hat[979]. Die Haftung erstreckt sich mithin auf alle Ansprüche aus dem Steuerschuldverhältnis, also sowohl Steuern als auch steuerliche Nebenleistungen, insbesondere Säumniszuschläge i.S.d. § 69 S. 2 AO, Verspätungszuschläge, Zinsen, Zwangsgelder und Kosten[980]. Die Höhe des Schadens ist unabhängig von dem Grad des Verschuldens und bemisst sich daran, inwieweit

---

974 *Jula*, Die Haftung von GmbH-Geschäftsführern und Aufsichtsräten, S. 87.

975 *Rüsken*, in: *Klein*, AO, § 69 Rn. 72; *Jula*, Die Haftung von GmbH-Geschäftsführern und Aufsichtsräten, S. 88.

976 BFH NJW 2007, 3520.

977 BFH NJW 2007, 3520, der sich mit seiner Rechtsprechung auf BGH DStR 2005, 1867 bezieht; *Rüsken*, in: *Klein*, AO, § 69 Rn. 72.

978 *Intemann*, in: *Pahlke/Koenig*, AO, § 69 Rn. 55.

979 *Intemann*, in: *Pahlke/Koenig*, AO, § 69 Rn. 55.

980 *Intemann*, in: *Pahlke/Koenig*, AO, § 69 Rn. 121.

der Geschäftsführer an seine Verpflichtung der anteiligen Tilgung aller Verbindlichkeiten verstoßen hat[981].

5. *Verschulden*

Neben der objektiven Pflichtverletzung ist auch das subjektive Verschulden Haftungsvoraussetzung des § 69 AO[982]. Gemäß § 69 AO handelt der Geschäftsführer schuldhaft, wenn er seine steuerrechtlichen Pflichten vorsätzlich oder grob fahrlässig verletzt. Dementsprechend reicht das Vorliegen leichter Fahrlässigkeit nicht aus[983]. Der Vertreter i.S.d. §§ 69, 34 AO darf steuerliche Aufgabe nur übernehmen, wenn er die zur Erfüllung seiner Aufgaben erforderlichen Steuerkenntnisse besitzt und sich mit den handels- und steuerrechtlichen Erfordernissen zur Führung seines Amtes vertraut macht[984]. Der Vertreter handelt dementsprechend grob fahrlässig, wenn er Erkundigungen über seine steuerrechtlichen Pflichten unterlässt[985]. Der BFH stellt im übrigen klar, dass sich der GmbH-Geschäftsführer gemäß §§ 69, 34 AO regelmäßig wegen grob fahrlässiger Pflichtverletzung haftbar macht, wenn er die einzubehaltende und anzumeldende Lohnsteuer, die Kirchenlohnsteuer und den Solidaritätszuschlag bei Fälligkeit nicht abführt[986]. Dies hat erst recht zu gelten, wenn der Geschäftsführer infolge der Zahlungsunfähigkeit oder Überschuldung der Gesellschaft steuerrechtliche Abgabenpflichten nicht mehr erfüllen kann und versäumt, rechtzeitig einen Insolvenzantrag zu stellen. Darüber hinaus darf der Geschäftsführer die Löhne nur gekürzt in Form von Vorschüssen oder als Teilbetrag auszahlen, sofern die finanziellen Mittel der Gesellschaft nicht dafür ausreichen, die volle Lohnzahlung einschließlich des Steueranteils zu decken[987]. Das Finanzamt erhält die entsprechende Lohnsteuer aus den dann noch zur Verfügung stehenden Mitteln[988]. Das Verschulden eines hinzugezogenen Steuerberaters löst kein Verschulden des Geschäftsführers aus, sofern Letzterer keinerlei Zweifel an der Einhaltung steuerrechtlicher Pflichten hat und ein Überwachungsverschulden infolgedessen nicht gegeben ist[989].

---

981 *Intemann*, in: *Pahlke/Koenig*, AO, § 69 Rn. 124, 125.
982 *Rüsken*, in: *Klein*, AO, § 69 Rn. 46.
983 *Intemann*, in: *Pahlke/Koenig*, AO, § 69 Rn. 66.
984 *Rüsken*, in: *Klein*, AO, § 69 Rn. 47; *Intemann*, in: *Pahlke/Koenig*, AO, § 69 Rn. 70.
985 *Rüsken*, in: *Klein*, AO, § 69 Rn. 47.
986 BFH GmbHR 2004, 833; *Abenheimer*, GmbHR 2005, 869, 871.
987 *Abenheimer*, GmbHR 2005, 869, 871.
988 BFH GmbHR 1982, 242; BFH GmbHR 1989, 170; *Abenheimer*, GmbHR 2005, 869, 871.
989 *Jula*, Die Haftung von GmbH-Geschäftsführern und Aufsichtsräten, S. 89; *Intemann*, in: *Pahlke/Koenig*, AO, § 69 Rn. 90.

6. *Insolvenzantragstellung durch das Finanzamt als Gläubiger*

Das Finanzamt kann als Gläubiger gemäß § 13 Abs. 1 S. 1 InsO einen Antrag auf Eröffnung des Insolvenzverfahrens über das Vermögen des Steuerschuldners stellen. Der Insolvenzantrag ist gemäß § 14 Abs. 1 InsO zulässig, wenn der Gläubiger sein rechtliches Interesse an der Verfahrenseröffnung bekundet und seine Forderung sowie den Insolvenzgrund der Zahlungsunfähigkeit oder Überschuldung glaubhaft darlegt. Die Zustimmung der Oberfinanzdirektion zum Eröffnungsantrag ist nicht mehr erforderlich[990]. Da der Insolvenzantrag nach überwiegender Ansicht keinen Verwaltungsakt darstellt, sondern lediglich ein schlichtes Verwaltungshandeln vorliegt, kann der Insolvenzschuldner keinen Einspruch gegen den Antrag erheben[991]. In diesem Fall kann der Geschäftsführer entweder sofortige Beschwerde gegen die Insolvenzeröffnung gemäß § 34 InsO einlegen oder im Wege der Leistungsklage gemäß § 40 Abs. 1 S. 3 FGO vorgehen.

Nach Stellung des Antrags auf Eröffnung des Insolvenzverfahrens wirkt sich die Bestellung eines vorläufigen Insolvenzverwalters auch auf die Haftung des GmbH-Geschäftsführers aus: Wurde ein „starker" vorläufiger Insolvenzverwalter bestellt, trifft den Geschäftsführer gemäß § 69 AO keine Haftung für anzumeldende und abzuführende Betriebssteuern, die nach der Bestellung des Verwalters anfallen[992]. Nach dem Übergang der Verwaltungs- und Verfügungsbefugnis gemäß § 22 Abs. 1 S. 1 InsO auf den starken vorläufigen Insolvenzverwalter kann der Geschäftsführer auch objektiv keine steuerlichen Pflichten der Gesellschaft mehr erfüllen[993]. Eine haftungsrechtliche Einschränkung des GmbH-Geschäftsführers erfolgt demgegenüber nicht, wenn ein sog. „schwacher" vorläufiger Insolvenzverwalter vom Insolvenzgericht bestellt wurde und dementsprechend weder ein allgemeines Verfügungsverbot noch ein Zustimmungsvorbehalt besteht[994].

7. *Eröffnung des Insolvenzverfahrens*

Gemäß § 80 Abs. 1 InsO geht die Verwaltungs- und Verfügungsbefugnis durch die Eröffnung des Insolvenzverfahrens auf den Insolvenzverwalter über. Auch für ihn gilt der Grundsatz der anteiligen Tilgung der Steuerschulden[995]. Der

990 *Abenheimer*, GmbHR 2005, 869, 871.

991 FG Münster EFG 2000, 634; FG München EFG 1989, 237; *Abenheimer*, GmbHR 2005, 869, 871.

992 *Abenheimer*, GmbHR 2005, 869, 872.

993 *Abenheimer*, GmbHR 2005, 869, 872.

994 *Abenheimer*, GmbHR 2005, 869, 872.

995 *Intemann*, in: *Pahlke/Koenig*, AO, § 69 Rn. 30.

Insolvenzverwalter hat als Vermögensverwalter im Sinne des § 34 Abs. 3 AO die steuerlichen Verbindlichkeiten der Gesellschaft zu erfüllen und auch die steuerlichen Rechte des Unternehmens geltend zu machen. Die Gesellschaft wird durch die Insolvenzeröffnung nach § 60 Abs. 1 Nr. 4 GmbHG aufgelöst. Die Auflösung der GmbH führt allerdings nicht dazu, dass die Geschäftsführer ihre Rechte und Pflichten verlieren. Trotz der Gesellschaftsauflösung verlieren sie ihre Organstellung nicht und haben als Amtsinhaber das Unternehmen unter Beachtung der Verwaltungs- und Verfügungsbefugnis des Insolvenzverwalters weiterhin in gerichtlichen und außergerichtlichen Angelegenheiten zu vertreten[996].

8. Amtsniederlegung

Gemäß § 36 AO bleiben die Pflichten des Geschäftsführers nach §§ 34, 35 AO trotz erloschener Vertretungsmacht unberührt, wenn sie in einem Zeitraum anfallen, in dem die Vertretungsmacht oder Verfügungsmacht noch Bestand hatte und der ehemalige Geschäftsführer diese Pflichten noch erfüllen kann. Nach der Amtsniederlegung besteht daher für den ausgeschiedenen Geschäftsführer die organschaftliche Verpflichtung fort, die steuerlichen Verpflichtungen des Unternehmens zu erfüllen[997]. Die Wahrnehmung seiner organschaftlichen Pflichten gilt nach der Amtsniederlegung allerdings nur für die in der Vergangenheit entstandenen Verpflichtungen der Gesellschaft fort. Für die Zukunft erlöschen alle mit dem Amt des Geschäftsführers verbundenen Pflichten als Organmitglied und eine steuerrechtliche Haftung ist diesbezüglich nicht mehr in Betracht zu ziehen[998].

II. Weitere steuerrechtliche Haftungsvorschriften

Der Geschäftsführer kann sich darüber hinaus insbesondere einer Haftung wegen Steuerhinterziehung oder der Steuerhehlerei (§ 71 AO), bei Organschaft (§ 73 AO), des Eigentümers von Gegenständen (§ 74 AO) und des Betriebsübernehmers (§ 75 AO) aussetzen. Ebenso kommt eine Verletzung des Lohnsteuerabzugsverfahren nach §§ 38 Abs. 3, 41a EStG in Betracht[999].

---

996 *Kallmeyer*, in: GmbH-Handbuch I Rn. 4100 ff.; *Abenheimer*, GmbHR 2005, 869, 873.
997 *Link*, Die Amtsniederlegung durch Gesellschaftsorgane, S. 223.
998 *Link*, Die Amtsniederlegung durch Gesellschaftsorgane, S. 223.
999 BFH BB 1988, 905.

B. Haftung für nicht (vollständig) abgeführte Sozialversicherungsbeiträge

Den Geschäftsführer trifft in der Krise der GmbH gegebenenfalls eine persönliche Einstandspflicht, wenn er fällige Sozialversicherungsbeiträge nicht korrekt abführt oder der Einzugsstelle, regelmäßig der Krankenkasse, vollständig vorenthält.

I. Arbeitgeber- und Arbeitnehmeranteil

Gemäß § 28e Abs. 1 SGB IV hat die GmbH durch ihren Geschäftsführer die Sozialversicherungsbeiträge an die Krankenkasse als Einzugstelle zu leisten[1000]. Bei den Sozialversicherungsbeiträgen ist eine Unterscheidung zwischen der Abführung des Arbeitgeber- und des Arbeitnehmeranteils sinnvoll. Der Arbeitgeberanteil stellt gemäß § 20 SGB IV eine eigene Schuld dar, bei der die GmbH als Arbeitgeber somit eigenhaftender Schuldner ist. Dem Geschäftsführer obliegen gegenüber dem Sozialversicherungsträger keine weiteren Pflichten[1001]. Er haftet auch dann nicht persönlich, wenn er den Arbeitgeberanteil bewusst nicht abführt[1002]. Demgegenüber ist der Arbeitnehmeranteil ein vom Arbeitgeber treuhänderisch verwalteter Teil des Arbeitslohnes, der gemäß § 28 SGB IV an den Sozialversicherungsträger abzuführen ist[1003].

II. Haftung aus unerlaubter Handlung gemäß § 823 Abs. 2 BGB

Mangels einer der Regelung des § 69 AO vergleichbaren Haftungsvorschrift und vertraglicher Beziehungen kommen haftungsrechtliche Ansprüche gegen den Geschäftsführer bei nicht abgeführten Sozialversicherungsbeiträgen aus unerlaubter Handlung gemäß § 823 Abs. 2 BGB i.V.m. § 266a StGB in Betracht[1004]. Der BGH betrachtet jedoch nur solche sozialversicherungsrechtlichen Regelungen zugunsten des Sozialversicherungsträgers als Schutzgesetze, die sich mit dem Arbeitnehmeranteil der Sozialversicherungsbeiträge befassen[1005]. Da der Arbeitnehmeranteil dem Arbeitnehmer vom Lohn gekürzt und als treuhänderisch verwaltetes Fremdgeld von der GmbH einbehalten wird, macht sich der Geschäftsführer für den nicht abgeführten Anteil nicht nur gemäß §§ 263, 266a

1000 *Steffan*, in: *Oppenländer/Trölitzsch*, GmbH-Geschäftsführung, § 37 Rn. 148.
1001 *Bäcker/Prühs*, GmbH-Geschäftsführer-Haftung, S. 116.
1002 BGH WM 1976, 1086.
1003 *Maser/Sommer*, BB 1996, 65, 70.
1004 *Depré/Büteröwe*, in: *Beck/Depré*, Praxis der Insolvenz, § 33 Rn. 23.
1005 BGH, BB 1976, 1032; BGH, NJW 1982, 2780; *Wagner*, in: MüKo BGB V, § 823 Rn. 405.

StGB strafbar, sondern haftet ebenso nach § 823 Abs. 2 BGB wegen Verletzung eines Schutzgesetzes[1006]. Zwar richten sich die Vorschriften des StGB gegen die GmbH als Arbeitgeber. Über § 14 Abs. 1 Nr. 1 StGB macht sich der Geschäftsführer zusätzlich strafbar und ebenso haftbar[1007]. Im Rahmen des § 823 Abs. 2 BGB i.V.m. § 266a StGB haften sämtliche GmbH-Geschäftsführer, auch der faktische Geschäftsführer, unabhängig von einer internen Geschäftsführung, wobei ein pflichtwidriges Verhalten früherer ausgeschiedener Geschäftsführer nicht zugerechnet werden darf[1008].

Die Beitragspflicht zur gesetzlichen Sozialversicherung entsteht gemäß § 22 Abs. 1 i.V.m. §§ 2 Abs. 2 Nr. 1, 7 Abs. 1 SGB IV bereits durch die versicherungspflichtige Beschäftigung des Arbeitnehmers gegen Entgelt[1009]. Dies führt mithin dazu, dass der Geschäftsführer persönlich auf nicht abgeführte Sozialversicherungsbeiträge des Arbeitnehmeranteils haftet, wenn er keinen Lohn an die Arbeitnehmer auszahlen kann, Lohnforderungen aber entstanden sind, die Gesellschaft die Zahlung der Beiträge objektiv möglich war und der Geschäftsführer die Zahlungen vorsätzlich unterlassen hat[1010]. Ist dem Geschäftsführer die Abführung der Sozialversicherungsbeiträge im Fälligkeitszeitpunkt wegen Zahlungsunfähigkeit der Gesellschaft unmöglich, haftet der Geschäftsführer, wenn ihm die Herbeiführung als bedingt vorsätzliches pflichtwidriges Verhalten zur Last gelegt werden kann[1011].

Mit Urteil von 1999 hat der BGH entschieden, dass Sozialversicherungsträger ihre Ansprüche im Insolvenzverfahren nicht den vertraglichen Neugläubigeransprüchen gleichstellen dürfen und es auf einen Zeitpunkt vor oder nach der Insolvenzantragspflicht nicht ankommt[1012]. Sozialversicherungsträger haben mithin ausnahmslos Anspruch auf Ersatz des Quotenschadens, der sich auf den Differenzbetrag zwischen dem hypothetischen Betrag bei rechtzeitiger Insolvenzantragstellung oder dem Betrag beläuft, den die Gesellschaft tatsächlich an den

---

1006 *Bäcker*/Prühs, GmbH-Geschäftsführer-Haftung, S. 116; *Maser/Sommer*, BB 1996, 65, 71.

1007 *Wagner*, in: MüKo BGB V, § 823 Rn. 405.

1008 *Steffan*, in: *Oppenländer/Trölitzsch*, GmbH-Geschäftsführung, § 37 Rn. 156; *Wagner*, in: MüKo BGB V, § 823 Rn. 405.

1009 *Steffan*, in: *Oppenländer/Trölitzsch*, GmbH-Geschäftsführung, § 37 Rn. 151.

1010 *Steffan*, in: *Oppenländer/Trölitzsch*, GmbH-Geschäftsführung, § 37 Rn. 151.

1011 *Steffan*, in: *Oppenländer/Trölitzsch*, GmbH-Geschäftsführung, § 37 Rn. 153.

1012 BGH GmbHR 1999, 715, 716.

Sozialversicherungsträger gezahlt hat[1013]. Die Rechtsprechung fordert den GmbH-Geschäftsführer zudem auf, Mittel für den Sozialversicherungsträger vorsorglich bereitzustellen, um auch im Falle der Krise die zu leistenden Abgaben bezahlen zu können. Die Begleichung anderer Gesellschaftsschulden hat gegebenenfalls zurückzustehen[1014]. Der Geschäftsführer ist in der Krise des Unternehmens dazu verpflichtet, die pünktliche Zahlung von Arbeitnehmerbeiträgen zu veranlassen und zu überwachen[1015].

Der Geschäftsführer kann bei der Beitragszahlung an die Einzugstelle eine Tilgungsbestimmung festlegen. Trifft der Geschäftsführer keine Tilgungsbestimmung, erfolgt eine hälftige Verrechnung der Arbeitgeber- und Arbeitnehmeranteile, wobei die Tilgungsreihenfolge des § 366 Abs. 2 BGB nicht anwendbar ist[1016]. Zahlt der Geschäftsführer nach Insolvenzreife der Gesellschaft neben den Arbeitnehmeranteilen auch die Arbeitgeberanteile in die Sozialversicherung, ist dies im Gegensatz zur Zahlung der Arbeitnehmeranteile nicht mit der Sorgfalt eines ordentlichen Geschäftsmannes vereinbar und führt zur Erstattungspflicht nach § 64 Abs. 1 und 2 GmbHG n. F.[1017]. Bislang gibt es keine gleichgerichtete Linie der Rechtsprechung, ob der Geschäftsführer den Haftungsumfang mit dem Einwand verringern kann, die Zahlung wäre gemäß §§ 129 ff. InsO vom Insolvenzverwalter anfechtbar gewesen[1018]. Für den Haftungstatbestand des § 69 AO lehnt der BFH diese Argumentation als hypothetischen Kausalverlauf ab mit der Konsequenz, dass sich der Geschäftsführer nicht auf §§ 129 ff. InsO berufen kann[1019]. Für § 823 Abs. 2 BGB i.V.m. § 266a StGB verneint der BGH hingegen ein schadensursächliches Versäumnis[1020].

1013 BGH GmbHR 1999, 715, 716; *Alexander*, in: *Schwerdtfeger*, KpK GesR, Kapitel 7, § 43 Rn. 85.

1014 BGH GmbHR 1997, 305; *Marsch-Barner/Diekmann*, Münch. Hdb. GesR III, § 46 Rn. 73.

1015 BGH GmbHR 2001, 236; *Marsch-Barner/Diekmann*, Münch. Hdb. GesR III, § 46 Rn. 73.

1016 BGH GmbHR 1998, 327; *Marsch-Barner/Diekmann*, Münch. Hdb. GesR III, § 46 Rn. 73; *Schröder*, GmbHR 2005, 736.

1017 *Steffan*, in: *Oppenländer/Trölitzsch*, GmbH-Geschäftsführung, § 37 Rn. 154.

1018 *Depré/Büteröwe*, in: *Beck/Depré*, Praxis der Insolvenz, § 33 Rn. 24.

1019 BFH DStR 2007, 1722.

1020 BGH NJW 2005, 2546; BGH NJW 2001, 967; *Depré/Büteröwe*, in: *Beck/Depré*, Praxis der Insolvenz, § 33 Rn. 24.

III. Rechtswegzuständigkeit

Die Verletzung der öffentlich-rechtlichen Pflicht, die anfallenden Sozialversicherungsabgaben zu entrichten, kann gemäß § 823 Abs. 2 BGB i.V.m. § 266a StGB auch eine zivilrechtliche Haftung des Geschäftsführers auslösen. Bei einer zivilrechtlichen Haftungsangelegenheit kann die zuständige Krankenkasse als Einzugsstelle im Gegensatz zum Finanzamt keinen Haftungsbescheid erlassen, sondern muss auf dem Zivilrechtsweg vor dem zuständigen Gericht Klage gegen den Geschäftsführer erheben[1021].

IV. Vorrang der Zahlung von Sozialversicherungsbeiträgen

Die in der Praxis bestehenden Unsicherheiten eines Konkurrenzverhältnisses zwischen dem Zahlungsverbot des § 64 Abs. 2 GmbHG a. F. (§ 64 GmbHG n. F.) und dem Straftatbestand bei Vorenthaltens von Sozialversicherungsbeiträgen gemäß § 266a StGB sowie der Haftung für Steuerverbindlichkeiten nach § 69 AO scheinen in der Rechtsprechung nunmehr beseitigt: Auch der II. Senat des BGH hat sich der Rechtsprechung des V. Senats des BGH[1022] sowie dem BFH[1023] angenommen und den Vorrang des § 64 Abs. 2 GmbHG a. F. aufgegeben[1024]. Demgemäß handelt ein organschaftlicher Vertreter, der bei Insolvenzreife der Gesellschaft den sozial- oder steuerrechtlichen Normbefehlen folgend Arbeitnehmeranteile der Sozialversicherung oder Lohnsteuer abführt, mit der Sorgfalt eines ordentlichen und gewissenhaften Geschäftsleiters und ist nicht nach § 92 Abs. 3 AktG oder § 64 Abs. 2 GmbHG a. F. der Gesellschaft gegenüber erstattungspflichtig[1025]. Damit räumt der BGH den Vorschriften des § 266a StGB sowie § 69 AO Vorrang ein[1026]. Eine Abführungspflicht wird allerdings nicht innerhalb der drei Wochen des § 15a InsO angenommen[1027].

Dennoch ist die Rechtsstellung des Geschäftsführers in der Unternehmenskrise unsicher, da Pflichten des Geschäftsführers zugunsten verschiedener Schutzziele

---

1021 *Jula*, Die Haftung von GmbH-Geschäftsführern und Aufsichtsräten, S. 92.

1022 BGH NJW 2005, 350.

1023 BFH DStR 2007, 1722.

1024 BGH NJW 2007, 2118; *Depré/Büteröwe*, in: *Beck/Depré*, Praxis der Insolvenz, § 33 Rn. 23.

1025 BGH NJW 2007, 2118.

1026 BGH NJW 2007, 2118; *Depré/Büteröwe*, in: *Beck/Depré*, Praxis der Insolvenz, § 33 Rn. 24.

1027 BFH NZI 2007, 599; *Depré/Büteröwe*, in: *Beck/Depré*, Praxis der Insolvenz, § 33 Rn. 23.

miteinander kollidieren[1028]. Hierunter fallen die Verpflichtung zur Zahlung von Sozialversicherungsbeiträgen gemäß §§ 28d ff. SGB IV mit Strafbarkeit bei Nichterfüllung gemäß § 266a StGB, dem Verbot der Privilegierung einzelner Gläubiger gemäß § 130 InsO im Vorfeld der Insolvenz sowie der Masseerhaltungspflicht zugunsten aller Gläubiger gemäß § 64 GmbHG n. F.[1029]

V. Verhältnis zu anderen Haftungstatbeständen

In der Unternehmensinsolvenz steht die Insolvenzverschleppungshaftung gemäß § 823 Abs. 2 BGB i.V.m. § 15a Abs. 1 InsO n. F., bei der auch ein Schaden aufgrund nicht abgeführter Sozialversicherungsbeiträge ersetzt wird, neben den haftungsrechtlichen Ansprüchen aus § 823 Abs. 2 BGB i.V.m. §§ 263, 266a StGB. Führt der Geschäftsführer während der Insolvenz der GmbH die fälligen Sozialversicherungsbeträge an die Einzugstelle ab, verstößt er zu Lasten der anderen Gläubiger gegen das Masseschmälerungsverbot nach § 64 GmbHG n. F.[1030]. Eine Strafbarkeit gemäß §§ 263, 266a StGB sowie eine Haftung über § 823 Abs. 2 BGB scheinen in diesem Fall ungerecht. Der Geschäftsführer sieht sich mithin in einer Zwangslage und kann einzig durch Berufung auf das Masseschmälerungsverbot innerhalb der Dreiwochenfrist der Insolvenzantragstellung einer Strafbarkeit wegen Nichtabführung der Sozialversicherungsbeiträge entgehen[1031]. Er setzt sich aber im gleichen Zuge einer Haftung aus § 823 Abs. 2 BGB i.V.m. § 15a Abs. 1 InsO n. F. wegen nicht fristgerechter Antragstellung sowie gegebenenfalls einer Strafbarkeit nach § 15a Abs. 4, 5 InsO n. F. mit haftungsrechtlichen Konsequenzen im Zuge des § 823 Abs. 2 BGB aus.

1028 *Wagner*, in: MüKo, BGB V, § 823 Rn. 406.
1029 *Wagner*, in: MüKo, BGB V, § 823 Rn. 406.
1030 *Wagner*, in: MüKo, BGB V, § 823 Rn. 406.
1031 *Depré/Büteröwe*, in: *Beck/Depré*, Praxis in der Insolvenz, § 33 Rn. 23.

Zweiter Teil: Die Haftung des Director einer insolventen Limited

Die bekannteste und am weitesten verbreitete Gesellschaftsform des englischen Rechts ist die *private company*, der es im Gegensatz zur *public company* gesetzlich untersagt ist, ihre Anteile öffentlich anzubieten[1032]. Der *private company* unterfällt die sehr häufig genutzte Gesellschaftsform der *„private company limited by shares"*, sog. Limited[1033], aber ebenso die *„private company limited by guarantee"* sowie die *„unlimited company"*[1034]. Im Gegensatz zur Limited (by shares) beschränkt die *private company limited by guarantee* die Haftung ihrer Gesellschafter für Schulden und Verbindlichkeiten der Gesellschaft im Fall der Liquidation auf einen Höchstbetrag, den die Kapitalgesellschaft in einem *memorandum* festgesetzt hat. Sie entspricht einer deutschen Gesellschaft mit beschränkter Nachschusspflicht, wobei sich der Höchstbetrag in der Regel auf einen sehr niedrigen Basissatz beläuft. Ein *share capital* ist nicht vorhanden. Die *unlimited company* lässt ihre Gesellschafter im Falle der Abwicklung der Gesellschaft hingegen für sämtliche Verbindlichkeiten persönlich und unbeschränkt haften, die während ihrer Mitgliedschaft entstanden sind. Vorteile liegen vor allem im Steuerecht[1035].

Demgegenüber verfügt die in dieser Arbeit behandelte Limited als Kapitalgesellschaft mit vorwiegend wirtschaftlichem Zweck über ein Nominalkapital ohne gesetzliche Ober- oder Untergrenze[1036]. Für Schulden und Verbindlichkeiten haftet grundsätzlich die Limited mit ihrem Gesellschaftsvermögen[1037]. Sofern die Gesellschafter ihre Einlage noch nicht erbracht haben, haften sie im Falle der Liquidation in Höhe der noch nicht erbrachten Einlage. Eine Durchgriffshaftung auf die Gesellschafter und Geschäftsleiter ist die Ausnahme und kommt nur in wenigen Fällen, insbesondere bei einem Fehlverhalten in der Krise oder Insolvenz

---

1032 *Bourne*, Company Law, S. 5; *Ebert/Levedag*, in: *Süß/Wachter*, Hdb. des internationalen GmbH-Rechts, Engl., Rn. 12.

1033 Die folgenden Ausführungen beschränken sich auf die Gesellschaftsform der "private company limited by shares" (= Limited).

1034 *Heinz*, in: *Heinz*, Die englische Limited, § 1 Rn. 2.

1035 *Bourne*, Company Law, S. 5; *Hannigan*, Company Law, S. 17, 22.

1036 *Rehm*, in: *Eidenmüller*, Ausländische Kapitalgesellschaften, § 10 Rn. 35: „kein Mindestkapital".

1037 *Rehm*, in: *Eidenmüller*, Ausländische Kapitalgesellschaften, § 10 Rn. 65.

der Gesellschaft, in Betracht[1038]. Jede Gesellschaft hat unabhängig von ihrer Größe zwei Organe. Neben der Gesellschaft mit ihren Gesellschafterversammlungen der Mitglieder (*shareholder*) hat jede Gesellschaft ein *board of directors*, das in einer Gesellschafterversammlung gewählt und dem das Management der Gesellschaft anvertraut wird[1039]. Die Geschäftsführung der Limited obliegt mindestens einem *director*[1040]. Der Umfang der Geschäftsführung sowie der Vertretungsmacht ist gesetzlich nicht zwingend geregelt[1041]. In aller Regel weisen die *articles of association* dem Geschäftsleiter die Geschäftsführungskompetenz vollständig zu und sorgen für eine Abgrenzung der Kompetenzsphäre der Gesellschafter und Geschäftsführer[1042]. Die *articles* legen fest, inwiefern der *director* die Geschäfte der Gesellschaft führen und die Limited gerichtlich und außergerichtlich vertreten darf. Liegt keine Regelung über eine Einzelvertretungsmacht vor, sind mehrere Geschäftsführer nur gesamtvertretungsberechtigt[1043].

Im Außenverhältnis sind Beschränkungen der Vertretungsmacht des *director* in den *articles of incorporation* gemäß sec. 35 A (1) CA 1985 (sec. 40 (1) CA 2006 n. F.) gegenüber Dritten unwirksam. Bei Bösgläubigkeit des Dritten ist ein Geschäft nur wirksam, sofern die Gesellschafterversammlung das Rechtsgeschäft mit Dreiviertelmehrheit genehmigt[1044]. Nach sec. 35 A (2) (b) CA 1985 (sec. 40 (2) (b) CA 2006 n. F.) ist ein Dritter nicht schon deshalb bösgläubig, weil er die Befugnisüberschreitung des *director* erkannte. Eine gesetzliche Vermutung über den guten Glauben des Dritten findet sich in sec. 35 A (2) (c) CA 1985 (sec. 40 (2) (c) CA 2006 n. F.). Im Innenverhältnis hat sich der Geschäftsleiter an die Einschränkungen seiner Vertretungsmacht und Geschäftsführungsbefugnis zu halten. Die Gesellschafter haben bei ordnungsgemäßer Aufgabenerfüllung keinen direkten Einfluss auf den *director*. Eine indirekte Einflussnahme ist nur durch ihr Recht, einen oder mehrere Geschäftsleiter zu bestellen oder gemäß sec. 303 (1)

1038 *Rehm*, in: *Eidenmüller*, Ausländische Kapitalgesellschaften, § 10 Rn. 67; *Güthoff*, Gesellschaftsrecht in Großbritannien, S. 49, 73; *Heinz*, in: *Heinz*, Die englische Limited, § 12 Rn. 3; *Ebke*, in: FS *Hellwig*, S. 117, 123; *Schilling*, in: *Kindler/Nachmann*, Handbuch Insolvenzrecht in Europa, England und Wales, Rn. 412.

1039 *Heinz*, in: *Heinz*, Die englische Limited, § 6 Rn. 2.

1040 *Hannigan*, Company Law, S. 4, 137, 167.

1041 *Rehm*, in: *Eidenmüller*, Ausländische Kapitalgesellschaften, § 10 Rn. 57.

1042 *Rehm*, in: *Eidenmüller*, Ausländische Kapitalgesellschaften, § 10 Rn. 57.

1043 *Davies*, Gower and Davies' Principles of Modern Company Law, S. 159; *Rehm*, in: *Eidenmüller*, Ausländische Kapitalgesellschaften, § 10 Rn. 57; *Güthoff*, Gesellschaftsrecht in Großbritannien, S. 76–78; *Hannigan*, Company Law, S. 14.

1044 *Güthoff*, Gesellschaftsrecht in Großbritannien, S. 78.

CA 1985 (sec. 168 (1) CA 2006 n. F. mit verändertem Wortlaut) mittels ordentlichen Beschlusses abzuberufen, möglich.

Die Vorteile der Limited als eine vergleichbare und beliebte englische Unternehmensalternative liegen gegenüber der deutschen GmbH vor allem darin, dass die Limited keinem gesetzlichen Mindestkapitalerfordernisses unterliegt und neben geringen Gründungskosten mit einer Mindestanzahl von einem Gesellschafter gegründet werden kann[1045]. Aufgrund der überschaubaren Gründungsvoraussetzungen und dem fehlenden Mindestkapitalerfordernisses nimmt mit steigender Gründungsanzahl ebenso die Anzahl der insolventen Unternehmen unvermeidbar zu. Die *Limited* haftet für eingegangene Verpflichtungen als rechtsfähige Person mit ihrem gesamten Vermögen. Eine Haftung der *director* als Leiter der Gesellschaft gegenüber Gläubigern der Gesellschaft besteht grundsätzlich nicht[1046]. Demgegenüber haben die übrigen Gesellschafter mangels eines gesetzlichen Mindestkapitalerfordernisses grundsätzlich keine Finanzierungsverantwortung oder Treuepflichten gegenüber der Gesellschaft, Mitgesellschaftern oder Gläubigern. Die Gesellschafter haften nur im Falle eines Vermerkes im *memorandum of association* nach sec. 2 (3) CA 1985 (sec. 9 (2) (b) CA 2006 n. F.) in Höhe der von ihnen geleisteten oder noch zu leistenden Einlage[1047]. Da die Funktion der Limited im englischen Rechtsverkehr an die GmbH erinnert, wird im Nachfolgenden ggf. die GmbH-Terminologie des deutschen Rechts angewandt, soweit dies rechtlich möglich und vergleichbar ist. Im Rahmen der nachfolgenden Darstellung der Handelndenhaftung im englischen Gesellschaftsrecht werden Einzelheiten zu diesen Grundsätzen sowie weitere Haftungsinstitute des englischen Insolvenzrechts näher ausgeführt.

§ 1. Geschichtliche Hintergründe zur Handelndenhaftung im Gesellschaftsrecht

Das englische Rechtssystem, das im Gegensatz zum kontinentaleuropäischen Muster dem *case and common law*-Prinzip folgt, hat verschiedene Entwicklungsstadien bis zur Haftung des Geschäftsleiters durchlaufen[1048], die im Folgenden eine kurze Erläuterung finden. Das *case law* (Fallrecht) des englischen Rechts

1045 *Rehm*, in: *Eidenmüller*, Ausländische Kapitalgesellschaften, § 10 Rn. 21; *Wachter*, GmbHR 2004, 88, 91.

1046 *Rehm*, in: *Eidenmüller*, Ausländische Kapitalgesellschaften, § 10 Rn. 65.

1047 So auch *Rehm*, in: *Eidenmüller*, Ausländische Kapitalgesellschaften, § 10 Rn. 65; *Schall*, DStR 2006, 1229 ff.

1048 Zu weiteren Einzelheiten siehe *Zweigert/Kötz*, S. 177 ff.

besteht aus dem *common law*, das ein gemeinsames oder gemeines Recht darstellt, und dem *equity law*, das als Billigkeitsrecht im Einzelfall das *common law* zu korrigieren hat[1049]. Das englische Fallrecht ist im Gesellschaftsrecht von besonderer Bedeutung. Es legt vor allem Pflichten des *director* – einige Pflichten des *director* sind mittlerweile in sec. 170 ff. CA 2006 festgelegt – sowie deren Durchsetzung mittels einzelner Gesellschafter fest. Aufgrund der nahezu absoluten Bindungswirkung der Urteile englischer Gerichte entfaltet das Fallrecht beinahe Gesetzeskraft[1050]. Für die nunmehr normierten Pflichten des Geschäftsleiters bietet die bestehende Rechtsprechung weiterhin Interpretationshilfen und ist keineswegs obsolet. Die Gerichte sind an die Entscheidungen höherer Instanzen bedingungslos gebunden, sofern diese Entscheidungen nicht ihrerseits durch anderweitige Urteile höherer Gerichte oder der Gesetzgebung ebenfalls geregelt und überlagert werden („*overruled*"). Lediglich das *House of Lords* ist in der Lage, seine eigene Rechtsprechung aufgrund seiner Stellung zu ändern[1051]. Demgegenüber ist es dem gesetzlich normierten *statute law* (Gesetzesrecht) möglich, älteres Fallrecht zu kodifizieren, zu überlagern oder zu ändern. Das *statute law* kann allerdings auch vom jüngeren Fallrecht überlagert und ergänzt werden[1052].

A. Kurzüberblick über die historische Entwicklung der Handelndenhaftung

Die Handelndenhaftung ist bereits seit Mitte des 19. Jahrhunderts in einschlägigen Grundsatzentscheidungen englischer Gerichte verankert.

I. Kelner v. Baxter (1866)

In der wegweisenden Entscheidung Kelner v. Baxter[1053] aus dem Jahre 1866 hatte das *House of Lords* erstmalig über die Haftung von Gesellschaftern in der Insolvenz zu entscheiden. Die Besonderheit lag darin, dass die insolvente Gesellschaft bereits vor ihrer Eintragung Verpflichtungen eingegangen war. Da dem englischen

---

1049 *Ebert/Levedag*, in: *Süß/Wachter*, Hdb. des internationalen GmbH-Rechts, Engl., Rn. 20 f.

1050 *Ebert/Levedag*, in: *Süß/Wachter*, Hdb. des internationalen GmbH-Rechts, Engl., Rn. 20 f.

1051 *Ebert/Levedag*, in: *Süß/Wachter*, Hdb. des internationalen GmbH-Rechts, Engl., Rn. 20 f.

1052 *Ebert/Levedag*, in: *Süß/Wachter*, Hdb. des internationalen GmbH-Rechts, Engl., Rn. 23.

1053 Kelner v. Baxter [1866–67] L.R. 2 C.P. 174.

Recht eine Vor-GmbH fremd ist[1054], war die betroffene Gesellschaft bei Eingehung der Verpflichtung inexistent. Haftungsrechtliche Konsequenzen der Gesellschaft, ihrer Gesellschafter und Geschäftsführer bestanden daher grundsätzlich nicht. Das *House of Lords* musste sich erstmalig mit der Frage der Einstandspflicht und Haftung der Gesellschaft für Rechtsverbindlichkeiten beschäftigen, die ihre Gründer bereits vor Eintragung der Gesellschaft eingegangen waren[1055]. Es entschied, dass die Gründungsgesellschafter als am Vertragsschluss Beteiligte persönlich zu haften haben[1056]. Der am Vertragsschluss Beteiligte habe im Namen der künftigen Gesellschaft die Vertragsverhandlungen angebahnt und die Verträge ausdrücklich als Treuhänder oder Vertreter abgeschlossen[1057]: Die persönliche Haftung des Handelnden begründete das *House of Lords* in seiner Entscheidung damit, dass dem Dritten aus Gründen der Rechtssicherheit ein überwiegendes Interesse zugesprochen werden müsse, mit dem Handelnden selbst und nicht mit der künftig entstehenden Gesellschaft einen wirksamen Vertrag zu schließen. Die persönliche Haftung des Handelnden vor Eintragung der Gesellschaft sei jedoch nur bei einem wirksamen Vertragsschluss mit dem Dritten möglich[1058]. Damit zeigte sich schon von Anfang an ein gläubigerfreundliches Verhalten der Gerichte.

II. Newborne v. Sensolid (Great Britain) Ltd.

Die persönliche Einstandspflicht des Handelnden wurde durch die Rechtsprechung in der Entscheidung Newborne v. Sensolid (Great Britain) Ltd.[1059] relativiert und schlägt eine gegensätzliche Richtung von dem Fall Kelner v. Baxter[1060]

1054 Vgl. auch *Rehm*, in: *Eidenmüller*, Ausländische Kapitalgesellschaften, § 10 Rn. 12.

1055 *Davies*, Gower and Davies' Principles of Modern Company Law, S. 99; *Schwilden*, Die rechtliche Stellung des GmbH-Geschäftsführers und des managing directors, S. 89.

1056 Kelner v. Baxter [1866–67] L.R. 2 C.P. 174, 183: „when the company came afterwards into existence, it was a totally new creature, having rights and obligations from that time, but no rights and obligations by reason of anything which might have been done before." (*Erle CJ*).

1057 Kelner v. Baxter [1866–67] L.R. 2 C.P. 174: „Where a contract is signed by one who professes to be signing "as agent", but who has no principal existing at that time, and the contract would be wholly inoperative unless binding upon the person who signed it, he is personally liable on it: and a stranger cannot by a subsequent ratification relieve from that liability."

1058 Kelner v. Baxter [1866] L.R. 2 C.P. 174.

1059 Newborne v. Sensolid (Great Britain) Ltd. [1954] I QB 45; zu weiteren Einzelheiten siehe *Schwilden*, Die rechtliche Stellung des GmbH-Geschäftsführers und des managing directors, S. 93.

1060 *Parker J.*, in: Newborne v. Sensolid (Great Britain) Ltd [1954] I QB 45, 47.

ein. Im Fall Newborne v. Sensolid ging es um einen Kaufvertrag zwischen der Leopold Newborne (London) Ltd. und der Sensolid Ltd. Letztere verweigerte die Auslieferung der vertragsgegenständlichen Ware mangels Vertragsschlusses, da sie den Vertrag mit der Gesellschaft schließen wollte, diese aber nicht existent war. Sensolid Ltd. wollte den Vertrag nicht mit Leopold Newborne persönlich schließen[1061]. Das *House of Lords* lehnte einen wirksamen Vertragsschluss mit dem persönlich beteiligten Unterzeichner ab, da die Sensolid Ltd. den Kaufvertrag ausschließlich mit der vermeintlich existenten Gesellschaft und nicht mit dem Unterzeichner selbst abschließen wollte. Die Unterschrift des beteiligten Gesellschafters diente dazu, die Authentizität des Vertragsdokuments zu belegen und war lediglich ein Zusatz hinter dem Namen der vermeintlich bestehenden (Vorgründungs-) Gesellschaft[1062]. Das *House of Lords* stellte mithin auf den Willen der Beteiligten und die Vorstellung darüber ab, mit welchem Vertragspartner sie ein Rechtsgeschäft abschließen wollten. Die Haftung des Unterzeichnenden zog das Gericht nicht in Erwägung.

III. Die Leitentscheidung Salomon v. Salomon

Entsprechend der Handelndenhaftung durchlief die Gesellschafter- und Geschäftsleiterhaftung ebenso historische Stationen, die durch Grundsatzentscheidungen des *House of Lords* eine nähere Ausgestaltung fanden und das geltende Recht gravierend veränderten. In der Entscheidung Salomon v. A. Salomon & Co. Ltd. entschied sich das *House of Lords* im Jahre 1897 aufgrund des haftungsbeschränkenden Charakters der Limited zunächst gegen eine gesellschaftsrechtliche Durchgriffshaftung im Konzern[1063].

1061 Newborne v. Sensolid (Great Britain) Ltd. [1954] I QB 45.

1062 Newborne v. Sensolid (Great Britain) Ltd. [1954] I QB 45; *Davies*, Gower and Davies's Principles of Modern Company Law, S. 99; *Schwilden*, Die rechtliche Stellung des GmbH-Geschäftsführers und des managing directors, S. 94.

1063 Salomon v. A. Salomon & Co. Ltd. [1897] AC 22; bestätigt durch das House of Lords in J. H. Rayner (Mincing Lane) Ltd. v. Department of Trade and Industry [1990] 2 AC 418, für eine ausführliche Würdigung anläßlich des 100-jährigen Geburtstages der Entscheidung *Sealy* [1998] 16 Company and Securities LJ 176; ferner die Würdigungen bei *Hannigan*, Company Law, S. 63 ff.; *Davies*, Gower and Davies' Principles of Modern Company Law, S. 27 ff., 177; *LS Sealy*, Cases and Materials in Company Law, S. 41 ff.; zu den Hintergründen *Rubin*, in: *Adams*, Essays for Clive Schmitthoff, S. 99 ff.: „Aron Salomon and his Circle"; *Fleischer*, AG 1999, 350, 352.

1. Die Salomon-Doktrin und das (konzernrechtliche) Trennungsprinzip

In dem bedeutsamen Fall Salomon v. A. Salomon[1064] hatte der Schuhfabrikant Salomon sein einzelkaufmännisches Unternehmen in eine neu gegründete Kapitalgesellschaft eingebracht, die er sich mit treuhänderisch beteiligten Familienmitgliedern teilte. Durch den Verkauf des Einzelhandelsunternehmens an die Limited erhielt er als Entgelt Gesellschaftsanteile und Schuldverschreibungen der Gesellschaft. Die Gesellschaft geriet binnen Jahresfrist in finanzielle Schwierigkeiten und meldete Insolvenz an. Die ungesicherten Gläubiger klagten daraufhin auf Schadensersatz gegen Salomon und bekamen in den ersten beiden Instanzen einen Anspruch auf Schadensersatz zugesprochen. Erst das *House of Lords* wies die Klage in dritter Instanz ab. Mit dem Fokus auf die Selbständigkeit der Gesellschaft als juristische Person (sog. *separate legal personality*) lehnte es erstmals eine persönliche Haftung des herrschenden Gesellschafters ab[1065]. Dieses höchstrichterlich festgelegte Trennungsprinzip (sog. *Salomon principle*) sorgte für heftige Kritik, da es eine konzernrechtliche Durchgriffshaftung für lange Zeit nahezu ausschloss und Kaufleuten die Möglichkeit eröffnete, eine Gesellschaft weit über das Gesellschafts- und Deckungsvermögen hinaus zu belasten und auf Kosten der Gläubiger fortzuführen[1066]. Zudem befürchtete die *Company Law Review Group* im Rahmen späterer Reformbemühungen, organisch gewachsenen, kleinen Unternehmen durch Einführung einer Durchgriffshaftung den Boden zu entziehen und in Existenzprobleme zu stürzen[1067].

Die englische Literatur begründet die Haftungsbeschränkung der Limited trotz geringen Stammkapitals mittlerweile mit betriebs- und volkswirtschaftlichen Argumenten[1068]. Die Auswirkung auf das spätere Verteilungsrisiko im Falle einer Gesellschaftsliquidierung ist abzusehen und die Konsequenzen überschaubar. Die Gläubiger des Unternehmens werden auf die Möglichkeit hingewiesen, zu ihrem Schutz eigenständig Vorsichtsmaßnahmen zu ergreifen. Ihre Absicherung kann unter anderem durch Bürgschaften oder Eigentumsvorbehalt erfolgen[1069]. Die Gläubiger können in Anbetracht des Haftungsrisikos Preisnachlässe oder Zinsen,

1064 Salomon v. A. Salomon & Co. Ltd. [1897] AC 22.

1065 *Lord Halsbury LC.*, in: Salomon v. Salomon [1897] AC 22, 31: "Either the limited company was a legal entity or it was not. If it was the business belonged to it and not to Mr. Salomon".; siehe auch *Sealy* [1998] 16 Company and Securities LJ 176.

1066 *Davies*, Gower and Davies' Principles of Modern Company Law, S. 29; Milman & Durrant, Corporate Insolvency, S. 220.

1067 *Davies*, Gower and Davies' Principles of Modern Company Law, S. 179.

1068 *Cheffins*, Company Law, S. 499 ff.

1069 *Cheffins*, Company Law, S. 501 f.

die dem Risiko angepasst werden, aushandeln. Zudem hat sich der Gläubiger vor Eingehung eines Rechtsgeschäftes Informationen über den Schuldner, seine finanzielle Lage sowie über ein etwaiges Stammkapital einzuholen, um sein Risiko abschätzen zu können[1070]. Da sich die Gläubiger für ihre Bilanz am tatsächlich gezeichneten Kapital, dem *issued capital*, orientieren müssen, gelangen die Nachforschungen über den Schuldner praktisch an ihre Grenzen. Das Registergericht prüft den tatsächlichen Wert einer Sacheinlage des Schuldners nicht nach. Demgegenüber argumentiert eine Meinung in der Literatur, dass die Gläubiger nicht auf das Stammkapital als Haftungsmasse vertrauen dürfen. Vielmehr ist auf das restliche Firmenvermögen der Gesellschaft zu achten[1071].

2. Durchbrechungen des Trennungsprinzips (Piercing the Corporate Veil)

Die Salomon-Doktrin läßt einen haftungsrechtlichen Durchgriff der Gesellschafter demzufolge schwerlich zu. Nach den Grundsätzen des Salomon-Prinzips haftet grundsätzlich das Gesellschaftsvermögen. Die Gesellschafter setzen sich einer Haftung gegenüber den Gläubigern von Verbindlichkeiten der Gesellschaft nur im Rahmen ihrer bis zum Nennwert gezeichneten Anteile aus (vgl. sec. 1 (2) (a), (b) CA 1985/sec. 3 (1) - (4) CA 2006 n. F.; sec. 74 (1), (2) (d) IA 1986). Dabei wird die beschränkte Haftung der Beteiligten mangels ausdrücklicher Gesetzesregelung im Gesellschaftsvertrag im Rahmen der Haftungsklausel (sog. *liability clause*) festgelegt[1072]. Da gesetzlich kein Mindestkapital erforderlich ist, kann der Gründer der Gesellschaft nach englischem Recht im Gegensatz zum deutschen Recht nicht wegen Unterkapitalisierung haften. Die Werthaltigkeit von Sacheinlagen wird nicht geprüft, so dass keine Haftung nach den Grundsätzen von verschleierten Sacheinlagen im Raum stehen kann[1073].

Um die Haftung auf den Geschäftsleiter zu ermöglichen, wurden im Laufe der Zeit einige Versuche unternommen, das allgemeine Durchgriffsverbot in Teilbereichen zurückzudrängen. Neben dem *single-economic-unit*-Argument und dem *agency*-Argument etablierte sich vor allem die Fallgruppe des *piercing the corporate veil* als klassische konzernrechtliche Durchgriffshaftung des englischen Rechts. Ausschlaggebend für eine Außenhaftung des Gesellschafters bzw. Geschäftsleiters ist der selbstständige Verpflichtungsgrund in der Person des Gesellschafters[1074].

1070 *Cheffins*, Company Law, S. 501 f.; *Schilling*, Insolvenz einer englischen Limited, S. 138.

1071 *Pennington*, Company Law, S. 150.

1072 Vgl. sec. 2 (3) CA 1985; *Schilling*, Insolvenz einer englischen Limited, S. 142.

1073 *Schilling*, Insolvenz einer englischen Limited, S. 142.

1074 *Davies*, Gower and Davies' Principles of Modern Company Law, S. 184 ff.

a. Fallgruppen der Durchgriffshaftung

Die Salomon-Doktrin lässt sich nunmehr systematisch in mehreren Teilbereichen zurückdrängen und in drei Fallgruppen kategorisieren[1075]. Gesetze, Verträge oder sonstige Dokumente werden einzelfallbedingt weit ausgelegt. Unter bestimmten Umständen ist es dem Gericht möglich, mehrere juristische Personen oder eine juristische Person mit einer oder mehreren natürlichen Personen nach ökonomischen Gesichtspunkten als Einheit zu betrachten (*single economic unit argument*). Eine Durchbrechung des Trennungsprinzips ist ebenfalls in Erwägung zu ziehen, wenn die Gesellschaft nach Überzeugung des Gerichts eine bloße Fassade (*mere façade or sham*) für die Aktivitäten der Beteiligten bildet und die Gesellschaft als solche nur vorgeschoben ist[1076]. Zudem wird eine persönliche Haftung der Gesellschafter begründet, wenn die Gesellschaft als bevollmächtigter Vertreter für ihre Gesellschafter gehandelt hat. Die letzte Fallgruppe lässt an sich einen gewissen Spielraum zu. Die Spruchpraxis der Gerichte steht dennoch einem *piercing the veil* vor allem bei unterkapitalisierten Unternehmen zögerlich gegenüber. Ebenso lehnen die Gerichte eine Durchgriffshaftung im Rahmen einer „*mere façade simply concealing the true facts*“[1077] ab, obwohl sie zunächst und gerade bei unterkapitalisierten Gesellschaften zu passen scheint[1078].

Zudem ordnen Stimmen in der Literatur die Fallgruppen der Durchgriffshaftung zu Lasten der Gesellschafter auch wie folgt ein: Das Prinzip der beschränkten Haftung kann in Fällen gesetzlicher Anordnung (z.B. wegen *wrongful trading*[1079] gemäß sec. 214 IA 1986), aufgrund eines außergewöhnlich hohen öffentlichen Interesses in Fällen der Umgehung rechtlicher Verpflichtungen (wie die Gründung einer Gesellschaft zu ausschließlich betrügerischen Zwecken) oder im Falle

1075 *Davies*, Gower and Davies' Principles of Modern Company Law, S. 184 ff.; auch die Rechtsprechung orientiert sich an Adams v. Cape Industries plc. [1990] Ch 433, vor allem S. 474 ff., S. 477 = [1990] BCLC 479, vor allem S. 508 ff., 513 ff. an diesem Schema.

1076 *Davies*, Gower and Davies' Principles of Modern Company Law, S. 184 ff.

1077 Woolfson v. Strathclyde Regional Council [1978] SLT 159, 161; *Hannigan*, Company Law, S. 69 ff.

1078 Vgl. Re Polly Peck International plc. (in administration) [1996] 2 All ER 433; *Davies*, Gower and Davies' Principles of Modern Company Law, S. 189: "The doctrine of lifting the veil plays a small role in British company law, once one moves outside the area of particular contracts or statutes. Even where the case for applying the doctrine may seem strong, as in the under-capitalised one-person company, which may or may not be part of a larger corporate group, the courts are unlikely to do so."

1079 Eingehend dazu im Zweiten Teil, § 2 B. II.

eines Vertretungsverhältnisses zwischen der Gesellschaft und den Gesellschaftern durchbrochen werden[1080]. Zudem ist eine Durchgriffshaftung bei einem Missbrauch der Gesellschaftsform durch ihre Gesellschafter, welche sich unberechtigte (Haftungs-)Vorteile zu verschaffen beabsichtigen, in Betracht zu ziehen[1081]. Steht der einzige Gesellschafter materiell hinter dem Vertrag oder bekundet sein Interesse und profitiert von dem Rechtsgeschäft, darf er eine Gesellschaft formell nicht als Vertragspartnerin vorschicken und agieren lassen, nur weil der alleinige Gesellschafter die Verpflichtungen aus dem Vertrag nicht eingehen oder diesen oder den Vertrag selbst nicht schließen konnte[1082]. Dementsprechend kann ein Verpflichteter ein Wettbewerbsverbot nicht durch eine neu gegründete Gesellschaft umgehen[1083]. Bisher wenden die englischen Gerichte den Durchgriff auf die Gesellschafter auch dann nur sehr zurückhaltend an, wenn es sich um eine völlig unterkapitalisierte Gesellschaft handelt[1084].

Die Rechtsprechung folgt der zuerst genannten Einteilung der Fallgruppen[1085] und betrachtet die Institute des *fraudulent trading* (sec. 213 IA 1986) und *wrongful trading* (sec. 214 IA 1986). Die gesetzliche Ausgestaltung dieser Haftungsinstitute trifft auch die Geschäftsleiter als Personen, die die Geschäfte der Limited im Rahmen ihrer Organmitgliedschaft führen und in ihrem Namen handeln. Die Inanspruchnahme von Gesellschaftern steht nicht im Vordergrund der Haftungsinstitute, wenngleich sec. 213 (2) IA 1986 jeden anderweitig Beteiligten als Anspruchsschuldner zulässt und sec. 214 (7) IA 1986 eine persönliche Haftung des *shadow director* vorsieht[1086]. Zudem ist der Geschäftsleiter eines kleinen oder mittelständigen Unternehmens regelmäßig auch Gesellschafter der betroffenen Gesellschaft[1087]. Dementsprechend können die Haftungstatbestände für *director* und Gesellschafter gleichermaßen in Betracht kommen[1088].

1080 *Ebert/Levedag*, GmbHR 2003, 1337, 1340; *Rehm*, in: *Eidenmüller*, Ausländische Kapitalgesellschaften, § 10 Rn. 66.

1081 *Höfling*, Das englische internationale Gesellschaftsrecht, S. 177; *Rehm*, in: *Eidenmüller*, Ausländische Kapitalgesellschaften, § 10 Rn. 66.

1082 *Rehm*, in: *Eidenmüller*, Ausländische Kapitalgesellschaften, § 10 Rn. 66.

1083 Gilford Motor Company v. Horne [1933] Ch 935: "(…) the company was formed as a device, a strategm, in order to mask the effective carrying on of business of Mr. Horne"; *Rehm*, in: *Eidenmüller*, Ausländische Kapitalgesellschaften, § 10 Rn. 66.

1084 *Rehm*, in: *Eidenmüller*, Ausländische Kapitalgesellschaften, § 10 Rn. 66; *Fleischer*, DStR 2000, 1015, 1017; *Höfling*, Das englische internationale Gesellschaftsrecht, S. 179 f.

1085 Adams v. Cape Industries plc. [1990] BCLC 479, vor allem S. 508 ff., 513 f., 520 f.

1086 Hierzu eingehend im Zweiten Teil, § 2 B. I. und § 2 B. II.

1087 *Buchmann*, Die Insolvenz der englischen Limited in Deutschland, S. 50.

1088 Hierzu eingehend im Zweiten Teil. § 2 B. I. und § 2 B. II.

b. Entscheidungen zur Durchgriffshaftung

Da die Voraussetzungen eines *lifting the corporate veil* gesetzlich nicht normiert sind, gelangt das Fallrecht in diesem Rechtsbereich zu einer besonderen Bedeutung[1089]. Der Fall Gilford Motor Company v. Horne gilt im *common law* als klassischer Fall des *piercing the veil* in Form einer *fraud exception*. Darin verbot Mr. Horne einem ehemaligen Mitarbeiter der Gilford Motor Company, mit Klienten der ehemaligen Arbeitgeberin Verträge abzuschließen. Infolgedessen gründete dieser im Namen seiner Ehefrau eine Limited, warb trotz Vertragsklausel die Kunden ab und versuchte so, die Wettbewerbsklausel zu umgehen. Der *Court of Appeal* bestätigte in seinem Urteil, dass die Gesellschaft nur zum Zwecke der Umgehung der Wettbewerbsklausel gegründet worden war und ließ einen Durchgriff auf den ehemaligen Mitarbeiter der Company zu[1090]. Im Fall Jones v. Lipman[1091] verpflichtete sich der beklagte Mr. Lipman in einem Kaufvertrag, ein Grundstück zu übereignen. Um der Übereignung zu entgehen, übertrug er das Grundstück einer eigens zu diesem Zweck gegründeten Gesellschaft. Der *Court of Appeal* erließ Erfüllungsanordnungen sowohl gegen Mr. Lipman persönlich als auch gegen die neu gegründete Gesellschaft mit der Begründung, dass sich der wirtschaftliche Alleineigentümer nicht hinter der Fassade der Gesellschaft verstecken darf. *J. Russel* bezog sich zudem auf den Fall Gilford Motor Company v. Horne[1092]. Die neu gegründete Gesellschaft bezweckte als bloßer Deckmantel (sog. *mere cloak*) die Umgehung der Grundstücksübereignung[1093] und sorgte für eine haftungsrechtliche Inanspruchnahme des Beklagten.

In der Entscheidung Woolfson v. Strathclyde Regional Council[1094] zog das *House of Lords* einen klassischen Durchgriff nur in Betracht, sofern außergewöhnliche Umstände die Durchgriffshaftung rechtfertigten[1095]. Fortan mussten

---

1089 *Rehm*, in: *Eidenmüller*, Ausländische Kapitalgesellschaften, § 10 Rn. 66.

1090 Gilford Motor Company v. Horne [1933] Ch 935: "(...) the company was formed as a device, a strategm, in order to mask the effective carrying on of business of Mr. Horne".

1091 Jones v. Lipman [1962] 1 WLR 832.

1092 Jones v Lipman [1962] 1 WLR 832, 836.

1093 Jones v. Lipman [1962] 1 WLR 832, 836 (*Russel J.*): "(the company) is (...) a device and a sham, a mask which he (Mr. Lipman) holds before his face in an attempt to avoid recognition by the eye of the equity".

1094 Woolfson v. Strathclyde Regional Council [1978] SLT 159.

1095 Woolfson v. Strathclyde Regional Council [1978] SLT 159, 161: "(...) it is appropriate to pierce the corporate veil only where special circumstances exist indicating that it is a mere façade concealing the true facts."

hinreichend scharfe Abgrenzungskriterien erarbeitet werden, wann eine Gesellschaft als bloße Fassade, die die wahren Verhältnisse zu verschleiern versucht, zu werten sei. Zudem waren Kriterien festzulegen, inwiefern eine Gesellschaft zum regulären Verkehr ohne betrügerische Zwecke existierte. Der Fall Hilton v. Plustile Ltd.[1096] veranlasste den *Court of Appeal* zu der ausdrücklichen Annahme, dass das Vorliegen einer Täuschungsabsicht maßgeblich für einen Durchgriff auf die Gesellschafter ist. Der spätere Kläger und die Beklagte waren sich darüber einig, dass der Kläger eine neue Gesellschaft mit dem Ziel gründen sollte, den Rent Act 1977 zu umgehen[1097]. Zu einem späteren Zeitpunkt wollte der Kläger unter Berufung auf die offensichtliche Gesetzesumgehung dieses Konstrukt nicht mehr gelten lassen. Das zuständige Gericht sprach sich gegen das *piercing the veil* und einen Durchgriff auf die Gesellschafter aus. Es begründete seine Entscheidung damit, dass der Kläger aufgrund der Kenntnis aller Umstände voll informiert war und somit nicht getäuscht werden konnte[1098].

Eine bedeutsame Entscheidung mit eingehender Auseinandersetzung der Rechtsfigur des *lifting the corporate veil* erließ der *Court of Appeal* in dem Fall Adams v. Cape Industries plc. im Jahre 1990[1099]. Dieses gewichtige Urteil beleuchtet drei Argumentationsansätze und unterscheidet nach dem Fall der wirtschaftlichen Einheit (*single economic unit*), der Fall der Vertretung (*agency*) und der Betrugsfall (*mere sham*). Unter Vorlage des Falles Jones v. Lipman[1100] zeigte der *Court of Appeal* auf, dass ein Durchgriff unter Einbeziehung der spezifischen Umstände des gegebenen Einzelfalles lediglich im Rahmen einer Täuschung (sog. *mere sham*) anzunehmen ist[1101]. Eine Täuschung liegt nicht vor, wenn beide Parteien die Umstände von Anfang an kennen[1102].

1096 Hilton v. Plustile Ltd. [1988] 3 All ER 1051 = [1988] 132 SJ 1638.

1097 Hilton v. Plustile Ltd. [1988] 3 All ER 1051 = [1988] 132 SJ 1638.

1098 Hilton v. Plustile Ltd. [1988] 3 All ER 1051 = [1988] 132 SJ 1638.

1099 Adams v. Cape Industries plc. [1990] Ch 433, 544 ff. = [1990] BCLC 479, 508 ff.

1100 Jones v. Lipman [1962] 1 All ER 442 = [1962] 1 WLR 832.

1101 Adams v. Cape Industries plc. [1990] Ch 433= 479, 510, 512 ff., 515, 518; Woolfson v. Strathclyde Regional Council [1978] SLT 159.

1102 Adams v. Cape Industries plc. [1990] Ch 433, 540 = [1990] BCLC 479, 516: "The decision in Jones v. Lipman [1962] 1 WLR 832 (...) was one case where the proven motive of the individual defendant clearly had a significant effect on the decision of Russel J."; anders sahen es die Richter jedoch im vorliegenden Fall: "The judge's finding of fact quoted above as to the motives of Cape behind the new arrangements is accepted (no doubt welcomed) by the plaintiffs, so far as it goes."

Die Entscheidung des *Court of Appeal* macht deutlich, dass die im deutschen Konzernrecht geregelte Behandlung von juristisch zwar eigenständigen Gesellschaften, wirtschaftlich hingegen eine Einheit bildenden Gesamtheit (*single economic unit*), im englischen Recht kein Pendant findet. Neben der Haftung wegen *wrongful trading* kommt ein Durchgriff innerhalb des Konzerns vielmehr nur nach allgemeinen Grundsätzen in Betracht. Der Anwendungsbereich bleibt jedoch auf enge gerichtliche Auslegungsfälle beschränkt, in denen Vereinbarungen, Vertragswerke oder andere Dokumente entsprechende Anhaltspunkte bieten. Zudem wird der Begriff des *corporate veil* vorrangig im Zusammenhang mit solchen Fällen verwendet, in denen die Figur der Gesellschaft eine bloße Fassade darstellt, und beispielsweise im Wege von Vermögensverschiebungen dazu missbraucht wird, Ansprüche gegen andere persönliche oder juristische Personen zu vereiteln. Dieser Anwendungsfall findet sich in der Rechtsprechung mehrfach wieder, ist also allgemein anerkannt. Als weitere gewichtige Komponente stellt der *Court of Appeal* in seiner Entscheidung dar, dass ein Durchgriff nach der Rechtsprechung schließlich dann stattfinden, wenn die Gesellschaft als (mittelbare) Stellvertreterin für die hinter ihr stehenden Gesellschafter, seien es natürliche oder juristische Personen, eingesetzt wird. Eine solche Konstellation liegt insbesondere dann vor, wenn die Gesellschaft eine Strohmann- bzw. Treuhänderfunktion einnimmt[1103]. Die angeführten Fallgruppen der Durchgriffshaftung sind im englischen Recht eher eng gehalten, um eine uferlose Ausbreitung des Durchgriffs auf den Geschäftsleiter zu vermeiden[1104].

Im Fall Creasey v. Breachwood Motors Ltd.[1105] übertrug die frühere Arbeitgeberin sämtliches Vermögen auf eine neu gegründete Gesellschaft, um einer Klage des ehemaligen Geschäftsführers auf Schadensersatz wegen unwirksamer Kündigung zu entgehen. Die *Queen's Bench Division* mutmaßte in der Übertragung, dass die alte Gesellschaft sämtliche Verpflichtungen auf die neue Gesellschaft übertragen hat. Den Gläubigern sei es daher möglich, den *transferee* zu verklagen. Dies rechtfertigte allerdings nicht die Kündigung des Geschäftsführers. In diesem Verhalten der Arbeitgeberin sah das Gericht einen Fall der Täuschung unter Missachtung der *director's duties*, vor allem der *duties for the benefit*

1103 *Buchmann*, Die Insolvenz der englischen Limited in Deutschland, S. 51.

1104 *Buchmann*, Die Insolvenz der englischen Limited in Deutschland, S. 51.

1105 Creasey v. Breachwood Motors Ltd. [1992] BCC 638, 643, 651 f. = [1993] BCLC 480 f., 485, 493 f.

of creditors. Es nahm die Fallgruppe des *piercing the veil* an und gestattete einen Durchgriff auf die Gesellschafter[1106].

Im Fall Ord v. Belhaven Pubs Ltd.[1107] übertrug die Beklagte im Rahmen von Restrukturierungsmaßnahmen, die aufgrund des rezessiven Eigentumsmarktes anfielen, Vermögenswerte der Immobiliengesellschaft Belhaven Pubs Ltd. auf den Mutterkonzern Ascot Estates. Finanzielle Schwierigkeiten führten zu einer Neustrukturierung des Konzerns. Nach einiger Zeit klagte das Ehepaar Ord gegen die Belhaven Pubs auf Schadensersatz aus dem bestehenden Pachtvertrag. Die Kläger beantragten, die Gesellschafter als Beklagte zu verurteilen, um einen Haftungsdurchgriff auf die Geschäftsleitung zu ermöglichen. Der *Court of Appeal* wies die Klage ab und entschied, dass die Verlagerung von Vermögenswerten der Tochtergesellschaft einen Durchgriff nicht begründen kann. Er verneinte einen Durchgriff auf das Vermögen der *Ascot Estates* mangels Geheimhaltung, betrügerischer Absicht oder Vortäuschung falscher Tatsachen bei der Vermögensverlagerung[1108].

In der Sache Re Polly Peck[1109] gewährte eine Muttergesellschaft ihrer Tochtergesellschaft mit einem Stammkapital von 25.000 SFr ein Darlehen in Höhe von ca. 700 Millionen SFr. Richter *J. Walker* ließ die bloße Unterkapitalisierung der Tochtergesellschaft dennoch nicht ausreichen, um einen Durchgriff zu begründen. Es fehlte ebenso am betrügerischen Element[1110]. Die letztgenannte Entscheidung veranschaulicht, dass der *Court of Appeal* auch in Extremfällen eine sehr zurückhaltende Einstellung gegenüber der Durchgriffshaftung zeigt. Ein Durchgriff nach dem einschlägigen *common law* verläuft in sehr engen Grenzen. Erforderlich ist, dass das Gericht von dem Vorliegen einer *„mere façade“* überzeugt ist und dem Rechtsstreit ein betrügerisches Element zugrunde liegt. Eine extreme Unterkapitalisierung oder das Auftreten einer Gesellschaft als Strohmann begründen keinen Durchgriff. Erforderlich ist darüber hinaus eine Täuschungsabsicht des Schädigers.

1106 Creasey v. Breachwood Motors Ltd. [1992] BCC 638, 643, 651 f. = [1993] BCLC 480 f., 485, 493 f.

1107 Ord v. Belhaven Pubs Ltd. [1998] BCC 607, 608, 615 f. = [1998] 2 BCLC 447, 448, 456 f.: "There is no façade that was adopted at any stage; there was no concealment of the true facts." (*Hobhouse LJ*).

1108 Ord v. Belhaven Pubs Ltd. [1998] BCC 607, 608, 615 f. = [1998] 2 BCLC 447, 448, 456 f.: "There is no façade that was adopted at any stage; there was no concealment of the true facts." (*Hobhouse LJ*).

1109 Re Polly Peck International plc. [1996] 2 All ER 433.

1110 Re Polly Peck International plc. [1996] 2 All ER 433.

Die Vorschrift des Art. 50 Abs. 1, Abs. 2 AEUV (ex-Art. 44 Abs. 1, Abs. 2 EGV) ermöglicht dem Europäischen Parlament, dem Rat und die Kommission Richtlinien zur Verwirklichung der Niederlassungsfreiheit für eine bestimmte Tätigkeit zu erlassen. Gemäß Art. 50 Abs. 2 (g) AEUV (ex-Art. 44 Abs. 2 (g) EGV) hat das Europäische Parlament, der Rat und die Kommission diese Aufgaben zu erfüllen, indem sie insbesondere, soweit erforderlich, die Schutzbestimmungen koordinieren, die in den Mitgliedstaaten den Gesellschaften im Sinne des Art. 54 Abs. 2 AEUV (ex-Art. 48 Abs. 2 EGV) im Interesse der Gesellschafter sowie Dritter vorgeschrieben sind, um diese Bestimmungen gleichwertig zu halten. Die Vorschrift bezweckt, die Niederlassungsfreiheit der Unternehmen nach Art. 49, 54 AEUV (ex-Art. 43, 48 EGV) zu gewährleisten und damit schädliche, wettbewerbsverzerrende Handlungen unter den Gesellschaften vermieden werden, um letztlich den gemeinsamen Binnenmarkt zu vollenden und abzusichern[1111].

Bereits die aufgrund vorgenannter Vorschrift erlassene, erste gesellschaftsrechtliche EG-Richtlinie (68/151/EWG) vom 09. März 1968[1112] verfolgte das Ziel, Dritte vor unwirksamen Verpflichtungen des Unternehmens zu schützen und Gründe, aus denen im Namen der Gesellschaft eingegangene Verpflichtungen unwirksam sein können, weitestgehend zu beschränken[1113]. Handlungen der Organe müssen zwangsläufig und erst recht bei Überschreiten der Organbefugnisse zu einer Verpflichtung der Gesellschaft führen, um Dritte vor Überschreitung der Vertretungsmacht zu schützen. Der lange vorherrschenden *ultra vires*-Doktrin, die die Gesellschaft auf einen engen Gesellschaftszweck beschränkt und die diesen Zweck überschreitende Handlungen der Organe oder Rechtgeschäfte als nichtig ansieht, ist damit ihre Grundlage entzogen[1114]. Nach der *ultra vires*-Lehre konnte der Umfang der Rechtsfähigkeit der englischen Gesellschaft im *memorandum of*

1111 *Ebert/Levedag*, in: *Süß/Wachter*, Hdb. des internationalen GmbH-Rechts, Engl., Rn. 27.

1112 Erste Richtlinie 68/151/EWG des Rates vom 09. März 1968 zur Koordinierung der Schutzbestimmungen, die in den Mitgliedstaaten der Gesellschaft im Sinne des Artikels 58 Abs. 2 des Vertrages im Interesse der Gesellschafter sowie Dritter vorgeschrieben sind, um diese Bestimmungen gleichwertig zu gestalten, ABl. Nr. L 065 vom 14.03.1968, S. 0008–0012; später geändert durch die Richtlinie 2003/58/EG des Europäischen Parlaments und des Rates vom 15.07.2003 in Bezug auf die Offenlegungspflichten von Gesellschaften bestimmter Rechtsformen, ABl. Nr. L 221, 13.

1113 Vgl. Präambel der Ersten Richtlinie 68/151/EWG.

1114 *Ebert/Levedag*, in: *Süß/Wachter*, Hdb. des internationalen GmbH-Rechts, Engl., Rn. 30.

association, dem ersten Teil des englischen Gesellschaftsvertrags, eingeschränkt werden, so dass Vertretungsakte, insbesondere von Gesellschaftsorganen, die die Grenzen der Vollmacht, einschließlich des Gesellschaftszwecks, überschritten, keine Drittwirkung hatten[1115]. Die vertretene Gesellschaft wurde zum Nachteil der Vertragspartner durch das Rechtsgeschäft nicht verpflichtet. Sec. 9 European Communities Act 1972 sorgte letztlich dafür, dass die *ultra vires*-Lehre im Verhältnis zu EU-Staaten unanwendbar wurde und verpflichtete die englische Gesellschaft trotz Überschreitung der Vertretungsmacht zu den vertraglichen Leistungen[1116]. Diese Vorgaben gewinnen vor allem im Vorgründungsstadium der Gesellschaft an Bedeutung, in dem Dritte nach bislang geltendem Recht mangels Existenz der Limited keinerlei Rechte geltend machen konnten.

Der Beitritt des Vereinigten Königreichs zur EWG am 01. Januar 1983 verpflichtete den englischen Gesetzgeber, gemäß Art. 13 der Richtlinie 68/151/EWG zur Umsetzung der Richtlinie binnen 18 Monate[1117]. Seit der Umsetzung des Artikels 7 der ersten gesellschaftsrechtlichen EG-Richtlinie kann der Dritte aufgrund des *„pre-incorporation contract"* (sog. Vorgründungsvertrag) gemäß sec. 36 C (I) CA 1985 (sec. 51 (1) CA 2006 n. F.)[1118] nunmehr den für die Gesellschaft Handelnden in Anspruch nehmen, auch wenn die Limited vor Abschluss des Gründungsvorgangs noch nicht existierte. Der unmittelbar Handelnde haftet also immer und unabhängig davon, ob er als Vertreter der Gesellschaft aufgetreten ist oder lediglich die Authentizität des Vertragsdokuments bestätigen wollte[1119]. Sec. 36 C CA 1985 (sec. 51 CA 2006 n. F.) schützt dementsprechend den gutgläubigen Vertragspartner einer Gesellschaft, die mangels Eintragung noch nicht existent ist. Die Vorschrift setzt mit der unbeschränkten persönlichen und gesamtschuldnerischen Haftung solcher Personen, die im Vorgründungsstadium des Unternehmens im Namen der Gesellschaft handeln, weitere Vorgaben der ersten Richtlinie mit dieser Schutzwirkung um[1120].

1115 *Klebs*, BWNotZ 1995, 12; Nach der in Deutschland nicht geltenden ultra vires-Lehre des anglo-amerikanischen Recht wird die Rechtsfähigkeit der juristischen Person auf ihren durch Gesetz oder Satzung festgelegten Zweck beschränkt, vgl. *Ellenberger*, in: *Palandt*, BGB, Einf. vor § 21 BGB Rn. 11.

1116 *Koch/Magnus/Winkler von Mohrenfels*, IPR und Rechtsvergleichung, S. 321.

1117 *Klebs*, BWNotZ 1995, 12.

1118 „A contract which purports to be made by or on behalf of a company at a time when the company has not been formed has effect, subject to any agreement to the contrary, as one made with the person purporting to act for the company or as agent for it, and he is personally liable on the contract accordingly."

1119 *Schwilden*, Die rechtliche Stellung des GmbH-Geschäftsführers, S. 94.

1120 *Schwilden*, Die rechtliche Stellung des GmbH-Geschäftsführers, S. 94.

B. Konzeptionelle Ansätze im Insolvency Act 1986: Das Insolvenzverfahren

Im Zuge der zeitgemäßen Fortentwicklung sowie Anpassung des englischen Insolvenzrechts an die Wirtschaftslage der letzten Jahrzehnte standen stets die Wahrung der Rechtssicherheit und die Interessen der Gläubiger im Vordergrund. Die haftungsrechtliche Inanspruchnahme der *director* war eine Möglichkeit, diese Interessen durchzusetzen; in der Praxis hat die Durchgriffshaftung bis heute aber keine besonders große Rolle erlangt. Zudem bedurfte es weitergehender Maßnahmen zum Schutze der Öffentlichkeit[1121]. Der Insolvency Act 1985, der wesentliche Ergänzungen zum Companies Act 1985 hinsichtlich Unternehmensauflösungen (*liquidations*) sowie dem englischen Verfahren des *receivership* vorsah, setzte zusätzliche Verfahrensarten fest und stärkte die Vorschriften des Companies Act 1985 in Bezug auf die Disqualifizierung (*disqualification*) von Geschäftsleitern und Rechtsgeschäften kurz vor der Insolvenz[1122]. Die Haftung nach dem Rechtsinstitut des *wrongful trading* wurde in den Insolvency Act 1985 aufgenommen. Der Insolvency Act 1986 übernahm nahezu alle Vorschriften des vorangegangenen Gesetzes. Zudem entstand der Companies Act 1986 mit einigen Änderungen[1123]. Das heutige anwendbare Insolvenzrecht befindet sich infolgedessen vor allem im Insolvency Act 1986, Companies Act 1986/2006 sowie den sec. 405, 462–466 Companies Act 1985 (sec. 871, 462–466 CA 2006 n. F.) sowie dem Directors Disqualification Act 1986[1124].

Das englische Insolvenzrecht kennt kein Regelinsolvenzverfahren, sondern differenziert nach dem Verfahrensziel, wodurch es bei Kapitalgesellschaften insgesamt sieben verschiedene Insolvenzverfahrensarten unterscheidet[1125]. Hauptziel des englischen Insolvenzrechts (*corporate insolvency law*) ist die Wiederherstellung einer überlebensfähigen Gesellschaft, die selbstständig den Geschäftsalltag bestreiten kann und Gewinn erwirtschaftet. Im Interesse der einzelnen Gläubiger hat die Gesellschaft im Falle ihrer Liquidierung einen möglichst hohen Betrag ihrer Schulden zu begleichen[1126]. Das englische Recht solle ein möglichst gerechtes Klagesystem aufstellen, um einzelne Gläubiger nicht unverhältnismäßig zu

1121 *Tolley's* Corporate Insolvency Handbook, S. 7.
1122 *Tolley's* Corporate Insolvency Handbook, S. 7.
1123 *Tolley's* Corporate Insolvency Handbook, S. 7.
1124 *Tolley's* Corporate Insolvency Handbook, S. 7.
1125 *Schilling*, DZWIR 2006, 143.
1126 *Goode*, Principles of Corporate Insolvency Law, S. 24 ff.

benachteiligen[1127]. Zudem sollen die Ursachen für die Insolvenz erkannt werden, für welche die *directors* aufgrund eines gegebenenfalls schuldhaften oder falschen Verhaltens zur Verantwortung zu ziehen sind[1128]. Nicht alle Insolvenzverfahrensarten werden von Art. 16, 17 EuInsVO i.V.m. Art. 1 EuInsVO[1129] international anerkannt. Gemäß Art. 1 EuInsVO ist für eine internationale Anerkennung ein Gesamtverfahren erforderlich, welches die Insolvenz des Schuldners voraussetzt und den vollständigen oder teilweisen Vermögensbeschlag gegen den Schuldner sowie die Bestellung eines Verwalters zur Folge hat. Eine Befriedigung aller betroffenen Gläubiger durch individuelle Maßnahmen ist mithin nicht erfasst. Art. 2 (a) EuInsVO i.V.m. Anhang A normiert als anerkannte englische Verfahren das *winding up by the court*, das Verfahren aufgrund eines *creditors' voluntary winding up (with confirmation by the court)*, die *administration*, das Verfahren nach *voluntary arrangement under insolvency legislation* sowie das *bankruptcy or sequestration*-Verfahren[1130].

C. Pflichtenbindung des Director

Mit den Befugnissen des *director* als Geschäftsleiter der Limited gehen besondere Anforderungen an die Verantwortlichkeit sowie an seine Pflichtenbindung einher. Das *common law* regelte dabei ursprünglich nur allgemeine Treuepflichten des Geschäftsführers gegenüber der Gesellschaft (*fiduciary duties*), die den Treuepflichten eines *trustees* ähneln[1131]. Im Rahmen dieser Treuepflichten hat der Geschäftsführer stets im Interesse der Gesellschaft zu handeln und sein eigenes sowie das Interesse Dritter, einschließlich anderer Gesellschafter, unberücksichtigt zu lassen. Die Geschäftsleiter einer Limited dürfen solche Geschäftsmöglichkeiten, die der Gesellschaft zuzuordnen sind, nicht für sich selbst oder Dritte beanspruchen und verwerten (sog. *business* oder *corporate opportunity doctrine*)[1132]. Laufen Handlungen oder Unterlassungen des *director* diesen Pflichten zuwider, kann die Gesellschafterversammlung sie genehmigen[1133]. Neben den Treuepflichten werden seit Anfang des 20. Jahrhunderts auch Sorgfaltspflichtsverletzungen (*duties*

1127 *Goode*, Principles of Corporate Insolvency Law, S. 24 ff.

1128 *Goode*, Principles of Corporate Insolvency Law, S. 24 ff.

1129 Verordnung (EG) Nr. 1346/2000 des Rates vom 29.05.2000 über Insolvenzverfahren, ABl. Nr. L 160 vom 30.06.2000 S. 1–18.

1130 Vgl. hierzu auch *Schilling*, DZWIR 2006, 143.

1131 *Davies*, Gower and Davies' Principles of Modern Company Law, S. 380; *Hannigan*, Company Law, S. 191.

1132 *Kasolowsky*, in: *Hirte/Bücker*, Grenzüberschreitende Gesellschaften, § 4 Rn. 34 f.

1133 *Kasolowsky*, in: *Hirte/Bücker*, Grenzüberschreitende Gesellschaften, § 4 Rn. 35.

of care and skill) sanktioniert. Dabei sind neben dem Wissen und Kenntnisstand eines durchschnittlichen *director* in vergleichbarer Position auch individuelle Eigenschaften des betroffenen *director* in Betracht zu ziehen. Geschäftsleiter sollten bei Ausübung ihrer Tätigkeit entsprechend ihren besonderen persönlichen Fähigkeiten, Kenntnissen und Erfahrungen sorgfältig handeln[1134]. Schädigt der *director* in fahrlässiger Begehungsweise die Gesellschaft, ohne sich selbst oder einen Dritten einen Vorteil zu verschaffen, kann er dennoch zur Verantwortung gezogen werden[1135]. Ergänzt werden die *common law*-Pflichten des *director* zudem durch gesetzlich normierte (Sorgfalts-)Pflichten, die sich vor allem aus den Vorschriften des CA 1985 sowie den Regelungen des IA 1986 ergeben. Zudem normiert der CA 1985 *fair dealing*-Vorschriften (Part X, sec. 311–347 CA 1985; mittlerweile sec. 41 CA 2006 und sec. 182 ff.-231, 1177 CA 2006), die dem *director* bestimmte Pflichten in ausgewählten Situationen auferlegen. Neben zivilrechtlichen Konsequenzen kann es bei Missachtung der Vorschriften auch zu einer strafrechtlichen Verfolgung der Tat kommen[1136].

Die Sorgfaltspflichten des *director* haben vor allem bei insolventen Gesellschaften in der Liquidation eine wichtige Bedeutung und bezwecken, die Stellung ungesicherter Gläubiger im Liquidations- bzw. Insolvenzverfahren zu verbessern[1137]. Mittlerweile lassen sich diese Anforderungen allerdings auch auf die Geschäftsführung solventer Unternehmen übertragen[1138]. Ähnlich dem deutschen Recht hat der *director* einer solventen Limited seine Organpflichten vor den Gesellschaftern oder im Rahmen der Gesellschafterversammlung zu verantworten und gegebenenfalls zu verteidigen. Seine Pflichten fordern ein Handeln zugunsten der Gesellschaft[1139]. Ändert sich die wirtschaftliche Situation der Gesellschaft, binden ihn seine Pflichten dahingehend, nun nicht mehr zum Wohl der Gesellschaft, sondern vielmehr zum Wohl der Gesellschaftsgläubiger zu handeln und Entscheidungen zu treffen[1140]. Im Falle drohender Insolvenz ist es schließlich das Vermögen der Gläubiger, mit dem der *director* zu wirtschaften und dieses zu verwalten hat[1141]. Da weder der englische Gesetzgeber noch die Gerichte detaillierte Vorschriften oder Regeln aufgestellt haben, wie sich der *director* bei drohender Insolvenz der

---

1134 Norman v. Theodore Goddard [1991] BCLC 1027, S. 1030 f.

1135 Re D'Jan of London Ltd. [1993] BCC 646.

1136 *Kasolowsky*, in: *Hirte/Bücker*, Grenzüberschreitende Gesellschaften, § 4 Rn. 37 ff.

1137 *Cork Committee*, Cmnd. 8558 [1981], Ch 44.

1138 *Kasolowsky*, in: *Hirte/Bücker*, Grenzüberschreitende Gesellschaften, § 4 Rn. 42.

1139 *Campbell/Collins*, Corporate Insolvency and Rescue, S. 21.

1140 *Campbell/Collins*, Corporate Insolvency and Rescue, S. 21.

1141 *Campbell/Collins*, Corporate Insolvency and Rescue, S. 21.

Gesellschaft zu verhalten hat, befürwortet eine Literaturmeinung, Verhaltensanforderungen für den *director* festzusetzen[1142]. Dem *director* einer englischen Limited wird daher nahegelegt, bei finanziellen Engpässen der Gesellschaft umgehend professionelle Hilfe einer im Insolvenzbereich tätigen oder erfahrenen Person in Anspruch zu nehmen, die sich mit der Refinanzierung und Restrukturierung sowie weiteren insolvenzrechtlichen Sanierungsmaßnahmen zugunsten der Gesellschaft auskennt. Zudem sollte der *director* ohne Zögern die Gläubiger, regelmäßig die Banken, über die Restrukturierung oder sonstige relevanten Maßnahmen in Kenntnis setzen, damit er das Risiko seiner persönlichen Haftung oder einer *disqualification order* durch das *Department of Trade and Industry* (DTI) möglichst gering hält[1143].

§ 2. Die Haftung des Director nach Statute Law

Die persönliche Haftung des *director* in der Krise oder Insolvenz der Gesellschaft kommt vor allem nach den Maßstäben des Insolvency Act 1986 (im Folgenden: IA 1986), aber auch nach Rechtssätzen des englischen *common law* in Betracht.

A. Allgemeines

Der Insolvency Act 1986 ist vornehmlich maßgebend, wenn es sich um gläubigerschützende Anspruchsgrundlagen während der Insolvenz des Unternehmens handelt. Dabei kommen vor allem die sec. 213 ff. IA 1986 sowie die Prüfung der *common law duties*, die mittlerweile größtenteils in sec. 170 ff. CA 2006 normiert sind, für nähere Untersuchungen in Betracht.

I. Insolvenzgründe des englischen Rechts

Sec. 122 IA 1986 benennt gesetzliche festgeschriebene Gründe für die Auflösung einer Gesellschaft, u. a. die Einleitung eines *compulsory winding up* durch einen Beschluss der Gesellschafter, die Nichtaufnahme des Geschäftsbetriebes innerhalb eines Zeitraums von einem Jahr nach Gründung der Limited oder die Einstellung eines Geschäftsbetriebs über einen Zeitraum von einem Jahr. Der Hauptgrund, der zur Eröffnung eines Insolvenzverfahrens und zur Auflösung der Gesellschaft führt, ist die Zahlungsunfähigkeit der Gesellschaft (sec. 122 (1) (f) IA 1986: *if the company is unable to pay its debts as they fall due*). Obwohl die Gesellschaft zahlungsunfähig ist, muss sie nicht zwingend gesetzeswidrig

---

1142 *Campbell/Collins*, Corporate Insolvency and Rescue, S. 23.
1143 *Campbell/Collins*, Corporate Insolvency and Rescue, S. 23.

gehandelt haben[1144]. Eine Definition mit weiteren Anhaltspunkten für das Vorliegen der Zahlungsunfähigkeit einer Gesellschaft lässt sich aus sec. 123 IA 1986 entnehmen. Den Beweis für das Vorliegen eines Insolvenzgrundes tritt der Antragssteller mittels eidesstattlicher Versicherung an, in der er bestätigt, dass er die Angaben nach bestem Wissen und Gewissen gemacht hat (r. 4.12. Insolvency Rules 1986).

1. *Zahlungsunfähigkeit, sec. 123 IA 1986*

Nach den Vorgaben des sec. 123 (1) IA 1986 ist ein Unternehmen insolvent, wenn es nicht mehr in der Lage ist, fällige Schulden zu zahlen (*going concern test*, auch genannt: *cash flow test*). Eine vorübergehende Zahlungsunfähigkeit führt nicht zur Annahme einer Insolvenz, sofern die Gläubiger den noch offenen Betrag nicht einfordern und der Schuldner in absehbarer Zeit Zahlungsmittel in Aussicht hat, um seine Schulden zu begleichen[1145]. Gemäß sec. 123 (1) (a) IA 1986 liegt nach englischem Recht eine Zahlungsunfähigkeit der Gesellschaft, insbesondere der Limited, vor, wenn die Gesellschaft nicht mehr in der Lage ist, einen fälligen Forderungsbetrag von mehr als 750 GBP an den Gläubiger zu zahlen. Der Gläubiger kann seinerseits die offene Rechnung beim zuständigen Registeramt mit einer schriftlichen Aufforderung zur Zahlung einreichen. Ungeklärt ist, ob eine elektronische Übermittlung oder die Versendung per Fax ausreichend ist[1146]. Zahlt die Gesellschaft den offenen Betrag innerhalb von drei Wochen ab Forderungseinreichung und Zahlungsaufforderung nicht, wird die Zahlungsunfähigkeit der Gesellschaft angenommen[1147].

Gemäß sec. 123 (1) (b) IA 1986 ist eine Zahlungsunfähigkeit der Limited ferner anzunehmen, wenn die schuldnerische Gesellschaft dem Gläubiger nach einem Urteil, einer Verfügung oder einer Anordnung des Gerichts den ihm zugesprochen Betrag ganz oder teilweise nicht bezahlt. Ein weiterer wichtiger Fall der Zahlungsunfähigkeit liegt gemäß sec. 123 (1) (e) IA 1986 dann vor, wenn die Limited ihre bestehenden Verbindlichkeiten bei Fälligkeit nicht mehr erfüllen kann (*current debts insolvency*). Künftige Verbindlichkeiten, also auch bereits begründete, aber erst in der Zukunft fällige Verbindlichkeiten, werden bei dieser Feststellung

---

1144 *Bailey/Groves*, Corporate Insolvency, S. 560, 14.38.

1145 *Davis*, Construction Insolvency, S. 161, 8–003.

1146 *Bailey/Groves*, Corporate Insolvency, S. 561, 14.41; *Sealy/Milman*, Annotated Guide to the Insolvency Legislation 2006/2007, sec. 123 (1) (a) IA 1986, S. 147, 149.

1147 Vgl. sec. 123 (1) (a) IA 1986.

nicht miteinbezogen[1148]. Dabei basiert die Zahlungsunfähigkeit auf dem sog. *cash flow test*, der die der Gesellschaft zur Verfügung stehenden Zahlungsmittel beziffert. Gemäß sec. 123 (2) IA 1986 wird die Zahlungsunfähigkeit bei Überschuldung der Gesellschaft vermutet, wenn die Verbindlichkeiten das Vermögen der Limited unter Einbeziehung aller etwaigen und künftig bestehenden Verbindlichkeiten übersteigen. Die Überschuldung stützt sich auf den bilanziellen Nachweis des sog. *balance sheet test*[1149]. Beweist die Limited ihre Zahlungsfähigkeit hinsichtlich sämtlicher gegenwärtig bestehender Forderungen, steht es im Ermessen des Gerichts, die Vermutung der Zahlungsunfähigkeit als widerlegt anzusehen[1150]. Das englische Recht erkennt auch die drohende Zahlungsunfähigkeit als Eröffnungsgrund an: Gemäß sec. 11 IA 1986 liegt ein Insolvenzgrund für die Insolvenzverfahrensart der *administration* vor, wenn das Gericht den Eintritt der Zahlungsunfähigkeit für wahrscheinlich hält. Sowohl der *going concern test* (bzw. *cash flow test*) als auch der *balance sheet test* können je nach Kontext und Geltendmachung eines Anspruchs anwendbar sein[1151].

2. *Weitere Insolvenzgründe*

In allen genannten Fällen des sec. 122 (1) IA 1986 steht es im Ermessen des Gerichts, ein Insolvenzverfahren zu eröffnen (*winding up order*), um die Gesellschaft zugunsten der Gläubiger zu liquidieren. Die Ermessensbefugnis des Gerichts spiegelt sich auch in der Vorschrift des sec. 125 IA 1986 wieder, die ebenfalls auf die Meinung des Gerichts abstellt[1152]. Besonders hervorzuheben ist sec. 122 (1) (g) IA 1986, der dem Gericht die Möglichkeit gibt, ein *winding up*-Verfahren zu Lasten der Gesellschaft einzuleiten, wenn das Gericht dies für gerecht und billig (*just and equitable*) erachtet. Die vorgenannten unbestimmten Rechtsbegriffe lassen eine weitläufige Interpretation zu, so dass ihre Begrenzung auf eine Fallgestaltung

---

1148 *Bailey/Groves*, Corporate Insolvency, S. 564, 14.47–14.48; *Sealy/Milman*, Annotated Guide to the Insolvency Legislation 2006/2007, sec. 123 (1) (e) IA 1986, S. 147, 149.

1149 *Bailey/Groves*, Corporate Insolvency, S. 560, 564, 565, 14.39, 14.47, 14.51; *Schilling*, DZWIR 2006, 143, 144; *Triebel/Hodgson/Kellenter/Müller*, Englisches Handels- und Wirtschaftsrecht, S. 300.

1150 *Sealy/Milman*, Annotated Guide to the Insolvency Legislation 2006/2007, sec. 123 (2) IA 1986, S. 147, 149.

1151 Vgl. Zweiter Teil, § 2. B. II. 3. a. cc.

1152 *Sealy/Milman*, Annotated Guide to the Insolvency Legislation 2006/2007, sec. 122 (1) IA 1986, S. 145, 146.

ist daher schwer bestimmbar[1153]. Es ist davon auszugehen, dass öffentliche Interessen ein *winding up*–Verfahren nach vorgenanten Vorschriften nicht begründen können. Diese Fallgestaltung normiert der Gesetzgeber ausdrücklich unter sec. 124 A IA 1986, der nur dem *secretary of state* die Möglichkeit gibt, ein *winding up* basierend auf dem öffentlichen Interesse zu beantragen.

II. Verfahrensarten des englischen Rechts

Das englische Recht kennt verschiedene Arten von Insolvenzverfahren bei Gesellschaften. Die Verwaltung der Gesellschaft (*administration*, sec. 8 ff. IA 1986), die erst seit 1985–1986 auf Empfehlung des *Cork Committee* gesetzlich niedergelegt wurde, stellt eine von vielen möglichen Verfahrensarten dar. Das *Cork Committee* sah ein Bedürfnis für diese neue Verfahrensart dahingehend, dass bei einer Gesellschaft in finanziellen Schwierigkeiten ein *winding up* unter Umständen nicht zwingend geboten sei und ein *receivership* (mangels *floating charge*) nicht in Betracht kommen würde[1154]. Die *receivership* als weiteres Insolvenzverfahren ist in sec. 28 ff. IA 1986 normiert. Weitere *winding up*-Verfahren sowohl freiwilliger als auch gerichtlicher Natur führen gemäß sec. 73 Abs. 2, 73 ff. IA 1986 zur Auflösung der Gesellschaft.

B. Fälle persönlicher Haftung des Director

Ähnlich einer Haftung des Geschäftsführers im deutschen Recht kann den *director* einer Limited im Rahmen der Unternehmensinsolvenz eine persönliche Haftung nach englischem Recht treffen[1155]. Eine der Insolvenzverschleppungshaftung des § 15a InsO ähnliche Vorschrift mit der normierten Verhaltenspflicht des Geschäftsführers zur Insolvenzantragsstellung findet sich im englischen Recht nicht. Das englische Rechtssystem erkennt dennoch eine insolvenzrechtliche Krisenverschleppungshaftung des *director* an, welche sich vor allem in den Fallgruppen des *fraudulent trading* (betrügerisches Handeln) gemäß sec. 213 IA 1986 und des

1153 Re German Date Coffee Company [1881–82] LR 20 ChD 169 (failure of object of Company); Re T E Brinsmead & Sons [1897] 1 Ch 406 (fraud); Re Yenidje Tobacco Co. Ltd. [1916] 2 Ch 426 (complete deadlock); Loch v. John Blackwood Ltd. [1924] AC 783 (impropriety); Ebrahimi v. Westbourne Galleries Ltd. [1973] AC 360 (breakdown of confidence); *Bailey/Groves*, Corporate Insolvency, S. 566–567, 1454.

1154 *Sealy/Milman*, Annotated Guide to the Insolvency Legislation 2006/2007, sec. 8 IA 1986, S. 40.

1155 Z.B. aufgrund *fraudulent trading* gemäß sec. 213 IA 1986 und *wrongful trading* gemäß sec. 214 IA 1986.

wrongful trading (fehlerhaftes Handeln) gemäß sec 214 IA 1986 manifestiert. Beide Haftungsinstitute sind im Insolvency Act 1986 geregelt und können auf Schadensersatz gerichtet sein. Der *director* haftet nur für den von ihm verursachten Schaden und kann nicht für einen Schaden zur Verantwortung gezogen werden, den ausschließlich andere Geschäftsleiter verantworten[1156]. In England kommt eine Haftung wegen Pflichtverletzung durch Weiterführung einer Gesellschaft so lange nicht in Frage, wie das Verhalten des Betroffenen weder betrügerisch noch fehlerhaft im Sinne der Rechtsinstitute des *fraudulent trading* oder *wrongful trading* ist. Diese Fähigkeit, innerhalb dieser Maßstäbe weiterhandeln zu können, ist eine wichtige Komponente der in England vorherrschenden *rescue culture*. Dabei macht es für die persönliche Haftung des *director* grundsätzlich keinen Unterschied, ob es sich um einen ordnungsgemäß bestellten *executive* oder *non-executive* oder um einen *de facto* oder *shadow director* handelt[1157]. Sofern Unterschiede in der Haftung vorgenannter *directors* bestehen, werden diese in der zugrundeliegenden Arbeit gesondert aufgezeigt.

I. Fraudulent Trading, Sec. 213 IA 1986

Sec. 213 IA 1986 normiert den Tatbestand des *fraudulent trading*[1158]: Gemäß sec. 213 IA 1986 kann das Gericht im Rahmen der Abwicklung der Gesellschaft auf Antrag des Liquidators die persönliche Haftung desjenigen anordnen, der wissentlich und in der Absicht der Gläubigerbenachteiligung durch Täuschung oder aus einem anderen betrügerischem Zweck die Geschäfte der Gesellschaft führt. Führen die Geschäftsleiter die Geschäfte unter Aufnahme weiterer Schulden und Verpflichtungen fort, obwohl sie von der finanziellen Krise des Unternehmens wissen, so ist dieses Verhalten als unerlaubte Handlung im Sinne des Tatbestands des *fraudulent trading* zu qualifizieren: die Begründung von Verbindlichkeiten mit dem Wissen, dass die *Limited* die daraus entstehenden Schulden nicht zahlen kann, erfüllt den Betrugstatbestand (*fraud*) und damit eine unerlaubte Täuschungshandlung (*tort of deceit*), der im *fraudulent trading* seine

---

1156 *Kasolowsky*, in: *Hirte/Bücker*, Grenzüberschreitende Gesellschaften, § 4 Rn. 45.

1157 *Griffin*, Company Law Handbook, S. 155, 10.1.

1158 Sec. 213 IA 1986: "If in the course of the winding up of a company it appears that any business of the company has been carried on with intent to defraud creditors of the company, (...) the court, on the application of the liquidator may declare that any person who were knowingly parties to carrying on of the business in the above-mentioned manner are to be liable to make such contributions (if any) to the company's assets as the court thinks proper".

spezielle Ausformung mit kompensatorischen Charakter findet[1159]. Zudem kann der Handelnde nach sec. 458 CA 1985 (nunmehr sec. 993 CA 2006) unter identischen Voraussetzungen strafrechtlich belangt und sanktioniert werden[1160]. Die Vorschriften können vor allem ein Handeln in der Insolvenz reglementieren und ein missbräuchliches Verhalten des *director* oder Dritter vermeiden.

1. *Grundsatzentscheidung und gesetzgeberische Vorgaben*

Der Tatbestand des *fraudulent trading* wurde 1928 erstmals in sec. 75 CA 1928 normiert und 1929 in sec. 275 CA 1929 übernommen. Nach einigen gesetzlichen Modifizierungen fand es seine gesetzliche Ausgestaltung im englischen Gesellschaftsrecht in sec. 332 CA 1948[1161]. Demgemäß bestand eine persönliche Haftung solcher Unternehmensmitglieder, die den Gesellschaftsgläubigern in betrügerischer Absicht Schaden zufügten, indem sie das insolvente Unternehmen fortführten und neue Schulden aufnahmen[1162]. In der Grundsatzentscheidung Re William C. Leitch Bros. Ltd. konkretisierte die Rechtsprechung die Voraussetzungen und nahm eine betrügerische Absicht an, wenn die *director* neue Verbindlichkeiten der Gesellschaft trotz des Wissens eingingen, diese in keinem Falle zurückzahlen zu können[1163]. Sec. 332 CA 1948 enthielt zudem eine zivilrechtlich als auch eine strafrechtliche Komponente. Hohe Anforderungen ergaben sich an die betrügerische Absicht, die „*actual dishonesty involving, according to current notions of fair trading among commercial men, real moral blame*" erforderte[1164]. Diese Betrachtungsweise zogen die Gerichte ebenso bei der zivilrechtlichen Inanspruchnahme als Maßstab heran. Sie stellte für den Kläger eine hohe Hürde dar, der bei der betrügerischen Absicht des Geschäftsleiters in der Regel in Beweisschwierigkeiten geriet[1165].

Zudem durften die *director* regelmäßig darauf vertrauen, das Unternehmen noch retten zu können. Die Eingehung der Verbindlichkeiten in gutem Glauben

---

1159 *Habersack/Verse*, ZHR 168 (2004), 174, 177; Tolley's Corporate Insolvency Handbook, S. 231.

1160 *Griffin*, Company Law Handbook, S. 26, 2.5; *Keay*, Company Directors' Responsabilities to Creditors, S. 27, 31; *Morris*, Finance Director's Handbook, S. 307, 8.21.

1161 *Davies*, Gower and Davies' Principles of Modern Company Law, S. 194; *Keay*, Company Directors' Responsabilities to Creditors, S. 25–26.

1162 *Davies*, Gower and Davies' Principles of Modern Company Law, S. 194; *Keay*, Company Directors' Responsabilities to Creditors, S. 25–26; *Keay*, Mc Pherson's Law of Company Liquidation, S. 621.

1163 *Maugham J*, in: Re William C. Leitch Bros. Ltd. [1932] 2 Ch 71, 77.

1164 *Maugham J*, in: Re Patrick and Lyon Ltd. [1933] Ch 786, 790.

1165 So auch *Oditah*, [1990] LMCLQ 205, 206.

auf die Verbesserung der wirtschaftlichen Situation der Gesellschaft schlossen *dishonesty* und *moral blame* nahezu aus. Aufgrund dieser „*sunshine doctrine*", in dem Glauben zu handeln, dass die Wolken verschwinden und die Sonne wieder hervorkommt[1166], entgingen selbst skrupel- und rücksichtslos handelnde Geschäftsführer einer Haftung nach *fraudulent trading*. Die äußerst subjektiv eingestellte *sunshine doctrine* führt zu einer äußerst schwierigen Beweislage. Die Betrachtungsweise, in dem Glauben auf Besserung der wirtschaftlichen Lage der Gesellschaft zu handeln, ist vor allem dem Beweis schwer zugänglich[1167]. Mit Durchsetzung des Cork Reports spaltete die Regierung den bislang einheitlichen Tatbestand des *fraudulent trading* in Hinblick auf den Betrugsnachweis in einen zivilrechtlich normierten Teil, der in sec. 214 (4) IA 1986 seine Ausformung fand. Der Straftatbestand wurde in den gesellschaftsrechtlichen sec. 458 CA 1985 (mittlerweile sec. 993 CA 2006) verschoben[1168]. Der zivilrechtliche Komplex löst nunmehr eine persönliche Haftung des *director* aus, wenn er die Gesellschaft fortführt, obwohl er von den fehlenden Abwendungsmöglichkeiten der Insolvenz wusste oder von ihnen hätte wissen müssen. Entgegen dem vorgeschlagenen Rahmen wurde der Anwendungsbereich der Regelung bewusst weit gehalten, indem die Vorschrift auf die Vorhersehbarkeit der Insolvenz abstellt[1169].

2. *Haftungsvoraussetzungen und Rechtsfolgen*

Die zivilrechtliche Haftung nach *fraudulent trading*, ihre Voraussetzungen und Rechtsfolgen bestimmen sich nach den Vorgaben des sec. 213 IA 1986. Im Gegensatz zu sec. 332 CA 1948 kann nur noch der Liquidator einen Antrag auf Erklärung eines *fraudulent trading* bei Gericht stellen[1170].

1166 *Buckley J*, in: Re White Osmond (Parkstone) Ltd., unveröffentlicht aber zitiert in R. v. Graham [1984] All ER 166, 170 = [1984] BCLC 270; dazu *Goode* [1998] Company and Securities LJ 170, 172; Cork Report, Insolvency Law and Practice, Rn. 1782, S. 399.

1167 *Oditah*, [1990] LMCLQ 205, 206.

1168 *Fletcher*, The Law of Insolvency, S. 705 f., 27-015.

1169 Beratungen im House of Lords am 21.03.1985, in: Hansard, Parliamentary Debates, House of Lords, Bd. 461 Sp. 745: "We do not think that the Cork Test of wrongful trading goes far enough in that it is restricted to the incurring of liabilities or other debts when the company is insolvent or unable to pay its debts when they fall due."; *Fletcher*, The Law of Insolvency, S. 705 f., 27-015.

1170 *Davies*, Gower and Davies' Principles of Modern Company Law, S. 195.

a. Adressatenkreis

Nach sec. 213 IA 1986 können sowohl die *directors* als auch solche Personen, die bewusst im Sinne eines *fraudulent trading* gehandelt haben, Adressaten dieser Vorschrift sein[1171]. Der Tatbestand bedient sich infolgedessen eines weitgehenden Adressatenkreises. Die Gruppe der nach *fraudulent trading* zu verfolgenden Personen ist wesentlich größer als die Adressaten des *wrongful trading*. Die Haftung beschränkt sich nicht nur auf die *directors* und *shadow directors* einer Gesellschaft, sondern auf jedwede, üblicherweise in der Führungsebene tätige Person, die von der Unternehmensinsolvenz wusste und dennoch ein betrügerisches Verhalten aktiv unterstützte oder selbst an den Tag legte[1172]. Dies entspricht dem Gesetzeswortlaut, der sich nicht auf eine bestimmte Gruppe beschränkt, sondern von Personen im Allgemeinen spricht. Die Person kann allerdings nur in den Adressatenkreis des *fraudulent trading* fallen, wenn die Gesellschaft selbst vom *fraudulent trading* betroffen und darin verstrickt ist[1173]. Diese Haftung trifft regelmäßig nicht diejenigen, die in einem Angestelltenverhältnis nur Befehle und Aufträge ihres Arbeitgebers ausführen, sondern lässt vielmehr solche Personen eigenverantwortlich haften, die die Geschäfte der Gesellschaft leiten und manipulieren[1174]. Ein *fraudulent trading* kann auch dann nicht angenommen, wenn eine Sekretärin, die von der Insolvenz des Unternehmens wusste, es unterlässt, den *director* zu warnen und auf seine persönliche Haftung wegen Geschäftsfortführung aufmerksam zu machen[1175]. Ist eine

---

1171 Der Wortlaut des sec. 213 (1) und (2) IA 1986 beschränkt den Adressatenkreis nicht auf *director*; siehe sec. 213 IA 1986: "(1) If in the course of the winding up of a company it appears that any business of the company has been carried on with intent to defraud creditors of the company or creditors of any other person, or for any fraudulent purpose, the following has effect. (2) The court, on the application of the liquidator may declare that any persons who were knowingly parties to the carrying on of the business in the manner above-mentioned are to be liable to make such contributions (if any) to the company's assets as the court thinks proper."

1172 Re Maidstone Buildings Ltd. [1971] 1 WLR 1085, 1092; Re Farmizer (Products) Ltd. [1997] 1 BCLC 589, 592; *Bailey/Groves*, Corporate Insolvency, S. 694, 17.10; *Davis*, Construction Insolvency, S. 477, 20-002; *Davies*, Gower and Davies' Principles of Modern Company Law, S. 195; *Fletcher*, The Law of Insolvency, S. 705, 27-014; *Griffin*, Company Law Handbook, S. 28, 2.5; *Hannigan*, Company Law, S. 841, 844; *Morris*, Finance Director's Handbook, S. 307, 8.21.

1173 Re Augustus Barnett & Son Ltd. [1986] 2 BCC 98904; *Goode*, Principles of Corporate Insolveny Law, S. 457.

1174 *Keay*, Company Directors' Responsabilities to Creditors, S. 34.

1175 Re Maidstone Building Provisions Ltd. [1971] 1 WLR 1085, 1092 f.; *Bailey/Groves*, Corporate Insolvency, S. 695, 17.12.

Gesellschaft als dritte Partei in Geschäfte verwickelt, kann ein *fraudulent trading* der Gesellschaft auch dann angenommen werden, wenn kein Vorstandsmitglied in das betrügerische Handeln involviert war[1176]. Da nur solche Personen haftungsrechtlich in die Verantwortung gezogen werden können, die sich wissentlich an einem *fraudulent trading* beteiligt haben, hat der Liquidator darzulegen und zu beweisen, dass der Verantwortliche unredlich gehandelt (*dishonesty*) hat. Dabei müssen die Parteien nicht jedes Detail vom Betrug oder den Einzelheiten seiner Ausführung wissen, sondern es reicht aus, dass sie von der Absicht des Betruges an sich wussten und diese darlegen[1177].

b. Carrying on Business

Die Geschäfte der Gesellschaft müssen fortgeführt werden, obwohl das Unternehmen bereits insolvent war. Sec. 213 (1) IA 1986 setzt voraus, dass ein *winding up*-Verfahren der Gesellschaft bereits eingeleitet ist. Dabei ist eine Haftung nicht nur auf Fälle der Insolvenz begrenzt. Entscheidend ist nur, dass sich die Limited in Liquidation befindet[1178]. Für die Annahme eines *fraudulent trading* ist ein aktives Handeln des *director* oder einer sonstigen Person, die in die Geschäfte der Gesellschaft involviert ist, erforderlich[1179]. In Bank of India v. Morris[1180] haftete die Bank of India als „*knowingly party*" wegen der Annahme betrügerischer Absichten nach *fraudulent trading*. Eine Vernachlässigung von Pflichten und die mangelnde Betreuung der gesellschaftlichen Angelegenheiten ist zur Begründung eines *fraudulent trading* nicht ausreichend, wenn die Gesellschaft faktisch von den Eltern des *director* geleitet wird[1181].

Die Literatur verneint eine Haftung teilweise auch dann, wenn der (Finanz-) Vorstand oder ein finanzieller Berater die anderen *directors* nicht davor warnte, die Geschäfte des Unternehmens fortzuführen[1182] oder ein Assistent oder

---

1176 *Keay*, Company Directors' Responsabilities to Creditors, S. 36.

1177 Morris v. Bank of India [2004] 2 BCLC 279, 297 (*Patten J.*); [2004] BCC 404, 419.

1178 *Davies*, Gower and Davies' Principles of Modern Company Law, S. 195; *Fletcher*, The Law of Insolvency, S. 705, 27-014; *Goode*, Principles of Corporate Insolvency Law, S. 456; *Keay*, Company Directors' Responsabilities of Creditors, S. 37; *Römermann/Röver*, in: *Römermann*, Private Limited Company, S. 128.

1179 Re Maidstone Buildings Ltd. [1971] 1 WLR 1085, 1092; *Bailey/Groves*, Corporate Insolvency, S. 693, 695, 17.10, 17.13; *Keay*, Company Directors' Responsabilities to Creditors, S. 62; *Tolley*'s Corporate Insolvency Handbook, S. 231.

1180 Bank of India v. Morris [2005] BCC 739, 740–741.

1181 Re Peake and Hall Ltd. [1985] PCC 87.

1182 *Milman/Durrant*, Corporate Insolvency Law, S. 227, 12–32.

Finanzberater, der keine Verantwortung für die Fortführung des Betriebes hat, eine solche Warnung unterlässt[1183]. Eine Haftung ist auch dann nicht in Betracht zu ziehen, wenn der Gesellschaft lediglich gewisse Finanzierungshilfen zur Verfügung gestellt werden. Daher haftet eine Bank oder ein Kreditinstitut lediglich dann, wenn sie aktiv die Geschäftsführung übernommen und in den Abschluss von Rechtsgeschäften eingegriffen hat. Sofern Mitarbeiter der Bank gleichzeitig als *director* des Gemeinschuldners tätig waren, ist zudem zu hinterfragen, ob ihre Tätigkeit unabhängig war[1184]. Gemäß sec. 213 IA 1986 ist das betrügerische Verhalten nicht auf einen bestimmten Zeitpunkt beschränkt, sondern kann während der ganzen Periode des *winding up*-Verfahrens tatbestandsmäßig sein[1185]. Es kann eine einzelne Transaktion zu Lasten eines einzelnen Gläubigers umfassen und eine Haftung nach sec. 213 IA 1986 auslösen. Allerdings ist nicht jedes betrügerische Handeln oder jedwede Fehldarstellung als Fortführung gesellschaftlicher Tätigkeit zu bewerten. Entscheidend ist, dass der *director* in Bezug auf die Handelsziele des Unternehmens tätig wird[1186]. Demgegenüber ist von einem Fortführen der Unternehmensgeschäfte auszugehen, wenn die Gesellschaft zwar nicht mehr aktiv am Geschäftsverkehr teilnimmt, aber weiterhin existent ist, um ihr Gesellschaftsvermögen zu mehren oder zu verteilen[1187].

Das Fortführen von Geschäften der Gesellschaft muss nicht zwingend den Abschluss von Handelsgeschäften erfassen. Es liegt bereits vor, wenn das Unternehmen lediglich sein Vermögen ansammelt oder anderweitig an die Muttergesellschaft und Dritte verteilt, ohne im Handelsverkehr tätig zu werden[1188]. Ein *fraudulent trading* muss zudem grundsätzlich von einer *misrepresentation* oder einem einfachen Betrug abgegrenzt werden[1189]. Letztere sind anzunehmen, wenn die täuschende Person nicht gezielt seine Gläubiger täuschen wollte[1190].

1183 Re Maidstone Building Provisions Ltd. [1971] 1 WLR 1085.

1184 *Tolley's* Corporate Insolvency Handbook, S. 232.

1185 *Fletcher*, The Law of Insolvency, S. 705, 27-014.

1186 Re Gerald Cooper Chemicals Ltd. [1978] Ch 262, 267 f. (*Templeman J.*); *Griffin*, Company Law Handbook, S. 27–28, 2.5.

1187 Re Sarflax Ltd [1979] Ch 592, 593 = [1979] 2 WLR 202, 203, Carman v. The Cronos Group SA [2006] BCC 451.

1188 Re Sarflax Ltd. [1979] Ch 592 = [1979] 2 WLR 202.

1189 Vgl. Zweiter Teil, § 3 B.

1190 Morphitis v. Bernasconi [2003] Ch 552 = [2003] BCC 540; *Keay*, Company Directors' Responsabilities of Creditors, S. 42.

c. Intent to Defraud or Fraudulent Purpose

Die Voraussetzung der betrügerischen Absicht ist im Rahmen des *fraudulent trading* schwer nachzuweisbar[1191]. Die *directors* müssen subjektiv ein betrügerisches Verhalten mit Täuschungsabsicht an den Tag legen und mit Wissen und Wollen der Umstände gehandelt und die Geschäfte der Gesellschaft fortgeführt haben. Der *director* handelt daher tatbestandsmäßig, wenn er die Geschäfte der Gesellschaft mit Schädigungsabsicht von Gläubigerinteressen ("*with intent to defraud creditors*") oder sonstigen betrügerischen Absichten und Zwecken ("*for any fraudulent purpose*") weitergeführt hat. Eine Definition der beiden Arten von Missverhalten ist gesetzlich nicht verankert. Erforderlich ist in jedem Fall eine „*dishonesty*"[1192]. Das betrügerische Verhalten ist offensichtlich, wenn der Geschäftsleiter vortäuscht, dass die hoch verschuldete Gesellschaft solvent und zahlungskräftig sei, obwohl sie objektiv nicht in der Lage sein wird, ihre Schulden zu tilgen. Der Betrug kann allerdings je nach Sachzusammenhang unterschiedliche Bedeutungen haben, die eine Definition schwierig machen[1193]. Die Rechtsprechung stellt hohe Anforderungen an die Schädigungsabsicht im Rahmen des *fraudulent trading*. Mit der "*sunshine doctrine*" besteht eine große Hürde für Kläger, die ihre Klage auf den Tatbestand des fraudulent trading zu stützen versuchen[1194]. Die in Re White & Osmond (Parkstone) Ltd.[1195] entwickelte "*sunshine doctrine*" nimmt eine betrügerische Absicht des Geschäftsleiters selbst dann nicht an, wenn er trotz aller Schwierigkeiten weiterhin daran festhält, dass „die Wolken verschwinden und die Sonne wieder zum Vorschein kommt"[1196]. Infolge dieser

---

1191 *Oditah*, [1990] LMCLQ 205, 206.

1192 Re Patrick and Lyon [1933] Ch 786, 791; *Bailey/Groves*, Corporate Insolvency, S. 695–696, 17.14; *Davies*, Gower and Davies' Principles of Modern Company Law, S. 196; *Goode*, Principles of Corporate Insolvency Law, S. 457; *Griffin*, Company Law Handbook, S. 29, 2.5; *Keay*, Company Directors' Responsabilities to Creditors, S. 32; *Roth*, Unternehmerisches Ermessen und Haftung des Vorstands, S. 187; *Tolley*'s Corporate Insolvency Handbook, S. 232.

1193 *Farrar J.*, [1980] JBL 336, 339.

1194 Zur "*sunshine doctrine*" siehe *Buckley J*, in: Re White Osmond (Parkstone) Ltd., unveröffentlicht aber zitiert in R. v. Graham [1984] All ER 166, 170 = [1984] BCLC 270; dazu *Goode* [1998] Company and Securities Law Journal, 170, 172; Cork Report, Insolvency Law and Practice, Rn. 1782, S. 399.

1195 Entscheidung von *Buckley J.* vom 30.06.1960: Re White & Osmond (Parkstone) Ltd., unveröffentlicht, aber zitiert in R. v. Grantham [1984] QB 675, 682; [1984] 3 All ER 166, 177.

1196 *Fletcher*, The Law of Insolvency, S. 706, 27-015; *Fleischer*, in: *Lutter*, Europäische Auslandsgesellschaften, S. 61; *Schilling*, Insolvenz einer englischen Limited, S. 147.

Spruchpraxis und schweren Beweisbarkeit blieb wenig Raum für die betrügerische Absicht des *director*. Bereits in der Entscheidung R. v. Grantham zeigte der *Court of Appeal* seine erste Missbilligung gegenüber der *sunshine doctrine*. Die Frage sei nicht, ob die *directors* dachten, dass die Gesellschaft zu einem unbestimmten Zeitpunkt in der Zukunft in der Lage sei, ihre Schulden zu zahlen. Vielmehr käme es darauf an, dass sie bei der Eingehung des neuen Kredits annehmen, das Unternehmen könne die Forderungen bei Fälligkeit oder kurz danach begleichen. Erkannten die Geschäftsleiter, dass die Limited nicht in der Lage war, diese Verpflichtungen zu erfüllen, kommt eine Haftung wegen *fraudulent trading* in Betracht[1197]. Diese Haftung besteht unabhängig davon, ob die *directors* positive Erwartungen oder die Hoffnung, die Schulden tilgen zu können, hatten[1198].

Zudem nahm die Rechtsprechung lange Zeit an, dass der Betrug eines Gläubigers für die Absicht, Gesellschaftsgläubiger vermögensschädigend zu täuschen, ausreiche[1199]. Mit der Entscheidung Morphites v. Bernasconi[1200] änderte der *Court of Appeal* seine Rechtsprechung. Die *directors* einer Speditionsfirma, namens TMC, gründeten eine neue Gesellschaft, die dieselben Initialen trug. Sinn und Zweck des neuen Unternehmens war es, der Forderung eines Gläubigers zu entgehen. Die alte Gesellschaft wurde noch ein Jahr weitergeführt, um eine Haftung nach sec. 217 IA 1986 wegen unzulässiger Gründung einer *"phoenix company"* zu vermeiden. Dem Gläubiger wurde eine Teilzahlung angeboten, damit dieser zwischenzeitlich keinen Insolvenzantrag stellte. Allerdings sollte die Teilzahlung, wie von Anfang an geplant, nie erfüllt werden, sondern galt der Hinhaltung des Gläubigers[1201]. In diesem Fall nahm der *Court of Appeal* mit Urteil vom 5.3.2003 an, dass ein einziger Betrug zu Lasten eines einzelnen Gläubigers nicht für die Annahme eines *fraudulent trading* ausreicht. Ferner sprach er sich entgegen der Vorinstanz gegen einen bestrafenden Charakter (*punitive element*) in dem zu zahlenden Schadensersatz aus[1202].

Da ein betrügerisches Handeln mit Wissen und Wollen begangen werden muss, ist eine Haftung der Muttergesellschaft ausgeschlossen, wenn sie der Tochtergesellschaft einen *letter of financial support* ausgestellt hat und diesen anschließend nicht

---

1197 R. v. Grantham [1984] QB 675, 682 ff.; *Goode*, Principles of Modern Company Law, S. 457 f.

1198 R. v. Grantham [1984] QB 675, 682 ff.; *Goode*, Principles of Modern Company Law, S. 458.

1199 Re Gerald Cooper Chemicals Ltd. [1978] Ch 262, S. 268.

1200 Morphitis v. Bernasconi [2003] 2 BCLC 53, S. 73.

1201 Morphitis v. Bernasconi [2003] 2 BCLC 53 ff.

1202 Morphitis v. Bernasconi [2003] 2 BCLC 53, 54, 73, 75 f.

mehr erfüllen will[1203]. Bei veränderten Umständen lässt die Nichterfüllung noch keinen Schluss darauf zu, dass die Vereinbarung zum Zeitpunkt des Ausstellens der Gewähr unehrlich („*dishonest*“) war[1204]. Aufgrund dieser Umstände verlangt die Haftung eines bestimmten *director* sein positives Wissen des betrügerischen Verhaltens[1205]. Es scheint infolgedessen nicht ausreichend, wenn ein durchschnittlich vernünftiger Dritter in dieser Position auf Umstände über ein *fraudulent trading* der Gesellschaft hätte schließen können. Eine Haftung nach den Grundsätzen des *fraudulent trading* ist ausgeschlossen, wenn der *director* in der Krise der Gesellschaft auf eine Besserung der Lage vertraut. Hierin eingeschlossen ist auch das Vertrauen auf neue Finanzmittel[1206]. Im Rahmen des *fraud* stellen sich daher vor allem zwei Problembereiche[1207]. Zum Einen ist fragwürdig, ob das Gericht bei der Beurteilung der betrügerischen Absicht nur rein subjektive Maßstäbe nach der Aussage des Betroffenen beachten oder ob es auch äußere, objektive Umstände einbeziehen soll. Zum Anderen ist zu klären, an welchem Maßstab eine *honesty* zu messen ist. Dabei ist zu hinterfragen, ob es auf eine subjektive Betrachtungsweise ankommt, die dem Verhalten und Empfinden des Betroffenen an einem ehrlichen Verhalten unterliegen[1208]. Der Nachweis der Absicht bemisst sich der mittlerweile geänderten Rechtsprechung zufolge nach einem subjektiven Maßstab, nämlich an den Gedanken und Empfindungen des Betroffenen zum Begehungszeitpunkt des *fraudulent trading*. Mit dem betrügerischen Wissen ist auch seine *dishonesty* bewiesen[1209].

Der zweite Problembereich befasst sich vornehmlich mit der Frage, ob der Betroffene sich darauf berufen kann, dass er in dem Glauben handelte, nicht unehrlich (*dishonest*) gehandelt zu haben. In dem Fall R. v. Ghosh[1210] bekannte sich *Lord Lane CJ.* zu einer generellen Anwendungsdefinition: Der Betroffene handelt betrügerisch (*dishonest*), wenn er ein Verhalten, das gewöhnliche dritte Personen als unehrlich ansehen, an den Tag legt, auch wenn er selbst sein Verhalten als moralisch

---

1203 Re Augustus Barnett & Sons Ltd. [1986] BCLC 170; *Bailey/Groves*, Corporate Insolvency, S. 696, 17.14; *Tolley*'s Corporate Insolvency Handbook, S. 232.

1204 Re Augustus Barnett & Son Ltd. [1986] BCLC 170.

1205 R. v. Miles [1992] CrimLRev 657; Rossleigh Ltd. v. Carlaw [1985] 1 BCC 99357.

1206 *Tolley*'s Corporate Insolvency Corporate Insolvency Handbook; S. 231 f.

1207 *Keay*, Company Directors' Responsabilities to Creditors, S. 53.

1208 *Keay*, Company Directors' Responsabilities to Creditors, S. 53.

1209 R. v. Ghosh [1982] QB 1053; Morris v. State Bank of India [2004] BCC 404.

1210 R. v. Ghosh [1982] QB 1053.

vertretbar ansieht[1211]. In Twinsectra[1212] und Royal Brunei[1213] änderte sich der Maßstab und spaltete sich in eine objektive und subjektive Betrachtungsweise auf, die in Kombination einen Definitionsversuch der *dishonesty* bieten sollte. Der Betroffene muss nach dem gewöhnlichen Maßstab vernünftiger und ehrlicher Personen betrügerisch handeln. Er hat zu realisieren, dass sein Verhalten unter Zugrundelegung gewöhnlicher Standards unehrlich (*dishonest*) war. Eine Beurteilung des Gerichts ohne Einschluss der objektiven sowie subjektiven Gesamtumstände wäre zudem unrealistisch und nicht nachvollziehbar. Die Betrachtung der subjektiven Seite soll nicht dazu führen, dass die Betroffenen den Maßstab der Subjektivität individuell nach moralischer Wertvorstellung selbst festlegen können[1214]. Diese doppelseitige Sichtweise soll vor allem dann von entscheidender Bedeutung soll, wenn der *director* seine Augen davor verschließt, dass es für die Gesellschaft keinen vernünftigen Ausweg aus der Krise gibt.

Das Handeln in *"(any) fraudulent purpose"* lässt einen weiten Anwendungsbereich zu. Eine restriktive Anwendung auf den Bereich des *"intent to defraud"* ist wortlautgemäß zu verneinen, da eine Beschränkung des sec. 213 IA 1986 nicht gewollt war[1215].

d. Konnexität

Der Liquidator hat im Rahmen der Verteilung des Gesellschaftsvermögens darzulegen und zu beweisen, dass zwischen dem Vermögensverlust zum Nachteil der Gesellschaft und dem *fraudulent trading* eine Konnexität besteht. Die von den Verantwortlichen zu bezahlende Summe beläuft sich auf den Verlustbetrag bei den Gläubigern, der aufgrund des *fraudulent trading* nachgewiesen werden konnte[1216].

e. Rechtsfolgen

Die Haftung des *director* nach den Grundsätzen des *fraudulent trading* bezweckt die Wiedergutmachung des entstandenen Schadens und hat damit kompensatorischen Charakter[1217]. Das Institut des *fraudulent trading* hat die gleiche

---

1211 R. v. Ghosh [1982] QB 1053, 1064.

1212 Twinsectra Ltd. v. Yardley [2002] 2 AC 164, S. 171–172 (*Lord Hutton*).

1213 Royal Brunei Airlines Sdn Bhd v. Tan [1995] 2 AC 378, 389 (*Lord Nicholls*).

1214 Royal Brunei Airlines Sdn Bhd v. Tan [1995] 2 AC 378, 389.

1215 R. v. Kemp [1988] QB 645, 654–655.

1216 Re a Company No. 001418 of 1988 [1990] BCC 526, 532 = [1991] BCLC 197, 203; *Keay*, Company Directors' Responsabilities to Creditors, S. 46.

1217 *Bailey/Groves*, Corporate Insolvency, S. 696, 17.15; *Tolley*'s Corporate Insolvency Handbook, S. 233.

Zivilrechtsfolge wie ein Vergehen nach *wrongful trading*. Das Gericht hat einen weitgehenden Ermessensspielraum, der sich in sec. 215 IA 1986 manifestiert, und kann zudem eine *disqualification order* nach CDDA 1986 gegen den handelnden *director* erlassen. Die bisherige Diskussion über ein *"punitive element"*[1218] des *fraudulent trading* ist mit dem Fall Morphitis v. Bernasconi[1219] jedoch jegliche Grundlage entzogen. Sec. 213 IA 1986 hat keinen bestrafenden, sondern kompensatorischen Charakter. Infolge seines weiten Ermessens kann das Gericht einen Betrag hinsichtlich jeglicher Gesellschaftsschulden festsetzen sowie den ganzen oder einen Teil des Schuldenbetrags aufschieben. Die Höhe der Wiedergutmachung ist nicht auf den durch das betrügerische Verhalten entstandenen Schaden beschränkt, sondern soll kompensatorisch den Schaden der Gläubiger ausgleichen[1220].

Der Liquidator kann einen Antrag auf *fraudulent trading* nicht zugunsten eines einzelnen Gläubigers stellen, sondern muss die Gläubiger als kollektive Einheit betrachten. Ansonsten könnte sich ein Einzelner dazu ermutigt fühlen, den *director* zu einer Selbstanzeige unter Druck zu setzen[1221]. Eine Verurteilung des *director* wegen *fraudulent trading* kommt zudem nur der Gesellschaft und nicht den einzelnen Gläubigern zugute. Die *directors* können nicht dazu verurteilt werden, direkt an die getäuschten Gläubiger zu zahlen[1222]. Die im Rahmen der Wiedergutmachung geleisteten Schadensersatzzahlungen der *directors* fallen allerdings nicht in das Eigentum der Gesellschaft, so dass sie weder von einer *floating charge* erfasst werden können noch als nachträglich erworbenes Eigentum gelten. Sie fallen der Gesamtheit der Gläubiger zu. Im Gegensatz zur früher geltenden Vorschrift des sec. 332 CA 1948, der bis 1986 geltendes Recht darstellte, haben die Gläubiger nunmehr im Verfahren der betroffenen Limited kein Recht auf Beantragung eines *fraudulent trading* bei Gericht. Seit Einführung des sec. 213 IA 1986 kann

---

1218 *Griffin*, Company Law Handbook, S. 30, 2.5; *Hannigan*, Company Law, S. 842.

1219 Morphitis v. Bernasconi [2003] 2 BCLC 53, 54, 75 f.

1220 *Bailey/Groves*, Corporate Insolvency, S. 696, 17.15; *Tolley's* Corporate Insolvency Handbook, S. 233.

1221 Morphitis v. Bernasconi [2003] 2 BCLC 53, 73; *Bailey/Groves*, Corporate Insolvency, S. 696, 17.15; *Hannigan*, Company Law, S. 841.

1222 Re Esal (Commodoties) Ltd. [1993] BCLC 872, 872, 884 f.; *Bailey/Groves*, Corporate Insolvency, S. 696, 17.15; *Goode*, Principles of Corporate Insolvency Law, S. 458; *Milman/Durant*, Corporate Insolvency, S. 228, 12–35; *Roth*, Unternehmerisches Ermessen und Haftung des Vorstands, S. 186.

ein Antrag lediglich vom Liquidator der Gesellschaft gestellt werden[1223]. Sofern dieser mit dem Antrag nach sec. 213 IA 1986 auch ein *wrongful trading* bei Gericht geltend macht, verlangt der aktuelle Wortlaut der Vorschrift, dass der Antrag zugunsten aller Gläubiger gemeinsam erfolgt und nicht nur zugunsten einiger Opfer individuell gestellt wurde[1224]. Infolgedessen ist es auch den Gerichten nicht möglich, den Schadensersatz lediglich zugunsten eines Gläubigers auszusprechen. Das Ermessen des Gerichts hat allerdings auch seine Schattenseiten. Für das Gericht ist es nicht immer einfach, eine angemessene Höhe des Schadensersatzes als Kompensation für das betrügerische Handeln zu finden[1225].

Neben einem Schadensersatz kann das Gericht auch eine *disqualification order* mit einem Tätigkeitsverbot von bis zu 15 Jahren gemäß sec. 10 (1) CDDA 1986 verhängen. Das *fraudulent trading* hat somit eine private und eine öffentliche Funktion[1226]. Die private Seite spiegelt sich im kompensatorischen Charakter von Schadensersatzzahlungen zugunsten der Gläubiger wieder. Das öffentliche Element des *fraudulent trading* kommt zum Ausdruck, wenn das Gericht infolge des betrügerischen Verhaltens auch eine *disqualification order* im Sinne des sec. 10 (1) CDDA 1986 ausspricht und die Öffentlichkeit vor dem skrupellosen oder rücksichtslosen Verhalten des *director* schützt[1227].

Nach sec. 458 CA 1985 (sec. 993 CA 2006 n. F.) ist das *fraudulent trading* auch unter Strafe gestellt. Dafür ist wortlautgemäß nicht erforderlich, dass sich die Gesellschaft in Liquidation befindet. Ein Handeln des *director* mit der betrügerischen Absicht der Gläubigerbenachteiligung wird demgemäß mit Geldstrafe oder Freiheitsstrafe geahndet.

f. Prozessuale Unterschiede zur strafrechtlichen Verfolgung

Nach sec. 458 CA 1985 (sec. 993 CA 2006 n. F.) bedarf die strafrechtliche Verfolgung des *fraudulent trading* im Gegensatz zu Zivilrechtsmaßnahmen gemäß sec. 213 IA 1986 keiner Liquidierung (*winding up*) der Gesellschaft. Der *director* wird bereits dann strafrechtlich zur Verantwortung gezogen, wenn er ein betrügerisches Verhalten zu Lasten der Gesellschaftsgläubiger an den Tag gelegt

1223 Re Purpoint Ltd. [1991] BCC 121; *Davies*, Gower and Davies' Principles of Modern Company Law, S. 195; *Goode* [1998] 16 Company and Securities LJ 170, 174; *Keay*, Company Directors' Responsabilities to Creditors, S. 33.

1224 Re Esal (Commodities) Ltd. [1997] 1 BCLC 705 (CA); *Fletcher*, The Law of Insolvency, S. 706, 27-016; *Keay*, Company Directors' Responsabilities to Creditors, S. 33.

1225 Re L Todd (Swanscombe) Ltd [1990] BCC 125, 128–129.

1226 *Keay*, Company Directors' Responsabilities to Creditors, S. 67–68.

1227 *Keay*, Company Directors' Responsabilities to Creditors, S. 67–68.

hat[1228]. Antragsteller ist das staatliche Oberhaupt, in diesem Fall die Königin. Gemäß sec. 213 (2) IA 1986 kann hingegen nur der Liquidator der Gesellschaft einen Antrag auf zivilrechtliche Verfolgung stellen. Zudem können sich etwaige unterschiedliche Beweislastregeln im Zivil- und Strafrecht zum Vor- oder Nachteil des Handelnden auswirken. Die vorgenannten Unterschiede sind in der Praxis gravierend. Die strafrechtliche Verfolgung kann mangels Liquidierungserfordernisses schnelle Konsequenzen für den Betrüger nach sich ziehen.

3. *Praktische Erwägungen in der Rechtsprechung*

Der Tatbestand des *fraudulent trading* wird in der Rechtsprechung sehr restriktiv angewendet. Dies liegt vor allem an den hohen Anforderungen, die betrügerische Absicht auf subjektiver Tatbestandsseite nachzuweisen[1229]. Die Beweisschwierigkeiten schrecken potentielle Kläger davon ab, ihre Ansprüche auf den Tatbestand des *fraudulent trading* zu stützen. Aufgrund der schwierigen Beweisführung laufen sie Gefahr, den Prozess zu verlieren und das Prozesskostenrisiko zu tragen. Der Anspruch aus *fraudulent trading* entspricht einer deutschen Haftung aus § 823 Abs. 2 BGB i.V.m. § 263 StGB oder § 826 BGB[1230]. Die Schwierigkeiten der Beweisführung lassen stetig eine Diskussion um eine Haftung nach *wrongful trading* aufleben. Eine eigenständige Bedeutung des *fraudulent trading* ist neben dem Institut des *wrongful trading* sehr umstritten. Ein Großteil der Literatur sieht den Anwendungsbereich des sec. 214 IA 1986 als ausreichend an, um die Geschäftsleiter für betrügerisches Verhalten persönlich in die Haftung zu ziehen[1231]. Demgegenüber finden sich gerade in jüngerer Rechtsprechung wieder

---

1228 Vgl. Sec. 993 (1) CA 2006: "If any business of a company is carried on with intent to defraud creditors of the company or creditors of any other person, or for any fraudulent purpose, every person who is knowingly a party to the carrying on of the business in that manner commits an offence."

1229 Vgl. die bis heute viel zitierte Entscheidung *Maugham J.*, in: Re Patrick and Lyon Ltd. [1933] Ch 786, 790, welche „actual dishonesty, involving, according to current notions of fair trading among commercial men, real moral blame" voraussetzt; zudem: *Bailey/Groves*, Corporate Insolvency, S. 693, 17.10; *Fletcher*, The Law of Insolvency, S. 706, 27-016; *Habersack/Verse*, ZHR 168 (2004), 174, 177; *Hannigan*, Company Law, S. 841; *Fleischer*, in: *Lutter*, Europäische Auslandsgesellschaften in Deutschland, S. 61; *Oditah*, [1990] LMCLQ 205–206; *Wilhelmi*, GmbHR 2005, 13, 17.

1230 *Höfling*, Das englische internationale Gesellschaftsrecht, 2002, S. 223 f.; *Habersack/Verse*, ZHR 168 (2004), 174, 178.

1231 *Sealy/Milman*, Annotated Guide to the Insolvency Legislation 2006/2007, sec. 213 IA 1986, S. 227; *Sealy*, in: *Ziegel*, Current Developments in International and Comparative Insolvency Law, S. 490.

vermehrt Entscheidungen, die zeigen, dass das Institut des *fraudulent trading* aktiven weiterhin Bestand hat[1232]. Der Anspruch nach *fraudulent trading* wird vor allem aufgrund seines weitgefächerten Adressatenkreises weiterhin Bestand haben und nicht vollkommen überflüssig sein.

II. Wrongful Trading, Sec. 214 IA 1986

Die Haftung des *fraudulent trading* gemäß sec. 213 IA 1986 wurde in der Insolvenz aus genannten Gründen als unzulänglich empfunden. Es herrschte eine allgemeine Unzufriedenheit darüber, dass der *director*, der eine Gesellschaft zuvor durch Missmanagement und fehlerhaftes Verhalten heruntergewirtschaftet und um ihre Existenz gebracht hatte, ungeschoren davonkam[1233]. Ein adäquater Gläubigerschutz konnte im Rahmen der zunehmenden Unternehmensinsolvenzen nicht mehr gewährleistet werden[1234].

1. Grundlagen

Bereits 1962 empfahl das *Jenkins Committee* die Einführung einer Haftung der *director* bei grober Fahrlässigkeit (*recklessness*)[1235]. Im Jahre 1982 schlug das *Cork Committee*, benannt nach dem Vorsitzenden Sir Kenneth Cork[1236], in einem Reformgutachten vor, eine Haftung des Geschäftsleiters aufgrund eines *wrongful trading* einzuführen, um die Gläubiger eines insolventen Unternehmens mittels Herabsenkung der subjektiven Tatbestandsvoraussetzung dem willkürlichen Handeln des *directors* nicht schutzlos auszusetzen. Die praktischen Schwierigkeiten und Unzulänglichkeiten bei der Annahme eines *fraudulent trading* sollten mittels *wrongful trading* überwunden werden[1237]. Zudem löste die Haftungsbegrenzung

---

1232 Re Esal (Commodities) Ltd. [1997] 1 BCLC 705, CA; Morris v. Bank of America National Trust and Savings Assiciation [2000] BPIR 83, [2000] BCC 1076, [2001] 1 BCLC 771, CA; Re Bank of Credit and Commerce International SA, Morris v. State Bank of India [2004] 2 BCLC 236; Morphitis v. Bernasconi [2003] Ch 552 = [2003] BCC 540. CA; Morris v. Bank of India [2004] BCC 404 und in der Berufung bestätigt [2005] 2 BCLC 328 = [2005] BPIR 1067.

1233 *Bailey/Groves/Smith*, Corporate Insolvency, 16.17, S. 560.

1234 *Cook*, [1999] Insolvency Lawyer, 99: 1980: 6890 Unternehmensinsolvenzen; 1982 (bei Veröffentlichung des Cork Report: 12067 Unternehmensinsolvenzen); siehe auch *Bailey/Groves/Smith*, Corporate Insolvency, 16.17, S. 560.

1235 Vgl. Report of the Company Law Committee, 1962, Cmnd. 1749, § 503 (b).

1236 *Fletcher*, The Law of Insolvency, 1-026, S. 15.

1237 Vgl. Insolvency Law Review Committee, Insolvency Law and Practice (Cork Report), 1982, Cmnd. 8558, §§ 1776 ff.; *Fletcher*, The Law of Insolvency, S. 707, 27-017;

des *director* bei der insolventen Limited einen Anreiz aus, das Unternehmen fortzuführen. Verluste wurden bis zur Einführung des *wrongful trading* durch die Gesellschafter aufgefangen, so dass das Risiko eines Fehlschlags nicht der *director* persönlich trug[1238].

Die Einführung eines Instituts des *wrongful trading* sollte die Unzulänglichkeiten in der Haftung auffangen und die Gesetzesänderungen im Rahmen des *fraudulent* trading sowie die schwierige Beweislage der subjektiven Voraussetzungen ausgleichen. Das Institut des *wrongful trading* sollte demgemäß diejenigen *directors* in die Haftung nehmen, die weder das Wissen oder die betrügerische Absicht hinsichtlich eines *fraudulent trading* hatten noch bösgläubig waren oder neue Verpflichtungen in der Krise der Gesellschaft geschaffen haben und so einer Inanspruchnahme nach sec. 213 IA 1986 entgingen[1239]. Zudem sollte die Vernachlässigung der im Verkehr erforderlichen Sorgfalt sanktioniert werden[1240]. Das *Cork Committee* sah einen entscheidenden Nachteil des *fraudulent trading* darin, dass auch eine auf Schadensersatz angestrebte Zivilklage eines Betrugsnachweises bedurfte[1241]. Die zivilrechtliche Haftung des *director* sollte daher unabhängig von den betrügerischen Absichten des Geschäftsleiters einsetzen, wenn die Gesellschaft im Zeitpunkt der Insolvenz neue Schulden verursacht und eine absehbare Aussicht auf vollständige Tilgung nicht besteht[1242]. Eine Haftung des *director* komme sowohl bei Zahlungsunfähigkeit als auch bei Überschuldung des Unternehmens in Betracht[1243]. Hiervon erfasst sind auch solche Fälle, bei denen sich die überschuldete Limited aufgrund eines Kredits nur kurzfristig über Wasser halten kann. Die Betrugsabsicht sei als subjektive Komponente auf Straftatbestände anzuwenden, die strafrechtliche Konsequenzen an rechtswidriges Verhalten knüpfen[1244]. Das Cork Committee legte durch seinen Report den Ursprung für viele gegenwärtige Regelungen des modernen englischen Insolvenzrechts. Viele

---

Habersack/Verse, ZHR 168 (2004), 174, 179; *Hannigan*, Company Law, S. 844; *Keay*, Company Directors' Responsabilities to Creditors, S. 74; *Fleischer*, in: *Lutter*, Europäische Auslandsgesellschaften in Deuitschland, S. 62; *Sealy* [1998] 16 Company and Securities LJ 176, 182.

1238 *Prentice* [1990] OJLS 265–266; *Roth*, Untermehmerisches Ermessen und Haftung des Vorstands, S. 186.

1239 *Tolley*'s Corporate Insolvency Handbook, S. 234.

1240 *Tolley*'s Corporate Insolvency Handbook, S. 234.

1241 Cork Report, Insolvency Law and Practice, 1982, Rn. 1777, S. 399.

1242 Cork Report, Insolvency Law and Practice, 1982, Rn. 1781, S. 399.

1243 Cork Report, Insolvency Law and Practice, 1982, Rn. 1784, S. 400.

1244 Cork Report, Insolvency Law and Practice, 1982, Rn. 1779, S. 399.

Vorschläge des *Committees* setzte die Gesetzgebung um, hielt aber an einer Geschäftsleiterhaftung nur im Falle der Liquidation der Gesellschaft fest.

2. *Inhalt und Ziele des Wrongful Trading*

Die in sec. 214 (2) und (7) IA 1986 normierte Fallgruppe des *wrongful trading* setzt die persönliche Haftung des *director* fest, sofern er eine insolvenzreife Gesellschaft fortführt und seit Kriseneintritt nicht jeden denkbaren Schritt zum Schutze der Gläubiger unternommen hat[1245]. Das Institut des *wrongful trading* ist eine insolvenzrechtliche Krisenverschleppungshaftung, der durch strenge Publizitätsanforderungen, hoheitliche Zwangsmaßnahmen und durch stärkere Betonung des „caveat-creditor-Prinzips", wonach es grundsätzlich die Sache des Gläubigers ist, sich über die Bonität des Schuldners zu erkundigen[1246], umgeben wird[1247]. Daneben hat die Haftung der im englischen *case law* verankerten gesellschaftsrechtlichen Figur des *„lifting the corporate veil"* wegen ihrer engen Voraussetzungen nur noch geringe praktische Bedeutung[1248]. Erst im Laufe des sehr umstrittenen Gesetzgebungsverfahrens wurde die Haftung nach *wrongful trading* derartig ausgedehnt, dass eine Haftung bereits vor Eintritt der Insolvenz anzunehmen ist. Hierzu bedarf es einer Absehbarkeit der insolvenzbedingten Liquidation[1249]. Im Gegensatz zur Rechtslage vor Inkrafttreten des Insolvency Act 1985 und zum *fraudulent trading* setzt eine Haftung des *director* gemäß sec. 214 IA 1986 nunmehr weder Betrug noch Unehrlichkeit (*dishonesty*) voraus.

Obwohl die Haftungsverschärfung zu einer vereinfachten Verfolgung solcher Geschäftsleiter führen sollte, denen ein betrügerisches Element gerade nicht nachweisbar ist, kann es bis 1999 nur in vier Fällen zu einer Geldzahlung an die Gesellschaft wegen Verurteilung aus *wrongful trading*[1250]. Andere Stimmen

---

1245 *Hannigan*, Company Law, S. 844; *Fleischer*, in: *Lutter*, Europäische Auslandsgesellschaften in Deutschland, S. 62; *Morris*, Finance Director's Handbook, S. 307, 8.20; *Weller*, Europäische Rechtsformwahlfreiheit und Gesellschafterhaftung, S. 111.

1246 *Broichmann/Burmeister*, NZG 2006, 687.

1247 *Borges*, ZIP 2004, 733, 739 f.; *Fleischer*, in: *Michalski*, GmbHG I, Syst. Darst. 5, Rn. 78; *Weller*, Europäische Rechtsformwahlfreiheit und Gesellschafterhaftung, S. 112.

1248 *Höfling*, Engl. IntGesR, S. 173 ff., 225; *Triebel/Hodgson/Kellenter/Müller*, Engl. WirtschaftsR., Rn. 626, 815, 837 ff.; *Weller*, Europäische Rechtsformwahlfreiheit und Gesellschafterhaftung, S. 112.

1249 *Habersack/Verse*, ZHR 168 (2004), 174, 179.

1250 Re D. K. G. Contractors Ltd. [1990] BCC 903; Re Purpoint Ltd. [1991] BCLC 491; Re Fairmont Tours (Yorkshire) Ltd., erwähnt in: Sargent [1990] Insolvency Intelligence 7 (Case Comment); Re Produce Marketing Consortium Ltd. [1989] BCLC 513.

sprechen dennoch von nicht übersehbaren Konsequenzen seit der Einführung des *wrongful trading*: Banken fordern infolge des Haftungsinstituts von den insolvenzbedrohten Gesellschaften, die Bescheinigung eines Abschlussprüfers einzuholen, die eine Fortführung des Betriebes ohne *wrongful trading* belegt[1251]. *Davies* bezeichnet das Institut des *wrongful trading* als extremste normierte Ausnahme und Loslösung vom Salomonprinzip[1252] Die wenigen Entscheidungen auf der Grundlage dieses Anspruchs reichen allerdings nicht aus, allgemeine Handlungspflichten des *director* einer insolventen Gesellschaft abzuleiten. Sie lassen nicht ausdrücklich erkennen, wie sich der *director* im Falle der Insolvenz der Gesellschaft zu verhalten hat, um einer persönlichen Haftung zu entgehen[1253]. Das Institut des *wrongful trading* bezweckt, unternehmerische Aktivitäten zu kontrollieren und das verantwortungsvolle Verhalten der *director* in der Krise des Unternehmens zu fördern. Sec. 214 IA 1986 soll den Verhaltensmaßstab des *director* in der Krise erhöhen[1254]. Das Rechtsinstitut des *wrongful trading* befasst sich daher nicht mit dem Missmanagement an sich, sondern der Situation, in der die *director* trotz herannahender Gesellschaftskrise die Gläubigerinteressen nicht schützen[1255].

3. *Haftungsvoraussetzungen*

Bei Vorliegen der Haftungsvoraussetzungen des *wrongful trading* kann die Haftung nur in einem späteren Insolvenzverfahren durch den Liquidator mittels einer „*office-holder-claim*" geltend gemacht werden[1256]. Die geltende Fassung des *wrongful trading*-Instituts trat am 28. April 1986 zunächst in sec. 215 des IA 1985 in Kraft. Nunmehr findet es sich in sec. 214 IA 1986 wieder und bedarf der im Folgenden erläuterten Haftungsvoraussetzungen[1257].

1251 *Sealy*, in: *Ziegel*, Current Developments in International and Comparative Insolvency Law, S. 485, 498.

1252 *Davies*, Gower and Davies' Principles of Modern Company Law, S. 195: "the most extreme departure from the rule in Salomon's case yet achieved in the United Kingdom".

1253 *Campbell/Collins*, Corporate Insolvency and Rescue, S. 22: "No general guidelines".

1254 *Keay*, Company Directors' Responsabilites to Creditors, S. 75.

1255 *Keay*, Company Directors' Responsabilites to Creditors, S. 76.

1256 *Hirt*, ECFR 2004, 71, 87; *Schwilden*, Die rechtliche Stellung des GmbH-Geschäftsführers und des managing directors, S. 126; anders liegt es gemäß sec. 212 (3) IA bei sec. 212 IA.

1257 „This subsection applies in relation to a person if – a) the company has gone into insolvent liquidation, b) at some time before the commencement of the winding up of the company, that person knew or ought to have concluded that there was no

a. Liquidationsverfahren

Der Tatbestand des *wrongful trading* setzt gemäß sec. 214 (2) (a) IA 1986 voraus, dass sich die Gesellschaft in einem Liquidationsverfahren („*insolvent liquidation of a company*") befindet, das aufgrund ihrer Insolvenz eingeleitet wurde[1258]. Das Insolvenzverfahren muss auf die Abwicklung und Beendigung des Unternehmens im Rahmen eines sog. „*winding up*" der Gesellschaft gerichtet sein. Andere Insolvenzverfahrensarten des englischen Rechts, deren Ziel es ist, die Gesellschaft über einen längeren Zeitraum fortzuführen und eine Liquidation dementsprechend nicht bezwecken, erfüllen die Voraussetzungen des sec. 214 IA 1986 nur dann, wenn das Verfahren in ein *winding up* überführt wird[1259]. Dieser Beschränkung liegt zugrunde, dass Verfahren, die der Fortführung der Gesellschaft dienen, nicht durch die Geltendmachung von Ansprüchen aus sec. 214 IA 1986 gefährdet werden sollen[1260].

Sec. 214 IA 1986 ist vor der Liquidation nicht anwendbar, wenn das Insolvenzverfahren aufgrund eines Gesellschafterbeschlusses oder durch Gerichtsbeschluss auf Antrag der Gesellschaft, Geschäftsleiter oder Gläubiger bereits eingeleitet ist. Der Tatbestand erfordert eine insolvenzbedingte Liquidation der Limited. Eine Insolvenz im Sinne des sec. 214 (6) IA 1986 liegt vor, wenn eine Überschuldung im Sinne einer *balance sheet insolvency* gegeben ist[1261]. Die Zahlungsunfähigkeit der Gesellschaft (*cash flow insolvency*) spielt in diesem Zusammenhang keine Rolle. Im Vordergrund des sec. 214 IA 1986 steht der Schutz der Gesellschaftsgläubiger vor einem tatsächlichen Schaden, nicht die Haftung des *director*. Es sind vor allem solche Fälle in Betracht zu ziehen, die nicht zur vollständigen Befriedigung der Gläubiger führen[1262].

---

reasonable prospect that the company would avoid going into insolvent liquidation, and c) that person was a director of the company at that time."

1258 *Griffin*, Company Law Handbook, S. 31, 2.6; *Keay*, Company Directors' Responsabilities to Creditors, S. 86; *Höfling*, Engl. IntGesR, S. 226.

1259 *Goode*, Principles of Corporate Insolvency Law, S. 464; *Habersack/Verse*, ZHR 168 (2004), 174, 183; *Wilhelmi*, GmbHR 2005, 13, 17; zu den anderen Verfahrensarten: *Jungmann/Bisping*, RIW 2003, 930 ff.; zu den Verfahrensarten: *Walters*, 25 [2004] Company Lawyer 1; *Chan Ho/Jameel Mokal*, 25 [2004] Company Lawyer 3–8, 35–40.

1260 *Habersack/Verse*, ZHR 168 (2004), 174, 183.

1261 Vgl. Wortlaut des sec. 214 (6) IA 1986: "For the purposes of this section a company goes into insolvent liquidation if it goes into liquidation at a time when its assets are insufficient for the payment of its debts and other liabilities and the expenses of the winding up."

1262 *Bailey/Groves*, Corporate Insolvency, S. 699–700, 17.20; *Goode*, Principles of Corporate Insolvency Law, S. 464; *Sealy/Milman*, Annotated Guide to the Insolvency

aa. Compulsory Winding Up/Winding Up by the Court

Im englischen Recht gibt es freiwillige Auflösungsverfahren (*voluntary winding up*) der Gesellschaft und vom Gericht durchgeführte Gesellschaftsauflösungen (*compulsory winding up/winding up by the court*)[1263]. Das Verfahren des *compulsory winding up* wird gemäß sec. 124 IA 1986 nur auf Antrag vom Gericht eingeleitet. Gemäß sec. 124 (1) IA 1986 kann der Antrag auf Einleitung des gerichtlichen Auflösungsverfahrens insbesondere durch die Gesellschaft selbst, ihre *directors* oder ihre Gläubiger, einschließlich potentieller oder künftiger Gläubiger, beantragt werden. Das Verfahren führt wortlautgemäß zur Auflösung der Gesellschaft. Im Gegensatz zum Verwalter hat der Liquidator bzw. Insolvenzverwalter des englischen Rechts keine Befugnis, Geschäfte im Namen des Unternehmens fortzuführen, es sei denn, sie sind für die Liquidierung von Vorteil. Dabei gelten die Auflösungsgründe des sec. 122 IA 1986. Der wichtigste Insolvenzeröffnungsgrund ist die Zahlungsunfähigkeit gemäß sec. 122 (1) (f) IA 1986 („*if the company is unable to pay its debts*"). Gemäß sec. 123 IA 1986 ist das Unternehmen zahlungsunfähig, wenn es die fälligen Verbindlichkeiten nicht mehr erfüllen kann. Künftige Verbindlichkeiten werden bei der Betrachtung der Insolvenz nicht mehr in die Feststellung der Zahlungsunfähigkeit einbezogen[1264].

(1) Antragsberechtigung

Der Insolvenzantrag kann gemäß sec. 124 (1) IA 1986 sowohl von der Gesellschaft, z.B. Limited oder den directors als auch von den Gläubigern und nachschusspflichtigen Gesellschaftern gestellt werden. Nach sec. 124 (1) IA 1986 ist auch der Verwalter im Sinne von Art. 2 lit. b EuInsVO i.V.m. Anhang C der Verordnung antragsberechtigt, wenn eine Ernennung zum Verwalter eines Hauptinsolvenzverfahrens gemäß Art. 3 Abs. 1 EuInsVO oder zum vorläufigen Verwalter im Sinne von Art. 38 EuInsVO erfolgt ist. Die Gesellschaft stellt nach dem Beschluss einer Gesellschafterversammlung mittels der vertretungsberechtigten *directors* den Insolvenzantrag beim zuständigen Gericht. Die *directors* können auch im eigenen Namen einen Insolvenzantrag stellen, wenn dieser einstimmig erfolgt[1265]. Da der

---

Legislation, 2006/2007, Sec. 214 (6) IA 1986, S. 231; *Snaith*, The Law of Corporate Insolvency, Rn. 21.11; *Habersack/Verse*, ZHR 168 (2004), 174, 183.

1263 *Tolley's* Corporate Insolvency Handbook, S. 95.

1264 *Milman/Durrant*, Corporate Insolvency, S. 96–97, 6-08; *Schilling*, DZWIR 2006, 143, 144.

1265 *Milman/Durrant*, Corporate Insolvency, S. 98, 6-13; *Schilling*, DZWIR 2006, 143; *Sealy/Milman*, Annotated Guide to the Insolvency Legislation 2006/2007, sec. 124 (1) IA 1986, S. 149 f.; *Tolley's* Corporate Insolvency Handbook, S. 110.

Nachweis der Zahlungsunfähigkeit[1266] geringeren Anforderungen als in Deutschland unterliegt, ist die Einleitung dieses Insolvenzverfahrens aufgrund eines Gläubigerantrages in England keine Ausnahme. Der Gläubiger hat bei Antragstellung einen Eröffnungsgrund hinreichend deutlich zu machen. Fordert er eine Gesellschaft an ihrem amtlich eingetragenen Sitz zur Zahlung einer fälligen Forderung auf, die 750 GBP übersteigt, und verweigert das Unternehmen eine Zahlung, so ist bereits in Anlehnung an sec. 123 (1) IA 1986 ein hinreichender Grund dargelegt, um ein Insolvenzverfahren zu eröffnen. Die Darlegung eines Verzuges mit einer unstreitigen Schuld gilt demgemäß als unwiderleglicher Beweis (*conclusive evidence*)[1267], da der Schuldner selbst die Zahlung in den Händen hält. Dabei sind auch sachliche Einwendungen des Schuldners, insbesondere dass die Forderung nicht bestehen würde, zu berücksichtigen[1268]. Aufgrund dieser relativ leichten Möglichkeit der Insolvenzantragstellung behält sich das englische Recht bei unrechtmäßigem oder missbräuchlichem Gebrauch Sanktionen wie die Verhängung einer Geldstrafe vor[1269].

Die nachschusspflichtigen Gesellschafter sind gemäß sec. 124 (2) IA 1986 insbesondere dann antragsberechtigt, wenn sie mindestens sechs Monate am Stück Gesellschafter waren und ein besonderes rechtliches Interesse geltend machen können[1270]. Auch der *secretary of state* kann nach sec. 124 A (1) IA 1986 bei Vorliegen eines besonderen öffentlichen Interesses einen Insolvenzantrag stellen. Sec. 124 A IA 1986 ist allerdings im Rahmen der EuInsVO nicht anwendbar, auch wenn die betroffene Gesellschaft innerhalb des EU-Gebiets insolvent wird[1271].

(2) Zuständigkeit des Gerichts

Gemäß sec. 117 (1) IA 1986 gilt grundsätzlich der *High Court* als das sachlich zuständige Gericht. Bei einem *share capital*, das weniger als 120.000 GBP beträgt,

---

1266 Zur Zahlungsunfähigkeit *Goode*, Principles of Corporate Insolvency, S. 65 ff., 105 ff.

1267 Grundlage: Cornhill Insurance plc. v. Improvement Services Ltd. [1986] 1 WLR 114, 118 (*Harman J.*).

1268 *Schall*, ZIP 2005, 965, 966; *Schilling*, DZWIR 2006, 143, 144.

1269 Re a company (No. 0012209 of 1991) [1992] 1 WLR 351, 354; *Sealy/Milman*, Annotated Guide to the Insolvency Legislation 2006/2007, sec. 123 IA 1986 (general note), S. 148.

1270 *Sealy/Milman*, Annotated Guide to the Insolvency Legislation 2006/2007, sec. 124 (2), (3) IA 1986, S. 149, 151.

1271 *Sealy/Milman*, Annotated Guide to the Insolvency Legislation 2006/2007, sec. 124 A IA 1986, S. 153; Re Marann Brooks CSV Ltd. [2003] BCC 239–240; EuGVÜ: Re SHV Senator Hanseatische Verwaltungsgesellschaft mbH [1997] BCC 112, 117 ff.

wird nach sec. 117 (1) IA 1986 die Zuständigkeit des *County Court* begründet. Im Gegensatz zum deutschen Recht existiert im englischen Recht keine Bindung an eine örtliche Zuständigkeit. Der Antrag auf Einleitung des Insolvenzverfahrens kann bei jedem der acht *High Courts* in England gestellt werden.

bb. Creditors' Voluntary Winding Up

Das *creditors' voluntary winding up* entspricht funktional dem Eigenantrag der Gesellschaft und stellt erfahrungsgemäß das häufigste Verfahren dar, um die Limited zu liquidieren. Nicht die *directors*, sondern die Gesellschafter werden durch einen Auflösungsbeschluss (*shareholders' resolution*) nach sec. 84 IA 1986 initiativ tätig. Eine Einschaltung des Gerichts ist zur Eröffnung des *winding up* gesetzlich nicht erforderlich. In kleineren Gesellschaften sind die *directors* und Gesellschafter meist identisch, so dass hier kaum ein Unterschied zu spüren ist. Dagegen kennt das englische Insolvenzrecht keine Insolvenzantragspflicht, die den *director* zur Antragstellung verpflichtet[1272]. Das *creditors' voluntary winding up* fällt allerdings nur dann in den Anwendungsbereich der EuInsVO, wenn das Verfahren durch richterlichen Beschluss eröffnet worden ist. Die Stellung des Antrags vor Gericht ist dementsprechend notwendig, wenn die EuInsVO angewendet werden soll[1273].

cc. Balance Sheet Insolvency

Ob das Gericht ein *compulsory winding up* im Sinne der Vorschriften der sec. 122 ff. IA 1986 einleitet, bestimmt sich nach dem *balance sheet test* gemäß sec. 214 (6) IA 1986. Das Gesetz normiert in sec. 123 (2) IA 1986 die *balance sheet insolvency*. Der *balance sheet test* gemäß sec. 123 (2) IA 1986 sieht eine Insolvenz vor, wenn das Gesellschaftsvermögen nicht mehr ausreicht, um die Verbindlichkeiten des Gesellschaft zu decken. Dabei werden sowohl gegenwärtige als auch mögliche oder künftige Verbindlichkeiten in die Betrachtung miteinbezogen. Im Gegensatz zum *cash flow test*, der sich mit den bestehenden und fälligen Schulden der Gesellschaft befasst, betrachtet die *balance sheet insolvency* sämtliche Verbindlichkeiten der Gesellschaft und ist infolgedessen

---

1272 *Finch*, Corporate Insolvency Law, S. 375; *Schall*, ZIP 2005, 965, 966; *Schilling*, DZWIR 2006, 143, 144.

1273 Ausdrücklich geregelt in r. 7.62. f. Insolvency Rules 1986 (eingefügt durch die Insolvency (Amendment) Rules 2002).

weitaus umfangreicher[1274]. Die Verbindlichkeiten (*liabilities*) einer Gesellschaft sind naturgemäß umfangreicher als die Schulden (*debts*) der Gesellschaft[1275].

Die Vorschrift des r. 13.12. Insolvency Rules 1986 definiert die Begrifflichkeiten "*debt*" und "*liability*" wie folgt: Gemäß r. 13.12 (4) Insolvency Rules 1986 fallen unter den Begriff „*liability*" Verbindlichkeiten aufgrund einer gesetzlichen Verfügung oder einer Pflichtverletzung, vertragliche Verbindlichkeiten, Verbindlichkeiten wegen unerlaubter Handlung oder Bürgschaft und etwaige sonstige Verbindlichkeit aus einer Verpflichtung zur Rückerstattung. Die Schulden im Sinne der r. 13.12. (1) Insolvency Rules 1986 stellen lediglich einen Teil der Verbindlichkeiten dar wobei erkennbar auf einen Zeitpunkt, hier dem Zeitpunkt der Liquidation abgestellt wird. Ein Vergleich beider Vorschriften zeigt, dass der *balance sheet test* auch solche Verbindlichkeiten umfasst, die bedingt durch ein in der Zukunft liegendes Ereignis in Aussicht stehen (*contingent liabilities*)[1276]. Ein klassisches Beispiel ist die Haftung aufgrund einer Bürgschaft, die davon abhängt, ob der Hauptschuldner zur Begleichung seiner Schulden in der Lage ist. Zudem werden Verbindlichkeiten, die künftig in Aussicht stehen, miteinbezogen (*prospective liabilities*)[1277].

Im Gegensatz zu sec. 123 (2) IA 1986 bezieht sich sec. 214 (6) IA 1986 im Rahmen des *wrongful trading* nicht ausdrücklich auf diese Arten von Verbindlichkeiten, allerdings umfasst bereits das Wort „*liabilities*" für sich betrachtet jede Art von Verbindlichkeit und bedarf keiner Konkretisierung. Sec. 214 (6) IA 1986 hat trotz der unterschiedlichen Formulierung somit die gleiche Bedeutung im Sinne des sec. 123 (2) IA 1986 hinsichtlich des durchzuführenden *balance sheet test*. Ein Unterschied besteht lediglich darin, dass Verbindlichkeiten aufgrund einer Liquidierung des Unternehmens in den *balance sheet test* im Rahmen des *wrongful trading* aufzunehmen sind. Dies gilt im Falle des sec. 123 (2) IA 1986 nicht, sofern keine Liquidation der Gesellschaft vorliegt[1278]. Der *balance sheet*

1274 *Bailey/Groves*, Corporate Insolvency, S. 565, 14.51; *Fletcher*, The Law of Insolvency, S. 1, 1-001; *Goode*, Principles of Corporate Insolvency Law, S. 83 f.; *Griffin*, Personal Liability and Disqualification of Company Directors, S. 6; *Keay*, Company Directors' Responsabilities to Creditors, S. 86.

1275 Re A Debtor (No. 17 of 1966) [1967] Ch 590 = [1967] 1 All ER 668.

1276 *Bailey/Groves*, Corporate Insolvency, S. 700, 17.20; *Goode*, Principles of Coporate Insolvency Law, S. 87 ff.

1277 *Bailey/Groves*, Corporate Insolvency, S. 700, 17.20; *Goode*, Principles of Coporate Insolvency Law, S. 87 ff.

1278 *Goode*, Principles of Corporate Insolvency Law, S. 98; Tolley's Corporate Insolvency Handbook, S. 3–5.

test grenzt die Haftung des *director* in dem Maße ein, dass nur vorübergehende Zahlungsschwierigkeiten der Gesellschaft im Rahmen eines ausgeglichenen *balance sheet test* keine Haftung nach *wrongful trading* auslösen[1279]. Im Gegensatz zum deutschen Recht kennt das englische Insolvenzverschleppungsrecht somit haftungsrechtlich lediglich den Insolvenzgrund der Überschuldung[1280]. Bei der Beurteilung der Erkennbarkeit der Überschuldung ist ein ex-ante-Maßstab anzulegen[1281]. Der Anspruch aus sec. 214 IA 1986 stellt eine Durchgriffshaftung zugunsten der Gläubiger dar und wird treuhänderisch vom Liquidator bzw. Insolvenzverwalter geltend gemacht[1282].

b. Eigenes (Nicht-)Handeln des Director

Die Haftung aus *wrongful trading* erfordert ein Handeln oder Nichthandeln des *director* in Angelegenheiten der Gesellschaft während der Insolvenz. Dies können einfache Handlungen des *director* hinsichtlich des Gesellschaftsvermögens, Zahlungen sowie Spenden sein, die wegen einer Pflichtverletzung oder im Rahmen der *ultra vires*-Lehre durch den Gesellschaftszweck begrenzt und dadurch angreifbar sind[1283]. Allerdings wäre in Anbetracht dessen die Haftung des *director*, der in Kenntnis der finanziellen Misslage eine Handlung vorgenommen hat, unermesslich weit und nicht nachvollziehbar. Die Beurteilung einer Handlung darf daher nicht die Natur der potentiellen Haftung des *director* außer acht lassen. Infolgedessen erscheint es nachvollziehbar, dass es sich bei dem Verhalten des *director* um ein Handeln drehen muss, das trotz Kenntnis der Krise in die Vermögensverhältnisse des Unternehmens eingreift und die Masse dergestalt mindert, dass Gläubiger dagegen zu klagen befugt sind[1284]. Die Vorschrift greift daher bei jedem vermögensvermindernden Handeln oder Nichthandeln des *director* ein, das die spätere Insolvenzmasse der Gläubiger ungerechtfertigt mindert. In diese Kategorie fallen während der Insolvenz großzügige Zahlungen von

---

1279 *Bailey/Groves*, Corporate Insolvency, S. 699, 17.20.

1280 Vgl. sec. 214 (6) Insolvency Act 1986: "For the purpose of this section a company goes into insolvent liquidation if it goes into liquidation at a time when it assets are insufficient for the payment of its debts and other liabilities and the expenses of the winding up."

1281 *Höfling*, Engl. IntGesR, S. 226 f.

1282 *Höfling*, Engl. Int.GesR, S. 180, 230; *Triebel/Hodgson/Kellenter/Müller*, Engl. WirtschR, Rn. 625, 815, 837 ff.; *Weller*, Europäische Rechtsformwahlfreiheit und Gesellschafterhaftung, S. 112; *Wilhelmi*, GmbHR 2005, 13, 17.

1283 *Bailey/Groves*, Corporate Insolvency, S. 700, 17.21.

1284 *Griffin*, Company Law Handbook, S. 31, 2.6.

Dividenden, der Verkauf des Gesellschaftsvermögens unter Wert oder ausufernde Gehaltszahlungen des *director*.[1285]

aa. Kreis der Verantwortlichen

Die Haftung nach *wrongful trading* kann gemäß sec. 214 (I) IA 1986 jeden *director* der Gesellschaft treffen. Sec. 250 CA 2006 (sec. 741 (1) CA 1985 a. F.) definiert den *director* als jedwede Person, die unabhängig von ihrer Bezeichnung mit der Position des *director* betraut ist. Sie betrifft sowohl die ordnungsgemäß bestellten *executive* als auch die *non-executive directors. Shadow directors* der Gesellschaft und die ihnen gleichgestellten *de facto directors* sind insbesondere durch den weitgefassten Wortlaut ebenso erfasst. Die Figur des *director* ist in vielerlei Hinsicht abgestuft zu betrachten. Neben dem eigentlichen *director* unterscheidet das englische Recht den nachfolgend näher erläuterten „*de jure director*", den „*shadow director*" und den „*de facto director*". Die weite Begriffsfassung ist von hoher praktischer Bedeutung: Der *High Court* kann als zuständiges Insolvenzgericht eine Haftungserstreckung für Gesellschaftsschulden sowohl auf die *directors* als auch auf weisungsgebende Hintermänner anordnen[1286]. Die Haftung von *officers* ergibt sich nicht aus der Vorschrift des *wrongful trading* und kann nur mit allgemeinen Grundsätzen begründet werden[1287].

(1) De Jure Director

Der *de jure director* wird von der Gesellschafterversammlung als *executive* oder *non-executive (de jure) director* formell und materiell ordnungsgemäß ernannt[1288]. Sec. 154 CA 2006 (sec. 282 CA 1985 a. F. mit verändertem Wortlaut) legt fest, dass jede Privatgesellschaft (*private company*) mindestens einen *director*, jede öffentliche Gesellschaft (*public company*) mindestens zwei *directors* haben muss. Dabei sollte zumindest ein *director* gemäß sec. 155 CA 2006 (neu eingeführt) eine natürliche Person sein. Der *de jure director* ist nach der Ernennung ist ein Register der Gesellschaft, das sämtliche Geschäftsleiter des Unternehmens zu listen hat,

---

1285 *Bailey/Groves*, Corporate Insolvency, S. 700–701, 17.21.

1286 *Bailey/Groves*, Corporate Insolvency, S. 700–701, 17.21; *Milman/Durrant*, Corporate Insolvency, S. 231–232, 12-45; *Keay*, Company Directors' Responsabilities to Creditors, S. 87; *Höfling*, Engl. IntGesR, S. 228.

1287 *Roth*, Unternehmerisches Ermessen und Haftung des Vorstands, S. 188.

1288 *Bourne*, Company Law, S. 123, 10.3; *Griffin*, Personal Liability and Disqualification of Company Directors, S. 3–4; *Griffin*, Company Law Handbook, S. 155–156, 10.2, 10.3; *Keay*, Company Directors' Responsabilities to Creditors, S. 5.

aufzunehmen und der Öffentlichkeit zugänglich zu machen[1289]. Die Gesellschaft stellt den ordnungsgemäß bestellten *executive director* mittels eines Anstellungsvertrages fest an und zahlt ihm ein festgesetztes Gehalt. Demgegenüber arbeitet der *non-executive director* für die Limited aufgrund gewisser Expertisen oder seines öffentlichen Ansehens. In der Regel bestehen weder Anstellungsvertrag noch Zahlung eines Gehaltes. Zudem ist eine Vollzeitbeschäftigung regelmäßig nicht vereinbart[1290]. Der Status des *director* wirkt sich auf seinen Einfluss innerhalb der Gesellschaft aus: Zunächst wird dem *executive director* bei Rechtsgeschäften mit Dritten regelmäßig mehr Respekt als Repräsentation der Gesellschaft entgegengebracht. Bei vorzeitigem Ausschluss aus seinem Amt als *executive director* ist ihm eine Abfindung für den Verlust seines Amtes zu zahlen[1291]. Zudem sind die Sorgfaltsanforderungen an ihn bezüglich der von ihm zu erfüllenden Pflichten üblicherweise höher. Im Gegensatz zum *non-executive director* wird der *executive director* regelmäßig als „Insider" arbeiten, einen besseren Zugang zu Informationen haben und einen weitläufigeren Kenntnisstand in Angelegenheiten der Gesellschaft besitzen[1292]. Beide Formen des *de jure directors* unterliegen den gleichen Maßstäben hinsichtlich der tatsächlichen Geschäftsführung und werden von einer Haftung nach den Grundsätzen des *wrongful trading* erfasst[1293]. Im Gegensatz zur *public company* bedarf die *private company* nur eines *director*[1294].

(2) Shadow Director

Als *director* im Sinne des *wrongful trading* handelt nach sec. 214 (7) IA 1986 neben dem *de jure director* auch der *shadow director*. Gemäß sec. 251 IA 1986 (und sec. 251 CA 2006) ist ein *shadow director* jedwede natürliche oder juristische Person, deren Anweisungen der eigentlich bestellte *director* der Gesellschaft gewöhnlich Folge leistet. Ausgeschlossen sind allerdings solche Personen, die lediglich Fachauskünfte oder Ratschläge innerhalb einer Geschäftsbeziehung erteilen[1295].

1289 *Griffin*, Company Law Handbook, S. 157, 10.3.

1290 *Bourne*, Company Law, S. 123, 10.3; *Griffin*, Company Law Handbook, S. 158; *Griffin*, Personal Liability and Disqualification of Company Directors, S. 3, 4.

1291 *LS Sealy*, Cases and Materials in Company Law, S. 248.

1292 *LS Sealy*, Cases and Materials in Company Law, S. 248.

1293 Secretary of State v. Tjolle [1998] 1 BCLC 333, 342; *Griffin*, Personal Liability and Disqualification of Company Directors, S. 4; *Hannigan*, Company Law, S. 136, 144 f.; *Schilling*, Insolvenz einer englischen Limited, S. 142.

1294 *Hannigan*, Company Law, S. 137: die public company muss mindestens zwei *directors* haben.

1295 *Lewison J.*, in: Re Mea Corp Ltd. [2007] BCC 288, 306; Secretary of State for Trade and Industry v. Deverell [2000] BCC 1057 = [2001] Ch 340 (*Morritt LJ*).

Da eine Organschaft nicht erforderlich ist, können vielmehr auch juristische Personen als *shadow director* der Limited in Betracht kommen[1296]. Diese Betrachtungsweise erfasst vor allem Mehrheitsgesellschafter oder Muttergesellschaften, die die Geschäftsführung maßgeblich beeinflussen und die Gesellschaft in wirtschaftlicher und finanzieller Hinsicht lenken, sofern ihre Tätigkeit nicht lediglich einer reinen Beraterstellung entspricht. Es ist ein hoher Grad der Kontrolle erforderlich, um die Annahme eines *shadow director* nahezulegen[1297]. Banken und Risikokapitalgeber haften als *shadow director*, wenn sie während einer Krise weitere Kredite gewähren oder Kapital zur Verfügung stellen, um sich die Möglichkeit einer indirekten Einflussnahme auf die Unternehmensführung zu sichern[1298]. Sie müssen die Kontrolle über die noch offenen Forderungen gegen das Unternehmen zur Einflussnahme darauf benutzen, welche Forderungen die Gesellschaft bezahlt, welche Unternehmensteile veräußert werden und mit welcher Geschäftspolitik vorzugehen ist. Professionelle Berater sowie Banken, die in Krisensituationen des Kunden in gewöhnlicher Weise handeln, haften nicht als *shadow director*[1299]. Für die Annahme als *shadow director* reicht es mithin nicht aus, eine Kreditvergabe an Bedingungen zu knüpfen[1300].

Die neuere Rechtsprechung nimmt die Figur des *shadow director* an, wenn eine Person der Gesellschaft in maßgeblichen Teilbereichen Empfehlungen erteilt, die in der Regel auch ausgeführt werden[1301]. In der Entscheidung Secretary of State for Trade and Industry v. Deverell[1302] bietet *Morritt LJ* eine ausführliche Beschreibung der Charakteristika eines *shadow director* an. Ein kontrollierender,

---

1296 *Bourne*, Company Law, S. 122, 10.2.1.

1297 *Bourne*, Company Law, S. 122, 10.2.1.

1298 Re Tasbian Ltd. (No. 3) [1992] BCC 358; *Goode*, Principles of Corporate Insolvency Law, S. 467; *Höfling*, Engl. IntGesR, S. 228 f., *Keay*, Company Directors' Responsabilities to Creditors, S. 8; *Milman/Durrant*, Corporate Insolvency, S. 231, 12–45; *Rider*, The Corporate Dimension, S. 115, 123–125 (*Geoffrey Morse*); *Roth*, Unternehmerisches Ermessen und Haftung des Vorstands, S. 188; *Schilling*, Insolvenz einer englischen Limited, S. 142; *Tolley*'s Corporate Insolvency Handbook, S. 237; gegen die Muttergesellschaft als shadow director: *Bailey/Groves*, Corporate Insolvency, S. 689, 17.5.

1299 *Tolley*'s Corporate Insolvency Handbook, S. 237 f.

1300 *Bailey/Groves*, Corporate Insolvency, S. 701, 17.23.

1301 Secretary of State for Trade and Industry v. Deverell [2001] 40 ChD 340, 354 = [2001] 2 BCLC 133, 144 = [2000] BCC 1057, 1067; *Hannigan*, Company Law, S. 141; *Schilling*, Insolvenz einer englischen Limited, S. 142.

1302 Secretary of State for Trade and Industry v. Deverell [2000] 2 BCLC 133 = [2000] BCC 1057.

dominanter, aber versteckter Einfluss auf die Geschäftsangelegenheiten ist ausreichend[1303]. Diese Rechtsprechung erweitert den Anwendungsbereich des *shadow director* insofern, als dass im Ausland ansässige Personen ebenfalls erfasst werden können, sofern sie die gesamten Anteile der Limited halten und vor Ort ein *board of directors* besteht. Entscheidendes Kriterium bei der Annahme eines *shadow director* ist letztlich die Intensität, mit der auf das *board* eingewirkt wird. Dabei muss es sich um Richtungsentscheidungen oder Weisungen handeln, wobei Druck und Überredung gerade nicht zu einer Qualifizierung ausreichen[1304]. Trotz der Legaldefinition der sec. 251 IA 1986 (sec. 251 CA 2006 n. F.) gibt es Ausnahmen, die einen *company director* oder einen Berater, der dem Unternehmen bei der Überwindung der Krise beratend zur Seite steht, als *shadow director* qualifizieren[1305]. Obwohl die Qualifizierung zum *shadow director* keines subjektiven Tatbestandsmerkmals bedarf, liegt der Wille der als *shadow director* handelnden Person, das *board of directors* in seinen Entscheidungen zu kontrollieren, unzweifelhaft und regelmäßig vor.

Die Figur des *shadow director* kann folglich als nicht förmlich ernannte Person gesehen werden, die Ratschläge, Befehle und Anweisungen erteilt und einen wirklichen Einfluss auf die Geschäfte der Gesellschaft aufweist[1306]. Der neue CA 2006 weist in sec. 223 CA 2006 darauf hin, dass der *shadow director* im Rahmen der sec. 188–189 CA 2006 (*directors' service contracts*), sec. 190–196 CA 2006 (*property transactions*), sec. 197–214 (*loans* etc.) und sec. 215–222 CA 2006 (*payments for loss of office*) wie ein *de jure director* zu behandeln ist. Der Mutterkonzern kann im englischen Recht ebenso als *shadow director* einer Tochtergesellschaft in die Haftung nach *wrongful trading* zu nehmen sein. Allerdings sind die *directors* dieser Konzernmutter nicht *ipso facto* als *shadow directors* der Tochtergesellschaft anzusehen. Falls die *directors* des herrschenden Unternehmens als geschlossene Einheit an die Geschäftsleiter der Untergesellschaft Weisungen erteilen, ist dies noch kein Anzeichen für eine gesonderte Schattendirektorenschaft der einzelnen Geschäftsleiter des Mutterkonzerns[1307]. Die Haftung fällt daher lediglich auf das Mutterunternehmen als Ganzes zurück.

1303 Secretary of State for Trade and Industry v. Deverell [2000] 2 BCLC 133, 144–145 = [2000] BCC 1057, 1067 f.

1304 *Snaith*, The Law of Corporate Insolvency, 21.07.

1305 Re Tasbian Ltd. (No. 3) [1992] BCC 358 (CA) und als Vorinstanz [1991] BCC 435 (*Vinelott J.*).

1306 *Griffin*, Company Law Handbook, S. 161, 10.4.

1307 Re Hydrodan (Corby) Ltd. [1994] BCC 161 = [1994] 2 BCLC 180.

(3) De Facto Director

Sec. 214 IA 1986 erfasst auch den wortlautgemäß nicht erwähnten, nicht legaldefinierten *de facto director*. Im Gegensatz zum *shadow director* tritt der *de facto director* trotz mangelnder Ernennung auch nach außen als Geschäftsleiter der Gesellschaft auf. Obwohl eine unwirksame Bestellung vorliegt, führt er die Geschäfte der Limited wie ein *director* und wird von der Gesellschaft als solcher anerkannt[1308]. Nach Rechtsprechung sowie Literatur ist zur Bestimmung eine Gesamtbetrachtung des jeweiligen Einzelfalles vorzunehmen[1309]. Zum Einen muss die Gesellschaft im Außenverhältnis den Anschein erwecken, dass der Betroffene als Geschäftsleiter des Unternehmens tätig ist („*holding out by the company of the individual as a director*"). Es ist nach äußeren Kriterien zu ermitteln, ob er sich im Rechtsverkehr des Titels als *director* bedient. Zum Anderen prägt die Figur des *de facto director* die Ausübung eines wirklichen Einflusses auf die Geschäftsführung („*real influence*"), wobei auch in Betracht zu ziehen ist, ob er in die Geschäftsunterlagen der Gesellschaft unbeschränktes Einsichtsrecht hat und ob der Betreffende wesentliche Entscheidungen der Limited getroffen hat. Diese Kriterien müssen weder kumulativ vorliegen noch sind sie abschließend. Der Betroffene muss nach einer Gesamtbetrachtung einen Teil des Gesellschaftsvorstandes ausmachen[1310]. Ein *de facto director* maßt sich an, als *director* der Gesellschaft zu handeln. Dabei ist es nicht entscheidend, wie er sich selbst nennt,

1308 Re Hydrodan (Corby) Ltd. [1994] BCC 161 = [1994] 2 BCLC 180; *Griffin*, Personal Liability and Disqualification of Company Directors, S. 4.

1309 Re Kaytech International plc. [1999] 2 BCLC 351, 423 f. (CA); im Anschluss an Secretary of State for Trade and Industry v. Tjolle [1998] 1 BCLC 333, 334, 343 f.; Secretary of State for Trade and Industry v. Hollier [2007] BCC 11; *Bailey/Groves*, Corporate Insolvency, S. 701, 17.24; *Griffin*, Company Law Handbook, S. 160; *Griffin*, Personal Liability and Disqualification of Company Directors, S. 4; *Habersack/Verse*, ZHR 168 (2004), 174, 192 f.; *Hannigan*, Company Law, S. 139–140; *Keay*, Company Directors' Responsabilities to Creditors, S. 6; *Rider*, The Corporate Dimension, S. 115, 120 (*Geoffrey Morse*); *Schilling*, Insolvenz einer englischen Limited mit Verwaltungssitz in Deutschland, S. 142.

1310 Re Kaytech International plc. [1999] 2 BCLC 351, 423 f. (CA); im Anschluss an Secretary of State for Trade and Industry v. Tjolle [1998] 1 BCLC 333, 334, 343 f.; Secretary of State for Trade and Industry v. Hollier [2007] BCC 11; *Bailey/Groves*, Corporate Insolvency, S. 701, 17.24; *Griffin*, Company Law Handbook, S. 160; *Griffin*, Personal Liability and Disqualification of Company Directors, S. 4; *Habersack/Verse*, ZHR 168 (2004), 174, 192 f.; *Hannigan*, Company Law, S. 139–140; *Keay*, Company Directors' Responsabilities to Creditors, S. 6; *Rider*, The Corporate Dimension, S. 115, 120 (*Geoffrey Morse*); *Schilling*, Insolvenz einer englischen Limited, S. 142.

sondern wie er handelt und ob er Teil der Gesellschaftsstruktur ist[1311]. *De facto directors* können sowohl natürliche als auch juristische Personen sein[1312]. Zudem zeigt der englische Gesetzgeber in sec. 741 (1) CA 1985 (sec. 250 CA 2006 n. F.) seine Einstellung zur Behandlung des *de jure* und *de facto directors*: Als *director* im Sinne des *Companies Act* ist jede Person anzusehen, der die Stellung eines *director* innehat[1313].

Früher fand der Begriff des *shadow director* nur dann Anwendung, wenn die eigentlichen Geschäftsführer als bloße Marionetten fungierten[1314]. Da eine solche Einschränkung für den *de facto director* nicht bestand, gab es gravierende Unterschiede in der Anwendung. Mittlerweile unterscheidet sich der Grad der Einflussnahme des *shadow directors* seit der Rechtsprechungsänderung kaum noch von dem *de facto director*. Ein Unterschied besteht seitdem nur noch darin, dass der *de facto director* auch nach außen als Geschäftsführer auftritt[1315]. Im Gegensatz zum *shadow director* spricht sich der *de facto director* trotz mangelnder formeller Ernennung offen dafür aus, für die Gesellschaft als *director* zu handeln und wird von der Gesellschaft auch als solcher angesehen. In der Prüfung, ob der Betroffene als *shadow director* zu behandeln ist, sind daher auch Funktionen der als *de facto director* in Betracht zu ziehenden Person innerhalb der Gesellschaft zu überprüfen. Demgegenüber agieren *shadow directors* im Hintergrund und geben sich im Rechtsverkehr nicht als *directors* aus[1316].

bb. Handeln oder Unterlassen

Die Verantwortlichen können das Fehlverhalten im Sinne des *wrongful trading* durch ein Handeln oder Nichthandeln im Rahmen der Angelegenheiten der Gesellschaft verwirklichen[1317]. *Sealy* sieht eine Haftung für ein Handeln oder Unterlassen aufgrund von Inkompetenz, Ignoranz und Gleichgültigkeit genauso naheliegend wie das bewusste Fehlverhalten, weswegen die *directors* stets

1311 Re Mea Corp Ltd. [2007] BCC 288, 289; Secretary of State for Trade and Industry v. Tjolle [1998] 1 BCC 282, 289–290.

1312 *Goode*, Principles of Corporate Insolvency Law, S. 446.

1313 Vgl. sec. 741 (1) CA 1985 (sec. 250 CA 2006 n. F.): "director includes any person occupying the position of director, by whatever name called".

1314 *Keay*, Company Directors' Responsabilites to Creditors, S. 8.

1315 *Keay*, Company Directors' Responsabilites to Creditors, S. 8.

1316 *Keay*, Company Directors' Responsabilites to Creditors, S. 8.

1317 *Bailey/Groves*, Corporate Insolvency, S. 700, 17.21; *Keay*, Company Directors' Responsabilities to Creditors, S. 84.

besonders sorgfältig handeln sollten[1318]. Ebenso stellen die Auszahlung einer überdimensional großzügigen Dividende, der Verkauf von Gesellschaftsvermögen unter Wert, ausufernde Managergehälter und die Eingehung von Verbindlichkeiten, obwohl der *director* von der Krise der Gesellschaft wusste oder hätte wissen müssen, ein haftungsbegründendes Verhalten im Sinne des sec. 214 IA 1986 dar[1319].

c. Kenntnis des Director

Entsprechend dem Wortlaut des sec. 214 (3) IA 1986 („*no reasonable prospect of avoiding insolvent liquidation*") hätte der betroffene Geschäftsleiter vor Eintritt in das Liquidationsverfahren wissen oder zumindest erkennen müssen, dass eine realistische Aussicht auf Vermeidung des Insolvenzverfahrens nicht mehr bestand. Er hat eine sorgfältige Bewertung der finanziellen Situation der Gesellschaft - gegebenenfalls mittels eines unabhängigen Finanzberaters - vorzunehmen und sollte abwägen, ob die Krise der Gesellschaft nur vorübergehend oder die Insolvenz unvermeidbar ist. Dabei ist der Wortlaut "*reasonable prospect*" schwer fassbar und lässt sich wohl nur dann ausreichend bestimmen, wenn die Ursache der Insolvenz im jeweiligen Einzelfall betrachtet wird[1320]. Der Wortlaut des sec. 214 (2) (b) IA 1986 lässt nicht zu, den Zeitpunkt für die Kenntnis des *director* genau zu bestimmen[1321]. Der Zeitpunkt der Kenntnis hat sich daher nach dem jeweiligen Einzelfall zu richten[1322]. Gemäß sec. 214 (4) (a) IA 1986 ist die Frage der Erkennbarkeit grundsätzlich nach allgemeinen Fähigkeiten zu beurteilen, die von einem Geschäftsleiter in seiner Stellung vernünftigerweise erwartet werden kann[1323]. Er hat sich anhand seiner eigenen Fähigkeiten, Kenntnisse

---

1318 *L. Sealy*, in: *Ziegel*, Current Developments in International and Comparative Corporate Law, S. 491; *Keay*, Company Directors' Responsabilities to Creditors, S. 94.

1319 *Bailey/Groves*, Corporate Insolvency, S. 700, 17.21; *Griffin*, Company Law Handbook, S. 31–32, 2.6.

1320 *Oditah*, [1990] LMCLQ 205, 208, 210; *Keay*, Company Directors' Responsabilities to Creditors, S. 93.

1321 Vgl. sec. 214 (2) (b) IA 1986: "At some time before the commencement of the winding up of the company, that person knew or ought to have concluded that there was no reasonable prospect that the company would avoid going into insolvent liquidation".

1322 *Bailey/Groves*, Corporate Insolvency, S. 701, 1724; *Habersack*/Verse, ZHR 168 (2004), 174, 183 f.; *Keay*, Company Directors' Responsabilities to Creditors, S. 88; *Schwilden*, Die rechtliche Stellung des GmbH-Geschäftsführers und des managing directors, S. 126 f.

1323 Vgl. sec. 214 (4) IA 1986: "By a reasonably diligent person having both - (a) the general knowledge, skill and experience that may reasonably be expected of a person

und Erfahrungen auch daran messen zu lassen, wie ein gewissenhafter und ordentlicher Dritter in gleicher Position gehandelt hätte. Ein etwaiges Sonderwissen ist zu berücksichtigen und wirkt haftungsverschärfend. Dabei muss sowohl ein objektives als auch ein subjektives Element zugrunde gelegt werden. Je höher die eigenen persönlichen Fähigkeiten des *director* einzustufen sind, desto geringer ist die Anwendung des objektiv heranzuziehenden Beurteilungsmaßstabs[1324]. Die Rechtsprechung bestimmt die allgemeinen Fähigkeiten des Geschäftsleiters zudem nach Art und Größe des Unternehmens und seiner Geschäftstätigkeit[1325]. Dabei ist zwischen kleineren Unternehmen mit einfacheren Geschäftsabläufen und großen Unternehmen mit weitläufigen Strukturen und risikoreichen Geschäftsbereichen zu unterscheiden[1326].

aa. Moment of Truth Test

Die Kenntnis, dass eine vernünftige Aussicht auf Abwendung einer insolvenzbedingten Liquidation nicht mehr besteht (*moment of truth*), sowie der Zeitpunkt, ab welchem diese Kenntnis vorzuliegen hat, sind schwer bestimmbar und rufen einige Rechtsunsicherheiten hervor[1327]. In Anbetracht der Pflichtenbindung des *director*, der zunächst zum Wohl der Gesellschaft zu handeln hat, muss der *director* selbst bei gegebenem Anlass mutmaßen, ab welchem Zeitpunkt - ab Insolvenz, zweifelhafter Solvenz oder zu einem anderen Zeitpunkt - einzig und allein das Wohl der betroffenen Gläubiger im Vordergrund steht[1328]. Der *moment of truth* liegt in jedem Fall vor Beginn des *winding up* der Gesellschaft zu einem Zeitpunkt, an dem der *director* hätte wissen müssen, dass die insolvenzbedingte Liquidation nicht mehr verhindert werden kann[1329]. Damit setzt die Haftung

---

carrying out the same functions as are carried out by that director in relation to the company, and (b) the general knowledge, skill and experience that that director has".

1324 *Cooke/Hicks* [1993] JBL 338–339; *Habersack/Verse*, ZHR 168 (2004), 174, 184; *Keay*, Company Directors' Responsabilities to Creditors, S. 88; *Schwilden*, Die rechtliche Stellung des GmbH-Geschäftsführers und des managing directors, S. 126 f.; *Tolley*'s Corporate Insolvency Handbook, S. 234.

1325 Re Produce Marketing Consortium (No. 2) [1989] BCLC 520, 550.

1326 Re Produce Marketing Consortium (No. 2) [1989] BCLC 520, 550; *Goode*, Principles of Corporate Insolvency Law, S. 470 f.; *Keay*, Company Directors' Responsabilities to Creditors, S. 99–100.

1327 Anschaulich *Cheffins*, Company Law, S. 542; *Fletcher*, The Law of Insolvency, S. 707 f., 27-018.

1328 *Cheffins*, Company Law, S. 542.

1329 Re Purpoint Ltd [1991] BCC 121, 128: "doomed to end in an insolvent winding up"; *Fletcher*, The Law of Insolvency, S. 707, 27-018.

des Betroffenen ungeachtet eines früheren Insolvenzeintritts erst bei negativer Fortbestehungsprognose ein[1330]. Der *director* kann somit nur spekulieren, ob er die Gesellschaft durch Hinzuführung von Kapital retten kann, ob weitere *directors* oder ein Insolvenzberater gegebenenfalls zu Rate zu ziehen sind oder ob die Gesellschaft umgehend liquidiert werden sollte. Mit Informationen über die finanzielle Lage der Gesellschaft sollte er in der Lage sein, eine Insolvenz als unvermeidbar vorauszusehen[1331].

Für eine Haftung des *director* nach den Grundsätzen des *wrongful trading* ist ausreichend, dass der Zeitpunkt des *moment of truth* in seine Amtszeit fällt, obwohl er gegebenenfalls nicht bis zum Beginn des Insolvenzverfahrens im Dienste der Limited tätig war. Eine Haftung ist demgemäß ausgeschlossen, wenn die Gesellschaft während der Amtszeit des *director* nicht insolvent war oder eine vernünftige, dritte Person die Wahrscheinlichkeit einer insolvenzbedingten Liquidation oder solche Tatsache, die eine Auflösung der Gesellschaft nahe gelegt hätten, ebenfalls nicht in Betracht gezogen hätte[1332]. Dabei ist der Maßstab hinsichtlich der Erkennbarkeit, dass eine insolvenzbedingte Liquidation der Gesellschaft geboten ist, bei einem *director* einer kleinen Limited weniger hoch anzusetzen als bei einem größerem Unternehmen mit ausgefeilten Strukturen[1333].

Bei der Beurteilung ist zwischen einem subjektiven Element hinsichtlich der Kenntnis relevanter Fakten und einem objektiven Element bei der Vertretbarkeit der vom *director* vorgenommenen Prognose zu unterscheiden. Während bei mehreren Gesellschaftern der Zeitpunkt einer Haftung nach *wrongful trading* abhängig vom Geschäftsbereich (Finanzen) und Status des *director* (*executive/non-executive*) unterschiedlich ausfallen kann[1334], ist im Rahmen der objektiven Prognose ein übertrieben gefühlsbetontes Verhalten des *director* fehl am Platz und kann seine persönliche Haftung nachsichziehen[1335]. Der objektive Mindeststandard des sec. 214 (4) IA 1986 kann sich aufgrund der besonderen Fähigkeiten des *director* erhöhen[1336].

1330 *Habersach/Verse*, ZHR 168 (2004), 174, 186.

1331 *Cooke/Hicks* [1993] JBL 338, 342.

1332 *Fletcher*, The Law of Insolvency, S. 708, 27-018; *Roth*, Unternehmerisches Ermessen und Haftung des Vorstands, S. 191.

1333 Re Produce Marketing Consortium Ltd. (No. 2) [1989] BCLC 520, 550.

1334 *Cooke/Hicks* [1993] JBL 338, 338–339, 350.

1335 *Snaith*, The Law of Corporate Insolvency, 21.13.

1336 *Snaith*, The Law of Corporate Insolvency, 21.16, 21.17, 21.19; 21.20; *Tolley's* Corporate Insolvency Handbook, S. 234 f.; ähnlich *Rajak*, Company Liquidations, S. 311, 13-007.

In der Entscheidung Re Sherborne Associates Ltd.[1337] verneinte das Gericht bei *non-executive directors* trotz Kenntnis des drohenden Insolvenzverfahrens eine Haftung nach *wrongful trading*, weil die *executive directors* eine Umsatzsteigerung versichern konnten. Dies führte in der Literatur zu der Annahme, dass das Erkennen der Krise sowie die Ausarbeitung von Sanierungsplänen den Glauben an eine Fortführung des Unternehmens begründen und die *directors* von einer Haftung befreien können[1338]. Die Gerichte haben weitere Kriterien entwickelt, um den Unwägbarkeiten bei der Bestimmung des spätesten Zeitpunkts der Unvermeidbarkeit einer insolvenzbedingten Liquidation ein Ende zu bereiten. Dabei sind die Erforschung der gesellschaftlichen Situation und tatsächlich unternommene Anstrengungen als Kriterium ausschlaggebend[1339]. Nach *Walters*[1340] legen die Fälle, in denen eine Verletzung wegen *wrongful trading* angenommen wurde, einen Mindeststandard nahe, der gewisse Anforderungen an das Verhalten des *director* festsetzt. Unter diesem Maßstab kann ein Verhalten des Geschäftsleiters nicht zur Begründung einer Haftung nach *wrongful trading* berücksichtigt werden, so dass auch die Gerichte ein Verhalten unter diesem Standard nicht in ihrer Entscheidung berücksichtigen sollten[1341]. Die Haftung eines *director* steht in jedem Fall im Raum, wenn er eine oberflächliche Bewertung der finanziellen Situation der Gesellschaft aufgrund falscher Buchhaltung vorgenommen hat und sich weigert, diese Tatsachen zur Kenntnis zu nehmen. Dies hat im Besonderen zu gelten, wenn der *director* Warnungen Dritter und außenstehender Ratgeber nicht anerkennt oder missachtet[1342].

Nicht aus dem Wortlaut des sec. 214 IA 1986 zu entnehmen ist, dass die Fortführung der Geschäftstätigkeit nicht erforderlich. Die Untätigkeit des *director* kann zu seiner Haftung führen, wenn er Forderungen nicht eintreibt oder Vermögenswerte der Gesellschaft nicht erhält. Ebenso führen zu hohe Gehaltszahlungen an die *directors* oder der Verkauf von Vermögensgütern der Gesellschaft unter Wert zu einer persönlichen Haftung aus *wrongful trading*[1343]. Zwar fiele die

---

1337 Re Sherborne Associates Ltd. [1995] BCC 40.

1338 *Morse*, Charlesworth's Company Law, S. 317 unter Bezug auf Re Sherborne Associates Ltd. [1995] BCC 40, 47, 55.

1339 *Roth*, Das unternehmerische Ermessen und Haftung des Vorstands, S. 193.

1340 *Rider*, The corporate dimension, S. 145, 150 f. (*Adrian Walters*).

1341 *Rider*, The corporate dimension, S. 145, 150 f. (*Adrian Walters*).

1342 Re Brian D. Pierson (Contractors) Ltd. [1999] BCC. 26, 39, 54; *Roth*, Das unternehmerische Ermessen und Haftung des Vorstands, S. 194.

1343 *Bailey/Groves*, Corporate Insolvency, S. 700, 17.21; *Goode*, Principles of Corporate Insolvency Law, S. 466.

Beurteilung des *moment of truth* leichter, wenn feste Vorgaben Leitlinien für den *director* und sein Verhalten bilden würden. Nach *Cheffins* ist es jedoch zweifelhaft, ob die Rechtsprechung überhaupt in der Lage ist, derartige Maßstäbe aufzustellen und ein Missverhalten festzulegen[1344]. Die Qualifikation der Richter scheine ihm vielfach nicht ausreichend, um vor allem ökonomische Sachverhalte und bestimmte Verhaltensweisen des *director* bewerten zu können. Dabei fehle ihnen vor allem der praktische Bezug zur Geschäftswelt, um beurteilen zu können, ob ein Verhalten eines *director* auf Managerebene angemessen war[1345].

bb. Knowledge Test

Ein einheitlicher Maßstab oder ein Regelungswerk darüber, welche Fakten ein *director* oder *shadow director* über das von ihm geleitete Unternehmen stets wissen sollte, ist schwer festzulegen. Zu diesem Zweck normiert sec. 214 (4) IA 1986 im Rahmen des *knowlegde test* einen flexiblen Maßstab, welche Anhaltspunkte für die Festlegung der Kenntnis zugrunde zu legen sind[1346]. Es ist zunächst gemäß sec. 214 (4) (a) IA 1986 zu ermitteln, welche Fähigkeiten und Kenntnisse von einem Dritten in vergleichbarer Position in Bezug auf das Unternehmen zu erwarten sind. Sodann sind gemäß sec. 214 (4) (b) IA 1986 die Fähigkeiten und der Kenntnisstand des betroffenen *director* im Rahmen einer umfassenden Gesamtwürdigung zu bewerten und in Vergleich zu setzen. Der *knowledge test* beinhaltet infolgedessen sowohl objektive als auch subjektive Elemente: Die objektive Komponente setzt Mindestanforderungen an das Verhalten des *director* fest, die durch ein etwaiges Fach- oder Sonderwissen in der Person des Betroffenen (subjektive Komponente) überlagert werden können[1347]. Der *director* hat sich folglich zwei Tests zu unterziehen, wobei er letztlich nach dem höheren Maßstab der beiden Tests zu handeln hat. Das Gericht hat somit in jedem Einzelfall zu bestimmen, welchen Maßstab es bei der jeweiligen Person unter Zugrundelegung ihrer

---

1344 *Cheffins*, Company Law, S. 543.

1345 *Cheffins*, Company Law, S. 543.

1346 Vgl. sec. 214 (4) IA 1986. "By a reasonably diligent person having both - (a) the general knowledge, skill and experience that may reasonably be expected of a person carrying out the same functions as are carried out by that director in relation to the company, and (b) the general knowledge, skill and experience that that director has".

1347 *Bailey/Groves*, Corporate Insolvency, S. 701–703, 17.24; *Fletcher*, The Law of Insolvency, S. 709, 27-020; *Goode*, Principles of Corporate Insolvency Law, S. 470; *Goode* [1998] 16 Company and Securities LJ 170, 173; *Hannigan*, Company Law, S. 845; *Keay*, Company Directors' Responsabilities to Creditors, S. 89; *Morris*, Finance Director's Handbook, S. 307, 8.20; *Tolley's* Corporate Insolvency Handbook, S. 234.

individuellen Kenntnisse, Erfahrungen und Fähigkeiten in Zusammenhang mit dem ihr auferlegten Amt sowie Funktionen anwendet[1348].

Auf dieser Grundlage ist es für den *director* untragbar, seine Augen vor einer Krise der Gesellschaft zu verschließen und sich bei gegebenem Anlass auf seine Unwissenheit zu berufen. Er kann einer Verantwortlichkeit nicht mit dem Argument entgehen, in dem Glauben gehandelt zu haben, einer Insolvenz entgehen zu können[1349]. Das Wissen und die Fähigkeiten des betroffenen *director* hängen zudem nicht nur davon ab, welchen Aufgabenbereich er tatsächlich wahrnimmt, sondern auch, welche Funktionen ihm sein Amt auferlegt hat (sec. 214 (5) IA 1986)[1350]. Für eine erfolgreiche Klage nach *wrongful trading* ist es somit von herausragender Bedeutung, warum die Gesellschaft in die Insolvenz gegangen ist. Dabei ist in Betracht zu ziehen, ob der *director* die Geschäfte der Gesellschaft fortgeführt hat, nachdem ein großer Kunde abgesprungen ist, lediglich ein vorübergehendes Zahlungsproblem herrscht oder die finanziellen Schwierigkeiten der Gesellschaften auf eine wirtschaftliche Rezession zurückzuführen sind. Sodann ist zu untersuchen, wie sich der *director* unmittelbar nach Kenntnis dieser Gründe verhalten hat[1351]. Nach *Sealy/Milman* ist allerdings bei *non-executive* und *part-time directors* unter Umständen ein eingeschränkter Anwendungsbereich des *wrongful trading* in Betracht zu ziehen[1352].

In jedem Fall hat der *director* einer Limited aufgrund des in sec. 214 (4) IA 1986 verankerten dualen *knowledge test* einen höheren Sorgfaltsmaßstab bei Erfüllung seiner Pflichten zu anzulegen als eine durchschnittliche dritte Person[1353]. Von dem *director* wird ein Grundwissen und ein professionelles Verhalten im Geschäftsverkehr sowie im Hinblick auf die finanzielle Position der Gesellschaft verlangt und aufrechterhalten[1354].

1348 Rubin v. Gunner [2004] BCC 684.

1349 *Goode*, Principles of Corporate Insolvency Law, S. 471.

1350 Vgl. sec. 214 (5) IA 1986: "The reference in subsection (4) to the functions carried out in relation to a company by a director of the company includes any functions which he does not carry out but which have been entrusted to him."; *Goode*, Principles of Corporate Insolvency Law, S. 471.

1351 *Bailey/Groves/Smith*, Corporate Insolvency, S. 564, 16.28.

1352 *Sealy/Milman*, Annotated Guide to the Insolvency Legislation, 2004, S. 227.

1353 *Tolley*'s Corporate Insolvency Handbook, S. 234.

1354 *Tolley*'s Corporate Insolvency Handbook, S. 234.

4. Exkulpation des Director

Nach sec. 214 (3) IA 1986 ist die Haftung des *director* ausgeschlossen, wenn er ab dem *moment of truth* jede für einen Geschäftsleiter vernünftige Maßnahme unternommen hat, um den voraussichtlichen Verlust für die Gläubiger der Gesellschaft so gering wie möglich zu halten („*took every step to minimise the loss*"). Der Geschäftsleiter hat die Einwendung des sec. 214 (3) IA 1986 darzulegen und zu beweisen (*defence to liability*)[1355]. Dabei kommt es auf den Erfolg der eingeleiteten Maßnahme nicht an, wenn die sorgfältige Vorausbetrachtung erfolgsversprechend war[1356]. Gemäß sec. 214 (3) IA 1986 hat der *director* darzulegen und zu beweisen, dass er ab dem Moment, in dem er die unausweichliche Krise der Gesellschaft erkannt hat, alle ihm möglichen Schritte unternommen hat, den Schaden so gering wie möglich zu halten[1357]. Ein *director* kann einer Haftung nach *wrongful trading* somit entgehen, wenn er darlegen und beweisen kann, dass er ehrlich und geschäftstüchtig versucht hat, die Krise der Gesellschaft abzuwenden oder zu verringern. Der Beweis des *director* und die Rechtfertigung seines Verhaltens fallen umso schwerer, sofern er von der Gesellschaftskrise hätte wissen sollen, aber tatsächlich nichts davon wusste. Die Verteidigung ist nahezu aussichtslos, wenn der *director* mangels Kenntnis keine Schritte unternehmen konnte, um das angeschlagene Unternehmen zu retten oder den Schaden infolgedessen zu verringern[1358]. Eine Entlastung gelingt in jedem Fall nicht, wenn Dritte die Geschäftsleiter auf eine mögliche Haftung nach *wrongful trading* aufmerksam machen, und diese dennoch die Geschäftstätigkeit der Gesellschaft einige Monate fortsetzen[1359].

Gemäß sec. 214 (4) IA 1986 ist hier ebenso der Sorgfaltsmaßstab eines Geschäftsleiters mit allgemeinen Fähigkeiten sowie individuelle Fähigkeiten und

---

1355 *Bailey/Groves*, Corporate Insolvency, S. 700, 17.21; *Goode*, Principles of Corporate Insolvency Law, S. 470; *Hickes*, 14 [1993] Company Lawyer 55, 58; *Keay*, McPherson's Law of Company Liquidation, S. 627, 11.125; *Habersack/Verse*, ZHR 168 (2004), 174, 194; *Hannigan*, Company Law, S. 847; *Keay*, Company Directors' Responsabilities to Creditors, S. 111; *Morris*, Finance Director's Handbook, S. 307, 8.20; *Schall*, ZIP 2005, 965, 987; *Schwilden*, Die rechtliche Stellung des GmbH-Geschäftsführers und des managing directors, S. 128.

1356 Re Brian D. Pierson (Contractors) Ltd. [1999] BCC 26, 54: "(...) directors take specific steps with a view to preserving or realising assets or claims for the benefit of creditors, even if they fail to achieve that result".

1357 *Fletcher*, The Law of Insolvency, S. 709 f., 27-021, *Hannigan*, Company Law, S. 847; *Keay*, McPherson's Law of Company Liquidation, S. 627, 11.125.

1358 *Bailey/Groves*, Corporate Insolvency, S. 703, 17.29.

1359 Re Purpoint Ltd. [1991] BCC 121, 127 f.; Re Brian D. Pierson (Contractors) Ltd. [1999] BCC 26, 54; *Bailey/Groves*, Corporate Insolvency, S. 704, 17–30.

Zusatzqualifikationen des *director* zugrunde zu legen. Ein höher qualifizierter *director* kann sich nicht auf einen generellen Sorgfaltsmaßstab berufen, sondern muss sich gemäß sec. 214 (4) (b) IA 1986 sein Zusatzwissen anrechnen lassen. Infolgedessen ist hier ebenso immer der höhere Maßstab für die Bewertung seines Verhaltens ausschlaggebend[1360]. Der *director* muss im Interesse bereits existenter und auch potentieller Gläubiger handeln und kann sich einer solchen Verantwortung nicht durch Amtsniederlegung einseitig entziehen, um einer persönlichen Haftung zu entgehen[1361]. Allerdings wird er nie zur Zufriedenheit aller Gläubiger und Gesellschafter handeln können: bei Weiterführung der Geschäfte entstehen neue Forderungen und bei Einstellung der Geschäfte und Beantragung des Insolvenzverfahrens vereitelt er möglicherweise einen vorzeitigen Verkauf des Unternehmens. Bei zu später Auflösung setzt er sich einer Haftung nach *wrongful trading* aus[1362]. Zudem ist ein Entlastungsbeweis für den *director* nach dem Gesetzeswortlaut äußerst schwer zu führen. Er sollte nicht nur angemessene Maßnahmen, sondern jede denkbare Maßnahme unternommen haben, um die Verluste auf Gläubigerseite gering zu halten[1363]. Im Einzelfall ist auch zu berücksichtigen, mit welchen Funktionen und Aufgaben der *director* im Sinne des sec. 214 (5) IA 1986 betreut war, ob er den Rat Dritter befolgt hat und welchen Inhalts dieser Ratschlag war. Vor Verabschiedung des Gesetzesentwurfs hatte Lord Denning bereits erfolglos versucht, das Parlament zum Schutze des *director* umzustimmen und den Gesetzeswortlaut in „jede angemessene Maßnahme“ zu ändern[1364]. Im Fall Re Produce Marketing Consortium Ltd. sowie im Fall Halls v. David[1365] stützten sich die beklagten *directors* im Rahmen eines Vergehens nach sec. 214 IA 1986 auf die allgemeine, mildere Haftungsbefreiung nach sec. 727 CA 1985, der die vollständige oder teilweise Haftungsbefreiung des *director* in das Ermessen des Gerichts stellt. Voraussetzung

1360 *Habersack/Verse*, ZHR 168 (2004), 174, 194; *Keay*, Company Directors' Responsabilities to Creditors, S. 112.

1361 Re Purpoint Ltd. [1991] BCC 121, 125; *Schwilden*, Die rechtliche Stellung des GmbH-Geschäftsführers und des managing directors, S. 128.

1362 Re Continental Assurance [2001] BPIR 733. 817 (*Park J.*).

1363 Sec. 214 (3) Insolvency Act 1986: „(…) if (…) that person took every step with a view to minimising the potential loss to the company's creditors as (…) he ought to have taken."

1364 *Schwilden*, Die rechtliche Stellung des GmbH-Geschäftsführers und des managing directors, S. 128.

1365 Re Produce Marketing Consortium Ltd. [1989] BCLC 513; Halls v. David [1989] 5 BCC 399.

ist, dass das Gericht in einem Verfahren gegen einen *director* wegen der Verletzung einer Sorgfalts- und Treuepflicht zu der Auffassung gelangt, dass der verantwortliche *director* rechtsschaffend und gewissenhaft gehandelt hat, und er nach Berücksichtigung aller anderen Umstände des Einzelfalles gerechterweise für sein Verhalten entschuldigt werden sollte[1366].

Im Rahmen des sec. 214 IA 1986 ist sec. 727 CA 1985 (sec. 1157 CA 2006 n. F.) allerdings nicht anwendbar, da das Rechtsinstitut des *wrongful trading* eine eigenen Maßstab bei fehlerhaftem Verhalten des *director* ansetzt[1367]. Der in den vorgenannten Verfahren[1368] zuständige Richter *Knox J.* erklärte die generelle Verteidigung aufgrund des sec. 727 CA 1985 (sec. 1157 CA 2006 n. F.) in Prozessen wegen fehlerhafter Geschäftsführung nach *wrongful trading* für unanwendbar. Den Entlastungsbeweis der *directors* hielt er infolgedessen für nicht ausreichend erbracht[1369]. Sec. 214 IA 1986 soll den *director* dazu bringen, sich und bei gegebenen Anlass auch die Hauptgläubiger über die aktuelle Finanzlage der Gesellschaft laufend zu informieren und rechtzeitig einen professionellen und erfahrenen Berater zu suchen[1370]. Die Pflicht des *director* besteht ohnehin, sich über die laufenden Geschäfte und die finanzielle Situation der Gesellschaft regelmäßig zu informieren[1371]. Der *director* kann sich daher in der Praxis nur ausnahmsweise exkulpieren, wobei es sich letztlich als sehr schwierig gestaltet, Fallgruppen festzulegen, die einzelne Handlungsschritte in jedweder Situation als Exkulpationsgrund ansehen. Dies liegt vor allem daran, dass jede Beurteilung an den jeweiligen Einzelfall gebunden ist[1372]. Gewisse Handlungsweisen des *director* können jedoch aufzeigen, dass er sein Handeln am Interesse der Gläubiger

1366 „If in any proceedings for negligence, breach of duty or breach of trust against an officer of the company (…), it appears to the court hearing the case that officer is liable in respect of the breach of trust (…), but that he has acted honestly and reasonably, and that having regard to all the circumstances of the case he ought fairly to be excused for (…)., that court may relieve him, either wholly or partly, from is liability (…)."

1367 Re Brian D. Pierson [1999] BCC 26, 28.

1368 Re Produce Marketing Consortium Ltd. [1989] BCLC 513; Halls v. David [1989] 5 BCC 399.

1369 Re Produce Marketing Consortium Ltd. [1989] BCLC 513, 517 f.; Halls v. David [1989] 5 BCC 399, 403 f.

1370 Vgl. hierzu auch Re Bath Glass Ltd. [1988] 4 BCC 130 = [1988] BCLC 329; Re Douglas Construction Services Ltd. [1988] BCLC 397.

1371 Re Kaytech International plc. [1999] 2 BCLC 351, 352, 425; *Schwilden*, Die rechtliche Stellung des GmbH-Geschäftsführers und des managing directors, S. 129.

1372 *Cooke/Hicks* [1993] JBL 338, 340–341.

ausrichtete. Die Beschaffung zusätzlicher Finanzierungshilfen, Vereinbarungen mit den Gläubigern, die Inanspruchnahme von professioneller Hilfe sowie Wirtschaftsberatern oder die enge Zusammenarbeit mit der Bank der Gesellschaft stellen Indizien dar, die das Gericht als Belege für ein Handeln zum Schutze der Gläubiger zu bewerten und zu akzeptieren hat[1373].

Da die entsprechende Rechtsprechung zur Exkulpation des *director* im Rahmen des *wrongful trading* noch fehlt, ist der genaue Anwendungsbereich dieses Haftungsausschlusses bislang nicht abschließend geklärt. Zweifel bestehen hinsichtlich der Berufungsmöglichkeit einer fahrlässig handelnden Person auf sec. 213 (3) IA 1986. Der Geschäftsleiter, der die im Verkehr übliche Sorgfalt außer Acht lässt und von der Unausweichlichkeit der Gesellschaftsinsolvenz keine Kenntnis genommen hat, kann nicht alle nötigen Schritte für eine Haftungsausnahme ergriffen haben. Demgegenüber scheint es allerdings zu genügen, dass er sich im Vorfeld für eine Verwaltung (*administration order*) oder einen freiwilligen Antrag (*voluntary petition*) ausgesprochen hat[1374].

Im Rahmen des *wrongful trading* ist der subjektive Maßstab des sec. 727 CA 1985 (sec. 1157 CA 2006 n. F.) mithin nicht vereinbar mit dem objektiven Maßstab und der Pflicht nach sec. 214 (4) IA 1986[1375]. Die Haftung des *wrongful trading* muss innerhalb von sechs Jahren nach Beginn der insolvenzbedingten Liquidation geltend gemacht werden[1376]. Da es keine gesetzliche Ausgestaltung darüber gibt, welche Schritte zur Entlastung des Geschäftsleiters ausreichen, ist es für den *director* schwer bestimmbar, welche Maßnahmen er anzuwenden hat, um einer Haftung zu entkommen. Da sec. 214 IA 1986 an den director als eine vernünftige und gewissenhafte Person appelliert, muss er letztlich alle denkbaren, vernünftige Schritte unternommen haben, um den Schaden zu begrenzen[1377]. Dabei sieht das Gericht die Hinzuziehung professioneller Hilfe als positiv an, um einen erfolgreichen Entlastungsbeweis zu führen[1378]. Aufgrund dieser Überlegungen ist es einer

---

1373 *Cooke/Hicks* [1993] JBL 338, 340–341; *Hannigan*, Company Law, S. 847.

1374 *Roth*, Unternehmerisches Ermessen und Haftung des Vorstands, S. 194.

1375 Re Produce Marketing Consortium Ltd. [1989] BCLC 513, S. 517 f., 519; *Goode*, Principles of Corporate Insolvency, S. 471; Prentice 1990 OJLS 265, 276–277; *Roth*, Unternehmerisches Ermessen und Haftung des Vorstands, S. 195.

1376 Re Farmizer (Products) Ltd [1997] 1 BCLC 589, 590, 592; *Bailey/Groves*, Corporate Insolvency, S. 698, 17.18; *Fletcher*, The Law of Insolvency, S. 710, 27-022.

1377 *Goode*, Principles of Corporate Insolvency Law, S. 471; *Keay*, Company Directors' Responsabilities to Creditors, S. 113–114.

1378 Re Bath Glass Ltd. [1988] 4 BCC 130 = [1988] BCLC 329; Re Douglas Construction Services Ltd. [1988] BCLC 397.

der sichersten und kostengünstigsten Wege des *director*, das Unternehmen in das freiwillige Insolvenzverfahren der *administration* zu führen[1379]. Der *director* kann sich zudem vorsorglich durch eine Reihe von Maßnahmen absichern: Er kann eine Gläubigerversammlung einberufen und über den Stand und die finanzielle Situation informieren. Zudem kann er das *board of directors* einberufen und die Diskussionen und Verfahren in Anbetracht der gesellschaftlichen Situation sowie das Handeln im Interesse der Gläubiger ausdrücklich protokollieren. Die *directors* können die Gründe für den finanziellen Engpass und die Krise des Unternehmens bewerten und überwachen sowie sicherstellen, dass das Jahresabschlüsse und Bücher der Gesellschaft vollständig und sorgfältig auf den neuesten Stand gehalten werden[1380]. Beruft ein *director* eine Versammlung des *board of directors* ein, um über die finanzielle Situation der Gesellschaft zu warnen und im Interesse der Gläubiger eine frühzeitige Auflösung der Gesellschaft zu beschließen, und trifft sein Gesuch auf wenig Resonanz, wird ihm in diesem Fall anzuraten sein, zurückzutreten[1381]. Zwar befreit ihn der Rücktritt nicht vollends vor einer Haftung nach sec. 214 IA 1986, aber es wird seine einzige Möglichkeit sein, auf die Ignoranz der übrigen directors zu reagieren, um einer weiteren Haftung zu entkommen[1382].

5. *Zusammenhang zwischen fehlerhaftem Handeln und Schaden*

Zwischen dem fehlerhaften Handeln im Sinne des Rechtsinstituts des *wrongful trading* und dem entstandenen Schaden muss kein Kausalzusammenhang vorliegen[1383]. Allerdings äußerte sich Richter *Park J.* in der Entscheidung Re Continental Assurance[1384] dahingehend, dass ein gewisser Zusammenhang zwischen dem fehlerhaften Handeln und dem Ansteigen des Defizits (*net deficiency*) notwendig ist. Erforderlich ist mehr als ein Zusammenhang zwischen einer fehlerhaften Entscheidung, das Unternehmen weiterzuführen, und ein bestimmter Schaden der Gesellschaft, da nicht jeder Schaden, den eine Gesellschaft erleidet, infolge

---

1379 *Keay*, Company Directors' Responsabilities to Creditors, S. 116.

1380 *Bailey/Groves*, Corporate Insolvency, S. 703–704, 17.29; *Griffin*, Company Law Handbook, S. 34, 2.6; *Keay*, Company Directors' Responsabilities to Creditors, S. 119; *Keay*, McPherson's Law of Company Liquidation, S. 627, 11.125; *Morris*, Finance Director's Handbook, S. 307, 8.20.

1381 *Bailey/Groves*, Corporate Insolvency, S. 704, 17.29.

1382 *Bailey/Groves*, Corporate Insolvency, S. 704, 17.29.

1383 Re Simmon Box (Diamonds) Ltd. [2000] BCC 275, 286; Cohen v. Selby [2001] 1 BCLC 176, 183.

1384 Re Continental Assurance [2001] BPIR 733, 844–845.

des fehlerhaften Verhaltens des *director* entstand. Eine Haftung des *director* ist nur in dem Umfang einzusehen, wie es auf sein Verhalten zurückzuführen ist[1385].

6. *Rechtsfolgen des Wrongful Trading*

Das Gericht hat gemäß sec. 214 (1) IA 1986 auf Rechtsfolgenseite einen weiten Ermessensspielraum[1386]. Der Anspruch nach *wrongful trading* ist vor allem kompensatorischer Natur und hat keinen bestrafenden Charakter[1387]. Das Institut des *wrongful trading* läuft im Ergebnis auf eine materielle Pflicht der Geschäftsleitung hinaus, im Interesse der Gläubiger zu handeln. Bei Vorliegen aller Voraussetzungen des *wrongful trading* ist der Geschäftsleiter verpflichtet, Schadensersatz an die Gesellschaft zu zahlen[1388]. Zudem kann er insbesondere nach sec. 10 Company Directors Disqualification Act (CDDA) 1986 über einen längeren Zeitraum aus seinem Amt ausgeschlossen werden[1389]. Bei Vorliegen der Haftungsvoraussetzungen des *wrongful trading* kann die Haftung nur in einem nachfolgendem Insolvenzverfahren durch den Liquidator mittels einer *„office-holder-claim"* geltend gemacht werden[1390]. Anders liegt es bei einem Verfahren nach sec. 212 IA 1986, bei dem gemäß sec. 212 (3) IA 1986 nicht nur der Liquidator die Ansprüche der Gläubiger geltend machen kann, sondern jeder Gläubiger oder Gesellschafter die Wahrung seiner Rechte und Geltendmachung individuell verfolgt.

a. Schadensersatz

Liegen die Haftungsvoraussetzungen des *wrongful trading* vor, hat der Liquidator zugunsten der Gesellschaftsgläubiger einen Beitrag zur Insolvenzmasse einzufordern. Er darf keine Vereinbarung abschließen, bei der die Früchte des Rechtsstreits nach sec. 214 IA 1986 an eine dritte Partei fallen, um im Gegenzug die Finanzierung der Klage wegen *wrongful trading* zu finanzieren[1391]. Gemäß

1385 Re Continental Assurance [2001] BPIR 733, 844–845.

1386 *Griffin*, Personal Liability and Disqualification of Company Directors, S. 83; *Fleischer*, ZGR 2004, 437, 460 f.; *Hirt* ECFR 2004, 71, 99.

1387 Re Produce Marketing Consortium Ltd. (No. 2) [1989] 5 BCC 569; *Griffin*, Personal Liability and Disqualification of Company Directors, S. 83; *Hannigan*, Company Law, S. 847; *Hirt* ECFR 2004, 71, 99; *Tolley*'s Corporate Insolvency Handbook, S. 238.

1388 Vgl. sec. 214 (1) IA 1986: "(…) person is to be liable to make such contribution (if any) to the company's assets as the court thinks proper".

1389 Zweiter Teil, § 2 B II. 5. b.

1390 *Hirt*, ECFR 2004, 71, S. 87.

1391 Re Oasis Merchandising Service Ltd. [1997] 1 BCLC 689, 690.

sec. 214 (1) IA 1986 hat der Geschäftsleiter bei Vorliegen aller Tatbestandsvoraussetzungen einen im Ermessen des Gerichts liegenden Betrag in das Vermögen der Gesellschaft einzuzahlen. Die Gläubiger haben gegen den Geschäftsführer insofern keine direkten Ansprüche. Dabei spielt es keine Rolle, ob sie vor oder nach dem *moment of truth* Verbindlichkeiten mit der Limited eingegangen sind und dadurch Verluste gemacht haben. Die Möglichkeit des Gläubigers, durch einen Antrag an das Gericht die Anspruchsverfolgung durch den Insolvenzverwalter gegebenenfalls zu erzwingen, ist noch nicht abschließend geklärt[1392]. Dem Wortlaut zufolge kann ausschließlich der Insolvenzverwalter bzw. Liquidator im Rahmen der *office-holder-claim* Ansprüche aus *wrongful trading* geltend machen. Mehrere directors können zu unterschiedlichen Teilen haften[1393].

aa. Alt- und Neugläubigerschaden: Quotenschaden - Net Deficiency Test

Alt- und Neugläubiger der Gesellschaft werden im Rahmen des Rechtsinstituts des *wrongful trading* bewusst gleichbehandelt. Das Gericht kann keine Anordnung über eine vorrangige Befriedigung einer bestimmten Gläubigergruppe treffen. Entgegen dem Vorschlag des Cork Committee, die Behandlung der Gläubiger ins Ermessen des Gerichts zu stellen[1394], hat sich die Gleichstellung der Alt- und Neugläubiger ausdrücklich durchgesetzt[1395]. Das Verfahren des *wrongful trading* sollte nicht durch Unterscheidung verschiedener Gläubigergruppen und unterschiedlichen Beweisaufnahmen kompliziert und unübersichtlich

1392 *Cheffins*, Company Law, S. 545; anders *Griffin*, Personal Liability and Disqualification of Company Directors, S. 79 bei Fn. 55.

1393 Re Produce Marketing Consortium Ltd. (No. 2) [1989] 5 BCC 569; Re Brian D. Pierson Ltd. [1999] BCC 26; *Bailey/Groves*, Corporate Insolvency, S. 705, 17.33.

1394 *Cork Committee*, Insolvency Law and Practice, Report of the Review Committee, 1982, Rn. 1806 unter Ziffer (4) (b); *Fleischer*, ZGR 2004, 437, 460 f.; *Hirt*, ECFR 2004, 71.

1395 Beratungen des House of Lords am 21.03.1985 (*Lord Lucas of Chilworth*) und am 01.04.1985, in: Hansard, Parliamentary Debates, House of Lords, Bd. 461, Sp. 743: "In order to attempt to do justice between the various classes of creditors, the court would probably have to hear arguments put by various creditors or classes of creditors. In our view any money recovered should become part of the general assets available to creditors distributed pari passu among them all."; siehe auch *Fleischer*, in: *Lutter*, Europäische Auslandsgesellschaften in Deutschland, S. 62.

werden[1396]. Der Haftungsumfang steht hingegen im Ermessen des Gerichts. Es haben sich gewisse Grundsätze herausgebildet, die das Gericht bei Festsetzung des entstandenen Schadens berücksichtigt. Dabei setzen die Überlegungen des Gerichts daran an, dass sec. 214 IA 1986 keinen Strafcharakter hat, sondern den durch fehlerhaftes Handeln verursachten Schaden zugunsten der Gläubiger ausgleicht[1397]. Die Höhe des Schadensersatzes bemisst sich am Betrag, um den sich das Gesellschaftsvermögen dadurch verringert hat, dass die Geschäftsleiter nicht schon im *moment of truth* die Liquidation eingeleitet haben. Im Vergleich stehen somit die Vermögenssituation im *moment of truth* und die Vermögenssituation im Zeitpunkt der Liquidation (sog. *net deficiency test*)[1398]. Dies führt im Ergebnis höchstens zum Quotenschaden und somit zu einer im Verhältnis zum deutschen Recht milderen Haftung des Geschäftsleiters. Ein darüber hinaus gehender Vertrauensschaden der Neugläubiger ist nicht zu ersetzen[1399]. Zwar spricht der Wortlaut des sec. 214 (1) IA 1986 („*loss to the company's creditors*") für eine Berücksichtigung des vollen Schadens. Es handelt sich bei dem Anspruch jedoch um eine in das Gesellschaftsvermögen einzubringende Zahlung („*contribution to the company's assets*"), die der Wiedergutmachung der geminderten Masse dient und ursprünglich kompensatorischen Charakter hatte[1400]. Zudem trifft der Insolvency Act 1986 keine ausdrückliche Regelung. Ein direkter Anspruch der Neugläubiger aus dem IA 1986 scheidet spätestens seit der Rechtssache Re Purpoint Ltd. aus, in der die *Chancery Division* einen Anspruch auf vollen Schadensausgleich der Neugläubiger ausdrücklich abgelehnt hat[1401]. Einschlägige Fälle

1396 Vgl. Erläuterungen von *Lord Lucas of Chilworth* während der Beratungen im House of Lords am 21.03.1985, in: Hansard, Parliamentary Debates, Bd. 461, Sp. 743; *Habersack/Verse*, ZHR 168 (2004), 174, S. 196 f.

1397 Re Continental Assurance Co. (2001) BPIR 733, 821 ff.

1398 Re Continental Assurance Co. (2001) BPIR 733, 821 ff.; Liquidator of Marini Ltd. v. Dickenson (2003) EWHC 334 (Rn. 68) = [2004] BCC 172, S. 197 (Rn. 68); dazu *Spence* 17 (2004) Insolvency Intelligence, 11, 12; *Habersack/Verse*, ZHR 168 (2004), 174, 197; *Keay*, Company Directors' Responsabilities to Creditors, S. 101; *Wilhelmi*, GmbHR 2005, 13, 17.

1399 *Habersack/Verse*, ZHR 168 (2004), 174, 197, *Schall*, ZIP 2005, 965, 970; *Wilhelmi*, GmbHR 2005, 13, 17; anders *Schumann*, DB 2004, 743, 737.

1400 *Davies*, Gower and Davies' Principles of Modern Company Law, S. 198.

1401 Re Purpoint Ltd. [1991] BCC 121, 129: "The purpose is to recoup the loss to the company so as to benefit the creditors or to direct that moneys paid to the company should be applied in payment of one class of creditors in preference to another. Moreover, creditors whose debts are incurred after the critical date in fact have no stronger claim than those whose debts were incurred before that date. The former

im Rahmen des *case law* liegen ebenfalls nicht vor, so dass ein Quotenschaden sowohl der Alt- als auch der Neugläubiger favorisiert wird[1402].

Der *net deficiency test* berücksichtigt solche Verlustbeträge nicht, die nur zufällig in dem betroffenen Zeitrahmen eintreten und keinen Zusammenhang zur Verzögerung der Liquidation aufweisen. Darunter erfasst werden unter anderem Verluste, die aufgrund einer äußerst schlechten Witterung und anderer Faktoren außerhalb der Kontrolle des *director* entstehen[1403]. Der Ermessensspielraum ermöglicht dem Gericht die Abstufung des Schadensersatzumfanges nach Verschuldensgrad. Abschläge können bei den Geschäftsleitern gemacht werden, denen nur leichte Fahrlässigkeit zur Last fällt[1404]. Stimmen in der Literatur schlagen auch vor, dass das Gericht im Rahmen des *net deficiency tests* die Liquidationskosten nicht einberechnet[1405]. Im Rahmen der Haftung mehrerer Geschäftsleiter kann die Höhe des Schadensersatzes je nach Verschuldensgrad und ihrer Mitwirkung sehr unterschiedlich ausfallen[1406].

bb. Gesicherte und ungesicherte Gläubiger

Die Abgrenzung unterschiedlicher Gläubigergruppen ist äußerst bedeutsam für die Fragestellung, ob den gesicherten und ungesicherten Gläubigern im Rahmen eines Insolvenzverfahrens eine Gleichbehandlung widerfährt oder ob Aus- und Absonderungsrechte wie im deutschen Recht einer Gruppe von Gläubigern ermöglichen, sich vorrangig an der Insolvenzmasse zu befriedigen.

(1) Position der ungesicherten Gläubiger

Die größere Anzahl der Gesellschaftsgläubiger besteht aus den ungesicherten Gläubigern wie Kreditgebern, Arbeitnehmern oder Händlern, die Waren oder Serviceleistungen anbieten. Sie kommen in der Insolvenz der Gesellschaft in

---

class also suffers to the extent that the assets of the company are depleted by wrongful trading."; zustimmend *Prentice*, [1990] 10 OJLS 265, 272–273. ebenso *Davies*, Gower and Davies' Principles of Modern Company Law, S. 198.

1402 *Schall*, ZIP 2005, 965, 967 (Fn. 39), 970; *Goode*, Principles of Corporate Insolvency Law, S. 476.

1403 *Hazel Williamson QC.*, in: Re Brian D. Pierson (Contractors) Ltd. [1999] BCC 26, 56; Re Continental Assurance Co. [2001] BPIR 733, 844–845; *Hannigan*, Company Law, S. 848.

1404 *Griffin*, Personal Liability and Disqualification of Company Directors, S. 83–84; *Keay*, McPherson's Law of Company Liquidation, S. 629–630, 11.128.

1405 *Walters*, [2001] Insolv. L. 211, S. 212.

1406 Re Produce Marketing Consortium Ltd. (No. 2) [1989] BCLC 520, 554.

vielerlei Hinsicht zu kurz[1407]. Obwohl sie eine denkbar schlechte Position innehaben, ist die Möglichkeit ungesicherter Gläubiger, einen Prozess wegen *wrongful trading* zu gewinnen, nicht vollkommen aussichtslos. Allerdings sind solche Gläubiger vorrangig zu befriedigen, die Inhaber einer *floating charge* oder sonstiger Sicherungsrechte sind, und somit ein vorrangiges Befriedigungsrecht haben[1408]. Zudem sind gerade die ungesicherten Gläubiger in hohem Maße von der Einsatzbereitschaft des Liquidators im Rahmen der vorgenannten *office-holder-claim* abhängig. Sieht dieser keine realistische Möglichkeit, seine Prozesskosten ersetzt zu bekommen, wird er von einem Prozess wegen *wrongful trading* zugunsten der ungesicherten Gläubiger absehen. Die Gläubiger selbst können im Rahmen des *wrongful trading* keinen Antrag bei Gericht stellen, sondern sind auf den Liquidator angewiesen[1409]. Diese Abhängigkeit führt regelmäßig zu keiner guten Ausgangsposition der ungesicherten Gläubiger in einem Gerichtsverfahren wegen *wrongful trading*.

(2) Position gesicherter Gläubiger

Gesicherte Gläubiger erhalten Eigentumsrechte am Gesellschaftsvermögen und können meistens aufgrund einer unbezahlten, fälligen Forderung Gebrauch von der Übertragung dieser Sicherheiten machen[1410]. Im Rahmen dieser Gläubigerposition sind maßgeblich die Regeln der IR 1986 anwendbar. Sofern ein gesicherter Gläubiger seine Position durchsetzen möchte, hat er das Bestehen der Forderung sowie den Nachweis der Sicherheit zu erbringen. Er kann seine Forderung auch zugunsten aller Gläubiger aufgeben und ist sodann wie ein ungesicherter Gläubiger zu behandeln (vgl. r. 4.88 IR 1986). Der Gläubiger kann den Wert seiner Sicherheit mit Zustimmung des Liquidators oder Erlaubnis des Gerichts jederzeit abändern. Hat der gesicherte Gläubiger im Rahmen der Antragstellung eines *compulsory winding* der Sicherheit einen bestimmten Wert zugefügt oder von einem Gebrauch seiner Sicherheit zugunsten der Gläubigergemeinschaft Abstand genommen, kann er seiner Sicherheit nur mit Erlaubnis des Gerichts einen neuen Wert hinzufügen oder revaluieren (vgl. r. 4.95 (1), (2) IR 1986). Unterlässt der Schuldner beim Forderungsnachweis, seine Sicherheit bekanntzugeben, muss er diese Sicherheit zugunsten aller Gläubiger opfern. Das Gericht kann ihn von diesem Nachteil befreien, sofern er die Bekanntgabe aus Unachtsamkeit oder aufgrund eines Fehlers

---

1407 *Templeman LJ*, in: Borden (UK) Ltd. v. Scottish Timber Products Ltd. [1981] Ch 25, 42: Unsecured creditors "receive a raw deal."

1408 Borden (UK) Ltd. v. Scottish Timber Products Ltd [1981] Ch 25, 42.

1409 *Hirt*, ECFR 2004, 71, 87.

1410 *Keay*, Company Directors' Responsabilities to Creditors, S. 15.

vergessen hat (vgl. r. 4.96 IR 1986). Der Liquidator kann zu jeder Zeit dem Gläubiger davon Nachricht erteilen, dass er die in einer bestimmten Höhe bezifferte Sicherheit innerhalb eines Zeitraums von 28 Tagen ab der Benachrichtigung an den Gläubiger auszahlen möchte. Der Gläubiger hat fortan 21 Tage Zeit, um die Sicherheit neu zu beziffern, und der Liquidator muss den neu bezifferten Betrag aus dem Gesellschaftsvermögen auszahlen. Der gesicherte Gläubiger hat zudem das Recht, den Liquidator zu jeder Zeit schriftlich aufzufordern, innerhalb eines Zeitraums von sechs Monaten schriftlich Stellung zu beziehen, ob er den ausstehenden Betrag für fragwürdig hoch und ungerechtfertigt hält (vgl. r. 4.97 IR 1986)[1411].

(3) Floating Charge

Zahlt der Geschäftsleiter die Kompensationszahlungen gemäß sec. 214 (1) IA 1986 in das Gesellschaftsvermögen ein, werden eingehende Zahlungen von der im englischen Recht anerkannten *floating charge* nicht erfasst. Sie können unter den ungesicherten Gläubiger verteilt werden[1412]. Eine *floating charge* ist eine schwebende Belastung, die eine Gruppe von Vermögensgegenständen (z.B. ein Warenlager oder das gesamte Vermögen) im Sinne einer Verpfändung zugunsten des (Pfand-)Gläubigers betrifft. Sie kann ebenso eine Belastung darstellen, die sich auf einen bestimmten Vermögensgegenstand (*fixed charge*) bezieht[1413]. Die *floating charge* dient als Sicherungsrecht über das gesamte Gesellschaftsvermögen oder eine Klasse von Vermögensgegenständen und ermöglicht dem Unternehmen, in ihrem täglichen Geschäft frei über einzelne Vermögensgegenstände zu verfügen. Der Gläubiger hat als Inhaber des Sicherungsrechts zunächst keinen Zugriff auf die in Betracht zu ziehenden Vermögensgegenstände[1414]. Erst wenn Umstände eintreten, die eine *floating charge* in eine konkrete Belastung hinsichtlich eines oder mehrerer Gegenstände aus dem Gesellschaftsvermögen umwandeln, kann der Gläubiger von seinen Zugriffsrechten Gebrauch machen. Die *floating charge* kristallisiert sich regelmäßig mit dem Eintreten bestimmter vertraglich vereinbarter Umstände heraus[1415].

Gemäß sec. 245 (3) (b) IA 1986 ist eine *floating charge* jedoch in aller Regel unwirksam, wenn sie innerhalb eines Zeitraums von zwölf Monaten vor der Eröffnung des Insolvenzverfahrens vereinbart worden ist und die Gesellschaft bei Eingehung der *floating charge* bereits insolvent war oder ihre Eingehung die Insolvenz

1411 *Tolley's* Corporate Insolvency Handbook, S. 261 f.

1412 *Habersack/Verse*, ZHR 168 (2004), 174, 196.

1413 *Kasolowski*, in: *Hirte/Bücker*, Grenzüberschreitende Gesellschaften, § 4 Rn. 153 f.

1414 *Kasolowski*, in: *Hirte/Bücker*, Grenzüberschreitende Gesellschaften, § 4 Rn. 153 f.

1415 *Kasolowski*, in: *Hirte/Bücker*, Grenzüberschreitende Gesellschaften, § 4 Rn. 153 f.

auslöste[1416]. Sofern die *floating charge* zugunsten einer mit der Gesellschaft verbundenen Person eingegangen wurde, erstreckt sich der Zeitraum der Unwirksamkeit der *floating charge* gemäß sec. 245 (3) (a) IA 1986 auf zwei Jahre vor Insolvenzbeginn, unabhängig davon, ob die Gesellschaft zum Zeitpunkt der Vereinbarung ihre Verbindlichkeiten erfüllen konnte[1417]. Allerdings ist nur die schwebende Belastung in dem besagten Zeitraum ungültig. Die zugrundeliegende Schuld bleibt bestehen. Begleicht die schuldnerische Gesellschaft vor dem *winding up*-Verfahren die noch ausstehende Forderung, ist es für die Rückzahlung unerheblich, dass die *floating charge* mit Beginn des *winding up*-Verfahrens ungültig erklärt wird. Im Einzelfall kann die Rückzahlung angefochten werden[1418]. Die Unwirksamkeit der *floating charge* nach sec. 245 IA 1986 dient vor allem dem Schutz der ungesicherten Gläubiger, die keiner unerwarteten Schmälerung der Haftungsmasse ausgesetzt werden sollen.

(4) Re Oasis Merchanising Services Ltd.

Folgt man der Entscheidung Re Oasis Merchanising Services Ltd.[1419] sind die potentiell Begünstigten der Beitragszahlung im Rahmen von sec. 214 IA 1986 die ungesicherten Gesellschaftsgläubiger. In diesem Urteil hält der *Court of Appeal* den an das Unternehmen zu zahlenden Beitrag nicht für ein Eigentumsrecht der Gesellschaft, so dass nach sec. 214 IA 1986 zu zahlende Schadensersatzleistungen nicht in die Masse fallen, an der sich die gesicherten Gläubiger vorrangig bedienen können. Der Haftungsumfang fällt zudem in das Ermessen des Gerichts[1420]. Das Urteil ist in zweierlei Hinsicht sehr bedeutsam. Es stärkt zum Einen die Rechte ungesicherter Gläubiger und ermöglicht eine Verbesserung des englischen Gläubigerschutzsystems.[1421] Zum Anderen stellt es den Haftungsumfang

1416 *Campbell/Collins*, Corporate Insolvency and Rescue, S. 26; *Hannigan*, Company Law, S. 863; *Tolley's* Corporate Insolvency Handbook, S. 185.

1417 Vgl. sec. 245 (3) IA 1986: "Subject to the next subsection, the time at which a floating charge is created by a company is a relevant time for the purposes of this section if the charge is created - (a) in the case of a charge which is created in favour of a person who is connected with the company, at a time in the period of 2 years ending with the onset of insolvency, (b) in the case of a charge which is created in favour of any other person, at a time in the period of 12 months ending with the onset of insolvency, (…)".

1418 *Hannigan*, Company Law, S. 863.

1419 Re Oasis Merchanising Services Ltd. [1997] 1 WLR 764.

1420 Re Oasis Merchanising Services Ltd. [1997] 1 WLR 764; *Griffin*, Company Law Handbook, S. 34–35, 2.6.

1421 *Griffin*, Company Law Handbook, S. 34–35, 2.6.

in das Ermessen des Gerichts, das je nach Schwere der Tat einen gerechten Ausgleich zugunsten der Gläubiger schaffen kann und neben objektiven Umständen ebenso subjektive Beweggründe für das Verhalten des Geschäftsleiters berücksichtigen sollte[1422].

cc. Durchsetzung der Haftung im Ermessen des Gerichts

Nach sec. 215 (2) IA 1986 kann das Gericht unter Ausübung seines Ermessens weitere Maßnahmen anordnen, um die Durchsetzung der Haftung sicherzustellen. Gemäß sec. 215 (4) IA 1986 können vor allem Forderungen der Gläubiger für nachrangig erklärt werden, wenn die Gläubiger zugleich haftende Geschäftsleiter sind.

(1) Geltendmachung des Anspruchs

Der Liquidator hat den Anspruch aus *wrongful trading* kollektiv für alle Gläubiger geltend zu machen. Der Anspruch nach *wrongful trading* gemäß sec. 214 IA 1986 kann innerhalb von sechs Jahren ab der insolvenzbedingten Liquidierung der Gesellschaft geltend gemacht werden[1423]. Die Aussichten, einen Rechtsstreit auf der Grundlage des *wrongful trading* zu gewinnen, sind auch in einem scheinbar eindeutigen Fall ungewiss. Vor einem Prozessbeginn sollte der Liquidator daher die Erfolgsaussichten des zugrundeliegenden Falles genau abwägen, da die Kosten des Rechtsstreits schnell in unermessliche Höhe steigen können. Der *Court of Appeal*[1424] hat sich einerseits dafür ausgesprochen, dass Kosten aufgrund einer Klage, deren Erlös im Falle des Erfolgs zur Verteilung unter den Gläubigern in die Insolvenzmasse fließen soll, als notwendig anfallende Auslagen im Rahmen pflichtgemäßen Handelns des Insolvenzverwalters bzw. Liquidators anzusehen sind. Andererseits werden die anfallenden Kosten im Falle einer Klageabweisung nicht als notwendige Kosten einer Liquidierung angesehen. Infolgedessen wird es dem Liquidator nicht möglich sein, die anfallenden Prozesskosten mit der ihm

1422 *Griffin*, Company Law Handbook, S. 34–35, 2.6.

1423 Re Farmizer (Products) Ltd. Moore v. Gadd [1997] 1 BCLC 589, 590, 592; Limitation Act 1980, sec. 9 (1), 39: die Bedeutung des Ausdrucks "goes into liquidation" wird ergänzt durch sec. 247 (2) IA 1986; er ist von dem in sec. 86, 129 IA 1986 definierten Ausdruck "commencement of liquidation" zu unterscheiden; *Fletcher*, The Law of Insolvency, S. 710, 27-022; *Keay*, Company Directors' Responsabilities to Creditors, S. 81.

1424 Katz v. McNelly [1997] BCC 784, 785, 794.

zur Verfügung stehenden Vermögensmasse zu decken[1425]. Diese Kosten hätte er selbst zu tragen. Der Liquidator ist demzufolge gut beraten, wenn er die von ihm vertretenen Gläubiger oder eine dritte Partei, die bei Klageerfolg einen Anteil des Schadensersatzes bekommt, über die Sachlage und die Prozessrisiken aufklärt. Diese können infolgedessen selbst entscheiden, ob sie von einer Rechtsverfolgung absehen oder einen *fighting fond* für ihn einrichten, um sein Prozessrisiko zu minimieren[1426]. Zudem ist eine Kompensation der Kosten des Liquidators vor allem dann fraglich, wenn er den Prozess gewinnt, aber das Gesellschaftsvermögen aufgrund einer *floating charge* vorrangig durch den gesicherten Gläubiger beansprucht wird[1427]. Der Liquidator muss sich dann dem Risiko aussetzen, den Prozess nur zugunsten der ungesicherten Gläubiger zu führen und am Ende auf den Prozesskosten sitzen zu bleiben[1428].

Der Liquidator schuldet der Gesellschaft als ihr Vertreter im Übrigen die *fiduciary duties*. Da er nicht treuhänderisch tätig wird, ist er zwar nicht als *trustee* für jeden einzelnen Gläubiger anzusehen. Er verpflichtet sich aber gegenüber den Gläubigern, sie untereinander gleich und fair zu behandeln und setzt sich bei Verletzung dieser Pflichten unter Umständen einer persönlichen Haftung aus[1429]. Zwar ist der Anspruch aus *wrongful trading* ebenso wie weitere Ansprüche in der Krise der Gesellschaft vom Insolvenzverwalter geltend zu machen. Unter bestimmten Umständen können die Gläubiger aber einen Antrag bei Gericht auf Überprüfung der Entscheidung des Liquidators stellen und sind ihm nicht schutzlos ausgeliefert. Dabei gilt sec. 168 (5) IA 1986[1430] im Falle der zwangsweisen Liquidation (*compulsory liquidation*) und sec. 112 (1) IA 1986[1431] für die freiwillige Auflösung

---

1425 Katz v. McNelly [1997] BCC 784, 785, 794; Mond v. Hammond Suddards (No. 2) [1999] 3 WLR 697; Re M.C. Bacon (no. 2) [1991] Ch 127 (*Millet J.*).

1426 *Cheffins*, Company Law, S. 456; *Fletcher*, The Law of Insolvency, S. 711, 27-024; *Griffin*, Personal Liability and Disqualification of Company Directors, S. 86.

1427 *Cheffins*, Company Law, S. 456.

1428 *Cheffins*, Company Law, S. 456.

1429 *Tolley*'s Corporate Insolvency Handbook, S. 201.

1430 Vgl. sec. 168 (5) IA 1986: "If any person is aggrieved by an act or decision of the liquidator, that person may apply to the court; and the court may confirm, reverse or modify the act or decision complained of, and make such order in the case as it thinks just."

1431 Vgl. sec. 112 (1) IA 1986: "The liquidator or any contributory or creditor may apply to the court to determine any question arising in the winding up of a company, or to exercise, as respects the enforcing of calls or any other matter, all or any of the powers which the court might exercise if the company were being wound up by the court."

der Gesellschaft (*voluntary liquidation*). Das Verfahren bei Gericht wird den Gläubigern allerdings zusätzliche Kosten verursachen, die ihnen die gerichtliche Bearbeitung im Einzelfall nicht wert sein dürfte[1432].

Der Liquidator kann neben dem Anspruch aus *wrongful trading* ebenso andere Ansprüche vor Gericht geltend machen, die gegebenenfalls in Konkurrenz zueinander stehen. Neben dem Institut des *wrongful trading* kann der Insolvenzverwalter wegen der Pflichtverletzung (*breach of duties*) einen Anspruch aus *misfeasance proceedings* gemäß sec. 212 IA 1986 geltend machen[1433]. Sofern die beiden Ansprüche nicht für unterschiedliche Handlungen herangezogen werden, stehen sie zueinander in Konkurrenz und gelten kumulativ[1434]. Das Konkurrenzverhältnis beider Ansprüche führt auf Rechtsfolgenseite zu gravierenden Unterschieden hinsichtlich der Haftungsmasse: Im Rahmen des sec. 214 IA 1986 kommt es zu einer Verteilung des erlangten Schadensersatzes unter der Gesamtheit ungesicherter Gläubiger, wohingegen Entschädigungsleistungen nach sec. 212 IA 1986 ins Gesellschaftsvermögen fließen und gesicherte Gläubiger bevorzugt befriedigt werden[1435].

(2) Verteilung des Gesellschaftsvermögens

Nach sec. 115 IA 1986 sind Kosten und Ausgaben im Rahmen des *winding up*-Verfahrens sowie das Gehalt des Liquidators vor den Ansprüchen der Gläubiger zu begleichen[1436]. Das Verfahren dient dazu, die Gesellschaftsgläubiger zu befriedigen und soll nicht zum Vorteil des Unternehmens gereichen[1437]. Auch wenn der Anspruch nach sec. 214 IA 1986 eine Schadensersatzzahlung in das Vermögen der Gesellschaft vorsieht, war der Betrag nicht zum Zeitpunkt der Insolvenzverfahrenseröffnung vorhanden (r. 4218 (1) (a) Insolvency Rules 1986). Dennoch wurde r. 4218 (1) ab 1.1.2003 dahingehend erweitert, dass zunächst die Kosten des Auflösungsverfahrens, unter Einschluss weiterer rechtlicher Verfahren, die der Liquidator im Rahmen seines Amtes vorbringt (wie sec. 213, 214 IA 1986), zu decken sind[1438]. Die ungesicherten Gläubiger werden erst nach den gesicherten

1432 *Keay*, Company Directors' Responsibility to Creditors, S. 82–83.

1433 Re Brian D. Pierson (Contractors) Ltd. [1999] BCC 26 = [2001] BCLC 275.

1434 Re Purpoint Ltd. [1991] BCC 121, 122.

1435 Re Anglo-Austrian Printing and Publishing Union [1895] 2 Ch 891.

1436 *Griffin*, Company Law Handbook, S. 35, 2.6; vgl. auch sec. 115 IA 1986: "All expenses properly incurred in the winding up, including the remuneration of the liquidator, are payable out of the company's assets in priority to all other claims."

1437 *Griffin*, Company Law Handbook, S. 35, 2.6.

1438 *Griffin*, Company Law Handbook, S. 35, 2.6.

Gläubigern befriedigt. Sodann folgen die der Liquidierung nachfolgenden Interessen (*post liquidation interests*), gestundete Forderungen und Ansprüche der Gesellschafter[1439]. Kommt es zur Liquidation der Gesellschaft und der Auszahlung des Gesellschaftsvermögens, werden die ungesicherten Gläubiger nach dem *pari passus*-Prinzip gleichwertig und nach gleichen Teilen bedacht[1440]. Hiervon zu unterscheiden sind begünstigte Gläubiger nach sec. 175 und 386 IA 1986 in Zusammenhang mit Schedule 6 (*preferential debts/creditors*).

(3) Anordnung des Gerichts

Nach sec. 215 (2) IA 1986 kann das Gericht unter Ausübung seines Ermessens weitere Maßnahmen anordnen, um die Durchsetzung der Haftung und der unter Umständen verhängten *charge* sicherzustellen[1441]. Gemäß sec. 215 (4) IA 1986 können vor allem Forderungen der Gläubiger für nachrangig erklärt werden, wenn die Gläubiger zugleich haftende Geschäftsleiter sind[1442].

b. Disqualification

Neben der Schadensersatzhaftung kann das Gericht gegenüber dem Geschäftsleiter eine sogenannte *disqualification order* nach dem Company Directors Disqualification Act 1986 (CDDA 1986) verhängen[1443]. Hauptanliegen der *disqualification* ist nicht die Bestrafung des *director* mit einem Tätigkeitsverbot, sondern der Schutz der Öffentlichkeit vor einem gefährdenden Verhalten[1444]. Vor allem ein Missmanagement sowie ein fehlerhaftes Verhalten des *director* in einer insolvenzbedrohten Gesellschaft geben Anlass, ein Tätigkeitsverbot über einen gewissen Zeitraum auszusprechen.

1439 *Tolley's* Corporate Insolvency Handbook, S. 267.

1440 *Keay*, Company Directors' Responsibility to Creditors, S. 16.

1441 Siehe auch *Griffin*, Personal Liability and Disqualification of Company Directors, S. 84.

1442 Vgl. sec. 215 (4) IA 1986: "Where the court makes a declaration under either section in relation to a person who is a creditor of the company, it may direct that the whole or any part of any debt owed by the company to that person and any interest thereon shall rank in priority after all other debts owed by the company and after any interest on those debts."

1443 *Hannigan*, Company Law, S. 315 ff.; rechtsvergleichend *Fleischer*, WM 2004, 157, 160 ff.; *Fleischer*, in: *Lutter*, Europäische Auslandsgesellschaften in Deutschland, S. 66.

1444 *Bailey/Groves*, Corporate Insolvency, S. 713, 17.43.

aa. Tätigkeitsverbot

Die *disqualification* ist ein Tätigkeitsverbot für Organmitglieder und bildet ein wichtiges Gläubigerschutzmittel gegen die *directors*. Diese Beschränkung erfasst auch *shadow directors* gemäß sec. 6 (3) CDDA 1986 sowie *de facto directors*[1445]. Der Betroffene kann aus seinem Amt als *director* und von anderen Managementaufgaben für zwei und bis zu 15 Jahren ausgeschlossen werden (sec. 1, 6, 10 CDDA 1986), wobei ein Tätigkeitsverbot bis zu fünf Jahren für relativ kleine Verstöße, zwischen sechs und zehn Jahren für schwerwiegenderes Fehlverhalten sowie ab zehn Jahren für besonders schwerwiegende Fälle vorbehalten ist[1446]. Dieser Ausschluss kann auch aufgrund eines *wrongful trading* (und auch *fraudulent trading*) erfolgen, da sec. 10 CDDA 1986 sieht vor, dass das Gericht in diesen Fällen nach eigenem Willen eine *disqualification* anordnen kann[1447]. Sie bezieht sich in der Praxis allerdings regelmäßig auf ein Verhalten des Geschäftsleiters im Sinne seiner „*unfitness*" gemäß sec. 6 (1) (b) CDDA 1986 („*makes him unfit to be concerned in the management of a company*"). Nach sec. 6 (1) CDDA 1986 ist das Gericht in den nach Absatz 1 beschriebenen Fällen verpflichtet, eine *disqualification order* auszusprechen[1448]. Der Begriff der *unfitness* ist allerdings sehr unbestimmt und von den Umständen des Einzelfalles abhängig. Eine nicht abschließende Aufzählung für ihr Vorliegen findet sich grundsätzlich in sec. 9 CDDA 1986 in Verbindung mit Schedule 1 (*"Matters for Determing Unfitness of Directors"*), der zwischen in allen Fällen anwendbaren Gründen (*part 1: "Matters Applicable in All Cases"*) und

1445 Re Hydrodan (Corby) Ltd. [1994] BCC 161; *Bailey/Groves*, Corporate Insolvency, S. 721–722, 17.45.

1446 Re Sevenoaks Stationers (Retail) Ltd. [1991] Ch 164, 165; siehe ferner *Bailey/Groves*, Corporate Insolvency, S. 729, 17.52; *Fletcher*, The Law of Insolvency, S. 720 f., 27-039; *Griffin*, Company Law Handbook, S. 202, 13.3, 204, 211–212, 13.4.

1447 Vgl. sec. 10 CDDA 1986: "(1) Where the court makes a declaration under section 213 or 214 of the Insolvency Act that a person is liable to make a contribution to a company's assets, then, whether or not an application for such an order is made by any person, the court may, if it thinks fit, also make a disqualification order against the person to whom the declaration relates. (2) The maximum period of disqualification under this section is 15 years."

1448 Vgl. sec. 6 (1) CDDA 1986: "The court shall make a disqualification order against a person in any case where, on an application under this section, it is satisfied - (a) that he is or has been a director of a company which has at any time become insolvent (whether while he was a director or subsequently), and (b) that his conduct as a director of that company (either taken alone or taken together with his conduct as a director of any other company or companies) makes him unfit to be concerned in the management of a company."

nur in Insolvenzfällen anwendbaren Gründen (*part 2: "Matters Applicable Where Company Has Become Insolvent")* unterscheidet[1449]. Die *unfitness* wird nach *part 1* des Schedule 1 bei Verstößen gegen *fiduciary duties* und andere *director's duties* gegenüber der Gesellschaft angenommen. Rechtshandlungen, die nach IA 1986 anfechtbar sind, und die Höhe der Verantwortlichkeit des betroffenen *director* an einer Insolvenz können eine *disqualification order* ebenso nachsichziehen[1450]. Im Rahmen des *part 2* werden vor allem das Maß der Verantwortung des *director* an der Insolvenz der Gesellschaft oder Fehlinvestitionen als Indizien genannt, die eine *disqualification* im Falle der Insolvenz begründen können[1451].

Nach Schedule 1 ist eine *disqualification* nur in Betracht zu ziehen, wenn das Verhalten des *director* diese Maßnahme rechtfertigt. Das Fehlverhalten muss dem öffentlichen Interesse zuwiderlaufen und die begrenzte Haftbarkeit des Gesellschaftsmodells der Limited ausnutzen. Regelmäßig missbraucht der *director* die Gläubigerinteressen auf rücksichtslose und fahrlässige Weise oder missachtet fortlaufend bestehende Gesellschaftsvorschriften[1452]. Die „*unfitness*" kann letztlich auch im Bezug auf eine Insolvenzverschleppung oder bei unangemessener Kapitalausstattung gegeben sein[1453]. Eine Insolvenz wird gemäß sec. 6 (2) CDDA 1986 dann angenommen, wenn das Unternehmen zu einer Zeit liquidiert wird, in der das Betriebsvermögen nicht mehr zur Zahlung der Verbindlichkeiten und Insolvenzverfahrenskosten ausreicht (sec. 6 (2) (a) IA 1986), eine *administration order* erlassen (sec. 6 (2) (b) IA 1986) oder ein *administration receiver* ernannt wurde (sec. 6 (2) (c) IA 1986). Der Wortlaut des sec. 6 CDDA 1986 („*shall make a disqualification*") lässt dem Gericht grundsätzlich kaum Raum für ein Ermessen. Überraschende Entscheidungen wie in der früheren Rechtsprechung, in denen trotz permanenter Verletzung der Rechnungslegung- und Publikationspflicht eine *disqualification order* früher oftmals nicht ausgesprochen wurde, sind aufgrund

1449 *Griffin*, Company Law Handbook, S. 206–208, 13.4; ebenso *Schilling*, Insolvenz einer englischen Limited, S. 160.

1450 Vgl. z.B. Sch. 1 Pt. 1: "Any misfeasance or breach of any fiduciary or other duty by the director in relation to the company."

1451 Vgl. z.B. Sch. 1 Pt. 6: "The extent of the director's responsibility for the causes of the company becoming insolvent."

1452 Secretary of State or Trade and Industry v. Gray [1995] BCC 554; *Griffin*, Company Law Handbook, S. 208–209, 13.4.

1453 *Bailey/Groves*, Corporate Insolvency, S. 728, 17.51; *Davies*, Gower and Davies' Principles of Modern Company Law, S. 211 ff.; *Fletcher*, The Law of Insolvency, S. 718, 27-035; *Hannigan*, Company Law, S. 848; *Lanzius*, ZInsO 2004, 296, 297; *Wilhelmi*, GmbHR 2005, 13, 18.

des gesetzlich festgelegten Wortlauts nunmehr nahezu ausgeschlossen[1454]. Das Gericht muss auch dann eine *disqualification order* erlassen, wenn weitere Verstöße nicht mehr zu erwarten sind. Allerdings haben die Gerichte einen weitgehenden Beurteilungsspielraum bei der Beurteilung des unbestimmten Rechtsbegriffs *unfitness*. Gemäß sec. 7 CDDA 1986 haben Insolvenzpraktiker, wie der Liquidator, den *secretary of state* in seiner Arbeit zu unterstützen und ihn gegebenenfalls darauf aufmerksam zu machen, dass ein Fall der *unfitness* bei einem *director* vorliegt[1455].

bb. Fallgruppen der Unfitness

Das Gericht hat oftmals keine einfache Entscheidung darüber zu treffen, ob zu Lasten eines *director* eine *unfitness* vorliegt. In einem ähnlichen Verhalten des *director* können Besonderheiten des Einzelfalles, insbesondere der Verantwortungsbereich des *director* für diesen Bereich, eine unterschiedliche Beurteilung nach sich ziehen. Es wäre ungerecht, den *director* in die Haftung zu nehmen, obwohl er nicht für diesen Bereich zuständig war. Diese Bewertung ist vor allem beim *de facto director* von großer Bedeutung, dessen Verantwortungsbereich durch äußere Kriterien zu ermitteln ist[1456]. Zudem reicht es für die Annahme einer *unfitness* nicht aus, dass der *director* trotz Kenntnis der Insolvenz weiterhandelte. Ist er sich jedoch bewusst, dass keine vernünftige Aussicht auf Vermeidung der Insolvenz gegeben ist, liegt in seinem Fehlverhalten eine starke Vermutung für eine *unfitness* vor[1457]. Gerade wenn ein *director* im Falle drohender Insolvenz das restliche *board of directors* gegen sich hat, das die Gesellschaft fortführen will, ist es für ihn besonders schwierig, eine Entscheidung über den Weiterverlauf der Geschäfte zu fällen[1458]. Der *director* muss zur Beurteilung seiner *unfitness* mehr als nur ein einfaches Missmanagement oder eine Einschränkung seiner Urteilskraft vorzeigen. Zusätzliche Faktoren sind ausschlaggebend[1459].

Aus den zahlreichen Entscheidungen der Rechtsprechung kristallisieren sich die nachfolgenden zwei Arten von *unfitness* heraus. Fälle einer *disqualification order* können mehrere Aspekte beider Kategorien aufweisen und sind daher nicht klar einzuordnen.

1454 *Fletcher*, The Law of Insolvency, S. 720 f., 27-039.

1455 *Bailey/Groves*, Corporate Insolvency, S. 713, 17.43.

1456 Secretary of State v Tjolle [1998] 1 BCLC 333, S. 357.

1457 Secretary of State for Trade and Industry v. Gill [2006] BCC 725; *Griffin*, Company Law Handbook, S. 210, 13.4.

1458 *Bailey/Groves*, Corporate Insolvency, S. 728, 17.51.

1459 *Bailey/Groves*, Corporate Insolvency, S. 728, 17.51.

(1) Lack of Commercial Morality

Das *lack of commercial morality* zeigt das unverantwortliche Handeln des Geschäftsführers entgegen dem Sorgfaltsmaßstab eines ordentlich und gewissenhaft handelnden Geschäftsmannes. Dabei führt der *director* Geschäfte auf Kosten der Gesellschaftsgläubiger[1460]. Unter diese Fallgruppe fällt das vom *Cork Comittee* ebenso erwähnte Beispiel der *phoenix companies*: Der *director* lässt eine unterkapitalisierten Gesellschaft in die Insolvenz abrutschen. Nach oder bereits während der Insolvenz gründet er ein neues Unternehmen, in welchem er seine Geschäfte auf Kosten der Gläubiger bis zur nächsten Insolvenz fortführt. Der *director* kann diese Art der Unternehmensgründung bzw. –führung unter Umständen mehrfach wiederholen, wobei er nach jeder Insolvenz eine Gruppe von unbefriedigten Gläubigern hinterlässt[1461]. Neben diesen Einzelbeispielen werden die Gerichte dazu angehalten, die *unfairness* auch an allgemeinen Indizien zu messen, sofern der *director* offensichtlich versucht, Geschäfte auf Kosten der Gesellschaftsgläubiger auszuführen[1462]. In Betracht zu ziehen ist, inwieweit der *director* mit seinem Handeln für die Insolvenz verantwortlich ist, ob er einer bestimmten Gläubigergruppe Vorrang vor anderen Gesellschaftsgläubigern eingeräumt hat oder ein Rechtsgeschäft eingegangen ist, obwohl eine deutliche Unterkapitalisierung des Unternehmens bestand[1463]. Zahlt der *director* sich selbst trotz einer Unternehmenskrise ein überproportional hohes Gehalt im Verhältnis zum Geschäftserfolg der Gesellschaft, ist seine Disqualifizierung ebenso in Erwägung zu ziehen[1464]. Dieser Fall wiegt unter Umständen besonders schwer, wenn die Gesellschaft niemals profitabel und für einen längeren Zeitraum große Verluste einstecken musste.

(2) Recklessness and Incompetence

Die Fallgruppe der *recklessness* und *total incompetence* versagt dem *director* aufgrund seines rücksichtslosen Verhaltens im geschäftlichen Verkehr jegliche Kompetenz und Eignung zur Führung einer Limited im Rechtsverkehr. Im Vordergrund der Betrachtung steht zunächst die Inkompetenz des *director*, die Geschäfte der Gesellschaft zu führen. Während man sich in früheren Fällen vor

---

1460 *Davies*, Gower and Davies' Principles of Corporate Insolvency, S. 218.

1461 *Cork Committee*, para. 1813, sog. Phoenix Syndrom; einschlägiges Fallrecht: Re Travel Mondial (UK) Ltd. [1991] BCLC 120; Re Linvale Ltd. [1993] BCLC 654, 660: recklessness; Re Swift 736 Ltd. [1993] BCLC 1, 6: lack of commercial morality.

1462 Re Keypak Homecare Ltd. [1990] BCLC 440.

1463 *Davies*, Gower and Davies' Principles of Modern Company Law, S. 218.

1464 Re Synthetic Technology Ltd. [1993] BCC 549; Secretary of State v. Van Hengel [1995] 1 BCLC 545, 553 ff.

allem auf ein rücksichtsloses Verhalten des *director* stützte, stellen die Gerichte mittlerweile weitaus öfter auf eine „Unfähigkeit oder Vernachlässigung [seiner Pflichten und Aufgaben] in hohem Maße“ ab[1465]. Die Gefahr dieser Fallgruppe liegt darin, jegliches Handeln des *director*, das zu einer Unternehmenskrise führt, als Beweis für einen Mangel an Inkompetenz zu erachten. Das würde den *director* dazu veranlassen, keine kaufmännischen Risiken mehr einzugehen, und ein die Wirtschaft förderndes Verhalten unterbinden[1466]. Als inkompetent in diesem Sinne wurde beispielsweise ein *director* erachtet, der in einem größeren Unternehmen entsprechend den Vorgaben der *articles of association* Aufgaben delegiert, ohne für eine geeignete Überwachung zu sorgen oder sicherzustellen, dass derjenige, an den die Aufgaben delegiert wurden, seine neuen Aufgaben versteht[1467]. Dementsprechend hat der *director* eines großen Unternehmens für ein angemessenes, internes Überwachungssystem zu sorgen, um eventuell bestehende Risiken zu beobachten und einzudämmen.

Ist das *board of directors* nach Funktionen aufgeteilt und besetzt jeder *director* einen bestimmten Geschäftsbereich, ist ein Mindeststandard aller *directors* bezüglich Kenntnis und Verständnis des Betriebes Voraussetzung, um existenzgefährdende Probleme rechtzeitig zu erkennen und zu bekämpfen. Ebenso müssen sich alle *directors* über die finanzielle Situation der Gesellschaft regelmäßig informieren, obwohl dieses Ressort womöglich einem einzelnen *director* zugesprochen ist[1468]. Im Gegensatz hierzu lässt die Inanspruchnahme eines außenstehenden Beraters keinen Schluss darauf zu, dass der *director* zur Führung seines Geschäftsbereichs oder des gesamten Unternehmens ungeeignet ist. Dies gilt erst recht, wenn der externe Ratgeber einen Sanierungsplan aufgestellt hat und die Gesellschaft dennoch nicht gerettet werden konnte[1469]. Dabei ist zu beachten, dass der *director* seine Aufgaben und Pflicht in bemerkenswert hohem Maße (*marked degree of negligence*) vernachlässigt haben muss. Dieser Gegensatz zum *wrongful trading*, bei dem die Insolvenz für die Annahme einer Verschuldensvermutung *per se* ausreicht, lässt

---

1465 Re Sevenoaks Stationers (Retail) Ltd. [1991] Ch 164, 184: “Incompetence or negligence in a very marked degree and that is enough to render him unfit”; *Davies*, Gower and Davies’ Principles of Modern Company Law, S. 219.

1466 *Davies*, Gower and Davies’ Principles of Modern Company Law, S. 219 f.

1467 Re Barings plc. (No. 5) [2000] 1 BCLC 523, 524, 539 ff.

1468 Secretary of State v. Van Hengel [1995] 1 BCLC 545, 556 ff.; Re City Investment Centres Ltd. [1992] BCLC 956, 957, 965 f., 968; Re Kaytech International Plc [1999] 2 BCLC 351, 352, 425; *Davies*, Gower and Davies’ Principles of Modern Company Law, S. 220.

1469 *Davies*, Gower and Davies’ Principles of Modern Company Law, S. 220 f.

sich damit begründen, dass für den *director* bei einer *disqualification* weitaus mehr auf dem Spiel steht. Er bekommt ein minimales Tätigkeitsverbot von zwei Jahren und ist darauf angewiesen, seinen Lebensunterhalt auf andere Art und Weise zu verdienen[1470]. Handelt der *director* auf Ratschlag eines professionellen Berater in einer bestimmten, gegebenenfalls sehr nachlässigen Art und Weise, kann er einer *disqualification order* im Einzelfall entkommen[1471].

cc. Zuständigkeit

Gemäß sec. 10 CDDA 1986 kann eine *disqualification* des *director* zum Einen durch das Gericht erfolgen, das auch für die Schadensersatzklage zuständig ist[1472]. Zum Anderen kann dem *director* im Rahmen eines separaten, auf Antrag der zuständigen Behörde eingeleiteten Verfahrens nach sec. 6 CDDA 1986 im Falle der *unfitness* ebenso eine *disqualification* ausgesprochen werden. Die zuständige Behörde ist gemäß sec. 7 CDDA 1986 der *secretary of state* und die *official receivers*. Der Liquidator kann demgegenüber keinen separaten Antrag auf eine *disqualification order* beim Gericht stellen. Allerdings hat er den *secretary of state* zu informieren, falls die Voraussetzungen einer *disqualification order* gegeben sind (sec. 7 (4) CDDA 1986). Zudem reicht der Antrag des Liquidators nach *fraudulent trading* oder *wrongful trading* meistens aus und führt indirekt zu einer *disqualification order* des Gerichts[1473]. Dementsprechend sind *directors* insolventer Unternehmen von ihrem Posten zu disqualifizieren, wenn sie sich zur Leitung eines Unternehmens als ungeeignet erwiesen haben. Sec. 10 (1) CDDA 1986 normiert, dass sich der Nachweis der fehlenden Eignung unter anderem aus *wrongful trading* ergeben kann. Es muss sich allerdings um einen vergleichsweise groben Verstoß handeln, um eine *disqualification* aus seinem Amt zu begründen[1474]. Ein Antrag der zuständigen Behörde kann auch dann gestellt und ihm stattgegeben

---

1470 *Davies*, Gower and Davies' Principles of Modern Company Law, S. 220 f.

1471 Re Douglas Construction Services Ltd. [1988] BCLC 397; *Tolley*'s Corporate Insolvency Handbook, S. 235.

1472 Wortlaut des sec. 10 (1) CDDA 1986: "Where the court makes a declaration under section 213 or 214 of the Insolvency Act that a person is liable (…), the court may, if it thinks fit, also make a disqualification order against the person to whom the declaration relates."

1473 *Bailey/Groves*, Corporate Insolvency, S. 730, 17.52; *Fletcher*, The Law of Insolvency, S. 710 f., 27-023; *Milman/Durrant*, Corporate Insolvency, S. 242.

1474 *Davies*, Gower and Davies' Principles of Modern Company Law, S. 220 („*marked degree of negligence before declaring a director unfit*"); *Habersack/Verse*, ZHR 168 (2004), 174, 198.

werden, wenn der Insolvenzverwalter von einer Schadensersatzklage aus *wrongful trading* absieht, die Behörde eine *disqualification* aber für notwendig erachtet. Die *disqualification* kann nach Anmeldung und Eintragung beim Registeramt gemäß sec. 18 (2) CDDA 1986 von jedermann in einem vom *secretary of state* aufgestellten Register eingesehen werden (sec. 18 (4) CDDA 1986).

Die *disqualification order* muss gemäß sec. 7 (2), 6 (2) CDDA 1986 innerhalb von zwei Jahren ab dem Zeitpunkt der Gesellschaftsinsolvenz vom *secretary of state* als zuständige Behörde beantragt oder vom Gericht vorgenommen werden. Die Gesellschaft ist im Rahmen eines *compulsory liquidation* insolvent, wenn ein Auflösungsantrag bestätigt ist[1475]. Der Zeitpunkt der Antragstellung ist demgemäß nicht ausschlaggebend. Gemäß sec. 6 (2) CDDA 1986 ist ein Unternehmen insolvent, wenn es liquidiert werden muss, weil sein Vermögen auf der Basis eines *balance sheet tests* nicht mehr ausreicht, die noch ausstehenden Schulden zu bezahlen. Die Kosten für das erfolgreiche Verfahren einer *disqualification order* hat der Verurteilte zu tragen[1476].

dd. Mildernde Umstände und Leave to Act (Tätigkeitserlaubnis)

Das Gericht kann bei seiner Beurteilung über eine *disqualification order* mildernde Umstände berücksichtigen und im Einzelfall von einem Tätigkeitsverbot absehen. Als mildernder Umstand kann die Mitarbeit des *director* bei der Aufklärung und Durchführung des (Insolvenz-) Verfahrens wirken. In der Entscheidung Re Melcast (Wolverhampton) Ltd.[1477] war das Alter des *director* von 75 Jahren ebenso mildernd in Betracht zu ziehen. Neben dem Alter scheinen auch gesundheitliche Defizite für eine umfassende Beurteilung eine Rolle zu spielen. Hat der *director* sein eigenes Vermögen in das Unternehmen gesteckt, um die Gesellschaft vor der Insolvenz zu retten, kann sich sein Vermögensverlust ebenso mildernd auf die *disqualification* auswirken[1478] wie die Hinzuziehung eines Beraters, auf dessen Rat das Handeln des directors ersichtlich zurückgeht[1479].

Gemäß sec. 17 CDDA 1986 kann die Person, die im Mittelpunkt der Untersuchungen einer *disqualification* steht, eine Tätigkeitserlaubnis (*leave to act*) für ein bestimmtes Unternehmen beim zuständigen Gericht beantragen. Hiervon ausgeschlossen sind jedoch diejenigen Unternehmen, in denen der *director* angestellt

---

1475 Re Walter Jacob Co Ltd [1993] BCC 512; *Bailey/Groves*, Corporate Insolvency, S. 726, 17.49.

1476 *Bailey/Groves*, Corporate Insolvency, S. 732, 17.56.

1477 Re Melcast (Wolverhampton) Ltd. [1991] BCLC 288.

1478 Re Pamstock Ltd. [1994] 1 BCLC 716.

1479 Re Park Properties Ltd. [1997] 2 BCLC 530.

war und das Gericht eine *unfitness* aufgrund seines Fehlverhaltens innerhalb dieser Gesellschaften annahm[1480]. Diese gesetzlich festgeschriebene Modifikation erlaubt dem *director*, trotz eines generellen Tätigkeitsverbots im Management einer Gesellschaft tätig zu sein. Das Gericht kann diese Erlaubnis aussprechen, wenn es davon überzeugt ist, dass der *director* für das Unternehmen von fundamentaler Bedeutung ist und seine Weiterbeschäftigung für das öffentliche Interesse, insbesondere das Interesse der Arbeitnehmer sowie der Gläubiger, von Vorteil ist[1481]. Dabei ist es unerheblich, dass der *director* lediglich aus persönlicher Motivation und nicht aus gesellschaftlichen Gründen an einer Weiterbeschäftigung interessiert ist. Das Gericht darf einen *leave to act* nur gestatten, sofern der Schutz der Öffentlichkeit weiterhin gewahrt ist[1482]. Zudem muss es die Wahrscheinlichkeit eines erneuten Verstoßes durch den *director* in seine Entscheidung einbeziehen. Die Abwägung berücksichtigt ebenso die Länge der verhängten *disqualification*, so dass eine Tätigkeitserlaubnis aufgrund der Dauer einer *disqualification order* abgelehnt werden kann[1483]. Das Gericht hat hierbei zwischen den öffentlichen Interesses am Wohl der Gesellschaft und den Privatinteressen des Antragstellers abzuwägen.

7. Unterschiede zum Fraudulent Trading

Erscheinen die Institute des *fraudulent trading* und *wrongful trading* nach sec. 213 ff. IA 1986 im ersten Moment ähnlich, so gibt es doch einige Unterschiede zwischen den Tatbeständen. Eine Haftung nach den Grundsätzen des *wrongful trading* bedarf zunächst weder eines Betrugs noch einer unredlichen Handlung, da die Vernachlässigung und Missachtung der Gläubigerinteressen für die Begründung einer Haftung bereits ausreicht. Das *wrongful trading* begründet sodann nur die Haftung der *directors, shadow* und *de facto directors.* Eine Haftung nach den Grundsätzen des *fraudulent trading* kann demgegenüber ebenso diejenigen Personen betreffen, die keine Geschäftsleiter- und Managementposition besetzen, aber von einem betrügerischen Handeln wissen, dieses unterstützen oder selbst einen Betrug vornehmen und sich unredlich verhalten[1484]. Die Haftung nach *wrongful trading* beginnt mit dem *moment of truth.* Dies ist der Zeitpunkt, ab dem der *director* von der Unabwendbarkeit

1480 *Griffin*, Company Law Handbook, S. 213, 13.4.

1481 *Griffin*, Company Law Handbook, S. 213, 13.4.

1482 Shuttleworth v. Secretary of State for Trade and Industry [2000] BCC 204; *Bailey/Groves*, Corporate Insolvency, S. 733, 17.58.

1483 Ebenso Hease v. Secretary of State for Trade and Industry [2006] BPIR 425: das Gericht lehnte eine Tätigkeitserlaubnis bei einer disqualification von sechs Jahren ab.

1484 *Birds/Boyle*, Boyle & Birds' Company Law, S. 595, 15.19.

einer Gesellschaftsinsolvenz hätte wissen müssen. Ab diesem Zeitpunkt ist das Verhalten sowohl objektiv als auch subjektiv zu beurteilen. Das *fraudulent trading* kennt den Zeitpunkt des *moment of truth* nicht, sondern kann im gesamten Zeitraum durch das Handeln des Geschäftsleiters oder einer dritten Person begangen werden[1485]. Während eine Haftung nach *wrongful trading* gemäß sec. 214 IA 1986 ausschließlich zivilrechtlicher Natur ist und in einer *disqualification* des *director* nach CDDA 1986 gipfeln kann, kann ein Handeln nach *fraudulent trading* sowohl zivilrechtlich nach sec. 213 IA 1986 als auch strafrechtlich gemäß sec. 458 CA 1985 (sec. 993 CA 2006 n. F.) verfolgt werden. Zweck des *fraudulent trading* ist vor allem die Vermeidung neuer Schulden der Gesellschaft, die von dieser nicht bezahlt werden können, so dass auch potentielle Neugläubiger geschützt werden sollen. Demgegenüber bezweckt die Haftung nach *wrongful trading* sowohl den Schutz der Alt- als auch der Neugläubiger und richtet sich somit an vergangene sowie an zukünftige Gläubigerinteressen. Im Rahmen beider Institute ist es nicht erlaubt ist, Altgläubiger auf Kosten von Neugläubigern zu schützen[1486].

III. Misfeasance Proceedings, Sec. 212 IA 1986

Sec. 212 IA 1986 begründet eine Haftung des *director* oder einer anderweitigen, in der Vorschrift genannten Person (*liquidator, administrator, administrative receiver* etc.) wegen *misfeasance proceedings*, sofern er während der Insolvenz ein untreues oder nicht sorgfältiges Verhalten an den Tag gelegt und seinen Pflichten nicht entsprochen hat, wobei dem Gesellschaftsvermögen infolgedessen ein finanzieller Verlust entstanden ist. Dieser Anspruch ist vornehmlich ein Prozessanspruch, der als prozessualer Gesamtanspruch eine schnelle und kostengünstige Geltendmachung verschiedener Pflichtverletzungen ermöglicht (*summary remedy*). Sec. 212 IA 1986 stellt sich somit nicht als eigener Haftungstatbestand dar[1487]. Der Anspruch war früher in sec. 631 CA 1985 geregelt und ist zuletzt mit Aufnahme in den IA 1986 weiter gefasst worden, indem der Katalog potentieller Verantwortlicher erweitert wurde und nunmehr ein einfaches vernachlässigendes Verhalten

---

1485 *Bailey/Groves*, Corporate Insolvency, S. 699, 17.19; *Goode*, Principles of Corporate Insolvency Law, S. 460.

1486 *Goode*, Principles of Corporate Insolvency Law, S. 460.

1487 Re Forest of Dean Coal Mining Co. [1878–79] LR 10 ChD 450; Re Farmizer (Products) Ltd. [1997] 1 BCLC 589, 592 = [1997] BCC 655, 658; *Bailey/Groves*, Corporate Insolvency, S. 707, 17.38; *Griffin*, Company Law Handbook, S. 24, 2.4; *Hannigan*, Company Law, S. 840; *Sealy* [1998] 16 Company and Securities LJ 176, S. 181; *Tolley's* Corporate Insolvency Handbook, S. 239.

des *director* zur Anspruchsbegründung ausreicht[1488]. Der Anspruch kommt nicht nur der Gesellschaft zugute, sondern bietet zumindest mittelbar auch den Gläubigern eine Anspruchsgrundlage[1489]. Die Geltendmachung des Anspruchs erfolgt grundsätzlich auf Antrag und im Namen der Gesellschaft, jedoch sind auch einzelne Gläubiger und Gesellschafter antragsbefugt, obwohl Letztere selbst keinen Profit aus der Klage haben[1490]. Erforderlich ist immer ein Vermögensverlust der Gesellschaft[1491]. Allerdings steht im Falle der Unbegründetheit der Klage nur dem Liquidator ein Anspruch auf Kostenerstattung der Aufwendungen aus dem Gesellschaftsvermögen zu[1492]. Von einer Haftung nach sec. 212 IA 1986 sind Fälle ausgeschlossen, in denen die Gesellschaft nur einen Zahlungsanspruch gegen einen Gesellschafter, z.B. wegen einer ungerechtfertigten Dienstreise, hat[1493].

1. Tatbestandsvoraussetzungen

Sec. 212 IA 1986 setzt auch hier zunächst voraus, dass sich die Gesellschaft gemäß sec. 212 (1) IA 1986 in einem *winding up*-Verfahren (*"in the course of a winding up of a company"*) befindet. Zudem muss der Betroffene gemäß sec. 212 (2) IA 1986 Vermögenswerte der Gesellschaft eigennützig missbraucht (*misfeasance*) oder in ähnlicher Weise gegen seine Treuepflichten (*fiduciary or other duties*) verstoßen haben[1494]. Mangels Regelung kommt es nicht darauf an, zu welchem Zeitpunkt der *director* gegen seine Pflichten verstoßen hat[1495]. Er braucht auch nicht im Namen der Gesellschaft gehandelt haben[1496]. Entscheidend ist, dass infolge der Pflichtverletzung ein Vermögensverlust der Gesellschaft entstanden ist[1497].

1488 *Bailey/Groves*, Corporate Insolvency, S. 709, 17.40.

1489 Re Hills Waterfall Estate and Gold Mining Company [1896] 1 Ch 947, vor allem S. 953 f.

1490 Vgl. sec. 212 (3) IA 1986: "The court may, on the application of the offical receiver or the liquidator, or of any creditor or contributory, examine into the conduct of the person (...)".

1491 *Fletcher*, The Law of Insolvency, S. 704, 27-012.

1492 *Bailey/Groves*, Corporate Insolvency, S. 709, 17.40: liquidator, official receiver, creditor oder contributory.

1493 Re Etic Ltd. [1928] Ch 861, 866.

1494 Re Continental Assurance [2001] BPIR 733, 848.

1495 *Bailey/Groves*, Corporate Insolvency, S. 711, 17.41; *Fletcher*, The Law of Insolvency, S. 704, 27-013.

1496 *Hannigan*, Company Law, S. 840.

1497 Vgl. sec. 212 (1) IA 1986: "(...) a person (...) has misapplied or retained, or become accountable for, any money or other property of the company (...)"; *Tolley*'s Corporate Insolvency Handbook, S. 239.

Nach einem bislang sehr subjektiven Maßstab beim Pflichtenbereich des *director*, der sich an dem Sorgfaltsmaßstab einer Person mit vergleichbarer Erfahrung und Fachwissen orientiert, spricht sich die Rechtsprechung seit der Entscheidung Re D'Jan of London Ltd.[1498] zunehmend für eine objektivere Einschätzung aus. In diesem Fall hatten zwei Schmuckhändler als *director* einer Limited Schmuck mittels eines Kredits im Ausland gekauft und unversichert zum Verkauf nach Frankreich transportiert. Auf dem Transportweg wurde der wertvolle Schmuck gestohlen. Das Gericht nahm damals unter Bezug auf sec. 214 (4) IA 1986 einen objektiveren Maßstab hinsichtlich des Pflichtenkreises im Rahmen von sec. 212 IA 1986 an. Den ungesicherten Gläubigern solle das Risiko des vollständigen Verlustes der einzigen Haftungssubstanz nicht auferlegt werden[1499].

Im Gegensatz zum Verfahren nach *fraudulent trading* und *wrongful trading* kann der Anspruchsgegner die Einwendung nach sec. 727 CA 1985 geltend machen, wenn er nach bestem Gewissen gehandelt hat. Der Betroffene hat das Gericht von seinem ehrlichen und gewissenhaften Verhalten hinsichtlich der Gesamtumstände des vorliegenden Falles zu überzeugen[1500]. Dabei legt die Rechtsprechung zu einem großen Teil einen sehr subjektiven Maßstab an[1501]. In der Entscheidung Re D'Jan of London konnte der Geschäftsleiter eine Einwendung nach sec. 727 CA 1985 (sec. 1157 CA 2006 n. F.) ebenfalls erfolgreich geltend machen. Der *director* hielt 99% der Geschäftsanteile einer zum Zeitpunkt des Handelns noch solventen Gesellschaft. Er gefährdete insofern fast ausschließlich sein eigenes Vermögen und überzeugte den Richter aufgrund der Gesamtumstände von seinen ehrlichen Absichten und gewissenhaftem Handeln[1502].

2. *Rechtsfolge der Pflichtverletzung*

Das Gericht hat einen weiten Ermessensspielraum im Rahmen der Beurteilung der *misfeasance proceedings* nach sec. 212 IA 1986. Es untersucht das Verhalten des

---

1498 Re D'Jan of London Ltd. [1993] BCC 646 = [1994] 1 BCLC 561.

1499 Re D'Jan of London Ltd. [1993] BCC 646 = [1994] 1 BCLC 561.

1500 Re Welfab Engineers Ltd. [1990] BCC 600, wo das Gericht annahm, dass es die Geschäftsleiter im Falle eines eindeutige vorliegenden misfeasance conduct im Rahmen der Möglichkeiten des Gerichts betrachten und seine Möglichkeiten ausnutzen würde, um die director im vorliegend Fall nach sec. 727 CA 1985 zu entlasten.; zur Anwendung des sec. 727 CA 1985 *Bailey/Groves*, Corporate Insolvency, S. 712, 17.42.

1501 *LJ Hoffmann*, in: Re D'Jan of London [1993] BCC 646 = [1994] 1 BCLC 561: "Sec. 727 CA 1985 lent itself to a subjective consideration of the directors' conduct"; im vorliegenden Fall handelte der director ehrlich und gewissenhaft.

1502 Re D'Jan of London Ltd. [1993] BCC 646 = [1994] 1 BCLC 561.

Geschäftsführers und kann ihn zu einer ausführlichen Begründung seines Verhaltens auffordern. Das Gericht kann den Anspruchsgegner infolge des Pflichtverstoßes gemäß 212 (3) IA 1986 dazu verurteilen, das entnommene Geld der Gesellschaft zurückzuzahlen und/oder den früheren Zustand wiederherzustellen[1503]. Darüber hinaus kann das Gericht den Betroffenen dazu verurteilen, einen bestimmten Betrag in das Vermögen der Gesellschaft zu zahlen, um das begangene Verhalten oder die Pflichtverletzung zu kompensieren. In der Regel werden die gesicherten vor den ungesicherten Gläubigern befriedigt[1504].

Der Gebrauch des Wortes „*misfeasance*" (Missbrauch) ist nicht bei jedwedem Fehlverhalten des *director* erfüllt, das nach anderen Vorschriften zu ahnden wäre. Der *director* muss aufgrund einer Pflichtverletzung gegenüber der Gesellschaft einen unmittelbaren Verlust im Gesellschaftsvermögen herbeigeführt haben, für den er verklagt werden könnte. Ist ein Vermögensschaden entstanden, reicht ebenso ein nicht missbrauchendes Verhalten des *director* zu einer Verfolgung nach sec. 212 IA 1986 aus, wenn eine Pflichtverletzung vorliegt[1505]. Sec. 212 IA 1986 stellt dementsprechend keinen Maßstab hinsichtlich eines korrekten, fehlerhaften oder missbrauchenden Verhaltens auf. Er dient lediglich dazu, das durch fehlerhaftes Verhalten des *director* entgangene Vermögen jeglicher Art entsprechend dem Wortlaut des sec. 212 (3) IA 1986 wiederzuerlangen. Eine *misfeasance proceeding* ist unter anderem gegeben, wenn der *director* Geschäftsgeheimnissen der Gesellschaft zu seinem Vorteil nutzt und daraus für sich einen Gewinn erzieht.[1506] oder Gesellschaftsvermögen unter Wert verkauft[1507]. Wird die Klage auf einen betrügerischen Vertrauensbruch oder eine Verletzung der Treuepflichten zum Vorteil des *director* oder unter die Verschwendung des Gesellschaftsvermögens gestützt, verjährt der Anspruch nach sec. 21 Limitation Act 1980 nicht. In den übrigen Fallen muss der Anspruch gemäß sec. 9 Limitation Act 1980 innerhalb von sechs Jahren ab dem Tag der angegriffenen Handlung

---

1503 Vgl. sec. 213 (3) IA 1986: "The court may (…) compel him - (a) to repay, restore or account for the money or property or any part of it, with interest at such rate as the court thinks just, or (b) to contribute such sum to the company's assets by way of compensation in respect of the misfeasance or breach of fiduciary or other duty as the court thinks just."

1504 Re Farmizer (Products) Ltd. [1997] 1 BCLC 589, 592; *Bailey/Groves*, Corporate Insolvency, S. 712, 17.42; *Derrick/Vesely*, (2007) 20 Insolvency Intelligence 122; *Fletcher*, The Law of Insolvency, S. 704, 27-012; *Griffin*, Company Law Handbook, S. 24–26, 2.4; *Hannigan*, Company Law, S. 840; Tolley's Corporate Insolvency Handbook, S. 239.

1505 *Tolley*'s Corporate Insolvency Handbook, S. 239.

1506 Gluckstein v. Barnes [1900] AC 240.

1507 Re New Travellers' Chambers Ltd. [1895] 1 Ch 395.

geltend gemacht werden[1508]. Da eine Verurteilung nach *misfeasance proceeding* keinen eigenständigen Rechtsanspruch darstellt, richtet sich die Verjährung immer nach der jeweiligen Klage, auf die ein Antrag nach sec. 212 IA 1096 gestützt wird[1509]. Ein Antrag nach sec. 212 IA 1986 kann von dem verantwortlichen *official receiver*, Liquidator sowie von jedem einzelnen Gläubiger der Gesellschaft oder Gesellschafter gestellt werden, sofern er einen Vermögensschaden der Gesellschaft geltend machen kann[1510]. Der Verantwortliche hat im Falle einer erfolgreichen Klage die Kosten des Verfahrens zu tragen[1511].

Erhebliche Probleme bereitet der Tatbestand des sec. 212 IA 1986, wenn die Gesellschafterversammlung im Vorfeld der Liquidierung einem fehlerhaften, pflichtwidrigen Verhalten des *director* zugestimmt hat. Die Zustimmung der Gesellschafterversammlung spricht den *director* üblicherweise von einer persönlichen Haftung infolge fehlerhaften Handelns frei[1512]. Da sec. 212 IA 1986 kein eigenständiger Rechtsanspruch ist, ist seine Durchsetzbarkeit in Fällen, in denen eine Zustimmung der Gesellschafterversammlung erfolgt ist, schwer begründbar[1513]. Unabhängig davon steht die Effektivität der die Pflichtverletzung des *director* genehmigenden Maßnahme vor allem dann in Frage, wenn die Gesellschaft zu diesem Zeitpunkt bereits insolvent ist. In der Insolvenz setzen sich die Gläubigerinteressen über die Interessen der Gesellschafter hinweg. Das finanzielle Interesse der Gesellschafter wird durch die Erwartungen der Gläubiger, an der Liquidierung des Gesellschaftsvermögens teilzunehmen, verdrängt[1514]. Die Genehmigung eines fehlerhaften Verhaltens durch die Mitglieder einer Gesellschaft wäre in dieser Situation, in der eine Liquidierung der Gesellschaft unausweichlich ist, äußerst zweifelhaft und in Frage zu stellen[1515].

3. *Konkurrenzverhältnis zu Wrongful Trading*

Zwischen den Instituten des sec. 212 und 214 IA 1986 besteht keine einander ausschließende Beziehung dergestalt, dass nur der eine oder alternativ der andere Anspruch geltend gemacht werden kann. Der Kläger kann beide Ansprüche

1508 *Bailey/Groves*, Corporate Insolvency, S. 708, 17.38.
1509 *Derrick/Vesely* [2007] 20 Insolvency Intelligence 122, 123.
1510 *Griffin*, Company Law Handbook, S. 24–25, 2.4.
1511 *Bailey/Groves*, Corporate Insolvency, S. 712, 17.42.
1512 *Griffin*, Company Law Handbook, S. 25, 2.4.
1513 *Griffin*, Company Law Handbook, S. 25, 2.4.
1514 West Mercia Safetywear Ltd. v. Dodd [1988] BCLC 250; *Griffin*, Company Law Handbook, S. 25, 2.4.
1515 *Griffin*, Company Law Handbook, S. 25, 2.4.

nebeneinander einklagen, sofern er der Ansicht ist, dass nicht nur ein *wrongful trading*, sondern auch eine Pflichtverletzung zu Lasten der Gläubigerinteressen gegeben ist[1516]. Die Wahl des Anspruchs hat jedoch großen Einfluss auf die Gläubiger und das anschließend zu verteilende Gesellschaftsvermögen. Das Rechtsinstitut der *misfeasance proceedings* nach sec. 212 IA 1986 wird zugunsten der Gesellschaft geltend gemacht. Jegliche Schadensersatzleistung des *director* im Sinne des sec. 212 (3) IA 1986 fällt ins Gesellschaftsvermögen und kann bei Vorliegen einer *floating charge* vorrangig den gesicherten Gläubigern zur Befriedigung dienen. Schadensersatzleistungen im Rahmen des *wrongful trading* fallen nicht ins Gesellschaftsvermögen und stehen somit auch ungesicherten Gläubigern zur Verfügung[1517]. Diese unterschiedliche Handhabung muss hingenommen werden.

IV. Gründung einer Phoenix Company, Sec. 216, 217 IA 1986

Die Vorschriften der sec. 216, 217 IA 1986 werden nachfolgend nur in Grundzügen dargestellt. Die Problematik sog. *phoenix companies* besteht darin, dass ein bereits insolventes Unternehmen unter einem gleichen oder ähnlich klingenden Namen, den sog. *prohibited names* von den Verantwortlichen fortgeführt wird. Das gescheiterte Unternehmen kann so unter dem Deckmantel einer neuen Gesellschaft seine Geschäfte im Rechtsverkehr fortführen und den guten Glauben der Geschäftsleute an die Liquidität des Unternehmens ausnutzen[1518]. In dieser Fallkonstellation ist üblicherweise die persönliche Haftung, regelmäßig des *director* oder eines *shadow director*[1519], aufgrund des Verwendens verbotener Firmennamen gemäß sec. 216, 217 IA 1986 in Betracht zu ziehen. Vorgenannte Vorschriften sollen die Gläubiger vor Ausnutzung oder gar Ausbeutung durch den *director* schützen.

1516 *Griffin*, Personal Liability and Disqualification of Company Directors, S. 91.

1517 *Goode*, Principles of Corporate Insolvency Law, S. 461; *Griffin*, Personal Liability and Disqualification of Company Directors, S. 92.

1518 *Bailey/Groves*, Corporate Insolvency, S. 765, 18.27; *Davies*, Gower and Davies' Principles of Modern Company Law, S. 200; *Frith* [2007] 20 Insolvency Intelligence 37; *Griffin*, Company Law Handbook, S. 35, 2.7; *Hannigan*, Company Law, S. 848 f.; *Tolley's* Corporate Insolvency Handbook, S. 168.

1519 Vgl. sec. 216 (1) IA 1986: "This section applies to a person where a company ("the liquidating company") has gone into insolvent liquidation on or after the appointed day and he was a director or shadow director of the company at any time in the period of 12 months ending with the day before it went into liquidation."

1. *Haftungsvoraussetzungen*

Gemäß sec. 216, 217 IA 1986 ist es verboten, eine in der Insolvenz befindliche Gesellschaft unter ähnlicher Firmierung fortzuführen. Bestandteile der alten, insolventen Gesellschaft werden mitunter zu einem sehr niedrigen Preis aufgekauft und in der neuen Gesellschaft wiederverwendet und fortgeführt. Dieses Modell führt letztlich dazu, dass die Altgläubiger der insolventen Gesellschaft den Neustart mitfinanzieren[1520]. Neben einer Täuschung zukünftiger Gläubiger profitiert ein neues Unternehmen aufgrund der Benutzung eines ähnlichen Namens davon, dass gerade diese die beiden Unternehmen gedanklich in Verbindung bringen. Da diese Art der Refinanzierung enorme Rechtsunsicherheiten hervorruft, verbietet das englische Recht Betreibern der insolventen Gesellschaft die mittelbare oder unmittelbare Beteiligung an der Gründung oder dem Betrieb solcher *prohibited names companies*[1521]. Das Gericht wendet bei der Bewertung der Sach- und Rechtslage einen objektiven Maßstab an, der die Ähnlichkeit der Namen sowie ein gedankliches Inverbindungbringen innerhalb des einschlägigen Verkehrskreises klären soll[1522]. Obwohl sec. 216 IA 1986 dies nicht vorsieht, sind dabei die gegenständlichen Unternehmensnamen in allen Bereichen der Benutzung zu vergleichen: die Produkte, der Ort der Geschäftstätigkeit, der Kundenstamm und die Personen, die in das Management des neuen und des alten Unternehmens involviert sind[1523]. Unter die verbotenen Namen fallen alle Bezeichnungen (tatsächlicher Gesellschaftsname, Handelsname, Firma), unter denen die aufgelöste Gesellschaft in den einschlägigen Handels- und Geschäftskreisen bekannt war[1524]. Von diesem Verbot sind gemäß sec. 216 (1) IA 1986 diejenigen Personen betroffen, die innerhalb der letzten zwölf Monate vor der Liquidierung der alten Gesellschaft als *director* oder *shadow director* geleitet haben. Das Verbot, eine Managementposition in der neuen Gesellschaft mit gleichem oder ähnlichem Namen anzunehmen, gilt für einen Zeitraum von fünf Jahren[1525]. Als Beispiel gilt

---

1520 *Davies*, Gower and Davies' Principles of Modern Company Law, S. 200; *Hannigan*, Company Law, S. 849; *Sealy/Milman*, Annotated Guide to the Insolvency Legislation 2006/2007, sec. 216 IA 1986, S. 233.

1521 Ad Valorem Factors Ltd. v. Ricketts [2004] 1 All ER 894, 894–895; zu weiteren Einzelheiten siehe auch *Schall*, EWiR 2005, 709.

1522 *Griffin*, Company Law Handbook, S. 37, 2.7.

1523 Ad Valorem Factors Ltd. v. Ricketts [2004] 1 All ER 894, 894–895 = [2004] BCC 164, 164–165.

1524 *Bailey/Groves*, Corporate Insolvency, S. 765–767, 18.28, 18.29.

1525 Vgl. sec. 216 (3) IA 1986: "Except with leave of the court or in such circumstances as may be prescribed, a person to whom this section applies shall not at any time

der Fall des *High Court of Justice*, in dem der Gesellschafter und *director* einer Gesellschaft namens „Air Component Company" unmittelbar nach der Unternehmensinsolvenz eine neue Gesellschaft unter der Firma „Air Equipment Company" gegründet und seine Geschäfte im Rechtsverkehr fortgeführt hat[1526].

Eine persönliche Haftung des *director* kommt sowohl bei späterer Insolvenz der neuen Gesellschaft[1527] als auch für alle Verbindlichkeiten der neuen Gesellschaft in Betracht, auch wenn diese weiterhin solvent ist[1528]. Eine Haftung nach sec. 216 IA 1986 wird ebenso begründet, wenn kein typischer Missbrauchsfall gegeben ist. Diese strenge Sichtweise dient dem Schutz des Rechtsverkehr und potentieller Gläubiger, die sich guten Glaubens nach dem *fair trading*-Prinzip im Handelsverkehr bewegen und auf die Solvenz und Seriosität des Unternehmens vertrauen[1529]. Allerdings ist die neue Gesellschaft nicht für Schulden des insolventen Vorgängerunternehmens zur Verantwortung zu ziehen. Lediglich der *director* macht sich in diesem Fall persönlich haftbar[1530].

2. *Ausnahmen nach den Insolvency Rules*

Sec. 216 IA 1986 findet auf drei Fälle keine Anwendung, die in den r. 4.228 ff. Insolvency Rules 1986 genannt werden. Übernimmt eine Nachfolgergesellschaft den ganzen oder größten Teil der Geschäftstätigkeit der insolventen Gesellschaft, liegt eine Ausnahme von der Haftung nach sec. 216 IA 1986 vor, wenn der Liquidator die Gläubiger der insolventen Gesellschaft von dieser Übernahme unterrichtet und über die amtierenden *directors* informiert (r. 4.228 IR 1986). Die Gläubiger müssen grundsätzlich innerhalb von 28 Tagen ab dem Zeitpunkt der Beendigung der Verhandlungen über die Übernahme informiert werden. Das Gericht kann diesen Zeitraum erweitern[1531]. Das zuständige Insolvenzgericht kann dem *director* die Erlaubnis geben, den Namen der insolventen Gesellschaft im Rahmen der Geschäftstätigkeit einer neuen Gesellschaft zu benutzen. Beantragt der *director*

in the period of 5 years beginning with the day on which the liquidating company went into liquidation (…)"; *Bailey/Groves*, Corporate Insolvency, S. 765–767, 18.28, 18.29; *Davies*, Gower and Davies' Principles of Modern Company Law, S. 201; *Griffin*, Company Law Handbook, 2008, S. 36, 2.7.

1526 Ad Valorem Factors Ltd. v. Ricketts [2004] 1 All ER 894 = [2004] BCC 164.

1527 Ad Valorem Factors Ltd. v. Ricketts [2004] 1 All ER 894, 898 ff. = [2004] BCC 164, 168 ff.

1528 R. v. Cole [1998] 2 BCLC 234; *Sealy*, Cases and Materials in Company Law, S. 616.

1529 *Davies*, Gower and Davies' Principles of Modern Comapny Law, S. 201.

1530 *Davies*, Gower and Davies' Principles of Modern Comapny Law, S. 201.

1531 *Frith* [2007] 20 Insolvency Intelligence 37.

innerhalb einer Frist von sieben Tagen nach Beginn der Unternehmensliquidation eine Erlaubnis auf Fortführung des Namens der insolventen Gesellschaft, begeht er keine Pflichtverletzung im Sinne des sec. 216 IA 1986 in einem Zeitraum von sechs Wochen ab der Gesellschaftsauflösung oder für eine kürzere Periode, sofern das Gericht über den Antrag zuvor entschieden hat (r. 4.229 IR 1986).

Ein weiterer Ausnahmefall ist gegeben, wenn die übernehmende Gesellschaft unter ihrer Firma mindestens schon zwölf Monate vor der Liquidation des insolventen Unternehmens Geschäfte aufgenommen hat und unter dem Namen eine gewisse Bekanntheit im einschlägigen Verkehrskreis erlangt hat (r. 4.230 IA 1986). Sie darf infolgedessen keine schlafende (z.B. inaktive) Gesellschaft im Sinne des sec. 252 (5) CA 1985 (im CA 2006: aufgehoben) sein, die ihren Zweck lediglich darin findet, große Teile der insolventen Limited zu übernehmen[1532].

3. *Rechtsfolgen*

Der Betroffene haftet nach sec. 217 IA 1986 persönlich für solche Schulden und Verbindlichkeiten der Gesellschaft, die während seiner Amtsperiode als Geschäftsleiter entstanden sind. Zudem ist derjenige *director* für die Schulden der Gesellschaft haftungsrechtlich zur Verantwortung zu ziehen, der auf Anweisung eines Dritten, welcher selbst nach sec. 216 IA 1986 zu haften hat, den Tatbestand des sec. 217 IA 1986 erfüllt[1533]. Damit ist die Verwirklichung des Tatbestands von sec. 216 IA 1986 zwingende Voraussetzung im Vorfeld des sec. 217 IA 1986, um eine haftungsrechtliche Inanspruchnahme aufgrund dieser Vorschrift zu begründen. Der Gesetzesverstoß gegen sec. 216 IA 1986 ermöglicht es dementsprechend jedem Gläubiger der Gesellschaft, für Forderungen und anderweitig bestehende Verbindlichkeiten und Schulden diejenigen Personen, die in den Anwendungsbereich des sec. 217 IA 1986 fallen, zu einer persönlichen Einstandspflicht und Haftung zu bringen. Die betroffenen Personen sind zusammen mit der Gesellschaft und sämtlichen Haftungspflichtigen gemeinsam und zu gleichen Teilen von der Haftung betroffen[1534]. Der persönlich Haftende hat nach sec. 217 IA 1986 dem Gesellschaftsgläubiger seinen Schaden auszugleichen, unabhängig davon, ob der Gläubiger von dem Tatbestand des sec. 216 IA 1986 wusste[1535].

1532 *Hannigan*, Company Law, S. 850; *Sealy/Milman*, Annotated Guide to the Insolvency Legislation 2006/2007, sec. 216 (3) IA 1986, S. 233, 234 f., r. 4.228 - 4.230, S. 916 f.

1533 *Bailey/Groves*, Corporate Insolvency, S. 768, 18.31.

1534 *Griffin*, Company Law Handbook, S. 38, 2.7.

1535 Thorne v. Silverlead [1994] BCC 109.

Allerdings ist es nicht möglich, das *phoenix syndrome* mittels der sec. 216, 217 IA 1986 vollends zu beseitigen, da die Vorschriften nur auf solche Nachfolgergesellschaften anwendbar sind, die unter demselben oder einem der liquidierten Gesellschaft sehr ähnlich klingenden Namen fortgeführt werden.

V. Sec. 206 – 211 IA 1986

Das Gesetz sieht weitere Tatbestände in sec. 206 bis 211 IA 1986 vor, die der strafrechtlichen Verfolgung fehlerhaft handelnder *director* dienen. Sie befassen sich vor allem mit einer kriminellen Begehungsweise aufgrund eines Fehlverhaltens von gegenwärtigen und früheren Geschäftsleitern[1536]. Sec. 206 IA 1986 erfasst den Betrug oder eine anderes Fehlverhalten des *de jure director, de facto director* oder *shadow director* während eines Zeitraums von 12 Monaten vor Liquidierung der Gesellschaft. Rechtsgeschäfte wie Transaktionen oder Geschenke, die im Vorfeld der Liquidation innerhalb von fünf Jahren mit der Absicht getätigt worden sind, die Gläubiger zu benachteiligen, können nach sec. 207 IA 1986 strafrechtlich verfolgt werden. Ein Fehlverhalten (*misconduct*) während des *winding up* der Gesellschaft nach sec. 208 IA 1986, die Fälschung, Beschädigung oder Vernichtung von Büchern, Registern oder Dokumenten der Gesellschaft zu Lasten Dritter während des *winding up* nach sec. 209 IA 1986 sowie unterlassene Aussagen eines gegenwärtigen oder früheren *director*, die die Angelegenheiten der Gesellschaft betreffen, gemäß sec. 210 IA 1986 sind ebenfalls unter Strafe gestellt. Ebenso strafbar ist eine falsche Darstellung gegenüber den Gläubigern oder das Vortäuschen falscher Tatsachen im Sinne des sec. 211 IA 1986, um die Zustimmung der Gläubiger hinsichtlich eines Vertrages über Gesellschaftsangelegenheiten oder des *winding up* zu erlangen. Nach sec. 458 CA 1985 (sec. 993 CA 2006 n. F.) ist auch ein Verhalten im Sinne des *fraudulent trading* strafrechtlich verfolgbar.

Die angesprochenen Straftatbestände führen zu einer Freiheitsstrafe von bis zu sieben Jahren oder zu einer unbegrenzten Geldstrafe[1537]. Da die Gläubiger vor allem an der Geltendmachung ihrer Einbußen auf dem Zivilrechtsweg interessiert sind, haben die Vorschriften der sec. 206 bis 211 IA 1986 eine eher untergeordnete Bedeutung[1538].

1536 *Bailey/Groves*, Corporate Insolvency, S. 737, 18.1; *Fletcher*, The Law of Insolvency, S. 699, 27-002.

1537 *Fletcher*, The Law of Insolvency, S. 701–703, 27-004 bis 27-010.

1538 *Bailey/Groves*, Corporate Insolvency, S. 737, 18.1.

VI. Geschäfte außerhalb des Geschäftsgegenstandes

Gemäß sec. 35 A (1) CA 1985 (sec. 40 (1) CA 2006 n. F.) wirkt eine Beschränkung der Vertretungsmacht des *director* gegenüber Dritten nur, wenn diese bösgläubig sind und von der Vertretungsbeschränkung wussten. Daher ist es grundsätzlich möglich, dass der *director* die Limited rechtsgeschäftlich auch bei Geschäften verpflichtet, die außerhalb des nach der Satzung bestehenden Geschäftsgegenstandes des Unternehmens stehen. Hingegen besteht eine Beschränkung der Vertretungsbefugnis gegenüber außenstehenden und gutgläubigen Dritten nicht und ist unwirksam[1539]. Nach früheren Maßstäben waren derartige rechtsgeschäftlichen Verpflichtungen der Limited gemäß der *ultra vires*-Lehre nicht erlaubt. Der Geschäftsführer konnte nur solche Geschäfte mit Wirkung für die Gesellschaft vornehmen, die ausweislich zum Unternehmensgegenstand gehörten[1540]. Mit Überschreiten des Satzungsgegenstandes setzte sich der *director* einer Haftung als Vertreter ohne Vertretungsmacht aus. Das getätigte Rechtsgeschäft kam folglich nicht mit der Gesellschaft als Vertragspartner zustande. Da sec. 35 CA 1985 (sec. 39 CA 2006 n. F. mit teilweise verändertem Wortlaut (39 (1)), 35 (2), (3) CA 1985 sind aufgehoben) mittlerweile festsetzt, dass eine Handlung der Gesellschaft nicht mehr wegen eines in der Satzung begründeten Mangels an Rechtsmacht ungültig ist, wird die *ultra vires*-Lehre im Außenverhältnis nicht mehr angewendet[1541]. Gemäß sec. 35 (3) CA 1985 (CA 2006: aufgehoben) blieben die *directors* verpflichtet, eventuelle Beschränkungen durch den Satzungsgegenstandes im Innenverhältnis zu befolgen. Die Verpflichtung im Innenverhältnis, keine Rechtsgeschäfte einzugehen, die über den Unternehmensgegenstand hinausgehen, führen gemäß sec. 35, 35 A CA 1985 (sec. 39, 40 CA 2006 n. F.) zur Schadensersatzpflicht des *director*, sofern er diese Pflicht verletzt[1542]. Die Vorschriften sollen ein Gleichgewicht und auch eine Art der Kontrolle zwischen dem *board of directors* und den Gesellschaftern schaffen[1543]. Ebenso kann der *director* im Außenverhältnis von Dritten zur Verantwortung gezogen und auf Schadensersatz verklagt werden. In der Regel wird die dritte Partei jedoch alles versuchen,

1539 *Hannigan*, Company Law, S. 179; *Rehm*, in: *Eidenmüller*, Ausländische Kapitalgesellschaften, § 10 Rn. 58; *Römermann/Röver*, in: *Römermann*, Private Limited Company, S. 122, E. Rn. 66.

1540 *Römermann/Mönchmeyer*, in: *Römermann*, Private Limited Company, S. 36, B. Rn. 24 f.

1541 *Römermann/Mönchmeyer*, in: *Römermann*, Private Limited Company, S. 36, B. Rn. 24 f.

1542 *Römermann/Röver*, in: *Römermann*, Private Limited Company, S. 122, E. Rn. 66.

1543 *Hannigan*, Company Law, S. 181.

um zu beweisen, dass der Vertrag mit dem *director* als Stellvertreter der Gesellschaft rechtswirksam ist[1544].

VII. Missbrauch der Vertretungsmacht

Handelt der *director* innerhalb des Geschäftsgegenstandes des Unternehmens, aber missachtet er dabei im Innenverhältnis bestehende Beschränkungen hinsichtlich seiner Vertretungsmacht, kann er für sein regelwidriges Verhalten ebenfalls zur Haftung gezogen werden[1545]. Eine Beschränkung des *director* ist für Außenstehende nicht ersichtlich, so dass gegenüber Dritten grundsätzlich der *director* für alle Geschäfte der Gesellschaft zuständig ist (*apparent authority*). Die Beschränkung der Vertretungsmacht hat sich der Dritte nur entgegenhalten zu lassen, wenn er bösgläubig ist. Gemäß sec. 35 A Abs. 2 (c) CA 1985 (sec. 40 (2) CA 2006 n. F.) wird der gute Glaube gesetzlich vermutet[1546]. Ist die Beschränkung in der Satzung festgelegt, besteht eine persönliche Haftung des *director*, der für bestehende Verluste der Limited einzustehen hat und vorhandene Gewinne herausgeben muss[1547].

VIII. Haftungsfreistellung

Die Limited kann den *director* gegebenenfalls von einer Haftung im Innenverhältnis befreien. Im Vorfeld getätigte Haftungsfreistellungen und Haftungsbeschränkungen können in der Satzung bzw. im Gesellschaftsvertrag vereinbart werden, sind aber gemäß sec. 310 (2) CA 1985 (sec. 232 CA 2006 n. F.) genauso unzulässig, wie bestehende Sorgfaltspflichten zu vermindern oder auszuschließen[1548]. Sec. 310 (3) CA 1985 (sec. 233 CA 2006 n. F. – veränderte Fassung) erlaubt dem Geschäftsleiter den Abschluss einer Haftpflichtversicherung, die die Haftungsrisiken seiner Tätigkeit abdeckt[1549]. Ein Genehmigungsbeschluss der Gesellschafterversammlung kann den *director* im Nachhinein von einer Haftung befreien, sofern er mit der Pflichtverletzung nicht gegen geltendes Recht

1544 *Hannigan*, Company Law, S. 185.

1545 *Römermann/Röver*, in: *Römermann*, Private Limited Company, S. 122, E. Rn. 67.

1546 *Rehm*, in: *Eidenmüller*, Ausländische Kapitalgesellschaften, § 10 Rn. 58.

1547 *Römermann/Röver*, in: *Römermann*, Private Limited Company, S. 122, E. Rn. 67.

1548 Movitex Ltd. v. Bulfield [1988] BCLC 104, 105, 116 ff.; zu weiteren Einzelheiten siehe *Römermann/Röver*, in: *Römermann*, Private Limited Company, S. 122 f., E. Rn. 69 f.

1549 Vgl. sec. 233 CA 2006: "Section 232 (2) (voidness of provisions for indemnifying directors) does not prevent a company from purchasing and maintaining for a director of the company, or of an associated company, insurance against any such liability as is mentioned in that subsection."

verstößt[1550]. Erzielt der *director* daher einen persönlichen, nicht offen gelegten Gewinn, ist dieser genehmigungsfähig, wenn die Gesellschaft dadurch keinen Schaden erleidet[1551]. Genehmigungsfähig sind auch fahrlässige oder nachlässige[1552] Verfügungen über das Vermögen der Gesellschaft, aus denen der *director* keinen persönlichen Nutzen gezogen hat[1553]. Das Gericht kann den *director* auf Antrag von seiner Haftung befreien. Der *director* muss überzeugend darlegen können, dass er vernünftig und ehrlich gehandelt hat und nach den Umständen gerechterweise entschuldigt werden muss. Die Voraussetzungen haben kumulativ vorzuliegen[1554].

IX. Klagerechte der Gesellschafter im Namen der Gesellschaft

1. Sec. 14 CA 1985/Sec. 33 CA 2006: Vertrag zwischen Gesellschaftern und Limited

Sowohl die *articles of association* als auch das *memorandum* sind Teile des Gesellschaftsvertrages der Limited, die zum Einen zwischen den Gesellschaftern und der Gesellschaft, zum Anderen zwischen den Gesellschaftern untereinander vertragliche Verpflichtungen aufstellen (sec. 14 CA 1985; sec. 33 CA 2006: verändert)[1555]. Gesellschafter können daher prinzipiell gegen die Gesellschaft auf Durchsetzung ihrer Rechte aus den *articles* und dem *memorandum* klagen. Dabei kann der Gesellschafter nur solche Rechte geltend machen, die ihm in seiner Eigenschaft als Gesellschafter zustehen[1556]. Das Gericht gibt Klagen der Gesellschafter im Namen der Gesellschaft ferner dann nicht statt, wenn sie sich auf

1550 *Römermann/Röver*, in: *Römermann*, Private Limited Company, S. 123, E. Rn. 71; *Schwilden*, Die rechtliche Stellung des GmbH-Geschäftsführers und des managing directors, S. 104.

1551 *Schwilden*, Die rechtliche Stellung des GmbH-Geschäftsführers und des managing directors, S. 105.

1552 Pavlides v. Jensen [1956] 2 All ER 518 = [1956] Ch 565.

1553 Daniels v. Daniels [1978] 2 All ER 89 = [1978] Ch 406; zu weiteren Einzelheiten siehe *Römermann/Röven*, in: *Römermann*, Private Limited Company, S. 123, E. Rn. 71.

1554 *Römermann/Röven*, in: *Römermann*, Private Limited Company, S. 123, E. Rn. 71; *Schwilden*, Die rechtliche Stellung des GmbH-Geschäftsführers und des managing directors, S. 108.

1555 *Rehm*, in: *Eidenmüller*, Ausländische Kapitalgesellschaften, § 10 Rn. 14 ff.

1556 Eley v. Positive Government Security Life Assurance Co. Ltd. [1875-6] 1 Ex D 88; Browne v. La Trinidad [1888] LR 37 ChD 1; *Kasolowsky*, in: *Hirte/Bücker*, Grenzüberschreitende Gesellschaften, § 4 Rn. 70 f.

die fehlerhafte Einberufung und den Ablauf einer Gesellschafterversammlung stützen und die Nichtbeachtung einer Vorschrift aus den *articles of association* ein bloßer Verfahrensfehler ist[1557]. Ob ein Verfahrensfehler vorliegt, obliegt dem Gericht in einer Einzelfallbetrachtung[1558]. Die neue Vorschrift des sec. 33 CA 2006 soll das bestehende *case law* und die Intention des Gesetzgebers zu sec. 14 CA 1985 nicht ändern, sondern soll trotz veränderten Wortlauts nach den gewohnten Maßstäben erhalten bleiben[1559].

2. *Foss v. Harbottle*

Mit der Entscheidung Foss v. Harbottle[1560] stand fest, dass einer oder mehrere Minderheitsgesellschafter zugunsten der Limited gegen einen betrügerisch handelnden *director*, dessen unternehmerische Entscheidungen von den Mehrheitsgesellschaftern gestützt wurde, Klage erheben können. Die Minderheitsgesellschafter können auch zugunsten des Unternehmens gegen Mehrheitsgesellschafter klagen, die sich aus den Mitteln der Gesellschaft bereichert haben. Die Klageart der *derivative action* ist praktisch selten[1561]. Die Entscheidung Foss v. Harbottle ist auf Kritik gestoßen. Der Minderheitsgesellschafter muss das Gericht im Rahmen einer Vorprüfung davon überzeugen, dass das durch die Mehrheit der Gesellschafter geschützte oder tolerierte Verhalten des *director* die Minderheitsgesellschafter betrügt (*fraud on the minority*). Die unabhängigen Mehrheitsgesellschafter müssen der Klage gegebenenfalls zustimmen[1562]. In der Regel scheitert eine Klageerhebung bereits an den fehlenden Voraussetzungen. Die Mehrheitsgesellschafter und die Gesellschaft gewähren nicht genügend Einsicht in den Sachverhalt. Die Klage des Minderheitsgesellschafters erfolgt zudem im Namen der Gesellschaft, die im Falle des Klageerfolgs den Schadensersatz erhält. Geschäftsanteile können selbst

---

1557 Prudential Assurance Co. Ltd. v. Newman Industries Ltd. (No. 2) [1982] Ch 204, 210: "A derivative action is an exception to the elementary principle that A cannot, as a general rule, bring an action against B to recover damages or secure other relief on behalf of C for an injury done by B to C."; Pender v. Lushington [1877] LR 6 ChD 70, 75 f.; MacDougall v. Gardiner [1875–76] LR 1 ChD 13, 21 f.

1558 MacDougall v. Gardiner [1875–76] LR 1 ChD 13; *Smith* [1978] 41 MLR 147 ff.; *Kasolowsky*, in: *Hirte/Bücker*, Grenzüberschreitende Gesellschaften, § 4 Rn. 72.

1559 *Palmer's* Company Law Annotated Guide to the Company Act 2006, S. 79, sec. 33, General note.

1560 Foss v. Harbottle [1843] 2 Hare 461; 67 ER 189; *Kasolowsky*, in: *Hirte/Bücker*, Grenzüberschreitende Gesellschaften, § 4 Rn. 73.

1561 Wallersteiner v. Moir (No. 2) [1975] QB 373, CA.

1562 *Kasolowsky*, in: *Hirte/Bücker*, Grenzübergreifende Gesellschaften, § 4 Rn. 74; *LS Sealy*, Cases and Materials in Company Law, S. 477.

bei erfolgreicher Klage im Wert sinken oder im Wert lediglich wiederhergestellt werden.

Die Regel in Foss v. Harbottle ist dahingehend zu verstehen, dass nur die Gesellschaft im Falle eines falschen, schädigenden Verhaltens des *director* klagen kann. Ein einzelner Gesellschafter kann bei gewöhnlichen Entscheidungen der Gesellschafter grundsätzlich nicht selbst klagen[1563]. Die Entscheidung Foss v. Harbottle hat den Weg für einige, historisch gewachsene Ausnahmen geebnet, bei denen der Minderheitsgesellschafter mit der Begründung klagen kann, dass der Gesellschaft etwas Falsches widerfahren ist: dies ist der Fall, wenn (1) der Unternehmensgegenstand der Gesellschaft entsprechend der *ultra vires*-Lehre missachtet wird, (2) für ein Handeln der Gesellschaft eine gewisse Mehrheit erforderlich ist, die missachtet wird, (3) die Gesellschaft dem Gesellschafter Rechte vorenthält, die in der Satzung der Gesellschaft festgesetzt sind oder (4) ein Betrug der die Kontrolle über die Gesellschaft Ausübenden vorliegt[1564].

3. *Unfair Prejudice, Sec. 459 CA 1985/Sec. 994 CA 2006*

Nach sec. 459 CA 1985 (sec. 994 CA 2006 n. F.) können die Minderheitsgesellschafter das Gericht um Abhilfe bitten, wenn das Unternehmen in einer unbilligen (*unfair*) Art und Weise geführt wird und die Interessen der Minderheitsgesellschafter verletzt[1565]. Hiernach ist ein Antrag unter anderem bei Verstoß gegen die *articles of association* möglich oder wenn die Gesellschafter durch unbillige Führung in die Insolvenz ihre Rechte gefährdet sehen[1566]. Die Möglichkeit der Verfolgung von Rechten gemäß sec. 994 CA 2006 zieht keine haftungsrechtlichen Konsequenzen für den Handelnden nach sich. Gemäß sec. 996 (2) CA 2006 hat das Gericht mehrere Möglichkeiten, dem Antrag des Gesellschafters aufgrund *unfair prejudice* zu entsprechen[1567]. Die Rechtsfolgen aufgrund einer Entscheidung

1563 *Talbot*, Critical Company Law, S. 199.

1564 *Bourne*, Company Law, S. 177, 14.1.

1565 Vgl. sec. 485 (1) CA 2006: "A member of a company may apply to the court by petition for an order under this Part on the ground - (a) that the company's affairs are being or have been conducted in a manner that is unfairly prejudicial to the interests of members generally or of some part of its members (including at least himself), or (b) that an actual or proposed act or omission of the company (including an act or omission on its behalf) is or would be so prejudicial."

1566 *Talbot*, Critical Company Law, S. 204; *Hannigan*, Company Law, S. 163; *Kasolowsky*, in: *Hirte/Bücker*, Grenzüberschreitende Gesellschaften, § 4 Rn. 76.

1567 Vgl. sec. 996 (2) CA 2006: "Without prejudice to the generality of subsection (1), the court's order may - (a) regulate the conduct of the company's affairs in the future;

des Gerichts wegen *unfair prejudice* sind weitläufig. Das Gericht kann gemäß sec. 996 (2) CA 2006 Leitlinien erlassen, an die sich die Führung der Gesellschaft zu halten hat. Bei schlechter Führung der Gesellschaft kann es auch eine *disqualification order* bei Vorliegen der Voraussetzungen nach CDDA 1986 aussprechen.

§ 3. Die Haftung des Director nach Common Law

Eine Haftung des *director* gegenüber der Limited kann sich regelmäßig auch nach englischem *common law* aus seiner Organstellung ergeben. Er schuldet der Gesellschaft die Erfüllung der ihm übertragenen gesetzlichen und vertraglichen Aufgaben als Organ sowie eine Reihe von Treue- und Sorgfaltspflichten, die auch im Falle der Insolvenz fortgelten. Diese Pflichten kontrollieren den *director* in der Ausübung der ihm übertragenen Aufgaben, die er kraft seines Amtes auszuführen hat[1568]. Nach englischem Recht kommt eine Mehrheit von Fallgruppen in Betracht, die die Haftung des *director* gegenüber der Limited begründen können. Im Gegensatz zum deutschen Gesellschaftsrecht, das die Pflichten des Geschäftsführers in § 43 GmbHG bestimmt, orientiert sich die Haftung des *director* wegen Verletzung der ihm obliegenden Pflichten vornehmlich am englischen Fallrecht und den mittlerweile in sec. 170 ff. CA 2006 gesetzlich bestimmten *directors' duties*. Mit Vernachlässigung dieser Pflichten in der Krise der Gesellschaft kann es daher zu einer Haftung des *director* gegenüber der Limited und ihren Gläubigern kommen.

A. Verletzung von Treue- und Sorgfaltspflichten gegenüber der Gesellschaft

Vor dem Companies Act 2006, der in Schritten ab 01. Oktober 2007 in Kraft getreten ist, wurden die Pflichten des *director* traditionell in *fiduciary duties* und *duties*

(b) require the company - (i) to refrain from doing or continuing an act complained of, or (ii) to do an act that the petitioner has complained it has omitted to do; (c) authorise civil proceedings to be brought in the name and on behalf of the company by such person or persons and on such terms as the court may direct; (d) require the company not to make any, or any specified, alterations in its articles without the leave of the court; (e) provide for the purchase of the shares of any members of the company by other members or by the company itself and, in the case of a purchase by the company itself, the reduction of the company's capital accordingly."

1568 *Hannigan*, Company Law, S. 189.

of care and skill gegliedert[1569]. Mit Aufnahme der Tätigkeit ist der *director* als Organ der Limited gegenüber zur Erfüllung seiner Treue- und Sorgfaltspflichten verpflichtet. Seine Rechte und Pflichten als Geschäftsführungsorgan sind vor allem in den *articles of association* und im *memorandum*, die zwei separate Dokumente des Gesellschaftsvertrages darstellen[1570], festgelegt. Mittlerweile sind die *common law duties* des *director* gesetzlich im Companies Act 2006 verankert und ersetzen gemäß sec. 170 (3) CA 2006 die ursprünglichen *common law duties*, die der *director* gegenüber der Gesellschaft besitzt[1571]. Da die gesetzlich festgesetzten Pflichten in vielen Fällen weiterhin einer Interpretation bedürfen, kann gemäß sec. 170 (4) CA 2006 auf das bisherige Fallrecht sowie auf die Vorgaben der *fiduciary duties* und *duties of care and skill* dennoch nicht verzichtet werden[1572]. Die bisherige Handhabung ist von enormer Wichtigkeit für die weitere Auslegung, so dass auf eine Darstellung der *common law duties* nach traditioneller Sichtweise nicht verzichtet werden kann. Zwar geben die *statutory duties* in vielen Fällen die *common law duties* wieder. Sie führen aber ebenso neue Konzepte und Regeln ein. So schuldete ein *shadow director* der Gesellschaft früher grundsätzlich keine *fiduciary duties*, außer er wies eine besondere Verantwortung für einen Teil des Gesellschaftsvermögens auf, wie die Verfügung über ein Konto der Gesellschaft[1573]. Demgegenüber sind die *statutory duties* auf *shadow directors* in dem Maße anwendbar, wie die bestehenden *common law duties* auf den *shadow director* anwendbar gewesen wären[1574]. Mit dem Reformprozess im Bereich der *directors' duties* werden die Interessen der Gesellschafter ein weiteres Mal gestärkt. So hebt sec. 172 CA 2006 hervor, dass der *director* seine Pflichten nicht nur gegenüber der Gesellschaft zu erfüllen hat, sondern mit diesen Pflichten auch verbunden ist, dass der *director* vernünftig und

1569 *Bailey/Groves*, Corporate Insolvency, S. 690, 17.6; *Griffin*, Company Law Handbook, S. 171–172, 11.2.

1570 *Lippe-Weißenfeld/Hamer*, in: *Römermann*, Private Limited Company, S. 64, C. Rn. 13.

1571 Vgl. sec. 170 (3) CA 2006 "The general duties are based on certain common law rules and equitable principles as they apply in relation to directors and have effect in place of those rules and principles as regards the duties owed to a company by a director."

1572 Vgl. sec. 170 (4) CA 2006 "The general duties shall be interpreted and applied in the same way as common law rules or equitable principles, and regard shall be had to the corresponding common law rules and equitable principles in interpreting and applying the general duties."

1573 Ultrafame (UK) Ltd. v. Fielding [2005] EWHC 1638; Re Hydrodan (Corby) Ltd. [1994] BCC 161 = [1994] 2 BCLC 180; Re Mea Corp Ltd. [2007] BCC 288 ff., 305 ff.; Secretary of State for Trade and Industry v. Hollier [2007] BCC 11 ff., 41 ff.

1574 *Bailey/Groves*, Corporate Insolvency, S. 690, 17.6.

ehrlich handelt sowie die für sein Amt nötige Kompetenz aufweist, um in erster Linie die Interessen der Gesellschafter wahrzunehmen[1575].

I. *Fiduciary Duties*

Dem *director* obliegt gegenüber der Gesellschaft zunächst eine strenge Treuepflicht (*fiduciary duty*), die vor allem aus Loyalitätspflichten (*duties of loyalty*) gegenüber der Gesellschaft besteht[1576]. Der *director* hat im Rahmen seiner Treuepflichten im Interesse der Gesellschaft zu handeln[1577]. Er hat mit seiner Stellung als *director* keine weiteren oder entgegengesetzten Ziele oder Absichten zu verfolgen und ist verpflichtet, weder Gewinn aus seiner Position zu schlagen noch sich in anderer Weise zu bereichern[1578]. Zu seinen Pflichten gegenüber der Gesellschaft gehört es auch, sich selbst nicht in einen Konflikt mit den Interessen der Gesellschaft zu bringen. Er hat die wirtschaftlichen Interessen von Gesellschaftern, Gläubigern sowie der Belegschaft in Einklang zu bringen und die gegensätzlichen Interessen miteinander zu vereinen[1579]. In diesem Zusammenhang wird seit einigen Jahren ein zunehmend objektiver Sorgfaltsmaßstab angelegt, der sich am Maßstab des *wrongful trading* gemäß sec. 214 IA 1986 orientiert[1580].

Seit der Entscheidung Dorchester Finance Co. Ltd. v. Stebbings[1581] führt die Rechtsprechung aus, dass der Geschäftsleiter seine Aufgaben in der Weise zu erfüllen hat, wie es von einer Person in seinem Stand und in vergleichbarer Position[1582]

1575 *Talbot*, Critical Company Law, S. 191: "The ideology of contractarianism has facilitated a modern and sophisticated justification for focusing 'the best interests of the company' in this way."

1576 *Bailey/Groves*, Corporate Insolvency, S. 690, 17.6, *Hannigan*, Company Law, S. 191 teilen die *director's duties* in *duties of care and skill* und *fiduciary duties* ein; anders *Davies*, Gower and Davies' Principles of Modern Company Law, S. 380, der in den directors' duties die *fiduciary duties* sieht, die er in *duties of loyalty* und *duties of care* aufgliedert.

1577 *Lord Greene MR*, in: Re Smith & Fawcett Ltd. [1942] Ch 304, 306; Re Chez Nico (Restaurants) Ltd. [1992] BCLC 192, 208; Dawson International plc. v. Coats Paton plc. [1989] BCLC 233, 234.

1578 *Hannigan*, Company Law, S. 191.

1579 *Bailey/Groves*, Corporate Insolvency, S. 692, 17.9; *Römermann/Röver*, in: *Römermann*, Private Limited Company, S. 118, E. Rn. 52.

1580 *Rehm*, in: *Eidenmüller*, Ausländische Kapitalgesellschaften, § 10 Rn. 63; *Tolley*'s Corporate Insolvency Handbook, S. 235.

1581 Dorchester Finance Co. Ltd. v. Stebbings [1989] BCLC 498.

1582 Ebenso Norman v. Theodor Goddard [1991] BCLC 1027, S. 1030 f.; Re D'Jan of London Ltd. [1994] 1 BCLC 561; Cohen v. Selby [2001] BCLC 176.

im Allgemeinen zu erwarten ist und wie es seinen persönlichen Fähigkeiten entspricht. Durch die zunehmende Objektivierung der Haftungsmaßstäbe werden auch die Anforderungen an den *director*, seine Mitwirkungspflichten sowie die dabei anzuwendende Sorgfalt verschärft[1583]. Diese Betrachtungsweise führt letztlich auch auf die Einführung des *wrongful trading* mit seinem objektivierten Sorgfaltsmaßstab zurück. Verletzt der *director* vorsätzlich oder fahrlässig diese Pflichten, kann die Gesellschafter gegen den *director* Schadensersatzansprüche geltend machen[1584]. Der *director* schuldet die Einhaltung seiner Pflichten grundsätzlich der Gesellschaft und nicht den Gesellschaftern oder Gesellschaftsgläubigern. Allerdings können sich Ausnahmen ergeben, in denen er seine Pflichten zugunsten der Gesellschafter oder Gläubiger wahrnehmen sollte[1585]. Richter *Mummery LJ* sieht den Vorteil der *fiduciary duties* im Rahmen der *common law*-Regelungen darin, dass die Geltendmachung einer Verletzung dieser *fiduciary duties* ein flexibleres Rechtsmittel darstellt[1586]. Die Geschäftsleiter, die an der Verletzung der Treuepflichten beteiligt sind, haften grundsätzlich gemeinsam und zu gleichen Teilen[1587].

Die Verletzung einer treuhänderischen Verpflichtung fällt auf den an ihr beteiligten Geschäftsleiter zurück. Er hat für seine Handlung gesamtschuldnerisch für jeglichen eigenen Vorteil oder Verlust der Gesellschaft persönlich und mit einem strengerem Maßstab, als die "*common law obligations to pay damages*" einzustehen, sofern ein Kausalzusammenhang zwischen der Pflichtverletzung und dem Verlust der Gesellschaft ersichtlich ist[1588]. Vorhersehbarkeit oder Unüblichkeit werden hierbei in der Regel nicht berücksichtigt[1589]. Die Geschäftsleiter können zudem ebenso wegen Verletzung billigkeitsrechtlich entstandener Verpflichtungen bei Interessenskonflikten und sonstiger Sorgfaltspflichten des *common law* in die Haftung genommen werden. Verletzungen dieser Verpflichtungen sind ebenfalls der *fiduciary duty* zuzuordnen[1590]. Wird die *fiduciary duty* verletzt, so unterfällt der daraufhin geltend gemachte Schadensersatz dem Billigkeitsrecht: Die Gerichtsbarkeit kann im billigen Ermessen über die Höhe des

1583 *Tolley's* Corporate Insolvency Handbook, S. 235.

1584 *Römermann/Röver*, in: *Römermann*, Private Limited Company, S. 118, E. Rn. 50, 52.

1585 *Hannigan*, Company Law, S. 199.

1586 Swindle v. Harrison [1997] 4 All ER 705, S. 732: "more elastic".

1587 Re Lands Allotment Co. [1894] 1 Ch 616, 620, 643; *Hannigan*, Company Law, S. 191.

1588 Swindle v. Harrison [1997] 4 All ER 705, 732–733 (*Mummery LJ*), erwähnt in *Tijo/Yeo*, [1998] 114 LQR 181; *Hannigan*, Company Law, S. 191.

1589 Vgl. sec. 21 Limitation Act 1980; JJ Jarrison (Properties) Ltd. v. Harrison [2002] BCC 729 = [2002] 1 BCLC 162.

1590 *Hannigan*, Company Law, S. 191.

Schadens entscheiden und einen angemessenen Schadensersatz aufgrund der Pflichtverletzung festsetzen[1591]. Der *director* hat die Konsequenzen seines untreuen Verhaltens nach allgemeinen Regeln persönlich zu tragen. Mehrere *directors* haften gesamtschuldnerisch (*joint and several liability*) hinsichtlich des durch ihr Verhalten erlangten Vorteils sowie des entstandenen Schadens der company[1592].

Die *fiduciary duties* des *director* sind mit Einführung des Companies Act 2006 nunmehr in den sec. 170 ff. CA 2006 gesetzlich festgelegt. Die Pflichten unterteilen sich in die *duty to promote the success of the company* (sec. 172 CA 2006), *duty to act within powers* (sec. 171 CA 2006), *duty to exercise independent judgment* (sec. 173 CA 2006), *duty to avoid conflicts of interests* (sec. 175 CA 2006), *duty not to accept benefits from third parties* (sec. 176 CA 2006) und die *duty to declare interest in proposed transaction or arrangement* (sec. 177 CA 2006).

II. Duties of Care and Skill

Die Verletzung der *duties of care and skill* zieht für den *director* gerade in der Insolvenz eine Haftung wegen Vernachlässigung der im Geschäftsverkehr erforderlichen Sorgfalt nach sich. Die Verurteilung eines *director* war in der Praxis äußerst selten und erlangte erst mit der Einführung des IA 1986 zunehmende Bedeutung[1593]. Eine Übersicht der *duties of care and skill* ließ sich vor allem in der Entscheidung Re City Equitable Fire Insurance Co. des *Court of Appeal* entnehmen[1594]. Die Einhaltung der Sorgfaltspflichten nach *common law* legte zunächst niedrigere Anforderungen an den *director* zugrunde als im Rahmen der *fiduciary duties*. Dabei standen vor allem seine persönlichen Qualifikationen im Vordergrund und nicht solche Eigenschaften, die von einem objektiven Dritten in vergleichbarer Position zu erwarten wäre[1595]. Die Anforderungen an den *director* im Rahmen der *duties of care and skill* richteten sich mit Einführung des IA

1591 Swindle v. Harrison [1997] 4 All ER 705, 733.

1592 Bishopsgate Investment Management Ltd. v. Maxwell (No. 2) [1993] BCC 120; *Hannigan*, Company Law, S. 241.

1593 *Bailey/Groves*, Corporate Insolvency, S. 690–691, 17.7, 17.8; *Hannigan*, Company Law, S. 195.

1594 Re City Equitable Fire Insurance Co [1925] Ch 407, 408, 428, 429: "(1) a director need not exhibit in the performance of his duties a greater degree of skill than could reasonably be expected from a person of his knowledge and experience; (2) a director is not bound to give his whole time and attention to the affairs of the company, for instance by attending every board meeting; (3) a director may delegate duties in certain circumstances to others."

1595 *Sheikh*, A Guide to the Companies Act 2006, S. 382, 9.2.6.

1986 zunehmend nach den Voraussetzungen des sec. 214 (4) IA 1986 und den eher objektiven Standardanforderungen an einen *director*. Die Annäherung an die Vorschrift des sec. 214 (4) IA 1986 durchlief einige Stufen, wurde allerdings durch Fallrecht sowie der *Law Commission*, der *Company Law Review* und durch die *White Paper „Modernising Company Law"* sowie *„Company Law Reform"* anerkannt[1596]. Im Company Act 2006 hat der Gesetzgeber den Wortlaut des *wrongful trading* in sec. 174 CA 2006 nunmehr nahezu übernommen[1597].

Im *common law* war es anerkannt, dass der *director* einer solventen Gesellschaft seine Sorgfaltspflichten nicht gegenüber den Gesellschaftsgläubigern, sondern nur gegenüber der Gesellschaft zu erfüllen hat[1598]. In der Insolvenz oder Krise der Gesellschaft schuldet der *director* die Erfüllung seiner Pflichten jedoch gegenüber der Gesamtheit der Gläubiger, nicht einem Einzelnen gegenüber[1599]. Nachdem die Änderungen im CA 2006 in Kraft getreten sind, besteht ein abgeleitetes, derivatives Antragsrecht eines Mitglieds der Gesellschaft (sec. 260 (1) CA 2006: *„by a member of a company"*) gemäß sec. 260 (3) CA 2006 wegen Verletzung der gesetzlich festgesetzten Sorgfaltspflichten[1600]. Nach dem neuen Recht muss der Kläger nicht aufzeigen, dass eine Täuschung bzw. ein Betrug gegenüber der Minderheit begangen wurde, um ein abgeleitetes Klagerecht zu erlangen[1601].

1596 *Hannigan*, Company Law, S. 298; *Sheikh*, A Guide to the Companies Act 2006, S. 382–386, 9.2.6.

1597 Sec. 174 CA 2006: "(1) A director of a company must exercise reasonable care, skill and diligence. (2) This means the care, skill and diligence that would be exercised by a reasonably diligent person with – (a) the general knowledge, skill and experience that may reasonably be expected of a person carrying out the functions carried out by the director in relation to the company; and (b) the general knowledge, skill and experience that the director has."

1598 West Mercia Safetywear Ltd. v. Dodd [1988] BCLC 250 = 4 BCC 30; Multinational Gas and Petroleum Co Ltd. v. Multinational Gas and Petroleum Services Ltd. [1983] Ch 258, 282 = [1983] 2 All ER 563, S. 571 (*Lawton LJ*); Berg Sons & Co. v. Adams [1993] BCLC 1045 = [1992] BCC 661.

1599 Re Pantone 485 Ltd., Miller v. Bain [2002] 1 BCLC 266, 268; Yukong Line Ltd. of Korea v. Rendsburg Investment Corp. of Liberia (No. 2) [1998] 1 WLR 294, S. 312 = [1998] BCC 870; Nordic Oil Services Ltd. v. Berman [1993] SLT 1164.

1600 Sec. 260 (3) CA 2006: "A derivative claim under this Chapter may be brought only in respect of a cause of action arising from an actual or proposed act or omission involving negligence, default, breach of duty or breach of trust by a director of the company. The cause of action may be against the director or another person (or both)."

1601 *Bailey/Groves*, Corporate Insolvency, S. 691–692, 17.8; ausreichend ist gemäß sec. 260 (3) CA 2006 „an actual or proposed act or ommission involving negligence, default,

III. Modifikation der Directors' Duties

Historisch betrachtet haben viele Unternehmen früher die Pflichten des *director* in den *articles of association* vertraglich festgesetzt und die Haftung der *directors* für die Verletzung der *directors' duties* weitestgehend ausgeschlossen[1602]. Mit der Vorschrift des sec. 310 (1) CA 1985 wurde diese Praxis endgültig unterbunden und eine Haftungsfreistellung des *director* gesetzlich verboten[1603].

IV. Milderungsmöglichkeit, Sec. 727 CA 1985

Eine Milderungsmöglichkeit der Haftung besteht gemäß sec. 727 CA 1985 (sec. 1157 CA 2006 n. F.), wenn der *director* sich entlasten kann. Er hat das Gericht davon zu überzeugen, dass jegliche Beschuldigung eines nachlässigen Verhaltens, Fehlers oder einer Treuepflichtverletzung auf ehrlichen und vernünftigen Absichten und angemessener Sorgfalt beruhte[1604].

B. Handeln zugunsten der Gesellschafter

Haben Gesellschafter den *director* als Vertreter bevollmächtigt, in ihrem Sinne Geschäfte abzuwickeln, schuldet der *director* ihnen im Rahmen des Vertretungsverhältnisses direkt die Erfüllung seiner ihm obliegenden *fiduciary duties*[1605]. *Fiduciary duties* werden beispielsweise begründet, wenn der *director* an dem Verkauf der Gesellschaftsanteile der Gesellschafter beteiligt ist. Den Gesellschaftern sind genügend Informationen zu erteilen, um ihnen die Grundlage für eine ausreichend informierte Entscheidung zu schaffen. Darüber hinausgehende Informationen sind von ihnen fernzuhalten[1606]. Zudem hat er öffentlich bekanntzugeben,

---

breach of duty or breach of trust" seitens des amtierenden oder früheren director oder des shadow director.

1602 *Hannigan*, Company Law, S. 196.

1603 Vgl. sec. 310 CA 1985: "(1) This section applies to any provision, whether contained in a company's articles or in any contract with the company or otherwise, for exempting any officer of the company or any person (whether an officer or not) employed by the company as auditor from, or indemnifying him against, any liability which by virtue of any rule of law would otherwise attach to him in respect of any negligence, default, breach of duty or breach of trust of which he may be guilty in relation to the company. (2) Except as provided by the following subsection, any such provision is void."

1604 *Tolley's* Corporate Insolvency Handbook, S. 242; ebenso Re Welfab Engineers Ltd. [1990] BCLC 833.

1605 Briess v. Woolley [1954] 1 All ER 909 = [1954] AC 333.

1606 Coleman v. Myers [1977] 2 NZLR 225; *Hannigan*, Company Law, S. 200.

dass er im Namen der Gesellschafter Anteile anbietet und verkauft[1607]. In der Entscheidung Peskin v. Anderson gestand der *Court of Appeal* dem Kläger zu, dass spezielle Umstände eine direkte Beziehung zwischen den *directors* und Gesellschaftern begründen können, die eine direkte Verpflichtung des *director* gegenüber dem Gesellschafter auslöst[1608]. *Mummery LJ* erläuterte, dass der direkte, nahe Kontakt zwischen dem *director* und dem Gesellschafter im Einzelfall unmittelbare *fiduciary duties* des *director* gegenüber den Gesellschaftern begründen kann[1609]. Allerdings verneinte das Gericht im vorliegenden Fall eine nähere Beziehung und direkte Haftung des *director* aufgrund der Faktenlage[1610].

Unabhängig von etwaigen *fiduciary duties* kann eine Haftung des *director* gegenüber den Gesellschaftern aufgrund allgemeiner Rechtsgrundsätze (*ordinary legal principles*) wie dem Institut der *misrepresentation* in Betracht kommen. Bei der *misrepresentation* gibt der *director* irreführende Ratschläge oder nutzt seine Position in betrügerischer Weise aus[1611]. Der *director* hat zum Beispiel im Falle eines Übernahmeangebots den Gesellschaftern genügend Informationen zukommen zu lassen und von einem irreführenden Verhalten Abstand zu nehmen. Ebenso hat sich der *director* bei der Beratung von Gesellschaftern nach bestem Wissen in gutem Glauben und nicht betrügerisch zu verhalten und ihn weder absichtlich noch ohne die gebotene Sorgfalt in die Irre zu leiten[1612]. *Lord Cullen* nennt in der Entscheidung Dawson International plc. v. Coats Paton plc.[1613] diese Pflicht des *director*, gegenüber dem Gesellschafter in gutem Glauben und nicht betrügerisch zu handeln, als *„pre-existing fiduciary duty to the shareholders“* und findet diese Betrachtungsweise in diesem Zusammenhang gelungener, als von einer *„secondary fiduciary duty to the shareholders“* zu sprechen. Eine Haftung wegen *misrepresentation* kommt vor allem dann in Betracht, wenn er die finanzielle Situation der Gesellschaft nicht wahrheitsgemäß darstellt und so die Gesellschafter zu einer Anteilsübertragung auf ihn (*for a nominal consideration*)

1607 Re Chez Nico (Restaurant) Ltd. [1992] BCLC 192, 208; Peskin v. Anderson [2001] 1 BCLC 372, 379.

1608 Peskin v. Anderson [2001] 1 BCLC 372.

1609 Peskin v. Anderson [2001] 1 BCLC 372, 379.

1610 Peskin v. Anderson [2001] 1 BCLC 372, 384.

1611 Gething v. Kilner [1972] 1 All ER 1166 = [1972] 1 WLR 337; Dawson International plc. v. Coats Paton plc. [1989] BCLC 233, 234, 243–244; Platt v. Platt [2001] 1 BCLC 698, S. 703 f.; *Hannigan*, Company Law, S. 202.

1612 Dawson International plc. v. Coats Paton plc. [1989] BCLC 233; *Hannigan*, Company Law, S. 202.

1613 Dawson International plc. v. Coats Paton plc. [1989] BCLC 233, 244.

verleitet. Infolgedessen haftet er nach den Grundsätzen der *misrepresentation* und hat für den entstandenen Schaden aufzukommen[1614].

C. Directors' Duties for the Benefit of Creditors

Nach früher einschlägigem *common law* setzte sich der *director* einer Haftung gegenüber den Gläubigern aus, wenn er die Gesellschaft in der Krise oder Insolvenz zum Nachteil der Gläubiger weiterführte und in dieser Zeit Handlungen zu Lasten der Gesellschaft vornahm. Begründet er in der Krise weitere Verpflichtungen der Gesellschaft, missachtet er die Interessen und Belange der Gläubiger und mithin die ihm obliegenden Treue - und Sorgfaltspflichten[1615]. Die *directors' duties for the benefit of creditors* sollen die Gläubiger zu einer Zeit erhöhten Risikos der Gesellschaft in höchstem Maße schützen und dem Missbrauch unternehmerischer Macht entgegenwirken. Es geht nicht um die Frage des fehlerhaften Managements eines *director*, sondern vielmehr darum, dass sich der Gläubiger Risiken ausgesetzt sieht, in die er nicht eingewilligt hat[1616]. Die Entwicklung dieser Verpflichtung, in der Insolvenz im Interesse der Gläubiger zu handeln, geht auf die australische und neuseeländische Rechtsprechung zurück[1617], die ihren Ursprung in dem dictum von Richter *Mason J* in der viel zitierten Entscheidung Walker v. Wimborne[1618] des australischen *High Courts* findet. *Mason J* äußerte, dass die *directors* einer Gesellschaft in der Erfüllung ihrer Pflichten gegenüber der Gesellschaft auch die Interessen der Gesellschafter und Gläubiger in Betracht zu ziehen haben. Der neuseeländische *Court of Appeal* sprach sich für selbige Betrachtungsweise in der Entscheidung Nicholson v. Permakraft (NZ) Ltd. aus[1619].

In der Entscheidung Re Horsley & Weight Ltd.[1620] sprach Richter *Buckley LJ* sich dafür aus, dass die Geschäftsleiter eine indirekte Verpflichtung gegenüber

---

1614 Platt v. Platt [1999] 2 BCLC 745 = [2001] 1 BCLC 698; *Hannigan*, Company Law, S. 202.

1615 West Mercia Safetywear v. Dodd [1988] BCLC 250; Re Welfab Engineers Ltd. [1990] BCLC 833; Yukong Line Ltd. of Korea v. Rendsburg Investment Corporation of Liberia and others (No. 2) [1998] 2 BCLC 485, 486, 503 = [1998] 1 WLR 294, 311, 312.

1616 *Keay* [2003] 66 MLR 665, 669.

1617 *Dawson*, [1984] 11 NZULR 68–69.

1618 Walker v. Wimborne [1976] 50 ALJR 446, erwähnt von *Barrett* [1977] 40 MLR 226; *Hannigan*, Company Law, S. 204; *Keay*, Company Directors' Responsabilities to Creditors, S. 164.

1619 Nicholson v. Permakraft (NZ) Ltd. [1985] 3 ACLC 453 = [1985] 1 NZLR 242, erwähnt in: [1985] JBL 413.

1620 Re Horsley & Weight Ltd. [1982] Ch 442.

den Gesellschaftsgläubigern haben, keine gesetzeswidrige Minimierung des Gesellschaftskapitals vorzunehmen. Gleichzeitig nahm er eine direkte Verpflichtung des Geschäftsleiters gegenüber der Gesellschaft an, das Gesellschaftsvermögen zu erhalten. Hält sich der *director* nicht an diese Pflichten, hat der Liquidator im Rahmen der Insolvenz und Liquidierung gegenüber den Gläubigern eine Verpflichtung, solche Ansprüche gegen den Geschäftsleiter geltend zu machen, die die Gesellschaft aufgrund eines Rückzahlungsanspruchs wegen rechtsunwirksamer Geschäfte hat[1621]. Die Verpflichtung des *director*, im Falle der (drohenden) Insolvenz im Interesse der Gläubiger zu handeln, ist mittlerweile als Teil seiner *fiduciary duties* anerkannt, die ihm zu einem Handeln zugunsten der Gesellschaft veranlassen[1622]. Diese Sichtweise wurde zudem von dem gesetzgeberischen Rahmen des CDDA 1986 und IA 1986 beeinflusst und unterstützt, das Interesse der Gläubiger in der Insolvenz in den Vordergrund zu stellen. Ein Handeln zum Nachteil der Gesellschaftsgläubiger rechtfertigt darüber hinaus, eine *unfitness* des *director* anzunehmen und ein Tätigkeitsverbot (*disqualification*) auszusprechen[1623].

Die Haftung des *director* bei Handlungen zum Nachteil der Limited ähnelt dem Tatbestand des *wrongful trading* und bestimmt sich grundsätzlich nach der Verpflichtung, zum Wohl der Gesellschaft zu handeln. Das Wohl der Gesellschaft orientiert sich weitestgehend an den Interessen der Gesellschafter, keine Verpflichtungen gegenüber der Limited oder Dritten einzugehen und in ihrer Verfügungsbefugnis über die Gesellschaft frei zu sein[1624]. In der Krise des Unternehmens wird mit dem Geld der Gläubiger gehandelt, so dass sich das Interesse, zugunsten der Gesellschaft zu handeln, entsprechend zu einem Handeln im Interesse der Gläubiger verschiebt[1625]. Die Verfügungsbefugnis der Gesellschafter erlischt[1626]. Die *directors* setzen sich in der Krise der Gesellschaft einer Haftung aus, wenn sie die Gläubigerinteressen missachten und zu ihrem Nachteil

1621 Re Horsley & Weight Ltd. [1982] Ch 442, 454.

1622 *Hannigan*, Company Law, S. 205.

1623 *Hannigan*, Company Law, S. 205–206.

1624 *Bailey/Groves/Smith*, Corporate Insolvency, 2001, 16.8, S. 556 f.; *Römermann/Röver*, in: *Römermann*, Private Limited Company, S. 121, E. Rn. 64; *Schall*, ZIP 2005, 965, 968.

1625 West Mercia Safetywear v. Dodd [1988] BCLC 250; *Davies*, Gower and Davies' Principles of Modern Company Law, S. 372; *Keay* [2003] 66 MLR 665, 666, 668.

1626 Kinsela v. Russell Kinsela Pty Ltd. (in liq.). [1986] 10 ACLR 395, 401, 404 = [1986] 4 NSWLR 222: (in insolvency the creditors) "become prospectively entitled, through the mechanism of liquidation, to displace the power of the directors and the shareholders to deal with the company's asset" (dictum of *Street CJ*).

handeln[1627]. Die Gesellschafter sollten daher Geschäfte, durch die der *director* den Gläubigern der Gesellschaft einen Schaden zufügt, weder hinnehmen noch genehmigen[1628]. Entsprechend den vorgenannten Ausführungen liegt bei den *directors' duties* die Regel zugrunde, dass die *directors* ihre Sorgfalts- und Treuepflichten immer zugunsten derjenigen wahrnehmen müssen, die ein besonders hohes, finanzielles Interesse an der Gesellschaft haben. Allerdings hat der *director* seine Pflichten nicht an dem Wohl eines einzelnen Gesellschafters oder Gläubigers, sondern jeweils an dem Wohl der Gesamtheit der Gesellschafter und Gläubiger auszurichten[1629].

Neben einer Haftung der Geschäftsleitung aus dem Institut des *wrongful trading* bestehen daher Ansprüche aus dem englischen *common law* wegen Verletzung der *directors' duties for the benefit of creditors*, weil der *director* zu Lasten der Gesellschaft gehandelt hat[1630]. Diese Haftung des *common law* ist dem Institut des *wrongful trading* funktionell sehr ähnlich: Es haftet der *director*, der während der Krise der Gesellschaft die Geschäftstätigkeit zum wirtschaftlichen Nachteil der Gläubiger fortführt[1631]. Er macht sich gegenüber der Limited schadenersatzpflichtig.

I. Haftungsvoraussetzungen

Im Rahmen der *fiduciary duties* hat der *director* die Verpflichtung, seine Pflicht zur Loyalität gegenüber der Gesellschaft zu wahren (*duties of loyalty*). Diese beiden Pflichten sind voneinander schwer trennbar und birgen ein hohes Missbrauchsrisiko in sich. Schließlich setzen sich die Gesellschaft dem Handeln des *director* in Sinne dieser Pflichten vollends aus und gehen damit Risiken ein[1632]. Das Unternehmensinteresse orientiert sich bei einem solventen Unternehmen zunächst am Wohl der Gesellschaft, das sich vor allem nach den Interessen der Gesellschafter bestimmt[1633]. Die Gesellschafter treffen keinerlei Verpflichtungen gegenüber der Gesellschaft oder ihrer Gläubiger und können daher in ihren Entscheidungen und Zustimmungen ein höheres Risiko eingehen. Der *director* einer solventen Gesellschaft, der im guten Glauben im Sinne der Gesellschafter

---

1627 *Schall*, ZIP 2005, 965, 968.
1628 *Lawlor*, NZI 2005, 432, 436.
1629 *Davies*, Gower and Davies' Principles of Modern Company Law, S. 373 f.
1630 *Davies*, Gower and Davies' Principles of Modern Company Law, S. 379.
1631 *Davies*, Gower and Davies' Principles of Modern Company Law, S. 379.
1632 *Davies*, Gower and Davies' Principles of Modern Company Law, S. 380.
1633 *Rickford*, ECFR 2004, 391, 403; *Sealy*, Cases and Materials in Company Law, S. 52 ff.; zu weiteren Einzelheiten siehe auch *Schall*, ZIP 2005, 965, 968.

handelt, setzt sich daher keiner Haftung aus[1634]. Bei zunehmender Insolvenznähe richten sich die Pflichten des Geschäftsleiters indes nicht nur auf die Interessen der Gesellschaft, sondern auch auf die Gläubigerinteressen des krisenbelasteten Unternehmens. Schließlich wird nun mit ihrem Geld gewirtschaftet. Diese Sichtweise entspricht dem Zweck des IA 1986, der die Interessen der Gläubiger in der Insolvenz in den Vordergrund stellt[1635]. Die Gesellschafter verlieren ihre Verfügungsbefugnis[1636], während die an der Pflichtverletzung teilnehmenden *director* eine gesamtschuldnerische Innenhaftung gegenüber der Gesellschaft wegen Verletzung der Gläubigerinteressen trifft[1637]. Die gegenständliche Pflicht ist demnach eine *ex post*-Natur zuzuschreiben, da sie nicht bereits im Zeitpunkt von Vertragsvereinbarungen, sondern erst nach Vertragsschluss entsteht[1638].

Nicht jede nachlässige Verhaltensweise des *director* führt zu einer Haftung wegen Verletzung treuhänderischer Pflichten (*fiduciary duties*). Die Kläger haben dann keinerlei Möglichkeit, ihre Klage auf die Verletzung der ihm obliegenden *fiduciary duties* zu stützen, sondern müssen möglichenfalls andere Schadensersatzansprüche geltend machen[1639]. Obwohl sich die nach *common law* bestehende Haftung wegen Handlungen zu Lasten der Gesellschaft im Gegensatz zum *wrongful trading* grundsätzlich nicht auf das Insolvenzverfahren beschränkt[1640], ist die Haftung des *director* infolge der Verletzung der *duty for the benefit of creditors* als Ausnahme im Zeitraum der Insolvenz anzusiedeln[1641]. Sowohl die ordnungsgemäß bestellten *directors* als auch die *de facto directors* und *shadow directors* haben

1634 Grundlegend Multinational Gas and Petrochemical Co v. Multinational Gas and Petrochemical Services Ltd. [1983] Ch 258, 272, 288; *Sealy*, Cases and Materials in Company Law, S. 267 ff.; vgl auch BGH ZIP 2005, 520; *Röhricht*, ZIP 2005, 505, 514; *Schall*, ZIP 2005, 965, 968.

1635 West Mercia Safetywear Ltd. (Liquidator of) v. Dodd [1988] BCLC 250, 251 f.; Dictum of *Street CJ*, in: Kinsela v. Russell Kinsela Pty Ltd (in Liq.) [1986] 4 NSWLR 222: "the creditors become propectively entitled, through the mechanism of liquidiation, to displace the power of the directors and the shareholders to deal with the company's assets"; *Davies*, Gower and Davies' Principles of Modern Company Law, S. 372; *Keay* [2003] 66 MLR 665, 667–668; *Gräfe*, DZWIR 2005, 410, 413, *Habersack/Verse*, ZHR 168 (2004), 174, 199; *Schall*, ZIP 2005. 965, 968; *Wilhelmi*, GmbHR 2006, 13, 18.

1636 Kinsela v. Rusell Kinsela Pty Ltd. [1986] 10 ACLR 395, 401, 404.

1637 *Davies*, Gower and Davies' Principles of Modern Company Law, S. 425: „jointly and severally liable".

1638 *Keay* [2003] 66 MLR 665, 670.

1639 *Davies*, Gower and Davies' Principles of Modern Company Law, S. 432.

1640 *Römermann/Röver*, in: *Römermann*, Private Limited Company, S. 121, E. Rn. 65.

1641 *Hannigan*, Company Law, S. 204.

die *common law duties* zu beachten. Die Pflichten beginnen mit dem Zeitpunkt, in dem der *director* sein Amt antritt, enden allerdings nicht zwingend mit Beendigung oder Niederlegung des Amtes, was sich vor allem an der Vertraulichkeit von Information der Gesellschaft und der Verschwiegenheitspflicht über die Amtsperiode hinaus zeigt[1642].

II. Haftungsumfang

Der *director* setzt sich einer persönlichen Haftung wegen Verletzung der vorgenannten Pflichten aus. Die Gläubiger bekommen im Rahmen der Verletzung der *directors' duties* den sog. Quotenschaden ersetzt. Ein voller Schadensersatz gegenüber den Neugläubigern im Sinne eines Vertrauensschadens ist nicht möglich, da eine direkte Verpflichtung der Geschäftsleiter gegenüber den Gläubigern nicht besteht[1643]. Verluste des einzelnen Gläubigers können nicht direkt und individuell geltend gemacht werden, da die Gläubiger in ihrer Gesamtheit schutzbedürftig sind[1644]. Ebenso wird nicht zwischen Alt- und Neugläubigern sowie gesicherten und ungesicherten Gläubigern unterschieden[1645]. Schadensersatzzahlungen des *director* fließen zunächst in das Vermögen der Limited[1646]. Im Gegensatz zum Haftungsumfang nach den *wrongful-trading*-Grundsätzen, bei dem das Gericht im Rahmen des sec. 214 IA 1986 einen Ermessensspielraum hat, berechnet sich der Haftungsumfang bei der Verletzung der *directors' duties for the benefit of creditors* nach dem tatsächlich entstandenen Schaden und begünstigt gesicherte Gläubiger. Schadensersatzzahlungen wegen Verletzung der Geschäftsleiterpflichten werden von einer gegebenenfalls bestehenden *floating charge* erfasst, so dass bei der Gesellschaft eingehende Schadensersatzzahlungen nicht mehr für die Verteilung unter ungesicherten Gläubigern zur Verfügung stehen[1647].

Es liegt in der Hand des Insolvenzverwalters bzw. Liquidators, welchen Anspruch er letztlich geltend macht. Da bei der Geltendmachung einer Haftung aus *wrongful trading* und wegen der Verletzung der *directors' duties* unterschiedliche Rechtsfolgen eintreten, sollte dieser im Vorfeld den Anspruch mit den besseren Erfolgsaussichten auswählen. In der Praxis zieht der Insolvenzverwalter die

---

1642 *Davies*, Gower and Davies' Principles of Modern Company Law, S. 379.

1643 *Habersack/Verse*, ZHR 168 (2004), 174, 199; *Schall*, ZIP 2005, 965, 968.

1644 Yukong Lines of Korea v. Rendsburg Investments Corp. (No. 2) [1998] 1 WLR 294, 311, 312 = [1998] BCC 870, 884, 885.

1645 Re Pantone 485 Ltd. [2002] 1 BCLC 266.

1646 *Goode*, Principles of Corporate Insolvency Law, S. 455.

1647 *Goode*, Principles of Corporate Insolvency Law, S. 456, 461; *Habersack/Verse*, ZHR 168 (2004), 174, S. 201.

Geltendmachung eines Anspruchs aus *wrongful trading* vor, wenn die Situation einer *floating charge* gegeben ist, da auf diesem Weg auch ungesicherte Gläubiger die Möglichkeit haben, einen Schadensausgleich zu erhalten[1648]. Zwischen den beiden Instituten kann es zweifelsfrei zu erheblichen Konkurrenzproblemen kommen[1649].

III. Zeitpunkt der Haftung

Die Haftung setzt grundsätzlich bei Überschuldung und deren Erkennbarkeit für den Geschäftsleiter ein. Handelt der *director* nicht redlich („*honest*"), kann eine Haftung des *director* auch schon früher einsetzen[1650]. Das ist immer dann der Fall, wenn der *director* Geschäfte auf Kosten der Gesellschaftsgläubiger vornimmt, obwohl er bereits von einer Überschuldung des Unternehmens wusste. Ebenso kommt spätestens seit der Entscheidung Multinational Gas and Petrochemical Co.[1651] auch eine Haftung des *director* bei fahrlässigem und leichtfertigem Verhalten in Betracht. Gleiches gilt für den Fall, in dem die *directors* von der Unvermeidbarkeit der Insolvenz hätten wissen müssen[1652]. Der Analogieschluss zu sec. 214 IA 1986 soll letztlich eine Beweiserleichterung hinsichtlich der Bösgläubigkeit bezwecken. Der Geschäftsleiter soll sich nicht mehr auf seine Blauäugigkeit berufen können, sofern die Insolvenz der Gesellschaft erkennbar unvermeidbar war. Die Objektivierung des Sorgfaltsmaßstabes entspricht den Anforderungen an sec. 214 IA 1986 und findet sich auch im *common law* wieder[1653]. In der Entscheidung Gwyer v. London Wharf[1654] nahm das Gericht einen Verstoß gegen die *director's duties for the benefit of creditors* an, weil die Geschäftsleiter einen nachteiligen

1648 Vgl. auch *Griffin*, Personal Liability and Disqualification of Company Directors, S. 37 f.

1649 Vgl. *Griffin*, Personal Liability and Disqualification of Company Directors, S. 91 f.

1650 Re Horsley & Weight Ltd. [1982] Ch 442, vor allem S. 455 f.; Multinational Gas and Petrochemical Co. v. Multinational Gas and Petrochemical Services Ltd. [1983] Ch 258.

1651 Multinational Gas and Petrochemical Co. v. Multinational Gas and Petrochemical Services Ltd. [1983] Ch 258, 291 (*Dillon LJ*), im Anschluss an Re Horsley & Weight Ltd. [1982] Ch 442, 455 (*Templeman J*): "Gross negligence, amounting and to misfeasance" und "recklessness".

1652 Noch weitergehender („doubtful solvency") *Habersack/Verse*, ZHR 168 (2004), 174, 200 im Anschluss an Brady v. Brady [1987] 3 BCC 535, 552; *Schall*, ZIP 2005, 965, 968.

1653 Re D'Jan of London [1993] BCC 646 = [1994] 1 BCLC 561; *Davies*, Gower and Davies' Principles of Modern Company Law, S. 432 ff.; *Schall*, ZIP 2005, 965, 968.

1654 Gwyer v. London Wharf [2003] BCC 885, S. 907–909 = [2003] 2 BCLC 153, 177 f.

Vergleich für das Unternehmen über ein streitiges Rechtsverhältnis abgeschlossen hatten und die Gesellschaft infolgedessen in die Insolvenz abrutschte. Damit zeigt sich, dass die *directors' duties for the benefit of creditors* zeitlich vor dem Institut des *wrongful trading* ansetzen und bereits bei Zweifeln an der Solvenz des Unternehmens („*doubtful solvency*") eine Haftung begründen können[1655]. Die weitgehend unklaren Voraussetzungen lassen diesen Zeitpunkt sowie das Gewicht der Gläubigerinteressen gegenüber den Interessen der Gesellschaft größtenteils offen, wobei der Eintritt der bilanziellen Überschuldung wohl als äußerster Zeitpunkt in Betracht zu ziehen ist[1656]. *Finch*[1657] hingegen vertritt wegen der Ähnlichkeit zum *wrongful trading* die Ansicht, dass der subjektive Maßstab des sec. 214 (2) (a) IA 1986 auch auf den Beginn der Pflicht anzuwenden sei. Ein pflichtenauslösender Zeitpunkt ist demgemäß anzunehmen, wenn die Geschäftsleiter wussten oder hätten wissen müssen, dass die Solvenz der Gesellschaft anzuzweifeln sei. Die Gerichte haben einen weiten Beurteilungsspielraum hinsichtlich der Beurteilung des Haftungszeitpunktes. Die Haftung aus den *directors' duties for the benefit of creditors* bleibt allerdings hinter der deutschen Insolvenzverschleppungshaftung aus § 15a InsO zurück. Grund hierfür ist, dass das Institut der *directors' duties* lediglich eine Innenhaftung gegenüber der Gesellschaft begründet[1658].

IV. Milderungsmöglichkeit bei Common Law Duty

Eine Haftung des Geschäftsleiters aus *directors' duty for the benefit of creditors* kann als *common law duty* gemäß sec. 727 CA 1985 (sec. 1157 CA 2006 n. F.) gemildert werden. Das Gericht hat dabei die Möglichkeit, den nachlässig handelnden *director* von seiner Haftung zu befreien, sofern die Richter davon überzeugt sind, dass der *director* ehrlich und vernünftig gehandelt hat und im Rahmen einer Gesamtbetrachtung der Umstände aus einer Haftung zu entlassen ist. Der *director* hat dabei darzulegen und zu beweisen, dass er unter ehrlichen und vernünftigen Aspekten gehandelt hat[1659]. Das Gericht nimmt in der Entscheidung Re D'Jan of

---

1655 Brady v. Brady [1987] BCC 535, 552; *Gräfe*, DZWIR 2005, 410, 413 *Habersack/Verse*, ZHR 168 (2004), 174, 200; *Wilhelmi*, GmbHR 2005, 13, S. 18.

1656 *Habersack/Verse*, ZHR 168 (2004), 174, 200 f.; *Wilhelmi*, GmbHR 2006, 13, 18.

1657 *Finch*, Corporate Insolvency Law, S. 507; mit Zustimmung in *Hirt* [2004] ECFR 71, 74, 119.

1658 Yukong Line Ltd of Korea v. Rendsburg Investments Corp of Liberia [1998] 2 BCLC 485, 503; *Keay* [2003] 66 MLR, 665, 669–670; *Habersack/Verse*, ZHR 168 (2004), 174, 199 f.; anders *Gräfe*, DZWIR 2005, 410, 413.

1659 *Hannigan*, Company Law, S. 197.

London Ltd.[1660] sogar an, dass der *director* sein Verhalten auch dann zu rechtfertigen in der Lage ist, wenn ein offensichtlicher Mangel an Sorgsamkeit besteht. Da in dem vorgenannten Fall der *director* pflichtwidrig ein Versicherungsformular im Vorfeld nicht gelesen und dennoch unterschrieben hat, konnte er die Umstände nicht erkennen, unter denen die Versicherungsgesellschaft ihre Haftung zurückweisen konnte. Obwohl der *director* die gebotene Sorgfalt nicht eingehalten hatte, erkannte Richter *Hoffmann LJ* allerdings an, dass dieser Fehltritt jedem Geschäftsmann hätte passieren können[1661]. Infolgedessen konnte sich der *director* hinreichend entlasten und entging einer persönlichen Haftung wegen Verletzung seine *duty of care*. Die *Company Law Review* hat zu der einschlägigen Problematik bemerkt, dass aus der Vorschrift die Anforderung, der *director* habe zu beweisen, dass er vernünftig (*reasonably*) gehandelt habe, gestrichen werden sollte, um ihn eine größere Wahrscheinlichkeit der Entlastung zu bieten[1662].

V. Geltendmachung des Anspruchs und seine Rechtsfolgen

Der *director* macht sich schadensersatzpflichtig, wenn er die ihm obliegende Treuepflicht gegenüber der Gesellschaft verletzt. Die Klage nach sec. 212 IA 1986 wegen *misfeasance proceedings* stellt demgemäß das entsprechende prozessuale Mittel für die Geltendmachung des Anspruchs dar[1663]. Der Geschäftsleiter haftet in Form der Innenhaftung gegenüber der Gesellschaft. Eine Außenhaftung zugunsten der Gläubiger ist nicht anzunehmen[1664]. Ein Antrag aus *misfeasance proceedings* nach sec. 212 IA 1986 kann von dem verantwortlichen *official receiver, liquidator* sowie von jedem einzelnen Gläubiger der Gesellschaft oder Gesellschafter gestellt werden, sofern er einen Vermögensschaden der Gesellschaft geltend machen kann[1665]. Die Gläubiger können von ihrem selbständigen Klagerecht nach sec. 212 (3) IA 1986 Gebrauch machen, mit dem sie eine Zahlung in die Masse der Gesellschaft, nicht aber an sich selbst einklagen können[1666].

1660 Re D'Jan [1994] 1 BCLC 561.

1661 Re D'Jan [1994] 1 BCLC 561, 564 = [1994] BCC 646, 647.

1662 Company Law Review, Developing the Framework (2000) paras. 3.76–3.77; Final Report, vol. 1 (2001) para 6.4.

1663 West Mercia Safetywear Ltd. v. Dodd [1988] BCLC 250; Yukong Lines v. Rendsburg Investments Corp. (No. 2) [1998] 1 WLR 294, S. 312 = [1998] BCC 870, 887.

1664 Yukong Line v. Rendsburg Investments [1989] 1 WLR 294, 312 = [1998] BCC 870, 887; *Hannigan*, Company Law, 2003, S. 206.

1665 *Griffin*, Company Law Handbook, S. 24–25, 2.4.

1666 Re Westlowe Storage and Distribution Ltd. [2000] BCC 851; Re Ayala Holdings Ltd. [1993] BCLC 256.

Da die Pflicht des *director*, in der Krise der Gesellschaft zugunsten der Gläubiger zu handeln, eine indirekte Regelung darstellt, können die Gläubiger einen Anspruch gegen den *director* nicht mit dem Begehren einer Zahlung an sich selbst geltend gemacht werden. Der *director* schuldet die Erfüllung dieser Pflichten schließlich der Gesellschaft. Für eine Innenhaftung spricht ferner, dass ansonsten sowohl die Gläubiger als auch der Liquidator eine Wiedergutmachung der Pflichtverletzung geltend machen könnten und es zu einer ungerechtfertigten, doppelten Inanspruchnahme des directors kommen würde[1667]. Zudem würde eine direkte Verpflichtung sowie die Geltendmachung durch den Gläubiger das *pari passus*-Prinzip, den Erlös zu gleichen Teilen aufzuteilen, gefährden. Der Anspruch kommt den Gläubigern dementsprechend als Gesamtheit zugute, so dass einzelne Gesellschaftsgläubiger eine Pflichtverletzung nicht geltend machen können. In der Regel verurteilt das Gericht den Geschäftsleiter zur Wiederherstellung der Vermögenslage vor der Pflichtverletzung oder zur Zahlung einer bestimmten Geldsumme in das Gesellschaftsvermögen[1668]. Neben der Geltendmachung der Pflichtverletzung unter dem Haftungstatbestand nach *misfeasance proceeding* gemäß sec. 212 IA 1986 ist vor allem an eine Geltendmachung der Pflichtverletzung unter den Grundsätzen nach *wrongful trading* gemäß sec. 214 IA 1986 oder indirekt im Rahmen einer *disqualification order* unter dem CDDA 1986 zu denken[1669].

VI. Auswirkungen in der Praxis

Praktische Bedeutung der *common law*-Haftung besteht, wenn das Institut des *wrongful trading* nach sec. 214 IA 1986 nicht eingreift, weil es zu keinem Insolvenzverfahren gekommen ist oder weil sich die genauen Tatbestandsmerkmale des *wrongful trading* noch nicht abschließend herausgebildet haben, so dass eine Verurteilung auf dieser Haftungsgrundlage unvorhersehbar wäre[1670]. Kritisch beurteilt zudem eine Literaturmeinung die *duty for the benefit of creditors*, die im englischen Gesellschaftsrecht nicht unmittelbar, die Förderung des Gläubigerschutzes oder unternehmerischer Freiheiten verankert sieht, sondern lediglich mittelbar die Vermittlung zwischen diesen beiden Zielen annimmt[1671]. Die Aufgaben des *director* lägen gerade nicht darin, die Gläubigerinteressen zu berücksichtigen, da hierdurch weitere, unter Umständen hohe Zusatzkosten zu

---

1667 *Keay* [2003] 66 MLR 665, 669–670.

1668 Bishopsgate Investment Management Ltd. v. Maxwell [1993] BCC 120.

1669 *Hannigan*, Company Law, S. 206; *Keay* [2003] 66 MLR 665, 670.

1670 *Rehm*, in: *Eidenmüller*, Ausländische Kapitalgesellschaften, § 10 Rn. 70; *Habersack/Verse*, ZHR 168 (2004), 174, 199.

1671 *Keay* [2003] 66 MLR 665, 676.

Lasten der Gesellschaft anfallen[1672]. Diese Sichtweise hat ihren Ursprung in einer der Grundlagen des englischen Rechts und der Wirtschaft, die unter dem Begriff „*coase theorem*" bekannt ist[1673]. Das *coase theorem* ist vor allem eine Grundlage der Volkswirtschaftslehre. Es geht davon aus, dass Teilnehmer desselben Marktes Probleme, die durch externe Einflüsse entstehen, selbst lösen können, wenn sie nur über die Zuordnung (*allocation*) von bestimmten Ressourcen zu potentiellen Verwendern verhandeln und diese ohne Kosten tauschen können[1674]. Aus der Durchführung eines Geschäfts sollte daher der effizienteste Nutzen aufgrund eines maximal produktiven Gebrauchs von Ressourcen zugunsten der Gesellschaft gezogen werden. Dementsprechend würde der Geschäftsleiter einer Gesellschaft, der zusätzliche Pflichten zu erfüllen hätte, weniger effizient in seiner Position als Vertreter der Unternehmensgesellschafter agieren, sofern er mit jeder Handlung die Gläubigerinteressen stets berücksichtigen müsste. Unter anderem wird er seine eigene Position überdenken und in Frage stellen, anstatt den Gewinn der Gesellschaft zu maximieren[1675].

1. *Abwägung zwischen Common Law Duties und Wrongful Trading*

Dennoch scheinen sowohl das Institut des *wrongful trading* als auch die *common law duties* keine großen Vorteile für die Gläubiger zu haben. Die Anzahl der Fälle nach *wrongful trading* und *common law* sind überschaubar und begründete Klagen sind selten vorzufinden[1676]. Dies schürt vor allem in der Geschäftswelt den Eindruck, dass die vorhandenen Regelungen wirkungslos und ohne jegliche Konsequenzen sind. *Cheffins* und *McKenzie* zweifeln sogar an, dass die aufgezeigten Rechtsinstitute, einschließlich der *common law duties*, überhaupt eine adäquate Grundlage für die haftungsrechtliche Inanspruchnahme des *director* einer insolventen Gesellschaft bilden, solange sie nur in bestehender Art und Weise wahrgenommen werden[1677]. Gegen die Pflicht, im Rahmen der Gläubigerinteressen zu

---

1672 *Keay* [2003] 66 MLR 665, 676.

1673 Das "Coase Theorem" wurde durch Ronald Coase entwickelt und gilt als eines seiner bekanntesten Werke.

1674 *Keay* [2003] 66 MLR 665, 676.

1675 *Keay* [2003] 66 MLR 665, 676.

1676 *Sealy*, in: *J. S. Ziegel*, Current Developments in International and Comparative Corporate Insolvency Law, S. 485, 495; West Mercia Safetywear v. Dodd [1988) BCLC 250; Re D'Jan of London Ltd. [1994] 1 BCLC 561 = [1993] BCC 646; Re Welfab Engineers [1990] BCLC 833; Norman v. Theodore Goddard [1991] BCLC 1029.

1677 *Cheffins*, Company Law, S. 545; ähnliche Skepsis auch bei *McKenzie* [1995] Jurid. Rev. 519, 533.

handeln, führt die Literatur neben der Anzweiflung der Effizienz im Sinne der ökonomisch-juristischen Theorie das Argument an, dass sich ein Großteil der Gläubiger mittels Verträge, Sicherheiten oder einer Garantieübernahme des *director* selbst helfen und beschützen kann[1678]. Ein Vorteil der Pflichtverletzung nach den *common law duties* ist hingegen in jedem Fall in dem früheren Beginn der haftungsauslösenden Handlung zu sehen.

2. Prozessuale Durchsetzbarkeit

Die Rechtsbehelfe des *wrongful trading* und der *directors' duties for the benefit of creditors'* können vor Gericht alternativ oder kumulativ geltend gemacht werden. Die zeitgleiche Geltendmachung beider Ansprüche ist vor allem sinnvoll, wenn der Geschäftsleiter vor Eintritt des *moment of truth* seine Pflichten verletzt hat und die Tatbestände beider Haftungsinstitute durch unterschiedliche Handlungen verwirklicht wurden[1679]. Lediglich der Liquidator hat aus seiner Stellung heraus die Möglichkeit (locus standi), eine Klage unter beiden Ansprüchen einzureichen[1680]. Das Gericht kann eine von dem *director* zu zahlende Gesamtsumme beider Ansprüche festsetzen, die nicht höher als die Summe ausfallen darf, die zur Befriedigung aller Gläubigerforderungen erforderlich ist[1681]. Verwirklicht dieselbe Handlung sowohl eine Treuepflichtsverletzung nach den *common law duties* als auch ein *wrongful trading*, darf das Gericht lediglich einen Schadensposten benennen[1682]. Um die Erfolgsaussichten der Klage zu erhöhen, sollte der Insolvenzverwalter beide Ansprüche im Rahmen der Klage geltend machen. Da sich sec. 212 IA eines erleichterten Beweiserfordernisses bedient, sind die Erfolgsaussichten höher einzustufen. Dies gilt nicht, sofern eine *floating charge* am Gesellschaftsvermögen besteht und es dementsprechend Gläubiger gibt, die vorrangig aus der Masse zu befriedigen sind[1683].

VII. Vorrang der Haftung zur Masse

Trotz der gesetzlichen Ausprägungen als „*piercing the veil*" unterscheiden sich das Institut des *wrongful trading* und die Durchgriffshaftung nach *common law* vor allem dahingehend, dass sich die Haftung wegen *wrongful trading* gegen die

---

1678 *Keay* [2003] 66 MLR 665, 672 ff., 687 ff., 698–699.
1679 Re Purpoint Ltd. [1991] BCC 121; *Wheeler* [1993] JBL 255, 258.
1680 *Wheeler* [1993] JBL 255, 258, 268.
1681 Re Purpoint Ltd. [1991] BCC 121; *Hickes* [1993] Company Lawyer 16, 20.
1682 *Hickes*[1993] Company Lawyer 16, 20.
1683 *Goode*, Principles of Corporate Insolvency Law, S. 456, 461.

director und nicht gegen die Gesellschafter richtet. Zudem fließt der Schadensersatz zur Masse und nicht etwa daran vorbei. Das englische Recht scheint den Ansprüchen zur Masse zunehmend Vorrang gegenüber der Durchgriffshaftung einzuräumen[1684]. Zumindest aber steht die Literatur einer ausschließlichen Anwendung des *wrongful trading* kritisch gegenüber[1685]. Eine ausdrückliche Rechtsregel, welcher Anspruch Vorrang hat, wurde bislang nicht gesetzlich festgesetzt.

D. Die Pflichten des Director nach der Company Law Reform

Im September 1999 veröffentlichte die *Law Commission of England, Wales and Scotland* erstmals ein Empfehlungsschreiben, das die Stellung des *director*, die zu regulierenden Interessenskonflikte sowie die zu normierenden Geschäftsleiterpflichten aufzeigte und ihre Kodifizierung nahelegte. Dabei nahm die *Law Commission* vor allem die *fiduciary duties und duty of care and skill* ins Visier[1686]. Obwohl das geltende Recht sicherer, zugänglicher und verständlicher werden sollte, sprach gegen eine vollständige Kodifizierung die Tatsache, dass der Sorgfaltsmaßstab des *director* schwer definierbar war. Die *Steering Group on directors' duties* sah viele Empfehlungen der *Law Commission* dennoch als wertvoll an und übernahm sie in ihrem Entwurf *Statement of Directors' Duties* zur Verbesserung und Modernisierung des CA 1985[1687].

Kapitel 2, Teil 10 CA 2006 beinhaltet nunmehr zwölf Vorschriften, die allgemeine Pflichten des *director* und einen Verhaltenskodex festlegen. Dabei berücksichtigt das Gesetz auch die Fälle, in denen der *director* sein eigenes Interesse vor das Gesellschaftsinteresse stellt oder er seine Pflichten vernachlässigt. Die Pflichten entstammen dem Billigkeitsrecht und *common law*, obwohl der Wortlaut vom Fallrecht in großen Teilen differiert[1688]. Dieser Unterschied ist eine Folge der Gesetzesreform, bei der die *directors' duties* verständlicher und leichter zugänglich

1684 Yukong Line v. Rendsburg [1998] BCC 870 = [1998] 2 BCLC 485, *Davies*, Gower and Davies' Principles of Modern Company Law, S. 189 f.; *Sealy*, Cases and Materials in Company Law, S. 74 f.

1685 *Cheffins*, Company Law, S. 544 ff.

1686 The Law Commission and The Scottish Law Commission, Company Directors: Regulating Conflicts of Interests and Formulating Statements of Duties (September 1999), Law Com No 261, Scot Law Com No 173, abrufbar unter: http://www.justice.gov.uk/lawcommission/docs/lc261_Company_Directors.pdf, zuletzt abgerufen am 07.03.2012; *Sheikh*, A Guide to the Companies Act 2006, S. 61 f.

1687 *Shaikh*, A Guide to the Companies Act 2006, S. 62–69.

1688 *Shaikh*, A Guide to the Companies Act 2006, S. 383.

kodifiziert werden sollten[1689]. Sec. 170 (1) CA 2006 verdeutlicht nunmehr, dass die allgemeinen *directors' duties* im Interesse und zugunsten der Gesellschaft wahrzunehmen sind[1690]. Infolgedessen kann es nur der Gesellschaft obliegen, die Pflichten ihres Geschäftsleiters ganz oder teilweise aufzuheben. Nach sec. 232 (1) CA 2006 ist es dem Unternehmen allerdings verboten, den *director* bei Nachlässigkeit, Pflicht- oder Treueverletzung von einer Haftung freizustellen[1691]. Sämtliche Vorschriften in den *articles of association* oder *memorandum* der Gesellschaft, die dieses Ziel bezwecken, sind infolgedessen ungültig. Damit wird der frühere sec. 310 CA 1985 ersetzt[1692]. Die Pflichten hat jeder *director* der Gesellschaft zu erfüllen, unabhängig davon, ob es sich um einen formell ordnungsgemäß bestellten *director*, einen *de facto* oder um einen *shadow director* handelt, sofern auf Letzteren ebenso die *common law*-Regeln Anwendung gefunden hätten[1693]. Sec. 170 (2) (a) und (b) CA 2006 stellt klar, dass die rechtliche Stellung eines ausgeschiedenen Geschäftsleiters von einem amtierenden Amtsinhaber differiert[1694]. Ein ausgeschiedener Geschäftsleiter kann weiterführende Verpflichtungen haben, die nicht notwendigerweise den gleichen Grad der Pflichten eines amtierenden Geschäftsleiters erfüllen müssen[1695].

Die Pflichten des *director* nach sec. 170 ff. CA 2006 können sich überschneiden und müssen in diesem Fall kumulativ erfüllt werden, d.h. jede Pflicht ist zu erfüllen, muss aber im Kontext zu den anderen einschlägigen Pflichten eines *director*

1689 *Shaikh*, A Guide to the Companies Act 2006, S. 383.

1690 Sec. 170 (1) CA 2006: "The general duties specified in sections 171 to 177 are owed by a director of a company to the company."

1691 Sec. 232 (1) CA 2006: "Any provision that purports to exempt a director of a company (to any extent) from any liability that would otherwise attach to him in connection with any negligence, default, breach of duty or breach of trust in relation to the company is void."

1692 *Talbot*, Critical Company Law, S. 190.

1693 *Sheikh*, A Guide to the Companies Act 2006, S. 386.

1694 Sec. 170 (2) CA 2006: "A person who ceases to be a director continues to be subject - (a) to the duty in section 175 (duty to avoid conflicts of interest) as regards the exploitation of any property, information or opportunity of which he became aware at a time when he was a director, and (b) to the duty in section 176 (duty not to accept benefits from third parties) as regards things done or omitted by him before he ceased to be a director. To that extent those duties apply to a former director as to a director, subject to any necessary adaptations."

1695 Vgl. zu den weiterführenden Pflichten: sec. 175 CA 2006: duty to avoid conflicts of interest; sec. 176 CA 2006: duty not to accept benefits from third parties.

gesehen werden[1696]. So ermächtigt die Pflicht, den Erfolg des Unternehmens zu fördern, auch dann den *director* nicht zu einer Pflichtverletzung, wenn ein Verstoß im Rahmen seines Amtes und der ihm zugestandenen Handlungsweise liegt. Die *directors' duties* gestatten ihm nicht, andere gesetzlich normierte Ge- und Verbote zu brechen[1697]. Die Sorgfaltspflicht des *director* sowie der dabei zugrunde zu legende Sorgfaltsmaßstab ist nunmehr in sec. 174 CA 2006 festgelegt. Der *director* muss einen vernünftigen Grad an Sorgfalt in der Ausführung seiner Pflichten erkennen lassen. Die Anforderungen bestimmen sich, angelehnt an den Maßstab des sec. 214 (4) IA 1986, nach objektiven und subjektiven Kriterien (sec. 174 (2) CA 2006). Der Geschäftsleiter hat sich seine Fähigkeiten und Qualifikationen bei der Beurteilung anrechnen zu lassen[1698]. Sec. 214 IA 1986 befasst sich im Unterschied zur *duty to exercise reasonable care, skill and diligence* mit einem fehlerhaften Verhalten des *director* in der insolvenzbedingten Liquidation der Gesellschaft. Das Vorliegen eines *winding up*-Verfahren aufgrund einer Insolvenz ist Tatbestandsvoraussetzung. Insofern beziehen sich die Vorschriften auf unterschiedliche Rechtsgebiete des Gesellschaftsrechts.

Dem DTI zufolge setzen die gesetzlich festgesetzten Geschäftsleiterpflichten das bisher vorhandene Fallrecht ohne Änderungen um. Lediglich die Behandlung von Interessenskonflikten ist neu[1699]. Die Normierung der *directors' duties* berücksichtigt den kulturellen Wandel und die Art und Weise, wie Gesellschaften ihre Geschäfte nunmehr zu betreiben pflegen[1700].

E. Verhältnis der gesetzlichen Haftungstatbestände zu den Directors' Duties

Die *directors' duties* stellen eine wertvolle Ergänzung zu den insolvenzrechtlich normierten Haftungstatbeständen dar und sind neben den wichtigen Instituten des *fraudulent* und *wrongful trading* konkurrierend, insbesondere über sec. 212 IA 1986, anwendbar. Sie begründen, im Gegensatz zum späten Zeitpunkt des *moment of truth* im Rahmen des *wrongful trading* nach sec. 214 IA 1986, zu einem früheren Zeitpunkt eine Haftung und haben einen weiter reichenden Anwendungsbereich, da sie keine Liquidierung des Unternehmens voraussetzen und in sämtlichen Insolvenzverfahren (z.B. eines Administrationsverfahrens) anwendbar

1696 *Sheikh*, A Guide to the Companies Act 2006, S. 386–387.
1697 *Sheikh*, A Guide to the Companies Act 2006, S. 386–387.
1698 *Griffin*, Company Law Handbook, S. 176–177, 11.2.
1699 *Shaikh*, A Guide to the Companies Act 2006, S. 427.
1700 *Shaikh*, A Guide to the Companies Act 2006, S. 427.

sind[1701]. Letztlich werden mit den *common law*-Pflichten Rechtsfolgen begründet, die nicht nur eine Schadenskompensation in Geld vorsehen, sondern die Wiederherstellung des vorangegangenen Zustandes verfolgen[1702].

Im Einzelnen können Pflichtverletzungen des *director* zu Lasten der Gläubiger von den Gesellschaftern im Vorfeld des formalen Insolvenzverfahrens weder genehmigt noch bestimmt werden[1703]. Der Anspruch des Liquidators gegen den *director* wegen des von ihm begangenen Fehlverhaltens bleibt daher in dieser Konstellation in jedem Fall durchsetzbar[1704]. Vor der gesetzlichen Niederlegung von Gläubiger bezogenen Pflichten war das Risiko nach alter Rechtslage hoch, dass die Geschäftsleiter die Gesellschafter um Absegnung ihres fehlerhaften Verhaltens baten und Letztere das pflichtwidrige Verhalten des *director*, das letztlich der Erfüllung ihrer Interessen diente, entschuldigten. Dieser Möglichkeit wird durch die gesetzliche Normierung nunmehr versagt. Dennoch bleibt ein weitreichender Nachteil der *common law duty* bestehen: die vom Geschäftsleiter in das Gesellschaftsvermögen zu zahlende Schadenskompensation aufgrund der Pflichtverletzung wirkt sich nachteilig auf ungesicherte Gläubiger aus, da diese keinen unmittelbaren und direkten Anspruch haben[1705]. Da die Ansprüche der Gesellschaft gegen den Geschäftsleiter bereits vor der Unternehmensinsolvenz und der Einleitung verfahrensrechtlicher Schritte entstehen, können sie mit jedem anderweitig bestehenden Sicherungsinteresse, dass die Gesellschaft einem Gläubiger im vorhinein vertraglich gewährt hat, belastet sein und zur vorrangigen Befriedigung dienen[1706].

F. Weitere Haftungstatbestände im Kurzüberblick

Sofern die Gesellschaft insolvent ist und mit den Zahlungen an die *Contribution Agency* in Verzug kommt, kann der *director* für den Verzug gemäß sec. 64 Social Security Act 1998 verantwortlich sein und haftet sodann persönlich für den Rückstand[1707]. Hat die Gesellschaft zudem begonnen, Steuerzahlungen, z.B.

1701 Vgl. Wortlaut der sec. 170 ff. CA 2006.

1702 Vgl. sec. 212 (3) IA 1986.

1703 Vgl. sec. 232 CA 2006: weder Haftungsausschluss noch Haftungsmilderung für den director.

1704 Vgl. Liquidator of West Mercia Safetywear v. Dodd [1988] BCLC 250; Nicholson v. Permakraft (NZ) Ltd. [1985] 1 NZLR 242; Sycotex Pty Ltd v. Baseler [1994] 122 ALR 531, 550.

1705 *Davies*, EBOR 7 [2006] 301, 329.

1706 *Davies*, EBOR 7 [2006] 301, 329.

1707 *Bailey/Groves*, Corporate Insolvency, S. 735, 17.61.

Mehrwertsteuer, zu vermeiden oder Steuergelder zu hinterziehen, kann der *director* für den Leistungsverzug nach sec. 61 Value Added Tax Act 1994 persönlich zur Verantwortung gezogen werden[1708]. Der zu entrichtende Betrag entspricht der Höhe der nicht entrichteten Steuer.

§ 4. Staatsaufsicht

Die Staatsaufsicht stellte bislang im englischen Recht angesichts des fehlenden gesetzlichen Mindestkapitals bei der Limited und strenger Voraussetzungen bei der Durchgriffshaftung ein weiteres wichtiges Gläubigerschutzinstrument dar. Eine privat organisierte Kontrolle durch die Mitglieder der Gesellschaft konnte nicht dieselben Anforderungen an eine staatlich etablierte Aufsicht erfüllen und zu einer Ausnutzung gesellschaftlicher Macht führen. Gemäß sec. 431 CA 1985 konnte der *secretary of state* zu Ermittlungszwecken hinsichtlich der Situation der Gesellschaft sowie Berichterstattung eine Sonderinspektion ernennen, sofern mindestens ein Fünftel der Anteilseigner oder die Gesellschaft selbst eine Untersuchung beantragt hatte. Mit Einführung des Companies Act 2006 wurde auf die Fortführung dieser Möglichkeit verzichtet. Eine Darstellung des bisher geltenden Rechts soll dennoch in Grundzügen erläutert werden.

Nach sec. 432 (1) CA 1985 konnte der *secretary of state* mit entsprechender gerichtlicher Anordnung initiativ Ermittlungen führen, sofern ein gesetzlicher Eingriffstatbestand, wie der begründete Verdacht betrügerischen Verhaltens gegenüber Gläubigern oder sonstiger Misswirtschaft zu Lasten der Gesellschaft oder etwaiger Anteilseigner (sec. 432 (2) CA 1985), bestand[1709]. Der *secretary of state* ermöglichte sich so die Vorlage, Einsichtnahme und Prüfung einschlägiger

1708 *Bailey/Groves*, Corporate Insolvency, S. 735, 17.62; Customs and Excise Commissioners v. Stevenson [1996] STC 1096.

1709 Vgl. sec. 423 (2) CA 1985: "The Secretary of State may make such an appointment if it appears to him that there are circumstances suggesting - (a) that the company's affairs are being or have been conducted with intent to defraud its creditors or the creditors of any other person, or otherwise for a fraudulent or unlawful purpose, or in a manner which is unfairly prejudicial to some part of its members, or (b) that any actual or proposed act or omission of the company (including an act or omission on its behalf) is or would be so prejudicial, or that the company was formed for any fraudulent or unlawful purpose, or (c) that persons concerned with the company's formation or the management of its affairs have in connection therewith been guilty of fraud, misfeasance or other misconduct towards it or towards its members, or (d) that the company's members have not been given all the information with respect to its affairs which they might reasonably expect."

Dokumente gemäß sec. 447 CA 1985 und konnte bei bestätigtem unredlichen Verhaltens sowohl zivil- als auch strafrechtliche Maßnahmen ergreifen. Sofern die Verletzung ein öffentliches Interesse begründete, konnte er nach sec. 438 CA 1985 ebenso im Namen der Gesellschaft Klage erheben[1710]. Die Vorschriften der sec. 442 ff. CA 1985 sahen weitere Ermittlungsbefugnisse vor, sofern der Verdacht bestand, die betroffene Personen habe mit Interesse am Erfolg oder Misserfolg des Unternehmens auf seine Geschäftspolitik in schädlicher Weise Einfluss genommen. Der *secretary of state* konnte in diesem Zusammenhang feststellen lassen, welche Personen sich Anteilsrechte angeeignet haben. Ebenso durfte er nach sec. 443 CA 1985 Anteilrechte überprüfen lassen und Übertragungsbeschränkung während der Dauer der Anteilsuntersuchung festlegen[1711].

Der *secretary of state* konnte im Rahmen der Staatsaufsicht gemäß sec. 447 (2) CA 1985 verlangen, den Zugriff auf wichtige Dokumente zu erhalten, sofern er hierfür einen gewichtigen Grund sah[1712]. Ein Großteil der Untersuchungen durch die Staatsaufsicht wurde vorgenommen, wenn die Annahme eines *fraudulent trading*, der Vorwurf einer Unterschlagung oder ein Tätigwerden des Geschäftsleiters trotz *disqualification* oder Unternehmensinsolvenz gegeben war[1713]. R. 1.27 (1) IR 1986 zeigte auf, dass der *secretary of state* bereits zu Anfang einer freiwilligen Unternehmensinsolvenz die Möglichkeit hatte, eine Inspektion einzuberufen und auf Dokumente und wichtige Unterlagen zuzugreifen[1714].

A. Sonderprüfung durch Sonderermittler

Gemäß sec. 431 (2) CA 1985 konnte der *secretary of state* auf Antrag von mindestens einem Zehntel der Anteilseigner einer Gesellschaft mit Stammkapital, mindestens einem Fünftel der Anteilseigner einer Gesellschaft ohne Stammkapital oder der Gesellschaft selbst Sonderermittler (*inspectors*) ernennen. Diese Sonderermittler wurden zur Kontrolle in den jeweiligen Betrieb entsendet und sollten

1710 Beachte nunmehr sec. 1176 (1) CA 2006: "Section 438 of the Companies Act 1985 (power of Secretary of State to bring civil proceedings on company's behalf) shall cease to have effect."

1711 *Rehm*, in: *Eidenmüller*, Ausländische Kapitalgesellschaften, § 10 Rn. 73, 74.

1712 *Davies*, Gowers and Davies' Principles of Modern Company Law, S. 468.

1713 *Davies*, Gowers and Davies' Principles of Modern Company Law, S. 469.

1714 Vgl. r. 1.27 (1) IR 1986: "The Secretary of State may at any time during the course of the voluntary arrangement or after its completion [or termination] require the supervisor to produce for inspection - (a) his records and accounts in respect of the arrangement, and (b) copies of abstracts and reports prepared in compliance with Rule 1.26 A."

vor Ort eine Sonderprüfung (*inspection*) der Geschäftsleitung durchführen, um die Situation der Gesellschaft zu ermitteln und Bericht zu erstatten. Von dem Einsatz der Sonderermittler wurde zunehmend abgewichen und stattdessen schritt das zuständige Ministerium selbst vor Ort zur Untersuchung der Gesellschaft ein. Es folgt eine Untersuchung direkt durch den *secretary of state*[1715]. Die Vornahme einer Sonderprüfung erforderte zunächst die Vermutung, dass die Geschäftsleiter die Gesellschaft mit einer Gläubigerbenachteiligungsabsicht geführt haben[1716]. Zudem konnte sie erst dann erfolgen, wenn ein hinreichend begründeter Antrag der Gesellschaft oder der Mehrheit der Gesellschafter gemäß sec. 432 (2), (3) CA 1985 eingegangen worden ist. Darüber hinaus musste eine Untersuchung aufgrund gerichtlicher Anordnung gemäß sec. 432 (1) CA 1985 erfolgen[1717].

B. Befugnisse des Sonderermittlers

Die sehr weitreichenden Befugnisse des *inspector* basierten auf den sec. 431–453 CA 1985. Der *secretary of state* konnte die Aushändigung einschlägiger Unterlagen und Dokumente verlangen, sofern ein hinreichender Grund im Sinne des sec. 447 Abs. 2 CA 1985 ersichtlich war. Dies war im Fall des *fraudulent trading*, aber auch bei dem Vorwurf einer Unterschlagung oder der Tätigkeit des *director* trotz *disqualification order* anzunehmen[1718]. Gemäß sec. 448 (2) CA 1985 konnte der *secretary of state* in besonderen Fällen beantragen, dass ein Richter die Durchsuchung der Geschäftsräume anordnete, sofern die Limited, die zur Vorlage der Dokumente aufgefordert wurde, ihrer Verpflichtung nicht nachgekommen war, insbesondere. Der Richter konnte insbesondere eine Durchsuchungsanordnung erteilen, wenn gemäß sec. 448 (2) (a) CA 1985 die Annahme bestand, dass Dokumente in Zusammenhang mit einer Straftat von gewisser Schwere vorhanden waren, die zur Vorlage geeignet erschienen und ohne Durchsuchung eine Verdunkelungsgefahr bestand[1719]. Fanden die Ermittler ihre Vermutungen bestätigt, hatten

1715 *Rehm*, in: *Eidenmüller*, Ausländische Kapitalgesellschaften, § 10 Rn. 78; *Schilling*, Insolvenz einer englischen Limited, S. 161.

1716 Vgl. sec. 431 (3) CA 1985: "The application shall be supported by such evidence as the Secretary of State may require for the purpose of showing that the applicant or applicants have good reason for requiring the investigation."

1717 Vgl. sec. 432 (1) CA 1985 a. E.: "(…) if the court by order declares that its affairs out to be so investigated."

1718 *Davies*, Gowers and Davies' Principles of Modern Company Law, S. 468; zu weiteren Einzelheiten siehe auch *Rehm*, in: *Eidenmüller*, Ausländische Kapitalgesellschaften, § 10 Rn. 75.

1719 *Rehm*, in: *Eidenmüller*, Ausländische Kapitalgesellschaften, § 10 Rn. 76.

die Geschäftsleiter sowohl mit zivil- als auch mit strafrechtlichen Konsequenzen zu rechnen. Eine *disqualification* des Geschäftsleiters sowie eine Auflösung des Unternehmens nach sec. 460 CA 1985 waren zudem nicht ausgeschlossen[1720]. Sofern eine unzumutbare Schädigung der Anteilseigner bevorstand, konnte das Gericht nach sec. 460 CA 1985 auch Anweisungen erteilen, wie sich das Unternehmen in künftigen Geschäften zu verhalten hatte. Die letzten Jahre zeigten auf, dass die Beauftragung von Sonderinspektionen der Untersuchung durch den *secretary of state* zunehmend wich. Hieran anknüpfend griffen die Diskussion des DTI sowie Reformbestrebungen im englischen Recht diese Tendenz auf und verfolgten ähnliche Ziele[1721]. Während die *inspectors* bei besonders schwerwiegenden Fällen und starkem öffentlichen Interesse zum Einsatz kommen sollten, hatte die alltägliche Staatsaufsicht den Regelfall darzustellen. Zudem wünschte sich das DTI eine Stärkung des *department*, um eine effektivere Arbeit und den Einsatz zuständigen Personen zu gewährleisten[1722].

C. Die Veränderungen im CA 2006

Die Handhabung der Staatsaufsicht ist mit Einführung des sec. 1176 (1) CA 2006 in Bezug auf sec. 438 CA 1985 obsolet. Der Teil XIV des CA 1985 wurde in seiner Gesamtheit nicht in den CA 2006 übernommen. Ausschlaggebend für die Abschaffung des sec. 438 CA 1985 und dem gesamten Teil hinsichtlich der Staatsaufsicht war vor allem die Kritik an der DTI im Rahmen ihres Empfehlungsschreibens (*consolidation paper*): *Company Investigations: Powers for the 21st Century, July 2001*[1723]. Daraus folgten einschlägige Konsequenzen und Veränderungen für die Behandlung der sec. 439, 453 CA 1985, denen in sec. 1176 (2), (3) CA 2006 eine eingehende Erläuterung widerfährt. Solche Verfahren, die vor Inkrafttreten des CA 2006 unter sec. 438 CA 1985 vorgebracht wurden, bleiben von der neuen Gesetzgebung gemäß sec. 1176 CA 2006 unberührt. Die Staatsaufsicht im bisherigen Sinne ist allerdings abgeschafft[1724].

1720 *Rehm*, in: *Eidenmüller*, Ausländische Kapitalgesellschaften, § 10 Rn. 77.

1721 *Davies*, Gower and Davies' Principles of Modern Company Law, S. 478 f.

1722 *Davies*, Gower and Davies' Principles of Modern Company Law, S. 478 f. auch zu weiteren Reformvorschlägen; *Rehm*, in: *Eidenmüller*, Ausländische Kapitalgesellschaften im deutschen Recht, § 10 Rn. 78.

1723 *Palmer's* Company Law Annotated Guide to the Companies Act 2006, S. 836, sec. 1176 (1) CA 2006, General Note.

1724 *Palmer's* Company Law Annotated Guide to the Companies Act 2006, S. 836, sec. 1176 (1) CA 2006, General Note.

Dritter Teil: Rechtsvergleichung

Da sich sowohl der deutsche als auch der englische Gesetzgeber auf unterschiedliche Weise dem Modell der „geschlossenen" Gesellschaft nähert, bietet sich der Rechtsvergleich der Haftung des Geschäftsleiters bei der GmbH und der Limited an. Die beiden Rechtsformen stellen in ihren Ländern jeweils beliebte und meistgenutzte Unternehmensmodelle englischen und deutschen Rechts dar[1725]. Grenzüberschreitend nutzen deutsche Unternehmer die Rechtsform der Limited nicht nur zur Gründung einer Tochtergesellschaft in England, sondern auch als Gesellschaftsmodell in Deutschland, um die hohen Gründungs- und Kapitalschutzerfordernisse der GmbH zu umgehen, wobei die Einführung der Unternehmergesellschaft (haftungsbeschränkt) mittlerweile den Zuwachs der Limited ausgebrems hatt[1726]. Unternehmer können die Limited vielfältig verwenden, z.B. auch als Komplementärin einer deutschen Kommanditgesellschaft („Ltd. & Co. KG")[1727]. Aufgrund unterschiedlicher Kapitalschutzvoraussetzungen ist vor allem die insolvenzrechtliche Haftung beider Rechtssysteme von hohem Interesse: insbesondere das Vorliegen eines Stammkapitals, das der Sicherheit der Gläubiger dient, ist keine Voraussetzung der Limited, so dass Einlagen nicht geleistet werden müssen[1728]. Zudem machen es die Verschiedenheit der Rechtsordnungen sowie der europäische Binnenmarkt, insbesondere seit der Rechtsprechung des EuGH zu grenzüberschreitenden Sachverhalten im Gesellschaftsrecht[1729], konsequenterweise unerlässlich, sich mit einem fremden Rechtssystem und den dort vorherrschenden Rechtsformen auseinanderzusetzen.

Die rechtsvergleichende Darstellung haftungsrechtlicher Ansprüche gegen den Geschäftsführer und den *director* einer insolventen Gesellschaft soll Gemeinsamkeiten und Unterschiede der betrachteten Ansprüche in dem jeweils beteiligten

---

1725 *Ebke*, in: FS *Hellwig*, S. 117, 124.

1726 Vgl. zu der Anzahl gegründeter Limiteds in Deutschland *Kornblum*, GmbHR 2010, 739 ff.; *Kornblum*, GmbHR 2011, 692 ff.; *ders.*, GmbHR 2013, 693, 695; *ders.*, GmbHR 2014, 693, 695.

1727 *Ebke*, in: FS *Hellwig*, S. 117, 124.

1728 Siehe Financial Times Deutschland v. 02.11.2006, S. 12: Deutsche GmbH soll zum Vorbild werden (*B. Jennen*); *Ringe/Willemer*, EuZW 2006, 621 f.

1729 EuGH, Slg. 1988-5483 – Daily Mail; EuGH, Slg. 1999, I-1459 – Centros; EuGH, Slg. 2002, I-9919 – Überseering; EuGH, Slg. 2003, I-10155 – Inspire Art; EuGH, Slg. 2005, I-10805 – Sevic; EuGH, Slg. 2008, I-9641 – Cartesio.

Rechtssystem hervorheben. Die Vor- und Nachteile haftungsrechtlicher Ansprüche gegen die Geschäftsleiter in der Insolvenz zeigen auf, wo das jeweilige Rechtssystem noch verbesserungswürdig ist. Im Interesse potentieller Gläubiger, aber auch aus unternehmerischer Sicht ist über Konsequenzen und Risiken der Vertragseingehung im Falle drohender Insolvenz der Gesellschaft aufzuklären. Es ist dementsprechend zu erörtern, in welchen Bereichen die Unternehmensformen haftungsrechtlich überholt und modernisierungsbedürftig waren und die jüngsten Rechtsreformen des deutschen und englischen Gesellschafts- und Insolvenzrechts hervorzuhebende Neuerungen gebracht haben. Dabei ist eingehend in Betracht zu ziehen, ob Institute des englischen Rechts, vor allem die Grundsätze des *wrongful trading* gemäß sec. 214 IA 1986, mehr Rechtssicherheit und eine Alternative zu dem deutschen Haftungssystem, vor allem der Insolvenzverschleppungshaftung gemäß § 15a InsO n. F., bieten können.

Das insolvenzrechtliche Haftungsinstitut des *wrongful trading* nimmt im englischen Recht eine Funktion wahr, die in Deutschland bislang vornehmlich von mehreren gesellschaftsrechtlichen Instituten, wie den Kapitalschutzregeln, der Durchgriffshaftung, der Insolvenzverschleppungshaftung und vom (Aktien-) Konzernrecht, übernommen werden[1730]. Daher sollten – auch *Paul Davies* zufolge[1731] – bei einem internationalen Vergleich der Gläubigerschutzregelungen neben dem Gesellschaftsrecht der jeweiligen Rechtsordnungen auch die in anderen Rechtsbereichen verankerten Institute berücksichtigt werden und somit die unterschiedliche Handhabung des jeweiligen Rechtssystem Beachtung finden[1732]. Diese Vorgehensweise scheint insoweit sinnvoll, da nur eine Gesamtbetrachtung der Vorschriften den bestehenden Schutz für die Gläubiger und das Unternehmen im Einzelnen widerspiegeln kann und jedes Rechtssystem seine eigene Herangehensweise an Haftungsmechanismen hat. Allerdings sind vor allem die maßgeblich einschlägigen Rechtsinstitute, vornehmlich die deutsche Insolvenzverschleppungshaftung gemäß § 15a InsO und das englische *wrongful*

1730 *Höfling*, Engl. Int.GesR, S. 180, 225 ff.; *Weller*, Europäische Rechtsformwahlfreiheit und Gesellschafterhaftung, S. 112.

1731 *Davies*, AG 1998, 346, 352: „[It is] no more than one further illustration of a commonplace of comparative law, namely, that a problem which is addressed in one area of law in one country may be dealt with in another country in another area of law. In this case, if one confined comparisons to the area of company law, one would obtain a misleading impression: aspects of insolvency law need to be taken into account as well."

1732 *Weller*, Europäische Rechtsformwahlfreiheit und Gesellschafterhaftung, S. 113.

trading nach sec. 214 IA 1986, im Hinblick auf ihre Parallelität sowie institutionelle und funktionelle Gleichwertigkeit zu überprüfen[1733].

Da die Gesellschaftsformen verschiedenen Rechtskreisen angehören, stößt die methodische Vergleichbarkeit des deutschen und englischen Rechts allerdings häufig auch an ihre Grenzen. Zwar erfolgte mittlerweile eine formale Annäherung des anglo-amerikanischen Fallrechts (*common law*) und des kontinental europäischen Gesetzesrechtes (*civil law*): Die weitgehende Normierung aufgrund europäischer Vorgaben bedingt gerade im Bereich der jüngsten Gesellschaftsrechtsreformen diese Entwicklung und Annäherung beider Rechtssysteme. Dennoch stellt sich die Art der Rechtsfindung unterschiedlich dar da die rechtsdogmatische Durchbildung nach deutschen Maßstäben einem abstrakten Normengefüge und seiner Anwendbarkeit auf den konkreten Fall folgt, während sich das Normsystem in England am *common law* und *equity* orientiert. Im Gegensatz zum deutschen Recht, das sich an typischen Fallkonstellationen orientiert, steht für den englischen Juristen daher das Einzelfallrecht im Vordergrund so dass das methodische Rechtsdenken in den behandelten Rechtskreisen infolgedessen äußerst unterschiedlich ist[1734]. Eine weitere Hürde der Rechtsvergleichung findet sich in der Terminologie des geltenden Rechts. Die Rechtsvergleichung ist stets begrifflichen Schwierigkeiten ausgesetzt. Die bloße Übersetzung einschlägiger Normen und Rechtsgrundsätze ist häufig nicht sinnvoll, da sich hinter einer scheinbar bekannten Terminologie aufgrund der verschiedenen Rechtssysteme vollkommen unterschiedliche Rechtsinstitute verborgen sein können. Ein Vergleich des deutschen und englischen Haftungsrechts in der Insolvenz ist dennoch nicht unmöglich. Obwohl einzelne Rechtssätze und Normen nicht einfach gegenübergestellt und verglichen werden können, ist der Ansatz in der Vergleichbarkeit der Konfliktlage zu suchen. Vor allem im Rahmen einer funktionalen Rechtsvergleichung können ähnliche Rechtsproblematiken zur Vergleichsgrundlage herangezogen werden. Aufgrund dieser Schwierigkeiten in der Vergleichbarkeit der Ansprüche setzt die gegenständliche Arbeit den Schwerpunkt der Rechtsvergleichung auf die Insolvenzverschleppungshaftung im Rahmen der § 823 Abs. 2 BGB i.V.m. § 15a Abs. 1 InsO n. F. sowie des Instituts des *wrongful trading* gemäß sec. 214 IA 1986.

1733 *Pommer*, Rechtsübersetzung und Rechtsvergleichung, S. 101 f.

1734 *Bauschke*, Grenzen der Rechtspersönlichkeit juristischer Personen im englischen Gesellschaftsrecht, S. 32.

§ 1. Vergleich der Haftungsentwicklung im Überblick

Die nachfolgende Darstellung eines historischen und sozial-ökonomischen Überblicks soll ein Verständnis für historisch bedingte, kulturelle Unterschiede wecken, die eine unterschiedliche Handhabung sowie differierende Rechtsfunktionen der behandelten Rechtsinstitute erklären. Zudem ist zu hinterfragen, ob eine Europäisierung ganzheitliche Konformität der Gesetzgebung einfordert oder ob nationale Eigenarten bestehen bleiben können.

A. Historische Hintergründe

Die Ausprägung unterschiedlicher Rechtssysteme ist zunächst historisch bedingt zu betrachten. Geschichtliche Hintergründe des Gesellschafts- und Insolvenzrechts machen die Unterschiede und Besonderheiten des deutschen sowie englischen Rechts deutlich.

I. Das deutsche Insolvenzrecht und insolvenzbezogene Gesellschaftsrecht

Die Entwicklung des Insolvenzrechts ist stets durch ihre wirtschaftliche und gesellschaftliche Grundverfassung beeinflusst[1735]. Die in Deutschland geltende Insolvenzordnung ist das Ergebnis jahrhundertelanger Entwicklungen des Insolvenz- bzw. Konkursrechts[1736]. Erste Ausprägungen eines Konkursrechts fanden sich bereits im 13. Jahrhundert in den Stadtrechten der Hansestädte, wobei in Anlehnung an die Stadtrechte der Städte Oberitaliens Verfahrensbestimmungen bei Zahlungsunfähigkeit oder Überschuldung sowie Gläubigermehrheit eine anteilsmäßige Befriedigung der Gläubiger vorsahen[1737]. Die Wurzeln des deutschen Insolvenzrechts liegen im römischen Recht[1738], das seit dem 16 Jahrhundert das deutsche Konkursrecht in seiner Entwicklung prägte und alle größeren Territorien und Reichsstädte des Alten Reichs in ihrem Konkursrecht beeinflusste[1739]. Mit Beginn des 16. Jahrhunderts besaß jedes größere Territorium bereits eine Konkurs-, Gant- oder Fallitenordnung, wobei bereits

1735 *Stürner*, in: MüKo InsO I, Einl., Rn. 25.

1736 *Nachmann/Heydenreuter*, in: *Kindler/Nachmann*, Hdb. InsR in Europa, 2. Teil, Dtl., Rn. 1.

1737 *Frege/Keller/Riedel*, InsR, Einl., Rn. 13; *Nachmann/Heydenreuter*, in: *Kindler/Nachmann*, Hdb. InsR in Europa, 2. Teil, Dtl., Rn. 2.

1738 *Frege/Keller/Riedel*, InsR, Einl., Rn. 11.

1739 *Nachmann/Heydenreuter*, in: *Kindler/Nachmann*, Hdb. InsR in Europa, 2. Teil, Dtl., Rn. 3.

damals Bestimmungen im Vorfeld der Insolvenz durch Bestrafung betrügerischer Kaufleute Konkurse zu Lasten der Wirtschaft vermeiden suchten[1740].

Seit Beginn des 19. Jahrhunderts beeinflusste das im linksrheinischen Gebiet geltende französische Konkursrecht, das sich an den französische Code de Commerce von 1807/1838 anlehnte, zunehmend das deutsche Konkursrecht[1741]. Die Preußische Konkursordnung von 1855 lehnte sich stark an das französische Konkursrecht an, übernahm allerdings nicht die Beschränkung auf den Konkurs des Kaufmanns, weil in Deutschland im Gegensatz zu Frankreich für die Einzelvollstreckung nicht Gleichrang, sondern Priorität galt[1742]. Seit Mitte des 19 Jahrhunderts entfernte sich daher das Konkursrecht, vor allem durch die Preußische Konkursordnung von 1855, immer weiter vom Zivilprozess und nahm zunehmend eine Zwischenposition zwischen Zivilprozess und Zwangsvollstreckung ein[1743].

Nach der Reichsgründung im Jahre 1870/1871 wurde zusammen mit den Reichsjustizgesetzen eine gemeinsame Konkursordnung entworfen, angenommen, mit dem Einführungsgesetz am 10. Februar 1877 veröffentlicht und trat am 01. Oktober 1879 in Kraft[1744]. Der gemeinsamen Konkursordnung lag das preußische Vorbild zugrunde. Im Gegensatz zur Preußischen Konkursordnung sah die neue Konkursordnung jedoch den Einheitskonkurs für Kaufleute und Privatleute vor[1745]. Es wurde nicht mehr zwischen dem Konkurs des Kaufmanns und dem Konkurs der Privatperson unterschieden[1746].

Die Konkursordnung wurde mit der Fassung des Bürgerlichen Rechts überarbeitet und trat mit dem BGB am 01. Januar 1900 in Kraft[1747]. Die Erfahrungen des Ersten Weltkrieges, der anschließenden Inflation und Weltwirtschaftskrise in den 1920er Jahre prägten auch die deutsche Konkursordnung, die zu der Schaffung

1740 *Nachmann/Heydenreuter*, in: *Kindler/Nachmann*, Hdb. InsR in Europa, 2. Teil, Dtl., Rn. 3, 4.

1741 *Nachmann/Heydenreuter*, in: *Kindler/Nachmann*, Hdb. InsR in Europa, 2. Teil, Dtl., Rn. 6.

1742 *Stürner*, in: MüKo InsO I, Einl., Rn. 30.

1743 *Nachmann/Heydenreuter*, in: *Kindler/Nachmann*, Hdb. InsR in Europa, 2. Teil, Dtl., Rn. 8.

1744 *Nachmann/Heydenreuter*, in: *Kindler/Nachmann*, Hdb. InsR in Europa, 2. Teil, Dtl., Rn. 7.

1745 *Stürner*, in: MüKo InsO I, Einl., Rn. 31.

1746 *Frege/Keller/Riedel*, InsR, Einl., Rn. 14.

1747 *Nachmann/Heydenreuter*, in: *Kindler/Nachmann*, Hdb. InsR in Europa, 2. Teil, Dtl., Rn. 9.

eines den Konkurs abwendenden Vergleichsverfahrens führten[1748]. Der Gesetzgeber sah Instrumentarien vor, die der Konkursvermeidung und den Unternehmenszusammenbruch verhindern sollten[1749]. Mit der Vergleichsordnung vom 05. Juli 1927[1750], die am 26. Februar 1935 neugefasst wurde[1751], sollten sanierungsfähige Unternehmen in der Krise vor einem Konkurs geschützt werden[1752]. Kritik an der Vergleichsordnung, wie überzogene Anforderungen an die Vergleichsfähigkeit (persönlichkeitsbezogene Ablehnungsgründe, überhöhte Voraussetzungen an Vergleichsinhalt und Gläubigermehrheit), Herausnahme sonderungsberechtigter und bevorrechtigte Gläubiger aus dem Vergleich, Masseaushöhlungen durch versteckte Sicherungsrechte, aber auch fehlende Befugnisse des Insolvenzverwalters, verursachten in der Folgezeit weitere Reformbestrebungen[1753].

Mit der Ölkrise im Jahre 1973 und der dadurch ausgelösten Rezession, die viele Gesellschaften in die Insolvenz trieb, begannen weitere, letztlich erfolglose Reformbestrebungen des deutschen Konkursrechtes, die mit der Wiedervereinigung und Herstellung einer Rechtseinheit wiederaufgegriffen und umgesetzt wurden[1754]. Die Neufassung der Konkursordnung für das gesamte Bundesgebiet, die am 01. Januar 1999 als Insolvenzordnung in der Fassung vom 05. Oktober 1994[1755] in Kraft trat, orientierte sich am anglo-amerikanischen Insolvenzrechts und entwickelte sich vom reinen Gläubigerinteresse hin zu der Eigeninitiative des Schuldners, der die Möglichkeit zum Aufbau einer neuen wirtschaftlichen Existenz erhalten sollte[1756]. Die Konkurs- und Vergleichsordnung sowie auch die zwischenzeitlich noch zu Zeiten der DDR in Kraft getretene und für die neuen

1748 *Frege/Keller/Riedel*, InsR, Einl., Rn. 14; *Nerlich*, in: *Nerlich/Römermann*, InsO, Einl., Rn. 1.

1749 *Frege/Keller/Riedel*, InsR, Einl., Rn. 14.

1750 Vergleichsordnung vom 05.07.1927, RGBl. I S. 139.

1751 Neufassung der Vergleichsordnung vom 26.02.1935, RGBl. I S. 312.

1752 *Frege/Keller/Riedel*, InsR, Einl., Rn. 14; *Nachmann/Heydenreuter*, in: *Kindler/Nachmann*, Hdb. InsR in Europa, 2. Teil, Dtl., Rn. 10; *Stürner*, in: MüKo InsO I, Einl., Rn. 32.

1753 *Stürner*, in: MüKo InsO I, Einl., Rn. 34.

1754 *Nachmann/Heydenreuter*, in: *Kindler/Nachmann*, Hdb. InsR in Europa, 2. Teil, Dtl., Rn. 11; *Nerlich*, in: *Nerlich/Römermann*, InsO, Einl., Rn. 1.

1755 InsO vom 05.10.1994, BGBl. 1994 S. 2866.

1756 *Nachmann/Heydenreuter*, in: *Kindler/Nachmann*, Hdb. InsR in Europa, 2. Teil, Dtl., Rn. 13.

Bundesländer fortgeltende Gesamtvollstreckungsordnung[1757] blieben bis zum 31. Dezember 1998 in Kraft. Gemäß Art. 103 EGInsO sind vorgenannte Gesetze über das Jahr 1998 hinaus anwendbar, sofern der Konkurs- oder Vergleichsantrag bis einschließlich zum 31. Dezember 1998 bei Gericht anhängig gemacht wurde[1758]. Ziel der neuen InsO ist die Befriedigung von Gläubigerinteressen, die Berücksichtigung von Schuldnerbelangen und die Möglichkeit auf einen wirtschaftlichen Neuanfang[1759]. Auf eine Zweiteilung nach westdeutschem Muster in eine Konkurs- und Vergleichsordnung wurde verzichtet. Die bestehende InsO wurde seitdem mehrfach geändert und insbesondere durch die Einführung des MoMiG[1760] in § 15a InsO n. F. hinsichtlich der in verschiedenen Gesetzen angelegten Pflicht zu Stellung des Insolvenzantrages ergänzt[1761]. Zudem wurde im Rahmen der Internationalisierung des Insolvenzrechts der Elfte Teil der InsO mit Regelungen zum Insolvenzverfahren bei Auslandsbezug gemäß §§ 335–358 InsO ergänzt. Diese Regelungen wurden aufgrund des am 20. März 2003 in Kraft getretenen Art. 2 Nr. 1 des Gesetzes zur Neuregelung des Internationalen Insolvenzrechts vom 14. März 2003 ergänzt[1762] und durch die Europäische Insolvenzordnung (EuInsVO), die bereits am 31. Mai 2002 in Kraft getreten ist und unmittelbar gilt[1763].

Die Rechtsform der deutschen GmbH wurde als Kunstfigur Ende des 19. Jahrhunderts ohne historisches oder rechtsvergleichendes Vorbild geschaffen, um die Lücke zwischen der Aktiengesellschaft und der Personengesellschaft, vor allem der oHG, zu schließen, und fand im GmbHG von 1892 seine nähere Ausgestaltung[1764]. Die Entstehung der GmbH sollte vor dem Hintergrund der Aktienrechtsreform 1884 betrachtet werden, die das Aktienrecht als Reaktion auf die Gründerkrise erheblich verschärfte[1765]. Im Vordergrund sahen die Interessenverbände der

1757 Gesamtvollstreckungsverordnung vom 18.12.1975, GBl. 1976 I S. 5, die im Zuge der Wiedervereinigung als partikular geltendes Bundesrecht mit bestimmten Maßgaben übernommen wurde, vgl. hierzu *Frege/Keller/Riedel*, InsR, Einl., Rn. 14.

1758 *Nerlich*, in: *Nerlich/Römermann*, InsO, Einl., Rn. 2.

1759 Vgl. § 1 InsO; *Nachmann/Heydenreuter*, in: *Kindler/Nachmann*, Hdb. InsR in Europa, 2. Teil, Dtl., Rn. 13.

1760 MoMiG vom 23.10.2008, BGBl. I S. 2026.

1761 *Nachmann/Heydenreuter*, in: *Kindler/Nachmann*, Hdb. InsR in Europa, 2. Teil, Dtl., Rn. 17.

1762 Gesetz vom 13.03.2003; BGBl. I S. 345.

1763 *Frege/Keller/Riedel*, InsR, Einl., Rn. 17 b.

1764 *Wicke*, in: *Wicke*, GmbHG, Einl., Rn. 14.

1765 *Oppenländer*, in: *Oppenländer/Trölitzsch*, GmbH-Geschäftsführung, § 1 Rn. 1.

deutschen Wirtschaft, den Unternehmern jenseits der Aktiengesellschaft die Möglichkeit zu bieten, eine Haftung auf das Gesellschaftsvermögen zu beschränken und eine flexiblere Gesellschaftsform zu schaffen, die gerade für kleinere und mittelständische Unternehmen geeignet war[1766]. Der englischen *private company* sollte mit der Rechtsform der GmbH ein deutsches Unternehmensmodell entgegengestellt werden[1767]. Nach fast achtjähriger Diskussion über die Voraussetzungen und nähere Ausgestaltung der GmbH und einer wesentlich kürzeren Zeitspanne gesetzgeberischer Umsetzung wurde das Gesetz am 20. April 1892 ausgefertigt und am 26. April 1892 verkündet[1768]. Das heutige GmbHG beruht auf der Fassung der Bekanntmachung vom 20. Mai 1898[1769]. Es ist als Sondergesetz vom AktG getrennt (sog. Dualismus) und regelt das Recht der GmbH formal. Die Haftungsbeschränkung gilt bis heute als zentrales Wesensmerkmal und gab der GmbH ihren Namen. Die GmbH stellt neben der Aktiengesellschaft eine weitere Form der Kapitalgesellschaft dar, die mit eigener Rechtspersönlichkeit ausgestattet die Haftung der Gesellschafter weitestgehend ausschließt und im Gegensatz zur Aktiengesellschaft geringere Gründungsanforderungen, niedrigeres Stammkapital und einfachere innere Gesellschaftsstrukturen hat[1770]. Nach §§ 45, 46 GmbHG können die Mitglieder die Organisation der Gesellschaft und die Rechtsverhältnisse untereinander weitgehend selber regeln sowie einen Aufsichtsrat gemäß § 52 GmbHG als Kontrollorgan freiwillig bestellen. Im Gegensatz zum Aktiengesetz, das eine Reihe gesetzlicher Reformen über sich ergehen lassen musste, ist die Entwicklung des GmbH-Rechts vor allem durch richterliche Rechtsfortbildung geprägt[1771].

Reformen des GmbHG wurden immer wieder verfolgt, um seit jeher an der GmbH geübte Kritik zu Haftungsbeschränkung, Missbrauchsgefahr und während des Nationalsozialismus die anonyme und liberale Organisationsform, aufzugreifen[1772]. Nach dem zweiten Weltkrieg verhalf vor allem der Konjunkturaufschwung zu der Blütezeit der GmbH, die Personengesellschaften sowie Aktiengesellschaften zurückdrängte und in den Schatten stellte. Die Gründe in die

---

1766 *Hueck/Fastrich*, in: *Baumbach/Hueck*, GmbHG, Einl., Rn. 20.

1767 *Limbach*, Theorie und Wirklichkeit der GmbH, S. 12; *Neuling*, Deutsche GmbH und englische private company, S. 29.

1768 GmbH-Gesetz vom 20.04.1892, RGBl. I S. 477.

1769 GmbHG vom 20.05.1898, RGBl. S. 846.

1770 *Hueck/Fastrich*, in: *Baumbach/Hueck*, GmbHG, Einl., Rn. 20.

1771 *K. Schmidt*, Gesellschaftsrecht, 2. Auflage 1991, § 33 II 2 a), S. 821; *Ulmer*, GmbHR 1990, S. 429 f.

1772 Zu den Reformbestrebungen vgl. *Hueck/Fastrich*, in: *Baumbach/Hueck*, GmbHG, Einl., Rn. 35 ff.

Flucht der GmbH lagen insbesondere darin, dass sie auf einer früheren Stufe gesetzlicher Entwicklung stand und mehr Freiheiten bot. Die Unternehmen konnten dadurch Kontrollen im Gründungs- und Kapitalerhaltungsrecht vermeiden und mussten keine Bilanzierungs- und Publizitätsvorschriften der Aktiengesellschaft erfüllen[1773]. Nach vielen Diskussionen erfolgte im Jahre 1980 erstmalig eine Reform des GmbHG[1774], die Novellierungen im Gläubiger- und Minderheitenschutz regelte und die bestehenden Regelungen zum Teil verstärkte. Das Stammkapital der GmbH wurde auf 50.000 DM (25.000 Euro) erhöht[1775] und die Einmann-GmbH und ihre Gründung[1776] festgesetzt[1777]. Weitere, umfangreichere Neuerungen des GmbHG brachte sodann die Insolvenzrechtsreform mit der am 01. Januar 1999 in Kraft getretenen neuen Insolvenzordnung. Durch die Änderungen wurde das GmbHG überwiegend an die neue Insolvenzordnung angeglichen[1778]. Nach weiteren Reformen, die vor allem der Umsetzung europäischer Vorgaben dienten und das GmbH-Recht, teilweise auch das AktG und die InsO, betrafen, stellte vor allem das am 01. November 2008 in Kraft getretene Gesetz zur Modernisierung des GmbH-Rechts und zur Bekämpfung von Missbräuchen (MoMiG)[1779] eine zentrale Reform des GmbHG dar[1780]. Im Rahmen einer Reform des deutschen Insolvenzrechts erließ der deutsche Gesetzgeber am 7. Dezember 2011 das Gesetz zur weiteren Erleichterung der Sanierung von Unternehmen (ESUG), welches stufenweise in Kraft getreten ist und die wirtschaftlichen Rahmenbedingungen für die Sanierung Not leidender Unternehmen verbessern soll[1781].

II. Das englische Insolvenzrecht und insolvenzbezogene Gesellschaftsrecht

Ein Hauptmerkmal des englischen Insolvenzrechts ist die Unterscheidung zwischen der Insolvenz einer natürlichen Person (*individual*) und einer juristischen Person (*artificial legal persons*). Zunächst entstand das in großen Teilen Europas

---

1773 *Neuling*, Deutsche GmbH und englische private company, S. 36.

1774 Gesetz vom 4.7.1980, BGBl. I, S. 836; vgl. auch Entwurf eines Gesetzes zur Änderung des Gesetzes betreffend die Gesellschaften mit beschränkter Haftung und anderer handelsrechtlicherVorschriften, BT-Ds. 8/1347, S. 1 ff.

1775 Vgl. § 5 Abs. 1 GmbHG.

1776 Vgl. §§ 1, 7 Abs. 2 S. 3, 8 Abs. 2 S. 2., 19 Abs. 4, 35 Abs. 4 GmbHG.

1777 *Hueck/Fastrich*, in: *Baumbach/Hueck*, GmbHG, Einl., Rn. 37.

1778 *Hueck/Fastrich*, in: *Baumbach/Hueck*, GmbHG, Einl., Rn. 23.

1779 MoMiG vom 23.10.2008, BGBl. I S. 2026.

1780 *Hueck/Fastrich*, in: *Baumbach/Hueck*, GmbHG, Einl., Rn. 30.

1781 ESUG vom 07.12.2011, BGBl. I S. 2582, ber. S. 2800.

geltende englische *common law* des Handelsrechts, das sich weitgehend am romanischen Handelsrecht orientierte[1782]. Bereits Mitte des 16. Jahrhunderts begannen sich in England und Wales erste Ausformungen des Insolvenzrechts natürlicher Personen im Rahmen von Statuten auszuprägen. 1542 entstanden erste, schriftlich festgelegte Regelungen im English Bankruptcy Act, der für natürliche Personen bereits eine begrenzte Anzahl an Maßnahmen aufzeigte, wie mit flüchtigen Schuldnern zu verfahren sei[1783]. Aus diesem ersten Gesetz entstammen bereits die zwei fundamentalen Prinzipien des englischen Insolvenzrechts, dass die Gläubiger ihre Schulden kollektiv geltend zu machen haben und eine *pari passu*-Verteilung unter ihnen aus dem zur Verfügung stehenden Restvermögen des Schuldners vorgenommen wird[1784]. Anfang des 17. Jahrhunderts begann sich das englische Kapitalgesellschaftsrecht mit der Etablierung der Seehandelsgesellschaften herauszubilden. Zur Förderung des Kolonialismus verlieh der englische König in der Royal Charter erstmals Seehandelsgesellschaften eine selbstständige Rechtspersönlichkeit, wobei grundsätzlich noch eine Nachschusspflicht der Gesellschafter bestand[1785]. Erst im 19. Jahrhundert kam es zu einer Reihe neuer Statuten[1786], die den Grundstein für das moderne Insolvenzrecht von heute legte.

Die Entwicklung in der ersten Hälfte des 19. Jahrhunderts wurde vor allem durch den wirtschaftlichen Aufschwung des Landes im Rahmen der industriellen Revolution hervorgerufen[1787]. Mit dem Bankruptcy Act 1883 ist das englische Insolvenzrecht natürlicher Personen soweit entwickelt, dass es trotz der Reformen 1985 bis 1986 auch heute noch wiedererkennbar ist[1788]. Erste Ansätze einer Unterscheidung des Insolvenzrechts für natürliche und juristische Personen entstanden in der ersten Hälfte des 19 Jahrhunderts mit der Entstehung und ersten Konzepten zur modernen *limited liability company*. Einige Gesetze und Statuten entstanden in den nachfolgenden Jahren: Mit dem Limited Liability Act 1855 wurde das Konzept über die beschränkte Haftung der Gesellschafter für

1782 *Bailey/Groves*, Corporate Insolvency, S. 1346, 36.3; *Finch*, Corporate Insolvency Law, S. 8.

1783 *Bailey/Groves*, Corporate Insolvency, S. 1346, 36.3; *Finch*, Corporate Insolvency Law, S. 8.

1784 *Fletcher*, The Law of Insolvency, 1-013, 1-014, S. 7 f.

1785 *Gower*, Gower's Principles of Modern Company Law, 1992, Kap. 2, S. 19, 22.

1786 Bsp.: Joint Stock Companies Act 1844; Companies Winding Up Act 1844; Winding Up Amending Act 1848; Companies Act 1856.

1787 *Bailey/Groves*, Corporate Insolvency, S. 1, 1.2; *Davies*, Introduction to Company Law. S. 1; *Finch*, Corporate Insolvency Law, S. 10.

1788 *Fletcher*, The Law of Insolvency, 1-018, S. 10.

die Schulden der Gesellschaft gesetzlich normiert[1789]. In den darauffolgenden Jahren entstand die *private company* als ein Produkt freier Rechtsschöpfung[1790]. Als Schöpfer und Vater dieser Gesellschaftsform gilt der renommierte Jurist *Francis Palmer*, der 1877 die Vorzüge der rechtlichen Verselbständigung der *private company* bei gleichzeitiger Haftungsbeschränkung und Gestaltungsfreiheit betonte und den Begriff für Unternehmen mit geschlossener Personenanzahl annahm[1791]. Die Gerichte erkannten die *private company* als neue Gesellschaftsform im Jahre 1881 an[1792]. Es folgte die wichtige Grundsatzentscheidung im Fall Salomon v. Salomon & Co., die zum ersten Mal eine Rechtseinheit (*legal entity*) der Gesellschaft *per se* annahm und damit das Bild der Limited als eigenständige Person formte[1793]. Neben dem *bankruptcy law* mit seinen Verfahren vor dem *Bankruptcy Court* sorgte der Winding Up Amending Act 1848 für Verwirrung, der ein weiteres Verfahren für die Gesellschafter vor dem *Chancery Court* festlegte[1794]. Diese Zweiteilung der Gerichtsbarkeit förderte die Weiterentwicklung spezieller Verfahren, die sich u.a. im Companies Act 1856 widerspiegelte[1795]. Neben dem klassischen Insolvenzrecht (*bankruptcy law*) bildete sich fortan eine eigenständige Rechtsprechung um das *winding up*-Verfahren und weitere Bereiche. Seitdem ist es für den Gläubiger von entscheidender Bedeutung, ob sein Schuldner eine natürliche oder juristische Person darstellt[1796]. Die Rechtspraxis der Gerichte hinsichtlich des Kapitalgesellschaftsrechts spiegelte sich erstmals im Companies Act 1990 wieder. Obwohl dem englischen Gesetzgeber der Dualismus des deutschen Kapitalgesellschaftssystems bekannt war, verzichtete er auf Sondervorschriften und regelte die Entwicklung bestehender Rechtspraxis in

---

1789 *Bailey/Groves*, Corporate Insolvency, S. 1346, 36.3; *Fletcher*, The Law of Insolvency, 1-019 to 1-020, S. 11 f.

1790 *Neuling*, Deutsche GmbH und englische private company, S. 13, a. A. *Birds*, in: *Roth*, Das System der Kapitalgesellschaften im Umbruch, S. 138, der die private company als ein Zufallsprodukt in der Rechtsgeschichte ansieht.

1791 Der Begriff private company war in der Praxis bereits in Gebrauch: *Palmer*, Private Companies and Syndicates, 1877, zit. nach: *Schmitthoff*, in: *Palmer*, Company Law, 24. Aufl 1987, Kap. 4-01, S. 46, Fn. 2.

1792 *Neuling*, Die deutsche GmbH und englische private company, S. 14; *Lord Cotton CJ*, in: Re British Seamless Paper Box Co. [1881] LR 17 ChD 467, 479: "It was intended to be a private company, that is, it was intended to carry it on (the business) without calling in the public or issuing any shares except to the then existing."

1793 Salmon v. A. Salomon & Co Ltd. [1897] AC 22.

1794 *Fletcher*, The Law of Insolvency, 1-020 to 1-023, S. 12 ff.

1795 *Fletcher*, The Law of Insolvency, 1-020 to 1-023, S. 12 ff.

1796 *Fletcher*, The Law of Insolvency, 1-020 to 1-023, S. 12 ff.

einer einheitlichen gesetzlichen Konstruktion des Kapitalgesellschaftsrechts im Rahmen des sog. Monismus[1797].

Eine Wirtschaftsflaute mit hoher Inflationsrate im Jahre 1973 sowie die darauffolgenden beiden Reports des *Cork Committees* aus den 1970er Jahren gaben genügend Anlass, das englische Insolvenzrecht erneut zu überarbeiten[1798]. Ein Regierungswechsel im Mai 1979, der die genaue Beobachtung von Verwaltungskosten sowie Kosteneinsparungen zur Folge hatte, beeinflusste das *Cork Committee* in seiner Arbeit. Der 1983 veröffentlichte Cork Report sprach sich für die Zusammenlegung und Vereinheitlichung des Insolvenzgesetzes aus und befürwortete die Zuständigkeit einer Gerichtsbarkeit[1799]. Dennoch wurden die Vorschläge nur teilweise unter der konservativen Ära der Margaret Thatcher mit der Law Reform 1985 und 1986 übernommen. Die Vereinheitlichung der Vorschriften wurde nicht umgesetzt, weshalb weiterhin zwischen den Verfahren für natürliche oder juristische Personen zu unterscheiden ist. Trotz des Versuchs der Harmonisierung und Angleichung geltenden Rechts unterscheiden sich die Insolvenz einer natürlichen oder einer juristischen Person in einigen Punkten[1800]. Der Insolvency Act 1986 ist zudem nicht stringent und enthält auch Regelungen über das *winding up*-Verfahren solventer Unternehmen[1801].

Seit der Reform von 1986 sind vor allem in den 90er Jahren zahlreiche Versuche unternommen worden, das Insolvenzrecht an einigen Stellen zu verbessern und den sozialen Bedürfnissen der Bevölkerung anzupassen. Reformvorschläge zwischen 1993 und 1995 endeten allerdings nicht in der Vorlage eines Gesetzesentwurfes. Mit Regierungswechsel und Antritt der Labour Partei unter Toni Blair im Jahre 1997 keimten neue Reformbemühungen auf, um die Unternehmensformen des Vereinigten Königreichs unter dem Oberbegriff „*Modern Company Law for a Competitive Economy*" wettbewerbsfähig zu halten[1802]. Vorschläge wurden vor allem vom DTI ausgearbeitet. Aus den Vorlagen und Vorschlägen des DTI entstammen letztlich die Vorschriften des Insolvency Act 2001[1803] sowie des

1797 *Anker*, A Comparison Between The English private company and the Swiss Société à responsabilité limitée, S. 11: "With his great ability to grasp the essentials of a problem on a purely practical level, the English Legislator took only the minimum measures necessary to keep the machinery running."

1798 *Finch*, Corporate Insolvency Law, S. 11 ff.

1799 Cork Report, 1983, Cmnd. 8558, Chap. 10, paras. 538–544, Chap. 20.

1800 *Fletcher*, The Law of Insolvency, 1-035, S. 20.

1801 *Fletcher*, The Law of Insolvency, 1-035, S. 20.

1802 *Bailey/Groves*, Corporate Insolvency, S. 1346–1347, 36.3.

1803 *Fletcher*, The Law of Insolvency, 1-036 to 1-039, S. 21 f.

Companies Act 2006, der schrittweise bis zum Oktober 2008 in Kraft getreten ist[1804]. Dennoch ist in großen Teilen auf den CA 1985 Bezug zu nehmen. Wesentliche Änderungen im Kapitalgesellschafts- und Insolvenzrecht sind letztlich auf den Beitritt Großbritanniens zur Europäischen Union im Jahre 1973 sowie der damit verbundenen europäischen Rechtsharmonisierung zurückzuführen. Die Kodifikation in den CA 1985, 1989 und 2006 basierte neben dem Harmonisierungsgedanken allerdings auch auf der Systematisierung und Aufarbeitung alten Fallrechts. In den letzten dreißig Jahren hat die englische Gerichtsbarkeit ihre Rolle als Rechtsschöpfungsorgan an das Parlament sowie an die EU-Kommission abgetreten. Der CA 1985, 1989 und 2006, der IA 1989 sowie der CDDA 1986 zeigen den inneren Wandel des Kapitalgesellschaftsrecht auf und lassen beobachten, dass neben der traditionsbedingten Liberalität im Rahmen der Korporation der Wunsch getreten ist, den Missbrauch bestehender Gesellschaftsformen zu vermindern.

Bei den gegenständlichen und auch künftigen Reformbestrebungen ist der Human Rights Act 1988 in jedem Fall als Grundlage für die Verbesserung des Insolvenzrechts in Betracht zu ziehen. Das englische Insolvenzrecht ist infolge der angesprochenen Entwicklungen sehr gläubigerfreundlich ausgerichtet. Bislang hat es insolvenzbedrohte Unternehmen weder unterstützt noch befürwortet. Obwohl neue Rettungsmethoden gesetzlich normiert worden sind, wird die Insolvenz einer Gesellschaft weiterhin als unternehmerisches Versagen betrachtet[1805]. Die Literatur fordert indes zunehmend, insolvenzrechtliches Handeln anhand von vier Wertfaktoren zu legalisieren[1806]. Sie misst das unternehmerische Handeln an der Effizienz (*efficiency*), die Ausgaben der Gesellschaft im Interesse der Gläubiger verhältnismäßig und möglichst gering zu halten, sowie am Einsatz von Spezialisten (*expertise*), der eine gewissenhafte Beurteilung auf fachlich fundierter Grundlage einfordert. Weitere Wertfaktoren sind die Verantwortlichkeit (*accountability*) des Geschäftsleiters, der ebenso wie die übrigen Insolvenzteilnehmer durch demokratisch gewählte Gremien, Gerichte und weiterer Einrichtungen zu kontrollieren ist, sowie ein faires Verhalten (*fairness*) im Sinne einer Betrachtung der Streitfragen nach gerechten (Verteilungs-) Maßstäben. Das Handeln soll an diesen Faktoren gemessen werden und die Haftung des directors ausmachen[1807].

1804 *Bailey/Groves*, Corporate Insolvency, S. 1346–1347, 36.3.

1805 *Bailey/Groves*, Corporate Insolvency, S. 1346, 1349, 36.3, 36.8.

1806 *Finch*, Corporate Insolvency Law, S. 50, Rn. 98.

1807 *Finch*, Corporate Insolvency Law, S. 50, Rn. 98: "thus 'efficiency' looks to the securing of of mandated ends at lowest cost; 'expertise' refers to the proper exercise of judgment by specialists; 'accountability' looks to the control of insolvency participants

Mehr Verantwortung des *director* bedeutet nicht zwingend eine höhere Effizienz im Krisenmanagement. Die Effizienz an sich sollte kein ausschließlicher Maßstab in der Beurteilung der Haftungsausweitung bzw. Haftungseinschränkung des *director* sein. Sie kann niemals ein vorrangiges Ziel geltenden Rechts sein, obwohl es im Rahmen einer vollumfänglichen Betrachtungsweise nicht hinwegzudenken ist[1808].

Ebenso unterlag die Ausprägung des englischen Gesellschaftsrechts in den letzten 30 Jahren einem großen Einfluss der US-amerikanischen Denkweise, die sich mit dem ökonomischen Bezugspunkt zum Gesellschaftsrecht ausgiebig beschäftigte und versuchte, wirtschaftliche Hintergründe in Theorie und Praxis anzuwendenden Rechts zu übernehmen[1809]. Dementsprechend nahm auch die *CLR Steering Group* von dem Zusammenspiel von Recht und ökonomischen Theorien Kenntnis und bemühte sich, die Gesellschaftsrechtsreform aus einer ökonomischen Perspektive zu betrachten[1810]. Die ökonomische Analyse des Gesellschaftsrechts nimmt vor allem Auswirkungen und Effizienz auf den Kapitalmarkt in ihren Fokus. Begründet wird dies damit, dass eine größere Verantwortlichkeit des *director* eine Ineffizienz im Bereich des *corporate governance* zur Folge hat[1811]. Das schrittweise Inkrafttreten des Companies Act 2006 gilt als einer der letzten wahrnehmbaren Schritte der Entwicklungen im englischen Gesellschaftsrecht. Ob die jüngst in Kraft getretenen Reformen ihren Zweck erfüllen, rechtliche und wirtschaftliche Veränderungen in England herbeizuführen, bleibt abzuwarten, da das Ausmaß jüngster Entwicklungen bislang noch nicht vollends ersichtlich ist[1812].

B. Soziale und ökonomische Hintergründe

Soziale und ökonomische Gegebenheiten prägen das geltende Recht und bilden den Hintergrund für Gesetzesnovellierungen und Reformen. Im Rahmen des Insolvenz- und Gesellschaftsrechts führten Konjunkturschwächen und –höhen

---

by democratic bodies or courts or through the openness of processes and their amenability to representations; and 'fairness' considers issues of substantive justice and distribution."; *Mokal* [2003] 66 MLR 452, 453.

1808 Ebenso *Mokal* [2003] 66 MLR 452, 457.

1809 *Keay* [2003] 66 MLR 665, 674.

1810 Steering Group, Modern Company Law for a Competitive Economy: The Strategic Framework (London: DTI, 1999), para 2.4, abrufbar unter: http://www.bis.gov.uk/files/file23279.pdf, zuletzt abgerufen am 07.03.2012.

1811 *Keay* [2003] 66 MLR 665, 675.

1812 Ebenso *Fletcher*, The Law of Insolvency, 1-039, S. 22.

Schutzlücken vor Augen, die die gesetzestechnische Entwicklung beeinflussten und unterschiedliche Handhabungen hervorriefen.

I. In Deutschland

Seit Einführung der GmbH Ende des 19. Jahrhunderts weist die GmbH ein stetiges Wachstum auf, das lediglich während des Ersten Weltkrieges aufgrund von vorwiegend steuerlichen Gründen und in der Ära des Nationalsozialismus aufgrund ideologisch bedingter Ablehnung anonymer, wenig transparenter Kapitalgesellschaften gestoppt wurde[1813]. Während sich vor dem Ersten Weltkrieg der Bestand der GmbH in Deutschland auf 20.000 im Jahr 1911 belief, gab es in den vom Wirtschaftsaufschwung geprägten 1920er-Jahren zeitweise über 70.000 GmbH[1814]. Nach Inflation und Wirtschaftskrise sowie während der Zeit des Nationalsozialismusses belief sich die Anzahl der GmbH in Deutschland im Jahre 1936 auf nur noch ca. 40000, die bis Ende des Zweiten Weltkrieges in 1945 stetig rücklaufend war[1815].

Mit dem Wiederaufbau sowie dem wirtschaftlichen Aufschwung Deutschlands wurde zunehmend eine Organisationsform benötigt, die wirtschaftliches Agieren durch einfache Gründungsvoraussetzungen - im Gegensatz zur Aktiengesellschaft - und die Risikobereitschaft der Unternehmer mittels einer Haftungsbeschränkung förderte. Daher stieg die Anzahl der in Deutschland ansässigen GmbH bis zum Jahr 1961 auf fast 39.000 GmbH, bis zum Jahr 1973 auf 112.063 und bis Ende des Jahres 1979 auf 225.209 GmbH[1816]. Im Jahre 1986 gab es 346.371 GmbH in Deutschland, die mit Wiedervereinigung von West- und Ostdeutschland und der daraus entstandenen Gründungswelle bis Ende Mai 1992 auf 477.340 GmbH in den alten Bundesländern und 32.609 GmbH in den neuen Bundesländern sowohl zahlenmäßig als auch in ihrer wirtschaftlichen Bedeutsamkeit wuchsen[1817]. Infolge dieser Entwicklung belief sich der Bestand im Jahre 1998 bereits auf ca. 815.000 Gesellschaften in der Form der GmbH[1818]. So lässt sich der Aufwärtstrend der GmbH bis heute weiterverfolgen, deren Anzahl zum Stichtag 01. Januar 2011 auf 1.044.466 anwuchs[1819].

1813 *Hueck/Fastrich*, in: *Baumbach/Hueck*, GmbHG, Einl., Rn. 15.
1814 *Hueck/Fastrich*, in: *Baumbach/Hueck*, GmbHG, Einl., Rn. 16.
1815 *Hueck/Fastrich*, in: *Baumbach/Hueck*, GmbHG, Einl., Rn. 16.
1816 *Hueck/Fastrich*, in: *Baumbach/Hueck*, GmbHG, Einl., Rn. 16.
1817 *Hueck/Fastrich*, in: *Baumbach/Hueck*, GmbHG, Einl., Rn. 16.
1818 *Hueck/Fastrich*, in: *Baumbach/Hueck*, GmbHG, Einl., Rn. 16.
1819 *Kornblum*, GmbHR 2011, 692, 693, 698.

Zum Stichtag 01. Januar 2014 lag die Anzahl der Gesellschaften in Form der GmbH bereits bei 1.127.620[1820]. Aufgrund ihres Formenreichtums sowie Haftungsbeschränkung, sei es in den klassischen Bereichen als Vermögens oder Tätigkeitsgemeinschaft oder als Konzernmutter, Komplementär in einer Kommanditgesellschaft oder als Gesellschafter, ist die Unternehmensform des Mittelstands für Unternehmer besonders attraktiv und wettbewerbsfähig. Dieser Aufwärtstrend setzt sich seit Einführung der UG (haftungsbeschränkt) fort[1821].

II. Im Vereinigten Königreich

Das englische Recht verfolgt seit jeher eine äußerst liberale Einstellung zu Gläubigerrechten, Selbsthilfemittel und den zur Verfügung stehenden Vertragsmöglichkeiten, die mit einer stetig wachsenden Aushöhlung von Arbeiternehmerrechten und Immunitäten verbunden sind, so dass das englische Insolvenzrecht bei insolventen Gesellschaften großen Wert auf die Erhaltung von Gläubigerrechten und die frühzeitige Liquidierung eines angeschlagenen Unternehmens[1822]. Das *Cork Committee* nahm sogar an, dass das gesellschaftliche Interesse an der Erhaltung und Genesung des insolventen Unternehmens mehr als gering sei, obwohl der Konzernerhalt durchaus legitim und nachvollziehbar wäre[1823]. Die Aufgabe der englischen Gläubigerfreundlichkeit führte zu einer Diskussion. Zur Erhaltung der Gläubigerrechte wurde angeführt, dass das englische Recht verschiedene Anträge und Klagetypen anerkenne, um im Bereich der Insolvenz eine vorrangige Inanspruchnahme zu gewährleisten und die Priorität gewisser Gläubiger zu stärken[1824]. Innerhalb dieser Grenzen sind die Arbeitnehmer der schuldenden Gesellschaft vorrangig zu befriedigen, so dass ihre Anträge vor den Anträgen anderer, ungesicherter Gläubiger[1825]. Die Arbeitnehmer haben in der Regel kein anderweitiges Einkommen und sind auf ihren Lohn angewiesen. Sie müssen in der Lage sein, ihr finanzielles Risiko begrenzen zu können. Ähnliches gilt im Fall der von der Regierung einzuziehenden Steuern, da die Regierung in Steuerangelegenheiten zum unfreiwilligen Gläubiger wird[1826]. Das *Cork Committee* wies hingegen beide Argumentationsansätze zurück: es sei nicht Sinn und Zweck gläubigerfreundlichen

---

1820 *Kornblum*, GmbHR 2014, 693, 694.

1821 *Kornblum*, GmbHR 2013, 693, 695; *ders.*, GmbHR 2014, 693, 695.

1822 *Goode*, Principles of Corporate Insolvency Law, S. 42 f.

1823 Report of the (Cork) Review Committee, Insolvency Law and Practice, [1982] Cmnd. 8558, para. 193.

1824 *Goode*, Principles of Corporate Insolvency Law, S. 43.

1825 Vgl. auch sec. 175, 386 i.V.m. Sch. 6.

1826 *Goode*, Principles of Corporate Insolvency Law, S. 43.

Verhaltens, die Gesamtheit der Gläubiger mit der vorrangigen Befriedigung Einzelner wie den Arbeitnehmern zu belasten. Zudem wird anderen, unfreiwilligen Gläubigern keine Sonderbehandlung zuteil[1827]. Allerdings hat der Report des (Cork) Review Committee letztlich eingezogene Steuern als Ausnahmefall zugestanden. Die bereits eingezogenen Steuern unterliegen dem Grunde nach einem Treuhandverhältnis und sollten daher vom gemeinsamen Pool abgetrennt betrachtet werden[1828]. Bemühungen, das englische Insolvenzrecht von ihrer Gläubigerfreundlichkeit hin zu einer *rescue culture*, der Rettung insolvenzbedrohter Unternehmen, zu führen, konnten bislang schwerlich umgesetzt werden. Obwohl immer wieder neue Verfahren zur Rettung der Gesellschaft entworfen und gesetzlich normiert werden, gilt die Insolvenz immer noch als Fehlschlag des Unternehmens und nicht als natürlicher Prozess in einer sich selbst regulierenden Marktwirtschaft[1829].

C. Vergleich der Entstehungsgeschichte und weitergehender Faktoren

Die Darstellung vorgenannter Hintergründe verdeutlicht, dass die Entwicklung und Forderung nach einer neuen Gesellschaftsform mit vereinfachten Gründungsvoraussetzungen und Formalitäten sowohl in England als auch in Deutschland in ihren Anfängen parallel verliefen. Die gegenständlichen Rechtsformen standen schon seit jeher in Konkurrenz zueinander, sei es zunächst nur in der Form, dass sie ihre gegenseitige Entstehung und nähere Ausgestaltung jeweils beeinflussten, als auch durch die EuGH-Rechtsprechung, vor allem in sog. Zuzugsfällen, die die Ansiedlung ausländischer Gesellschaftsformen mit Verwaltungssitz im Inland begünstigten[1830].

In beiden Rechtsordnungen gab es zunächst nur die Rechtsform der Personengesellschaft. In Deutschland wurde im Preußischen Allgemeinen Landrecht (PrALR) von 1794 erstmals ein Vorläufer der GbR, die „Societas", sowie die OHG

1827 *Goode*, Principles of Corporate Insolvency Law, S. 43.
1828 *Goode*, Principles of Corporate Insolvency Law, S. 43.
1829 *Bailey/Groves*, Corporate Insolvency, S. 1349, 36.8.
1830 EuGH, Slg. 1999, I-1459 – Centros; EuGH, Slg. 2002, I-9919 – Überseering; EuGH, Slg. 2003, I-10155 – Inspire Art; siehe aber auch die restriktiven Entscheidungen des EuGH in den "Wegzugsfällen": EuGH, Slg. 1988-5483 – Daily Mail; EuGH, Slg. 2008, I-9641 – Cartesio; EuGH, Slg. 2011, I-12273 – National Grid Indus.

und StG, kodifiziert[1831]. Diese Gesellschaftsformen fanden sich in identischer oder ähnlicher Ausgestaltung im Allgemeines Deutsches Handelsgesetzbuch (ADHGB) von 1861[1832] und sowie im HGB von 1897[1833] wieder[1834]. So wurde die ursprünglich Stille Handelsgesellschaft, die tatsächlich der heutigen KG entsprach, unter dem Begriff der „Commanditgesellschaft“ (Art. 150 ff. ADHGB) und daneben die in der heutigen Form noch existierende stille Gesellschaft (Art. 250 ff. ADHGB) kodifiziert[1835].

Es war vor allem das 19. Jahrhundert, das das Bedürfnis nach einer auf Kapitalanhäufung und Gewinnmehrung ausgerichteten Gesellschaft hervorbrachte. Der Beginn des Baus von Eisenbahnen wird vor allem mit der Entwicklung und dem Aufschwung der AG in Zusammenhang gebracht, bevor das deutsche Aktienrecht in dem Preußischen Gesetz über Aktiengesellschaften im Jahre 1843 erstmals gesetzlich überhaupt kodifiziert wurde[1836]. Während zunächst die KGaA als Standard gelten sollte und die AG durch Sondervorschriften hierzu geregelt war, wurde entsprechend dem Rückgang der KGaA und mit Einführung des zunächst auch das Aktienrecht regelnde HGB im Jahre 1897 rechtstechnisch die AG als Regelfall normiert und die KGaA mit Sondervorschriften ausgestattet[1837].

Aufgrund der Reformbemühungen der 1920er Jahre kodifizierte der Gesetzgeber das Aktienrecht in einem eigenständigen Regelwerk, dem Aktiengesetz vom 30. Januar 1937[1838]. Die GmbH hingegen ist auf die Verschärfung der Gründungsvorschriften im Aktienrecht im Jahre 1884 zurückzuführen, die wegen Schwindelgründungen und anderen schwerwiegenden Missstände in der Gründerzeit notwendig wurde[1839]. Da die AG insbesondere ein hohes Gesellschaftskapital und eine hohe Mitgliederanzahl voraussetzte, blieb für kleine und mittelständische Unternehmen nur die Gesellschaftsformen der oHG und KG, in denen sie als Gesellschafter persönlich hafteten. Angepasst an die damaligen Bedürfnisse, schuf der Gesetzgeber die Kapitalgesellschaft der GmbH, die den Zusammenschluss

1831 Allgemeines Landrecht für Preußische Staaten vom 5.2.1794, GVBl. II 231-17; Handelsgesellschaften in §§ 614–683 PrALR; *Gummert*, in: Münchener Hdb. des GesR II, § 1 Rn. 3; *Bezzenberger/Keul*, in: Münchener Hdb. des GesR II, § 72 Rn. 4.

1832 ADHGB vom 31.05.1861.

1833 HGB vom 10.05.1897, RGBl. I S. 213.

1834 *Bezzenberger/Keul*, in: Münchener Hdb. des GesR II, 2009, § 72 Rn. 4.

1835 *Gummert*, in: Münchener Hdb. des GesR II, § 1 Rn. 3.

1836 *Habersack*, in: MüKo AktG I, Einl., Rn. 15.

1837 *Habersack*, in: MüKo AktG I, Einl., Rn. 18.

1838 AG vom 30.01.1937, RGBl. I, S. 107; *Habersack*, in: MüKo AktG I, Einl., Rn. 21.

1839 *Michalski*, in: *Michalski*, GmbHG I, Sytem. Darstellung GmbH-Recht, Rn. 1.

weniger Gesellschafter mit niedrigem Gesellschaftskapital sowie eingeschränkter Haftung der Gesellschafter und der Geschäftsführer vorsah, und führte 1892 sie als eine Gesellschaftsform mit sowohl kapital- als auch personengesellschaftlichen Elementen ein[1840].

In der Seehandelsnation England entwickelten sich zunächst Handelsgesellschaften in Form der Personenhandelsgesellschaft (*partnership*), die in Abgrenzung zum *company law* in dem auch heute noch geltenden Recht der Personengesellschaften (*partnership law*) zusammengefasst sind[1841]. Die Personengesellschaften sind im Partnerships Act 1890 geregelt und werden durch Regelungen des *common law* ergänzt[1842]. Die Gründung einer *limited partnership*, die im Gegensatz zur einfachen *partnership* haftungsbegrenzt ist, ist im Limited Partnership Act 1907 geregelt[1843].

Die ersten gesetzlichen Grundlagen für die Gründung und Registrierung einer Kapitalgesellschaft im Sinne einer *public company* sah der Joint Stock Companies Act 1844 vor. Die haftungsbeschränkte Kapitalgesellschaft (*limited company*) wurde durch den Limited Liability Act 1855 i.V.m. dem Joint Stock Companies Act 1856 eingeführt. Im Gegensatz zum deutschen Gesellschaftsrecht mit den voneinander getrennten Kapitalgesellschaften der GmbH und AG sowie entsprechenden Regelungswerken geht das englische Recht von einer einzigen Kapitalgesellschaftsform, der *company*, aus, die zwischen *private companies* und *public companies* unterschieden wird und in einem Gesetz geregelt ist[1844]. Eine nach dem Companies Act 1985 oder Companies Act 2006 gegründete Gesellschaft wird üblicherweise als eine *private company* angesehen, sofern sie nicht die strengeren Voraussetzungen der *public company*, insbesondere die Einzahlung eines Stammkapitals von 50.000 GBP, erfüllt[1845]. Eine *company* kann mittels drei unterschiedlicher Verfahren gegründet werden: durch die Krone mittels Erteilung einer königlichen Kommission (*chartered company*), durch Erlass eines Gesetzes vom Parlament (*statutory company*) und durch die Eintragung der Gesellschaft bei der bevollmächtigten Behörde (*registered company*)[1846]. Da *chartered companies* und *statutory companies* hauptsächlich für nicht gewinnorientierte, wohltätige Zwecke in Frage kommen, ist die beim *House of Companies* zu registrierende Kapitalgesellschaft, vor allem

1840 *Michalski*, in: *Michalski*, GmbHG I, Sytem. Darstellung GmbH-Recht, Rn. 1.

1841 *Just*, Die englische Limited in der Praxis, Einl., Rn. 5.

1842 *Just*, Die englische Limited in der Praxis, Einl., Rn. 6.

1843 *Just*, Die englische Limited in der Praxis, Einl., Rn. 7.

1844 Vgl. Regelungen des CA 2006; *Just*, Die englische Limited in der Praxis, Einl., Rn. 11.

1845 *Rehm*, in: *Eidenmüller*, Ausländische Kapitalgesellschaften, § 10 Rn. 8.

1846 *Spahlinger/Wegen*, in: *Spahlinger/Wegen*, Internationales Gesellschaftsrecht, Rn. 1331.

die *registered public* und *registered private company lmited by shares*, die häufigste Gesellschaftsform[1847].

In beiden Rechtsordnungen gab es daher zunächst Personengesellschaften und in der Folgezeit bis Ende des 19. Jahrhunderts eine Form der Kapitalgesellschaft, die Aktiengesellschaft in Deutschland sowie die *public company* in England, die größeren Unternehmen mit viel Eigenkapital und einer unbegrenzten Anzahl an Mitgliedern zur Verfügung stand. Mit dem wirtschaftlichen Aufschwung Ende des 19. Jahrhunderts und dem Anwachsen der Industrie aufgrund technischer Erfindungen und chemischer Neuentwicklungen wuchs das Verlangen kleiner und mittelständischer Unternehmen nach einer weiteren Form der Kapitalgesellschaft mit überschaubaren Mitgliederkreis, die das Investitionsrisiko der Gesellschafter verminderte, das Privileg der Haftungsbegrenzung einführte und die Kapitalanhäufung förderte. Diese Lücke im Gesellschaftsrecht wurde durch die Schaffung der GmbH in Deutschland sowie der *private limited company* in England als Produkte freier Rechtsschöpfung geschlossen. Dabei orientierte sich die Ausgestaltung der Rechtsform der GmbH in den 1890ern auch an der kurz vorher entstandenen Limited[1848]. Bereits bei Entwicklung der deutschen GmbH wurde die Limited als Konkurrentin der GmbH angesehen, deren Vermehrung als Beweis für Notwendigkeit und Zweckmäßigkeit der neuen Gesellschaftsform GmbH angesehen wurde und die strukturelle Erschaffung der GmbH vorantrieb[1849]. Dem englischen Modell entsprechend wurde auch in Deutschland eine zweite Form der Kapitalgesellschaft geschaffen und zur Seite der Aktiengesellschaft gestellt. Die Rivalität der beiden Gesellschaftsformen erreichte letztlich durch die EuGH-Entscheidungen[1850] zur Niederlassungsfreiheit von Kapitalgesellschaften einen erneuten Höhepunkt, die dem deutschen Unternehmensgründer eine Alternative zur GmbH aufzeigten[1851]. Da nach den Entscheidungen des EuGH[1852] Gesellschaften aus EU-Mitgliedstaaten ihren tatsächlichen Verwaltungssitz im deutschen Inland haben dürfen und

---

1847 *Spahlinger/Wegen*, in: *Spahlinger/Wegen*, Internationales Gesellschaftsrecht, Rn. 1332 f.

1848 *Fleischer*, in: MüKo GmbHG I, Einl., Rn. 217.

1849 *Fleischer*, in: MüKo GmbHG I, Einl., Rn. 217.

1850 EuGH, Slg. 1988-5483 – Daily Mail; EuGH, Slg. 1999, I-1459 – Centros; EuGH, Slg. 2002, I-9919 – Überseering; EuGH, Slg. 2003, I-10155 – Inspire Art; EuGH, Slg. 2005, I-10805 – Sevic; EuGH, Slg. 2008, I-9641 – Cartesio; EuGH, Slg. 2011, I-12273 – National Grid Indus.

1851 *Just*, Die englische Limited in der Praxis, Einl., Rn. 2; *Fleischer*, in: MüKo GmbHG I, Einl., Rn. 218.

1852 EuGH, Slg. 1999, I-1459 – Centros; EuGH, Slg. 2002, I-9919 – Überseering; EuGH, Slg. 2003, I-10155 – Inspire Art.

dadurch in Zuzugsfällen ihren rechtlichen Status als ausländische Gesellschaft nicht verlieren, stand der Ausbreitung und Wahl der Limited bis zur Einführung der UG (haftungsbeschränkt) im Jahr 2008 nichts mehr entgegen[1853].

D. Rechtliche Aspekte

Neben den wirtschaftlichen Faktoren konnte die englische Rechtspraxis aufgrund unterschiedlich gewachsener Rechtsstrukturen des *common law* schneller auf die Bedürfnisse der Wirtschaft reagieren und im Gegensatz zu Deutschland ohne langwiehrige Strukturdiskussionen geeignete Gesellschaftsformen schaffen. Die Einflussnahme des deutschen Staates, z.B. bei der Satzungsstrenge der AG, erfolgte vor allem zur staatlichen Kontrolle.

Obwohl die englische Limited und die deutsche GmbH vor allem funktional ähnlich erscheinen, darf nicht außer Acht gelassen werden, dass die Gesellschaftsformen verschiedenartigen Rechtssystemen angehören[1854]. Die Limited hat rechtlich gesehen insbesondere bei der Vertretung durch das *board of directors* und bei Bestimmungen zum Gesellschaftskapital mehr Ähnlichkeiten mit einer deutschen Aktiengesellschaft[1855]. Die Gründung der Limited, nicht ihre Fortführung, ist insbesondere mangels Mindestkapitalerfordernisses rechtlich einfacher und kostengünstiger als die Gründung einer GmbH[1856]. Das Verfahren der Gründung einer Limited ist nicht so formalisiert wie bei der GmbH. Die für die Gründung erforderlichen Dokumente ebenso wie sonstige Gründungsvoraussetzungen, z.B. das Erfordernis einer Unterschriftsbeglaubigung, sind im Internet abrufbar und müssen nach Gründung an das *House of Companies* in Cardiff versendet werden[1857]. Im Gegensatz zur Gründung einer deutschen GmbH erfolgt bei einer englischen Limited mangels eines gesetzlichen Mindestkapitalerfordernisses und somit auch fehlender Gefahr der verdeckten Sacheinlage auch keine Gründungsprüfung[1858]. Im Normalfall betragen die vom *House of Companies* berechneten Bearbeitungskosten bei Gründung der Limited ca. 20 GBP zzgl. der Kosten der erforderlichen Beglaubigung in Höhe von ca. 10 GBP, wohingegen bei der Gründung einer GmbH

1853 *Ebke*, in: FS *Hellwig*, S. 117, 125.

1854 *Just*, Die englische Limited in der Praxis, Einl., Rn. 14.

1855 *Just*, Die englische Limited in der Praxis, Einl., Rn. 14.

1856 *Thorn*, in: *Palandt*, BGB, Anh. zu Art. 12 EGBGB Rn. 6; *Wachter*, GmbHR 2004, 88, 91.

1857 *Zöllner*, GmbHR 2006, 1, 3.

1858 *Zöllner*, GmbHR 2006, 1, 3, 5.

neben dem Stammkapital von 25.000 EUR[1859] auch die Notarkosten sowie etwaige Bekanntmachungskosten aufzubringen sind[1860].

Zwar zeigt sich die Limited aufgrund vorgenannten Verfahrens in ihren Voraussetzungen wesentlich weniger förmlich als die GmbH. Die formale Handhabung kann aber auch durchaus positiven Effekt auf die Haftung des Geschäftsführers haben, da ein Durchgriff auf den Geschäftsführer nur unter einer Reihe von gesetzlich normierten Haftungstatbeständen, z.B. im Falle der Insolvenzverschleppung des § 15a InsO, sowie unter Missachtung der im Geschäftsverkehr erforderlichen Sorgfalt möglich ist. Hält er die gesetzlichen Vorgaben ein, mindert dies das Risiko des GmbH-Geschäftsführers, selbst in eine haftungsrechtliche Verantwortung gezogen zu werden. Die scheinbare Großzügigkeit der Limited mangels formeller Anforderungen an Mindestkapital und Gründung zeigt sich für den *director* einer Limited ohne hinreichendem Stammkapital als umso risikoreicher: Liegt kein Unternehmenskapital vor, wird bei Aufnahme der Geschäftstätigkeit schnell die sofortige Überschuldung drohen[1861]. Der *director* kann sich aufgrund seines Handeln Ansprüchen aus *fraudulent trading* gemäß sec. 213 IA 1986 sowie *wrongful trading* gemäß sec. 214 IA 1986 aussetzen[1862]. Allerdings führen beide auf den Grundsatz des *lifting the corporate veil* zurückzuführende Ansprüche, vor allem aufgrund der schwierigen Nachweisbarkeit einer Schädigungsabsicht oder anderer subjektiver Anforderungen an den *director*, selten zu einer Verurteilung[1863]. Im Rahmen des *wrongful trading* bereitet auch der Nachweis des Zeitpunktes, in dem das *wrongful trading* einsetzt, sowie der Umfang der Haftung, der in das Ermessen des Gerichts gestellt ist, Schwierigkeiten[1864]. Diese Handhabung englischer Gerichte führt letztlich zur Verminderung des Gläubigerschutzes.

Fraglich ist, ob der deutsche Grundsatz des gesetzlichen Mindestkapitals zu einem verbesserten Gläubigerschutz führt. Das Mindestkapital der GmbH dient vor allem als Arbeitskapital und Ausgleich der beschränkten Gesellschafterhaftung. Es gewährleistet einen gewissen Gläubigerschutz sowie ein seriöses Geschäftsgebaren aufgrund gebundenen Kapitals der Gesellschafter[1865]. Allerdings hat auch das Mindestkapital nur eingeschränkte Aussagekraft über die gesamtwirtschaftliche Situation der Gesellschaft. Zudem würde sich ein vollständiger

---

1859 Von der Betrachtung der Unternehmergesellschaft soll vorliegend abgesehen werden.

1860 *Zöllner*, GmbHR 2006, 1, 3, 4.

1861 *Zöllner*, GmbHR 2006, 1, 5.

1862 *Just*, Die englische Limited in der Praxis, Rn. 181.

1863 *Just*, Die englische Limited in der Praxis, Rn. 181, 185.

1864 *Habersack/Verse*, ZHR 168 (2004), 174, 181.

1865 *Wilhelmi*, GmbHR 2006, 13–14.

Schutz der Gläubiger auch nicht durch eine persönliche Haftung von Geschäftsführern und Gesellschaftern gewährleisten lassen[1866]. Den Gläubigern ist daher in jedem Fall zu empfehlen, sich im Geschäftsverkehr weitere Sicherheiten, z.B. durch persönliche Bürgschaften des Geschäftsführers oder der Gesellschafter, geben zu lassen, um ein mögliches Ausfallrisiko zu minimieren. Letzteres gilt mangels Eigenkapitals und Beweisbarkeit von Ansprüchen erst recht bei der Limited.

§ 2. Insolvenzverschleppungshaftung

Die stetig hohe Anzahl an Insolvenzen kann als Beleg dafür angesehen werden, dass die deutsche Insolvenzverschleppungshaftung ihren Sinn und Zweck nicht zufriedenstellend nachkommt[1867]. Mit Einführung des MoMiG und Absenkung des Mindestkapitals bei Unternehmergesellschaften gemäß § 5a GmbHG kommt aufgrund der Lockerung des Kapitalschutzsystems nach deutschem Recht hinzu, dass sich die Problematik ansteigender Insolvenzzahlen künftig aller Wahrscheinlichkeit nach nicht ändern wird[1868]. Als Konsequenz des niedrigen Stammkapitals sowie der wenigen Rücklagen der Gesellschaft im Gründungs- und Anfangsstadium erhöht sich das Risiko einer schnellen Insolvenz in der Anfangsphase des Unternehmens, da angesichts unvermeidbarer Anlaufverluste bei Aufnahme der Gesellschaftstätigkeit regelmäßig eine Zahlungsunfähigkeit oder Überschuldung vorliegt[1869].

Fraglich ist, ob durch die Übernahme englischer Haftungsinstitute der bestehende Schutz verbessert und dieser Entwicklung entgegengetreten werden könnte[1870]. Die Funktion der deutschen Insolvenzverschleppungstatbestände übernimmt im englischen Recht das Institut des *wrongful trading* sowie die dem *common law* zuzuordnenden und mittlerweile zu großen Teilen in sec. 170 ff. CA 2006 normierten *directors' duties*. Die Grundsätze des *wrongful trading* setzen im Gegensatz zu den *directors' duties* ein insolvenzrechtlich bedingtes *winding up*-Verfahren voraus[1871]. Während die *directors' duties* allgemeine Pflichten

---

1866 *Wilhelmi*, GmbHR 2006 13, 20.

1867 Zu den Unternehmensinsolvenzen 2008–2010: vgl. Statistisches Bundesamt, Statistisches Jahrbuch 2011, S. 497 f., abrufbar unter: http://www.destatis.de/jetspeed/portal/cms/Sites/destatis/SharedContent/Oeffentlich/B3/Publikation/Jahrbuch/Unternehmen,property=file.pdf, zuletzt abgerufen am 07.03.2012.

1868 Vgl. zur Absenkung des Mindestkapitals bei der UG auf 1 EUR *Roth*, in: *Roth/Altmeppen*, GmbHG, § 5a Rn. 2.

1869 *Fastrich*, in: *Baumbach/Hueck*, GmbHG, § 5a Rn. 30.

1870 Kritisch *Habersack/Verse*, ZHR 168 (2004), 174, 176, 212.

1871 Vgl. Wortlaut des sec. 214 IA 1986.

des *director* gemäß sec. 170 ff. CA 2006 festsetzen[1872] und damit am Ehesten der Handlungsverpflichtung des Geschäftsführers nach § 43 GmbHG entsprechen, könnte das Institut des *wrongful trading* gemäß sec. 214 IA 1986 der deutschen Insolvenzverschleppungshaftung nach § 15a InsO ähneln. Zu hinterfragen ist ferner, ob eine dem Grundsatz des *wrongful trading* entsprechende Regelung im deutschen Haftungsrecht vorhandene Schutzlücken in der Insolvenz der Gesellschaft sinnvoll füllen könnte. Das wäre insbesondere der Fall, wenn mit Einführung eines *wrongful trading*-Tatbestandes bei der deutschen GmbH ein vorverlagerter Insolvenzschutz erzeugt werden würde, der ein Handeln bis zur Überschuldung und Zahlungsunfähigkeit der Gesellschaft gerade nicht erlaubt und den Gläubigern einen größeren Schutz bietet. Die Gläubigerinteressen wären vorausschauend gewahrt, wenn die Gesellschaft einer Insolvenz erkennbar nahe steht[1873]. Allerdings sollte im Rahmen eines Vergleichs der deutschen Insolvenzverschleppungshaftung mit dem Institut des *wrongful trading* nachdenklich stimmen, dass englische Gerichte den Tatbestand des *wrongful trading* eher restriktiv anwenden und in ihren Begründungen vorzugsweise auf die Rechtsfigur des *fraudulent trading* zurückgreifen, die dem deutschen Eingehungsbetrug ähnelt[1874].

Eine Regulierung der Haftung über das Rechtsinstitut des *wrongful trading* hätte den Vorteil, dass die Haftung des *director* bereits im Vorfeld der Insolvenz und nicht erst mit Insolvenzeintritt und Vorliegen der Insolvenzgründe einsetzt. Es besteht bereits dann eine Haftung, wenn die Insolvenz trotz noch vorhandener Mittel für den *director* absehbar ist[1875]. Das Rechtsinstitut des *wrongful trading* sollte den Geschäftsleiter regelmäßig zeitlich früher als bei der deutschen Insolvenzverschleppungshaftung zu einer Entscheidung führen, ob er das Unternehmen durch Sanierungsmaßnahmen retten kann oder in die Insolvenz geht. Er haftet den Gläubigern persönlich für solche Forderungsausfälle, die durch den unveränderten Betrieb und Geschäftsverkehr des Unternehmens entstehen[1876]. Ein weiterer Unterschied zwischen den Haftungsinstituten ist die Einbeziehung

---

1872 Vgl. Wortlaut der sec. 170 ff. CA 2006.

1873 *Fastrich*, DStR 2006, 656, 662; für eine Einführung der *wrongful trading*-Grundsätze: *Wilhelmi*, GmbHR 2006, 13, 18; *Triebel/Otte*, ZIP 2006, 311, 314; *Vetter*, ZGR 2005, 829.

1874 *Fastrich*, DStR 2006, 656, 662; *Habersack/Verse*, ZHR 168 (2004), 174, 181 f.; *Wilhelmi*, GmbHR 2006, 13, 17 f.

1875 *Habersack*, NZG 2004, 1, 3 f., 6, 7 f.; *Habersack/Verse*, ZHR 168 (2004), 174, 182 ff.; *Maul*, WM 2004, 2146 ff.; *Lanfermann*, BB-Special 6/2004, S. 2 ff.

1876 *Habersack*, Europäisches Gesellschaftsrecht, 1. Teil, § 4 Rn. 39, S. 78.

des sog. *shadow directors*, die zu einem Konzernhaftungstatbestand des dominierenden Gesellschafters, z.B. der Muttergesellschaft, führt[1877].

Die Aufnahme des *wrongful trading* in das deutsche Gesellschafts- und Insolvenzrecht würde nicht nur die Insolvenzantragspflicht des § 15a Abs. 1 InsO ignorieren, sondern ebenso das allgemeine Schädigungsverbot und die Regeln der kapitalersetzenden Gesellschafterhilfen verdrängen, so dass das deutsche Recht konsequenterweise einem weitreichenden Systemwechsel unterliegen würde[1878]. Diese Überlegungen legen nahe, eine Beschränkung auf die Ausarbeitung einer Rahmenregelung anzuraten, sofern die Umsetzung einer *wrongful trading*-Vorschrift in Betracht zu ziehen ist[1879]. Hinzu kommt, dass jedes Land seinem historisch bedingten und gewachsenen Rechtssystem unterliegt. Dieses sollte nicht vorsätzlich verändert werden, sofern es den Gläubigern einen ausreichenden Schutz vor missbräuchlichem Verhalten des Geschäftsleiters bietet und dennoch ausreichenden Handlungsspielraum zur Rettung des Unternehmens lässt. Die Ähnlichkeit und Annäherung kontinental-europäischen Rechts, vor allem in Frankreich, Belgien, Deutschland und der Schweiz, unterscheiden sich in erheblichem Umfang von der englischen *common law*-Rechtsprechung[1880]. Dies zeigt sich bereits darin, dass der *director* für sein Unternehmen zwar die Einleitung eines förmlichen Insolvenzverfahrens zu verfolgen hat. Im Gegensatz zu anderen europäischen Ländern ist er allerdings nicht dazu verpflichtet, einen Insolvenzantrag zu stellen[1881]. Dennoch sind in naher Zukunft zahlreiche Vorschriften denkbar, die dem englischen *wrongful trading*-Grundsatz ähneln. Eine Expertengruppe im Bereich des Gesellschaftsrechts hat der EU die Einführung einer Rahmengesetzgebung für ein dem *wrongful trading* ähnelndes Institut empfohlen, um bestehende Unterschiede innerhalb der EU anzugleichen und die Rechtsanwendung zu vereinfachen[1882]. Die Harmonisierung, die unter Rückgriff auf bewährte

---

1877 *Habersack/Verse*, ZHR 168 (2004), 174, 208.

1878 *Habersack*, Europäisches Gesellschaftsrecht, Erster Teil, § 4 Rn. 39, S. 78 f.; näher *Habersack/Verse*, ZHR 168 (2004), 174, S. 206 ff.

1879 Kritisch: *Bachner*, EBOR (2004) 293, 300 ff.; *Wiesner*, ZIP 2003, 977, 980; den Vorschlag der High Level Group befürwortend dagegen: Arbeitsgruppe Europäisches Gesellschaftsrecht, ZIP 2003, 863, 870; offen: *Bayer*, BB 2004, 1, 7; *Habersack*, Europäisches Gesellschaftsrecht, Erster Teil, § 4 Rn. 39, S. 79.

1880 *Keay*, Company Directors' Responsabilities of Creditors, S. 80.

1881 *Keay*, Company Directors' Responsabilities of Creditors, S. 80.

1882 Vgl. Report of the High Level Group of Company Law Experts on a Modern Regulatory Framework for Company Law in Europe, S. 126, abrufbar unter: http://ec.europa.eu/internal_market/company/docs/modern/report_en.pdf, zuletzt abgerufen am 07.03.2012.

Rechtsinstitute denkbar wäre, verlangt im Einzelfall eine kritische Würdigung und Angleichung an die Besonderheiten des jeweiligen EU-Mitgliedstaates.

A. Adressaten und Funktion der Haftungstatbestände

Die Haftung wegen Insolvenzverschleppung des deutschen und englischen Rechts setzt zunächst bei einem Vergleich des Adressatenkreises und der Funktion der Haftung an.

I. Adressatenkreis der Normen

Der deutschen und englischen Rechtsordnung ist eine Haftung des Geschäftsleiters gemein, die nicht nur an die Organstellung des Betroffenen anknüpft, sondern ein zusätzliches, die Haftung verwirklichendes Tun verlangt. Allerdings werden Hintermänner und Gläubiger nach deutscher Insolvenzverschleppungshaftung sehr selten und nur ausnahmsweise in die Haftung genommen, während das englische Recht, vor allem im Rahmen des *wrongful trading*, ggf. auch bei Anwendung des *fraudulent trading*, hinsichtlich des Adressatenkreises weitaus großzügiger verfährt. Neben der Haftung des *shadow director* kommt auch dann eine Haftung des dominierenden Gesellschafters in Betracht, wenn dieser im Außenverhältnis nicht nur als Geschäftsführer des Unternehmens auftritt, sondern auf die Gesellschaft und ihre Geschäftsführung in wesentlichen Fragen Einfluss nimmt[1883]. Die Haftung nach *wrongful trading* besteht regelmäßig auch für eine Tochter- oder Muttergesellschaft, die als *shadow director* die Rechtsgeschäfte des jeweiligen anderen Unternehmens im Hintergrund lenkt[1884]. Der nach *fraudulent trading* zu verfolgende Personenkreis ist sogar weitaus größer, da er sich nicht nur auf die *directors* und *shadow directors*, sondern auf jedwede, üblicherweise in der Führungsebene tätige Person, die von der Unternehmensinsolvenz wusste und dennoch ein betrügerisches Verhalten aktiv unterstützte oder selbst an den Tag legte[1885]. Die Einbeziehung des *shadow director* hat daher einen großen

1883 *Habersack/Verse*, ZHR 168 (2004), 174, 208.

1884 *Bailey/Groves/Smith*, Corporate Insolvency, S. 849, 27.221; *Habersack/Verse*, ZHR 168 (2004), 174, 208.

1885 Re Maidstone Buildings Ltd. [1971] 1 WLR 1085, 1092; Re Farmizer (Products) Ltd. [1997] 1 BCLC 589, 592; *Bailey/Groves*, Corporate Insolvency, S. 694, 17.10; *Davis*, Construction Insolvency, S. 477, 20-002; *Davies*, Gower and Davies' Principles of Modern Company Law, S. 195; *Fletcher*, The Law of Insolvency, S. 705, 27-014; *Griffin*, Company Law Handbook, S. 28, 2.5; *Hannigan*, Company Law, S. 841, 844; *Morris*, Finance Director's Handbook, S. 307, 8.21.

Vorteil gegenüber dem deutschen Recht, das diesbezüglich trotz der Erweiterung gemäß § 15a Abs. 3 InsO Schutzlücken aufweist. Gemäß § 15a Abs. 3 InsO ist im Fall der Führungslosigkeit der GmbH jeder Gesellschafter zur Stellung des Insolvenzantrags im Sinne des § 15a Abs. 1 InsO verpflichtet, es sei denn, diese Person hat keine Kenntnis von der Zahlungsunfähigkeit und Überschuldung oder Führungslosigkeit der Gesellschaft.

Beide Rechtssysteme beziehen zudem den faktischen Geschäftsführer bzw. *de facto director* in die Insolvenzverschleppungshaftung ein. Die Haftung des faktischen Geschäftsführers gemäß § 823 Abs. 2 BGB i.V.m. § 15a Abs. 1 InsO n. F. gewinnt vor allem dann an Bedeutung, wenn seine Haftung ebenso wie die des wirksam bestellten Geschäftsführers bereits bei fahrlässiger Antragspflichtverletzung anknüpft. Voraussetzung für seine Haftung ist somit ebenfalls die Verletzung der Antragspflicht, die als solche im englischen Recht nicht besteht. Dabei genügt die nach der Sorgfalt eines ordentlichen Geschäftsmannes zu bestimmende Fahrlässigkeit[1886]. Allerdings ist nach deutschem Recht bislang nur eine natürliche Person, die als Organmitglied auftritt und sich nicht auf die interne Einflussnahme innerhalb der Gesellschaft beschränkt, von der Haftung als faktischer Geschäftsführer betroffen[1887]. Das englische Recht spricht hingegen auch juristischen Personen die Eigenschaft des Organwalters und somit auch des faktischen Geschäftsführers zu[1888]. Die Haftung im englischen Recht bedient daher bislang einen weiter gefassten Adressatenkreis. Dieser Unterschied des Adressatenkreises kann im deutschen Recht regelmäßig nicht über die Teilnehmerhaftung der § 830 Abs. 2 BGB i.V.m. § 823 Abs. 2 BGB, § 15a InsO aufgefangen werden, da es zu einer Begründung der Teilnehmerhaftung einer vorsätzlichen rechtswidrigen Haupttat bedarf, d.h. der Geschäftsführer hätte den Insolvenzantrag vorsätzlich nicht oder zu spät gestellt. Der Vorsatz des Geschäftsführers wird in der Regel schwer nachweisbar sein, zumal er seine Haftung wegen Insolvenzverschleppung gemäß § 15a InsO auch fahrlässig begründen kann[1889].

Hinzu kommt, dass eine zulässige Antragstellung beim Insolvenzgericht bislang des Nachweises der Geschäftsführerposition bedarf. Die Eingliederung des faktischen Geschäftsführers in den Adressatenkreis des § 15a Abs. 1 InsO wird durch diesen bürokratischen Umstand trotz Einführung des MoMiG nicht gerade vereinfacht. Diese Gesetzeslage führt in der Literatur zu der Auffassung, eine

---

1886 BGHZ 126, 181, 189 = NJW 1994, 2220, 2224.
1887 BGHZ 150, 61, 69; BGHZ 104, 44, 48; *Habersack/Verse*, ZHR 168 (2004), 174, 209.
1888 *Habersack/Verse*, ZHR 168 (2004), 174, 188 ff., 209.
1889 *Habersack/Verse*, ZHR 168 (2004), 174, 208.

strenge Gesellschafterhaftung aufgrund faktischer Geschäftsführung durchzusetzen[1890] sowie denjenigen zu einer Insolvenzantragstellung gesetzlich zu verpflichten, der die Geschäfte der Gesellschaft faktisch in den Händen hält[1891]. Diesbezüglich sieht mittlerweile § 15a Abs. 3 InsO n. F. eine Lockerung der Insolvenzantragstellung vor, indem es die Gesellschafter bei Geschäftsführerlosigkeit in die Insolvenzverschleppungshaftung einbezieht.

1. Shadow Directorship in Deutschland

Parallelen treten demnach beim Geschäftsführer und dem *director* sowie beim faktischen Geschäftsführer und *de facto director* auf. Der *shadow director* des englischen Gesellschaftsrechts, der intern durch Weisung Einfluss auf die Geschäftsführung nimmt und nicht nach außen in Erscheinung tritt[1892], ist unter dem Begriff des Schattendirektors in dieser Form in Deutschland nicht bekannt und findet auch in § 15a InsO n. F. keine Berücksichtigung. Dies hat zur Folge, dass dem deutschen Recht eine Haftungslücke entsteht, wenn ein dominanter Gesellschafter durch interne Weisungen auf die Geschäftsführung Druck ausübt, allerdings weder nach außen in Erscheinung tritt noch den doppelten Vorsatz im Sinne einer Teilnehmerhaftung nach § 830 Abs. 2 BGB aufweist[1893]. Gesellschafter, die die Geschäftsführung intern dominieren und einen maßgeblichen Beitrag an der Insolvenzverschleppung leisten, werden auf Kosten der Geschäftsführung unangemessen privilegiert[1894]. Eine Inanspruchnahme des dominierenden Gesellschafters scheint trotz maßgeblicher Beteiligung an Entscheidungen nahezu unmöglich, da § 15a InsO, wie auch dem Wortlaut der Norm zu entnehmen ist, nicht auf Hintermänner zugeschnitten ist. Diese Privilegierung lässt sich auf die Antragspflicht des Geschäftsführers nach § 15a Abs. 1 InsO zurückführen, die sich als originäre Geschäftsführungspflicht an den unmittelbar Verantwortlichen des Unternehmens richtet. Die unbeschränkte und haftungsrechtlich nicht verfolgbare Weisungsbefugnis dominanter Gesellschafter führt praktisch dazu, dass die Figur des Gesellschafter-Geschäftsführers in der Praxis überflüssig wäre: Die Gesellschafter-Geschäftsführer würden sich mit Amtsantritt einer Haftung aussetzen, die ihnen als Gesellschafter trotz massiver Einflussnahme an den Geschäftsführer aufgrund

---

1890 Vgl. *Altmeppen*, NJW 2005, 1911, 1914; *Haas*, Geschäftsführerhaftung und Gläubigerschutz, S. 151 ff.; *Kübler*, ZGR 1995, 481, 502; *Schmidt*, ZIP 1988, 1497, 1505 ff.

1891 *Hartmann*, Die Insolvenzantragspflicht des faktischen Organs, S. 185.

1892 Klassische Fallgruppen sind Banken, Berater und Mehrheitsgesellschafter.

1893 Vgl. auch *Habersack/Verse*, ZHR 168 (2004), 174, 208.

1894 *Ehricke*, Das abhängige Konzernunternehmen in der Insolvenz, S. 240; *Ehricke*, ZGR 2000, 351, 353.

bloßer Weisungen nicht drohen würde[1895]. Schließlich können solche Gesellschafter durch Weisungen die Geschäftsleitung dirigieren, die im Vorfeld die qualifizierte Mehrheit zur Erlangung des Geschäftsführeramtes nicht erlangt haben[1896].

Die Verantwortlichkeit von Hintermännern reicht im englischen Recht wesentlich weiter und veranlasst den betroffenen *shadow director* zu einer reflektierten, den Umständen angepassten Einflussnahme zugunsten der Gläubiger. Die Regeln des englischen Rechts im Allgemeinen und das Institut des *wrongful trading* im Besonderen sind gerade daher in Bezug auf den *shadow director* weitläufiger als die Insolvenzverschleppungshaftung des deutschen Rechts. Die Haftung des Geschäftsleiters und des *shadow director* nach den Grundsätzen des *wrongful trading* entspricht der von *K. Schmidt* im deutschen Recht befürworteten „Repräsentantenhaftung“ des Geschäftsführers[1897]. Sie begründet nicht nur einen allgemeinen Konzernhaftungstatbestand, sondern verfolgt auch das Ziel, das wirtschaftliche Risiko bereits vor Insolvenz des Unternehmens an solche Personen zu dirigieren, die die Geschäftsführung des Unternehmens bestimmen und für ihr Verhalten einstehen sollten. Damit zeigt sich die Gläubigerfreundlichkeit des englischen Gesellschafts- und Insolvenzrechts zu Lasten des Managements. Die Repräsentantenhaftung wird in der deutschen Rechsprechung hingegen ausdrücklich abgelehnt[1898]. Der Haftung nach dem Rechtsinstitut des *wrongful trading* kommt mithin eine weitergehende Funktion als der deutschen Insolvenzverschleppungshaftung gemäß § 15a InsO dergestalt zu, dass sie das wirtschaftliche Risiko der Fortführung einer in der Krise befindlichen Gesellschaft demjenigen zuweist, der die Geschäfte der Gesellschaft bestimmt[1899].

Ob allein wegen des weiteren Adressatenkreises die Einführung des *wrongful trading*-Tatbestandes in das deutsche Recht sinnvoll ist, bleibt dennoch zweifelhaft[1900]. Die haftungsrechtliche Verantwortlichkeit schlägt sich regelmäßig auf die Entscheidungsfreiheit der Betroffenen nieder. Aus Angst vor einer möglichen haftungsrechtlichen Inanspruchnahme besteht die Möglichkeit, dass die Verantwortlichen nicht mehr im Sinne des Unternehmens handeln und die Geschäftsführer von einer effizienten, unabhängigen Handlungsweise Abstand nehmen. Die Einführung eines *wrongful trading*-Tatbestandes in das deutsche Recht würde sich zudem in Konkurrenz zu einer Reihe von Haftungstatbeständen wiederfinden,

---

1895 *Ehricke*, Das abhängige Konzernunternehmen in der Insolvenz, S. 240.

1896 *Kleindiek*, in: *Lutter/Hommelhoff*, GmbHG, § 37 Rn. 18 a.

1897 *K. Schmidt*, ZIP 1988, 1497, 1503; *K. Schmidt*, NJW 1993, 2934, 2935.

1898 BGHZ 26. 181, 189.

1899 *Habersack/Verse*, ZHR 168 (2004), 174, 209.

1900 *Habersack/Verse*, ZHR 168 (2004), 174, 209 f.

die auch ein Fehlverhalten außerhalb der Unternehmenskrise sanktionieren und krisenunabhängig sind. Im deutschen Gesellschaftsrecht käme insbesondere eine Haftung für Treuepflichtverletzung im Allgemeinen und für existenzvernichtenden Eingriff bei einer Einpersonen-GmbH im Besonderen in Betracht[1901]. Die Einführung des *wrongful trading*-Tatbestandes, der neben der deutschen Insolvenzverschleppungshaftung anwendbar wäre, würde das System des deutschen Gesellschaftsrechts verändern, ohne dass überragende Vorteile für den Gläubigerschutz überzeugen könnten. Das Ineinandergreifen der deutschen Insolvenzverschleppungshaftung, die Haftung für nachteilige Einflussnahme und Kapitalersatzrecht bietet eine punktgenaue Verteilung von Haftungsrisiken des deutschen Rechts[1902]. Vorgenannte Institute können ebenso durch systemimmanente Veränderungen den Gläubigerschutz verbessern[1903].

2. *Der Mutterkonzern als Schattendirektor*

Die Diskrepanz des Adressatenkreises entfacht trotz Einführung des MoMiG[1904] in Deutschland immer noch eine weitläufige Diskussion darüber, ob die Konzernmutter im Rahmen der Insolvenzverschleppung nach den Grundsätzen der faktischen Geschäftsführung stärker in die Haftung zu nehmen ist, wobei das englische Konzept des *shadow director* als unmittelbares Vorbild heranzuziehen sein könnte[1905]. Gegen die Erweiterung einer Haftung auf den Mutterkonzern ist einzuwenden, dass gemäß §§ 6 Abs. 2 S. 1 GmbHG, 76 Abs. 3 S. 1 AktG juristische Personen als Geschäftsführer ausgeschlossen sind[1906]. Zwar können die Organe des Mutterkonzerns als natürliche Personen Adressaten des § 15a Abs. 1 InsO n. F. sein und zur haftungsrechtlichen Verantwortung einbezogen werden. Dieser Grundsatz wird insbesondere durch den neuen § 15a Abs. 2 InsO ausgedrückt. Allerdings müssen sie als faktische Geschäftsführer der betroffenen

---

1901 BGHZ 149, 10, 16; BGHZ 151, 181, 186 ff.; *Fleischer*, AG 1999, 350, 357 f., 360 f.; *Habersack/Verse*, ZHR 168 (2004), 174, 209 f.; *Schubert*, Konzernrelevante Regelungen im britischen Recht, S. 192 ff.

1902 *Habersack/Verse*, ZHR 168 (2004), 174, S. 188 ff., 210.

1903 *Habersack/Verse*, ZHR 168 (2004), 174, S. 188 ff., 210.

1904 MoMiG vom 23.10.2008, BGBl. I S. 2026.

1905 *Ehricke*; Das abhängige Konzernrecht in der Insolvenz, S. 229 ff., 251; *Roth*, ZGR 1989, 420, 430 ff.; *Weber-Rey/Schneider*, [1993] 12 ICCLR 438 ff.; ähnlich *Fleischer*, AG 2004, 517, 527 f., der die Konkurrenzprobleme mit geltendem Aktienkonzernrecht thematisiert.

1906 BGHZ 150, 61, 68.

Tochtergesellschaft handeln und sich für ihr Tun verantworten[1907]. Die Vorschrift des § 63 GmbHG a. F., der die Insolvenzantragstellung auf den ordnungsgemäß bestellten Geschäftsführer beschränkte[1908], ist mittlerweile aufgehoben. Für juristische Personen besteht nunmehr die Pflicht, auch als faktischer Geschäftsführer einen Insolvenzantrag zu stellen. Allerdings hat auch die Muttergesellschaft als dominanter und herrschender Gesellschafter einer von ihr abhängigen Tochter-GmbH ähnlich einer natürlichen Person das wirtschaftliche Verlangen, die Einleitung eines Insolvenzverfahrens auf Kosten der Gläubiger zu verzögern, um Gewinn aus einer möglichen Genesung des Unternehmens und seines Anteilsbesitzes zu schlagen[1909]. Die englischen Grundsätze über die Haftung eines *shadow director* und die Einbeziehung juristischer Personen würden den deutschen Gläubigerschutz demnach optimieren und den Mutterkonzern auf der Grundlage einer faktischen Geschäftsführung stärker in die Haftung nehmen, auch wenn diese nicht sichtbar nach außen auftritt und Einfluss nimmt.

Vorteile einer Inanspruchnahme der Muttergesellschaft liegen vor allem in der Anwendbarkeit des § 43 GmbHG und der darin enthaltenen Sorgfaltspflichten auf den Mutterkonzern[1910] sowie der Vergrößerung der Haftungsmasse[1911]. Da der Mutterkonzern den Sorgfaltspflichten des § 43 GmbHG unterliegen würde, wäre er unter Umständen verpflichtet, das Tochterunternehmen zu sanieren sowie die finanzielle Situation der Tochter zu überwachen[1912]. Zudem könnte auf das Vermögen des Mutterkonzerns zurückgegriffen und die Haftungsmasse erweitert werden. Die Haftung als Schattendirektor käme für die Muttergesellschaft dort in Betracht, wo sie mit ihrem Weisungsrecht den Geschäftsführern der Tochtergesellschaft den Handlungsspielraum nimmt und Letztere nicht mehr in der Lage wäre, eigene Entscheidungen zu treffen. Die Einbeziehung des Mutterkonzerns in den Adressatenkreis führt aufgrund stärkerer Haftung dazu, dass sie ihr Handeln und die Einflussnahme auf die Tochtergesellschaft in jeder Hinsicht kritisch

1907 BGH DZWIR 2005, 519; *Hartmann*, Die Insolvenzantragspflicht des faktischen Organs, S. 188.

1908 *Stein*, ZHR 148 (1984), 207.

1909 *Förster*, System einer Insolvenzauslösung bei der GmbH, S. 150 f.; *Goette*, Die GmbH, S. 329 Rn. 6.

1910 *Ehricke*, Das abhängige Konzernunternehmen in der Insolvenz, S. 277.

1911 *Roth*, ZGR 1989, 420, 431: Problematisch ist, inwieweit zwischen den Geschäftsführern der Mutter- und Tochtergesellschaften Regressmöglichkeiten bestehen.

1912 *Drygala*, in: *Oppenländer/Trölitzsch*, Praxishandbuch der GmbH-Geschäftsführung, § 41 Rn. 4.

beobachten sowie bei gegebenenfalls auf eine Antragstellung zur Eröffnung des Insolvenzverfahrens hinwirken müsste.

Das Modell des Schattendirektors könnte ebenso hinsichtlich der Banken anzudenken sein. Banken können als juristische Personen gemäß § 6 Abs. 2 S. 1 GmbHG ebenfalls nicht das Amt des Geschäftsführers bekleiden. Zudem könnte eine faktische Geschäftsführung erst dann gegeben sein, wenn die klassischen Merkmale des faktischen Geschäftsführers erfüllt sind, namentlich die Kontrolle über Angelegenheiten im Finanz- und Personalsektor sowie eigenständige Verhandlungen mit Gläubigern[1913]. Die Kreditausgabe unter der Bedingung bestimmter Sonderrechte, insbesondere die Einschaltung von Sanierungsberatern sowie die Einhaltung betriebswirtschaftlicher Maßnahmen, ist sowohl im deutschen als auch im englischen Recht für eine faktische Geschäftsführerstellung nicht ausschlaggebend[1914]. Entscheidend ist die Außenwirkung des Bankenverhaltens. In der Praxis wird die Bank allerdings als Gesellschaftsgläubiger kein Interesse an einer Insolvenzverschleppung haben und regelmäßig darauf bedacht sein, eine Insolvenz frühzeitig zu melden[1915].

Zu beachten ist ferner die Tatsache, dass das deutsche Steuerrecht im Gegensatz zum Gesellschaftsrecht Vorschriften beinhaltet, die die Haftung solcher Personen vorsehen, die nicht als Vertreter der Gesellschaft bestellt wurden: Gemäß § 35 AO hat jedwede Person, die als vertretungsberechtigte Person der Gesellschaft handelt, den Vorschriften des Steuerrechts i.S.d. AO im gleichen Umfang wie ein offiziell bestellter Geschäftsführer nachzukommen. Der BFH hat zudem mehrfach bestätigt, dass eine Person, die wie ein faktischer Geschäftsführer handelt, ebenso eine vertretungsberechtigte Person im Sinne des Steuerrechts ist[1916]. Allerdings gehen die steuerrechtlichen Haftungstatbestände der AO über den faktischen Geschäftsführer hinaus und beinhalten ebenso Personen, die Geschäftsführertätigkeiten auf einem weniger anspruchsvollen Niveau ausführen. Unter den Vorschriften der AO können sogar solche Gläubiger in die Haftung genommen werden, die mit einer Ermächtigung einen Teil des Gesellschaftsvermögens in einer Bank umdisponieren, um die GmbH von ihren Schulden und ihrer Haftung gegenüber dem Gläubiger sowie weiteren Dritten zu befreien[1917], sofern diese Tätigkeit in den Bereich der Pflichten eines Geschäftsführers fällt[1918]. Es reicht

1913 *Himmelsbach/Achsnick*, NZI 2003, 355, 360; *Fleischer*, AG 2004, 517, 527.
1914 *Fleischer*, AG 2004, 517, 527.
1915 *Fleischer*, AG 2004, 517, 527.
1916 BFH BStBl II 1980, 526; BFH BStBl II 1989, 491.
1917 *Weber-Rey/Schneider* [1993] 12 ICCLR 438, 440.
1918 BFH BStBl II 1985, 147.

nicht aus, dass die Person im Hintergrund tätig wird, es sei denn sie ist als Kopf einer Gruppe oder der ganzen Gesellschafter anzusehen[1919].

3. *Einbeziehung von Aufsichtsräten*

Bislang unterliegt der Aufsichtsrat keiner Einbeziehung in den Adressatenkreis der Insolvenzverschleppung des deutschen Rechts. Die dem englischen *wrongful trading*-Institut unterfallenden *non executive directors* könnten sich mit einer Inanspruchnahme der Mitglieder des Aufsichtsrates eines Unternehmen vergleichen lassen. Eine Verschärfung der Haftung erscheint vor allem sinnvoll, sofern ihr Verantwortungsbewusstsein in Krisensituation sensibilisiert werden soll. Der Informationsfluss zwischen der Geschäftsführungs- oder Vorstandsebene sowie dem Aufsichtsrat als Organ der GmbH nach § 52 GmbHG oder Aktiengesellschaft nach §§ 95 ff. AktG kann schnell stagnieren[1920]. Nach anglo-amerikanischem Recht, im Speziellen nach englischem Recht, sind die Aufsichtsräte im Rahmen monistisch strukturierter Leitungsgremien als kontrollierende *non-executive directors* anerkannt und den geschäftsführenden *executive directors* unmittelbar zugeordnet. Der Informationsfluss ist aufgrund dieser Zuordnung vor allem in Krisensituationen der Gesellschaft wesentlich transparenter als nach deutschem Recht[1921]. Im deutschen Recht können Aufsichts- und Beiräte ihr Unterlassen vor und in der Krisensituation der Gesellschaft aufgrund fehlender Antragsberechtigung- und –pflicht sehr einfach rechtfertigen. Obwohl die Sanierungs- und Überwachungspflicht des sec. 214 IA 1986 weitaus flexibler ist, kommt eine Antragspflichterweiterung auf den Aufsichtsrat aufgrund der Gesetzeslage und wegen des bestehenden Informationsmangels bislang nicht in Frage[1922]. Es sollte jedoch überdacht werden, ob weitere Sanierungs- und Überwachungspflichten sowie mehr Kontrolle und eine Haftung bei fahrlässigem Verhalten für den Aufsichts- und Beirat in Erwägung zu ziehen sind[1923].

Bei einer Gesellschaft in der Rechtsform der GmbH oder anderen bestimmten Rechtsformen kann es unter Zugrundelegung der Vorschriften des Mitbestimmungsgesetzes ggf. zu dem Erfordernis von Aufsichtsräten bei sog. mitbestimmten GmbH kommen[1924]. Die Haftung des Aufsichtsrates ist nach deutscher Rechtslage nicht einheitlich zu beantworten. Der Aufsichtsrat hat den Vorstand aufgrund

---

1919 *Weber-Rey/Schneider* [1993] 12 ICCR 438, 441.

1920 *Endres*, ZHR 163 (1999), 441, 455.

1921 *Fleischer*, AcP 2004, 502, 527.

1922 Vgl. auch BGHZ 75, 96, 106.

1923 *Thümmel*, AG 2004, 83, 90; *Thümmel*, BB 2002, 1105, 1107.

1924 Vgl. § 1 Gesetz über die Mitbestimmung der Arbeitnehmer (Mitbestimmungsgesetz).

seiner Überwachungspflicht dazu anzuhalten, seine Pflichten aus § 15a InsO und § 64 GmbHG (bzw. aus § 92 AktG) zu erfüllen. In einer AG hat der Aufsichtsrat sogar gemäß § 111 Abs. 2 AktG hat ein uneingeschränktes Einsichts- und Prüfungsrecht in Bücher und Schriften der Gesellschaft. Problematisch ist die Situation, in der der Aufsichtsrat faktisch auf die Geschäftsführung Einfluss nimmt und diese von einer Insolvenzantragstellung abhält[1925]. Die Rechtsprechung fährt hierbei keine klare Linie. Im sog. Herstatt-Urteil[1926] zog der BGH eine Insolvenzverschleppungshaftung des Aufsichtsrates wegen faktischer Geschäftsführung in Erwägung. Der Aufsichtsrat soll die Leitungsorgane dominiert und alle einschlägigen Maßnahmen an sich gezogen haben. Von Sanierungsmaßnahmen soll er die Geschäftsführung abgehalten und somit maßgeblich an der Insolvenzverschleppung mitgewirkt haben. Demgegenüber spricht der BGH den Vorsitzenden des Aufsichtsrates in einem weiteren Urteil[1927] aus dem Jahre 2001 frei, obwohl dieser in Kenntnis der finanziellen Situation in einer anberaumten Sitzung gegen eine Insolvenzantragstellung gestimmt und die Geschäftsführer zu beeinflussen versucht hatte.

Bei einer Verschärfung der Aufsichtsratshaftung in der Insolvenz muss allerdings zwischen Aufsichtsräten als zwingende Institution, z.B. im Aktienrecht gemäß §§ 97 ff. AktG, und freiwilligen Aufsichts- oder Beiräten, die durch den zugrundeliegenden Gesellschaftsvertrag erlaubt und eher als beratendes Gremium zu betrachten sind, unterschieden werden. Auf den Gesellschaftsvertrag gestützte Gremien unterliegen einer Sorgfaltshaftung z.B. nach Aktienrecht gemäß §§ 93, 16 AktG, nur, wenn der Beirat aufsichtsratsähnliche Funktionen bekleidet[1928]. In allen übrigen Fällen ist eine Haftungsverschärfung selten gerechtfertigt. Der Ansatz der Haftungsverschärfung entspricht der Ansicht des Deutschen Corporate Governance Kodex und dem Ziel, Aufsichtsräte stärker zu überwachen[1929].

4. *Abwägung*

Da der Gesetzgeber durch die Einführung eines *wrongful trading*-Tatbestandes in das deutsche Recht kaum eine Verdrängung der bestehenden Institute fördern würde, ist allenfalls eine nebeneinander bestehende Konkurrenz der Ansprüche

---

1925 *Noack*, Der Aufsichtsrat in der Insolvenz der Kapitalgesellschaft, 2003, S. 45; *Thümmel*, BB 2002, 1105, 1107.

1926 BGHZ 75, 96, 107.

1927 BGH DStR 2001, 1837 f.

1928 *Konzen*, NJW 1989, 2977, 2986.

1929 *Ulmer*, ZHR 166 (2002) 150, 155.

in Betracht zu ziehen. Die Koexistenz der Insolvenzverschleppungshaftung, der Haftung für nachteilige Einflussnahme und des Kapitalrechts verteilen die Haftungsrisiken in der Gesellschaftskrise gleichmäßig in Hinblick auf den jeweiligen Verantwortungs- und Risikobereich des Beteiligten und bilden ein ineinander greifendes System der Haftungsverteilung[1930]. Das Institut des *wrongful trading* ist indes nicht in der Lage, die bestehende Risikoverteilung zu optimieren[1931].

Die Grundsätze des deutschen Rechts sollten nicht mittels eines Systemwechsels, sondern vielmehr durch systemimmanente Korrekturen eine Verbesserung finden. In Betracht kommen vor allem die Anerkennung einer Haftung für materielle Unterkapitalisierung, Modifikationen bei der Geltendmachung der Insolvenzverschleppungshaftung sowie einer Haftung maßgeblich beteiligter Gesellschafter im Rahmen der Insolvenzverschleppung[1932]. Trotz Normenkollision und Konkurrenzproblemen hat die Erweiterung auf den Schattendirektor nicht ausschließlich Nachteile, sondern ebenso eindeutige Vorzüge. Ein Vorteil des englischen Rechts ist vor allem darin zu sehen, dass die Einbeziehung des *shadow director* in der Insolvenz die Durchgriffs-, Konzern- und Bankenhaftung in einem Anspruch vereint und sowohl zur Rechtsvereinfachung als auch zur Rechtsklarheit führt. Demgegenüber ist eine Vielzahl von Ansprüchen im deutschen Haftungsrecht teilweise zusammenhangslos über verschiedene Gesetze verteilt und fördert Defizite, die vor allem aufgrund der gesonderten Vorschriften für Gesellschafter sowie dem Konzern- und Bankenwesen auftreten können. Wegen der Sondervorschriften für bestimmte Bereiche ist es nicht empfehlenswert, eine Haftungserweiterung auf den *shadow director* nach dem Vorbild des sec. 251 IA 1986 (sec. 251 CA 2006) pauschalisiert einzuführen[1933]. Da das englische Recht auch juristische Personen als Organwalter zulässt und der dogmatische Schritt vom *de jure* zum *shadow director* weniger groß ist, tut sich das englische Rechtssystem mit dem Institut des *shadow director* leichter[1934]. Die Entpersönlichung der Organwalter ist dem deutschen Recht fremd, so dass eine Übernahme des englischen *shadow director* in Anlehnung an § 43 GmbHG oder § 93 AktG die deutsche Dogmatik durchbrechen würde[1935].

1930 *Habersack/Verse*, ZHR 168 (2004), 174, 210.
1931 *Fleischer*, AG 1999, 350, 360.
1932 *Habersack/Verse*, ZHR 168 (2004), 174, 210.
1933 *Fleischer*, AG 1999, 350, 361.
1934 *Fleischer*, AG 1999, 350, 361.
1935 *Fleischer*, AG 1999, 350, 361.

Zur Verbesserung des systemimmanenten Gläubigerschutzes scheint es vielmehr sinnvoll, die jeweilige Fallgruppe einzeln nach dem Bedarf einer Haftungsausdehnung auf den indirekten Verursacher, der aufgrund von Weisungen die Stellung des Insolvenzantrages verzögert und zur Insolvenzverschleppung maßgeblich beigetragen hat, auszuweiten. In § 15a Abs. 3 InsO hat der Gesetzgeber in diesem Sinne Haftungsverschärfungen auf der Grundlage des MoMiG normiert und nimmt die Gesellschafter wegen verspäteter oder unterlassener Insolvenzantragstellung vermehrt in die Haftung. Damit hat sich der deutsche Gesetzgeber zu einer systemimmanenten Haftungserweiterung entschlossen[1936].

Allerdings sollte im Rahmen einer Abwägung über die Haftungsausdehnung beachtet werden, dass englische Gerichte den *wrongful trading*-Tatbestand trotz seiner Funktion als Haftungstatbestand, der Erstreckung auf einen weitläufigeren Adressatenkreis sowie geringer Haftungsmasse der Gesellschaft sehr zurückhaltend anwenden[1937]. Seit der Entscheidung in der Rechtssache Salomon v. Salomon[1938] zeigt die englische Rechtsprechung wenige, allerdings konstante Ambitionen, von ihrem haftungsrechtlichen Trennungsprinzip abzulassen. Aufgrund des subjektiven und objektiven Maßstabes, der Prognoseentscheidungen sowie der Nachweisbarkeit besteht regelmäßig das Risiko, einen Anspruch aus *wrongful trading* nicht durchsetzen zu können[1939]. Demgegenüber findet die Durchgriffshaftung des deutschen Rechts auf den Geschäftsführer häufige Anwendung. Über § 823 Abs. 2 BGB i.V.m. § 15a Abs. 1 InsO n. F. droht dem Geschäftsführer eine Haftung für den Fall, dass er zum Nachteil der Gläubiger gehandelt und in der Unternehmenskrise die Sorgfalt eines ordentlichen Geschäftsführers durch verzögerte Stellung des Insolvenzantrages nicht angewendet hat.

Die Übernahme der Regelung zur Insolvenzverschleppung gemäß § 64 Abs. 1 GmbHG a. F. in die Vorschrift des § 15a InsO n. F. stellt zudem klar, das durch die rechtsformneutrale, insolvenzrechtliche, nicht mehr gesellschaftsrechtliche Struktur der Regelung die Antragspflicht auch für ausländische Gesellschaften bzw. ihre

---

1936 Befürworter der systemimmanenten Haftungsausdehnung: *Habersack/Verse*, ZHR 168 (2004), 174, 210.

1937 Re D. K. G. Contractors Ltd. [1990] BCC 903; Re Purpoint Ltd. [1991] BCLC 491; Re Fairmont Tours (Yorkshire) Ltd., erwähnt in: Sargent [1990] Insolvency Intelligence 7 (Case Comment); Re Produce Marketing Consortium Ltd. [1989] BCLC 513.

1938 Salomon v. Salomon [1897] AC 22, für eine ausführliche Würdigung *Sealy*, [1998] 16 Company and Securities LJ 176.

1939 *Just*, Die englische Limited in der Praxis, 2008, Rn. 185.

Vertretungsorgane gelten soll[1940]. Dies führt insbesondere zu einer Haftungsausdehnung, da über Art. 3, 4 EuInsVO nunmehr auch Auslandsgesellschaften bzw. ihre Vertretungsorgane, die ihren Sitz im Ausland, aber ihren gesamten Geschäftsbetrieb im Inland haben, in die Insolvenzantragspflicht eingebunden sind[1941]. Ob die Einführung eines *wrongful trading*-Tatbestandes daher zu einer zusätzlichen Verbesserung der Durchgriffshaftung zu Gunsten des Gläubigerschutzes führt, ist zweifelhaft[1942].

II. Funktion der Normen

Die Funktion der deutschen Insolvenzverschleppungshaftung verfolgt neben einem optimalen Gläubigerschutz, vorhandenes Vermögen der Gesellschaft zu erhalten, und dem Schutz des Geschäftsverkehrs, mit insolventen Gesellschaften in Geschäftskontakt zu treten, auch das Ziel, die außergerichtliche Sanierung des Unternehmens zu fördern[1943]. Die Ziele müssen zweckgemäß in einen optimalen Ausgleich gebracht werden, um sich gegenseitig bestmöglich zu ergänzen. Allerdings birgt eine Sanierung der Gesellschaft erneut Risiken für den Gläubiger, sofern die eingeleiteten Maßnahmen als nicht erfolgreich erweisen. Gemäß § 15a InsO hat der Verantwortliche daher ab Vorliegen der Insolvenzgründe einen Zeitraum von drei Wochen bis zur Insolvenzantragstellung, um eine außergerichtliche Sanierung zur Rettung des Unternehmens einzuschätzen, durchzuführen und eine Liquidierung der Gesellschaft zu vermeiden. § 15a Abs. 1 InsO n. F. gewährleistet demnach einen gewissen Handlungsspielraum, um Sanierungsmaßnahmen einzuleiten. Allerdings ist die in § 15a Abs. 1 InsO genannte Dreiwochenfrist eine Höchstfrist, so dass der Geschäftsführer mangels objektiver Sanierungschancen der Gesellschaft unverzüglich einen Insolvenzantrag zu stellen hat[1944]. Die außergerichtliche Sanierung hat den Vorteil, dass weder Verfahrenskosten anfallen noch eine Wertminderung des Aktivvermögens infolge der Insolvenzantragstellung vorliegt. Der Geschäftführer einer in der Krise befindlichen Gesellschaft sollte daher in den Grenzen des § 15a InsO die Möglichkeit der außergerichtlichen Sanierung erhalten, ohne sich nach den Grundsätzen der Insolvenzverschleppungshaftung haftbar zu machen.

1940 *Bußhardt*, in: *Braun*, InsO, § 15a Rn. 2; zu Einzelheiten der Einordnungder Insolvenzverschleppungshaftung und Anwendbarkeit siehe Vierter Teil, § 2 A.

1941 *Bußhardt*, in: *Braun*, InsO, § 15a Rn. 2.

1942 Verneinend *Habersack/Verse*, ZHR 168 (2004), 174, 214 f.

1943 *Haas*, in: *Baumbach/Hueck*, GmbHG, § 64 Rn. 109, 118.

1944 *Haas*, in: *Baumbach/Hueck*, GmbHG,§ 64 Rn. 118, 123.

Die englische *wrongful trading*-Haftung sieht ebenso die Befriedigung der Gläubigerforderungen aus dem laufenden Geschäftsbetrieb als vorzugswürdig an[1945]. Das sehr gläubigerfreundliche Vereinigte Königreich schließt sich zeitgemäß dennoch dem Streben nach einer außergerichtlichen Sanierung zur Rettung der Gesellschaft an. Die aktuelle Gesetzeslage schafft Anreize für das Unternehmen und die Geschäftsleitung, sich stetig zu überprüfen, eine frühzeitige Sanierung der Gesellschaft zu veranlassen und einer insolvenzbedingten Liquidierung zu entkommen. Die sofortige Einstellung des Geschäftsbetriebes ist daher nicht immer die richtige Lösung[1946]. Die Normierung der *directors' duties* in sec. 170 ff. CA 2006 gibt dem *director* einen normierten Leitfaden über seine Pflichten an die Hand und fördert die frühzeitige Überprüfung etwaiger Sorgfaltspflichten, einschließlich der finanziellen Situation des Unternehmens, außerhalb eines insolvenzrechtlichen Liquidierungsverfahrens[1947]. Dies beugt neben haftungsrechtlichen Gesichtspunkten ebenso dem Abrutschen der Gesellschaft in die Insolvenz vor.

B. Inhalt und Rechtsfolgen des Anspruchs

Nach anfänglicher Euphorie[1948] wird das Institut des *wrongful trading* mittlerweile eher nüchtern betrachtet[1949]. Einschlägige Gerichtsentscheidungen finden sich im Gegensatz zur Insolvenzverschleppungshaftung nach § 823 Abs. 2 BGB i. V. m § 64 Abs. 1 GmbHG a. F. bzw. § 15a Abs. 1 InsO n. F. in überschaubarer Anzahl[1950].

I. Umfang der Antragspflichten und deren Auswirkungen

Der materielle Grundsatz des *wrongful trading*-Institutes, die Gläubigerinteressen zu wahren, führt im Gegensatz zum deutschen Recht zu einem unterschiedlichen haftungsbegründenden Fehlverhalten bei der Insolvenzverschleppung nach englischem Recht. Der *director* ist im Gegensatz zum GmbH-Geschäftsführer nicht

1945 *Habersack/Verse*, ZHR 168 (2004), 174, S. 194 f.

1946 *Habersack/Verse*, ZHR 168 (2004), 174, S. 194.

1947 Vgl. Wortlaut der sec. 170 ff. CA 2006.

1948 *Prentice* [1990] 10 OJLS 265, 277: "unquestionably one of the most important developments in company law this century".

1949 *Cheffins*, Company Law, S. 539–541; *Finch*, Corporate Insolvency Law, S. 513–515; abschwächend *Hirt*, ECFR 2004, 71, 103; *Pettet*, Company Law, S. 36 f.

1950 *Habersack/Verse*, ZHR 168 (2004), 174, 180, 194; *Just*, Die englische Limited in der Praxis, 2008, Rn. 185.

gesetzlich verpflichtet, bei Zahlungsunfähigkeit oder Überschuldung der Gesellschaft unverzüglich einen Insolvenzantrag zu stellen[1951]. Gemäß sec. 124 (1) IA 1986 ist er zudem regelmäßig nicht in der Lage, alleine einen Insolvenzantrag zu stellen, sondern bedarf der einstimmigen Mitwirkung der anderen *directors*[1952]. Diese Faktoren wirken im Unterschied zu deutschem Recht haftungserleichternd auf den *director*. Zudem überlässt das englische Recht der Geschäftsleitung einen gewissen, vom Gericht nicht überprüfbaren Beurteilungsspielraum mit mehr Raum für unternehmerfreundliche Entscheidungen[1953].

Unterschiede waren bis zur Änderung des Überschuldungsbegiffs durch das FMStG[1954] gerade dann ersichtlich, wenn zugunsten der Gesellschaft eine positive Fortbestehungsprognose besteht. Während der auf Grundlage des FMStG ausgesetzte und nunmehr aufgrund der Enntfristung nicht mehr geltende Überschuldungsbegriff des deutschen Rechts die Insolvenzantragspflicht bei Vorliegen einer positiven Fortbestehungsprognose nicht entfallen ließ[1955], sondern als Bewertungsmaßstab für Vermögensaufstellungen der Gesellschaft heranzog, wurde der director nach englischem Recht bei Bestehen einer positive Fortbestehungsprognose zur Ursachenbekämpfung und umfangreichen Sanierung des Unternehmens ermutigt. Da im Interesse der Gläubiger im Rahmen einer stillen Sanierung oder zum Werterhalt der Vermögensmasse bei Erfüllung vorteilhafter Verträge die Fortführung der Gesellschaft im Sinne eines Weiterwirtschaftens erforderlich ist, wirkt die Insolvenzantragstellung im Falle einer Überschuldung nicht zwangsläufig zugunsten des Geschäftsführers entlastend[1956]. Durch die Einführung des neuen Überschuldensbegriffs nach FMStG, der zunächst bis zum 31. Dezember 2013 galt und sodann entfristet wurde, wird nunmehr auf den alten Überschuldungsbegriff des BGH[1957] zurückgegriffen, der eine positive Fortbestehungsprognose für

---

1951 Vgl. Wortlaut des § 15a InsO und sec. 214 IA 1986.

1952 Re Instrumentation Electrical Services Ltd. [1988] 4 BCC 301, 303: "they must act unanimously"; *Schall*, ZIP 2005, 965, S. 970; *Sealy/Milman*, Annotated Guide to the Insolvency Legislation 2006/2007, sec. 124 (1) IA 1986, S. 149, 151.

1953 *Habersack/Verse*, ZHR 168 (2004), 174, 187.

1954 Gesetz zur Umsetzung eines Maßnahmenpakets zur Stabilisierung des Finanzmarktes (Finanzmarktstabilisierungsgesetz) vom 17.10.2008, BGBl. I S. 1982 ff.; vgl. auch *Bußhardt*, in: *Braun*, InsO, § 19 Rn. 1 ff.

1955 *Bußhardt*, in: *Braun*, InsO, § 19 Rn. 8.

1956 *Goode*, Principles of Corporate Insolvency Law, S. 427 f.; *Davies*, Gower and Davies' Principles of Modern Company Law, S. 198 f.; *Habersack/Verse*, ZHR 168 (2004), 174, S. 194 f.; *Mock/Westhoff*, DZWIR 2004, 23, S. 24.

1957 BGHZ 119, 201.

ausreichend hielt, den Überschuldungstatbestand zu verneinen[1958]. Insofern ähnelt die deutsche Gesetzeslage momentan dem englischen Recht. Die dargestellten Grundsätze zur Überschuldung bedeuten allerdings nicht, dass eine Haftung aus wrongful trading zwingend später einsetzt als nach der deutschen Insolvenzerschleppungshaftung. Eine Haftung aus wrongful trading kann bereits dann einsetzen, wenn bereits in diesem frühen Stadium der Krise die Fortführungsprognose nachweislich negativ ausfallen musste[1959]. Allerdings dürfte der vom Insolvenzverwalter zu erbringende Nachweis, dass keine Aussicht auf Rettung der Gesellschaft bestand, für Zeiträume vor der Insolvenz schwer zu führen sein[1960].

Während die offene Sanierung in Deutschland vor allem arbeitsrechtliche Vorteile verfolgt, ist das englische Recht im Rahmen einer Sanierung vor allem auf die Erhaltung des *goodwill* fokussiert[1961]. Zusammenfassend bleibt festzuhalten, dass die fehlende Antragspflicht sowie der weite Handlungs- und Beurteilungsspielraum dem *director* ermöglicht, einen besseren Ausgleich zwischen den Gläubiger- und Gesellschafterinteressen vor allem bei unklaren Zukunftsaussichten der in der Krise befindlichen Gesellschaft zu schaffen.

II. Verschuldensmaßstab

Gemäß § 823 Abs. 2 BGB i.V.m. § 15a Abs. 1 InsO reicht für sämtliche Tatbestandsvoraussetzungen der Insolvenzverschleppungshaftung eine fahrlässige Begehungsweise aus, d.h. mithin bereits die einfache Fahrlässigkeit im Sinne des § 276 Abs. 2 BGB aus[1962]. Demgemäß handelt fahrlässig, wer die im Verkehr erforderliche Sorgfalt außer Acht lässt. Die Schwelle zur Annahme eines Verschuldens liegt nach englischem Recht höher und verursacht entscheidende Schutzlücken, die aufgrund des in sec. 214 (4) IA 1986 normierten objektiven und subjektiven Anforderungen an den Sorgfaltsmaßstab nicht anderweitig geschlossen werden können. Je höher die eigenen persönlichen Fähigkeiten des *director* einzustufen sind, desto geringer ist die Anwendung des objektiv heranzuziehenden Beurteilungsmaßstabs.[1963]. Die Bestimmung des maßgeblichen Zeitpunkts ist wegen der

---

1958 *Bußhardt*, in: *Braun*, InsO, § 19 Rn. 8.

1959 *Habersack/Verse*, ZHR 168 (2004), 174, 188.

1960 *Habersack/Verse*, ZHR 168 (2004), 174, 188.

1961 *Schall*, ZIP 2005, 965, 970.

1962 *Haas*, in: *Baumbach/Hueck*, GmbHG, § 64 Rn. 126.

1963 *Cooke/Hicks* [1993] JBL 338–339; *Habersack/Verse*, ZHR 168 (2004), 174, 184; *Keay*, Company Directors' Responsabilities to Creditors, S. 88; *Schwilden*, Die rechtliche Stellung des GmbH-Geschäftsführers und des managing directors, S. 126 f.; *Tolley's* Corporate Insolvency Handbook, S. 234.

allgemein gehaltenen Regelung in sec. 214 (4) IA 1986 zu der objektiven und subjektiven Erkennbarkeit des Zeitpunkts, ab dem keine vernünftige Aussicht auf Abwendung der insolvenzbedingten Liquidation mehr besteht (*moment of truth*), schwierig und unsicher[1964]. Die Spruchpraxis englischer Gerichte neigt dazu, den Sorgfaltsmaßstab des sec. 214 (4) IA 1986 nicht konsequent anzuwenden und den *moment of truth* vergleichsweise spät anzunehmen[1965].

III. Haftungsumfang

Ein Vergleich der Ansprüche des deutschen und des englischen Rechts ergibt weitestgehend Unterschiede hinsichtlich des Haftungsumfangs.

1. Schadensumfang

Im Rahmen der Insolvenzverschleppungshaftung gesteht das deutsche Recht den Altgläubigern den sog. Quotenschaden sowie den Neugläubigern seit einer Entscheidung des BGH[1966] sogar die Geltendmachung eines negativen Vertrauensschadens zu[1967]. Letzterer umfasst den Schaden, der dem Neugläubiger nach Insolvenzeintritt dadurch entsteht, dass er auf die Gültigkeit seines Rechtsgeschäfts, auf die Richtigkeit einer Erklärung oder auf die Solvenz des Unternehmens vertraut. Demgegenüber können Alt- und Neugläubiger nach sec. 214 IA 1986 nur den Schaden im Hinblick auf den Ausfall geltend machen (sog. Verlustausgleichsschaden), der ihnen durch die Weiterführung des Unternehmens nach dem *moment of truth* entstanden ist[1968]. Dieser Haftungsumfang entspricht der früheren Rechtsprechung des BGH, sowohl den Alt- als auch den Neugläubigern den Quotenschaden zuzugestehen[1969]. Zudem bestehen unterschiedliche Berechnungszeiträume der einschlägigen Ansprüche. Die englische Haftung vergleichen bei ihrer Berechnung der Verlustausgleichshaftung den Eintritt des *moment of truth* mit dem Zeitpunkt, in dem tatsächlich die Liquidation der Gesellschaft eingeleitet wurde (sog. *net deficiency test*)[1970]. Die Gerichte orientieren sich an dem Schaden der Gesellschaft und betrachten das Ausmaß der Überschuldung

1964 *Habersack/Verse*, ZHR 168 (2004), 174, 184.
1965 *Habersack/Verse*, ZHR 168 (2004), 174, 184.
1966 BGHZ 126, 181 = NJW 1994, 2220.
1967 *Haas*, in: *Baumbach/Hueck*, GmbHG, § 64 Rn. 127.
1968 *Habersack/Verse*, ZHR 168 (2004), 174, 197.
1969 BGHZ 29, 100, 102 ff.
1970 *Habersack/Verse*, ZHR 168 (2004), 174, 197.

zu Beginn des Liquidationsverfahrens[1971]. Der haftungsauslösende Zeitpunkt des englischen Rechts liegt zeitlich demnach wesentlich weiter hinten als die deutsche Insolvenzantragspflicht. Die deutsche Gerichtsbarkeit hat für die Festsetzung der Haftungssumme in der Regel den Zeitraum von Überschuldung bis Antragstellung in Betracht zu ziehen und eine dementsprechend längere Zeitperiode zu berücksichtigen. Der Quotenschaden ist die Differenz zwischen dem bei rechtzeitiger Insolvenzantragstellung erzielbarer und der tatsächlich erzielten Insolvenzquote[1972]. Das deutsche Recht betrachtet daher nicht den Schaden der Gesellschaft, sondern den (Quoten-) Schaden der (Alt-) Gläubiger. Der Quotenschadensersatz und die Verlustausgleichspflicht unterscheiden sich letztlich in ihrer Berechnungsweise: Liegt eine rechtzeitige Stellung eines Insolvenzantrages vor, ist die zu diesem Zeitpunkt vorhandene Vermögensmasse in Bezug zum Gesamtbestand der Forderungen, die zum damaligen Zeitpunkt gegen das Unternehmen bestanden haben, und zur Anzahl der Gläubiger zu setzen, um die fiktive Quote nach deutschem Recht zu erhalten.[1973].

Das englische Recht betrachtet die hypothetische und die in Wirklichkeit zur Verfügung stehende Masse getrennt und setzt sie nicht in Beziehung zueinander. Die isolierte Betrachtungsweise gibt daher einen anderen Wert wieder als ihn die Berechnung des Quotenschadens hat, so dass sich die Werte des Schadensausgleichs letztlich unterscheiden[1974]. Die Höhe der Ersatzleistung des englischen Rechts bestimmt sich zudem nach billigem Ermessen. Das Gericht hat im Rahmen seines Ermessensspielraums die Möglichkeit, die Kompensationszahlung nach dem Grad des Verschuldens abzustufen und bei leichter Fahrlässigkeit des *director* entsprechende Abschläge zu machen[1975]. Es gibt eine Vielzahl von Fällen, in denen die Gesellschaftsgläubiger einen höheren Anspruch nach der Methode der Verlustausgleichspflicht erhalten[1976]. Lässt man die Ermessenausübung englischer Gericht außer Betracht, schütten beide Rechtssysteme praktisch nur eine anteilige Quote aus. Die Haftung aus *wrongful trading* bleibt insofern gegenüber der momentanen Rechtsprechung deutscher Gerichte und dem gewährten Schadensumfang zurück. Alt- und Neugläubiger bekommen nur den Quotenschaden

1971 *Wheeler* [1993] JBL 256, 257.

1972 *Haas*, in: *Baumbach/Hueck*, GmbHG, § 64 Rn. 133.

1973 BGHZ 138, 211, 213.

1974 *Dauner-Lieb*, ZGR 1998, 617, 625; a. A. *Bachner*, EBOR 5 (2004) 293, 312.

1975 *Habersack/Verse*, ZHR 168 (2004), 174, 198.

1976 BGHZ 138, 211, 213.

ersetzt[1977]. Hierin ist eine große Schwäche des englischen Haftungsinstituts zu sehen.

Auf der Rechtsfolgenseite erhält der geschädigte Gläubiger im Rahmen der Insolvenzverschleppung einen direkten Schadensersatzanspruch, wobei der Quotenschaden der Altgläubiger während des Insolvenzverfahrens gemäß § 92 InsO vom Insolvenzverwalter und der Neugläubigerschaden vom Neugläubiger selbstständig geltend zu machen ist[1978]. Nach englischem Recht wird nicht zwischen Alt- und Neugläubigern differenziert. Der Richter legt den Beitrag zum Gesellschaftsvermögen billigkeitsabhängig fest. Ein unmittelbarer Schadensersatzanspruch gegen den *director* besteht nicht, da dieser nach vorheriger Abwägung der Erfolgsaussichten vom Liquidator geltend zu machen ist[1979]. Ein darüber hinausgehender Vertrauensschaden wird nicht kompensiert[1980]. Die Einführung eines *wrongful trading*-Tatbestandes würde dementsprechend eine Haftungsverschärfung zugunsten der Gläubiger durchsetzen und zum Gegenteil führen. In Deutschland kommt zudem hinzu, dass neben Quoten- und Vertrauensschaden der Anspruch aus § 64 S. 1 GmbHG n. F. wegen verbotener Zahlungen in der Insolvenz pfändbar ist und dem Gläubiger eine zusätzliche Sicherheit vermittelt.

Die Gleichbehandlung von Alt- und Neugläubigern sowie ein mangelndes, eigenes Klagerecht wirken sich auf die Finanzierung des Prozesses nachteilig aus. Können die Prozesskosten mangels Masse nicht bezahlt werden, werden Gläubiger bei Aussicht auf eine magere Quote sowie auf die Beteiligung von Neugläubigern keine eigenen Mittel für die Verfolgung des Prozesses zur Verfügung stellen. Die schwierige Beweislastverteilung, die später noch einer eingehenden Erörterung zu unterziehen ist, sowie die dargestellten Nachteile bei Masselosigkeit zeigen gravierende Gründe für die wenigen Entscheidungen der letzten Jahrzehnte, die auf *wrongful trading* basieren. Im Rahmen der Masselosigkeit des Unternehmens bleibt den Gläubigern lediglich die Verfolgung ihrer Ansprüche nach sec. 212 IA 1986 wegen Pflichtverletzung der *directors' duties*[1981]. Zudem fordern immer mehr Stimmen in der englischen Literatur, dass Neugläubigerrechte gestärkt werden

1977 *Schall*, ZIP 2005, 965, 967, 970; *Wilhelmi*, GmbHR 2005, 13, 17.

1978 *Haas*, in: *Baumbach/Hueck*, GmbHG, § 64 Rn. 141.

1979 *Habersack/Verse*, ZHR 168 (2004), 174, 195.

1980 *Habersack/Verse*, ZHR 168 (2004), 174, 197.

1981 *Griffin*, Personal Liability and Disqualification of Company Directors, S. 84 ff.; *Schall*, ZIP 2005, 965, 968.

und Neugläubiger nach Eintritt der Insolvenz einen eigenen Schaden geltend machen können[1982].

2. *Innen- und Außenhaftung der Geschäftsleitung*

Die Geltendmachung dieser Ansprüche offenbart weitere Unterschiede des deutschen und englischen Rechts. Die Haftung nach sec. 214 IA 1986 folgt trotz seines Durchgriffscharakters einer Innenhaftung gegenüber der Gesellschaft, die ausschließlich vom Insolvenzverwalter und somit erst nach Insolvenzverfahrenseröffnung geltend gemacht werden kann[1983]. Das deutsche Recht kennt zwar ebenso bei Zahlungen nach Eintritt der Insolvenzreife im Sinne des § 64 S. 1 GmbHG n. F. eine Innenhaftung des Geschäftsführers gegenüber der Gesellschaft, die sich die Gläubiger dadurch zu Nutze machen, dass sie den Ersatzanspruch der Gesellschaft pfänden lassen und den Geschäftsführer sodann aus abgeleiteten Recht in Anspruch nehmen[1984]. Die Haftung aus Insolvenzverschleppung infolge einer Verletzung der Insolvenzantragspflicht begründet hingegen eine Außenhaftung des Geschäftsführers gegenüber den Gläubigern der Gesellschaft, welche bei Eröffnung des Insolvenzverfahrens gemäß § 92 InsO als Gesamtgläubigerschaden vom Insolvenzverwalter geltend gemacht wird[1985]. Zu beachten ist, dass § 92 InsO nur auf den Quotenschaden der Altgläubiger anwendbar ist. Neugläubiger haben ihren Vertrauensschaden individuell geltend zu machen und einzuklagen[1986]. Zudem findet § 92 InsO im Fall des § 26 InsO keine Anwendung, wenn das Insolvenzverfahren mangels die Verfahrenskosten deckender Masse nicht eröffnet werden kann. § 26 Abs. 3 S. 1 InsO normiert, dass derjenige, der einen Vorschuss im Sinne des § 26 Abs. 1 S. 2 InsO geleistet hat, die Erstattung des Betrages direkt von demjenigen verlangen kann, der den Insolvenzantrag zu spät oder gar nicht gestellt hat. Sowohl Alt- als auch Neugläubiger haben ihre Ansprüche aus § 26 InsO direkt gegen den Geschäftsführer zu richten[1987].

1982 *Griffin*, Personal Liability and Disqualification of Company Directors, S. 84 ff.; *Hickes* [1993] Company Lawyer 16, 17.

1983 *Habersack/Verse*, ZHR 168 (2004), 174, 211.

1984 Vgl. für § 64 Abs. 2 GmbHG a. F.: BGH ZIP 2000, 1896; *K. Schmidt*, in: *Scholz*, GmbHG, § 64 Rn. 44; für die Haftung existenzvernichtender Eingriffe ebenso *Ulmer*, ZIP 2001, 2021, 2027 f.

1985 *Kroth*, in: *Braun*, InsO, § 92 Rn. 3: Hauptanwendungsfall des § 92 InsO ist die Insolvenzverschleppungshaftung; *Habersack/Verse*, ZHR 168 (2004), 174, 211.

1986 *Kroth*, in: *Braun*, InsO, § 92 Rn. 8.

1987 *Habersack/Verse*, ZHR 168 (2004), 174, 212.

Eine Übernahme des *wrongful trading* in das deutsche Recht würde zu einer Benachteiligung der Gläubiger führen und zudem systemimmanente Schranken, insbesondere hinsichtlich der Innen- und Außenhaftung sowie der Anwendbarkeit des § 92 InsO, unterlaufen. Der Grundsatz der Gläubigergleichbehandlung kann in England nur dadurch gewahrt werden, dass die Ansprüche aus *wrongful trading* ausschließlich vom Insolvenzverwalter geltend gemacht werden können. Einzelne Gläubiger können nicht aus abgetretenem Recht aufgrund der Insolvenzverschleppung gegen den *director* vorgehen.

3. *Richterliches Ermessen*

Englische Gerichte haben im Rahmen eines *wrongful trading*-Anspruchs einen weiten Ermessensspielraum, der eine präzise Schadenskalkulation nicht erforderlich macht und die Möglichkeit eröffnet, den Schadensumfang je nach Verschuldensgrad des *director* einzelfallgerecht zu bestimmen[1988]. Die Unkalkulierbarkeit des Schadens unterliegt im englischen Rechtskreis allerdings einer gefestigten Rechtsprechung sowie Rechtstradition, die eine starke Verankerung genießt[1989]. Wesentlich höhere Schadenszahlungen als in Deutschland kommen vor allem dann zum Zuge, wenn eine ungefähre Schadensangabe mangels Buchführung nicht ersichtlich ist[1990].

Die Schadensberechnung nach deutschem Recht unterliegt einer Ermessensbegrenzung im Sinne des § 287 ZPO, der nur bei Berechnung des Quotenschadens anzuwenden ist. Streiten die Parteien über die Entstehung und Höhe des Schadens oder ein zu ersetzendes Interesse, entscheidet das Gericht unter Würdigung der Gesamtumstände sowie nach freier Überzeugung über den Streitgegenstand[1991]. Dabei hat der Richter die Wahl zwischen einer abstrakten und konkreten Schadensberechnung, die er seiner Kalkulation zugrunde legen darf. Er hat neben den Ermessengrundlagen eine Schätzung der Schadensumme anzugeben[1992]. Im Gegensatz zur englischen Schadensberechnung lässt § 287 ZPO nicht die Möglichkeit offen, die Haftungshöhe nach der Schwere des Verschuldens und moralischer Motive zu begründen und eine Abstufung nach dem Verschuldensgrad vorzunehmen[1993]. Die Schadensbemessung des deutschen Rechts orientiert sich an §§ 249 ff. BGB, während aufgrund des Ermessen im englischen

1988 *Habersack/Verse*, ZHR 168 (2004), 174, 198.
1989 *Bachner*, EBOR 5 (2004) 293, 315.
1990 *Bachner*, EBOR 5 (2004) 293, 315.
1991 *Reichold*, in: *Thomas/Putzo*, ZPO, § 287 Rn. 1 ff.
1992 *Greger*, in: *Zöller*, ZPO, § 287 Rn. 7 f.
1993 *Bachner*, EBOR 5 (2004) 293, 315.

Recht durchaus ein strafender Charakter in die Schadensbewertung einfließen kann. Seit der Rechtsprechungsänderung zum Vertrauensschaden der Neugläubiger und der strengeren Anwendung des § 64 S. 1 GmbHG n. F. könnte § 287 ZPO mittlerweile zudem erheblich an Bedeutung verloren haben[1994]. Die Schadensberechnung durch ein Ermessen der Gerichte zu vereinfachen, wird sich in Deutschland allerdings nicht durchsetzen lassen, da die damit verbundene Rechtsunsicherheit, auch für den Richter, der in der Festsetzung der Schadenshöhe nunmehr frei walten könnte, zu ungerechtfertigten Unterschieden in der Schadensberechnung und zu Benachteiligungen der Gesellschaftsgläubiger führen würde[1995]. Die bisherige Rechtslage orientiert sich an der Beweislage und vermeidet Billigkeits- und Sympathieentscheidungen des Richters.

4. *Unternehmerisches Handlungsermessen*

Eine außergerichtliche Sanierung ist nur dann zu gewährleisten, wenn dem Unternehmer ein Handlungsermessen zugestanden wird, das die Rettung der Gesellschaft ermöglicht. Die Maßstäbe der Insolvenzverschleppungshaftung dürfen daher keinesfalls so einengend sein, dass dem Geschäftsführer ein Handeln ohne anschließende haftungsrechtliche Konsequenzen verwehrt ist[1996]. Sowohl die Unternehmensfortführung als auch die insolvenzbedingte Gesellschaftsauflösung benötigen in jedem Fall Prognoseurteile seitens der Geschäftsführung, die nur durch ein unternehmerisches Handlungsermessen gewährleistet werden können[1997]. Der Beurteilungsspielraum des Geschäftsleiters ist in beiden Rechtskreisen nachweislich nur eingeschränkt überprüfbar[1998]. Begrenzt wird dieser Handlungsspielraum zumindest im deutschen Recht durch die Tatbestände des §§ 43, 64 GmbHG n. F. und § 15a InsO n. F., die bereits ein leicht fahrlässiges Verhalten sanktionieren[1999]. Zudem ist in der Krise des Unternehmens nicht ausgeschlossen, dass sich die Gesellschaft von der finanziell kritischen Situation

1994 BGHZ 126, 181 = NJW 1994, 2220.

1995 *Röhricht*, ZIP 2005, 505, 515.

1996 Für einen haftungsfreien Ermessensspielraum: BGHZ 135, 244, 255 (ARAG/Garmenbeck-Urteil).

1997 *Luttermann/Vahlenkamp*, ZIP 2003, 1629, 1630.

1998 BGHZ 126, 181, 199 = NJW 1994, 2220, 2224; BAG NZG 1999, 116, 117; *Habersack/Verse*, ZHR 168 (2004), 174, 187; *Jack QC*, in: Re Sherborne Associates Ltd. [1995] BCC 40, 54: "danger of hindsight"; House of Commons, Hansard, Parliamentary Debates, Bd. 83 Sp. 568: "a matter of business judgement"; "the need for quick decisions and decisions which have to be made in the heat of the moment."

1999 Vgl. zu § 15a InsO: *Haas*, in: *Baumbach/Hueck*, GmbHG, § 64 Rn. 126.

erholt. Um sich die Möglichkeit einer Sanierung sowie geeigneter Gegenmaßnahmen offen zu halten, ist ein Handlungsspielraum des Geschäftsführers zur Rettung des Unternehmens von entscheidender Bedeutung und nahezu unerlässlich. Der Geschäftsführer kann Sanierungsverhandlungen mit den Gläubigern oder den Gesellschafter führen[2000]. Der Geschäftsleiter darf sich in dieser Situation nicht in seinem Handeln eingeengt sehen und auf zur Betriebsfortführung und Sanierung notwendige Maßnahmen verzichten. Da die Fortführung des Unternehmens nunmehr allerdings zu Lasten der Gläubiger geht, muss ihm gleichzeitig eine Beschränkung seines Handelns ab Beginn der Krise oder unvermeidbarem Insolvenzeintritt bewusst sein. Das Institut des *wrongful trading* verpflichtet den *director* im Fall einer unausweichlichen Insolvenz zu Gunsten der Gesellschaftsgläubiger zu einer Minimierung des Ausfallrisikos und sanktioniert riskante Geschäfte zum Nachteil des Geschäftsleiters mit seiner persönlichen Einstandspflicht, wenn der *moment of truth* nachweisbar eingetreten ist. Der Zeitpunkt, ab dem eine Sanierung aussichtslos ist, bleibt für den Geschäftsleiter aus einer *ex ante*-Perspektive schwer bestimmbar und birgt daher einige Unwägbarkeiten.

Letztlich lässt die deutsche Insolvenzverschleppungsregelung des § 15a InsO n. F. mit seiner Dreiwochenfrist neben einer Insolvenzantragstellung nur wenig Raum für einen Aktionsradius des Geschäftsführers. Zudem macht es die ergänzend anwendbare Vorschrift des § 64 S. 1 GmbHG n. F. für den Geschäftsführer fast unmöglich, das Unternehmen nach Eintritt der Zahlungsunfähigkeit oder Feststellung der Überschuldung zu sanieren, da nahezu jegliche Handlung mit seinem persönlichen Einstandsrisiko gegenüber der Gesellschaft behaftet ist und seine Haftung nach sich zieht. Der Geschäftsführer hat den Betrag zu erstatten, den er aus dem Vermögen der Gesellschaft geleistet hat, abzüglich der in der in die Masse geflossene und dort wertmäßig erhaltenen Gegenleistung und sonstiger anrechenbarer Vorteile[2001]. Zahlungen, die der Geschäftsführer mit der Sorgfalt eines ordentlichen Geschäftsmannes vornimmt, sind weiterhin möglich, aber in der Krisensituation regelmäßig schwer zu rechtfertigen. Der Handlungsspielraum des *director* in der Unternehmenskrise ist daher wesentlich weiter gefasst als im deutschen Recht. Mit Einführung und schrittweisen Umsetzung des ESUG eröffnet sich seit dem 01. März 2012 für den Geschäftsführer die Möglichkeit zur Erleichterung von Sanierungen in einem Unternehmen im Rahmen des sog.

2000 *Haas*, in: *Baumbach/Hueck*, GmbHG, § 64 Rn. 118.
2001 *Haas*, in: *Baumbach/Hueck*, GmbHG, § 64 Rn. 85.

Schutzschirmverfahrens gemäß §§ 270a, b InsO. Ob und wie sich dieses Sanierungsinstrument in der Praxis durchsetzt, bleibt abzuwarten.

Der englische Gesetzgeber hat bislang von einer Reglementierung des Geschäftsleiterverhaltens in der Unternehmenskrise Abstand genommen und vertraut in der Krisenbewältigung auf die unternehmerischen Fähigkeiten der Geschäftsleitung. Dabei erleichtert die Betriebsfortführung erheblich, dass die Fortführungsprognose im Gegensatz zum deutschen Recht ein eigenständiges Bewertungselement darstellt, so dass bei positiver Fortführungsprognose sowie Betriebsfortführung eine Haftung des *director* aus *wrongful trading* wegfällt[2002]. Das englische Recht setzt keine detaillierten Voraussetzungen der Fortbestehungsprognose fest, die zu erfüllen sind. Es erkennt den unternehmerischen Charakter der Fortführungsprognose an und gewährt der Geschäftsleitung einen gewissen Beurteilungsspielraum, der gerichtlich nicht überprüft werden kann[2003]. Die Prognose, ob die Gesellschaft ihre geschäftliche Tätigkeit vollumfänglich weiterführen kann, knüpft an spekulative unternehmerische Voraussagen, die sich nicht an festen Kriterien messen lassen. Damit entspricht der Begriff der Fortbestehungsprognose im Rahmen des *wrongful trading* eher dem früher herrschenden zweistufigen Überschuldungsbegriff, der neben der rechnerischen Überschuldung eine Fortbestehungsprognose als eigenständiges Bewertungselement anerkannt hat. Der ausgeprägte Handlungsspielraum des Geschäftsleiters wird *ex post* durch einen Schadensausgleich aufgefangen, der allenfalls auf den Quotenschaden begrenzt und somit milder als im deutschen Recht ist[2004].

IV. Beweislastverteilung

In Deutschland haben die Gläubiger die anspruchsbegründenden Voraussetzungen der § 823 Abs. 2 BGB i.V.m. § 15a Abs. 1 InsO n. F. darzulegen und zu beweisen. Sie müssen neben der Insolvenzreife ebenso die Antragspflichtverletzung, den kausalen Schaden sowie ein Verschulden des Geschäftsführers nachweisen[2005]. In England gilt im Rahmen der Haftung nach *wrongful trading* der erleichterte Beweismaßstab des *balance of probabilities*[2006]. Die Anwendung

2002 *Habersack/Verse*, ZHR 168 (2004), 174, 187.

2003 *Habersack/Verse*, ZHR 168 (2004), 174, 187.

2004 *Habersack/Verse*, ZHR 168 (2004), 174, 197.

2005 *Haas*, in: *Baumbach/Hueck*, GmbHG, § 64 Rn. 143.

2006 *Davis*, Construction Insolvency, 1999, S. 428; *Goode* [1989] JBL 436, 438; *Keay/Murray* [2005] 14 Int. Insolv. Rev. 27, 49.

dieses Instituts erleichtert die Beweislast des Insolvenzverwalters, da die Beweisführung funktional der Glaubhaftmachung im deutschen Zivilprozess ähnlich ist. Dementsprechend genügt die überwiegende Wahrscheinlichkeit, ob und ab welchem Zeitpunkt der *moment of truth* eingetreten ist, so dass ein Vollbeweis nicht erforderlich ist. Die heutige Beweislastverteilung stellt einen großen Unterschied zur früheren Strafrechtsnorm der Insolvenzverschleppung im Rahmen des *fraudulent trading* dar, die einen Beweis jenseits jeglicher Zweifel forderte[2007]. Der "*light at the end of the tunnel*"-Test machte es für den Antragsteller regelmäßig unmöglich, das Wissen des Geschäftsleiters von der finanziellen Situation der Gesellschaft zu beweisen[2008].

Nunmehr hat der englische Insolvenzverwalter darzulegen, dass eine Insolvenz des Unternehmens unvermeidbar war und der *director* die Gesellschaft dennoch zu Lasten der Gläubiger weitergeführt hat. Dabei ist die Verringerung des Gesellschaftsvermögens ausschlaggebend. Der unbestimmte Rechtsbegriff der Unvermeidbarkeit birgt jedoch eine ungeahnte Weite, ist daher für den Insolvenzverwalter schwer nachweisbar und schreckt ihn regelmäßig von der Geltendmachung eines Schadens aus *wrongful trading* ab. Als Beweis für den Zeitpunkt des *moment of truth* kann der Tag der Vorlage der Jahresabschlüsse dienen[2009]. Der *director* wird sich hingegen immer in Beteuerungen flüchten, an einigen günstigen Ausgang und Sanierungsaussichten geglaubt zu haben. Grundsätzlich hat die Partei, die die Insolvenz der Gesellschaft geltend macht, darzulegen und zu beweisen, dass der *director* von diesem Zustand wusste oder hätte wissen müssen und eine Insolvenz unvermeidbar war. Die betroffene Gegenpartei hat dies zu widerlegen und aufzuzeigen, dass er alle ihm möglichen Schritte unternommen hat, den Verlust der Gesellschaft so gering wie möglich zu halten. Daher hat der Kläger aufzuzeigen, dass nach der Beweislast (*balance of probabilities*) die Insolvenz zum betroffenen Zeitpunkt vorlag[2010]. Beide Rechtsordnungen sehen allerdings eine Exkulpationsmöglichkeit vor, sofern die Geschäftsleiter professionelle Ratgeber herangezogen haben und sich beraten ließen.

2007 *Keay/Murray* [2005] 14 Int. Insolv. Rev. 27, 49; *Sørensen*, Directors' Liabilities in Case of Insolvency, S. 193: "beyond reasonable doubt".

2008 *Sørensen*, Directors' Liabilities in Case of Insolvency, S. 192 f.

2009 Re Produce Marketing Consortium Ltd. (No. 2) [1989] 5 BCC 569, 596 = [1989] BCLC 520, 551; Re DKG Contractors [1990] BCC 903, 912; Re Brian D Person Ltd. [1999] BCC 26, 52.

2010 *Goode*, [1989] JBL 436, 438; *Keay/Murray*, [2005] 14 Int. Insolv. Rev. 27, 49 f.

Das deutsche System erweist sich aus Gläubigersicht als vorteilhafter: Zwar haben die Gläubiger bzw. der Insolvenzverwalter die anspruchsbegründenden Tatsachen darzulegen und beweisen. Daran scheitert auch vielfach derjenige, der einen Neugläubigerschaden individuell geltend macht, denn er wird Probleme haben, die erforderlichen anspruchsbegründenden Informationen zu bekommen[2011]. Dies dürfte dem Insolvenzverwalter, der mit Eröffnung des Insolvenzverfahrens Einsicht in sämtliche Unterlagen der Gesellschaft bekommt, leichter fallen. Zumal bei Feststehen eines objektiven Pflichtverstoßes gemäß § 93 Abs. 2 AktG analog ein Verschulden des Geschäftsführers vermutet wird[2012]. Sofern der Nachweis des Quotenschadens schwer fällt, kann der Insolvenzverwalter, als Vertreter der Gesellschaft, ebenso einen Anspruch nach § 64 S. 1 GmbHG n. F. geltend machen[2013]. Dieser ist wegen des Nachweises der rechtswidrigen Zahlung leichter zu beweisen. Die Neugläubiger haben darüber hinaus darzulegen und zu beweisen, dass der Zeitpunkt der Insolvenz vor Vertragseingehung lag.

C. Vorverlagerung der Haftung

Besonderes Interesse verdient die Fragestellung, ob der *wrongful trading*-Tatbestand im Vergleich zu den Antragspflichten nach deutschem Recht zu einer Vorverlagerung der Haftung führt. Demgemäß wäre eine Inanspruchnahme des Geschäftsführers bereits dann in Betracht zu ziehen, wenn noch keine Insolvenz des Unternehmens gegeben ist, sondern die Gesellschaft nur nicht in der Lage ist, gegenwärtig fällige Forderungen zu erfüllen. Die Übernahme einer Vorverlagerung in das deutsche Recht würde allerdings zu einem massiven Wertungswiderspruch zu der bisher verfolgten Gesetzeslinie führen und den Ansatz der Insolvenzantragspflicht vollständig umwerfen[2014]. Die Vorverlagerung des unternehmerischen Risikos der Geschäftsführer und unter Umständen auch der Gesellschafter auf den Eintritt der Krise wäre nur dann vorstellbar, wenn der Gesetzgeber die Insolvenzantragspflichten aufgeben oder den Zeitpunkt der Krise vorverlagern würde[2015]. Das englische Recht sieht eine Haftung des Geschäftsleiters vor, wenn Letzterer weiß oder hätte wissen müssen, dass keine Aussicht

---

2011 *Haas*, in: *Baumbach/Hueck*, GmbHG, § 64 Rn. 143.

2012 *Haas*, in: *Baumbach/Hueck*, GmbHG, § 64 Rn. 143.

2013 *Meyke*, ZIP 1989, 1179, 1180.

2014 *Habersack/Verse*, ZHR 168 (2004), 174, 213 f.

2015 *Habersack/Verse*, ZHR 168 (2004), 174, 213 f.

mehr auf Vermeidung der Insolvenz der Gesellschaft besteht[2016]. Entscheidend ist der *moment of truth*[2017]. In der Praxis entsprechen die Anforderungen des englischen Rechts regelmäßig dem früher herrschenden zweistufigen Überschuldungsbegriff der deutschen Konkursordnung[2018].

Demgegenüber wurde in Deutschland mit der Einführung der InsO am 01. Januar 1999 und den Neuerungen des Überschuldungsbegriffes im Sinne von § 19 Abs. 2 S. 2 InsO ein zentrales Ziel der Insolvenzrechtsreform aufgegriffen: Der Inhalt der Fortbestehensprognose entscheidet über die Bewertung der Aktiva in der Überschuldungsbilanz und sorgt für eine Erweiterung des Überschuldungstatbestandes[2019]. Die Antragspflicht des § 15a Abs. 1 InsO wurde gegenüber dem in der Konkursordnung geltenden zweistufigen Überschuldungsbegriffs verschärft. Dies zugrundelegend wäre die Einführung des *wrongful trading*-Tatbestandes in das deutsche Recht ein Rückschritt zum aktuellen System und würde keine Novellierung und Verbesserung erzielen. Allerdings hatte sich der deutsche Gesetzgeber zunächst aufgrund der andauernden Finanzkrise, die zu erheblichen Wertverlusten insbesondere bei Aktien und Immobilien geführt hat, dazu entschlossen, auf der Grundlage des FMStG den Rückschritt zu dem früher geltenden zweistufigen Überschuldungsbegriff vorerst für eine Übergangszeit bis zum 31. Dezember 2013 in Kauf zu nehmen. Am 9.11.2012 hat der Deutsche Bundestag mittlerweile in zweiter und dritter Lesung die Entfristung des insolvenzrechtlichen Überschuldungsbegriffes gemäß § 19 Abs. 2 InsO beschlossen. Mit der Rückkehr zu dem früher geltenden zweistufigen Überschuldungsbegriff reagierte der deutsche Gesetzgeber auf die Finanzmarktkrise, um betroffene Unternehmen, die mit überwiegender Wahrscheinlichkeit weiterhin erfolgreich am Markt teilnehmen können, vor der Insolvenz zu schützen[2020]. Aufgrund des bisher geltenden Rechts in Deutschland stellen die Insolvenzantragspflichten, die Grundsätze über kapitalersetzende Gesellschafterhilfen und das Schädigungsverbot ein abgestimmtes Regelungssystem dar, das nicht durch einen *wrongful trading*-Tatbestand verbessert werden kann. Diese Mechanismen greifen entweder gänzlich krisenunabhängig

---

2016 Vgl. sec. 214 (2) (b) IA 1986: "[he] (…) knew or ought to have concluded that there was no reasonable prospect that the company would avoid going into insolvent liquidation."; ebenso *Bailey/Groves/Smith*, Corporate Insolvency, 27.223, S. 849.

2017 Anschaulich *Cheffins*, Company Law, S. 542; *Fletcher*, The Law of Insolvency, S. 707 f., 27-018.

2018 *Habersack/Verse*, ZHR 168 (2004), 174, 214.

2019 *Haas*, in: *Baumbach/Hueck*, GmbHG, § 64 Rn. 43 a.

2020 *Haas*, in: *Baumbach/Hueck*, GmbHG, § 64 Rn. 43 a ff.

oder mit Eintritt der Krise vor Insolvenzreife ein und stellen gute Gründe für ihre Beibehaltung bereit[2021].

Gegen die Einführung eines *wrongful trading*-Tatbestandes spricht ferner, dass bis heute über den genauen Zeitpunkt der Pflichtenauslösung gerade aufgrund sowohl objektiver als auch subjektiver Anforderungen an den *moment of truth* erhebliche Rechtsunsicherheit herrscht[2022]. Die Pflichtenbindung des *director*, zunächst zum Wohl der Gesellschaft zu handeln, lässt ihn selbst bei gegebenem Anlass nur mutmaßen, ab welchem Zeitpunkt – ab Insolvenz, zweifelhafter Solvenz oder zu einem anderen Zeitpunkt – das Wohl der betroffenen Gläubiger im Vordergrund steht[2023]. Da dem englischen Recht ein klar definiertes Handlungskonzept fehlt, bleibt die Verantwortlichkeit des Geschäftsleiters vor Insolvenzeintritt auf wenige Einzelfälle beschränkt. Im Gegensatz hierzu kann das deutsche Recht auf eine breite Anzahl an Informations- und Beobachtungspflichten, z.B. die Pflichten aus § 43 GmbHG und § 49 Abs. 3 GmbHG, zurückgreifen und enthält Eigenkapitalersatz- und Kapitalerhaltungsregeln, darunter gemäß § 64 S. 1 GmbHG die Verpflichtung, ab dem Eintritt der Zahlungsunfähigkeit oder der Überschuldung der Gesellschaft das Vermögen der Gesellschaft nicht zu schmälern und Zahlungen zu unterlassen[2024]. Die Normierung dieser Pflichten und Regeln fördert ein zügiges Reagieren im Falle der Krise und die stärkere Einbindung des Gesellschafters bzw. Eigenkapitalgebers in den Sanierungs- und Entwicklungsprozess der Gesellschaft. Vor Eintritt der Überschuldung und der einhergehenden Insolvenzreife bestehen im deutschen Recht daher sehr strenge Reaktionspflichten, die durch die Aufnahme eines *wrongful trading* nicht optimiert werden können. Dies äußert sich unter anderem in der Pflicht des Geschäftsführers zur unverzüglichen Einberufung der Gesellschafterversammlung nach § 49 Abs. 3 GmbHG bei Aufbrauch der Hälfte des Stammkapitals.

Ein wesentlicher Vorteil zum deutschen Recht wäre allerdings gegeben, wenn das Institut des *wrongful trading* bereits vor Insolvenzreife ansetzt, ohne dass der Insolvenzgrund der Überschuldung zu diesem Zeitpunkt vorgelegen haben muss. Liquidiert die Geschäftsführung ihre Gesellschaft ohne ernsthafte Prüfung von Rettungschancen, könnte die Haftung aus *wrongful trading* in das Stadium der Krise des Unternehmens zurückwirken[2025]. Dies wäre eine von § 19 Abs. 2 S. 2

2021 *Habersack/Verse*, ZHR 168 (2004), 174, 214.

2022 Anschaulich *Cheffins*, Company Law, S. 542; *Fletcher*, The Law of Insolvency, S. 707 f., 27-018.

2023 *Cheffins*, Company Law, S. 542.

2024 *Nerlich*, in: *Michalski*, GmbHG II, § 64 Rn. 45.

2025 *Goode* [1989] JBL 436.

InsO nicht erfasste Alternative. Der Fall, dass sich ein Geschäftsleiter bereits vor Überschuldung einer insolvenzbedingten Sanierung oder Liquidierung seines Unternehmens widmet, war bislang eher unwahrscheinlich. Abzuwarten ist, ob und wie sich das mit Inkrafttreten des ESUG eingeführte Schutzschirmverfahren künftig im Markt etabliert. Andeutungen in Re Continental Assurance plc., dass der *moment of truth* bereits vor Eintritt der Überschuldung vorliegen könne, wenn die Gesellschaft unvermeidbar in die Insolvenz abzurutschen scheint[2026], sind dementsprechend unrealistisch. Der Fall, dass die Geschäftsleitung eines Unternehmens ohne Vorliegen einer Überschuldung bereits vor Eintritt der Insolvenz anzunehmen hat, dass die Gesellschaft zusammenbreche und der Zusammenbruch unabwendbar sei, ist praktisch undenkbar. Zudem räumt die Rechtsordnung noch im Stadium der Überschuldung den *benefit of the doubt* ein. Das würde praktisch bedeuten, dass es eines Tatbestandsmerkmals der Überschuldung der Gesellschaft für eine Inanspruchnahme des *director* nach *wrongful trading* nicht bedürfe. Diese Interpretation verstößt nicht nur gegen die Intention des Gesetzgebers, sondern begründet auch eine ungerechtfertigte Zufallshaftung zu Lasten des Geschäftsleiters. Vor allem *Jones* betrachtet die Überschuldung als zentrale Voraussetzung im Rahmen des *wrongful trading*[2027]. Hingegen verstehen die deutschen Literaten *Habersack* und *Verse* die Entscheidung Re Continental Assurance als eindeutigen Hinweis auf einen Anwendungsbereich des *wrongful trading*, der ab dem Zeitpunkt einer nachweislich negativen Fortführungsprognose vor dem Insolvenzeintritt zu liegen scheint[2028].

In der Praxis wären diese Überlegungen allenfalls einschlägig, sofern die heranzuziehenden Krisenfaktoren kumuliert den Anschein auf ein Abrutschen in die Krise erwecken. Das wäre ausnahmsweise der Fall, wenn innerhalb eines engen Zeitrahmens Banken große Kredite kündigen oder die Aufnahme von Krediten verweigern, Gesellschafter von einer finanziellen Unterstützung an das Unternehmen absehen, Großaufträge wegfallen und Angestellte die Gesellschaft verlassen. Kurzum müsste das gesamte finanzielle und gesellschaftliche Netzwerk der Gesellschaft zusammenbrechen und eine Fortführung des Geschäftsbetriebs unmöglich machen. Neben diesem unwahrscheinlichen Fall wird sec. 214 IA 1986 regelmäßig so auszulegen sein, dass kein verfrühter Antrag auf die Einleitung eines *winding*

2026 Re Continental Assurance [2001] BPIR 733, 767: "liquidators could still succeed if they could show that the company was nevertheless doomed by then, and would inevitably lapse into insolvency, thereafter"; dazu ebenso rechtsvergleichend *Bachner*, EBOR 5 (2004) 293, 302.

2027 *Jones* [1993] Insolvency Law and Practice 133, 136.

2028 *Habersack/Verse* ZHR 168 (2004), 174, 188.

up-Verfahrens zu stellen ist. Zudem eröffnet der von einigen Literaten angesprochene Zeitpunkt vor Insolvenzreife Unwägbarkeiten, die nicht nur für den Geschäftsleiter erhebliche Rechtsunsicherheiten im Umgang mit der Insolvenz oder Betriebssanierung mit sich bringen.

Es ist zudem zu beachten, dass die Überschuldung der Gesellschaft nach englischem Recht mit Hilfe des *balance sheet test* festgestellt wird[2029]. Mangels Antragspflicht nimmt die Überschuldung der Limited auch den Platz der drohenden Zahlungsunfähigkeit im deutschen Recht ein. Im englischen Insolvenzrecht besteht bei drohender Zahlungsunfähigkeit ein Antragsrecht des Gerichts nach sec. 8 (1) (a) IA 1986. Sowohl im deutschen als auch im englischen Recht besteht ferner ab dem Zeitpunkt der Überschuldung und somit der Insolvenzreife des Unternehmens eine gesteigerte Prüfungs- und Überwachungspflicht. Diese Pflichtensteigerung ordnet sec. 214 IA 1986 bei Insolvenzreife des Unternehmens an. Im Gegensatz zum englischen Recht erfolgt die Überwachungspflicht im deutschen Gesellschaftsrecht nicht aus der Insolvenzverschleppungshaftung nach § 15a InsO n. F. oder § 64 GmbHG n.F., sondern vielmehr aus den Sorgfaltspflichten nach § 43 GmbHG. Demgemäß setzt die Überwachungspflicht des GmbH-Geschäftsführers schon vor Insolvenzreife und mithin früher als im englischen Recht ein. Die dargestellten Mechanismen des deutschen Rechts zeigen in bekanntem Maße auf, dass das Ineinandergreifen einschlägiger Gesetze für einen ausreichenden Schutz der Betroffenen Sorge trägt[2030]. Die Einführung eines *wrongful trading*-Tatbestandes mit dem Hintergrund, die Haftung des Geschäftsführers in Deutschland vorzuverlagern, liefe daher leer, weil andere deutsche Haftungsinstitute bereits einen ausreichenden Schutz bieten.

D. Exkulpation des Geschäftsleiters

Im englischen *wrongful trading* hat der *director* ab dem Zeitpunkt des *moment of truth* alle in Betracht kommenden Schritte zu unternehmen, um einen Vermögensverlust der Gesellschaft zugunsten der Gläubiger möglichst gering zu halten[2031]. Sec. 214 IA 1986 normiert eine Haftung des *director*, die seine persönliche Einstandspflicht für pflichtwidriges Verhalten zur Folge hat. Der *director* hat darzulegen und zu beweisen, dass er alle denkbaren, ihm möglichen Schritte unternommen hat, um den Verlust der Gesellschaft so gering wie möglich zu

2029 *Finch*, Corporate Insolvency, S. 123.
2030 Vgl. auch *Habersack/Verse*, ZHR 168 (2004), 174, 214.
2031 *Bailey/Groves*, Corporate Insolvency, S. 1437, 36.224.

halten[2032]. Dem Insolvenzverwalter kommt im englischen Recht zwar der erleichterte Beweismaßstab der *balance of probabilities* zugute. Dennoch scheitern in der Praxis viele Klagen neben der exakten Bestimmung des *moment of truth* an den vereinfachten Exkulpationsmöglichkeiten des *director*. Der *director* hat lediglich schlüssig nachzuweisen, dass zu dem fraglichen Zeitpunkt berechtigte Interessen und Aussichten vorlagen, die Gesellschaft zu sanieren. Da der *director* grundsätzlich die Hoffnung auf einen günstigen Ausgang geltend macht, entscheiden die englischen Gerichte im Zweifel zugunsten der Geschäftsleiter[2033].

Im Rahmen der deutschen Insolvenzverschleppungshaftung hat der Anspruchsteller zunächst alle anspruchsbegründenden Tatsachen darzulegen und zu beweisen[2034]. Ebenso muss er im Falle eines Neugläubigerschadens darlegen und beweisen, dass die Gesellschaft bei Vornahme des Rechtsgeschäfts überschuldet war[2035]. Die äußerst unternehmerfreundliche englische Beweislastverteilung findet sich auch im deutschen Recht wieder. Gelingt dem Anspruchsteller der Nachweis der anspruchsbegründenden Tatsachen der Insolvenzverschleppung, ist der Geschäftsführer beweispflichtig, dass für die GmbH gleichwohl eine Fortbestehungsprognose gegeben war[2036]. Trotz strenger Anforderungen an den Nachweis der positiven Fortführungsprognose, z.B. durch detailreiche Liquiditäts- und Sanierungspläne, hat der Geschäftsführer gleichwohl einen Beurteilungsspielraum hinsichtlich der Überlebensfähigkeit sowie Fortbestehungsprognose der Gesellschaft[2037]. Bei der Fortbestehungsprognose kommt es nicht auf nachträgliche Erkenntnisse an. Erscheint seine Entscheidung über eine positive Fortbestehungsprognose aus *ex ante*-Sicht eines ordentlichen Geschäftsmannes vertretbar, kann er sich regelmäßig exkulpieren und die Gefahr der persönlichen Inanspruchnahme des Geschäftsführers ist „nicht unzumutbar groß“[2038]. Die Darlegung dieser rechtfertigenden Umstände ist dem Geschäftsführer auch zumutbar, weil er als ordentlicher Geschäftsmann ohnehin zu einer laufenden Prüfung der Unternehmenslage verpflichtet ist[2039]. Damit stellt das deutsche Recht regelmäßig strengere Anforderungen an die Beweislast der Geschäftsführer. Über den

2032 *Fletcher*, The Law of Insolvency, S. 709 f., 27-021, *Hannigan*, Company Law, S. 847; *Keay*, McPherson's Law of Company Liquidation, S. 627, 11.125.

2033 *Goode* [1989] JBL 436, 438.

2034 *Haas*, in: *Baumbach/Hueck*, GmbHG, § 64 Rn. 143.

2035 OLG Koblenz GmbHR 2003, 419.

2036 OLG Koblenz GmbHR 2003, 419.

2037 BGHZ 126, 181, 199 = NJW 1994, 2220, 2224; OLG Koblenz GmbHR 2003, 419 f.

2038 BGHZ 126, 181, 199 = NJW 1994, 2220, 2224; OLG Koblenz GmbHR 2003, 419 f.

2039 BGHZ 126, 181, 200 = NJW 1994, 2220, 2224.

Beurteilungsspielraum des Geschäftsführers werden diese Anforderung an die Darlegungs- und Beweislast mithin relativiert.

E. Geltendmachung von Ansprüchen

Im Rahmen des sec. 214 IA 1986 kann nur der Liquidator einen Antrag auf *wrongful trading* stellen. Der Vorschrift entsprechend ist kein anderweitiger Amtsinhaber oder Gläubiger befugt, einen Antrag bei Gericht wegen *wrongful trading* zu stellen[2040]. Gleiches gilt seit Einführung des sec. 213 IA 1986 für das Institut des *fraudulent trading*[2041]. Nach gleichem Muster können auch im deutschen Recht die Altgläubiger einen Anspruch aus § 823 Abs. 2 BGB i.V.m. § 15a InsO n. F. während der Dauer des Insolvenzverfahrens gemäß § 92 InsO nur vom Insolvenzverwalter geltend machen lassen. Im Falle des Neugläubigerschadens hat der BGH klargestellt, dass jeder Neugläubiger - und somit nicht der Insolvenzverwalter - seinen eigenen, ihm zugebilligten Anspruch auf den Vertrauensschaden gegenüber dem GmbH-Geschäftsführer individuell geltend zu machen habe[2042]. Der Anspruch des Neugläubigers wegen Insolvenzverschleppung fällt nicht unter die Vorschrift des § 92 InsO. Eine individuelle Geltendmachung des Anspruchs durch den Altgläubiger kommt somit erst nach Beendigung des Insolvenzverfahrens in Betracht oder wenn der Insolvenzantrag mangels ausreichender Masse abgewiesen und das Verfahren nicht eröffnet wurde[2043]. Beide Rechtssysteme schließen sich im Wesentlichen der Geltendmachung durch einen Insolvenzverwalter an. Das Erfordernis einer dritten Person birgt vor allem den Vorteil, die Geltendmachung der Ansprüche gebündelt durchzusetzen, um einem Wettlauf der Gläubiger vorzubeugen und die Einhaltung des Gleichbehandlungsgrundsatzes zu gewährleisten[2044].

2040 *Bailey/Groves*, Corporate Insolvency, S. 1437, 36.225.

2041 Re Purpoint Ltd [1991] BCLC 491 = [1991] BCC 121; *Davies*, Gower and Davies' Principles of Modern Company Law, S. 195; *Goode* [1998] 16 Company and Securities LJ 170, 174; *Keay*, Company Directors' Responsabilities to Creditors, S. 33.

2042 BGHZ 138, 211, 214 = NJW 1998, 2667, 2668; *Schulze-Osterloh*, in: *Baumbach/Hueck*, GmbHG, § 64 Rn. 141; *Schmidt-Leithoff*, in: *Rowedder/Schmidt-Leithoff*, GmbHG, § 64 Rn. 43; *K. Schmidt*, ZGR 1998, 633, 666.

2043 *Haas*, in: *Baumbach/Hueck*, GmbHG, § 64 Rn. 141; *Maser/Sommer*, BB 1996, 65, 69.

2044 *Haas*, in: *Baumbach/Hueck*, GmbHG, § 64 Rn. 141.

F. Die Wirkung des Mindestkapitalerfordernisses auf die Insolvenz

Rechtspolitische Forderungen nach Herabsenken des Mindeststammkapitals der GmbH sowie revolutionäre Entscheidungen des EuGH zur europarechtlichen Niederlassungsfreiheit gemäß Art. 49, 54 AEUV[2045], die die Zunahme der Limited in Deutschland bis zur Einführung der UG (haftungsbeschränkt) im Jahre 2008 stark beeinflussten, veranlassten den Gesetzgeber mit Einführung des MoMiG[2046] zur Schaffung der in § 5a GmbHG verankerten Unternehmergesellschaft[2047]. Kennzeichen der UG ist das fehlende gesetzliche Mindestkapitalerfordernis, das sich aufgrund der Regelung des § 5 Abs. 2 S. 1 GmbHG auf einen symbolischen Euro belaufen kann, in jedem Fall aber weniger als 25.000 Euro beträgt. Aufgrund der Absenkung des Mindestkapitalerfordernisses liegt angesichts unvermeidbarer Anlaufkosten der Gesellschaft die Gefahr der Zahlungsunfähigkeit und Überschuldung bei geringem Eigenkapital besonders nahe und zwingt den Geschäftsführer schnell zur Insolvenzantragstellung[2048]. Dies hat erhebliche Auswirkungen auf die Insolvenzverschleppungshaftung und die betroffenen Geschäftsführer in Deutschland. Wie sich diese Entwicklung auf die Insolvenz der Gesellschaften auswirkt, bleibt im Einzelnen abzuwarten. Gerade das Mindestkapitalerfordernis verfolgt das im deutschen Recht fest etablierte Ziel, den Gesellschaftsgläubigern als Ausgleich für die fehlende persönliche Haftung der Gesellschafter eine Mindesthaftungsmasse zur Verfügung zu stellen, auf welche sie im Bedarfsfall zugreifen können[2049]. Dabei sorgt der Grundsatz der Kapitalaufbringung dafür, dass zumindest ein Teil des als Haftsumme bestimmten Stammkapitals der neu gegründeten Gesellschaft als Eigenkapitalausstattung effektiv zufließt und zur Verfügung steht, während der Grundsatz der Kapitalerhaltung gewährleistet, dass der Gesellschaft während ihrer Existenz fortwährend das Mindeststammkapital erhalten bleibt und den Gläubigern im Insolvenzfalle als Haftungsmasse auch tatsächlich zur Verfügung steht[2050].

2045 EuGH, Slg. 1999, I-1459 – Centros; EuGH, Slg. 2002, I-9919 – Überseering; EuGH, Slg. 2003, I-10155 – Inspire Art. Siehe aber auch die restriktive Rechtsprechung des EuGH zu den Wegzugsfällen: EuGH, Slg. 1988-5483 – Daily Mail; EuGH, Slg. 2008, I-9641 – Cartesio; EuGH, Slg. 2011, I-12273 – National Grid Indus; vgl. dazu auch *Ebke*, ZVglRWiss 110 (2011), 2, 5.

2046 MoMiG vom 23.10.2008, BGBl. I S. 2026.

2047 *Fastrich*, in: *Baumbach/Hueck*, GmbHG, § 5a Rn. 1.

2048 *Fastrich*, in: *Baumbach/Hueck*, GmbHG, § 5a Rn. 30.

2049 *Schärtl*, GmbHR 2007, 344, 34.

2050 *Schärtl*, GmbHR 2007, 344, 34.

Das Mindestkapitalsystem schützt Unternehmen vor allem in der Anfangsphase, ein vorzeitiges Abgleiten in die Insolvenz zu vermeiden. Mangels Kapitaleinsatz gibt es im englischen Recht allerdings keine komplexen Kapitalaufbringungs- und Kapitalerhaltungsvorschriften[2051]. Sowohl im deutschen als auch im englischen Recht ist die Erfüllung eines *ex ante*- und *ex post*-Schutzes zugunsten der Gläubiger von Bedeutung, um die bestehenden Interessen an der Sanierung des Unternehmens einerseits sowie der Gläubiger andererseits in einen beidseitig maximalen Ausgleich zu bringen. *Davies* sieht im Umgang mit Gesellschaften das Mindestkapitalerfordernis als *ex ante*-Funktion und die Insolvenzverschleppungshaftung als *ex post*-Funktion. Nicht zuletzt mangels Mindestkapital im englischen Recht nehme das Institut des *wrongful trading* ebenso eine *ex ante*-Schutzposition ein, um die bestehende Schutzlücke zu schließen und ein Äquivalent zum Mindestkapitalsystem anzubieten[2052]. Ob die Grundsätze des *wrongful trading* tatsächlich diese Funktionen übernehmen, ist zweifelhaft. Die Vorverlegung des *wrongful trading* auf den Zeitpunkt der Überschuldung würde mangels Mindeststammkapitals einige Gesellschaften kurz nach der Gründung in die Insolvenz treiben[2053]. Da eine Überschuldung bei Gründung der Gesellschaft häufig ohne ein Fehlverhalten des Geschäftsführer oder Gesellschaft auftritt, bietet der Insolvenzgrund der Überschuldung nunmehr keinen geeigneten Ansatzpunkt für haftungsrechtliche Maßnahmen und wäre überflüssig. Zudem würde potentiell überlebensfähigen Gesellschaften aufgrund des Überschuldungsmerkmals oft frühzeitig die Chance auf eine Weiterführung des Unternehmens genommen. Daher kommt es in beiden Rechtssystemen zu Ausnahmefällen und einer lockeren Handhabung der Gesetzeslage in der Gründungsphase[2054]. Das englische Rechtssystem betrachtet daher den Weiterbetrieb einer insolventen Gesellschaft außerhalb eines förmlichen Verfahrens gerade nicht als klassischen Fall des *wrongful trading*-Institutes.

Demgegenüber waren Gesellschaften aufgrund des Mindestkapitalsystems nach deutschem Recht zumindest in der Gründungsphase bisher vor einem Abrutschen in das Insolvenzverfahren geschützt. Dieser Schutz kann mit Absenkung des Mindestkapitals bei der Unternehmergesellschaft nicht mehr in bisherigem Maße fortbestehen können und führt letztlich zu verheerende Auswirkungen auf solche Gesellschaften, die keine externen Finanzierungsmöglichkeiten in Anspruch nehmen. Aufgrund der Minderung der Stammkapitaleinlage ist der Insolvenztatbestand der Überschuldung in der Tat einer

2051 *Ebke*, in: FS *Hellwig*, S. 117, 123.
2052 *Davies*, Introduction to Company Law, S. 101 f., 108 f.; *Davies*, AG 1998, 346, 352.
2053 *Borges*, ZIP 2004, 433, 437; *Davies*, AG 1998, 346, 349; *Davies*, EBOR 7 (2006) 301, 311.
2054 *Wüst*, JZ 1985, 817, 819.

eingehenden Überprüfung unterziehen, um nicht eine Reihe von Insolvenzen zu provozieren und die Attraktivität der GmbH und Unternehmergesellschaft ins Gegenteil zu kehren[2055]. Mit Absenkung des Mindestkapitals im Rahmen der Unternehmergesellschaft wird zudem der Regelungsgehalt des § 49 Abs. 3 GmbHG in Frage stehen. Die Warnfunktion der Vorschrift gilt bereits bei Unternehmensgründung mit geringerem Stammkapital[2056]. § 49 Abs. 3 GmbHG kann zumindest im Anfangsstadium der Gesellschaft nicht mehr seinen Zweck erfüllen, da seine Warnfunktion aufgrund der Gesetzesänderung ins Leere läuft. Die Vorschrift des § 49 Abs. 3 GmbHG ist daher bei der Unternehmergesellschaft nicht anwendbar[2057]. Diese systemimmanente Änderung hat der Gesetzgeber bei Einführung des MoMiG nicht ausreichend berücksichtigt.

Die Absenkung des Mindestkapitals zieht dementsprechend eine Reihe von Gesetzesänderungen nach sich und begründet Modifizierungen wichtiger gesellschafts- und insolvenzrechtliche Grundprinzipien. Sowohl die Insolvenzgründe, allen voran die Überschuldung, als auch weitere Ge- und Verbote sowie die in der Unternehmenskrise einhergehenden Pflichten des Geschäftsführers müssen überdacht und gegebenenfalls für den Fall der UG modifiziert werden. Allerdings zwingt der momentan geltende Überschuldungsbegriff im Sinne des § 19 InsO für die Dauer der Änderung aufgrund des FMStG die Unternehmergesellschaft den Geschäftsführer nicht zu Insolvenzantragstellung, solange die Fortführung der Gesellschaft im Rahmen einer positiven Fortführungsprognose überwiegend wahrscheinlich ist[2058]. Vor diesem Hintergrund wäre über die erneute dauerhafte Einführung des zweistufiger Überschuldungsbegriff mit einem eigenständigen zweiten Prüfungsstufe mit dem Bewertungselement der Fortbestehungsprognose ernsthaft nachzudenken, um der betroffenen Gesellschaft die Chance auf Gesundung und Weiterführung des Geschäftsbetriebes zu ermöglichen.

G. Impulse und Konsequenzen für das bestehende Haftungsrecht

Die vorangehenden Erläuterungen zeigen auf, dass das deutsche Gesellschafts- und Insolvenzrecht zu einem größeren Teil keine neuen Impulse durch die Einführung eines dem *wrongful trading*-Grundsatzes ähnelndem Institut erlangen würde und klare Rückschritte im geltenden Recht zu verzeichnen wären. Der haftungsauslösende Zeitpunkt des *moment of truth* ist im Gegensatz

2055 Ebenso *Drygala*, ZIP 2006, 1797, 1804.

2056 *Priester*, GmbHR 2005, 921.

2057 *Fastrich*, in: *Baumbach/Hueck*, GmbHG, § 5a Rn. 27.

2058 *Fastrich*, in: *Baumbach/Hueck*, GmbHG, § 5a Rn. 27.

zum deutschen Recht, das sich nach dem tatsächlichen Eintritt des Insolvenzgrundes richtet, zeitlich nicht klar bestimmbar und kann vor allem aufgrund des subjektiven Elements des *moment of truth* gemäß sec. 214 (4) (b) IA 1986 vergleichsweise spät einsetzen[2059]. Eine dem deutschen Modell entsprechende Insolvenzantragspflicht des Geschäftsleiters einer Limited besteht nicht[2060]. Mit der Weiterführung des Unternehmens sind keine weiteren Handlungspflichten verbunden und der Geschäftsführer wandelt trotz (bevorstehender) Gesellschaftskrise auf dem Pfad der Legalität, so lange er die subjektiven Voraussetzungen des sec. 214 (4) (b) IA 1986 nicht erfüllt. Eine direkte Übernahme der *wrongful trading*-Grundsätze hätte zudem zur Folge, dass von einer Vertrauenshaftung zum Nachteil der Neugläubiger Abstand zu nehmen wäre[2061]. Die Verteilung der Masse nach dem Prinzip des Quotenschadens stünde im Vordergrund und würde insofern an die Rechtslage vor der BGH-Entscheidung des Jahres 1994 anknüpfen[2062]. Neugläubiger würden sich erheblich im Nachteil sehen, da sie nun eine anteilige Quote als Schadenskompensation im Rahmen der Insolvenzverschleppungshaftung zurückerhalten und keinen darüber hinausgehenden Schadensersatzanspruch geltend machen können.

Zugunsten einer Einführung des *wrongful trading*-Instituts lässt sich allerdings der erweiterte Adressatenkreis der Haftungspflichtigen anführen. Im Gegensatz zur deutschen Rechtslage werden nach englischem Recht gemäß sec. 214, 251 IA 1986 (nunmehr ebenso in sec. 251 CA 2006) auch die sog. *shadow directors* erfasst, die auch juristische Personen sein können[2063]. Damit können auch solche Personen haftungsrechtlich zur Verantwortung gezogen werden, die als Hintermänner und Gesellschafter das Unternehmen durch Richtungsentscheidungen oder Weisungen lenken und beeinflussen können, ohne nach außen als Geschäftsleiter in Erscheinung zu treten, wobei Druck und Überredung gerade nicht zu

---

2059 *Habersack/Verse*, ZHR 168 (2004), 174, 184.

2060 *Schall*, ZIP 2005, 965, 966.

2061 Beratungen des House of Lords am 21.03.1985 (*Lord Lucas of Chilworth*) und am 01.04.1985, in: Hansard, Parliamentary Debates, House of Lords, Bd. 461, Sp. 743: „In order to attempt to do justice between the various classes of creditors, the court would probably have to hear arguments put by various creditors or classes of creditors. In our view any money recovered should become part of the general assets available to creditors distributed pari passu among them all."; siehe auch *Lutter/Fleischer*, Europäische Auslandsgesellschaften in Deutschland, S. 62.

2062 BGHZ 126, 181 = NJW 1994, 2220.

2063 *Bourne*, Company Law, S. 122, 10.2.1.

einer Qualifizierung ausreichen[2064]. Allerdings ist ein hoher Grad der Kontrolle erforderlich, um die Annahme eines *shadow director* nahezulegen[2065]. Nach deutschem Recht besteht bekanntlich eine Haftungslücke für solche Personen, die die Entscheidungen einer Gesellschaft aus dem Hintergrund lenken. Haftungsrisiken ließen sich gleichmäßiger auf die Verantwortlichen verteilen und würden ein stärkeres Verantwortungsbewusstsein bei den Betroffenen hervorrufen. Die Erweiterung der Insolvenzverschleppungshaftung nach dem englischen Prinzip wäre daher in diesem Punkte anzuraten. Hinzu kommt ein flexibler Handlungsspielraum des *director*, geeignete Maßnahmen zur Unternehmenssanierung außerhalb eines Insolvenzverfahrens zu treffen. Dem Geschäftsführer wird in der Krise der GmbH ebenso ein Beurteilungsspielraum, insbesondere hinsichtlich der positiven Fortführungsprognose, zugestanden[2066].

Zwar begrenzen die Insolvenzantragspflicht gemäß § 15a Abs. 1 InsO n. F. sowie das absolut wirkende Zahlungsverbot nach § 64 S. 1 GmbHG n. F. die Handlungsmöglichkeiten des Geschäftsführers und erschweren eine Sanierung und Rettung der Gesellschaft außerhalb eines Insolvenzverfahrens. Allerdings sind diese Pflichten vor allem Instrumente des Gläubigerschutzes, die Ausdruck des Haftungsprivilegs der Gesellschafter sind und zusammen mit den Kapitalaufbringungs- und Kapitalerhaltungsvorschriften dem Schutze der Gläubiger dienen[2067]. Durch das nunmehr seit Inkrafttreten des ESUG gesetzlich normierte Schutzschirmverfahren gemäß §§ 270a, b InsO bleibt abzuwarten, ob und wie sich dieser erweiterte Handlungsrahmen im Rechtsverkehr tatsächlich auswirkt. Das Institut des *wrongful trading* zeigt sich hierbei sehr unternehmerfreundlich und offener gegenüber einem weiten Handlungsspielraum des Geschäftsleiters trotz finanziell kritischer Situation der Gesellschaft, vernachlässigt im Gegensatz dazu aber den Gläubigerschutz.

Zu beachten ist, dass die englischen Gerichte eine Haftung aus *wrongful trading* restriktiv anwenden und sich bis zum Jahr 1999 nur in wenigen Fällen für eine Haftung nach diesem Rechtsinstitut ausgesprochen haben[2068]. In vielen Fällen ist dem Liquidator das Risiko zu hoch, die anfallenden Kosten eines Verfahrens nach *wrongful trading* bei ungewissem Ausgang nicht decken zu können. Selbst wenn

---

2064 *Snaith*, The Law of Corporate Insolvency, 21.07.

2065 *Bourne*, Company Law, S. 122, 10.2.1.

2066 BGHZ 126, 181, 197 = NJW 1994, 2220, 2224.

2067 BGHZ 126, 181, 197 = NJW 1994, 2220, 2223.

2068 Re D. K. G. Contractors Ltd. [1990] BCC 903; Re Purpoint Ltd. [1991] BCLC 491; Re Fairmont Tours (Yorkshire) Ltd., erwähnt in: Sargent [1990] Insolvency Intelligence 7 (Case Comment); Re Produce Marketing Consortium Ltd. [1989] BCLC 513.

der Erfolg des Anspruchs vorhersehbar ist, bleibt weiterhin unklar, ob der Geschäftsleiter die eingeklagte Schadenskompensation zahlen kann. Diese Tatsache birgt das Risiko, dass das wenige Vermögen der Gesellschaft in der Insolvenz nicht den Gläubiger zugute kommt, sondern für Rechtsverfahren aufgebraucht wird[2069]. Insofern handelt es sich beim Institut des *wrongful trading* nach sec. 214 IA 1986 um einen Anspruch, der sich in der Rechtspraxis wegen seiner Unwägbarkeiten keiner allzu großen Beliebtheit erfolgt[2070]. Die Insolvenzverschleppungshaftung nach § 15a InsO zeigt diese Unsicherheiten hingegen nicht auf.

Die GmbH-Reform eröffnet mit Absenkung des Mindestkapitals bei der Unternehmergesellschaft gemäß § 5a GmbHG ein Regelungsbedürfnis, das durch die vorhandenen Gesetzesbestimmungen nicht gelöst werden kann. Der Gläubigerschutz kann bei Absenkung des Mindestkapitalerfordernisses nicht mehr in dem bisherigen Ausmaß gewährleistet werden[2071]. Die englischen Grundsätze des *wrongful trading* scheiden aufgrund obiger Ausführungen als anwendbares Modell aus, da ihre Anwendbarkeit in vielerlei Hinsicht einen Rückschritt geltenden Rechts bedeuten würde. Fraglich ist, ob eine der Insolvenzreife vorgelagerte Verantwortlichkeit der Geschäftsführer oder Gesellschafter die Problematik lösen und einen ausgeglicheneren Gläubigerschutz garantieren kann. Ein dem § 15a InsO n. F. vorgelagerter Haftungstatbestand sollte vor allem die Gesellschafter in die Haftung nehmen. Hierbei wird vor allem die Möglichkeit einer Durchgriffshaftung auf die Gesellschafter wegen materieller Unterkapitalisierung des Unternehmens in Betracht zu ziehen sein[2072]. Einer Literaturmeinung zufolge ist ebenso die Weiterentwicklung der Existenzvernichtungshaftung zu einer Gesellschafterhaftung für spekulative Geschäfte im Vorfeld der Insolvenz, die auf Gläubigerkosten erfolgten, in Erwägung zu ziehen sein[2073]. *Fischer* zieht als Kritiker der momentan bestehenden Insolvenzverschleppungshaftung gar eine Durchgriffshaftung für masselose Insolvenz in Betracht[2074] und folgt mithin einer sehr strengen Ansicht über die Verbesserung eines Gläubigerschutzsystems in Zusammenhang mit der Unternehmensinsolvenz.

2069 *Pettet*, Company Law, S. 36.

2070 *Habersack/Verse*, ZHR 168 (2004), 174, 180 f.

2071 *Fischer*, ZIP 2004, 1477, 1478.

2072 *Priester*, GmbHR 2005, 921, 922; *Habersack/Verse*, ZHR 168 (2004), 174, 210; *Borges*, ZIP 2004, 733, 743.

2073 *Roth*, NZG 2003, 1081, 1084.

2074 *Fischer* ZIP 2004, 1477, 1483.

Gegen diese Ansichten und eine Verstärkung der Geschäftsführerhaftung lässt sich vor allem anführen, dass eine Haftungsausdehnung erhebliche Einbußen der unternehmerischen Handlungsfreiheit zur Folge hätte. Der Geschäftsführer hat nach geltendem Recht bereits strenge Pflichten aus §§ 43, 64 GmbHG n. F. und § 15a InsO n. F. zu befolgen, um einer Haftung zu entgehen. Eine Haftungserweiterung ließe ein Handlungsermessen des Geschäftsführers weiterhin schrumpfen und wäre nicht besonders unternehmer- und sanierungsfreundlich. Der Geschäftsführer müsste sich unter Umständen den Vorwurf der zu schnellen Insolvenzeinleitung gefallen lassen. Darüber hinaus ist § 64 S. 1 GmbHG n. F. in den letzten Jahren als besonders gläubigerfreundlich interpretiert worden und die Aussichten auf eine Befriedigung der Gläubiger erhöht[2075]. Der Geschäftsführer hat gemäß § 64 S. 1 GmbHG Zahlungen ab Eintritt eines Insolvenzgrundes vollständig zu unterlassen. Durch Androhung einer Haftung soll für den Geschäftsführer ein Verhaltensanreiz geschaffen werden, von seinem Antragsrecht nach § 15a Abs. 1 InsO im Interesse der Gläubigergesamtheit frühzeitig Gebrauch zu machen und die Insolvenzsituation umgehend zu bereinigen[2076]. Die Fortführung insolventer Unternehmen wird damit faktisch unterbunden, da auch den Betrieb erhaltende Zahlungen verboten sind. Im Lichte des Normzwecks des § 64 S. 1 GmbHG wird der Begriff „Zahlung“ weit ausgelegt[2077]. Das objektive Vorliegen des Insolvenzgrundes bietet als haftungsauslösender Zeitpunkt daher einen ausreichenden Gläubigerschutz, der nicht zwangsläufig durch einen vorverlagerten Auslösungszeitpunkt verbessert werden kann. Eine weiterführende Haftung in der Unternehmenskrise schafft der Gesetzgeber mit der Einführung des MoMiG[2078], das nunmehr im Falle der Führungslosigkeit der Gesellschaft die Gesellschafter gemäß § 15a Abs. 3 InsO mit einer Krisenhaftung belegt und eine Insolvenzantragspflicht bei Geschäftsführerlosigkeit festsetzt. Auch die Rechtsprechung zur Existenzvernichtungshaftung[2079] weist die Betroffenen in ihre unternehmerischen Schranken und sorgt für entsprechende Grenzen der Handlungsfähigkeit. Dabei darf der Eingriff in das Gesellschaftsvermögen nicht lediglich Folge fehlerhafter Geschäftsführung (bloße Managementfehler) sein und nicht nur auf Fehleinschätzungen im Rahmen der Geschäftsführung beruhen[2080].

2075 *Möller*, Die materiell unterkapitalisierte GmbH, S. 34.
2076 *Haas*, in: *Baumbach/Hueck*, GmbHG, § 64 Rn. 1.
2077 *Haas*, in: *Baumbach/Hueck*, GmbHG, § 64 Rn. 65.
2078 MoMiG vom 23.10.2008, BGBl. I S. 2026.
2079 BGHZ 149, 10; BGHZ 151, 181; BGHZ 173, 246.
2080 *Haas*, in: *Baumbach/Hueck*, GmbHG, § 64 Rn. 67.

Das deutsche Haftungssystem enthält eine Reihe ineinander greifender Haftungstatbestände, die den Gläubiger ausgiebig schützen[2081]. Aufgrund dieser Vielzahl an Gläubigerschutzinstrumenten bedarf es keines zusätzlichen Haftungsinstituts in Form des *wrongful trading*, das neben den vorgenannten Vorteilen auch die ebenfalls erläuterten Nachteile mit sich bringt. Die Gesetzgebung müsste sich zudem dem Vorwurf der Überregulierung gefallen lassen.

2081 *Habersack/Verse*, ZHR 168 (2004), 174, 210.

Vierter Teil: Niederlassungsfreiheit und ihre Konsequenzen auf das Haftungsrecht in der Insolvenz im Rahmen des MoMiG

Die Neuregelungen des MoMiG[2082] greifen wichtige Urteile des EuGH und Tendenzen der EU-Rechtsprechung in den sog. Zuzugsfällen auf[2083]. Diese beruhen zu großen Teilen auch auf den Auswirkungen der Niederlassungsfreiheit nach Art. 49, 54 AEUV auf die grenzüberschreitende Ansiedlung und Gründung EU-ausländischer Unternehmen. Die Niederlassungsfreiheit nach Art. 49, 54 AEUV sowie die einschlägige EuGH-Rechtsprechung fördern in erheblichem Maße die grenzüberschreitende Entwicklung durch den identitätswahrenden Zuzug ausländischer EU-Gesellschaften, auch wenn der Wegzug dieser Unternehmen durch den Heimatstaat der Gesellschaft beschränkt werden darf[2084]. Im Zuge der Europäisierung ist den Unternehmen die Möglichkeit gegeben, mit einer ausländischen Rechtsform am inländischen Markt teilzunehmen (Rechtswahlfreiheit)[2085]. Inländische Unternehmer können mit der Wahl ausländischer Rechtsformen im Inland gravierende Probleme im Rahmen der Rechtsanwendung schaffen. Erfüllt die Gesellschaft die eingegangenen Geschäftsbeziehungen und Rechtsgeschäfte in dem gebotenen Umfang, treten keine weiteren Probleme auf. Zu Schwierigkeiten kommt es aber dann, wenn sich die Gesellschaft in Zahlungsnot befindet und aufgrund der Zahlungsunfähigkeit oder Überschuldung eine Insolvenz droht. Dabei entstehen vor allem Probleme bezüglich des anwendbaren Rechts.

2082 MoMiG vom 23.10.2008, BGBl. I S. 2026; am 01.11.2008 in Kraft getreten.

2083 EuGH, Slg. 1999, I-1459 – Centros; EuGH, Slg. 2002, I-9919 – Überseering; EuGH, Slg. 2003, I-10155 – Inspire Art; vgl. auch *Ebke*, ZVglRWiss 110 (2011), 2, 5.

2084 EuGH, Slg. 1999, I-1459 – Centros; EuGH, Slg. 2002, I-9919 – Überseering; EuGH, Slg. 2003, I-10155 – Inspire Art. Siehe aber auch die restriktive Rechtsprechung des EuGH zu den Wegzugsfällen: EuGH, Slg. 1988-5483 – Daily Mail; EuGH, Slg. 2008, I-9641 – Cartesio; EuGH, Slg. 2011, I-12273 – National Grid Indus; vgl. dazu auch Ebke, ZVglRWiss 110 (2011), 2, 5.

2085 *Wachter*, GmbHR 2005, 717.

§ 1. Die Ausgangssituation

Die gesetzgeberischen und richterlichen Vorgaben machen den deutschen Markt attraktiv für die Gründung englischer Limiteds[2086]. Der Bestand der in Deutschland registrierten Limited belief sich zum Stichtag 01. Januar 2010 auf insgesamt 17.551[2087], so dass sich gegenüber dem Vorjahresstichtag 01. Januar 2009 mit einem Bestand in Höhe von 17.524 ein prozentualer Zuwachs von 0,2% ergab[2088]. Zum Stichtag 01. Januar 2011 gab es insgesamt 14.814 Limiteds[2089]. Damit verzeichnete die Rechtsform der Limited in Deutschland im Jahr 2010 einen Rückgang um 15,6% zum Vorjahr[2090]. Der in den Vorjahren stetig steigende Zuwachs der Limited schien im Jahr 2009 somit erstmals nahezu zu stagnieren und seinen negativen Wendepunkt zu haben[2091].

Ausgangspunkt für die explosionsartige Verbreitung der Limited in Deutschland sowie die daran anknüpfenden haftungsrechtlichen Fragen sind vor allem die EuGH-Rechtsprechung und die sich aus den Urteilen „*Centros*", „*Überseering*" und „*Inspire Art*" ergebenden Konsequenzen für identitätswahrende Zuzugsfälle und den Umgang mit dem Haftungsrecht in der Insolvenz sowie den Gläubigerschutzrechten[2092]. Seit der EuGH mit seinen Urteilen die Tore für Auslandsgesellschaften geöffnet hat, schossen die englischen Limiteds mit ihren vereinfachten Gründungsvoraussetzungen sowie mangelndem Mindestkapital in Deutschland regelrecht aus dem Boden. Restriktiv hingegen äußert sich der EuGH in den sog. Wegzugsfällen der Unternehmen, die durch den Heimatstaat der Gesellschaft beschränkt werden dürfen[2093]. Die vorgenannten Urteile lassen zunehmend auf eine Tendenz zur Gründungstheorie schließen, äußern sich dazu aber nicht ausdrücklich und abschließend. Damit könnte der bisher in Deutschland geltenden Sitztheorie die Grundlage und Geltung entzogen sein. Der EuGH hat die Sitztheorie

2086 2007 haben ca 46000 Limiteds ihren Verwaltungssitz in Deutschland. Jede dritte Unternehmensgründung ist mithin eine Limited; vgl. *Westhoff*, GmbHR 2007, 474 ff.

2087 *Kornblum*, GmbHR 2010, 739, 746.

2088 *Kornblum*, GmbHR 2010, 739, 746.

2089 *Kornblum*, GmbHR 2011, 692, 693.

2090 *Kornblum*, GmbHR 2011, 692, 693.

2091 *Kornblum*, GmbHR 2011, 692, 693; zu den neuesten Zahlen siehe *Kornblum*, GmbHR 2013, 693; *ders.*, GmbHR 2014, 694.

2092 EuGH, Slg. 1999, I-1459 – Centros; EuGH, Slg. 2002, I-9919 – Überseering; EuGH, Slg. 2003, I-10155 – Inspire Art;.

2093 EuGH, Slg. 1988-5483 – Daily Mail; EuGH, Slg. 2008, I-9641 – Cartesio; EuGH, Slg. 2011, I-12273 – National Grid Indus.

bisher noch nicht verworfen, sondern im Einzelfall aus gemeinschaftsrechtlicher Sicht argumentiert[2094].

Bei der in Deutschland traditionell geltenden Sitztheorie sind die Rechtsverhältnisse einer juristischen Person – vorbehaltlich höherrangigen Rechts gemäß Art. 3 EGBGB – nach dem Recht des Sitzes der Gesellschaft zu beurteilen, wobei nicht der Satzungssitz der Gesellschaft, sondern der tatsächliche Verwaltungssitz ausschlaggebend ist[2095]. Der tatsächliche Verwaltungssitz der Gesellschaft bestimmt sich nach dem Ort, an dem die Gesellschaft nach außen erkennbar die grundlegenden Entscheidungen der Unternehmensleitung effektiv in laufende Geschäftsführungsakte umsetzt[2096]. Das gilt grundsätzlich auch, wenn eine Gesellschaft in einem anderen Staat wirksam gegründet worden ist und sodann ihren tatsächlichen Verwaltungssitz nach Deutschland verlegt[2097]. Allerdings setzt sich die einmal erworbene Rechtsfähigkeit nicht ohne weiteres in Deutschland fort. Es kommt vielmehr darauf an, ob die Gesellschaft nach dem Recht des Gründungsstaates fortbesteht und ob sie nach deutschem Recht rechtsfähig ist[2098]. Nach der Gründungstheorie wird das Gesellschaftsstatut anhand des Willens der Gesellschaftsgründer bestimmt, so dass das Recht maßgeblich ist, nach dessen Vorschriften die Gesellschaft organisiert wurde[2099]. Dabei wird zunächst an das Recht des Ortes der Eintragung der Gesellschaft in ein Register, hilfsweise an das Recht, nach welchem die Gesellschaft organisiert ist, angeknüpft[2100]. Die Gründungstheorie herrscht historisch bedingt vor allem im anglo-amerikanischen Raum[2101]. Sie wirft der Sitztheorie die niederlassungsrechtswidrige Mobilitätsfeindlichkeit vor[2102]. Tatsächlich sind die Konsequenzen für nach Deutschland einwandernde Gesellschaften drastisch, denn die Sitztheorie bezweckt vor allem den Schutz inländischen Rechts. Es kommt daher zum Statutenwechsel der Gesellschaft[2103].

2094 *Lang*, in: *Ziemons/Jaeger*, GmbHG, Internat. GesR, Rn. 17.

2095 BGH NJW 1979, 998; BGH NJW 1986, 2194; BGH NJW 1992, 618; BGH NJW 2002, 3539; BGH NJW 2003, 1607; *Ebke*, ZVglRWiss 110 (2011), 2, 7.

2096 BGH NJW 1970, 998, 999; BGH NJW 1981, 522; BGH NJW 1986, 2194, 2195; BGH NJW 2003, 1607, 1608; *Ebke*, ZVglRWiss 110 (2011), 2, 7.

2097 BGH NJW 2003, 1607, 1608.

2098 BGH NJW 2003, 1607, 1608.

2099 *Bamberger/Roth*, BGB, Art. 12 EGBGB Rn. 57 b.

2100 *Bamberger/Roth*, BGB, Art. 12 EGBGB Rn. 57 b.

2101 *Lang*, in: *Ziemons/Jaeger*, GmbHG, Internat. GesR, Rn. 4.

2102 *Ebke*, ZVglRWiss 110 (2011), 2, 17.

2103 *Lang*, in: *Ziemons/Jaeger*, GmbHG, Internat. GesR, Rn. 14.

Die mittlerweile gefestigte EuGH-Rechtsprechung legt es nahe, auf Gesellschaften, die in einem Mitgliedstaat der EU wirksam gegründet wurden, grundsätzlich das Gründungsrecht anzuwenden[2104]. In Anlehnung an diese EuGH-Rechtsprechung hat auch der BGH entschieden, dass zwingende Gründe des Gemeinwohls zwar eine Einschränkung der Niederlassungsfreiheit rechtfertigen können[2105], aber in dem Fall, dass der Geschäftsleiter einer Limited mit Verwaltungssitz in Deutschland aufgrund fehlender Eintragung einer Handelndenhaftung nach § 11 Abs. 2 GmbHG analog unterzogen werden solle, ein Verstoß gegen die Niederlassungsfreiheit gegeben sei[2106]. Aufgrund der Anerkennung der Rechtsfähigkeit einer solchen Gesellschaft folge, dass deren Personalstatut auch in Bezug auf die Haftung für in ihrem Namen begründete, rechtsgeschäftliche Verbindlichkeiten insbesondere der Frage nach einer diesbezüglichen persönlichen Haftung ihrer Gesellschafter oder Geschäftsführer gegenüber den Gesellschaftsgläubigern maßgeblich sei[2107].

A. Überblick über die EuGH-Rechtsprechung

Der nachfolgende Überblick über die EuGH-Rechtsprechung soll das Verständnis der Auswirkungen auf die Haftungsproblematik und die Neuerungen des MoMiG schärfen. In Frage steht, ob und in welchem Umfang sich die Spruchpraxis des EuGH auf die deutschen, in der Insolvenz anwendbaren Vorschriften auswirken. Im Fokus stand aus deutscher Sicht lange Zeit die Verankerung der Insolvenzverschleppungshaftung im deutschen Gesellschaftsrecht. Die rechtliche Einordnung der Insolvenzverschleppung gemäß § 64 Abs. 1 GmbHG a. F. im gesellschaftsrechtlichen oder insolvenzrechtlichen Bereich löste erhebliche Rechtsunsicherheiten hinsichtlich der Anwendbarkeit auf ausländische Rechtsformen aus[2108]. Wäre die deutsche Insolvenzverschleppungshaftung auf die in Deutschland ansässigen Limiteds nicht mehr anwendbar, käme unter Umständen eine Haftung nach den englischen *wrongful trading*-Grundsätzen in Betracht. Das deutsche Gericht sehe sich infolgedessen vor die Aufgabe gestellt, ein englisches Haftungsinstitut anzuwenden, das Unterschiede zum deutschen Haftungssystem aufweist.

2104 *Lang*, in: *Ziemons/Jaeger*, GmbHG, Internat. GesR, Rn. 17.

2105 EuGH, Slg. 2002, I-9919 – Überseering; EuGH, Slg. 2003, I-10155 – Inspire Art; BGH NJW 2005, 1648, 1649.

2106 BGH NJW 2005, 1648, 1649.

2107 BGH NJW 2005, 1648, 1649.

2108 Zur Einordnung siehe Vierter Teil, § 2 A. I. 1.

I. Die Daily Mail-Doktrin

In der *Daily Mail*-Entscheidung[2109] hatte der EuGH die europarechtliche Zulässigkeit steuerlicher Wegzugsbeschränkungen zu beurteilen. Der Sachverhalt dieser Entscheidung betraf die Sitzverlegung der englischen Daily Mail and General Trust Plc. in einen anderen EU-Mitgliedstaat, die Niederlande, und damit den Wegzug einer juristischen Person aus dem Inland. Der EuGH hat mit Urteil vom 27. September 1988 entschieden, dass weder Art. 52, 58 EWGV noch die EG-Richtlinie 73/148 vom 21. Mai 1973 einer Gesellschaft, die nach dem Recht eines Mitgliedsstaates gegründet ist und in diesem ihren satzungsmäßigen Sitz hat, das Recht verleihen kann, den Sitz ihrer Geschäftsleitung in einen anderen Mitgliedstaat zu verlegen[2110]. Im Gegensatz zu natürlichen Personen werden Gesellschaften aufgrund einer nationalen Rechtsordnung gegründet. Jenseits dieser Rechtsordnung, die ihre Gründung und Existenz regelt, hätten sie keine Realität[2111]. Ihnen sei keine Rechtsfähigkeit außerhalb der jeweiligen Landesgrenzen zuzuschreiben. Zudem betreffe die Richtlinie dem Wortlaut nach nur Reise und Aufenthalt von natürlichen Personen. Ihre Bestimmungen können aufgrund ihres Inhalts nicht analog auf juristische Personen angewendet werden[2112]. Diese Probleme könnten durch die Niederlassungsfreiheit nicht gelöst werden. Sie bedürften der Lösung durch gesetzgeberische Maßnahmen, die noch nicht vorliegen[2113].

Ob die EuGH-Entscheidung *Lasteyrie du Saillant*[2114], die eine französische Steuerregelung für Wertsteigerungen von bestimmten Wertpapieren und deren Fälligkeit bei Wegzug einer natürlichen Person betraf, auch auf juristische Personen erweitert werden könne[2115] und somit eine Abkehr des EuGH von der bisherigen *Daily Mail*-Doktrin einläuten würde, wurde in der Literatur diskutiert[2116]. Für diese Betrachtungsweise sprach, dass Art. 54 AEUV (ex-Art. 48 EGV) die juristische Person einer natürlichen Person gerade gleichstellt. Dementsprechend

---

2109 EuGH, Slg. 1988-5483 – Daily Mail.

2110 EuGH, Slg. 1988-5483, Rz. 24, 27 f. – Daily Mail; *Binz/Mayer*, GmbHR 2003, 249, 254.

2111 EuGH, Slg. 1988-5483, Rz. 19 – Daily Mail; *Riegger*, ZGR 2004, 510, 528; *Triebel/von Hase*, BB 2003, 2409.

2112 EuGH, Slg. 1988-5483, Rz. 28 – Daily Mail.

2113 EuGH, Slg. 1988-5483, Rz. 23 – Daily Mail.

2114 EuGH, Urt. v. 11.03.2004, Rs. C 9/02, Slg. 2004, I-2409 – Hughes de Lasteyrie du Saillant.

2115 *Geyrhalter/Weber*, NZG 2005, 837, 838; *Triebel/von Hase*, BB 2003, 2409, 2410.

2116 *Franz*, EuZW 2004, 270.

war nicht einzusehen, warum diese Rechtsprechung nicht ebenso für den Wegzug einer Gesellschaft gelten sollte. Es lag nahe, durch die *Lasteyrie du Saillant*-Entscheidung eine Wende des EuGH von der bisherigen Rechtsprechung in Wegzugsfällen anzunehmen. Unmittelbar entschieden wurde diese Problematik durch den EuGH nicht.

II. Die Entscheidungen Centros, Überseering und Inspire Art

Die nachfolgenden Entscheidungen des EuGH betrafen die Fallkonstellation des Zuzugs einer Gesellschaft. Sie boten dem EuGH vergeblich die Möglichkeit, seine *Daily Mail*-Rechtsprechung zu korrigieren. Bei *Centros*[2117] und *Inspire Art*[2118] hatte die jeweils betroffene Gesellschaft in ihrem Gründungsstaat nur ihren Satzungssitz, nicht aber ihren Verwaltungssitz. In *Centros* weigerte sich die dem dänischen Handelsministerium unterstehende Zentralverwaltung für Handel und Gesellschaften, in Dänemark eine Zweigniederlassung einer englischen Kapitalgesellschaft wegen Umgehung von Schutzvorschriften einzutragen. Der EuGH war der Auffassung, dass der Gesetzgeber des Verwaltungssitzes aufgrund der Niederlassungsfreiheit der Gesellschaft grundsätzlich das Auseinanderfallen von Satzungssitz und effektivem Verwaltungssitz akzeptieren muss und die zuziehende Gesellschaft danach als Gesellschaft des Wegzugsstaates anzuerkennen hat, sofern die Gesellschaft in ihrem Heimatstaat wirksam gegründet wurde und sich der Satzungssitz nach wie vor in dem Gründungsstaat befindet. Auch wenn eine Gesellschaft im Sinne des Art. 54 AEUV (ex-Art. 48 EGV) in ihrem Gründungsstaat geschäftlich nicht tätig werden möchte, ist sie dennoch Trägerin der europarechtlichen Niederlassungsfreiheit[2119]. Die fehlende Geschäftstätigkeit im Gründungsstaat und die ausschließliche Tätigkeit im Mitgliedstaat ihrer Zweigniederlassung belege noch kein missbräuchliches und betrügerisches Verhalten, das es Dänemark erlauben würde, auf diese Gesellschaft die Gemeinschaftsvorschriften über das Niederlassungsrecht gemäß Art. 49, 54 AEUV (ex-Art. 43, 48 EGV) nicht anzuwenden[2120]. Dem Urteil folgten sodann umfassende Diskussionen über die weitere Existenz der Sitztheorie[2121].

2117 EuGH, Slg. 1999, I-1459 – Centros.

2118 EuGH, Slg. 2003, I-10155 – Inspire Art; *Drygala*, EWiR 2003, 1029.

2119 *Binz/Mayer*, GmbHR 2003, 249, 254; *Ebke*, in FS *Thode*, S. 593, 599; *Ebke*, JZ 2005, 298, 300.

2120 EuGH, Slg. 1999, I-1459 – Centros.

2121 Siehe dazu *Ebke*, in: *R. Thode*, S. 593, 596; *Ebke*, JZ 1999, 656, 657.

In der *Überseering*-Entscheidung[2122] ging der EuGH in Anlehnung an die Entscheidung *Centros*[2123] davon aus, dass die Weigerung deutscher Gerichte, der niederländischen Gesellschaft Überseering BV mit tatsächlichem Hauptverwaltungssitz in Deutschland volle Rechts- und Parteifähigkeit nach deutschem Recht zuzuerkennen, ein Verstoß gegen die Niederlassungsfreiheit gemäß Art. 49, 54 AEUV (ex-Art. 43, 48 EGV) darstelle. Der EuGH prüfte mögliche Zuzugsbeschränkungen. Das Land des (neuen) Verwaltungssitzes muss die wirksame Gründung der Gesellschaft nach dem Recht des Gründungsstaates grundsätzlich hinnehmen. Das Erfordernis, dieselbe Gesellschaft in Deutschland neu zu gründen, komme daher der Negierung der Niederlassungsfreiheit gemäß Art. 49, 54 AEUV (ex-Art. 43, 48 EGV)gleich[2124]. Der in einem anderen EU-Mitgliedstaat wirksam gegründeten und fortbestehenden juristischen Person muss daher die Rechtsfähigkeit zugesprochen werden, die sie nach ihrem Gründungsrecht habe[2125]. In Anlehnung an die Entscheidung des EuGH kann der Statutenwechsel bei Verlegung des Verwaltungssitzes aus dem Gründungsstaat in das Inland und somit die Sitztheorie für Zuzugsfälle mit der Niederlassungsfreiheit für unvereinbar angesehen werden[2126]. Damit ist die Anknüpfung an den effektiven Verwaltungssitz im Rahmen der Sitztheorie zur Bestimmung der Rechts- und Parteifähigkeit im Verhältnis zu Kapitalgesellschaften aus anderen EU-Mitgliedstaaten zumindest für den Zuzug aus einem anderen EU-Mitgliedstaat überholt[2127].

Die Rechtsprechung des EuGH in Sachen *Inspire Art*[2128] bestätigte und festigte die vorangegangenen Urteile. Die Tatsache, dass die Gesellschaft *Inspire Art* im Vereinigten Königreich gegründet wurde, um die Vorschriften des niederländischen Gesellschaftsrechts, insbesondere hinsichtlich der strengeren Voraussetzungen des Mindestkapitals und der Einzahlung der Aktien, zu umgehen, schließt nach Ansicht des EuGH nicht aus, dass die Errichtung einer Zweigniederlassung

---

2122 EuGH, Slg. 2002, I-9919 – Überseering.

2123 EuGH, Slg. 1999, I-1459 – Centros.

2124 EuGH, Slg. 2002, I-9919, Rz. 81 – Überseering.

2125 *Ebke*, in: FS *R. Thode*, S. 593, 598; *Veit/Wichert*, AG 2004, 14, 15.

2126 *Ebke*, in: FS *R. Thode*, S. 593, 594; *Ebke*, JZ 2005, 298, 299; unter Bezugnahme auf die Überseering-Entscheidung hatte der östOGH im Jahre 2003 eine Hineinverschmelzung auf der Grundlage von Art. 49, 54 AEUV (ex-Art. 43, 48 EG) gewährleistet (ÖstOGH ZIP 2003, 1086 = IPRax 2004, 128) und sich somit von der Sitztheorie abgewandt, vgl. auch *Paal*, RIW 2006, 142; *Teichmann*, ZIP 2006, 355, 360.

2127 *Ebke*, in: FS *Thode*. S. 593, 599, 600; *Ebke*, JZ 2003, 927, 929.

2128 EuGH, Slg. 2003, I-10155 – Inspire Art.

dieser Gesellschaft in den Niederlanden unter die Niederlassungsfreiheit gemäß Art. 49, 54 AEUV fällt[2129]. Nationale Maßnahmen, die die Ausübung der garantierten Grundfreiheiten, mithin auch der Niederlassungsfreiheit, behindern, sind zwar gerechtfertigt, wenn vier Voraussetzungen erfüllt sind: Sie müssen in nicht diskriminierender Weise angewandt werden, sie müssen aus zwingenden Gründen des Allgemeininteresses gerechtfertigt sein, sie müssen zur Erreichung des verfolgten Ziels geeignet sein, und sie dürfen nicht über das hinausgehen, was zur Erreichung dieses Ziels erforderlich ist[2130]. Eine Rechtfertigung nahm der EuGH vorliegend aber nicht an[2131]. Gründet ein Staatsangehöriger eines EU-Mitgliedstaates eine Gesellschaft in dem Mitgliedstaat, dessen gesellschaftsrechtliche Vorschriften ihm die größte Freiheit lassen, und errichtet er anschließend in einem anderen Mitgliedstaat eine Zweigniederlassungen, übe er nach Ansicht des EuGH in Anlehnung an seine Entscheidung *Centros*[2132] damit die gemäß Art. 49, 54 AEUV garantierte Niederlassungsfreiheit im Binnenmarkt aus[2133].

III. Das Sevic-Urteil

Bis zur *Sevic*-Entscheidung war ungeklärt, ob eine grenzüberschreitende Verschmelzung europarechtlich möglich ist. Anknüpfend an die *Inspire Art*-Entscheidung verfestigte die *Sevic*-Entscheidung die Annahme der Gründungstheorie für EU-Auslandsgesellschaften. Der EuGH betrachtete in dieser Rechtssache internationale Verschmelzungen europäischer Gesellschaften nicht als *corporate suicide* betrachtete, sondern darin die Niederlassungsfreiheit nach Art. 43, 48 EGV betroffen sah[2134].

Das Ausgangsverfahren betraf die deutsche Sevic-Systems AG (im Folgenden: Sevic) mit Sitz in Neuwied, die im Jahre 2002 mit der in Luxemburg ansässigen Gesellschaft Security Vision Concept SA (im Folgenden: Security Vision) einen Verschmelzungsvertrag schloss. Dieser sah die Auflösung der Security Vision ohne Liquidation und die Übertragung ihres Vermögens als Ganzes auf die Sevic ohne Änderung der Firma der Letztgenannten vor. Angestrebt war somit ein Fall der Hineinverschmelzung.[2135]. Das vorlegende LG Koblenz wandte sich an den

---

2129 EuGH, Slg. 2003, I-10155, Rz. 98– Inspire Art.

2130 EuGH, Slg. 2003, I-10155, Rz. 133– Inspire Art.

2131 EuGH, Slg. 2003, I-10155, Rz. 143– Inspire Art.

2132 EuGH, Slg. 1999, I-1459, Rz. 27 – Centros.

2133 EuGH, Slg. 2003, I-10155, Rz. 138 – Inspire Art.

2134 EuGH, Slg. 2005, I-10805, Rz. 19 – Sevic; *Bayer/Schmidt*, ZIP 2006, 210, 211; *Kieninger*, EWS 2006, 49, 50; *Leible/Hoffmann*, RIW 2006, 161, 162; *Sedemund*, BB 2006, 519.

2135 EuGH, Slg. 2005, I-10805 – Sevic.

Gerichtshof mit dem Antrag auf Vorabentscheidung nach Art. 234 EG. Vorlagegegenstand war die Frage, ob eine Auslegung der Art. 43, 48 EGV dahingehend zu erfolgen habe, dass es der Niederlassungsfreiheit für Gesellschaften widerspricht, wenn der Gesellschaft eines EU-Mitgliedstaates die Eintragung ihrer angestrebten Verschmelzung mit einer deutschen Gesellschaft in das deutsche Handelsregister gemäß §§ 16 ff. UmwG verweigert wird, weil § 1 Abs. 1 Nr. 1 UmwG nur eine Umwandlung von Rechtsträgern mit Sitz im Inland vorsieht[2136]. Fraglich war somit, ob einer Gesellschaft mit Sitz in einem anderen Mitgliedstaat die Eintragung ihrer angestrebten Verschmelzung mit einer deutschen Gesellschaft in das deutsche Handelsregister versagt werden kann, ohne gegen die Niederlassungsfreiheit der ersteren zu verstoßen[2137].

Der EuGH widmete sich in seinem Urteil mangels sekundären EG-Rechts der Überprüfung nationaler Vorschriften am Maßstab der Grundfreiheiten. Er stellte in der *Sevic*-Entscheidung zunächst klar, dass die Niederlassungsfreiheit alle Maßnahmen erfasst, die „den Zugang zu einem anderen als dem Sitzmitgliedstaat und die Ausübung einer wirtschaftlichen Tätigkeit in jenem Staat dadurch ermöglichen oder auch nur erleichtern, dass sie die tatsächliche Teilnahme der betroffenen Wirtschaftsbeteiligten am Wirtschaftsleben des letztgenannten Mitgliedsstaats unter denselben Bedingungen gestatten, die für die inländischen Wirtschaftsbeteiligte gelten"[2138]. Der EuGH äußerte sich zu der Frage, ob die generelle Unzulässigkeit grenzüberschreitender Verschmelzungen eine rechtfertigungsbedürftige Diskriminierung oder Beschränkung der Niederlassungsfreiheit darstellt, dahingehend, dass das deutsche Umwandlungsrecht Verschmelzungen unter ausschließlicher Beteiligung inländischer Rechtsträger und Verschmelzungen unter Beteiligung ausländischer Rechtsträger unterschiedlich behandele[2139]. Erlaubt nämlich das nationale Recht die Verschmelzung eines inländischen Unternehmens ohne Abwicklung durch Gesamtrechtsnachfolge mit einer deutschen aufnehmenden natürlichen oder juristischen Person, hingegen nicht eine Verschmelzung mit einem grenzüberschreitenden Unternehmen, so liegt in der Ungleichbehandlung von deutschen und ausländisch europäischen Rechtsträgern eine Verletzung der Niederlassungsfreiheit ausländischer Gesellschaften. Sprachlich könnte der EuGH mithin auf eine Diskriminierung abstellen, denn er geht

2136 LG Koblenz ZIP 2003, 2210 = NZG 2003, 1124; *Kloster*, GmbHR 2003, 1413; *Mankowski*, EWiR 2004, 139; *Leible/Hoffmann*, RIW 2006, 161, 162.

2137 *Meilicke/Rabback*, GmbHR 2006, 123, 124.

2138 EuGH, Slg. 2005, I-10805, Rz. 18 – Sevic; *Bungert*, BB 2006, 53, 54; *Leible/Hoffmann*, RIW 2006, 161, 162; *Sedemund*, BB 2006, 519, 521.

2139 EuGH, Slg. 2005, I-10805, Rz. 22, 23 – Sevic; *Behrens*, EuZW 2006, 65.

implizit davon aus, dass die Situation einer innerstaatlichen mit einer grenzüberschreitenden Umwandlung vergleichbar ist[2140].

Der EuGH spricht sich gegen die von der deutschen und holländischen Regierung vorgebrachten, die Beschränkung rechtfertigenden Gründe des Allgemeinwohls aus. Zwingende Gründe des Allgemeininteresses wie der Schutz der Interessen von Gläubigern, Minderheitsaktionären sowie Arbeitnehmern oder die Wahrung der Wirksamkeit der Steueraufsicht und der Lauterbarkeit des Handelsverkehrs stünden der Hineinverschmelzung vorliegend nicht entgegen[2141]. Aus der Sicht des Zuzugsstaates ergäben sich für Gläubiger, Minderheitsgesellschafter und Arbeitnehmer keine gravierenden Veränderungen, da die übernehmende inländische Gesellschaft sowohl Rechtsform als auch Struktur beibehält[2142]. Das Kapitalniveau bleibt ebenso erhalten wie die deutschen Arbeits-, Mitbestimmungs- und Minderheitenrechte. Der EuGH hält eine Rechtfertigung unter Berufung auf die *Überseering-*[2143] und *Inspire Art*[2144]-Rechtsprechung zwar für möglich[2145], sieht aber die Voraussetzungen der Geeignetheit und Erforderlichkeit aufgrund der pauschalen Verweigerung von Verschmelzungsvorgängen vorliegend als nicht erfüllt an[2146]. Welche spezifischen Beschränkungen zum Schutz der Interessen von Gesellschaftern, Gläubigern oder Arbeitnehmers möglich wären, führt der EuGH nicht weiter aus. Im Gegensatz zum Generalanwalt[2147] unterscheidet der EuGH nicht ausdrücklich zwischen dem Zuzug ausländischer beteiligter Gesellschaften und dem Wegzug deutscher beteiligter Rechtsträger. Er stellt lediglich fest, dass die beteiligten Gesellschaften bei innerstaatlichen und grenzüberschreitenden Verschmelzungen unterschiedlich behandelt werden. Diese Ungleichbehandlung ist mithin geeignet, Gesellschaften zu veranlassen, von der Niederlassungsfreiheit keinen Gebrauch zu machen[2148]. Auch ein Fehlen entsprechender Harmonisierungsmaßnahmen begründet keinen Rechtfertigungsgrund

---

2140 EuGH, Slg. 2005, I-10805, Rz. 22 – Sevic; *Sedemund*, BB 2006, 519, 520.

2141 EuGH, Slg. 2005, I-10805, Rz. 28, 30 – Sevic; *Meilicke/Rabback*, GmbHR 2006, 123, 124; *Bayer/Schmidt*, ZIP 2006, 210, 212; *Leible/Hoffmann*, RIW 2006, 161, 163.

2142 *Meilicke/Rabback*, GmbHR 2006, 123, 124; *Bungert*, BB 2006, 53, 54.

2143 EuGH, Slg. 2002, I-9919 – Überseering.

2144 EuGH, Slg. 2003, I-10155 – Inspire Art.

2145 EuGH, Slg. 2005, I-10805, Rz. 28 – Sevic.

2146 EuGH, Slg. 2005, I-10805, Rz. 29, 30 – Sevic; *Bungert*, BB 2006, 53, 54; *Ringe*, DB 2005, 2806; *Kieninger*, EWS 2006, 49, 50; *Paal*, RIW 2006, 142, 143.

2147 Schlussanträge des Generalanwaltes, ZIP 2005, 1227, 1230, Rz. 45; *Wachter*, EWiR 2005, 581, 582.

2148 EuGH, Slg. 2005, I-10805, Rz. 22 – Sevic; *Bayer/Schmidt*, ZIP 2006, 210, 211.

in diesem Sinne[2149]. Der EuGH stellt klar, dass gemeinschaftliche Harmonisierungsvorschriften zwar grenzüberschreitende Verschmelzungen erleichtern, aber keine Voraussetzung zur Durchführung der Niederlassungsfreiheit nach Art. 43, 48 EGV[2150]. Das Inkrafttreten und die Umsetzung der Verschmelzungsrichtlinie musste daher nicht abgewartet werden. Das bedeutete allerdings auch, dass die inhaltlichen Einschränkungen der Richtlinie bis zu deren Inkrafttreten nicht gelten.

IV. Die Cartesio-Entscheidung

Die *Cartesio*-Entscheidung[2151] des EuGH behandelt den Wegzug einer Personengesellschaft, der ungarischen Kommanditgesellschaft Cartesio, aus ihrer Heimatrechtsordnung nach Italien. In diesem Fall verweigerte das ungarische Handelsregistergericht die Bestätigung der identitätswahrenden Sitzverlegung einer ungarischen Kommanditgesellschaft nach Italien sowie die entsprechende Änderung der Sitzverlegung Handelsregister. Den Antrag der Cartesio lehnte das Handelsregistergericht mit der Begründung ab, dass eine in Ungarn gegründete Gesellschaft nach geltendem ungarischem Recht ihren Sitz nicht unter Beibehaltung des ungarischen Personalstatuts ins Ausland verlegen könne[2152]. Gegenüber den vorgenannten EuGH-Entscheidungen, die sich aufgrund der Vorläufer von Art. 54 AEUV eindeutig für einen Schutz der wegziehenden Gesellschaft gegen beschränkende Maßnahmen des Aufnahmestaates aussprachen, befasste sich der EuGH in der Rechtssache *Cartesio* nunmehr mit der lange umstrittenen Frage, inwiefern der Heimatstaat einer Gesellschaft den Wegzug beschränken bzw. weniger attraktiv machen darf[2153]. Nach Ansicht des EuGH sind Art. 49, 54 AEUV zum gegenwärtigen Stand des Gemeinschaftsrechts dahingehend auszulegen, dass sie Rechtsvorschriften eines Mitgliedstaats nicht entgegenstehen, die es einer nach dem nationalen Recht dieses Mitgliedstaats gegründeten Gesellschaft verwehren, ihren Sitz in einen anderen Mitgliedstaat zu verlegen und dabei ihre Eigenschaft als Gesellschaft des nationalen Rechts des Mitgliedstaats, nach dessen Recht sie gegründet wurde,

2149 EuGH, Slg. 2005, I-10805, Rz. 26 – Sevic; EuGH, Slg. 2002, I-9919, Rz. 55 – Überseering; *Bayer/Schmidt*, ZIP 2006, 210, 211.

2150 EuGH, Slg. 2005, I-10805, Rz. 26 – Sevic.

2151 EuGH, Slg. 2008, I-9641 – Cartesio.

2152 EuGH, Slg. 2008, I-9641 – Cartesio.

2153 *Teichmann*, ZIP 2009, 393.

zu behalten[2154]. Gemeinschaftsrechtlich ist die Beibehaltung der rechtsformwahrenden Identität bei Wegzug der Gesellschaft nicht gewährleistet, so dass das Unternehmen gegebenenfalls eine Rechtsform des Aufnahmestaates anzunehmen hat[2155]. Allerdings hat dieser Rechtsformwechsel identitätswahrend zu erfolgen. Zudem äußert sich der EuGH in der Entscheidung erstmals darüber, dass der Gründungsstaat eine Auflösung und Liquidation der wegziehenden Gesellschaft nicht verlangen darf. Zu unterscheiden sind mithin zwei Fallgruppen des Wegzugs. Die Eine befasst sich mit dem Wegzug unter Beibehaltung des anwendbaren Rechts, die Andere umfasst den Wegzug unter Änderung des anwendbaren Rechts[2156].

V. Der Fall National Grid Indus.

Die National Grid Indus BV, eine nach niederländischem Recht gegründete Gesellschaft mit beschränkter Haftung, war seit Mitte 1996 Inhaberin einer konzerninternen Darlehensforderung gegen die National Grid Company plc, eine im Vereinigten Königreich niedergelassene Gesellschaft[2157]. Nach einer Kurssteigerung des Pfund Sterling gegenüber dem niederländischen Gulden war ein nicht realisierter Kursgewinn bei dieser Forderung entstanden. Am 15. Dezember 2000 verlegte National Grid Indus BV ihren tatsächlichen Verwaltungssitz und ihre gesamte Geschäftstätigkeit identitätswahrend unter Beibehaltung ihres niederländischen Satzungssitzes nach Großbritannien. Aufgrund des niederländischen Satzungssitzes bestand die unbeschränkte Steuerpflicht der nunmehr doppelt ansässigen Gesellschaft in den Niederlanden fort[2158]. Nach Art. 4 III des Abkommens zwischen den Niederlanden und dem Vereinigten Königreich zur Vermeidung von Doppelbesteuerung und zur Verhinderung von Steuerhinterziehung, das nationalem Recht vorgeht, musste National Grid Indus ab der Verlegung ihres tatsächlichen Verwaltungssitzes jedoch als im Vereinigten Königreich ansässig betrachtet werden. Da National Grid Indus nach der Verlegung ihres Sitzes nicht mehr über eine Betriebsstätte im Sinne des Abkommens in den Niederlanden verfügte, kam die Befugnis zur Besteuerung des Unternehmensgewinns

2154 EuGH, Slg. 2008, I-9641 – Cartesio.

2155 EuGH, Slg. 2008, I-9641, Rz. 124 – Cartesio.

2156 *Teichmann*, ZIP 2009, 393, 394.

2157 EuGH, Urt. v. 29.11.2011, Rs. C-371/10, Slg. 2011, I – National Grid Indus BV; noch nicht in der amtlichen Sammlung veröffentlicht; siehe auch EuZW 2011, 951.

2158 EuGH, Slg. 2011, I – National Grid Indus BV; siehe auch EuZW 2011, 951.

und der Vermögenserträge nach dieser Sitzverlegung nach Art. 7 I und 13 IV des Abkommens ausschließlich dem Vereinigten Königreich zu[2159].

Infolge der Anwendung des Abkommens hörte National Grid Indus auf, in den Niederlanden steuerpflichtigen Gewinn i. S.d. Art. 16 der Wet IB (niederländisches EStG) zu erzielen, so dass nach dieser Bestimmung i. V.m. Art. 8 der Wet VPB (niederländisches KStG) eine Schlussrechnung über die latenten Wertzuwächse (Vermögensgewinn) zum Zeitpunkt der Verlegung des Sitzes dieses Unternehmens zu erstellen war. Die National Grid Indus wurde einer de facto unmittelbar fälligen Schlussrechnungssteuer mit sofortiger Besteuerung der stillen Reserven unterworfen[2160].

Der in zweiter Instanz mit der Klage von National Grid Indus BV befasste Gerechtshof Amsterdam setzte das Verfahren aus und legte es dem EuGH wegen Zweifeln an der Vereinbarkeit der niederländischen Wegzugsbesteuerung mit der Niederlassungsfreiheit vor. Der EuGH entschied im Fall *National Grid Indus* mit Urteil vom 29. November 2011, dass nationale Regelungen der Wegzugsbesteuerung von Gesellschaften ebenfalls in den Schutzbereich der Niederlassungsfreiheit fallen. Eine sofortige Zahlung der festgesetzten Steuer ohne Möglichkeit des Zahlungsaufschubs verstößt gegen die Niederlassungsfreiheit[2161].

VI. Der Fall Vale Építési kft.

Das Oberste Gericht Ungarn hat mit Beschluss[2162] vom 17. Juni 2010 entschieden, die Sitzverlegung einer italienischen Kapitalgesellschaft nach Ungarn unter Wechsel der Rechtsform beim EuGH vorzulegen, um insbesondere die Vereinbarkeit ungarischen Rechts mit der Niederlassungsfreiheit gemäß Art. 49, 54 AEUV klären zu lassen[2163]. Die am 16. November 2000 in das römische Handelsregister eingetragene Vale Costruzioni Srl., eine Kapitalgesellschaft des italienischen Rechts mit beschränkter Haftung, beantragte am 03. Februar 2006 unter Hinweis

---

2159 EuGH, Slg. 2011, I – National Grid Indus BV; siehe auch EuZW 2011, 951.

2160 EuGH, Slg. 2011, I – National Grid Indus BV; siehe auch EuZW 2011, 951; zu weiteren Einzelheiten siehe auch *Tiedje*, in: *von der Groeben/Schwarze/Hatje*, Europäisches Unionsrecht, Art. 54 AEUV Rn. 69.

2161 EuGH, Slg. 2011, I Rz. 85 – National Grid Indus BV; EuGH, Slg. 2011, I – National Grid Indus BV; zu weiteren Einzelheiten siehe *Tiedje*, in: *von der Groeben/Schwarze/Hatje*, Europäisches Unionsrecht, Art. 54 AEUV Rn. 69 f.; *Wöhlert/Degen*, GWR 2012, 432 f.

2162 Vorlagebeschluss des Obersten Gericht Ungarn (Magyar Köztársaság Lefelsöbb Bírosága) vom 17.06.2010 – EuGH Rs. C-378/10, ZIP 2010, 1956.

2163 Oberstes Gericht Ungarn, ZIP 2010, 1956, 1957.

darauf, ihren Sitz und ihre Tätigkeit nach Ungarn zu verlegen und ihre Tätigkeit in Italien einzustellen, ihre Löschung im italienischen Handelsregister[2164]. Dabei wurde im italienischen Handelsregister unter „Löschung und Sitzverlegung" vermerkt, dass der Sitz der Gesellschaft nach Ungarn verlegt wurde[2165]. Am 14. November 2006 genehmigte der Geschäftsführer von Vale Construzioni Srl. sowie eine weitere natürliche Person die Satzung der ungarischen Gesellschaft mit beschränkter Haftung namens Vale Építési kft., wobei die Präambel der Satzung auf die Sitzverlegung der Gesellschaft von Italien nach Ungarn Bezug nahm[2166]. In dem Antrag auf Eintragung der ungarischen Gesellschaft mit Sitz in Budapest in das dortige Handelsregister benannte der Vertreter der ungarischen Gesellschaft die italienische Gesellschaft als Rechtsvorgängerin[2167]. Das dortige Registergericht Fovárosi Bíróság sowie die Rechtsmittelinstanz Fovárosi Ítélotábla lehnten den Antrag auf Eintragung der ungarischen Gesellschaft mit der Begründung zurück, dass die in Italien gegründete und eingetragene Gesellschaft nach den in Ungarn für Gesellschaften geltenden Regeln ihren Gesellschaftssitz nicht nach Ungarn verlegen und sich nicht in der beantragten Form eintragen lassen könne, da es nach dem ungarischen Gesetz über das Registerverfahren nicht möglich sei, als Rechtsvorgänger eine nicht ungarische Gesellschaft zu nennen[2168].

Im Rahmen der Kassationsbeschwerde und dem Antrag auf Aufhebung des Beschlusses sowie Anordnung der Eintragung der Gesellschaft in das ungarische Handelsregister argumentierte die Gesellschaft mit einem Verstoß gegen die unmittelbar anwendbaren Art. 49, 54 AEUV sowie damit, dass vorliegend nicht zwischen einer grenzüberschreitenden Sitzverlegung und einer grenzüberschreitenden Umwandlung differenziert werde[2169]. Das Oberste Gericht wendet sich mit seinen Vorlagefragen an den EuGH, weil es die Beantwortung der Vorlagefragen nicht nur für den zugrundeliegenden Rechtsstreit, sondern auch für die Einheitlichkeit der Auslegung und Anwendung der Ar. 49, 54 AEUV für

2164 Oberstes Gericht Ungarn, ZIP 2010, 1956, 1957, Rz. 1; Schlussantrag des Generalanwalts Niilo Jääskinen vom 15.12.2011 – C 378/10, BeckRS 2011, 81910, Rz. 9, 10.

2165 Schlussantrag des Generalanwalts Niilo Jääskinen vom 15.12.2011 – C 378/10, BeckRS 2011, 81910, Rz. 11.

2166 Oberstes Gericht Ungarn, ZIP 2010, 1956, 1957, Rz. 2; Schlussantrag des Generalanwalts Niilo Jääskinen vom 15.12.2011 – C 378/10, BeckRS 2011, 81910, Rz. 12.

2167 Oberstes Gericht Ungarn, ZIP 2010, 1956, 1957, Rz. 2; Schlussantrag des Generalanwalts Niilo Jääskinen vom 15.12.2011 – C 378/10, BeckRS 2011, 81910, Rz. 13.

2168 Oberstes Gericht Ungarn, ZIP 2010, 1956, 1957, Rz. 4; Schlussantrag des Generalanwalts Niilo Jääskinen vom 15.12.2011 – C 378/10, BeckRS 2011, 81910, Rz. 14.

2169 Oberstes Gericht Ungarn, ZIP 2010, 1956, 1957, Rz. 5.

erforderlich hält[2170]. Der EuGH habe im Urteil *Cartesio* den Fall der grenzüberschreitenden innergemeinschaftlichen Umwandlung, d.h. wenn eine nach dem Recht eines bestimmten Mitgliedstaats gegründete Gesellschaft ihre Tätigkeit in einer nach dem Recht eines anderen Mitgliedstaates vorgesehenen Gesellschaftsform fortsetzen möchte, von der grenzüberschreitenden innergemeinschaftlichen Sitzverlegung ohne Umwandlung, d.h. wenn eine Gesellschaft ihren Sitz in einen anderen Mitgliedstaat verlegt, ihre Tätigkeit jedoch unabhängig davon weiter nach dem Recht des Herkunftslandes entfalten möchte, klar voneinander abgegrenzt und nur hinsichtlich des zweiten Falls entschieden, dass ihn die Mitgliedstaaten frei regeln können[2171]. Zudem sei die angeführte Sitzverlegung der Gesellschaft in Verbindung mit einer neuen Gesellschaftsgründung nach ungarischem Recht und der Hinweis auf die italienische Rechtsvorgängerin nach ungarischen Recht nicht als Umwandlung anzusehen, da nach ungarischem Recht nur die Änderung der Gesellschaftsform, die Verschmelzung und die Spaltung als Umwandlung erfasst sei[2172].

Der EuGH hat die Vorlage des Obersten Gerichts Ungarn im Fall *Vale Építési kft.* am 12. Juli 2012 entschieden und bestätigt, dass die grenzüberschreitende Umwandlung mittels Wechsel der Gesellschaft in eine ausländische Rechtsform grundsätzlich möglich sei und der grenzüberschreitende Formwechsel im Zuzugsfalle in den Schutzbereich der Niederlassungsfreiheit nach Art. 49, 54 AEUV falle[2173]. Somit ist nach dem EuGH aufgrund der Niederlassungsfreiheit nicht nur die Verlegung des Verwaltungssitzes, sondern auch die Verlegung des Satzungssitzes unter bestimmten Voraussetzungen möglich. Die Weigerung der Behörden eines Mitgliedstaats, bei einer grenzüberschreitenden Umwandlung im Handelsregister die Gesellschaft des Herkunftsmitgliedstaats als „Rechtsvorgängerin" der umgewandelten Gesellschaft einzutragen, ist jedoch mit dem Äquivalenzgrundsatz nicht vereinbar, wenn bei innerstaatlichen Umwandlungen wie im vorliegenden Fall eine solche Eintragung der Vorgängergesellschaft vorgenommen wird[2174]. Die Gesellschaft erlischt im Herkunftsstaat nach dessen Regeln und entsteht neu

2170 Oberstes Gericht Ungarn, ZIP 2010, 1956, 1958, Rz. 17.
2171 Oberstes Gericht Ungarn, ZIP 2010, 1956, 1958, Rz. 18.
2172 Oberstes Gericht Ungarn, ZIP 2010, 1956, 1959, Rz. 20.
2173 EuGH, Urt. v. 12.07.2012, Rs. C-378/10, Slg. 2012, I Rz. 41 – Vale Építési; noch nicht in der amtlichen Sammlung veröffentlicht; siehe auch NJW 2012, 2715.
2174 EuGH, Slg. 2012, I Rz. 56 – Vale Építési.

im Aufnahmestaat nach dessen Regeln. Alt- und Neugesellschaft stehen im Verhältnis als Rechtsvorgänger und Rechtsnachfolger im Wege der Universalsukzession zueinander. Es handelt sich dabei um denselben Rechtsträger[2175].

B. Weiterführende Problematik und Entwicklung

Nach der EuGH-Rechtsprechung wird also zwischen sog. Wegzugs- und Zuzugsfällen bei Unternehmen unterschieden.

I. Wegzugs- und Zuzugsfälle

Unmittelbare Ausführungen über die Beurteilung von Wegzugsbeschränkungen nach dem Recht des Gründungsstaates erfolgten erstmals durch den EuGH in der *Cartesio*-Entscheidung[2176]. Da der EuGH nicht ausdrücklich klärte, ob und inwieweit die entwickelten Grundsätze der *Daily Mail*-Entscheidung von 1988 noch gelten, sind ihre Grundsätze, nach denen Wegzugsbeschränkungen unter bestimmten Voraussetzungen zulässig sind, mit Blick auf den dogmatischen Ansatz der in Deutschland geltenden Sitztheorie weiterhin mitzuberücksichtigen[2177]. Zwar weisen sowohl die *Cartesio*-Entscheidung als auch die zuvor im Jahre 2004 ergangene Entscheidung *Hughes des Lasteyrie du Saillant*[2178] darauf hin, dass die Grundsätze des *Daily Mail*-Urteils überholt sind[2179]. Der EuGH zitierte aber die *Daily Mail*-Entscheidung in den neueren Urteilen „*Überseering*"[2180], „*Inspire Art*"[2181] und ebenso in „*Cartesio*"[2182], auch wenn er hierbei die unterschiedlichen Sachverhalte betonte[2183].

Nach den vorgenannten EuGH-Entscheidungen wurde die Sitztheorie für Wegzugsfälle ebenso durch nationale Gerichte bestätigt und angewendet[2184]. Daraus folgte bisher eine Wegzugsschranke für deutsche Gesellschaften. Während sich die Gesellschaftsformen anderer, der Gründungstheorie folgender Mitgliedstaaten nahezu ungehindert in Deutschland betätigen können, drohte

---

2175 Zu weiteren Einzelheiten siehe *Wöhlert/Degen*, GWR 2012, 432 f.

2176 EuGH, Slg. 2008, I-9641 – Cartesio.

2177 *Kappes*, NZG 2006, 101, 102; *Geyrhalter/Weber*, NZG 2005, 837, 838.

2178 EuGH, Slg. 2004, I-2409 – Hughes de Lasteyrie du Saillant.

2179 *Paal*, RIW 2006, 142, 144.

2180 EuGH, Slg. 2002, I-9919, Rz. 62 ff. – Überseering; *Neye*, EWiR 2002, 1003, 1004.

2181 EuGH, Slg. 2003, I-10155, Rz. 102 f. – Inspire Art; *Drygala*, EWiR 2003, 1029.

2182 EuGH, Slg. 2008, I-9641 – Cartesio.

2183 *Bayer/Schmidt*, ZVG 2006, 210, 211.

2184 OLG Brandenburg, GmbHR 2005, 484; BayOblG, NZG 2004, 1116 = NJW-RR 2004, 836.

deutschen Gesellschaften mit Grenzübertritt die Auflösung, wodurch sich ihre Teilnahme am Wettbewerb der Gesellschaftssysteme in Europa erheblich erschwert[2185]. So war es beispielsweise ausländischen Unternehmen nicht möglich, eine inländische Kapitalgesellschaft in Form der GmbH oder AG zu gründen, sofern deren überwiegende oder ganze Geschäftstätigkeit im Ausland geführt werden sollte[2186]. Ebenso konnte eine deutsche Konzernmutter ihre ausländische Tochtergesellschaft nicht in Form der GmbH gründen[2187]. Unverständlich ist dabei ebenso, warum der Zuzugsstaat die nach einem anderen mitgliedstaatlichen Recht gegründete Gesellschaft anerkennen und nach dem Gründungsrecht behandeln soll, der Gründungsstaat aber die Möglichkeit hat, den Wegzug durch Zwangsliquidation zu verhindern[2188]. Im Rahmen der Falles „*Sevic*" befürwortete daher der Generalstaatsanwalt in seinen Schlussanträgen, dass sowohl der Zugang zum nationalen Hoheitsgebiet als auch der Weggang aus diesem Gebiet von der Niederlassungsfreiheit geschützt werde[2189].

Diese Ausführungen zeigen das Bestreben und die Tendenz, auch europäisch ausländischen Unternehmen den Zugang zu Instrumentarien des Umwandlungsrechts zu ermöglichen[2190] und die seit der *Daily Mail*-Entscheidung des EuGH aufrechterhaltenen Ausführungen zum Wegzug von Gesellschaften zu korrigieren[2191]. Neben Beschränkungen des Zuzugs zum nationalen Hoheitsgebiet sollen danach auch Beschränkungen des Wegzugs aus diesem Gebiet nicht gerechtfertigt sein[2192]. Ausdrücklich klärt das *Sevic*-Urteil letztlich nur, dass die generelle Eintragungsverweigerung bei Verschmelzungen künftig nicht mehr möglich ist. Eine explizite Unterscheidung in Zuzugs- und Wegzugsfälle wird weder im Leitsatz noch in der Begründung aufgegriffen[2193]. In Anbetracht der Entscheidungen „*Überseering*", „*Inspire Art*", „*Sevic*" und „*Cartesio*" ist nunmehr eindeutig, dass die EuGH-Rechtsprechung beim Aufnahmestaat im Rahmen des Zuzugs einen

2185 *Kappes*, NZG 2006, 101, 102.

2186 Vgl. auch Begr RegE MoMiG BT-Ds. 16/6140, S. 29, abrufbar unter: http://dipbt.bundestag.de/dip21/btd/16/061/1606140.pdf, zuletzt abgerufen am 07.03.2012.

2187 Vgl. auch Begr RegE MoMiG BT-Ds. 16/6140, S. 29.

2188 *Kieninger*, EWS 2006, 49, 51.

2189 Schlussanträge des Generalanwaltes, ZIP 2005, 1227, 1230, Rz. 45; *Geyrhalter/Weber*, NZG 2005, 837; *Siems*, EuZW 2006, 135, 138; *Wachter*, EWiR 2005, 581, 582.

2190 *Geyrhalter/Weber*, NZG 2005, 837.

2191 EuGH, Slg. 1988-5483 – Daily Mail; *Geyrhalter/Weber*, NZG 2005, 837, 838.

2192 Schlussanträge des Generalanwaltes, ZIP 2005, 1227, 1230, Rz. 45; *Geyrhalter/Weber*, NZG 2005, 837, 838; *Wachter*, EWiR 2005, 581, 582.

2193 EuGH, Slg. 2005, I-10805, Rz. 30 – Sevic; *Kieninger*, EWS 2006, 49, 52.

strengeren Maßstab anwendet als beim Heimatstaat im Rahmen des Wegzugs. Bei der *Cartesio*-Entscheidung zeigt sich erstmals, dass die Niederlassungsfreiheit dem bisherigen Heimatstaat mehr Rechte gibt als dem Zuzugsstaat. Der EuGH billigte in der *Daily-Mail*-Entscheidung, dass der englische Staat einer englischen Gesellschaft den steuerneutralen Wegzug ins Nachbarland verwehrte. Im Rahmen von *Cartesio* sprach sich der EuGH für die Möglichkeit aus, dass der ungarische Staat ein in Ungarn gegründetes Unternehmen, das seine Hauptverwaltung ins Ausland verlegen möchte, die Eigenschaft als Gesellschaft ungarischen Rechts zu entziehen[2194]. Mit diesem Urteil widerspricht der EuGH in vehementer Weise der *Lasteyrie du Saillant*-Entscheidung, bei der er die Anwendbarkeit der Niederlassungsfreiheit auf Wegzugsfälle von natürlichen Personen durchaus bejahte. Mit der Entscheidung *National Grid Indus* stellt der EuGH erstmals fest, dass auch die für Gesellschaften geltenden Regelungen der Wegzugsbesteuerung in den Schutzbereich der Niederlassungsfreiheit fallen[2195]. Durch seine Entscheidung im Fall *National Grid Indus* rückt der EuGH auch nicht von seiner *Daily Mail*-Rechtsprechung ab, da die Beschränkung in diesem Fall nur Hindernisse bei der Verwirklichung des Wegzuges, nicht aber - wie in der *Daily Mail*-Entscheidung - das Prinzip des Wegzuges selbst betraf[2196]. Mit der Entscheidung *Vale* führt der EuGH seine *Sevic*-Rechtsprechung zur Ermöglichung grenzüberschreitender Umstrukturierungen von Gesellschaften fort: Durch die Zulassung grenzüberschreitender Formwechsel wird die grenzüberschreitende Mobilität von Gesellschaften erheblich erweitert[2197].

II. Rechtliche Umsetzung

Das Gesetz zur Modernisierung des GmbH-Rechts und zur Beschränkung von Missbräuchen (MoMiG)[2198] ist eine Maßnahme des deutschen Gesetzgebers, auf die europarechtlichen Konsequenzen der vorstehenden EuGH-Rechtsprechung und die im europäischen Wettbewerb bestehenden Nachteile zu Lasten deutscher Unternehmen zu reagieren.

2194 *Teichmann*, ZIP 2009, 393, 396.

2195 *Wöhlert/Degen*, GWR 2012, 432, 435.

2196 *Tiedje*, in: *von der Groeben/Schwarze/Hatje*, Europäisches Unionsrecht, Art. 54 AEUV Rn. 70.

2197 *Wöhlert/Degen*, GWR 2012, 432, 435.

2198 MoMiG vom 23.10.2008, BGBl. I S. 2026.

1. MoMiG

Das MoMiG ist am 01. November 2008 in Kraft getreten. Es soll die deutsche Rechtsform der GmbH für den Mittelstand attraktiver machen und den Wirtschaftsstandort Deutschland stärken. Kernpunkt des neuen Gesetzes ist unter anderem die Erleichterung und Beschleunigung von Gesellschaftsgründungen, insbesondere durch Einführung der Unternehmergesellschaft[2199]. Da in vielen EU-Mitgliedstaaten geringere Anforderungen für die Gründungsformalitäten sowie die Bereitstellung eines bestimmten gesetzlichen Mindeststammkapitals gelten, wurde die GmbH im internationalen Wettbewerb, vor allem aber gegenüber der englischen Limited, als benachteiligt angesehen[2200]. Die Gesetzesnovellierung sollte die Attraktivität der GmbH sowohl in der Gründung, als auch als werbende, am Markt teilnehmende Gesellschaft erhöhen und Nachteile im Wettbewerb durch ein Bündel von Maßnahmen, darunter die Gründung der UG gemäß § 5a GmbHG, Verlegung des Verwaltungssitzes der GmbH ins Ausland, ausgleichen. Aus der Praxis hervorgegangene Missbrauchsfälle der GmbH sollen mittels verschiedener Modernisierungsmaßnahmen bekämpft werden[2201].

Als Wettbewerbsnachteil galt, dass EU-Auslandsgesellschaften nach den jüngsten Entwicklungen der EuGH-Rechtsprechung[2202] ihren effektiven Verwaltungssitz identitätswahrend in einem anderen Staat, mithin auch nach Deutschland verlegen können und in dem Land des effektiven Verwaltungssitzes als rechtsfähige Auslandsgesellschaften anzuerkennen sind. Dies führte in Deutschland unter Geltung der Sitztheorie allerdings dazu, dass EU-Auslandsgesellschaften unter Bezugnahme auf die Vorgaben des EuGH in das Inland drängten, Inlandsgesellschaften hingegen die Verlegung des effektiven Verwaltungssitzes ins Ausland nicht möglich war, da der Wegzug zu einem Statutenwechsel, Existenzverlust und zur Auflösung der Gesellschaft führten[2203].

Mit Inkrafttreten des MoMiG[2204] haben die vorgenannten Tendenzen der EuGH-Rechtsprechung in § 4a GmbHG n. F. somit eine erste Berücksichtigung

---

2199 Beg RegE MoMiG BT-Ds. 16/6140, S. 1.

2200 *Hueck/Fastrich*, in: *Baumbach/Hueck*, GmbHG, Einl., Rn. 38.

2201 *Roth*, in: *Roth/Altmeppen*, GmbHG, Einl., Rn. 6, der die zwei Ziele des MoMiG "Missbrauchsbekämpfung" und "Modernisierung" als divergierende, zum Teil entgegengesetzte Zielsetzungen ansieht.

2202 EuGH, Slg. 1999, I-1459 – Centros; EuGH, Slg. 2002, I-9919 – Überseering; EuGH, Slg. 2003, I-10155 – Inspire Art; EuGH, Slg. 2005, I-10805 – Sevic; EuGH, Slg. 2008, I-9641 – Cartesio.

2203 *Hueck/Fastrich*, in: *Baumbach/Hueck*, GmbHG, Einl., Rn. 63.

2204 MoMiG vom 23.10.2008, BGBl. I S. 2026.

gefunden. Gemäß § 4a GmbHG ist der Sitz der Gesellschaft der Ort im Inland, den der Gesellschaftsvertrag bestimmt. Die Vorschrift bezieht sich auf den Satzungssitz und lässt eine freie Sitzwahl innerhalb von Deutschland zu, ohne an den tatsächlichen Verwaltungssitz anzuknüpfen[2205]. Im Gegensatz zu § 4a GmbHG a. F., der als Sitz der Gesellschaft den im Gesellschaftsvertrag genannten Ort oder den Ort, an dem sich die Geschäftsleitung befindet oder die Verwaltung geführt wird, bestimmte, lässt die Neufassung nunmehr eine freie Satzungssitzwahl *im Inland* zu. Die alte Fassung des § 4a GmbHG sollte vor allem die Missbrauchsgefahr beschränken, insbesondere Sitzverlegungen mit dem Ziel vermeiden, sich dem Gläubigerzugriff zu entziehen oder sich die Zuständigkeit eines eintragungsfreundlicheren Registergerichts zu erschleichen[2206]. Hiervon hat der Gesetzgeber in der Neufassung nach MoMiG abgesehen. Aus der Gesetzesneufassung ist allerdings nicht ersichtlich, dass der Gesetzgeber damit die kollisionsrechtliche Anknüpfung des Personalstatuts der GmbH abweichend von der Sitztheorie im Sinne der Gründungstheorie regeln wollte[2207].

Mit der Neufassung des § 4a GmbHG knüpft er an den Rechtszustand an, der vor den durch das Handelsrechtsreformgesetz[2208] vorgenommen Änderungen bereits existierte[2209]. Nach der Begründung des Deutschen Bundestages zum Gesetzesentwurfs der Bundesregierung zum MoMiG bezweckte die Neufassung des § 4a GmbHG, den deutschen Gesellschaften die Wahl eines nicht notwendigerweise mit dem Satzungssitz übereinstimmenden Verwaltungssitzes und damit den Spielraum, Geschäftstätigkeiten auch ausschließlich im Rahmen einer (Zweig-)Niederlassung außerhalb des deutschen Hoheitsgebietes, zu ermöglichen[2210]. Hintergrund der Neufassung sei, dass es EU-Auslandsgesellschaften, deren Gründungsstaat eine Verlagerung des Verwaltungssitzes erlaubt, aufgrund der EuGH-Rechtsprechung zu *Überseering*[2211] und *Inspire Art*[2212] bereits rechtlich bereits erlaubt war, ihren effektiven Verwaltungssitz in einen anderen Mitgliedstaat, insbesondere auch nach Deutschland, zu verlegen und diese als solche

---

2205 *Hueck/Fastrich*, in: *Baumbach/Hueck*, GmbHG, § 4a Rn. 1.

2206 *Hueck/Fastrich*, in: *Baumbach/Hueck*, GmbHG, § 4a Rn. 1.

2207 *C. Jaeger*, in: *Ziemons/Jaeger*, GmbHG, § 4a Rn. 1.

2208 Gesetz zur Neuregelung des Kaufmanns- und Firmenrechts und zur Änderung anderer handels- und gesellschaftsrechtlicher Vorschriften (Handelsrechtsreformgesetz) vom 22.06.1998, BGBl. 1998 I S. 1474.

2209 *C. Jaeger*, in: *Ziemons/Jaeger*, GmbHG, § 4a Rn. 1.

2210 Begr RegE MoMiG BT-Ds. 16/6140, S. 29.

2211 EuGH, Slg. 2002, I-9919 – Überseering.

2212 EuGH, Slg. 2003, I-10155 – Inspire Art.

rechtlich auch anzuerkennen[2213]. Deutschen Gesellschaften war dies hingegen aufgrund der Vorschriften des § 4a Abs. 2 GmbHG a. F. sowie § 5 Abs. 2 AktG nicht möglich. Neben der Frage, ob die vorgenannte EuGH-Rechtsprechung zur Niederlassungsfreiheit gemäß den Artikeln 49, 54 AEUV allein die Freiheit des Zuzuges von Gesellschaften in einen Mitgliedstaat verlangt hat oder damit konsequenterweise auch der Wegzug von Gesellschaften ermöglicht werden muss, sind nach deutschem Recht gegründete Gesellschaften in ihrer Mobilität unterlegen[2214]. Die Neufassung des § 4a GmbHG bezweckte daher zu Gunsten der GmbH und AG, sich mit der Hauptverwaltung an einem Ort unabhängig von dem im Gesellschaftsvertrag gewählten Sitz niederzulassen und gleiche Ausgangsbedingungen gegenüber vergleichbaren Auslandsgesellschaften, sog. *level playing field*, zu schaffen[2215]. Die neugefasste Vorschrift ermöglicht einerseits deutschen Konzernen, ihre Auslandstöchter in der Rechtsform der vertrauten GmbH zu führen, andererseits auch kleinen und mittleren Unternehmen, in der Rechtsform der ihnen bekannten GmbH im Ausland Geschäfte zu tätigen.

Neben die Rechtsform der GmbH tritt gemäß § 5a GmbHG nunmehr die haftungsbeschränkte Unternehmergesellschaft als Unterform der GmbH ohne gesetzliches Mindeststammkapital[2216]. Sie stellt keine neue Rechtsform dar, sondern soll als Einstiegsvariante vor allem Existenzgründern dienen. Die Gewinne der haftungsbeschränkten Unternehmergesellschaft dürfen nicht voll ausgeschüttet werden, sondern sollen gemäß § 5a Abs. 3 GmbHG dazu verwendet werden, das Mindestkapital der normalen GmbH in Höhe von 25.000 Euro mit fortlaufender Zeit anzusparen und Kapital aufzubauen[2217]. Mangels Mindestkapital besteht die Gefahr, dass die Insolvenzgründe der Zahlungsunfähigkeit oder Überschuldung mit oder gleich nach Gründung vorliegen. Gemäß § 5a Abs. 4 GmbHG muss die Gesellschafterversammlung daher abweichend von § 49 Abs. 3 GmbHG, der den Aufbrauch der Hälfte des Stammkapitals voraussetzt, bereits bei drohender Zahlungsunfähigkeit unverzüglich einberufen werden. Aufgrund des FMStG ist bei Überschuldung der Unternehmergesellschaft von einer Pflicht des Geschäftsführers zur Stellung des Insolvenzantrages jedoch abzusehen, solange eine positive Fortbestehungsprognose des Unternehmens gegeben ist[2218].

2213 Begr RegE MoMiG BT-Ds. 16/6140, S. 29.
2214 Begr RegE MoMiG BT-Ds. 16/6140, S. 29.
2215 Begr RegE MoMiG BT-Ds. 16/6140, S. 29.
2216 *Lutter*, in: *Lutter/Hommelhoff*, GmbHG, Einl., Rn. 29.
2217 *Lutter*, in: *Lutter/Hommelhoff*, GmbHG, § 5a Rn. 14.
2218 *Fastrich*, in: *Baumbach/Hueck*, GmbHG, § 5a Rn. 30.

Geschäftsanteile können mittlerweile leichter aufgeteilt, zusammengelegt und einzeln oder zu mehreren an einen Dritten übertragen werden. Als Geschäftsanteil wird die Summe der Rechte und Pflichten des einzelnen GmbH-Gesellschafters bezeichnet, der ein gewisser Nennwert zuzuordnen ist[2219]. Die Geschäftsanteile müssen künftig nicht mehr einen Mindestbetrag von 100 Euro haben und durch 50 teilbar sein, sondern können gemäß § 5 Abs. 2 GmbHG n. F. nur noch auf einen Betrag von mindestens einem Euro lauten. Die Geschäftsanteile können aufgrund dieser Regelung bei Neugründung oder Kapitalerhöhung flexibler gehandhabt und bereits vorhandene Geschäftsanteile leichter gestückelt werden. Das bisherige Verbot der Zeichnung mehrere Anteile wurde aufgehoben und die Übernahme mehrerer Geschäftsanteile gemäß § 5 Abs. 2 GmbHG n. F. ausdrücklich erlaubt[2220].

Des Weiteren sieht das MoMiG in § 5 Abs. 4 GmbHG n. F. eine klare Regelung vor, dass Gesellschafter ihre Verpflichtung gegenüber dem Unternehmen künftig auch mit einer Sacheinlage erfüllen können, wenn sie nachweisen, dass der Wert der Sacheinlage den Betrag der geschuldeten Bareinlage erreicht. Gemäß § 5 Abs. 4 S. 1 GmbHG n. F. müssen Gegenstand der Sacheinlage und Nennbetrag des Geschäftsanteils, auf den sich die Sacheinlage bezieht, im Gesellschaftsvertrag festgesetzt werden. Die Gesellschafter haben gemäß § 5 Abs. 4 S. 2 GmbHG in einem Sachgründungsbericht die für die Angemessenheit der Leistungen für Sacheinlagen wesentlichen Umstände darzulegen und beim Übergang eines Unternehmens auf die Gesellschaft die Jahresergebnisse der beiden letzten Geschäftsjahre anzugeben. Eine verdeckte Sacheinlage wird immer erst dann angenommen, wenn eine Bareinlage formell vereinbart und geleistet wird, tatsächlich aber die Gesellschaft bei wirtschaftlicher Betrachtung einen Sachwert aufgrund eines im Zusammenhang mit der Übernahme der Einlage abgeschlossenen Gegengeschäfts oder einer sonstigen Absprache erhalten soll[2221]. Erfasst wird das förmliche Hin- und Herzahlen, aber auch jede andere Art der Umgehung[2222]. Die bisherige Handhabung führte im Ergebnis dazu, dass der betroffene Gesellschafter häufig doppelt zu leisten hatte. Nach dem nunmehr geltenden Gesetz ist der Wert der geleisteten Sache mit Eintragung der Gesellschaft in das Handelsregister gemäß § 19 Abs. 4 S. 3, 4 GmbHG auf die Bareinlageverpflichtung des Gesellschafters anzurechnen. In diesen Ansätzen wird die Lockerung des Kapitalschutzrechtes deutlich[2223].

2219 *Bayer*, in: *Lutter/Hommelhoff*, GmbHG, § 14 Rn. 1.
2220 *Hueck/Fastrich*, in: *Baumbach/Hueck*, GmbHG, § 5 Rn. 2.
2221 *Hueck/Fastrich*, in: *Baumbach/Hueck*, GmbHG, § 19 Rn. 45.
2222 *Hueck/Fastrich*, in: *Baumbach/Hueck*, GmbHG, § 19 Rn. 46.
2223 *Goette*, Einführung in das neue GmbH-Recht, Rn. 9.

Der Missbrauchsgefahr begegnete das MoMiG mit zahlreichen Einzelmaßnahmen, durch die einerseits für eine sachgerechte organschaftliche Vertretung der Gesellschaften gesorgt werden sollte, andererseits Missbräuche hinsichtlich der Beerdigung von Gesellschaften begegnet werden sollte[2224]. Die vorgenannten Maßnahmen betreffen die Führungslosigkeit der GmbH, insbesondere die Vorschriften des § 35 Abs. 1 S. 2 GmbHG n. F. und § 15a Abs. 3 InsO n. F., und die damit in Zusammenhang stehende Empfangszuständigkeit jedes einzelnen Gesellschafters[2225]. Über die beim Handelsregister gemäß § 8 Abs. 3 Nr. 1 GmbHG hinterlegte Gesellschafterliste können die Gesellschafter im Falle der Führungslosigkeit der GmbH ausfindig gemacht werden und gemäß § 35 Abs. 1 S. 2 GmbHG Adressat von Mahnungen, Klagen und sonstigen Rechtsangelegenheiten sein[2226]. Gemäß § 15a Abs. 3 InsO ist jeder Gesellschafter künftig bei Führungslosigkeit einer zahlungsunfähigen und überschuldeten GmbH zur Stellung eines Insolvenzantrags verpflichtet sein, es sei denn, er hat vom Insolvenzgrund oder von der Führungslosigkeit keine Kenntnis.

2. *Vereinheitlichte Kollisionsnormen*

Vereinheitlichte Kollisionsnormen des Internationalen Gesellschaftsrechts für rechtsordnungsübergreifende Sachverhalte finden sich in den nachfolgenden Verordnungen wieder: Die Rom I-Verordung[2227] regelt das Internationale Privatrecht der EU im Bereich vertraglicher Schuldrechtsverhältnisse. Die Rom II-Verordnung[2228] regelt hingegen das Internationale Privatrecht der Europäischen Gemeinschaft im Bereich außervertraglicher Schuldverhältnisse.

Allerdings sind gemäß Art. 1 Abs. 2 d) der Rom II-VO von dem Anwendungsbereich der Rom II-VO außervertragliche Schuldverhältnisse ausgenommen, die sich aus dem Gesellschaftsrecht, dem Vereinsrecht und dem Recht der juristischen Personen ergeben, wie die Errichtung durch Eintragung oder auf andere Weise,

---

2224 *Goette*, Einführung in das neue GmbH-Recht, Rn. 6.

2225 *Goette*, Einführung in das neue GmbH-Recht, Rn. 66; *Lutter*, in: *Lutter/Hommelhoff*, GmbHG, Einl., Rn. 30.

2226 *Goette*, Einführung in das neue GmbH-Recht, Rn. 66; *Lutter*, in: *Lutter/Hommelhoff*, GmbHG, Einl., Rn. 30.

2227 Verordnung (EG) Nr. 593/2008 des Europäischen Parlaments und des Rates über das auf vertragliche Schuldverhältnisse anzuwendende Recht (Rom I) vom 17.06.2008, ABl. Nr. L 177 S. 6 vom 04.07.2008.

2228 Verordnung (EG) Nr. 864/2007 des Europäischen Parlaments und des Rates über das auf außervertragliche Schuldverhältnisse anzuwendende Recht (Rom II) vom 11.07.2007, ABl. Nr. L 199 S. 40 vom 31.07.2007.

die Rechts- und Handlungsfähigkeit, die innere Verfassung und die Auflösung von Gesellschaften, Vereinen und juristischen Personen, die persönliche Haftung der Gesellschafter und der Organe für die Verbindlichkeiten einer Gesellschaft, eines Vereins oder einer juristischen Person sowie die persönliche Haftung der Rechnungsprüfer gegenüber einer Gesellschaft oder ihren Gesellschaftern bei der Pflichtprüfung der Rechnungslegungsunterlagen. Diese Ausnahme ist vor dem Hintergrund der EuGH-Rechtsprechung zur Öffnung der europäischen Binnengrenzen für ausländische Gesellschaften von hoher praktischer Relevanz[2229]. Da auch Gesellschaften dem allgemeinen Deliktsrecht und somit Art. 4 ff. Rom II-VO unterstehen, ist die Reichweite der Ausnahme in Art. 1 Abs. 2 d) Rom II-VO schwer bestimmbar und kann anhand der vorgenannten beispielhaften Aufzählung von Materien, die dem Gesellschafts- und nicht Deliktsstatut unterfallen, konkretisiert werden[2230].

Für die Praxis entscheidend ist die Frage, ob sich die Herausnahme der persönlichen Haftung von Gesellschaftern und Organen allein auf korporative Haftungsbeschränkungen bezieht, wobei die allgemeine Haftungsverfassung einer Gesellschaft sicher vom Gesellschaftsstatut und nicht vom Deliktsstatut beherrscht wird[2231]. Eine weit gefasste Auslegung des Art. 1 Abs. 2 d) Rom II-VO würde eine Haftung von Gesellschaftern und Organen für ein Fehlverhalten gegenüber der Gesellschaft und gegenüber externen Gläubigern, insbesondere Schadensersatzansprüche aus §§ 93 AktG, 43 GmbHG, 823 Abs. 2 BGB sowie richterrechtliche Gesellschafterhaftung, ebenfalls einbeziehen[2232]. Inwieweit Art. 1 Abs. 2 d) Rom II-VO somit weit auszulegen ist, bleibt abzuwarten.

§ 2. Haftung des Geschäftsleiters einer Limited mit Sitz in Deutschland

Vor der EuGH-Rechtsprechung in Sachen *Überseering*[2233] und *Inspire Art*[2234] sowie den jüngsten Entwicklungen europäischen und nationalen Rechts, einschließlich MoMiG, vertrat eine Ansicht im Rahmen der Sitztheorie, dass EU-Auslandsgesellschaften, die ihren effektiven Verwaltungssitz faktisch im Inland

2229 *Wagner*, IPRax 2008, 1, 2.
2230 *Wagner*, IPRax 2008, 1, 2.
2231 *Wagner*, IPRax 2008, 1, 2.
2232 *Wagner*, IPRax 2008, 1, 2.
2233 EuGH, Slg. 2002, I-9919 – Überseering.
2234 EuGH, Slg. 2003, I-10155 – Inspire Art.

haben, als rechtsfähige Personengesellschaften im Inland anzusehen sind[2235]. Abhängig vom Modell und vom Geschäftstyp des Unternehmens waren die Normen der GbR oder der oHG anwendbar und setzten die Gesellschafter einer vollumfänglichen persönlichen Haftung für Verbindlichkeiten der Gesellschaft nach § 714 BGB oder § 128 HGB und gegebenenfalls einer Handelndenhaftung entsprechend §§ 11 Abs. 2 GmbHG, 41 Abs. 1 S. 2 AktG aus[2236]. Diese Konsequenz der in Deutschland herrschenden Sitztheorie wurde mit der EuGH-Rechtsprechung zu *Centros, Überseering* und *Inspire Art* als unvereinbar mit der Niederlassungsfreiheit gemäß Art. 49, 54 AEUV gesehen[2237]. Das nationale Recht darf die Zulassung einer Zweigniederlassung einer Gesellschaft, die in einem anderen EU-Mitgliedsstaat wirksam gegründet wurde, nicht von zusätzlichen Voraussetzungen, z.B. Stammkapital oder Geschäftsführerhaftung, abhängig machen[2238]. Zudem muss die EU-Auslandsgesellschaft im Zuge der EuGH-Rechtsprechung zur Niederlassungsfreiheit im europäischen Binnenmarkt als rechts- und parteifähiges ausländisches Gebilde anerkannt und als solches behandelt werden und darf nicht als fehlgeschlagene Gründung einer inländischen Kapitalgesellschaft angesehen werden[2239]. Da die Haftung der Geschäftsleiter und Gesellschafter dem Bereich des kollisionsrechtlichen Herkunftslandprinzips entspringt, ist grundsätzlich nach Gründungsrecht zu verfahren. Es dürfte in der Praxis mittlerweile unstreitig sein, dass sich die Organhaftung und Inanspruchnahme von Gesellschaftern und Mitgliedern des Unternehmens prinzipiell nach dem Personalstatut der Gesellschaft richtet[2240].

Die Anwendbarkeit allgemeiner zivilrechtlicher Haftungsinstitute auf die Organe, Gesellschafter und Mitglieder von EU-Auslandsgesellschaften mit effektivem Verwaltungssitz im Inland ist im Schnittfeld des Gesellschafts-, Insolvenz- und Deliktsrechts von der Einordnung der einzelnen Tatbestände in

2235 *Eidenmüller*, in: *Eidenmüller*, Ausländische Kapitalgesellschaften, § 4 Rn. 15; *Forsthoff/Schulz*, in: *Hirte/Bücker*, Grenzüberschreitende Gesellschaften, § 15 Rn. 80.

2236 *Eidenmüller*, in: *Eidenmüller*, Ausländische Kapitalgesellschaften, § 4 Rn. 15; *Forsthoff/Schulz*, in: *Hirte/Bücker*, Grenzüberschreitende Gesellschaften, § 15 Rn. 80.

2237 *Hueck/Fastrich*, in: *Baumbach/Hueck*, GmbHG, Einl., Rn. 60.

2238 EuGH, Slg. 2003, I-10155 – Inspire Art; *Hueck/Fastrich*, in: *Baumbach/Hueck*, GmbHG, Einl., Rn. 60.

2239 EuGH, Slg. 2002, I-9919 – Überseering; *Hueck/Fastrich*, in: *Baumbach/Hueck*, GmbHG, Einl., Rn. 60.

2240 *Eidenmüller*, in: *Eidenmüller*, Ausländische Kapitalgesellschaften, § 4 Rn. 16; *Kindler*, in: MüKo-BGB, 1999, IntGesR, Rn. 479.

das jeweilige Rechtsgebiet abhängig[2241]. Der Zweck der in- oder ausländischen Norm und ihre funktionelle Zuordnung sind bei der Einordnung der Vorschrift von entscheidender Bedeutung. Die Unterscheidung solcher Normen, die das Gesellschafts- und Insolvenzstatut betreffen, spielt für die Abgrenzung der Gesellschafter- und Geschäftsleiterhaftung eine äußerst wichtige Rolle. Eine englische Limited mit Verwaltungssitz in Deutschland richtet sich hinsichtlich des Innenrechts ausschließlich nach dem englischem Gesellschaftsrecht[2242]. Dies gilt sowohl für die erstmalige Gründung der Limited, als auch für ihre Verwaltung und etwaige spätere Auflösung[2243]. Bei gesellschaftsrechtlichen Streitigkeit kann zudem die ausschließliche Zuständigkeit englischer Gerichte gemäß Art. 22 Nr. 2 EuGVVO gegeben[2244].

Das Gesellschaftsrecht umfasst solche Vorschriften, die den Bestand und Umfang der Haftung und die Ansprüche gegen die Gesellschafter und Geschäftsleiter festlegen. Es befasst sich dementsprechend mit dem haftungsbegründenden Verhalten von Gesellschaftern und Handlungsorganen[2245]. Das Insolvenzrecht beinhaltet demgegenüber Regelungen des Haftungsverwirklichungsverfahrens. Vom Gesellschaftsrecht mit seiner Haftung für Organe und Gesellschafter in ihrer Funktion als solche unterscheidet sich das Deliktsstatut vor allem darin, dass es die Verantwortlichkeit nach allgemeinen Regeln für jedermann sowie die Zurechnung entsprechenden, deliktsrechtlichen Verhaltens zur Gesellschaft bestimmt[2246]. Unabhängig von der rechtlichen Einkleidung einer Vorschrift kommt es im Einzelfall jedoch immer auf eine mögliche Beschränkung der Niederlassungsfreiheit nach Art. 49, 54 AEUV an. Vorschriften des Sitzstaates, die die Ausübung der Niederlassungsfreiheit gefährden, bedürfen einer rechtfertigenden Begründung. Hierbei ist die Zuordnung der Norm nicht von entscheidender Bedeutung. Ob eine inländische Sachnorm als delikts- oder insolvenzrechtlich zu qualifizieren ist, hat keine Auswirkungen auf die Frage, ob die Vorschrift geeignet ist, die Niederlassungsfreiheit ungerechtfertigterweise zu beeinträchtigen[2247]. Diese Grundsätze finden sich ebenso im Rahmen einer Haftung nach § 823 Abs. 2 BGB i.V.m. Schutzgesetzen wieder, die (gesellschaftsrechtliches)

2241 Vgl. zu Zuordnungsfragen allgemein *Kropholler*, Internationales Privatrecht, S. 112 ff.

2242 *Ebke*, in: FS *Hellwig*, S. 117, 124; *Wachter*, GmbHR 2004, 88, 93.

2243 *Wachter*, GmbHR 2004, 88, 93.

2244 *Wachter*, GmbHR 2004, 88, 93.

2245 Aufzählung gesellschaftsrechtlicher Angelegenheiten, in: *Wachter*, GmbHR 2004, 88, 93.

2246 Ähnlich *Thorn*, in: *Palandt*, BGB, Anh. zu Art. 12 EGBGB Rn. 14.

2247 *Eidenmüller*, in: *Eidenmüller*, Ausländische Kapitalgesellschaften, § 4 Rn. 8 f.

Gründungsrecht normieren. Zudem können nach herrschender Meinung ausländische Normen als Schutzgesetze im Rahmen des § 823 Abs. 2 BGB gelten[2248]. Lässt sich dem als Personalstatut anwendbarem Gründungsrecht im Einzelfall ein spezifischer Schutzzweck entnehmen, verursacht die Annahme eines Schutzgesetzes im Lichte der Niederlassungsfreiheit von EU-Auslandsgesellschaften grundsätzlich keine europarechtlichen Bedenken. Ausländische Rechtsnormen müssen im Inland auf EU-Auslandsgesellschaften Anwendung finden. Aufgrund des *lex-fori*-Grundsatzes des Art. 4 EuInsVO sind ausländische Vorschriften des Insolvenzrechts allerdings nicht als Schutzgesetze im Sinne des § 823 Abs. 2 BGB in Betracht zu ziehen. Die Haftung über § 823 Abs. 2 BGB kann im Einzelfall ein nicht unwesentliches Marktzugangshindernis darstellen, dass sich nur mit einem hohen Allgemeininteresse rechtfertigen lässt. Die Anwendbarkeit der Vorschrift hat dem Kriterium der Erforderlichkeit nicht zuwider zu laufen[2249].

Die Problematik, ob sich die Haftung des Geschäftsleiter im Falle der Insolvenzverschleppung nach ausländischem Gründungsrecht oder nach § 823 Abs. 2 BGB i.V.m. § 64 Abs. 1 GmbHG a. F. richten, war lange Zeit stark umstritten. In der Rechtsprechung standen einschlägige Entscheidungen noch aus[2250]. Vor allem nach der EuGH-Rechtsprechung in Sachen *Inspire Art*, die mit der Tendenz zur Gründungstheorie das (Gesellschafts-)Recht des Gründungsstaates bei in Deutschland tätigen Limiteds für anwendbar erklärt, und dem BGH-Urteil[2251] vom 14. März 2005 war fraglich, ob sich die aus der Spruchpraxis ergebenden Konsequenzen auf die in der Insolvenz geltenden Haftungsvorschriften, insbesondere auf § 64 GmbHG a. F., übertragen ließen und deutsche Richter englische Rechtsinstitute anzuwenden haben. Eine Ansicht in der Literatur monierte, dass es deutschen Gerichten in diesem Fall nicht zumutbar sei, geltendes Recht sämtlicher EU-Mitgliedsstaaten anzuwenden[2252]. Dem sei durch Zuordnung der betroffenen Gläubigerschutzvorschriften des deutschen Rechts zum Insolvenz- und Deliktsrecht entgegenzuwirken. Betroffen war nach altem Recht neben den Regelungen des Eigenkapitalersatzrechts sowie der Durchgriffshaftung vor allem die Insolvenzverschleppungshaftung, die der Gesetzgeber infolgedessen durch Einführung des MoMiG im Insolvenzrecht ansiedelte[2253]. Diese Problematik hatte bis Inkrafttreten des MoMiG weitreichende Konsequenzen. Auslöser war die

2248 *Schanze/Jüttner*, AG 2003, 661, 670; *Schumann*, DB 2004, 743, 748.

2249 *Eidenmüller*, in: *Eidenmüller*, Ausländische Kapitalgesellschaften, § 4 Rn. 32.

2250 *Forsthoff/Schulz*, in: *Hirte/Bücker*, Grenzüberschreitende Gesellschaften, § 15 Rn. 88.

2251 BGH NJW 2005, 1648.

2252 *Altmeppen*, NJW 2004, 97, 98.

2253 *Bitter*, WM 2004, 2190, 2191, der in Fn. 29 weitere Nachweise zum Streitstand liefert.

Fragestellung, ob deutschen Gerichten die Anwendbarkeit von Haftungsinstituten verschiedenster Rechtskreise zumutbar war und Übersichtlichkeit sowie Effektivität einschlägigen inländischen Rechts durch eine Vielzahl anwendbarer Rechtsinstitute zu leiden hatte[2254].

A. EuInsVO und die Insolvenzverschleppungshaftung nach § 64 GmbHG a. F.

Hauptanliegen der EuInsVO[2255] ist es, dass das in einem EU-Staat eröffnete Hauptinsolvenzverfahren gemäß dem Universalitätsprinzip das gesamte EG-weit belegene Vermögen des Schuldners erfasst. Zu diesem Zweck legt Art. 3 Abs. 1 Satz 2 EuInsVO die internationale Zuständigkeit der Gerichtsbarkeit für die Eröffnung eines Hauptinsolvenzverfahrens und die Anwendbarkeit nationalen Rechts fest. Gemäß Art. 3 Abs. 1 S. 1 EuInsVO sind die Gerichte des Mitgliedsstaates zuständig, in dessen Gebiet der Schuldner den Mittelpunkt seiner hauptsächlichen Interessen hat. Bei Gesellschaften und juristischen Personen wird gemäß Art. 3 Abs. 1 S. 2 EuInsVO vermutet, dass dieser Mittelpunkt der Ort des satzungsmäßigen Sitzes ist. Wegen der bisherigen EuGH-Rechtsprechung, die nunmehr die Vorschriften des Gesellschaftsrechts als Gründungsrecht der jeweiligen Gesellschaft ausdrücklich für anwendbar erklärt, und der bislang umstrittenen Einordnung der Insolvenzverschleppungshaftung in den Bereich des Gesellschafts-, Insolvenz- oder Deliktsrecht, war das MoMiG durch Positionierung der Insolvenzhaftung in der deutschen Insolvenzordnung um eine Klärung der Anwendbarkeit und um eine Streitbeilegung über die Rechtsnatur und Zuordnung des § 64 Abs. 1 GmbHG a. F. bemüht[2256]. Zudem bezweckte die Gesetzesänderung, zukünftig auch Auslandsgesellschaften mit statuarischem Sitz im Ausland und tatsächlicher Geschäftstätigkeit in Deutschland unter die Antragspflicht des § 15a InsO n. F. über Art. 3 Abs. 1, 4 EuInsVO fallen zu lassen[2257]. Dabei hat das Insolvenzstatut nicht an die Rechtsform des schuldnerischen Unternehmens, sondern an den Mittelpunkt der wirtschaftlichen Tätigkeit, dem sog. *centre of main interest* („COMI"), anzuknüpfen[2258].

2254 Verneinend *Altmeppen*, NJW 2004, 97, 98.

2255 Verordnung (EG) Nr. 1346/2000 des Rates der EU vom 29.05.2000 über Insolvenzverfahren, veröffentlicht im ABl. Nr. L 160 vom 30.06.2000, in Kraft getreten am 29.05.2003.

2256 Beg RegE MoMiG BT-Ds. 16/6140, S. 71.

2257 Beg RegE MoMiG BT-Ds. 16/6140, S. 71.

2258 Beg RegE MoMiG BT-Ds. 16/6140, S. 71.

Eine Darstellung der alten Rechtslage im Rahmen des § 64 Abs. 1 GmbHG a. F. ist dennoch nicht verzichtbar. Die Haftung der Gesellschafter und Geschäftsleiter ist eine Materie, die grundsätzlich dem kollisionsrechtlichen Herkunftslandprinzip unterfällt. Sie sollte daher prinzipiell - spätestens seit der Rechtsprechung zu *Centros*[2259] und *Inspire Art*[2260] - nach dem Gründungsrecht beurteilt werden. Aufgrund des fehlenden Stammkapitalerfordernisses der Limited kommt einer Durchgriffshaftung des Geschäftsleiters nach den Maßstäben der deutschen Insolvenzverschleppung seit jeher ganz besondere Bedeutung zu. Ob auf eine Limited die Vorschriften deutscher Insolvenzverschleppungshaftung anwendbar sind, war daher nicht zuletzt hinsichtlich ihrer umstrittenen Einordnung aufgrund von gesellschafts-, insolvenz- und deliktsrechtlichen Elementen für eine lange Zeit ungewiss. Die der *Inspire Art*-Entscheidung[2261] zu entnehmende Rechtsformwahlfreiheit legte den Grundstein für eine oft vorschnelle Gründung der Limited, die ohne Geschäftsmodell und Eigenkapital im Rechts- und Geschäftsverkehr geführt wurde. Mangels Eigenkapitalerfordernisses ist eine Überschuldung des Unternehmens absehbar, wobei sich die Geschäftsführer im Gegensatz zum einzelkaufmännischen Unternehmen regelmäßig keiner persönlichen Haftung aussetzen und die Gesellschaftsgläubiger durch leichtfertige Wagnisse und Risikogeschäfte in weitaus größere Gefahr aussetzen[2262]. Die Klärung der anzuwendenden Vorschriften für deutsche Gerichte war nach alter Rechtslage auch aus diesem Gesichtspunkt für den Gläubigerschutz von erheblicher Bedeutung. Sofern § 64 GmbHG a. F. nicht nach insolvenzrechtlichen nationalen Vorgaben zu beurteilen gewesen sei, käme im Rahmen einer Anknüpfung an das Gründungsrecht für die Limited eine Beurteilung der Insolvenzverschleppungshaftung vor allem nach den Grundsätzen des *wrongful trading* in Betracht. Für deutsche Gerichte hieße diese Handhabung, englisches Recht in Deutschland anzuwenden. Da deutschen Gerichten die Anwendung eines unbekannten, englischen oder anderweitigen Rechts kaum zumutbar ist, scheint es vielmehr sinnvoll, dass die Gesellschaftsorgane im Rahmen ihrer Pflichterfüllung einer Haftung nach nationalen Insolvenzverschleppungsregeln ausgesetzt sind.

Von der Frage, ob eine Insolvenzantragspflicht nach nunmehr § 15a Abs. 1 InsO n. F. grundsätzlich auch für Geschäftsleiter von EU-Auslandsgesellschaften

---

2259 EuGH, Slg. 1999, I-1459 – Centros.

2260 EuGH, Slg. 2003, I-10155 – Inspire Art.

2261 EuGH, Slg. 2003, I-10155 – Inspire Art.

2262 FAZ vom 25.07.2007, S. 13: „Hohe Frühsterblichkeit“ der Limited aufgrund Insolvenzanfälligkeit.

gemäß Art. 4 Abs. 2 S. 1 EuInsVO gilt, ist allerdings die Zuständigkeitsproblematik zu unterscheiden, ob der GmbH-Geschäftsführer einer Gesellschaft mit tatsächlichem Sitz im Ausland seiner Insolvenzantragspflicht ausreichend Rechnung trägt, indem er einen Insolvenzantrag bei dem gemäß Art. 3 Abs. 1 S. 1 EuInsVO international zuständigen ausländischen Gericht stellt[2263].

I. Die Zuständigkeitsproblematik nach alter Rechtslage

Die Frage des anwendbaren Rechts ist grundsätzlich nach der Einordnung der Vorschrift in das ihr am nächsten liegende Rechtsgebiet zu beurteilen. Im Rahmen der Insolvenzverschleppungshaftung nach § 64 GmbHG a. F. stellte sich die Einordnung allerdings als besonders schwierig und umstritten heraus. Die Klärung der Zuordnung war von entscheidender Bedeutung, da nach der EuGH-Rechtsprechung das Recht des Gründungsstaates das Gesellschaftsrecht des Sitzstaates überlagert und anstelle des nationalen GmbH-Rechts anwendbar ist[2264]. Im Fall der Insolvenzverschleppung kam eine gläubigerschützende Anwendung im Sinne deutscher Vorschriften mithin nur in Betracht, wenn der Tatbestand des § 64 Abs. 1 GmbHG a. F. trotz seiner systematischen Stellung im GmbHG nicht gesellschaftsrechtlich zu qualifizieren war.

1. Einordnung des § 64 Abs. 1 GmbH a. F.

Neben seiner Schutzgesetzeigenschaft und ggf. Zuordnung des § 64 Abs. 1 GmbHG a. F. zum Deliktsrecht war ebenso ein insolvenzrechtlicher Bezug der Insolvenzverschleppungshaftung in Betracht zu ziehen, da der Schadensersatz zur Befriedigung der Gesellschaftsgläubiger diente und die Quote der Gläubiger im Falle der Unternehmensinsolvenz erhöhen sollte.

a. Insolvenzrechtliche Zuordnung

Neben dem systematischen Standort der Regelung im GmbH-Gesetz kann die Einordnung der Vorschrift auch anhand ihres Zwecks zu bestimmen sein[2265]. Im Fall des § 64 GmbHG a. F. sollten die Altgläubiger bei Vorliegen der Insolvenzgründe der Zahlungsunfähigkeit oder Überschuldung vor einer Verminderung der Haftungsmasse ohne persönliche Einstandspflicht des Geschäftsleiters bewahrt und optimale Bedingungen für Altgläubiger aufgrund einer kollektiven Haftungsverwirklichung unter Ausschluss des wirtschaftlichen Verkehrs

---

2263 Zustimmend *Liersch*, NZI 2004, 271, 272.

2264 *Spindler/Berner*, RIW 2004, 7, 8; *Ulmer*, KTS 2004, 291, 293.

2265 *Eidenmüller*, in: *Eidenmüller*, Ausländische Kapitalgesellschaften, § 9 Rn. 26.

geschaffen werden[2266]. Die Insolvenzantragspflicht sollte auch Neugläubiger schützen, mit der Gesellschaft in Unkenntnis der finanziellen Situation in Geschäftsbeziehungen zu treten und Ansprüche ohne Wert gegen die Gesellschaft zu erwerben[2267]. Die Marktteilnehmer sollten insbesondere vor einem Vertrauensmissbrauch und einer Täuschung über den Anschein einer überlebensfähigen Gesellschaft sowie vor wirtschaftlichen Verlusten bewahrt werden. Eine insolvenzrechtliche Einordnung der Insolvenzantragspflicht des § 64 Abs. 1 GmbHG a. F. lag dementsprechend nahe[2268]. Im Falle einer insolvenzrechtlichen Einordnung könnte die Regelung daher ebenso in den Anwendungsbereich der EuInsVO fallen. Der Anwendungsbereich der Verordnung[2269] erfasst verfahrensrechtliche Regelungen der Insolvenz. Gemäß Art. 1 Abs. 1 EuInsVO gilt die Verordnung für Gesamtverfahren, welche die Insolvenz des Schuldner voraussetzen und den vollständigen oder teilweisen Vermögensbeschlag gegen den Schuldner sowie die Bestellung eines Verwalters zur Folge haben. Soweit die EuInsVO nichts anderes bestimmt, gilt gemäß Art. 4 Abs. 1 EuInsVO für das Insolvenzverfahren und seine Wirkungen das Recht des Mitgliedsstaates, in dem das Insolenzverfahren eröffnet wird.

Bei insolvenzrechtlicher Zuordnung des § 64 Abs. 1 GmbHG a. F. würde die EuInsVO, dort im Speziellen Art. 3, 4 EuInsVO, die internationale Zuständigkeit für die Eröffnung und Durchführung des Insolvenzverfahrens regeln und die Anwendbarkeit des einschlägigen nationalen Insolvenzrechts sowie die Anerkennung ausländischer Insolvenzverfahren bestimmen. Diesbezüglich legt Art. 4 Abs. 1 EuInsVO fest, dass das Recht des Staates der Verfahrenseröffnung, sog. *lex fori concurso*, anwendbar ist. Dies gilt unabhängig davon, nach welchem Recht die Gesellschaft gegründet ist[2270]. Gemäß Art. 3 Abs. 1 EuInsVO sind die Gerichte des Staates für die Verfahrenseröffnung in der Insolvenz zuständig, in dem der Schuldner den Mittelpunkt seiner hauptsächlichen Interessen im Sinne des COMI hat. Liegt der Verwaltungssitz der englischen Limited in Deutschland, so wird die Annahme, dass auch ihr Interessenschwerpunkt in Deutschland besteht, nach § 3 Abs. 1 S. 2 EuInsVO widerleglich vermutet. Diese Vermutung

2266 *Eidenmüller*, in: *Eidenmüller*, Ausländische Kapitalgesellschaften, § 9 Rn. 26.

2267 *Eidenmüller*, in: *Eidenmüller*, Ausländische Kapitalgesellschaften, § 9 Rn. 26; zum Alt- und Neugläubigerschaden vgl. eingehend BGHZ 126, 181, 190 ff. = NJW 1994, 2220, 2222 ff.

2268 *Eidenmüller*, in: *Eidenmüller*, Ausländische Kapitalgesellschaften, § 9 Rn. 26.

2269 Verordnung (EG) Nr. 1346/2000 des Rates vom 29. Mai 2000 über Insolvenzverfahren, ABl. Nr. L 160 S. 1–18 vom 30.06.2000.

2270 *Haas*, in: *Baumbach/Hueck*, GmbHG, § 64 Rn. 18.

kann durch Darlegung objektiver und für Ditte feststellbarer Kriterien widerlegt werden[2271]. Die zuständigen deutschen Insolvenzgerichte haben gemäß Art. 4 Abs. 1 EuInsVO deutsches Insolvenzrecht, im Rahmen einer insolvenzrechtlichen Zuordnung mithin auch die Vorschrift des § 64 Abs. 1 GmbHG, auf in Deutschland ansässige Auslandsgesellschaften anzuwenden[2272].

Art. 4 Abs. 2 EuInsVO regelt die Voraussetzungen der Verfahrenseröffnung, -durchführung und -beendigung. Der Katalog in Art. 4 Abs. 2 a)-m) EuInsVO erklärt solche Regeln des Insolvenzrechts enumerativ für anwendbar, die erst bei Verfahrenseröffnung greifen. Hiervon sind gemäß Art. 4 Abs. 2 m) auch Bestimmungen des Anfechtungsrechts erfasst. Regelungen, die eine materielle Pflicht zur Insolvenzantragstellung begründen, lassen sich demgegenüber nicht auffinden. Diese Argumentation ließ Rückschlüsse darauf zu, dass die EuInsVO materielle Pflichten im Vorfeld der Verfahrenseröffnung gerade nicht erfassen sollte und eine insolvenzrechtlich zu qualifizierende Insolvenzantragspflicht nach § 64 GmbHG a. F. nicht in den Regelungsbereich der EuInsVO fallen sollte[2273]. Gegen diese Auffassung ließe sich argumentieren, dass die Insolvenzantragspflicht ein grundlegendes Institut des deutschen Insolvenzverfahrensrechts ist und zusammen mit dem das Verfahren betreffende und nachfolgende Insolvenzrecht eine Einheit bildet. Zudem ist die EuInsVO als EG-Verordnung auf internationale Sachverhalte ausgerichtet, die Besonderheiten einzelner Rechtsordnungen, wie die deutsche Insolvenzantragspflicht, nicht separat berücksichtigt. Eine Pflichtverletzung und haftungsrechtliche Inanspruchnahme bei Insolvenzverschleppung ist infolgedessen materiell nicht von solchen Regelungen zu trennen, die erst bei Verfahrenseröffnung greifen.

b. Deliktsrechtliche Zuordnung

Eine deliktsrechtlichen Zuordnung des § 64 Abs. 1 GmbHG a. F. würde dazu führen, dass Art. 40 EGBGB für die Anwendbarkeit deutschen Rechts ausschlaggebend wäre[2274]. Gemäß Art. 40 Abs. 1 S. 1 EGBGB unterliegen Ansprüche aus

---

2271 EuGH ZIP 2006, 907 (Eurofood); *Haas*, in: *Baumbach/Hueck*, GmbHG, § 64 Rn. 18.

2272 *Borges*, ZIP 2004, 733, 737 ff.; *Eidenmüller*, NJW 2005, 1618, 1620; *Kindler*, NZG 2003, 1086, 1090; *Müller*, NZG 2003, 414, 416; *Roth*, NZG 2003, 1081, 183; *Zimmer*, NJW 2003, 3585, 3590.

2273 *Huber*, in: *Lutter*, Europäische Auslandsgesellschaften in Deutschland, S. 307, 325; *Ulmer*, NJW 2004, 1201, 1207; *Ulmer*, KTS 2004, 293, 301.

2274 Seit Inkrafttreten der Rom-II-VO am 11.01.2009, Verordnung (EG) Nr. 864/2007 des Europäischen Parlamentes und des Rates vom 11.07.2008, über das auf außervertragliche Schuldverhältnisse anzuwendende Recht (Rom II), ABl. Nr. L 199

unerlaubter Handlung dem Recht des Staates, in dem der Ersatzpflichtige gehandelt hat. Demnach ist das Recht des Ortes entscheidend, an dem die Insolvenzverschleppung begangen wurde. Dass der Schutzgesetzcharakter des § 64 Abs. 1 GmbHG a. F. erst in Erscheinung trat, wenn der Geschäftsleiter seine Antragspflicht verletzt hatte, sprach gegen eine deliktsrechtliche Zuordnung der Vorschrift. Zumal es auch eine Ansicht in der Literatur gab, die die Schutzgesetzeigenschaft der Insolvenzantragspflicht im Sinne des § 823 Abs. 2 BGB komplett verneinte[2275]. Entscheidend bei der deliktsrechtlichen Einordnung war aber die Frage, ob und ab welchem Zeitpunkt eine Antragspflicht gegeben sei. Im Falle des § 64 Abs. 1 GmbHG a. F. konnte die Antwort nicht im Delikts-, sondern im Gesellschaftsrecht liegen, so dass Art. 40 EGBGB nicht einschlägig war. Zudem gestattete § 64 Abs. 2 GmbHG a. F. nur eine gesellschafts- oder insolvenzrechtliche Auslegung[2276]. Die Annahme eines deliktsrechtlichen Charakters des § 64 Abs. 1 GmbHG a. F. hätte zu einer Aufspaltung des zielgemäß gleichartigen Insolvenztatbestandes geführt, obwohl § 64 Abs. 1 und 2 GmbHG a. F. einheitlich die Liquidierung von Insolvenzverschleppungsschäden verfolgten[2277].

c. Gesellschaftsrechtliche Zuordnung

Die Eingliederung des § 64 Abs. 1 GmbHG a. F. in das GmbH-Gesetz sprach hingegen für die gesellschaftsrechtliche Zuordnung der Norm. Trotz inhaltlichen Bezugs zum Insolvenz- und ggf. zum Deliktsrecht hätte der Gesetzgeber eine Klarstellung schon längst vorgenommen, sofern er eine andere Einordnung für zweckmäßiger gehalten hätte. Zudem beziehe sich Art. 4 EuInsVO erkennbar nur auf verfahrensrechtliche Vorschriften, namentlich der Eröffnung, Durchführung und Beendigung des Insolvenzverfahrens[2278].

d. Neuregelung des § 15a InsO n. F.

Mit Einbettung der Insolvenzverschleppungshaftung in § 15a Abs. 1 InsO ist diesem Streit die Argumentationsgrundlage entzogen. Durch die rechtsformübergreifende Verankerung der Insolvenzverschleppungshaftung in der Insolvenzordnung

---

vom 31.07.2007, S. 40, werden die Vorschriften des EGBGB über außervertragliche Schuldverhältnisse (Art. 38–42 EGBGB) weitestgehend verdrängt. Gemäß Art. 1 Rom II-VO sind die Vorschriften der Art. 38 ff. EGBGB in den Bereichen anwendbar, die vom Anwendungsbereich der Rom-II-VO ausgenommen sind.

2275 Vgl. *Altmeppen*, in: *Roth/Altmeppen*, GmbHG, § 64 Rn. 26.

2276 *Goette*, ZInsO 2005, 1 ff.

2277 Im Ergebnis ähnlich *Goette*, ZInsO 2005, 1, 2 f.

2278 *Altmeppen*, in: *Roth/Altmeppen*, GmbHG, Vorb. zu § 64 Rn. 13.

stützt der Gesetzgeber die insolvenzrechtliche Einordnung der Insolvenzantragspflicht sowie der Insolvenzverschleppungshaftung[2279]. Die Vorschriften des Art. 3, 4 EuInsVO sind nunmehr für die Insolvenzverschleppungshaftung ausschlaggebend. Ungeklärt bleibt, ob sich § 15a InsO n. F. ebenfalls an der Niederlassungsfreiheit nach Art. 49, 54 AEUV messen muss. Neben dem Kollisionsrecht ist vor allem das Europarecht für die Einordnung der Insolvenzverschleppung und einen anzulegenden Maßstab ausschlaggebend. Die Anwendung nationalen Rechts auf EU-Auslandsgesellschaften ist nach überwiegender Meinung an der Vereinbarkeit mit der Niederlassungsfreiheit nach Art. 49, 54 AEUV zu messen, wobei das Rechtsgebiet der Norm hierbei keine Rolle spielt[2280]. Normen, die die Geschäftsführerhaftung betreffen, sind gerade unter Einbeziehung der *Inspire Art*-Rechtsprechung[2281] geeignet, die Niederlassungsfreiheit in ungerechtfertigter Weise zu beeinträchtigen[2282]. Die Flucht ins Kollisionsrecht verkennt daher europarechtliche Maßstäbe und Prinzipien und ist nicht zu folgen[2283].

2. Niederlassungsfreiheit gemäß Art. 49, 54 AEUV

Selbst im Bereich der EuInsVO ist daher die Anwendung des deutschen Insolvenzrechts auf ausländische Gesellschaften am Maßstab der Niederlassungsfreiheit zu bemessen. Die Anwendung deutschen Rechts, insbesondere der Insolvenzverschleppungshaftung, auf EU-Auslandsgesellschaften ist somit rechtmäßig, sofern sie die Niederlassungsfreiheit nach Art. 49, 54 AEUV nicht ungerechtfertigt beeinträchtigt.

a. Insolvenzantragspflicht, § 15a InsO n. F.

Der EuGH hat in den dargelegten Entscheidungen zur Beeinträchtigung der Niederlassungsfreiheit, als Beispiel sei seine Entscheidung in Sachen *Sevic* genannt[2284], klargestellt, dass die Niederlassungsfreiheit alle Maßnahmen erfasst, die „den Zugang zu einem anderen als dem Sitzmitgliedstaat und die Ausübung einer wirtschaftlichen Tätigkeit in jenem Staat dadurch ermöglichen oder auch nur

---

2279 *Haas*, in: *Baumbach/Hueck*, GmbHG, § 64 Rn. 147 a; *Bußhardt*, in: *Braun*, InsO, § 15a Rn. 1.

2280 *Spindler/Berner*, RIW 2004, 7, 9 f.; *Bitter*, WM 2004, 2191, 2192; *Ulmer*, KTS 2004, 291, 292; Behrens, IPRax 2004, 20, 24 f.

2281 EuGH, Slg. 2003, I-10155 – Inspire Art.

2282 *Eidenmüller/Rehm*, ZGR 2004, 159, 165, 168 f.; *Bayer*, BB 2003, 2357, 2363.

2283 *Bitter*, WM 2004, 2190, 2191.

2284 EuGH, Slg. 2005, I-10805, Rz. 18 – Sevic.

erleichtern, dass sie die tatsächliche Teilnahme der betroffenen Wirtschaftsbeteiligten am Wirtschaftsleben des letztgenannten Mitgliedsstaats unter denselben Bedingungen gestatten, die für die inländischen Wirtschaftsbeteiligte gelten"[2285]. Hiermit knüpft er vor allem an die *Inspire Art*-Rechtsprechung[2286] an, in der es sich nicht nur um Vorschriften über die Einhaltung des Mindestkapitals, sondern auch um eine Einhaltung der Kapitalschutzvorschriften während des Bestehens der Gesellschaft handelt[2287]. Die Niederlassungsfreiheit garantiert entgegen einer im Schrifttum verbreiteten Auffassung[2288] daher nicht nur den Marktzugang und die rechtliche Anerkennung der Auslandsgesellschaft als solche, sondern auch die Gewährleistung derselben Rechte auf Niederlassung in einem anderen Mitgliedstaat wie sie für Staatsangehörige und Unternehmen der alten Mitgliedstaaten gelten. Mit der Rechtsprechung in Sachen *Cartesio*[2289] legt der EuGH die Art. 49, 54 AEUV zudem dahingehend aus, dass die Rechtsvorschriften eines Mitgliedstaates nicht entgegenstehen, die es einer nach dem nationalen Recht dieses Mitgliedstaates gegründeten Gesellschaft verwehren, ihren Sitz in einen anderen Mitgliedstaat zu verlegen und dabei ihre Eigenschaft als Gesellschaft des nationalen Rechts des Mitgliedstaates, nach dessen Recht sie gegründet wurde[2290].

Die Insolvenzantragspflicht und Insolvenzverschleppungshaftung sind Kernbestandteile des deutschen Gläubigerschutzsystems. Wegen ihrer Zuordnung zum nationalen Insolvenzrecht und ihrer Anwendbarkeit gemäß Art. 3, 4 EuInsVO auf ausländische Unternehmensformen, die sich im deutschen Inland ansiedeln und dort ihren Mittelpunkt (COMI) haben, ist die Niederlassungsfreiheit von Gesellschaften im Sinne des Art. 49, 54 AEUV durchaus betroffen, wobei dies auch dann gilt, wenn das Recht des Gründungsstaates die Pflicht zur Stellung des Insolvenzantrages nicht kennen sollte[2291].

b. Beschränkung der Niederlassungsfreiheit

Unter den Begriff der Beschränkung fallen alle offenen oder versteckten Diskriminierungen sowie sonstige Behinderungen, gleich ob rechtlich oder tatsächlich, direkt oder indirekt, die aufgrund der Anwendung von inländischen Vorschriften

2285 EuGH, Slg. 2005, I-10805, Rz. 18 – Sevic; *Bungert*, BB 2006, 53, 54; *Leible/Hoffmann*, RIW 2006, 161, 162; *Sedemund*, BB 2006, 519, 521.
2286 EuGH, Slg. 2003, I-10155 – Inspire Art.
2287 EuGH, Slg. 2003, I-10155 – Inspire Art.
2288 *Bayer*, BB 2003, 2357, 2365; *Eidenmüller*, NJW 2005, 1618, 1621.
2289 EuGH, Slg. 2008, I-9641 – Cartesio.
2290 EuGH, Slg. 2008, I-9641, Ls. – Cartesio.
2291 *Goette*, DStR 2005, 197, 200.

den Träger der Niederlassungsfreiheit gemäß Art. 49, 54 AEUV in der Ausübung seiner Freiheit im Inland beeinträchtigen oder weniger attraktiv machen[2292]. Da der Beschränkungsbegriff weit zu verstehen ist, überschreitet die in der EuInsVO ausgesprochene Verweisung auf die *lex fori concursus* ebenfalls die vorgenannte niedrige Schwelle, so dass durch die deutsche Insolvenzverschleppungshaftung grundsätzlich ein Beschränkung der Niederlassungsfreiheit gegeben ist[2293].

c. Rechtfertigung der Beschränkung

Beschränkungen der Niederlassungsfreiheit sind nach EuGH-Rechtsprechung[2294] zulässig, wenn kumulativ vier Voraussetzungen (sog. „4-Kriterien-Test“ oder „Gebhard“-Test) gegeben sind: Die Beschränkung hat in nicht-diskriminierender Weise zu erfolgen und muss durch zwingende Gründe des Allgemeininteresses gerechtfertigt sein; sie muss zur Erreichung des verfolgten Ziels geeignet sein und sollte nicht über ein gewisses Maß hinausgehen, welches zur Erreichung des Ziels im Wege einer Verhältnismäßigkeit im engeren Sinne erforderlich ist[2295]. Das Schrifttum hat sich dieser Voraussetzungen angenommen[2296]. Je weniger die Anwendung einer nationalen Vorschrift die Niederlassungsfreiheit beschränkt, desto geringer können die Anforderungen an ihre Rechtfertigung sein.

aa. 4-Kriterien-Test

Eine persönliche Haftung des Geschäftsleiters käme auch nach englischem Recht im Rahmen des *wrongful trading* gemäß sec. 214 IA 1986 in Betracht. Ein *director* würde allein aufgrund der Anwendbarkeit des § 15a InsO in Deutschland und einer vergleichbaren Haftung regelmäßig nicht davon Abstand nehmen, in Deutschland eine (Zweig-) Niederlassung zu gründen. Es bestünde insofern wegen vergleichbarer Haftungstatbestände im Gründungsstaat und weiterer EU-Staaten keine Ungleichbehandlung von gleichartigen Personen(-gruppen). Obwohl die Haftung für *wrongful trading* in Großbritannien im Detail anderweitig gefasst ist und insbesondere keine dreiwöchige Insolvenzantragsfrist beinhaltet, steht dies der Annahme, dass es sich um ein jedenfalls vergleichbares

2292 *Haas*, in: *Baumbach/Hueck*, GmbHG, § 64 Rn. 28.

2293 *Haas*, in: *Baumbach/Hueck*, GmbHG, § 64 Rn. 28.

2294 Erstmals für Unternehmen bestätigt durch EuGH, Slg. 1999, I-1459 – Centros.

2295 EuGH, Slg. 1999, I-1459 – Centros.

2296 Zusammenfassend etwa *Bröhmer*, in: *Calliess/Ruffert*, Kommentar zu EU-Vertrag und EG-Vertrag, § 43 Rn. 19 ff.

Rechtsinstitut handelt, nicht entgegen[2297]. Die Antragspflicht bei Insolvenzverschleppung gilt gleichermaßen sowohl für inländische als auch für ausländische Gesellschaften in Deutschland, so dass das deutsche Recht etwas Gleiches, nämlich den inländischen und ausländischen Geschäftsleiter unabhängig von der Rechtsform ihrer Gesellschaft, untereinander nicht als ungleich behandelt. Eine Beschränkung der Niederlassungsfreiheit wäre zudem im Hinblick auf die durch § 15a InsO n. F. verfolgten Ziele gerechtfertigt. Der Schutz des Rechtsverkehrs, insbesondere der im Rahmen eines internationalen Sachzusammenhanges umso schutzbedürftigeren Gesellschaftsgläubiger, stellt einen zwingenden Grund des allgemeinen Interesses dar, die deutsche Insolvenzverschleppung, die auch zum Schutz des Rechtsverkehrs geeignet und verhältnismäßig ist, anzuwenden. Würde die vorgenannte Rechtsfertigung nicht durchgreifen, würde sich ein Normenmangel ergeben, der als Rechtsfertigungsgrund für eine Einschränkung der Niederlassungsfreiheit anerkannt ist[2298].

Sofern § 15a Abs. 1 InsO n. F. nicht anwendbar wäre, würde aus Art. 3 Abs. 1 EuInsVO die internationale Zuständigkeit deutscher Gerichte folgen. Auch in diesem Zusammenhang wären englische Gericht für eine in Deutschland ansässige Limited unzuständig. Gesellschaftsgläubiger einer in Deutschland ansässigen Limited könnten allerdings keine Ansprüche aus *wrongful trading* in Deutschland geltend machen. Diese können ausschließlich durch den Liquidator im Rahmen eines Insolvenzverfahrens in England erhoben werden[2299]. Letzterer würde aufgrund des § 3 EuInsVO seine Zuständigkeit nicht gegeben sehen. Dieser Zustand, dass der Geschäftsleiter keinem Insolvenzverschleppungsinstitut unterliegen würde, erscheint unverständlich und unvertretbar. Der Geschäftsleiter stünde in diesem Fall besser dar, als bei isolierter Anwendung der Gründungs- und Sitztheorie nach alter Rechtsauffassung[2300].

Zudem entstünde einen Normenmangel, der durch ausländisches Recht anderweitig gefüllt werden könnte. Eine Anwendung des *wrongful trading* auf in Deutschland tätige Limiteds käme nach der Rechtsprechung des EuGH nur in Betracht, wenn das Institut des *wrongful trading* selbst eine gesellschaftsrechtliche, nicht insolvenzrechtliche Regelung darstellen würde. Die Stellung des *wrongful trading* gemäß sec. 214 IA 1986 im Insolvenzrecht lässt allerdings auf eine bewussten Entscheidung des englischen Gesetzgebers gegen eine gesellschaftsrechtliche

2297 LG Kiel BB 2006, 1468.

2298 *Eidenmüller*, NJW 2005, 1618.

2299 *Gräfe*, DZWIR 2005, 410.

2300 *Redeker*, ZInsO 2005, 1035.

Einordnung schließen, der diese Einordnung auch durch die jüngste Gesellschaftsrechtsreform des Companies Act 2006 nicht ändern wollte. Vorgenannte Überlegungen zeigen auf, dass der englische Gesetzgeber – gleichsam dem deutschen Gesetzgeber - den Gläubigerschutz in der Unternehmensinsolvenz als insolvenzrechtliche Aufgabe versteht. Die Einordnung der Insolvenzverschleppungshaftung und des *wrongful trading* ähnelt auch dem in Frankreich im insolvenzrechtlichen Teil des „code de commerce“ gemäß art. L 624-3 code. comm. geregeltem Institut der Insolvenzverschleppung, der *„action en comblement du passif“*[2301]. Der EuGH hat das französische Modell der Insolvenzverschleppungshaftung in einer Entscheidung vom 22. Februar 1979 dem Insolvenzrecht zugesprochen[2302], so dass über die insolvenzrechtliche Anknüpfung der Insolvenzverschleppung Art. 3, 4 EuInsVO zur Anwendung gelangen[2303]. Da nach Art. 4 EuInsVO das Insolvenzrecht des Staates zum Einsatz kommt, in dem der Schuldner den Mittelpunkt seiner hauptsächlichen Interessen gemäß Art. 3 EuInsVO hat, ist es dem Gläubiger den vorliegenden Ausführungen entsprechend möglich, sich auf deutsches Recht und nicht auf englisches (oder französisches) Recht zu berufen. Eine in Deutschland tätige Limited hat den Mittelpunkt ihrer hauptsächlichen Interessen in Deutschland[2304].

Diese Tatsachen stützen zugleich die Auffassung, dass das englische Rechtsinstitut des *wrongful trading* auf eine Limited mit effektivem Verwaltungssitz in Deutschland nach den Entwicklungen der EuGH-Rechtsprechung nicht anwendbar sein kann. Der Einwand, der deutschen Insolvenzverschleppungshaftung stehe ein vergleichbares Haftungsinstitut im Rahmen des englischen *wrongful trading* zur Verfügung, so dass bei Anwendung des § 15a Abs. 1 InsO n. F. eine ungerechtfertigte Einschränkung der Niederlassungsfreiheit entstehe, ist daher die Grundlage entzogen.

bb. Anwendbarkeit der EuInsVO

Durch die Einbettung der Insolvenzverschleppungshaftung in § 15a InsO, stellt der Gesetzgeber die insolvenzrechtliche Zuordnung des Haftungsinstituts klar[2305]. Der wesentliche Grund für die Aufnahme der Insolvenzverschleppungshaftung in die Insolvenzordnung ist die rechtsformneutrale mit insolvenzrechtlicher, nicht

---

2301 Vgl. *Habersack/Verse*, ZHR 168 (2004), 174, 202 ff.

2302 EuGH NJW 1979, 1771 (Henri Gourdain); *Habersack/Verse*, ZHR 168 (2004), 174, 207.

2303 *Habersack/Verse*, ZHR 168 (2004), 174, 207.

2304 *Riedemann*, GmbHR 2004, 345, 346.

2305 Vgl. auch Begr RegE MoMiG BT-Ds. 16/6140, S. 55.

mehr gesellschaftsrechtlicher Struktur ausgestaltete Antragspflicht, die auch für ausländische Gesellschaften bzw. ihre Vertretungsorgane gelten soll[2306]. Wendet man die „Keck"-Rechtsprechung[2307] zur Warenverkehrsfreiheit gemäß Art. 28 ff. AEUV, die zwischen vertriebsbezogenen bloßen Verkaufsmodalitäten und produktbezogenen Beschränkungen unterscheidet, auf die Niederlassungsfreiheit an, so stellt die Verweisung der EuInsVO auf das Recht des Eröffnungsstaates in Art. 4 Abs. 1 EuInsVO allenfalls eine bloße Verkaufsmodalität dar, da die EuInsVO vorwiegend den geordneten Marktausgang einer Gesellschaft, nicht aber Marktzugangsvoraussetzungen von Gesellschaften regelt[2308]. Die marktöffnende und -gewährleistende Funktion der EuInsVO lässt sich beispielsweise ihren Erwägungsgründen entnehmen, in denen der Rat der EU ein effizientes und wirksames grenzüberschreitendes Insolvenzverfahren für ein reibungsloses Funktionieren des Binnenmarktes sowie zur Verwirklichung dieses Ziels für erforderlich hält[2309]. Eine Verletzung der Niederlassungsfreiheit wäre infolgedessen nur dann in Betracht zu ziehen, wenn die Vorschrift, auf die die EuInsVO verweist, diskriminierend oder die Reichweite des Insolvenzstatuts unverhältnismäßig weit ist[2310]. Diesbezüglich sieht die EuInsVO in ihren Erwägungsgründen zudem vor, dass sie sich entsprechend dem Verhältnismäßigkeitsgrundsatz auf solche Vorschriften beschränkt, „die die Zuständigkeit für die Eröffnung von Insolvenzverfahren und für Entscheidungen regeln, die unmittelbar aufgrund des Insolvenzverfahrens ergehen und in engem Zusammenhang damit stehen"[2311]. Darüber hinaus solle die EuInsVO Regelungen „hinsichtlich der Anerkennung solcher Entscheidungen und hinsichtlich des anwendbaren Rechts, die ebenfalls diesem Grundsatz genügen, enthalten"[2312]. Die Vorschriften der deutschen Insolvenzverschleppungshaftung, die im Falle der Insolvenzverfahrenseröffnung auf eine im Ausland gegründete und im Inland ansässige Gesellschaft Anwendung finden, sind daher weder diskriminierend noch unverhältnismäßig[2313]. Neben der Verwirklichung

2306 *Bußhardt*, in: *Braun*, InsO, § 15a Rn. 2.

2307 EuGH NJW 1994, 121 (Keck).

2308 *Haas*, in: *Baumbach/Hueck*, GmbHG, § 64 Rn. 31.

2309 Verordnung (EG) Nr. 1346/2000 des Rates vom 29.05.2000 über Insolvenzverfahren (EuInsVO), ABl. Nr. L 160 vom 30.06.2000, S. 1–18, Erwägungsgrund (2).

2310 *Haas*, in: *Baumbach/Hueck*, GmbHG, § 64 Rn. 31.

2311 Verordnung (EG) Nr. 1346/2000 des Rates vom 29.05.2000 über Insolvenzverfahren (EuInsVO), ABl. Nr. L 160 vom 30.06.2000, S. 1–18, Erwägungsgrund (6).

2312 Verordnung (EG) Nr. 1346/2000 des Rates vom 29.05.2000 über Insolvenzverfahren (EuInsVO), ABl. Nr. L 160 vom 30.06.2000, S. 1–18, Erwägungsgrund (6).

2313 *Haas*, in: *Baumbach/Hueck*, GmbHG, § 64 Rn. 31.

wichtiger insolvenzpolitischer Ziel steht die Insolvenzverschleppungshaftung in engem Zusammenhang mit dem Insolvenzverfahrens[2314].

II. *Ergebnis*

Zusammenfassend ist festzuhalten, dass die deutsche Insolvenzverschleppungshaftung nicht gegen Art. 49, 54 AEUV verstößt. Geschäftsleiter einer EU-Auslandsgesellschaft können aufgrund der deutschen Durchgriffshaftung bei Insolvenzverschleppung in Anspruch genommen werden, ohne dass dabei gegen die Niederlassungsfreiheit gemäß Art. 49, 54 AEUV verstoßen wird. Darüber hinaus ist englisches Insolvenzrecht aufgrund seiner insolvenzrechtlichen Einordnung gemäß Art. 3, 4 EuInsVO ausgeschlossen[2315]. Die *wrongful trading*-Haftung nach sec. 214 IA 1986 lässt sich auch insoweit unter Art. 4 EuInsVO subsumieren, als der Anspruch erst im eröffneten Verfahren geltend gemacht werden kann und die Verordnung ihrerseits in Art. 4 Abs. 2 EuInsVO nur solche Bestimmungen erfasst, die nach Verfahrenseinleitung relevant werden.

B. Auswirkungen auf andere Haftungstatbestände

Die europarechtlichen Tendenzen zur Befürwortung der Gründungstheorie nach der *Inspire Art*-Rechtsprechung[2316] beeinflusst die Anwendbarkeit einschlägiger deutscher Haftungsinstitute auf eine in Deutschland tätige Limited. Nach deutschem Recht bestehende Haftungsinstitute sind vor Anwendbarkeit auf im Inland ansässige EU-Auslandsgesellschaften stets an der Niederlassungsfreiheit gemäß Art. 49, 54 AEUV zu messen. Dabei ist die rechtliche Einordnung der Vorschrift, insbesondere die systematische Stellung sowie Funktion der Norm, in die Betrachtung einzubeziehen. Nach den Entwicklungen der EuGH-Rechtsprechung[2317] überlagert das Recht des Gründungsstaates das Gesellschaftsrecht des Sitzstaates[2318]. Auf die Einordnung und Anwendbarkeit vorgenannter deutscher Haftungsinstitute, insbesondere aus §§ 43 GmbHG, §§ 280 Abs. 1, 241, 311

2314 *Haas*, in: *Baumbach/Hueck*, GmbHG, § 64 Rn. 31.

2315 Vgl. zur insolvenzrechtlichen Einordnung des wrongful trading auch Begr RegE MoMiG BT-Ds. 16/6140, S. 55.

2316 EuGH, Slg. 2003, I-10155 – Inspire Art.

2317 EuGH, Slg. 1988-5483 – Daily Mail; EuGH, Slg. 1999, I-1459 – Centros; EuGH, Slg. 2002, I-9919 – Überseering; EuGH, Slg. 2003, I-10155 – Inspire Art; EuGH, Slg. 2005, I-10805 – Sevic; EuGH, Slg. 2008, I-9641 – Cartesio.

2318 *Spindler/Berner*, RIW 2004, 7, 8; *Ulmer*, KTS 2004, 291, 293.

Abs. 3 S. 2 BGB, §§ 826, 823 Abs. 2 BGB i.V.m. §§ 263 ff. StGB sowie § 26 Abs. 3 InsO, soll nachfolgend nicht näher eingegangen werden. Die Anwendbarkeit dieser Haftungsinstitute auf im Inland ansässige EU-Auslandsgesellschaften bedarf einer gesonderten, einzelfallgerechten Darstellung im Lichte der Niederlassungsfreiheit gemäß Art. 49, 54 AEUV.

§ 3. Fazit

Die vorangestellten Ausführungen zeigen, dass die Frage, ob und in welchem Umfang deutsche Gläubigerschutzregeln auf EU-Auslandsgesellschaften im Inland anwendbar sind, bislang nicht abschließend beurteilt werden kann. Obwohl sich die Rechtsprechung in der Beantwortung dieser Frage sehr zurückhält, lassen sich Leitlinien für die Behandlung grenzüberschreitender Sachverhalte bei Zuzug, Wegzug und Umwandlung von Gesellschaften aus der jüngsten Entwicklung der EuGH-Rechtsprechung, insbesondere aus den Urteilen *Centros*, *Überseering* und *Inspire Art*[2319], entnehmen. Der haftungsrechtliche Einstand von Gesellschaftern und den Organen sind Teil der Organisationsstruktur des Gesellschaft und ihrer nach dem Gründungsrecht geprägten Identität[2320]. Die Anwendbarkeit englischer Gläubigerschutzregeln stößt in Deutschland auf weitläufige Skepsis[2321]. Die Befürwortung des deutschen Insolvenz- und Deliktsrechts auf im Inland ansässige EU-Auslandsgesellschaften findet ihre Bestätigung in dem Urteil vom LG Kiel[2322] sowie in den Ausführungen zu § 15a InsO nach MoMiG[2323] und in der EuInsVO[2324]. Der englische Gesetzgeber ist sich dieser Unsicherheiten bewusst

2319 EuGH, Slg. 1999, I-1459 – Centros; EuGH, Slg. 2002, I-9919 – Überseering; EuGH, Slg. 2003, I-10155 – Inspire Art; zudem auch EuGH, Slg. 2005, I-10805 – Sevic; EuGH, Slg. 2008, I-9641 – Cartesio.

2320 Vgl. *Forsthoff/Schulz*, in: *Hirte/Bücker*, Grenzüberschreitende Gesellschaften, § 15 Rn. 91.

2321 *Goette*, DStR 2005, 197, 201.

2322 LG Kiel BB 2006, 1468.

2323 Der Gesetzgber ordnet die Insolvenzantragspflicht sinn- und zweckgemäß den insolvenzrechtlichen Organpflichten zu; vgl. Begr RegE MoMiG BT-Ds. 16/6140, S. 55.

2324 Verordnung (EG) Nr. 1346/2000 des Rates vom 29.05.2000 über Insolvenzverfahren (EuInsVO), ABl. Nr. L 160 vom 30.06.2000, S. 1–18, Erwägungsgründe, insbesondere (2) und (6).

und wendet dennoch auf europäische Auslandsgesellschaften, die sich in England niederlassen, die englischen *wrongful trading*-Grundsätze an[2325].

Die Unwägbarkeiten und erkennbaren Schwächen geltenden Rechts machen eine Harmonisierung des Gläubigerschutzes auf europarechtlicher Basis weitestgehend erforderlich. Die Entwicklungen europarechtlicher Vorgaben lassen auf eine weitgehende Vereinheitlichung schließen. Eine vollständige Vereinheitlichung ist in Anbetracht rechtlich historisch gewachsener Ausprägungen nationaler Rechtsinstitute nicht möglich. Das deutsche Haftungssystem enthält aufgrund der Insolvenzverschleppungshaftung, der Haftung für nachteilige Einflussnahme und des Kapitalrechts eine Reihe ineinander greifender Haftungstatbestände, die den Gläubiger ausgiebig schützen und die Haftungsrisiken in der Gesellschaftskrise gleichmäßig in Hinblick auf den jeweiligen Verantwortungs- und Risikobereich des Beteiligten verteilen[2326]. Aufgrund dieser Vielzahl an Gläubigerschutzinstrumenten bedarf es keines zusätzlichen Haftungsinstituts in Form des *wrongful trading*, durch dessen Einführung sich der Gesetzgeber zudem dem Vorwurf der Überregulierung gefallen lassen müsste. Unterschiede, beispielsweise im Hinblick auf die deutsche Insolvenzantragspflicht mitsamt Fristerfordernis, werden trotz europarechtlicher Vorgaben daher weiterhin als nationale Ausprägung Bestand haben können.

Der deutsche Gesetzgeber hat neben der Einführung des MoMiG im Jahr 2008 weitere Reformen des deutschen Rechts, insbesondere im Bereich des Insolvenzrechts, verfolgt: Die Stärkung des Insolvenzstandortes Deutschland führte zu dem Inkrafttreten des ESUG[2327] am 01. März 2012, das die wirtschaftlichen Rahmenbedingungen für die Sanierung notleidender Unternehmen verbessern soll. Das ESUG bezweckt Erleichterungen in der Sanierung von Unternehmen, indem es den Gläubigereinfluss im Rahmen der Auswahl des Insolvenzverwalters stärkt, das Insolvenzplanverfahren optimiert, die Eigenverwaltung verbessert sowie ein vorinsolvenzrechtliches Moratorium einführt[2328]. Diese Reform war u.a. eine Reaktion auf die teilweise als attraktiver empfundene Rechtssituation in England, insbesondere hinsichtlich des Einflusses der Gläubiger auf die

---

2325 Re Howard Holdings [1998] BCC 549, 554.

2326 *Habersack/Verse*, ZHR 168 (2004), 174, 210.

2327 Gesetz zur weiteren Erleichterung der Sanierung von Unternehmen (ESUG) vom 07.12.2011, BGBl. I S. 2582.

2328 *Dahl*, NJW-Spezial 2012, 21.

Auswahl des Insolvenzverwalters[2329]. Statistiken belegen die stetige Abnahme von Unternehmensinsolvenzen in Deutschland seit dem Jahre 2003: Dieser Abwärtstrend wurde einmalig im Krisenjahr 2009 mit einer Zunahme der Unternehmensinsolvenzen um 11, 6% gebrochen[2330]. Im Folgejahr nahm die Anzahl der Unternehmensinsolvenzen bereits um 1,2% ab[2331].

2329 *Römermann*, NJW 2012, 645.

2330 Vgl. Statistische Bundesamt zu den Unternehmensinsolvenzen in Deutschland, abrufbar unter: http://www.destatis.de/jetspeed/portal/cms/Sites/destatis/Internet/DE/Content/Statistiken/UnternehmenGewerbeInsolvenzen/Insolvenzen/Aktuell.psml, zuletzt abgerufen am 07.03.2012: im Jahr 2003 lag die Zahl der Unternehmensinsolvenzen in Deutschland bei 39.320 Fällen.

2331 Vgl. Statistische Bundesamt zu den Unternehmensinsolvenzen in Deutschland, abrufbar unter: http://www.destatis.de/jetspeed/portal/cms/Sites/destatis/Internet/DE/Content/Statistiken/UnternehmenGewerbeInsolvenzen/Insolvenzen/Aktuell.psml, zuletzt abgerufen am 07.03.2012: im Jahr 2010 lag die Zahl der Unternehmensinsolvenzen in Deutschland bei 31.998 Fällen.

Schlusswort

Das letzte Jahrzehnt hat weitreichende Veränderungen im deutschen und englischen Gesellschafts- und Insolvenzrecht hinterlassen. Die großen Reformen des jeweiligen Gesellschaftsrechts, das Inkrafttreten des MoMiG in Deutschland einerseits sowie des Company Act 2006 im Vereinigten Königreich andererseits, greifen die Entwicklungen in Europa auf, um bestehende Gesellschaftsformen international wettbewerbsfähig zu machen und im Zuge der Europäisierung attraktiv zu gestalten. Dabei legen die deutschen und englischen Reformbestrebungen einen besonderen Wert darauf, die Gründung und das Betreiben einer Gesellschaft zu verbessern[2332], ohne dabei Schutzmechanismen zu Lasten der Gläubiger einer Gesellschaft aufzugeben.

Die Entwicklungen der EuGH-Rechtsprechung[2333], insbesondere in Sachen *Centros*, *Überseering* und *Inspire Art*, veranlassten den deutschen Gesetzgeber, auf die „Revolution" des Internationalen Gesellschaftsrechts aufgrund der Rechtsprechung des EuGH zur Niederlassungsfreiheit der Gesellschaften (Art. 49, 54 AEUV) zu reagieren: EU-Auslandsgesellschaften ohne gesetzliches Mindeststammkapital und damit ohne komplizierte Kapitalaufbringungs- und Kapitalerhaltungsregeln mit tatsächlichem Sitz im Inland hielten Einzug in Deutschland und stellten die Wettbewerbsfähigkeit der GmbH in Frage[2334]. Die in Deutschland traditionell geltende Sitztheorie, derzufolge sich die Rechtsverhältnisse einer juristischen Person nach dem Recht ihres tatsächlichen Verwaltungssitzes beurteilen[2335], verhinderte zudem den Wegzug der GmbH und führte zu einem Statutenwechsel, Existenzverlust und zur Auflösung der Gesellschaft[2336].

Die Einführung des MoMiG greift die vorgenannten Problemfelder auf, um den Wirtschaftsstandort Deutschland für ausländische Gesellschaften attraktiver zu gestalten und deutsche Gesellschaften auf internationaler Ebene wettbewerbsfähig zu machen. Das Konkurrenzverhältnis der GmbH mit der Limited wird durch die in § 5a GmbHG n. F. neu gefasste Unternehmergesellschaft, die eine

2332 *Hueck/Fastrich*, in: *Baumbach/Hueck*, GmbHG, Einl., Rn. 41; *Heinz/Hartung*, Die englische Limited, 2.3 Rn. 6, S. 22.

2333 EuGH, Slg. 1999, I-1459 – Centros; EuGH, Slg. 2002, I-9919 – Überseering; EuGH, Slg. 2003, I-10155 – Inspire Art; ferner EuGH, Slg. 2005, I-10805 – Sevic; EuGH, Slg. 2008, I-9641 – Cartesio.

2334 *Hueck/Fastrich*, in: *Baumbach/Hueck*, GmbHG, Einl., Rn. 38.

2335 *Ebke*, ZVglRWiss 110 (2011), 1, 7.

2336 *Hueck/Fastrich*, in: *Baumbach/Hueck*, GmbHG, Einl., Rn. 63.

Unterform der GmbH ohne gesetzliches Mindeststammkapital und mithin keine neue Rechtsform darstellt, entschärft[2337]. Die Unternehmergesellschaft bietet durch den schrittweisen Aufbau von Eigenkapital gemäß § 5a Abs. 3 GmbHG eine gute Alternative zur Limited, die ebenfalls kein Mindeststammkapital voraussetzt. Die Streichung des § 4a Abs. 2 GmbHG a. F. soll der GmbH und UG zudem ermöglichen, einen Verwaltungssitz zu wählen, der nicht notwendig mit dem Satzungssitz übereinstimmt und unter Beibehaltung des inländischen Satzungssitzes und der Rechtsform auch im Ausland liegen kann[2338]. Die Einführung der Unternehmergesellschaft sowie die Öffnung gemäß § 4a GmbHG zeigt erste Wirkung: Der Bestand der in Deutschland registrierten Limited belief sich zum Stichtag 01. Januar 2011 auf insgesamt 14.814[2339] und verzeichnete somit erstmalig einen Rückgang um 15,6% zum Vorjahresstichtag 01. Januar 2010 mit 17.551 Limiteds[2340]. Dieses Ergebnis könnte maßgeblich auf die durch das MoMiG eingeführte Unternehmergesellschaft zurückzuführen sein[2341], die sich zum Stichtag 01. Januar 2011 mit einem Wachstum von 89,8% gegenüber dem Vorjahr fast verdoppelt hat[2342]. Mit der Bestandsverringerung der Limited im Jahr 2010 um 15,6% war der negative Wendepunkt erreicht[2343].

Die Geschäftsleiterhaftung in der Insolvenz gestaltet sich in beiden Rechtssystemen, so unterschiedlich sie strukturell bedingt und historisch gewachsen sind, ähnlich. Beide Rechtssysteme zeigen sich äußerst gläubigerfreundlich. Die deutsche Insolvenzverschleppungshaftung folgt mit ihrer Verlagerung in die Insolvenzordnung einem europäischen Trend, diese insolvenzrechtlich und nicht gesellschaftsrechtlich zu qualifizieren[2344]. Das Institut des *wrongful trading* gemäß sec. 214 IA 1986 ist schon seit Jahrzehnten mit dem englischen Insolvenzrecht verwurzelt. Durch die Neupositionierung kann die deutsche Gesetzgebung schließlich einen jahrelangen Streit um die Einordnung der Insolvenzverschleppung besiegeln und die Haftung der Geschäftsleiter von insolventen, in Deutschland ansässigen EU-Auslandsgesellschaften i.S.d. Art. 3, 4 EuInsVO verfolgen. Demgegenüber bedurfte es im Vereinigten Königreich keiner Klärung. Die durch

2337 *Lutter*, in: *Lutter/Hommelhoff*, GmbHG, Einl., Rn. 29.
2338 *Hueck/Fastrich*, in: *Baumbach/Hueck*, GmbHG, Einl., Rn. 42, 63.
2339 *Kornblum*, GmbHR 2011, 692, 693.
2340 *Kornblum*, GmbHR 2011, 692, 693.
2341 *Kornblum*, GmbHR 2010, 739, 746.
2342 *Kornblum*, GmbHR 2011, 692, 698.
2343 *Kornblum*, GmbHR 2011, 692, 693.
2344 *Haas*, in: *Baumbach/Hueck*, GmbHG, § 64 Rn. 147 a; *Bußhardt*, in: *Braun*, InsO, § 15a Rn. 1.

das MoMiG[2345] umgesetzten Änderungen im Gesellschafts- und Insolvenzrecht lassen Deutschland mithin gegenüber England nicht mehr zurückstehen.

Zudem ist zu beachten, dass die deutschen Regelungen über die Insolvenzverschleppungshaftung dem Gesellschaftsgläubiger einen weitreichenderen Schutz bieten als nach *wrongful trading*: Im Rahmen des *moment of truth* sind die subjektive Kenntnis, dass eine vernünftige Aussicht auf Abwendung einer insolvenzbedingten Liquidation nicht mehr besteht, sowie der Zeitpunkt, ab welchem diese Kenntnis vorzuliegen hat, schwer bestimmbar[2346]. Der Zeitpunkt der Überschuldung der Gesellschaft im Sinne des § 15a InsO n. F. setzt im Gegensatz zum englischen *moment of truth* früher ein und verkürzt den Zeitraum, die Insolvenzmasse zu schmälern. Der BGH lässt die Erkennbarkeit der Insolvenzreife und damit ebenso objektive Anhaltspunkte genügen[2347]. Geschäftsführer werden dadurch frühzeitig in die Haftung gezogen. Das englische Recht kennt demgegenüber keine Pflicht zur Insolvenzantragstellung. Eine der Dreiwochenfrist des § 15a Abs. 1 InsO n. F. ähnelnde Fristvorgabe ist nicht vorgesehen[2348]. Nach deutscher Insolvenzverschleppungshaftung erhalten Altgläubiger den Quotenschaden und Neugläubiger den Vertrauensschaden[2349] ersetzt[2350]. Demgegenüber können nach englischem Recht Alt- und Neugläubiger gemäß sec. 214 IA 1986 nur den Schaden hinsichtlich des Ausfalls geltend machen (sog. Verlustausgleichsschaden), der ihnen durch die Weiterführung des Unternehmens nach dem *moment of truth* entstanden ist[2351]. Dieser Haftungsumfang entspricht der früheren Rechtsprechung des BGH, sowohl den Alt- als auch den Neugläubigern den Quotenschaden zuzugestehen[2352]. Die Neuerungen des MoMiG, insbesondere im Falle der Geschäftsführerlosigkeit, lassen zudem eine Haftungsausweitung auf die Gesellschafter erkennen. Allerdings können nach *wrongful trading* regelmäßig auch Tochter- oder Muttergesellschaft in die Haftung gezogen werden, die als *shadow director* die Rechtsgeschäfte des jeweiligen anderen Unternehmens im Hintergrund

---

2345 MoMiG vom 23.10.2008 BGBl. I S. 2026.

2346 Anschaulich *Cheffins*, Company Law, S. 542; *Fletcher*, The Law of Insolvency, S. 707 f., 27-018.

2347 BGH NJW 2000, 668.

2348 *Schall*, ZIP 2005, 965, 966.

2349 BGHZ 126, 181 = NJW 1994, 2220.

2350 *Haas*, in: *Baumbach/Hueck*, GmbHG, § 64 Rn. 127.

2351 *Habersack/Verse*, ZHR 168 (2004), 174, 197.

2352 BGHZ 29, 100, 102 ff.

lenkt[2353]. Eine derartige Ausweitung des Adressatenkreises ist in der Insolvenzverschleppungshaftung gemäß § 15a InsO bislang nicht vorgesehen.

Aufgrund der Unwägbarkeiten des subjektiven Bewertungselements im Rahmen des *wrongful trading* wendet die englische Gerichtsbarkeit die Grundsätze fehlerhaften Verhaltens nach sec. 214 IA 1986 selbst sehr restriktiv an[2354]. Die vorsätzliche Überschreitung des *moment of truth* ist äußerst schwer nachweisbar. Im Gegensatz hierzu finden sich in der deutschen Rechtspraxis regelmäßig Insolvenzverschleppungsprozesse, die auf § 823 Abs. 2 BGB i.V.m. § 15a InsO n. F., vormals § 64 Abs. 1 GmbHG, gestützt werden[2355].

Es bleibt daher abschließend festzustellen, dass von einer Einführung der Grundsätze des *wrongful trading* anstelle oder konkurrierend neben der geltenden Insolvenzverschleppung abzuraten ist. Das Institut des *wrongful trading* nach sec. 214 IA 1986 stellt im Vergleich zu den geltenden deutschen Regelungen einen Rückschritt dar, der den Gläubigerschutz keinesfalls optimieren würde. Die Gesellschaftsgläubiger sind durch das Ineinandergreifen der Regelungen der deutschen Insolvenzverschleppungshaftung, der Haftung für nachteilige Einflussnahme und des Kapitalersatzrechts ausreichend geschützt[2356]. Allenfalls könnte der deutsche Gesetzgeber den Gläubigerschutz durch systemimmanente Veränderungen der vorgenannten Rechtsinstitute verbessern[2357].

2353 *Bailey/Groves/Smith*, Corporate Insolvency, 27.221, S. 849; *Habersack/Verse*, ZHR 168 (2004), 174, 208.

2354 Re D. K. G. Contractors Ltd. [1990] BCC 903; Re Purpoint Ltd. [1991] BCLC 491; Re Fairmont Tours (Yorkshire) Ltd., erwähnt in: Sargent [1990] Insolvency Intelligence 7 (Case Comment); Re Produce Marketing Consortium Ltd. [1989] BCLC 513; *Fastrich*, DStR 2006, 656, 662; *Habersack/Verse*, ZHR 168 (2004), 174, 181 f.; *Wilhelmi*, GmbHR 2006, 13, 17 f.

2355 Vgl. aus jüngster Rechtsprechung z.B. BGH BB 2008, 517; BGH BB 2007, 791; BGH NJW-RR 2010, 351; BGH DStR 2006, 2186; BGH DStR 2009, 1384.

2356 *Habersack/Verse*, ZHR 168 (2004), 174, S. 188 ff., 210.

2357 *Habersack/Verse*, ZHR 168 (2004), 174, S. 188 ff., 210.

Literaturverzeichnis

Abenheimer, Arno, Steuerliche Pflichten und Haftungsrisiken des Geschäftsführers und Insolvenzverwalters in Krise bzw. Insolvenz der GmbH, GmbHR 2005, 869–874

Achilles, Wilhelm/Ensthaler, Jürgen/Schmidt, Burkhard (Hrsg.), Kommentar zum GmbHG, Neuwied, Kriftel, Berlin 2005

Achenbach, Hans, Aus der 1987/1988 veröffentlichten Rechtsprechung zum Wirtschaftsstrafrecht, NStZ 1989, 497–505

Adams, John N. (Hrsg.), Essays for Clive Schmitthoff, Abingdon 1983

Altmeppen, Holger, Probleme der Konkursverschleppungshaftung, ZIP 1997, 1173–1185

Altmeppen, Holger, Kapitalersatz und Rangrücktritt unter Geltung der InsO, ZHR 164 (2000), 349–374

Altmeppen, Holger, Insolvenzverschleppungshaftung Stand 2001, ZIP 2001, 2201–2211

Andres, Dirk/Leithaus, Rolf/Dahl, Michael, Insolvenzordnung, Kommentar, 2. Auflage, München 2011

Anker, Roger, A Comparison between the English Private Company and Swiss Société à responsabilité limitée, Bern, 1956

Arendt, Marcus, Haftungsgefahren für den GmbH-Geschäftsführer, Köln 2006

Ahrendt, Christian/Struck, Christian, Keine Anfechtung bei Masseunzulänglichkeit?, ZInsO 2000, 264 -266

Arens, Wolfgang/Beckmann, Dirk, Die anwaltliche Beratung des GmbH-Geschäftsführers, 1. Auflage, Baden-Baden 2006

Bachner, Thomas, Wrongful Trading – A New European Model for Creditor Protection?, EBOR 5 (2004), 293–319

Bäcker, Roland M./Prühs, Hagen, GmbH-Geschäftsführer-Haftung – Systematische Darstellung der Haftungsrisiken gegenüber der Gesellschaft, Gesellschaftsgläubigern, Gesellschaftern, Finanzamt, Sozialversicherung sowie im Konzern, 2. Auflage, Bonn 2001

Bailey, Edward/Groves, Hugo/Smith, Cormac, Corporate Insolvency – Law and Practice, 2. Auflage, London 2001

Bailey, Edward/Groves, Hugo, Corporate Insolvency – Law and Practice, 3. Auflage, London 2007

Bamberger, Heinz Georg/Roth, Herbert (Hrsg.), BGB, Beck'scher Online Kommentar, München, Stand: 01.11.2011, Edition: 21

Baumbach, Adolf/HoptKlaus J., Handelsgesetzbuch, Kommentar, 32. Auflage, München 2006

Baumbach, Adolf/Hueck, Alfred, GmbHG, Gesetz betreffend die Gesellschaften mit beschränkter Haftung, 19. Auflage, München 2010 (Sofern die Verfasserin Altauflagen zitiert, werden diese in der jeweiligen Fußnote gesondert kenntlich gemacht.)

Baur, Fritz, Anmerkung zu BGH, Urteil vom 3.10.1961 – VI ZR 242/60 (OLG Düsseldorf), JZ 1962, 95–96

Bauschke, Hans-Joachim, Grenzen der Rechtspersönlichkeit juristischer Personen im englischen Gesellschaftsrecht, Heidelberg 1975

Bayer, Walter, Die EuGH-Entscheidung „Inspire Art" und die deutsche GmbH im Wettbewerb der europäischen Rechtsordnungen, BB 2003, 2357–2366

Bayer, Walter/Schmidt, Jessica, Der Schutz der grenzüberschreitenden Verschmelzung durch die Niederlassungsfreiheit, ZIP 2006, 210–213

Beck, Siegfried/Depré, Peter, Praxis der Insolvenz, 2. Auflage, München 2010

Behrens, Peter, Die neue Lektion aus Luxemburg zur internationalen Mobilität von Gesellschaften: Grenzüberschreitende Verschmelzungen sind möglich!, EuZW 2006, 65

Behrens, Peter, Gemeinschaftsrechtliche Grenzen der Anwendung inländischen Gesellschaftsrechts auf Auslandsgesellschaften nach Inspire Art, IPRax 2004, 20–26

Binz, Mark K./Mayer, Gerd, Die ausländische Kapitalgesellschaft & Co. KG im Aufwind? Konsequenzen aus dem „Überseering"-Urteil des EuGH vom 5.11.2002 – Rs. C-208/00, GmbHR 2003, 249–257

Birds, John H./Boyle, A.J., Boyle & Birds' Company Law, 6. Auflage, Bristol 2007

Birds, John H., Die britische Private Company, in: *Günther H. Roth* (Hrsg.), Das System der Kapitalgesellschaften im Umbruch – ein internationaler Vergleich, Köln 1990, S. 138–160

Bitter, Georg, Flurschäden im Gläubigerschutzrecht durch „Centros & Co."? – Eine Zwischenbilanz, WM 2004, 2190–2200

Bittmann, Folker, Strafrechtliche Folgen des MoMiG, NStZ 20019, 113–120

Blöse, Jochen, Insolvenz, Liquidation und Wandel vom Eigenkapitalersatz zum Recht der Gesellschafterleistungen, GmbHR Sonderheft MoMiG 2008, 71–79

Borges, Georg, Gläubigerschutz bei ausländischen Gesellschaften mit inländischem Sitz, ZIP 2004, 733–744

Bourne, Nicholas, Company Law, 4. Auflage, Abingdon 2008

Braun, Eberhard (Hrsg.), Insolvenzordnung, Kommentar, 4. Auflage, München 2010

Broichmann, Alice/Burmeister, Julian, Konzernvertrauenshaftung – zahnloser Tiger oder tragfähiges Haftungskonzept?, NZG 2006, 687–691

Buchmann, Thomas, Die Insolvenz der englischen Limited in Deutschland, 1. Auflage, Baden-Baden 2007

Bungert, Hartwin, Grenzüberschreitende Verschmelzungsmobilität – Anmerkung zur Sevic-Entscheidung des EuGH, BB 2006, 53–56

Calliess, Christian/Ruffert, Matthia (Hrsg), Kommentar zu EU-Vertrag und EG-Vertrag, 2. Auflage, Neuwied 2002

Campbell, Dennis/Collins, Anthony E., Corporate Insolvency and Rescue: The International Dimension, Deventer, Boston 1993

Chan Ho, Look/Jameel Mokal, Rizwaan, Interplay of CVA, Administration and Liquidation (Part 1), 25 [2004] Company Lawyer 3–8; (Part 2), 25 [2004] Company Lawyer 35–40

Cheffins, Brian R., Company Law: Theory, Structure and Operation, Oxford 1997

Claussen, Carsten Peter, Betriebswirtschaft und Kapitalersatzrecht, in: *Moxter, Adolf/Müller, Hans-Peter/Windmöller, Rolf/von Wysocki, Klaus* (Hrsg.), Festschrift zum 65. Geburtstag für Karl-Heinz Forster, Düsseldorf 1992, S. 140–154

Cook, Carol, Wrongful Trading – Is it a Real Threat to Directors or a Paper Tiger? [1999] Insolvency Lawyer 99–105

Cooke, T.E./Hicks, Andrew, Wrongful Trading – Predicting Insolvency, [1993] JBL 338–350

Dahl, Michael, Die Neuregelungen des ESUG – ein Überblick, NJW-Spezial 2012, 21–22

Dauner-Lieb, Barbara, Die Berechnung des Quotenschadens – Besprechung des Urteils BGH ZIP 1997, 1542, ZGR 1998, 617–631

Davis, Richard, Construction Insolvency: Security, Risk and Renewal in Construction Contracts, 3. Auflage, London 2008

Davis, Richard, Construction Insolvency, 2. Auflage, Bembridge 1999

Davies, Paul L., Gower and Davies' Principles of Modern Company Law, 7. Auflage, London 2003

Davies, Paul L., Introduction to Company Law, Oxford 2002

Davies, Paul L., Directors' Creditor – Regarding Duties in Respect of Trading Decisions Taken in the Vicinity of Insolvency, EBOR 7 (2006) 301–337

Davies, Paul L., Legal Capital in Private Companies in Great Britain, AG 1998, 346–354

Dawson, Francis, Acting in the Best Interests of The Company – For Whom Are Directors "Trustees"?, [1984] 11 NZULR 68–81

Derrick, Catherine/Vesely, Ann, Limitation Period under Section 212 of the Insolvency Act, 1986, [2007] 20 Insolvency Intelligence 122

Dinstühler, Klaus-Jürgen, Die Abwicklung massearmer Insolvenzverfahren nach der Insolvenzordnung, ZIP 1998, 1697–1705

Drygala, Tim, Für eine alternative Rechtsform neben einer reformierten GmbH – Leipziger Entwurf einer Kommanditgesellschaft mit beschränkter Haftung (KmbH), ZIP 2006, 1797–1805

Ebert, Sabine/Levedag, Christian, Die zugezogene „private company limited by shares (Ltd.)" nach dem Recht von England und Wales als Rechtsformalternative für in- und ausländische Investoren in Deutschland, GmbHR 2003, 1337–1346

Ebke, Werner F., Der Einflus des US-amerikanischen Rehts auf das Internationale Gesellschaftsrecht in Deutschland und Europa, ZVglRWiss 110 (2011), 2–36

Ebke, Werner F., Gesellschaften aus nicht privilegierten Drittstaaten im Internationalen Privatrecht: „Utopia Limited; oder: Die Blüten des Fortschritts", in: *Hoffmann-Becking, Michael/Hommelhoff, Peter/Graf von Westphalen, Friedrich* (Hrsg.), Festschrift für Hans-Jürgen Hellwig zum 70. Geburtstag, Köln 2010, S. 117–141

Ebke, Werner F., Überseering und Inspire Art: Die Revolution im Internationalen Gesellschaftsrecht und ihre Folgen, in: *Kniffka, Rolf/Quack, Friedrich/Vogel, Thomas/Wagner, Klaus-R.* (Hrsg.), Festschrift für Rheinhold Rhode, München 2005, S. 593–613

Ebke, Werner F., Überseering: „Die wahre Liberalität ist Anerkennung", JZ 2003, 927–933

Ebke, Werner F., Anmerkung zum Urteil des BGH vom 13.10.2004 – I ZR 245/01 (OLG Düsseldorf) „GEDIOS Corporation", JZ 2005, 298–303

Eckardt, Diederich, Anmerkung zum OLG Düsseldorf (GmbHR 1999, 615 ff.), EWiR 1999, 175–176

Eidenmüller, Horst (Hrsg.), Ausländische Kapitalgesellschaften im deutschen Recht, München 2004

Eidenmüller, Horst, Geschäftsleiter- und Gesellschafterhaftung bei europäischen Auslandsgesellschaften mit tatsächlichem Inlandssitz, NJW 2005, 1618–1621

Eidenmüller, Horst/Rehm, Gebhard M., Niederlassungsfreiheit versus Schutz des inländischen Rechtsverkehrs: Konturen des Europäischen Gesellschaftsrechts, ZGR 2004, 159–188

Ehricke, Ulrich, Das abhängige Konzernunternehmen in der Insolvenz: Wege zur Vergrößerung der Haftungsmasse abhängiger Konzernunternehmen im Konkurs und Verfahrensfragen. Eine rechtsvergleichende Analyse, Tübingen 1998

Ehricke, Ulrich, Zur Teilnehmerhaftung von Gesellschaftern bei Verletzungen von Organpflichten mit Außenwirkung durch den Geschäftsführer einer GmbH, ZGR 2000, 351–383

Emmerich, Volker/Habersack, Mathias, Aktien- und GmbH-Konzernrecht, 3. Auflage, München 2003

Fastrich, Lorenz, Ketzerisches zur sogenannten Finanzierungsverantwortung, in: *Lieb, Manfred/Noack, Ulrich/Westermann, Harm Peter* (Hrsg.), Festschrift für Wolfgang Zöllner, Köln, Berlin, Bonn, München 1998, S. 143–162

Fastrich, Lorenz, Optimierung des Gläubigerschutzes bei der GmbH – Praktikabilität und Effizienz, DStR 2006, 656–663

Finch, Vanessa, Corporate Insolvency Law, Perspectives and Principles, Cambridge 2002

Finch, Vanessa, The Recasting of Insolvency Law, [2005] 68 MLR 713–736

Fischer, Michael, Die Verlagerung des Gläubigerschutzes vom Gesellschafts- in das Insolvenzrecht nach „Inspire Art", ZIP 2004, 1477–1486

Fleck, Hans-Joachim, Zur Haftung des GmbH-Geschäftsführers, GmbHR 1974, 224–235

Fleischer, Holger, Eigenkapitalersetzende Gesellschafterdarlehen und Überschuldungsstatus, ZIP 1996, 773–779

Fleischer, Holger, Neue Entwicklungen im englischen Konzernrecht, AG 1999, 350–362

Fletcher, Ian F., The Law of Insolvency, 3. Auflage, London 2002

Förster, Andreas C., System einer Insolvenzauslösung bei der GmbH, Berlin 2000

Franz, Theresa, Berührt „Hughes de Lasteyrie du Saillant" die durch den Wegzug veranlasste Besteuerung von Kapitalgesellschaften in Deutschland?, EuZW 2004, 270–272

Frege, Michael C./Keller, Ulrich/Riedel, Ernst, Insolvenzrecht, Handbuch der Rechtspraxis, Teil 3, 7. Auflage, München 2008

Frieze, Steven A., Making Use of the Rules More User Friendly, [2007] 20 Insolvency Intelligence 87–90

Frith, Stuart J., Acting as a Director of a Phoenix Company, [2007] 20 Insolvency Intelligence 37–38

Geißler, Markus, Die Haftung des faktischen GmbH-Geschäftsführers, GmbHR 2003, 1106–1114

Gerkan, Hartwin von, Die Beweislastverteilung beim Schadensersatzanspruch der GmbH gegen ihren Geschäftsführer, ZHR 154 (1990), 39–63

Gerkan, Hartwin von/Hommelhoff, Peter, Handbuch des Kapitalersatzrechts, 1. Auflage, Köln 2000

Geyrhalter, Volker/Weber, Thomas, Die Schlussanträge des Generalanwaltes in Sachen SEVIC Systems und der Verschmelzungsrichtlinie, NZG 2005, 837–838

Glozbach, Pierre, Die Haftung des GmbH-Geschäftsführers nach § 64 Abs. 2 GmbHG für Zahlungen nach Insolvenzreife, Aachen 2004

Goddard, Robert, „Modernising Company Law": The Government's White Paper, in: [2003] MLR 66, S. 402–424

Goette, Wulf, Die GmbH, 2. Auflage, München 2002

Goette, Wulf, Einführung in das neue GmbH-Recht, 1. Auflage, München 2008

Goette, Wulf, Zur persönlichen Haftung des Geschäftsführers einer GmbH gegenüber Dritten aus Geschäften, die nach Eintritt der Konkursreife mit ihnen geschlossen werden, DStR 1994, 1048–1053

Goette, Wulf, Die Haftung des GmbH-Geschäftsführers in der Rechtsprechung des BGH, DStR 1998, 1308–1314

Goette, Wulf, Haftung des Geschäftsführers in Krise und Insolvenz der GmbH, ZInsO 2001, 529–537

Goette, Wulf, Zur systematischen Einordnung des § 64 Abs. 2 GmbHG, ZInsO 2005, 1–5

Goette, Wulf, Wo steht der BGH nach "Centros" und "Inspire Art"?, DStR 2005, 197–201

Götker, Uwe, Der Geschäftsführer in der Insolvenz der GmbH: Der Einfluss der Insolvenzordnung auf die Rechts- und Pflichtenstellung eines GmbH-Geschäftsführers, Köln 1999

Goode, Roy M., Principles of Corporate Insolvency Law, 2. Auflage, London 1997

Goode, Roy M., Insolvent Trading Under English and Australian Law, [1998] Company and Securities LJ, 170–175

Goode, Roy M., Wrongful Trading and the Balance Sheet Test of Insolvency, [1989] JBL 436–439

Gottwald, Peter, Insolvenzrechts-Handbuch, 4. Auflage, München 2010

Gower, L. C. B., Gower's Principles of Modern Company Law, 5. Auflage, London 1992

Gräfe, Gerald, Director's Fiduciary Duties als Gläubigerschutzinstrument bei britischen Limiteds mit Verwaltungssitz in Deutschland, DZWiR 2005, 410–414

Griffin, Stephen, Company Law Handbook, London 2008

Griffin, Stephen, Personal Liability and Disqualification of Company Directors, Oxford 1999

Grube, Andreas/Maurer, Frank, Zur strafbefreienden Wirkung des Insolvenzantrags eines Gläubigers zugunsten des GmbH-Geschäftsführers, GmbHR 2003, 1461–1466

Güthoff, Julia, Gesellschaftsrecht in Großbritannien, 3. Auflage, Heidelberg, München, Berlin 2004

Gummert, Hans/Weipert, Lutz, Münchener Handbuch des Gesellschaftsrechts, Band 2, 3. Auflage, München 2009

Haas, Ulrich, Die maßgebende Verjährungsfrist für den Schadensersatzanspruch wegen Insolvenzverschleppung, NZG 2009, 976–978

Haas, Ulrich, Die Verjährung von Insolvenzverschleppungsansprüchen, NZG 2011, 691–693

Haas, Ulrich, Geschäftsführerhaftung und Gläubigerschutz, Unternehmerische Verhaltenspflichten des GmbH-Geschäftsführers zum Schutz Dritter, München 1997

Haas, Ulrich, Fragen zur Insolvenzverschleppungshaftung des GmbH-Geschäftsführers, NZG 1999, 373–381

Habersack, Mathias, Europäisches Gesellschaftsrecht, 3. Auflage, München 2006

Habersack, Mathias/Verse, Dirk. A., Wrongful Trading – Grundlage einer europäischen Insolvenzverschleppungshaftung? ZGR 168 (2004), 174–215

Habersack, Mathias, Europäisches Gesellschaftsrecht im Wandel, NZG 2004, 1–9

Hachenburg, Max, Gesetz betreffend die Gesellschaften mit beschränkter Haftung (GmbHG) – Großkommentar, Band 2 (§§ 35–52) und 3 (§§ 53–85, Register), 8. Auflage, Berlin, New York 1997

Hannigan, Brenda, Company Law, London 2003

Hansard, Parliamentary Debates, House of Lords, Official Report, Fifth Series – Band CDLXI (Fifth Volume of Sessions 1984 – 85), London 1985

Hansard, Parliamentary Debates, House of Commons, Official Report, Sixth Series – Band 83 (Session 1984–85), London 1985

Hartmann, Beatrice M., Die Insolvenzantragspflicht des faktischen Organs, Frankfurt am Main 2005

Harz, Michael, Kriterien der Zahlungsunfähigkeit und der Überschuldung unter Berücksichtigung der Änderungen nach dem neuen Insolvenzrecht, ZInsO 2001, 193–202

Häsemeyer, Ludwig, Insolvenzrecht, 2. Auflage, Köln, Berlin, Bonn, München 1998

Hase, Karl von, Insolvenzantragspflicht für directors einer Limited in Deutschland? BB 2006, 2141–2149

Heil, Ulf/Russenschuck, Viola, Die persönliche Haftung des GmbH-Geschäftsführers, BB 1998, 1749–1755

Heinz, Volker G., Die englische Limited – Eine Darstellung des Gesellschafts- und Steuerrechts mit Gesetzesauszügen und Mustern, 2. Auflage, Baden-Baden 2006

Hickes, Andrew, Advising on Wrongful Trading, 14 [1993] Company Lawyer 16–20 (Teil 1), 55–59 (Teil 2)

Himmelsbach, Rainer/Achsnick, Jan, Faktische Geschäftsführung durch Banken: Gefahr oder Scheinproblem?, NZI 2003, 355–360

Hirt, Hans C., The Wrongful Trading Remedy in UK Law: Classification, Application and Practical Significance, ECFR 2004, 71–120

Hirte, Heribert/Bücker, Thomas (Hrsg.), Grenzüberschreitende Gesellschaften – Praxishandbuch für ausländische Kapitalgesellschaften mit Sitz im Inland, 2. Auflage, Köln 2006

Hirte, Heribert, Die Entwicklung des Unternehmens- und Gesellschaftsrechts in Deutschland in den Jahren 1998 und 1999, Teil 2: GmbH-Recht (Geschäftsführer, Gesellschafterwechsel, Liquidation und Löschung), Gesellschaften ohne Rechtspersönlichkeit, das Recht der Verbundenen Unternehmen, Umwandlungs- und Mitbestimmungsrecht, NJW 2000, 3531–3543

Hommelhoff, Peter/Goette, Wulf/Kleindiek, Detlef, Eigenkapitalersatzrecht in der Praxis, 3. Auflage, Köln 2003

Hommelhoff, Peter, Eigenkapitalersetzende Gesellschafterdarlehen und Konkursantragspflicht, in: *Knobbe-Keuk, Brigitte/Klein, Franz/Moxter, Adolf* (Hrsg.), Handelsrecht und Steuerrecht, Festschrift für Georg Döllerer, Düsseldorf 1988, S. 254–268

Hopt, Klaus J., Schadensersatz aus unberechtigter Verfahrenseinleitung, München 1968

Hopt, Klaus J., Die Haftung von Vorstand und Aufsichtsrat – Zugleich ein Beitrag zur corporate governance-Debatte, in: *Immenga, Ulrich/Möschel, Wernhard/Reuter, Dieter*, Festschrift für Ernst Joachim Mestmäcker zum 70. Geburtstag, Baden-Baden 1996, S. 909–931

Höfling, Barbara Sabine, Das englische internationale Gesellschaftsrecht, Heidelberg 2002

Impelmann, Norbert, Die Haftung des GmH-Geschäftsführers gegenüber Dritten, WiB 1994, 801–805

Jones, Beverly, Insolvency and the Balance Sheet, [1993] ILP 133–136

Jula, Rocco, Die Haftung von GmbH-Geschäftsführern und Aufsichtsräten – Haftung, Strafbarkeit, Risikoverminderung und –vermeidung, Versicherungslösungen, Berlin 1998

Just, Clemens, Die englische Limited in der Praxis, 3. Auflage, München 2008

Kalligin, Thomas, Konkursdelikt: Tatsächlicher Geschäftsführer in der GmbH als Normadressat (Anmerkung zu BGH v. 22.9.1982, 3 StR 287/82), BB 1983, 790

Kappes, Stephan, Zulässigkeit grenzüberschreitender Verschmelzungen, NZG 2006, 101–103

Katz, Alan/Mumford, Michael, Study of Administration Cases, [2007] 20 Insolvency Intelligence 97–100

Keay, Andrew, Company Directors' Responsabilities to Creditors, London 2007

Keay, Andrew R., McPherson's Law of Company Liquidation, London 2001

Keay, Andrew, Another Way of Skinning a Cat: Enforcing Directors' Duties for the Benefit of Creditors, [2004] Insolvency Intelligence 1–9

Keay, Andrew, Can Derivative Proceedings Be Commenced When a Company Is in Liquidation?, [2008] 21 Insolvency Intelligence 49–55

Keay, Andrew, Directors' Duties to Creditors: Contractarian Concerns Relating to Efficiency and Over-Protection of Creditors, [2003] 66 MLR 665–699

Keay, Andrew/Murray, Michael, Making Company Directors Liable: A Comparative Analysis of Wrongful Trading in the United Kingdom and Insolvent Trading in Australia, [2005] 14 Int. Insolv. Rev., 27–55

Keay, Andrew, What Future for Liquidation in Light of the Enterprise Act Reforms?, [2005] JBL 143–158

Kieninger, Eva-Maria, Grenzüberschreitende Verschmelzungen in der EU – das SEVIC-Urteil des EuGH, EWS 2006, 49–54

Kießling, Erik/Eichele, Hans, Amtsniederlegung des GmbH-Geschäftsführers und Registerlöschung, GmbHR 1999, 1165–1175

Kindler, Peter, „Inspire Art" – Aus Luxemburg nicht Neues zum internationalen Gesellschaftsrecht, NZG 2003, 1086–1090

Kindler, Peter/Nachmann, Josef, Handbuch Insolvenzrecht in Europa, 1. Ergänzungslieferung, München 2010

Klebs, Paul, Erste Richtlinie 68/151 EWG oder Ultra-Vires-Lehre und kein Ende?, BWNotZ 1995, 12–15

Klein, Franz, Abgabenordnung – einschließlich Steuerstrafrecht –, Kommentar, 10. Auflage, München 2009

Kloster, Lars, EU-grenzüberschreitende Verschmelzungen sind (steuerneutral) durchführbar, zugleich Anmerkungen zu LG Koblenz v. 16.9.2003 – 4 HK.T 1/03 in GmbHR 2003, 1213, GmbHR 2003, 1413–1417

Koch, Harald/Magnus, Ulrich/Winkler von Mohrenfels, Peter, IPR und Rechtsvergleichung, Ein Studien- und Übungsbuch zum Internationalen Privat- und Zivilverfahrens, 3. Auflage, München 2004

Kölner Schrift zur Insolvenzordnung, Das neue Insolvenzrecht in der Praxis, 2. Auflage, Köln 2000

Konzen, Horst, Der Gläubigerschutz bei Liquidation der masselosen GmbH, in: Habersack, Mathias/Hommelhoff, Peter/Hüffer, Uwe/Schmidt, Karsten (Hrsg.), Festschrift für Peter Ulmer zum 70. Geburtstag am 2. Januar 2003, Berlin 2003, S. 323–348

Kornblum, Udo, Bundesweite Rechtstatsachen zum Unternehmens- und Gesellschaftsrecht (Stand 1.1.2010), GmbHR 2010, 739–748

Kornblum, Udo, Bundesweite Rechtstatsachen zum Unternehmens- und Gesellschaftsrecht (Stand 1.1.2011), GmbHR 2011, 692–699

Kornblum, Udo, Bundesweite Rechtstatsachen zum Unternehmens- und Gesellschaftsrecht (Stand 1.1.2013), GmbHR 2013, 693–703

Kornblum, Udo, Bundesweite Rechtstatsachen zum Unternehmens- und Gesellschaftsrecht (Stand 1.1.2014), GmbHR 2014, 694–703

Kratzsch, Dietrich, Das „faktische Organ" im Gesellschaftsrecht, Grund und Grenzen einer strafrechtlichen Garantenstellung, ZGR 1985, 506–535

Kromschröder, Bernhard/Lück, Wolfgang, Grundsätze risikoorientierter Unternehmensüberwachung, DB 1998, 1573–1576

Kroppholler, Jan, Internationales Privatrecht, 5. Auflage, Tübingen 2004

Kübler, Friedrich/Assmann, Heinz-Dieter, Gesellschaftsrecht – Die privatrechtlichen Ordnungsstrukturen und Regelungsprobleme von Verbänden und Unternehmen, 6. Auflage, Heidelberg 2006

Kübler, Bruno M./Prütting, Hanns (Hrsg.), Kommentar zur Insolvenzordnung, Loseblattsammlung Stand 2005, Köln 1999

Lanfermann, Georg, EU-Richtlinienvorschlag zur Änderung der Vierten und Siebten Gesellschaftlichen Richtlinie zu Einzel- und Konzernabschluss, BB-Spezial 6/2004, 2–5

Leible, Stefan/Hoffmann, Jochen, Grenzüberschreitende Verschmelzungen im Binnenmarkt „Sevic", RIW 2006, 161–167

Leipold, Dieter (Hrsg.), Insolvenzrecht im Umbruch, Köln 1991

Liebs, Rüdiger, Die Nichtbeachtung des Zahlungsverbots in der Krise des Unternehmens – zur Haftung der Geschäftsleitung und des Aufsichtsrats, in: *Löwisch, Manfred/Schmidt-Leithoff, Christian/Schmiedel, Burkhard* (Hrsg.), Beiträge zum Handels- und Wirtschaftsrecht, Festschrift für Fritz Rittner zum 70. Geburtstag, München 1991, S. 369–379

Liersch, Oliver, Anmerkung zu AG Düsseldorf, Beschluss vom 12.3.2004 – 502 IN 126/03, NZI 2004, 271–272

Limbach, J., Theorie und Wirklichkeit der GmbH, Berlin 1966

Lutter, Marcus (Hrsg.), Europäische Auslandsgesellschaften in Deutschland, Köln 2005

Lutter, Marcus, Gefahren persönlicher Haftung für Gesellschafter und Geschäftsführer einer GmbH, DB 1994, 129–135

Lutter, Marcus, Haftungsrisiken des Geschäftsführers einer GmbH, GmbHR 1997, 329–335

Lutter, Marcus/Hommelhoff, Peter, Kommentar zum GmbH-Gesetz, 17. Auflage, Köln 2009 (Sofern die Verfasserin Altauflagen zitiert, werden diese in der jeweiligen Fußnote gesondert kenntlich gemacht.)

Mankowski, Peter, Kurzkommentar zu LG Koblenz, Vorlagebeschluss vom 16.9.2003 - 4 HK.T 1/03, EWiR 2004, 139–140

Mansel, Heinz-Peter, Die Neuregelung des Verjährungsrechts, NJW 2002, 89–99

Maser, Peter/Sommer, Alexander, Persönliche Haftung des GmbH-Geschäftsführers in der Insolvenz, BB 1996, 65–71

Maul, Silja, Verantwortlichkeit der Organmitglieder - Entwicklungen aus europäischer Sicht, WM 2004, 2146–2150

McKenzie, Donna, Wrongful Trading - A Paper Tiger?, [1995] Juridical Review 519–533

Medicus, Dieter, Haftung des GmbH-Geschäftsführers gegenüber Dritten aus Geschäften nach Konkursreife, DStR 1995, 1432–1435

Medicus, Dieter, Deliktische Außenhaftung der Vorstandsmitglieder und Geschäftsführer, ZGR 1998, 570–585

Medicus, Dieter, Neue Rechtsprechung zur Außenhaftung von GmbH-Geschäftsführern wegen Nichtabführung von Sozialversicherungsbeiträgen, GmbHR 2000, 7–11

Medicus, Dieter, Zur Eigenhaftung des GmbH-Geschäftsführers aus Verschulden bei Vertragsverhandlungen, in: *Baur, Jürgen F./Hopt, Klaus J./Mailänder Peter K.* (Hrsg.), Festschrift für Ernst Steindorff zum 70. Geburtstag am 13. März 1990, Berlin, New York 1990, S. 725–742

Meilicke, Wienand/Rabback, Dieter E., Die EuGH-Entscheidung in der Rechtssache Sevic und die Folgen für das deutsche Umwandlungsrecht nach Handels- und Steuerrecht, GmbHR 2006, 123–127

Meyer, Justus/Hermes, Judith, Das „GmbH-Schutzschild" in der Insolvenz, GmbHR 2005, 807–817

Meyer, Justus, Die Insolvenzanfälligkeit der GmbH als rechtspolitisches Problem, GmbHR 2004, 1417–1428

Meyer, Justus/Ludwig, Sören, Französische GmbH-Reform 2003/2004: Hintergründe und „Ein-Euro-GmbH", GmbHR 2005, 346–351

Michalski, Lutz (Hrsg.), Kommentar zum Gesetz betreffend die Gesellschaften mit beschränkter Haftung (GmbH-Gesetz), Band 1 (§§ 1–34) und Band 2 (§§ 35–86), 2. Auflage, München 2010

Milman, David/Durrant, Chris, Corporate Insolvency: Law and Practice, 3. Auflage, London 1999

Möller, Christian, Die materiell unterkapitalisierte GmbH, München 2005

Mokal, Rizwaan Jameel, On Fairness and Efficiency, [2003] 66 MLR 452–467

Moosmayer, Klaus, Einfluss der Insolvenzordnung auf 1999 auf das Insolvenzstrafrecht, Freiburg 1998

Morris, Glynis D., Finance Director's Handbook, 4. Auflage, Amsterdam, London 2007

Morse, Geoffrey (Hrsg.), Charlesworth's Company Law, 17. Auflage, London 2005

Morse, Geoffrey (Hrsg.), Palmer's Company Law Annotated Guide to the Companies 2006, 1. Auflage, London 2007

Morse, Geoffrey, Shadow and De Facto Directors in the Context of Proceedings for Disqualification on the Grounds of Unfitness and Wrongful Trading, in: *Rider, Barry A.K.*, The Corporate Dimension, Bristol 1998, S. 115–127

Moss, Gabriel Q.C., Rescue Culture Speared by Trident, [2007] 20 Insolvency Intelligence 72–76

Müller, Hans-Friedrich, Insolvenz ausländischer Kapitalgesellschaften mit inländischem Verwaltungssitz, NZG 2003, 414–418

Münch, Christof, Amtsniederlegung, Abberufung und Geschäftsunfähigkeit des Geschäftsführers einer GmbH, DStR 1993, 916–921

Münchener Handbuch des Gesellschaftsrechts, Band 3: Gesellschaft mit beschränkter Haftung, *Priester, Hans-Joachim/Mayer, Dieter* (Hrsg.), 2. Auflage, München 2003

Münchener Kommentar zum Aktienrecht, Band 1, *Goette, Wulf/Habersack, Matthias/Kalss, Susanne* (Hrsg.), §§ 1–75 AktG, 3. Auflage, München 2008

Münchener Kommentar zum Bürgerlichen Gesetzbuch, Band 2, *Krüger, Wolfgang* (Hrsg.), §§ 241–432 BGB, 5. Auflage, München 2007

Münchener Kommentar zum Bürgerlichen Gesetzbuch, Band 5, *Säcker, Franz Jürgen/Rixecker, Roland* (Hrsg.), §§ 705–853 BGB, 5. Auflage, München 2009

Münchener Kommentar zum Bürgerlichen Gesetzbuch, Band 11: Internationales Wirtschaftsrecht, Einführung zum Bürgerlichen Gesetzbuche (Art. 50–254), *Sonnenberger, Hans Jürgen* (Red.), 3. Auflage, München 1999, 4. Auflage, München 2006

Münchener Kommentar zum GmbHG, Band 1, *Fleischer, Holger/Goette, Wulf* (Hrsg.), §§ 1–34 GmbHG, 1. Auflage, München 2010

Münchener Kommentar zur Insolvenzordnung, Band 1, §§ 1–102, Insolvenzrechtliche Vergütungsverordnung (InsVV), *Kirchhof, Hans-Peter/Lwowski, Hans-Jürgen/Stürner, Rolf* (Hrsg.), 2. Auflage, München 2007

Münchener Kommentar zum Strafgesetzbuch, Band 6/1, Nebenstrafrecht II, *Joecks, Wolfgang/Schmitz, Roland* (Bandred.), 1. Auflage, München 2010

Nauschütz, Marietje, Haftung des faktischen GmbH-Geschäftsführers wegen unzulässiger Zahlungen aus der Masse, NZG 2005, 921–922

Nerlich, Jörg/Kreplin, Georg, Münchener Anwaltshandbuch Sanierung und Insolvenz, 1. Auflage, München 2006

Nerlich, Jörg/Römermann, Volker, Insolvenzordnung, Kommentar, 21. Ergänzungslieferung, München 2011

Neuling, Jasper, Deutsche GmbH und englische private company – Monismus oder Dualismus im System des Kapitalgesellschaftsrechts, Köln 1997

Neye, Hans-Werner, Kurzkommentar zu EuGH, Urteil vom 5.11.2002 – Rs. C-208/00 (Überseering), EWiR 2002, 1003–1004

Nirk, Rudolf, Zur Rechtsfolgenseite der Durchgriffshaftung, in: *Lutter, Marcus/Stimpel, Walter/Mertens, Hans-Joachim/Ulmer, Peter*, Festschrift für Walter Stimpel zum 68. Geburtstag am 29. November 1985, Berlin, New York 1985, S. 443–462

Noack, Ulrich, Neues Insolvenzrecht – neues Kapitalersatzrecht?, in: *Martens, Klaus-Peter/Westermann, Harm Peter/Zöllner, Wolfgang* (Hrsg.), Festschrift für Carsten Peter Claussen, Zum 70. Geburtstag, Köln, Berlin, Bonn, München 1997, S. 307–318

Oditah, Fidelis, Wrongful trading, [1990] LMCLQ 205–222

Omar, Paul J., The New European Legal Order in Insolvency: Fundamental Legal Bases and Harmonisation Initiatives, [2004] 17 Insolvency Intelligence 17–26

Oppenländer, Frank/Trölitzsch, Thomas, Praxishandbuch der GmbH-Geschäftsführung, 2. Auflage, München 2011

Orth, Bernhard, Haftung des herrschenden Gesellschafters im einfachen faktischen GmbH-Konzern, DStR 1994, 250–257

Paal, Boris, RIW-Kommentar in der Rechtssache SEVIC, RIW 2006, 142–144

Pahlke, Armin/Koenig, Ulrich, Abgabenordnung, Kommentar, 2. Auflage, München 2009

Palandt, Otto, Bürgerliches Gesetzbuch, Kommentar, 71. Auflage, München 2012

Palzer, Carmen, Fortwirkende organschaftliche Pflichten des Geschäftsführers der GmbH, Köln 2001

Pape, Irmtraut/Pape, Gerhard, Verbraucher- und Privatinsolvenzen: Rechtsprechungsübersicht 2005, ZVI 7/2006 (Beilage 2)

Pelz, Christian, Die persönliche Haftung des Geschäftsführers einer GmbH, RNotZ 2003, 415–433

Penzlin, Dietmar, Kritische Anmerkungen zum Insolvenzeröffnungsgrund der Zahlungsunfähigkeit (§ 17 InsO), NZG 1999, 1208

Pettet, Ben, Company Law, 2. Auflage, London 2005

Pommer, Sieglinde, Rechtsübersetzung und Rechtsvergleichung, Translatorische Fragen zur Interdisziplinarität, Frankfurt 2006

Prentice, D. D., Creditor's Interests and Director's Duties, in: [1990] 10 OJLS 265–277

Rajak, Harry, Company Liquidations, 2. Auflage, London 2006

Rajani, Shashi, Tolley's Corporate Insolvency Handbook, London 1990

Redeker, Rouven, Die Fortführung insolvenzreifer Gesellschaften nach "Inspire Art", ZInsO 2005, 1035–1038

Reiff, Peter/Arnold, Arnd, Unbeschränkte Konkursverschleppungshaftung des Geschäftsführers einer GmbH auch gegenüber gesetzlichen Neugläubigern?, ZIP 1998, 1893–1899

Rickford, Jonathan, Fundamentals, Developments and Trends in British Company Law - Some Wider Reflections, First Part: Overview and the British Approach, ECFR 2004, 391–415

Rider, Barry A. K. (Hrsg.), The Corporate Dimension, Bristol 1998

Riedemann, Susanne, Das Auseinanderfallen von Gesellschafts- und Insolvenzstatut, "Inspire Art" und die Insolvenz über das Vermögen einer englischen "limited" in Deutschland, GmbHR 2004, 345–349

Ringe, Wolf-Georg/Willemer, Charlotte, Die „deutsche" Limited in der Insolvenz, EuZW 2006, 621–624

Röhricht, Volker, Insolvenzrechtliche Aspekte im Gesellschaftsrecht, ZIP 2005, 505–516

Römermann, Volker, Neues Insolvenz- und Sanierungsrecht durch das ESUG, NJW 2012, 645–652

Römermann, Volker (Hrsg.), Private Limited Company in Deutschland: Praxis-Leitfaden für Berater und Unternehmer, Bonn 2006

Roth, Günter H./Altmeppen, Holger, GmbHG, Kommentar, 6. Auflage, München 2009

Roth, Günter H., Geschäftsführerpflichten und Gesellschafterhaftung bei Überschuldung der GmbH, GmbHR 1985, 137–142

Roth, Günter H., Zur „economic analysis" der beschränkten Haftung, ZGR 1986, 371–382

Roth, Günter H., Die Haftung als faktischer Geschäftsführer im Konkurs der GmbH-Besprechung der Entscheidung BGHZ 104, 44 ff., ZGR 1989, 421–433

Roth, Günter H., Gläubigerschutz durch Existenzschutz, NZG 2003, 1081–1085

Roth, Markus, Unternehmerisches Ermessen und Haftung des Vorstands, München 2001

Rubin, G. R., Aron Salomon and His Circle, in: *Adams, John N.*(Hrsg.), Essays for Clive Schmitthoff, Abingdon 1983, S. 99–120

Rowedder, Heinz/Schmidt-Leithoff, Christian, Gesetz betreffend die Gesellschaften mit beschränkter Haftung, GmbHG, Kommentar, 4. Auflage, München 2002

Sargent, Peter, Wrongful trading, not PMC, Case Comment, [1990] Insolvency Intelligence 7

Schäfer, Carsten, Zur strafrechtlichen Verantwortlichkeit des GmbH-Geschäftsführers (II), GmbHR 1993, 780–798

Schärtl, Christoph, Die Doppelfunktion des Stammkapitals als Schlüssel für ein wettbewerbsfähiges GmbH-Recht in Deutschland?, GmbHR 2007, 344–351

Schall, Alexander, Anspruchsgrundlagen gegen Direktoren und Gesellschafter einer Limited nach englischem Recht, DStR 2006, 1229–1238

Schall, Alexander, Englischer Gläubigerschutz bei der Limited in Deutschland, ZIP 2005, 965–975

Schall, Alexander, Anmerkung zum High Court of Justice London, Court of Appeal vom 28.11.2003, A2-0624/03: Ad Valorem Factors Ltd v Ricketts[2004] 1 All ER 894–895, EWiR 2005, 709–710

Schanze, Erich/Jüttner, Andreas, Die Entscheidung für Pluralität: Kollisionsrecht und Gesellschaftsrecht nach der EuGH-Entscheidung „Inspire Art“, AG 2003, 661–671

Schaub, Bernhard, Die Haftung des Geschäftsführers einer GmbH gegenüber der Gesellschaft und den Gesellschaftern, DStR 985–989 (Teil 1), 1021–1024 (Teil 2)

Schellhammer, Kurt, Schuldrecht nach Anspruchsgrundlagen samt BGB Allgemeiner Teil, 7. Auflage, Heidelberg, München, Landsberg, Berlin 2008

Schieren, Mirco Bernard, Die Haftung des GmbH-Geschäftsführers im deutschen Insolvenzverfahren, 1. Auflage, Braunschweig 2003

Schilling, Simon, Das englische Insolvenzeröffnungsverfahren im Anwendungsbereich der EuInsVO und im Vergleich mit dem deutschen Insolvenzeröffnungsverfahren, DZWiR 2006, 143–149

Schilling, Simon, Insolvenz einer englischen Limited mit Verwaltungssitz in Deutschland, Frankfurt am Main, New York 2006

Schluck-Amend, Alexandra/Walker, Thilo, Neue Haftungsrisiken für GmbH-Geschäftsführer durch Pflicht zur Erstellung eines Insolvenzplanes, GmbHR 2001, 375–381

Schmidt, Andreas (Hrsg.), Hamburger Kommentar zum Insolvenzrecht, Recklinghausen 2006

Schmidt, Karsten, Konkursantragspflichten bei der GmbH und bürgerliches Deliktsrecht, JZ 1978, 661–666

Schmidt, Karsten, Insolvenzordnung und Gesellschaftsrecht, ZGR 1998, 633–671

Schmidt, Karsten, Organverantwortlichkeit und Sanierung im Insolvenzrecht, ZIP 1980, 328–337

Schmidt, Karsten, Gesellschaftsrecht, 4. Auflage, Köln 2002

Schmidt, Karsten, Konkursverschleppungshaftung und Konkursverursachungshaftung, ZIP 1988, 1497–1508

Schmidt, Karsten, Anmerkung zu BGH, Beschluss vom 20.9.1993 - II ZR 292/91, NJW 1993, 2934–2935

Schmidt, Karsten/Uhlenbruck, Wilhelm, Die GmbH in Krise, Sanierung und Insolvenz, 3. Auflage, Köln 2003

Schmidthoff, Clive M. (Hrsg.), Palmer's Company Law, Volume 1 - The Treatise, 24. Auflage, London 1987

Smith, R. J., Minority Shareholders and Corporate Irregularities, [1978] 41 MLR 147–160

Schneider, Herbert/Schneider, Uwe H., Die Amtsniederlegung durch den Geschäftsführer einer GmbH, GmbHR 1980, 4–10

Scholz, Franz, Kommentar zum GmbH-Gesetz, 9. Auflage (Band 2), Köln 2002

Schröder, Christian, Die strafrechtliche Haftung wegen Nichtabführens von Sozialversicherungsbeiträgen und das Zahlungsverbot in der Krise der GmbH – Der GmbH-Geschäftsführer zwischen Mühlsteinen widerstreitenden Rechts (§ 266a Abs. 1 StGB versus § 64 Abs. 2 GmbHG), GmbHR 2005, 736–740

Schuberth, Ernst-Markus, Konzernrelevante Regelungen im britischen Recht, München 1997

Schulz, Dirk/Lessing, Holger/Bert, Ulrich, Handbuch Insolvenz, Insolvenzverfahren, Haftung, Gläubigerschutz, Sanierung und Auswege, 2. Auflage, München 2003

Schumann, Alexander, Die englische Limited mit Verwaltungssitz in Deutschland: Kapitalaufbringung, Kapitalerhaltung und Haftung bei Insolvenz, DB 2004, 743–749

Schwerdtfeger, Armin, Kompaktkommentar Gesellschaftsrecht, 1. Auflage, Köln 2007

Schwilden, Stephan, Die rechtliche Stellung des GmbH-Geschäftsführers und des managing directors einer englischen private limited company im Vergleich, Frankfurt am Main 2005

Sealy, Len S., Cases and Materials in Company Law, 7. Auflage, London 2001

Sealy, Len/Milman, David, Annotated Guide to the Insolvency Legislation 2006/2007, (Insolvency Acts 1986 and 2000, Insolvency Rules 1986, EC Regulations on Insolvency Proceedings 2000, Enterprise Act 2002), Band 1, 9. Auflage, London 2006

Sealy, Len/Milman, David, Annotated Guide to the Insolvency Legislation, 7. Auflage, London 2004

Sealy, Len S., Modern Insolvency Laws and Mr Salomon, [1998] 16 CSLJ 176–183

Sedemund, Jan, EU-weite Verschmelzungen: Gesellschaftsrechtliche Vorgaben und steuerliche Implikationen des SEVIC-Urteils des EuGH vom 13.12.2005, BB 2006, 519–522

Seppelt, Michael, Gesellschafterdarlehen mit Rangrücktritt in der Liquidationsschlussbilanz, BB 2010, 1395–1400

Sheikh, Saleem, A Guide to the Companies Act 2006, London 2008

Siems, Matthias M., SEVIC: Der letzte Mosaikstein im Internationalen Gesellschaftsrecht der EU?, EuZW 2006, 135–140

Snaith, Ian, The Law of Corporate Insolvency, London 1990

Sørensen, Anker, Directors' Liabilities in Case of Insolvency, Leiden 1999

Spahlinger, Andreas/Wegen, Gerhard, Internationales Gesellschaftsrecht in der Praxis, 1. Auflage, München 2005

Spence, Nicola, Personal Liability for Wrongful Trading, [2004] Insolvency Intelligence 11–12

Spindler, Gerald/Berner, Olaf, Der Gläubigerschutz im Gesellschaftsrecht nach Inspire Art, RIW 2004, 7–16

Stein, Ursula, Die Normadressaten der §§ 64, 84 GmbHG und die Verantwortlichkeit von Nichtgeschäftsführern wegen Konkursverschleppung, ZHR 148 (1984), 207–237

Süß, Rembert/Wachter, Thomas, Handbuch des internationalen GmbH-Rechts, Angelbachtal 2006

Talbot, Lorraine E., Critical Company Law, 1. Auflage, Oxon, New York 2008

Teichmann, Christoph, Binnenmarktmobilität von Gesellschaften nach „Sevic", ZIP 2006, 355–363

Teichmann, Christoph, Die Freiheit zum formwechselnden Wegzug, ZIP 2009, 393–404

Thiessen, Jan, Eigenkapitalersatz ohne Analogieverbot – eine Alternativlösung zum MoMiG-Entwurf, ZIP 2007, 253–260

Tiedemann, Klaus, GmbH-Strafrecht, Kommentar, §§ 82–85 GmbHG und ergänzende Vorschriften, 4. Auflage, Köln 2002

Tijo, Hans/Yeo T. M., Limited Liability for Breach of Fiduciary Duty, [1998] 114 LQR 181 ff.

Thümmel, Roderich, Aufgaben und Haftungsrisiken des Managements in der Krise des Unternehmens, BB 2002, 1105–1108

Triebel, Volker/Hodgson, Stephen/Kellenter, Wolfgang/Müller, Georg, Englisches Handels- und Wirtschaftsrecht, 2. Auflage, Heidelberg 1995

Triebel, Volker/von Hase, Karl, Wegzug und grenzüberschreitende Umwandlungen deutscher Gesellschaften nach „Überseering" und „Inspire Art", BB 2003, 2409–2317

Triebel, Volker/Otte, Sabine, 20 Vorschläge für eine GmbH-Reform: Welche Lektion kann der deutsche Gesetzgeber vom englischen lernen?, ZIP 2006, 311–316

Uhlenbruck, Wilhelm, Die GmbH in Krise, Sanierung und Insolvenz, 2. Auflage, Köln 1999

Uhlenbruck, Wilhelm, Insolvenzordnung Kommentar, 12. Auflage, München 2003, 13. Auflage, München 2010

Uhlenbruck, Wilhelm, Die Pflichten des Geschäftsführers einer GmbH oder GmbH & Co. KG in der Krise des Unternehmens., BB 1985, 1277–1284

Uhlenbruck, Wilhelm, Die Legitimation zur Geltendmachung von Neugläubigerschäden wegen Konkursverschleppung, ZIP 1994, 1153–1156

Uhlenbruck, Wilhelm, Die Bedeutung des neuen Insolvenzrechts für GmbH-Geschäftsführer, GmbHR 1999, 313–327 (Teil 1), 390–340 (Teil 2)

Uhlenbruck, Wilhelm, Die Rechtsstellung des Geschäftsführers in der GmbH-Insolvenz – Verfahrensmäßige Beschränkungen, Rechte und Pflichten, GmbHR 2005, 817–831

Uhlenbruck, Wilhelm, Rechte und Pflichten des GmbH-Geschäftsführers in der Unternehmenskrise unter besonderer Berücksichtigung der Insolvenzrechtsreform – Teil I, WiB 1996, 409–414

Ullrich, Norbert, Außenhaftungsrisiken des Geschäftsführers in der Krise der GmbH nach aktueller zivilgerichtlicher Rechtsprechung, DZWiR 2000, 177–182

Ulmer, Peter, Von „TBB" zu „Bremer Vulkan" – Revolution oder Evolution?, ZIP 2001, 2021–2029

Ulmer, Peter, Insolvenzrechtlicher Gläubigerschutz gegenüber Scheinauslandsgesellschaften ohne hinreichende Kapitalausstattung?, KTS 2004, 291–304

Ulmer, Peter, Gläubigerschutz bei Scheinauslandsgesellschaften, NJW 2004, 1201–1210

Veit, Martin/Wichert, Joachim, Unternehmerische Mitbestimmung bei europäischen Kapitalgesellschaften mit Verwaltungssitz in Deutschland nach „Überseering" und „Inspire Art", AG 2004, 14–20

Vetter, Jochen, Grundlinien der GmbH-Gesellschafterhaftung, ZGR 2005, 788–831

von der Groeben, Hans/Schwarze, Jürgen/Hatje, Armin, Europäisches Unionsrecht, 7. Auflage, Freiburg, Hamburg 2015

Wachter, Thomas, Amtsniederlegung von GmbH-Geschäftsführern - Zugleich Anmerkungen zu OLG Naumburg vom 28.2.2001 - 7 Wx 5/00, GmbHR 2001, 569, GmbHR 2001, 1129–1138

Wachter, Thomas, Auswirkungen es EuGH-Urteils in Sachen Inspire Art Ltd auf Beratungspraxis und Gesetzgebung - Deutsche GmbH vs. englische private limited company, GmbHR 2004, 88–105

Wachter, Thomas, Kurzkommentar zu EuGH GA (Antonio Tizzano), Schlussantrag vom 7.7.2005 - Rs. C-411/03, EWiR 2005, 581

Wachter, Thomas, Wettbewerb des GmbH-Rechts in Europa, Vergleich der Rechtslage in ausgewählten Ländern, GmbHR 2005, 717–730

Wagner, Gerhard, Die neue Rom II-Verordnung, IPrax 2008, 1–17

Walters, Adrian, Corporate Insolvency after the Enterprise Act 2002, 25 [2004] Company Lawyer 1.

Walters, Adrian, Enforcing Wrongful Trading - Substantive Problems and Practical Disincentives, in: Rider, Barry Alexander K. (Hrsg.), The Corporate Dimension, Bristol 1998, S. 145–160

Walters, Adrian, Wrongful trading: Two recent cases [2001] InsolvL 211–212

Weber-Rey, Daniela/Schneider, Jutta, Shadow Director's of a German Limited Liability Company, [1993] 12 ICCLR 438–441

Wegmann, Jürgen, Die Sanierungsprüfung (Reorganisationsprüfung) - Möglichkeiten der formellen und materiellen Konkretisierung, DB 1987, 1901–1908

Weimar, Robert, Grundprobleme und offene Fragen *um* den faktischen GmbH-Geschäftsführer (I), GmbHR 1997, 473–480

Weitnauer, Hermann, Der unbegründete Konkursantrag und das Recht am eingerichteten Gewerbebetrieb, DB 1962, 461–463

Weller, Marc-Philippe, Europäische Rechtsformwahlfreiheit und Gesellschafterhaftung, Zur Anwendung der Existenzvernichtungshaftung auf Scheinauslandsgesellschaften nach „Überseering" und „Inspire Art", Köln, Berlin, München 2004

Westhoff, André O., Die Verbreitung der englischen Limited mit Verwaltungssitz in Deutschland, GmbHR 2007, 474–480

Wheeler, Sally, Swelling the Assets for Distribution in Corporate Insolvency, [1993] JBL 256–269

Wicke, Hartmut, Gesetz betreffend die Gesellschaften mit beschränkter Haftung (GmbHG), 2. Auflage, München 2011

Wilcke, Heinz-Joachim, Haftung von GmbH-Geschäftsführern für USt-Schulden, Anmerkung zum Urteil des BFH vom 26.4.1984 – V R 128/79, GmbHR 1985, 30, GmbHR 1985, 309–311

Wilhelmi, Rüdiger, Das Mindestkapital als Mindestschutz – eine Apologie im Hinblick auf die Diskussion um eine Reform der GmbH angesichts der englischen Limited, GmbHR, 2006, 13–24

Wöhlert, Helge-Torsten/Degen, Stephan, Die neue Mobilität von Gesellschaften in Europa nach „Vale" und „National Grid Indus", GWR 2012, 432–435

Wolf, Thomas, Sind eigenkapitalersetzende Gesellschafterdarlehen ohne Rangrücktritt im Überschuldungsstatus zu passivieren? – Zugleich eine Anmerkung zum Urteil des OLG München vom 8.7.1994, 3 Ws 87/94, DB 1995, 2277–2281

Worthington, Sarah, Reforming Directors' Duties, [2001] 64 MLR 439–458

Wüst, Günther, Die unzureichende Eigenkapitalausstattung bei Beschränkthaftern, JZ 1995, 990–996

Wüst, Günther, Unterkapitalisierung und Überschuldung bei Beschränkhaftern, JZ 1985, 817–824

Ziegel, Jacob S. (Hrsg.), Current Developments in International and Comparative Corporate Insolvency Law, Oxford 1994

Ziemons, Hildegard/Jaeger, Carsten (Hrsg.), GmbHG, Beck'scher Online-Kommentar, München, Stand 01.11.2011, Ed. 9

Zimmer, Daniel, Nach „Inspire Art": Grenzenlose Gestaltungsfreiheit für deutsche Unternehmen?, NJW 2003, 3585–3592

Zöllner, Wolfgang, Konkurrenz für inländische Kapitalgesellschaften durch ausländische Rechtsträger, insbesondere durch die englische Private Limited Company, GmbHR 2006, 1–12

Zweigert, Konrad/Kötz, Hein, Einführung in die Rechtsvergleichung, 3. Auflage, Tübingen 1996

www.ingramcontent.com/pod-product-compliance
Ingram Content Group UK Ltd.
Pitfield, Milton Keynes, MK11 3LW, UK
UKHW021919290926
8980IPUK00015B/1352

9 783631 664490